西方哲学史

叶秀山 / 王树人
———— 总主编

学 / 术 / 版

德国古典哲学

张慎　主编

江苏人民出版社

图书在版编目(CIP)数据

西方哲学史：学术版．德国古典哲学／叶秀山，王
树人主编；张慎分册主编． -- 2版． -- 南京：江苏人
民出版社，2023.3

ISBN 978 - 7 - 214 - 24261 - 7

Ⅰ. ①西… Ⅱ. ①叶… ②王… ③张… Ⅲ. ①西方哲
学－哲学史②德国古典哲学 Ⅳ. ①B52②B516.3

中国版本图书馆 CIP 数据核字(2019)第 270752 号

西方哲学史(学术版)

叶秀山　王树人　总主编

书　　　名	德国古典哲学
主　　　编	张　慎
责 任 编 辑	杨建平　胡天阳　汪意云
装 帧 设 计	刘葶葶
责 任 监 制	王　娟
出 版 发 行	江苏人民出版社
地　　　址	南京市湖南路 1 号 A 楼,邮编:210009
照　　　排	江苏凤凰制版有限公司
印　　　刷	苏州越洋印刷有限公司
开　　　本	652 毫米×960 毫米　1/16
印　　　张	45　插页 4
字　　　数	600 千字
版　　　次	2023 年 3 月第 1 版
印　　　次	2023 年 3 月第 1 次印刷
标 准 书 号	ISBN 978 - 7 - 214 - 24261 - 7
定　　　价	225.00 元(精装)

(江苏人民出版社图书凡印装错误可向承印厂调换)

目　录

绪 论

德国古典哲学不仅是人类文明和文化发展史上的一个辉煌片段,更是人类思想发展史所达到的几个高峰之一,还是马克思主义的三个理论来源之一。当今西方哲坛的许多重大理论问题,都是由德国古典哲学引发的。在西方哲学界的出版物和学术会议上,从古希腊哲学、近代唯理论和经验哲学、德国古典哲学出发,讨论人们所关注的理论和现实问题,基本上已成为大家的共识和普遍行为。德国古典哲学的作用和影响远远超出了德国和欧洲的疆界,成为全球性的。亚洲、北美洲、拉丁美洲、大洋洲,甚至非洲,都留下了德国古典哲学的思想痕迹。在国际哲坛上,一个外国人,用流利的英语或德语,讨论康德或黑格尔哲学的问题,已经丝毫不足为奇。德国古典哲学的影响力之大,是它的创始者们始料不及的。

一 德国古典哲学的界定

德国古典哲学是指 18 世纪中期到 19 世纪 40 年代前后的德国学院哲学,其活动中心在东普鲁士的哥尼斯堡(Königsberg,今俄罗斯的加里宁格勒)、耶拿、海德堡和柏林等地,康德、费希特、谢林和黑格尔是其主要代表。

德国古典哲学又被叫做德国唯心主义,虽然它们所指称的对象相同,但不同的提法代表了不同的评价。"古典"这个概念源自公元2世纪。当时把Classicus这个拉丁词——原义是指最高纳税阶层的成员——转用到文学上,然后又转用到其他的艺术上,表示第一流的作品。在近代,这个概念的涵盖范围被固定在历史领域。黑格尔是第一个从哲学方面对"古典"一词进行定义的人,他说:"谈到古典理想在历史上的实现,我们可以很容易指出,应该在古希腊人那里去寻找。"①同时,黑格尔又尽可能地避免把歌德和席勒的作品称为古典的,尽管他把它们也视为德国民族文学的高峰。直到19世纪,这种对古希腊时代和后古希腊时代的严格界限才逐渐松动和被废除。"古典"一词的重点逐渐向近代偏移,在文学史上,人们习惯于将歌德时代所取得的成就,尤其是歌德和席勒共同发生影响时期的成就,称为古典的,因为它们本身也推崇古希腊精神。到了20世纪,在艺术史中,人们习惯于将古希腊的作品叫做古典的(Klassike),将现代艺术潮流中以古希腊作品为方向的东西称为古典主义(Klassizismus)。不过这种专有名词的区分在文学和美学领域中并不明显。② 今天它的最广泛和普遍的意义是指那些最优秀和具有代表性的作品,而那些创造了属于本领域内最高成就作品的人可以被称为"古典的"或"经典的"代表。

把"古典"一词从美学领域带进哲学领域,并且用来标识从康德到黑格尔这段时期的哲学,这是恩格斯于1886年在《路德维希·费尔巴哈和德国古典哲学的终结》一书中明确提出的。③ 应该说,这是对德国18—19世纪哲学恰如其分的概括,因为它们确实代表了哲学的最高成就,是当时精神文化的优秀成果。经过岁月的变迁,这一提法在曾受马克思主

---

① 黑格尔:《美学》第3卷,朱光潜译,第168—169页,商务印书馆,1979。译文有改动。
② 关于"古典"这个词的概念发展史参见瑞德尔等主编《哲学历史词典》第4卷,第853—856页,巴塞尔/达姆斯塔特,1971。
③ 参见《马克思恩格斯选集》第4卷,第214页,人民出版社,1995。

义哲学影响较大的国家里得到认同和接受，并普遍使用开来。中国的情况就是这样。其实在德国，人们更乐意于把这段时期的哲学分门别类地叫做康德哲学、费希特哲学、谢林哲学、黑格尔哲学，而不是把它们放在一个笼统的标签下。他们担心那样做，会使人们把一个代表了德国思想文化发展高峰的时期，误解为一个同一、有序、后者师从前者的直线发展过程，从而抹杀其内在的、批判的、创造性的精神，忽视哲学大师们彼此的不同之处。因为正是他们在理论上各有千秋，才使他们能有所创新，有所前进，使那个时代的哲学最终成为一个无所不包的庞大的科学体系，为人类留下一笔宝贵的精神财富。但是，一个时代的哲学，如果缺乏一个统一的标识，也会给局外人理解它带来不少困惑和麻烦。因此，出于书写哲学史的原因，将"德国古典哲学"作为这一阶段的标记，虽然不是最好的，却是可以接受的。它并不表示一种思想的统一性，而是表示一种可以超越断裂和指责从而进行交流与对话的可能性。德国著名哲学史专家耶西克（W. Jaeschke）认为，由于缺少更好的名称，人们宁愿接受"古典哲学"这样一个已经存在的语言用法，用来表示一个哲学时代，尽管它在德国学界并不占统治地位。他说：

> "德国古典哲学"表示这样一种哲学，它在已经逝去的 18 世纪取代了理性的学院哲学。这就是康德的先验哲学及其变革，包括它所经历到的由同时代人所进行的批判。在同时代人也包括随后几代人的意识中，直至 1848 年 3 月革命前夕的哲学史书写中，这一讨论复合体构成一种思想方面的统一性。①

同样受恩格斯在《路德维希·费尔巴哈和德国古典哲学的终结》一书中一些主要观点的影响，再加上后来前苏联哲学界某些教条主义的做法，我们曾经在很长一段时间里，把德国古典哲学又称为德国唯心主义，认为整个哲学史无非是唯物主义与唯心主义两军对垒的历史，唯物主义

---

① 参见耶西克 2001 年 9 月在中国社会科学院哲学所作的学术报告《德国古典哲学Ⅰ：历史与源泉》。

哲学是对唯心主义哲学的发展和超越，"唯心主义"的提法带有明显的贬义。其实，从词源上看，"唯心主义"（Idealismus）一词本身有两个含义，它分别与德文词"Ideal"和"Idee"相关。在与"Ideal"对应时，它具有实践-伦理的意义，表示一种对使理想性成为现实的追求，它以理想的东西为定向，为理想所制约，热衷于不是按现实的意见，而是按它"应该如何存在"的观点，去看待现实性。在这个意义上，它可被译为"理想主义"。在与"Idee"对应时，它与纯理论哲学中的形而上学和认识论问题有关。从它的形而上学意义上看，它最早是指柏拉图和柏罗丁的理念论，认为理念才是真正的现实性，我们的感官只能认识它的阴影。后来它又发展了自己的认识论意义，认为在我们知觉的时空世界中，只能看到一个表面世界或现象界，在现象之后有一个我们无法认识的世界自身，或者是一种只能在精神上思考的现实性。它的最极端的代表是巴克莱。德国唯心主义，虽然可上溯到莱布尼茨，但主要是指康德的认识论意义上的唯心主义，后来经过莱辛、赫尔德、席勒、荷尔德林等人的工作，最后在黑格尔那里扩充和发展了思辨的新观点。康德的唯心主义常被称为先验的或批判的唯心主义，费希特因其"自我创造非我"的原则而被称为主观唯心主义，谢林和黑格尔因为重视外部世界，而被称为客观唯心主义，黑格尔因为主张用逻辑概念对现实性加以把握，又被称为思辨的唯心主义。

所以"唯心主义"这个概念，本来只是代表哲学史上的一种思想倾向，但后来它与唯物主义和实证主义的对立被人为地突出来，使其明显带有贬义。所以现代学界都避免用这个词，以免陷入不必要的争论。再者，"唯心主义"所标识的哲学，在外人看来是思想一致的，但在其内部，相互之间的纷争要大于他们的统一性。仅靠"唯心主义"这个标签，并不能体现他们思想的深刻性和丰富性，反而会用一致性抹杀彼此的区别和发展。所以现在一般用"古典哲学"这个更加中性的阶段概念，来表示在18世纪理性主义的学院哲学之后到1948年3月革命前这一哲学阶段，主要是康德、费希特、谢林、黑格尔等人的哲学。

二　德国古典哲学产生的思想文化背景

任何民族的哲学的产生,不但有一定的社会政治背景,更与该民族的思想文化发展状况密切相关。德国古典哲学是在启蒙运动的旗帜下成长起来的。启蒙运动猛烈地批判封建传统,尤其与宗教的迷信和愚昧作斗争,反对任何偏见和权威,提倡科学,鼓励人们用知识去填补那些尚待认识的领域。它认为人们有权使用自己的理性,对任何事情都问一个为什么。它在"天赋人权"观念的影响下,要求人的自由与平等,要求人的解放和独立思考,在社会上起到了思想解放的作用。莱布尼茨、沃尔夫的启蒙哲学是启蒙运动的理论先驱,托马西乌斯被誉为德国启蒙运动之父,莱辛是启蒙运动的杰出代表,康德和门德尔松对启蒙运动本身作了总结和反思。所以,虽然德国的政治、经济和社会发展要落后于它的邻国,但它在思想文化领域的成就却是令人瞩目的,这是由启蒙运动带来的思想解放所引发的。没有启蒙运动,就不可能有德国 18—19 世纪文学、科学、教育、哲学、出版等领域的全面繁荣。康德既是启蒙运动的参与者,又是古典哲学的开创者,这绝不是偶然的。没有思想的彻底解放,就不会有"哥白尼革命"。

德国古典哲学和当时的文学运动并肩而行,相互促进。哲学与文学既反映了新兴市民阶层对文化的需求,又是知识分子能完全发挥自己才智的地域,这里,起决定作用的因素不是地位、金钱,而是"天才性"和"创造性"。狂飙突进运动既继承了人道主义的传统,又突出了人的情感和感性,弥补了启蒙运动只崇尚理性的片面性。赫尔德作为狂飙突进运动的开创者,在语言、文学、历史等领域都留下了自己的痕迹。席勒既是反封建的斗士,又在创作领域成绩斐然。他把道德和美育结合起来,希望用美的形象感染和教育人,目的是实现一个平等和人道的社会。歌德更是文学领域的巨匠,他开创了德国知识分子参与政治之先河,提倡政治与社会改革,支持繁荣文化的活动。他本人还创作了许多文学作品,流传至今。歌德是德国文学的旗帜。

德国古典哲学与科学有着十分密切的关系。它始终以"科学"为定向，力求具有科学的形态，即成为一座无所不包的知识大厦，成为百科全书式的东西。当时哲学把自然科学包括在自身内，哲学家同时也是自然科学家，所以在德国出现了自然哲学这门特殊学科，它是自然科学发展的一种特殊形态。随着18世纪自然科学的迅速发展，许多新发现不断涌现，数学、力学、物理、生物、化学等学科开始缓慢地从哲学中独立出来，自然哲学也逐渐消失。这是时代的进步，但日后将给哲学带来致命打击：哲学必须限制自己的地盘，与自然科学划清界限；哲学的合法性将受到科学的质疑，因为从自然科学的标准来看，它缺乏科学的形态。自然科学给人类社会带来的进步是毋庸置疑的，但它也必须协调与人类社会和环境的关系。

德国古典哲学的活动场所主要在大学，这使它具有"大学哲学"或"学院哲学"的特征。哲学教学在大学里扮演着重要角色，它曾是大学生入门的必修课。在从封建制度向市民社会过渡的进程中，哲学逐渐摆脱了对神学、法学和医学的依附地位，成为独立的学科。哲学以真、善、美为对象，这是时代的进步。哲学课程一度以理论哲学和实践哲学为主，后来逐渐向哲学史转变。德国大学有自己独特的体制和管理方法，学生和教师有一定程度的"学术自由"，这为哲学的繁荣提供了难得的机遇和保障。思想反对任何禁锢，古典哲学的辉煌与德国大学享有的学术自由是分不开的。哥尼斯堡大学、耶拿大学、柏林大学是德国古典哲学的重要活动地点。

三 德国古典哲学的特征及代表人物

狄尔泰在回顾哲学发展史时曾经精辟地指出，每一个哲学时代，都有一个贯穿于其中的概念，18世纪的哲学概念是"理性"，19世纪是"精神"，20世纪是"生命"。应该说，理性和精神充分体现了德国古典哲学的特征。

马克斯(W. Marx)在回顾德国古典哲学历史时指出:它有两个鲜明特征,一是体系性,二是实践性。体系性要求哲学首先应该是科学,科学的体现就在于它必须有一条统一的最高原则,有一个包罗万象的体系。实践性表明哲学应该关注时代、社会和人生的诸种问题。

德国古典哲学家们的成就集中在理论和实践两个领域。在理论上,他们探讨形而上学、认识论、逻辑、意识、自我、主体与客体的同一、自然与精神的一致性等多种问题,其深刻性是以往哲学无法与之相比的。在实践上,他们代表新兴市民阶层的利益,反对封建专制,期待民族的统一,提倡自由平等、人的道德教育和全面发展,把人的精神需求和能力表达得淋漓尽致,成为当时进步的意识形态。

康德是衔接启蒙哲学和德国古典哲学的关键人物。他的前批判哲学和启蒙哲学思潮有很大的相似性,主旨是对以莱布尼茨和沃尔夫为代表的唯理性哲学进行批判,以"破"为主。在批判唯理论旧传统、接受经验论新观念的过程中,他终于从"旧形而上学的噩梦"中惊醒,逐步创立了批判-先验哲学,拉开了德国古典哲学发展的序幕。《纯粹理性批判》对人的认识能力的研究,对感性、知性、理性三个认识阶段的划分,对超验世界的限制,在哲学史上都具有开创性意义。《实践理性批判》极大地宣扬意志自由。《判断力批判》不仅研究美学这个新生领域的种种问题,更重要的是想从"判断力"中为人的情感能力寻求一种先天的原则,以便使人的知、情、意都能具有先验哲学的基础,从而完成对整个人性作哲学研究的具有先验性质的"人类学"。晚期的康德宣传人类永久和平和做世界公民的思想,这与当今世界的全球化发展趋势在某种程度上是合拍的。他推崇理性、自由等观念,以"人"作为哲学的出发点和根本,更是奠定了现代思想的基础。

费希特是康德批判哲学的直接继承人。他的知识学和伦理学把康德思想发挥到极致。他创造了以"自我"为核心的、充满辩证法思想的知识论体系,他提出的知识学三条原理,使人的主动性和能动性得到极大提升。在政治上,费希特是法国大革命的拥护者,猛烈抨击封建专制制度和反动教会,坚决捍卫新兴资产阶级的自由和人权理念,向统治者索要思想自由。他还身体力行地为德意志民族的解放和复兴而斗争。

谢林在德国古典哲学里的位置比较特殊。他在自然哲学、同一哲学、美学、宗教哲学和神话哲学方面都有独到的研究,其成果为世人瞩目。他是从费希特哲学出发的,在早期提倡同一哲学,认为自然和精神都是对"绝对"的说明。他的自然哲学是古典哲学的一颗明珠,充分体现了天才的独创性。他与浪漫派的交往和唱和,也是德国文化史上的辉煌一页。谢林早期的思想毫无疑问应该归属古典哲学范围,但是他在沉寂三十多年后再写的一些晚期作品,尤其是一些讲课,关注神话和宗教中的启示问题,则很难归属此列,倒是与神秘主义、历史主义、存在主义等当代哲学有相通之处。谢林晚期的保皇和保守政治立场,曾受到黑格尔学派、马克思、恩格斯等人的猛烈批判,直至卢卡奇,对晚年的谢林仍大加讨伐。今天人们则很少提及这段历史,谢林的政治态度在今天似乎已无足轻重,反而是他的神秘主义、推崇东方的思想倾向,更激起人们的兴趣,因为在此可以找到古典哲学与现代哲学对话的渠道。

黑格尔是德国古典哲学的集大成者。最初,他继承启蒙精神,想在实践领域推进康德开创的哲学革命,并在美学、宗教中寻找统一性的原则。后来他开始重新给理论哲学定位,力图按照时代精神,将日渐衰落的哲学改造成为一个科学的体系。他在创建哲学体系时,用逻辑学改造形而上学,并吸收当时的自然科学和人文科学新成果,建构了一个既有逻辑环节的发展又体现了现实性诸要素的庞大体系。这是哲学史上最大也是最后一个理论体系。黑格尔非常重视历史的因素,历史与逻辑的统一、理论性与现实性的统一是他所追求的目标。他扩大了传统哲学的范围,把哲学的笔触延伸到宗教、美学、历史、哲学史等领域,他在这些领域的讲座是了解他那个时代思想文化状况的最好文献。他强调人的自由,注重人的伦理性,希望建立一个法制和民主的社会。他的学生围绕他形成了黑格尔学派,使他的哲学得到广泛传播。

　　黑格尔哲学是德国古典哲学的高峰,但同时也意味着德国古典哲学的终结。黑格尔去世后,德国处在 1848 年大革命的前夜,在变化了的社会局势下,黑格尔的一部分学生还想发展他的学说,有些人确实也取得了一定成就,但另一部分学生,如大卫·施特劳斯、布鲁诺·鲍威尔、费尔巴哈等人,不愿再在老师的旧轨道上行进,他们要批判宗教的神圣性和虚伪性,批判哲学中的"绝对之物"。青年黑格尔派的宗教批判基本上使黑格尔哲学走向没落。费尔巴哈开创了哲学发展的一个新方向,在德国恢复了唯物主义的地位。马克思恩格斯没有停留在理论批判的层面上,对他们来说,实践的重要性超过对理论的兴趣,他们志在改造现实。马克思接受了费尔巴哈的唯物主义哲学立场,并认真地研究了黑格尔的法哲学和精神现象学,在批判性地改造黑格尔辩证法的基础上,提出了无产阶级革命的理论。马克思主义对世界的影响是巨大的。

四　德国古典哲学研究在中国

　　回顾中国近一个世纪来对德国古典哲学的研究,我们取得的成绩不小,但也有遗憾和缺陷。19 世纪中叶,西方文化开始大量涌入中国。但是中国人接受西学,首先接受的是西方的自然科学,然后才注意到西方的政治法律制度,最后才将目光转向西方的哲学文化,哲学是最后进入中国人的视野的。严复的《天演论》可以看做西方哲学进入中国的标志。这说明,中国人在接受"德先生"和"赛先生"之后,开始寻找与重视隐藏在西方科学与民主背后的深刻的思想原因。

　　但是,在中国人接受西方哲学的过程中,德国古典哲学起初并不受重视。据统计,在五四运动之前,对德国古典哲学的介绍只是零星的,有关文章并不多。但是,到了五四运动之后,对德国古典哲学的翻译、介绍和宣传都达到了相当的规模,这是其他流派的哲学所无法比拟的。在接受德国古典哲学时,中国人重视的首先是叔本华、尼采和康德的哲学。国学大师王国维最看重叔本华哲学,希望用"纯粹哲学"解决人生观问题。蔡元培力主办新式教育,因而看重德国哲学中的教育和美育因素,人文主义的东西。五四运动时期,为了"打倒孔家店"和反封建的需要,尼采哲学中藐视传统、反对偶像崇拜、宣传个性解放、毫不妥协的批判精神,成为许多知识分子的思想定向。当时康德哲学的传播也形成高潮,不仅对"三大批判"有较系统的介绍,而且对他的天体论、自然哲学、宗教哲学、法哲学和教育哲学都有专文研究。马克思主义也在五四运动前后传入中国,被中国的激进知识分子所接受,获得了广泛传播。20世纪30年代之后,由于黑格尔哲学同马克思主义哲学的特殊关系,黑格尔哲学受到了空前的重视,开始在中国传播开来。人们不仅翻译黑格尔的著作,还翻译外国学者研究黑格尔哲学的专著,写了许多介绍和研究黑格尔生平与思想的论著。可以说,黑格尔虽然来得晚,但大有后来者居上之势。在这个过程中,费希特、谢林哲学也在中国得到初步的介绍与传播。①

考察从19世纪中叶至1949年前中国对德国古典哲学的接受,我们可以看到这样三个特征:第一,中国对西方思想的接受从来不是纯学术性的,它始终和中国社会的政治文化走向密切相关。当中国的原有意识形态不足以为中国社会的发展提供新的思想动力时,中国人必然向外寻找新的思想定向。所以,"学术"的命运常取决于"实践"的需要。第二,中国接受德国哲学的过程是与德国哲学当时的发展同步的。20世纪前后,德国盛行的正是以叔本华和尼采为代表的悲观哲学和人生哲学,还有新康德主义的认识哲学和价值哲学。俄国十月革命后,马克思主义开始在世界上传播开来,于是它也走进了中国,并得到广泛认同。新黑格尔主义于19世纪末在英国出现,然后经过近30年的发展,最后在20世纪30年代在德国达到高潮,它唤醒了沉睡多年的黑格尔哲学。中国就在这时接受了黑格尔哲学,而且主要是用新黑格尔主义的眼光来解读黑

---

① 本节内容参考了杨河、邓安庆《康德黑格尔哲学在中国》(首都师范大学出版社,2002)相关
  内容。

格尔。第三,与其他西方哲学流派相比,德国古典哲学在中国的到场最晚,但是很快就超越了其他流派,成为在中国传播最广、研究人员最多、在译著和专著的质与量方面都占明显优势的一个哲学学派。这固然有中国社会发展的外部原因,但也与德国古典哲学本身的理论深度和科学性分不开,这正是本书所要展现的内容。

从 1949 年至 1978 年,德国古典哲学研究受到一定冲击,它被与唯心主义画等号,处于时刻受唯物主义批判的地位。虽然因为与马克思主义的亲缘关系,使得对德国古典哲学的研究没有停止,这是它比其他西方哲学流派要幸运的地方,但研究工作发展得很不平衡。作为马克思主义三大理论来源之一的黑格尔哲学受到高度重视,在历次政治运动中都没有受到太大牵连,但解读黑格尔则始终按马列主义的评价进行。其他的代表人物就没有那么幸运了,因为需要黑格尔,所以才不能不要康德、费希特、谢林,由果及因,德国古典哲学的历史因政治原因而倒转过来。有一则学术受政治影响的笑话。20 世纪 60 年代,在韩国的大学里不许研究黑格尔,但可以读康德,因为黑格尔与马克思有关系,而马克思是共产主义的代言人,当时政治专制的韩国视共产主义为洪水猛兽。而同一时期在西班牙,只允许读黑格尔,不许读康德,因为在西班牙这个天主教国家,康德始终难以摆脱无神论的嫌疑。

1978 年以后,德国古典哲学的研究终于摆脱了意识形态的桎梏,回到事情本身,开始走上"科学"和"独立"的研究轨道。当时举办了许多学术讨论会,拨乱反正,让各种不同的理解都能发出自己的声音。康德哲学受到高度重视,黑格尔哲学则逐渐被冷落,甚至有人矫枉过正,提出"宁要康德,不要黑格尔"的口号。事情都有两面性,20 世纪 80 年代解放思想后出现的现代西方哲学热,给德国古典哲学研究造成了致命打击,人们对新观点趋之若鹜,使得古典哲学研究一度空前沉寂下来。这倒也不是坏事,在冷板凳上坐几年,摆脱掉政治和功利的影响,正好给冷静思考留下时间和空间。近年来,陆续有一些古典哲学研究的力作问世,其主要长处在于注重原著和文本,力求与国际最新研究接轨,摆脱以往研究的模式和限制,寻找那些对我们所生活的时代有意义的话题。总体来看,康德研究有热过黑格尔研究的趋向。①

　　我们在翻译方面的成绩是比较大的。康德的著作以前翻译得不多,而且译本陈旧,有的是根据英译本,准确性和可读性都不太令人满意。正值 2004 年康德逝世 200 周年纪念之际,邓晓芒推出了"三大批判"的中译本,李秋零推出了《康德早期著作选》和《纯粹理性批判》,这对康德哲学在中国的传播将起到积极的推进作用。希望康德晚年的著作,例如《道德形而上学》,也能陆续翻译出来。费希特著作的翻译工作在梁志学的主持下也有很大进展,根据德国历史评论版翻译的《费希特全集》第 1—5 卷已经完成。谢林的翻译工作不尽如人意,尤其缺乏他的晚期作品。在贺麟等人多年的努力工作下,黑格尔的作品历来是翻译最多和最全的,目前缺的主要是他在耶拿时期的作品,这对了解黑格尔思想体系的形成过程十分重要,另外还缺《哲学科学百科全书》的第三部分《精神哲学》。不过,黑格尔的许多中译本因年代久远,都面临更新的问题,有些译本则是因为以前所参照的蓝本不够准确,所以也须修改。2002 年,梁志学重译了《小逻辑》,薛华翻译了《哲学科学全书纲要》的第 1 版(1817),这应该是重新启动黑格尔作品翻译的信号。

　　其实在中国,德国古典哲学研究应该是大有可为的,与国际研究状况相比,我们还有不少空白点,还须提升我们的研究水平。例如对康德政治历史作品的研究,对黑格尔思想发展进程的研究,对黑格尔的法哲学的重新评价,等等。德国古典哲学四大家,我们研究的重点始终在康德和黑格尔身上,这倒也符合国际潮流,西方哲学界不论在报告还是在文章中,均言必称"康德、黑格尔"。此外,费希特研究在中国也应该是大有可为的一件事,过去有关他的作品一直不是很多,但近年来在翻译方面成果丰硕,所以研究工作也应该相应地随之深化和扩展。谢林哲学研

---

① 关于康德黑格尔哲学研究的详细情况参见杨河、邓安庆《康德黑格尔哲学在中国》(首都师范大学出版社,2002)。他们作了值得称道的资料收集和整理工作。

究因为译作太少，尤其是晚期作品几乎没有翻译，所以一直十分有限，只有一些零星的研究作品，这是一个有待在将来发展的领域。总之，我们应该摒弃以往大而化之和贴标签的做法，对德国古典哲学的重要著作和重大专题进行细致研究，争取实在的进步。

第一篇

德国古典哲学产生的思想文化背景

第一章　德国启蒙运动

在欧洲历史上,启蒙运动是以近代工业革命为基础,由新兴市民阶层中的实业界人士和进步知识分子所共同推进的一场反对封建专制,反对教会和迷信,普及文化和教育,倡导民主、自由、平等等新观念的思想文化解放运动。它的目标直接指向封建社会的种种传统和观念,尤其是在世界观和人的图像方面,显示了与传统的彻底决裂。它的影响范围波及当时社会的各个层面,成为近代资产阶级革命的理论先驱。

第一节　德国启蒙运动

作为一个迟到的民族,德国的启蒙运动比英国和法国的来得要晚。启蒙运动大约在 17 世纪末才在德国开始,在 18 世纪 20—50 年代达到高潮,然后在 70 年代左右开始遭到猛烈批评,再加上其内部观点纷争,遂呈没落之势。这时它转而对其自身进行批判性反思,康德及其代表作《什么是启蒙?》(1784)可被看做启蒙运动的终结和新时代的开始。

一　主要特征

虽然在时间上要晚于英国和法国,但在追求目标和表现形式方面,德国的启蒙运动与英国和法国的有很大不同,尤其在理论深度方面要超过它们。深受牛顿和洛克影响的英国启蒙主义是反形而上学和主张经验论的。首先,他们推崇科学。其次,他们也崇尚理性,认为它是人的最宝贵的能力,是人的无限进步的确定性的基础。但是,他们只选择了经验作为自己的工作领域,对所有的经验事务进行详尽的分析。他们对人的经验形式感兴趣,探求它们的道德、宗教和政治等可能性条件。在宗教领域,则出现了启示宗教的"理性化"进程,它排除一切超自然因素,把宗教归之于几条理性可以认识的真理,例如把上帝理解为无限智慧和无限善良的最高本质,把人的义务定义为互爱和相互尊重,其他的宗教断言则被视为迷信和欺骗而遭到拒绝。在道德领域,他们设法使道德独立于宗教,把道德归结到人的本性之中,认为道德行为取决于人天赋的对善和美的感觉。

法国启蒙主义者接受了英国的主要启蒙思想,把它发展至极致,产生了激进的后果。随着新观念的推进,在法国出现了一场现实的文化战斗,随着战斗的深入,争斗的焦点不再是观念,而是转向政治和社会的诸机构。在宗教方面,他们首先是批判种种偏见。以伏尔泰为代表的一派推崇自然宗教,反对种种实证宗教;以拉美特利、爱尔维修、霍尔巴赫为代表的一派则坚持无神论,只承认物质的存在,认为它们才是永恒的,它们的起点就在其自身之中。不过,两派在批判基督教或天主教的欺骗性和毒害性方面却是一致的。在哲学领域,他们比较赞成英国的经验论路线,认为哲学应趋向牛顿和洛克开创的方向,即借重观察与经验。他们强烈批判 17 世纪热衷于形而上学及其系统性-推理性结构的理论趋向。

德国启蒙主义者则对法国同行否定一切超验的东西、他们的尖锐性和革命的意识形态感到陌生。德国启蒙主义者也不赞成英国人对理性和科学表现出的过分热情,因为他们坚信人的认识的局限性。他们既不是无神论者,也不是自然神论者,他们视宗教为人性教育和德行培养的重要一环。在政治领域,他们既不像法国人那样赞成革命,也不像英国人那样对宪法的问题感兴趣。但是,决不能把德国启蒙运动理解为一场纯粹致力于人的精神解放的非政治活动,事实上它与人的使命、人的权力、人的本性的尊严有关。它面临的主要问题不仅是理论问题(如康德所说的"精神解放"和理性的"公开使用"),更是在为一种教育纲领而战斗,这项纲领的目的是让所有个体都接受教育,在人性改善的前提下建设一个公正合理的美好社会。

熟悉欧洲和德国文化的意大利专家齐亚法多纳(R. Ciafardone)这样概括德国启蒙运动的特征:

> 它导致文化持续的世俗化:不再像 16 世纪那样,是存在及其最高使命位于思想的中心,而是人、人的本质和人的需要位于思想的中心。最优秀的科学不再是神学或形而上学,而是关于人的理论。这决定了 18 世纪的特征,因此可以言之有理地把德国启蒙运动称为"苏格拉底世纪"。[①]

像苏格拉底那样,德国启蒙运动把哲学当做一种教育性的活动,其目的是让人们记住自己的责任,也就是使自己意识到人本身、人的本质和人在世界上的任务。如果没有这一自我理解的过程,没有对自身本性和自身义务透彻的了解过程,人就缺乏他的目标。

二 启蒙运动之父:托马西乌斯

托马西乌斯(Thomasius,1655—1728)是法学家和哲学家,曾在莱比锡和哈雷大学任教授。在德国,他第一个呼吁为了实践的目的而改善理智。他致力于寻求这样一种类型的哲学:不以自身为目的,而是力求为生命带来真正的用处。这是针对唯理性主义只重视严格的哲学方法而发的。托马西乌斯坚定地强调,人的使命不是去考察真理,而是活动。知识应该成为重塑社会现实性的工具,知识只有启蒙民众并且为生命的实践目的服务,才具有价值。没有用处的知识不是真正的智慧,而只是

[①] 齐亚法多纳:《德国启蒙的哲学——文本选读与评介》,第 13—14 页,斯图加特,瑞克兰出版社,1990。

一种空洞的愚蠢。意志，而不是理智，才是人最基本的能力，因为意志是善恶之源。启蒙的进步取决于意志的完善，而不是理智的改善。由此可见，对知性哲学的批判和对知识的实践功用的强调，是托马西乌斯启蒙思想的两大特征。

在实际生活中，托马西乌斯也是一个敢于把自己的信念付诸实践的人。他把矛头对准了当时知识社会普遍使用的拉丁语。当他作为一个年轻讲师第一次在莱比锡大学面对听众时，他的《模仿法国人的纲领》（*Programm von der Nachahmung der Franzosen*）的讲稿是用德语写的，报告也是用德语作的，这在大学里引起了轩然大波，因为他冲撞了大学自成立以来的规矩：拉丁语是唯一的口头语言和书面语言。对学校秩序的冲击表述了市民阶层在经济力量强大后要求参与社会精神生活的意愿，它剥夺了贵族和僧侣们通过拉丁语而在文化上由来已久的垄断地位，其实莱布尼茨已经隐约提到过，德语完全适宜于哲学的表述。而经过托马西乌斯的努力，德国启蒙哲学逐渐习惯于用民族语言来表达自己的思想，这才有了日后沃尔夫用德语创建的哲学体系，托马西乌斯使用的许多术语后来为沃尔夫和康德所继承。哲学使用德语的另一个好处就是，为后来哲学与文学的碰撞和相互促进提供了可能，为民间流传的东西尤其是神秘主义的东西进入知识世界铺平了道路。

三　启蒙运动的杰出代表：莱辛

莱辛（Gotthold Ephraim Lessing，1729—1781）是天才的记者、评论家、诗人、寓言家和戏剧家。他出身于一个牧师家庭，在虔诚信仰和认真读书的家庭氛围中长大。他受过良好的希腊文、拉丁文、英文和法文的训练，学习了宗教、哲学、数学等方面的课程，并在学校里显示了强烈的求知欲和异常的学习天赋。1746年，他获得了莱比锡大学的奖学金，开始读神学，他的父母希望他成为一名牧师或神学博士，但他却偏离了父母为他设定的人生目标。在莱比锡这座开放的城市里，他对当时一些新兴的自然科学学科感兴趣，尤其对戏剧着迷，当时德国最著名的诺依贝尔(Neuber)剧社正在进行戏剧改革,上演一些深受市民欢迎的喜剧,莱辛几乎每场都看,这为他今后从事戏剧、文学创作和评论打下良好基础。他曾试图学医,但最终还是放弃了。1748 年 11 月,莱辛来到柏林,开始了在戏剧与美学领域作为职业作家的生涯。他创办和编辑过戏剧评论杂志,发表了许多文学评论、寓言和剧本,并在 1766 年完成了美学名著《拉奥孔,或称论画与诗的界限》(*Laokoon:oder über die Grenzen der Malerei und Poesie*)。1767 年,他受聘担任汉堡"民族剧院"的艺术顾问,并创办了一份专门评论上演剧目和表演艺术的小报。他为此一共撰写了 104 篇评论,这就是后来成为欧洲戏剧批评经典的《汉堡剧评》(*Hamburgische Dramaturgie*)。莱辛晚年任沃尔夫堡一个古老图书馆的管理员,写了许多宗教和哲学的论战文章。据说他去世之时,仍在静静地听朋友给他念书。在德国人眼里,莱辛无疑是一个既学识渊博又品格高尚的完美之人,做一个这样的人,是众多知识分子的最大追求。

　　莱辛一生最为关注宗教问题,他在这方面的主要作品有《理性的基督教》(*Das Christentum der Vernunft*,1753)、《论可显示的宗教的产生》(*Über die Entstehung der geoffenbarten Religion*,1753—1755)、《论精神和力的证明》(*Über den Beweis des Geistes und der Kraft*,1777)和《人类教育》(*Die Erziehung des Menschengeschlechts*,1780)。在批判神学和传统宗教时,他获得了一种历史的视野,这就是"发展"的概念。他区分了"理性真理"和"事实真理"。针对基督教的正统理论和沃尔夫的神学理性主义,他认为宗教真理只是一种事实真理,这种真理作为"事实"并不能使宗教宣称自己具有的超理性意义得到合法证明。宗教的等级高低取决于它的伦理特征和理性内容,它们是在历史的发展中不断向人类显示出来的。当下的历史不是处在与理性不可调和的对抗中,相反,历史是理性得以现实化的基础。他对人类历史持肯定的眼光:历史不是人的错误和迷信的堆积,而是一连串事件的结果,这些结果对人类的教育是必不可少的。他虽然没有写过历史哲学的著作,但在他的许多作品中都充满了历史精神。这正是他超出启蒙运动同路人之处。他还假设人类理性是无限发展的,期待一种理性的世界秩序的观念能与对现实性的动态直观进行和解。他创作的《萨拉·萨姆苏小姐》《爱米丽雅·迦洛蒂》《明娜·冯·巴尔赫姆》《智者纳旦》等戏剧,在批判封建制度和社会传统观念,传播民主、友爱、和平、平等、宽容的新人生哲理方面起了巨大的作用。在《智者纳旦》中,他借纳旦之口,说明宗教是在历史中形成的,呼吁基督教、犹太教、伊斯兰教等三大宗教和解。

莱辛的思想和行动源自他内心坚定的伦理信念。他坚定不移地按理想的标准来检验现存的东西,同时又具有足够的谦虚,承认个体形态的必然性和合理性。由此,他指出了"伦理的唯心主义"这一发展方向,成为德国哲学和文学的核心。

第二节 德国启蒙时代的哲学

德国启蒙运动在哲学方面的重要代表是莱布尼茨及其追随者沃尔夫。在很大程度上,启蒙哲学为启蒙运动在德国的广泛普及扫清了障碍。在经历了30年战争和种种灾难后,当德国人终于能够静下心来喘口气并环顾国内的精神状况时,他们发现整个知识世界都处在正统保守派的统治下,天主教的大学被旧的经院哲学所控制,基督新教的大学则被新的经院哲学所控制,连在民众中一度流传的神秘主义运动也在外部压力之下消失了。为了弥补自由的思想运动的缺乏,当时的学界一方面盛行所谓辩证的吹毛求疵的提问和解释,四处钻牛角尖;另一方面则是缺乏思想的学问与知识的堆积。18世纪初,德国的思想、文化和科学的发展都远远落后于英国和法国。英国的牛顿力学、以洛克为代表的自由主义政治哲学以及法国的百科全书派,在欧洲风头正劲,法国文学也在路易十四的庇护下繁花怒放。这引起德国有识之士对现状的不满,不同的思想流派应运而生。更多的人把目光转向英国和法国,注意到他们在哲学和思想文化方面的种种创新:人道主义的理念、经验主义的方法、法哲学、几何学方法等。斯宾诺莎主义和唯物主义也不乏追随者。哲学史家文德尔班这样评价当时的状况：

> 在 17 世纪的德国，哲学思想的冲动是如此之四分五裂和互不相关，因此，它需要一个伟大的天才，来结束这种悲哀的状态，并且将诸精神力量整合起来，以系统性地解决问题。这位天才，近代德国哲学之父，就是莱布尼茨。①

一　莱布尼茨

莱布尼茨（Gottfried Wilhelm von Leibniz，1646—1716）的父亲是莱比锡的道德学教授。莱布尼茨本人既有天赋又如饥似渴地追求知识。他对古希腊以来哲学史的把握要超过他的大多数哲学界同仁。在取得法学博士学位后，他放弃了通常的去学院任教的学者之路，选择为美因茨选帝侯服务，并由此开始了他作为政治家和作家的活动。他去过巴黎和伦敦，亲身感受了当地的精神气氛。后来他应邀担任了汉诺威公爵的顾问和图书馆馆长，从事过多方面的工作，尤其是在政治领域和科学领域有所成就。1700 年，在莱布尼茨的倡议和努力下，柏林科学院成立，莱布尼茨出任第一位院长。他还为当时勃兰登堡的学校改革出谋划策，赞成引进养蚕业等。他甚至利用与俄国彼得大帝的良好关系，说服后者在彼得堡建立一个科学院。他在科学方面的造诣也是当时无人能比的。他发明了微积分计算的方法，在把它应用到力学领域后，基本上重塑了笛卡尔的运动量守恒原理，并提出了一个与牛顿万有引力定理相近的基本模式。在化学领域，他根据当时的科研水准研究过磷的问题。他还在汉诺威公国推进了地质学研究，并按照科学原理来推动采矿业和铸币业。他在法学和历史学领域也做了不少重要的事。他为公爵在政治和宗教方面的出谋划策也是比较成功的。他赞成斯宾诺莎的主张，使基督教的各派别都联合起来。但他的晚年比较凄凉。英国科学院因莱布尼茨与牛顿之间的微积分之争而阻挠英国王室

---

① 文德尔班：《近代哲学史》，第 453 页，莱比锡，1919。

对他的任命,他想移居法国又因种种原因而不得不放弃,与汉诺威王室的关系也因僧侣和宫廷人士的谗言而松弛和冷淡,最后他在孤独中去世。莱布尼茨的命运轨迹和大多数投身政治的学者相似:曾经辉煌过,但最后终因政治主张与统治者的意志相冲突而不得不退出政治舞台。后人对莱布尼茨一生的评价有些许微词。[1]

莱布尼茨继承了笛卡尔以来的唯理主义。但是,他并不是极端的唯理主义者。[2] 他在唯理主义的观点之下逐步接受了经验主义的理论,并致力于在法国唯理主义和英国经验主义之间寻求折中。他追求确定的数学方法,但并不完全排斥经验,这使得唯理主义倡导的一种统一的方法论不再成为可能。天赋观念和经验都是人的知识的来源。为此,莱布尼茨区分了永恒(几何学或形而上学)真理和事实真理、必然真理和偶然真理、理性知识(先天的)和经验知识(后天的)等。在形式逻辑的三条原则之外,莱布尼茨提出了充足理由律,作为经验真理的根据。

不论研究什么领域的问题,莱布尼茨都深入到问题的核心。但是,他的多方面政治外交活动和四处延伸的对科学的兴趣,耗去了他的主要时间和精力,使他的哲学思想在统一性和完整性方面有欠缺:思想深刻,但语言文学化,形式松散。莱布尼茨本人也并不想成为笛卡尔和斯宾诺莎那样的学者,因此没有专门著述以全面详细地表述自己的哲学思想。《神正论》来自他在关于邪恶和罪孽问题的谈话之后为普鲁士王后写的初稿,是一部通俗作品,目的在于反驳法国的怀疑论哲学家贝勒,主张信仰与理智是和谐一致的。《单子论》的初衷是为奥根王子提供一个自己思想体系的大纲。其他的短文多只涉及单个问题。在这种情况下,莱布尼茨与同时代人的通信对了解他的思想就显得十分重要。

莱布尼茨的重要著作《人类理智新论》在 1704 年就已完成,但因洛克的去世和担心英国人的反应而被束之高阁。直至 1765 年,这本书才

---

[1] 参见罗素《西方哲学史》下卷,马元德译,第 106 页,商务印书馆,1981。
[2] 参见文德尔班《近代哲学史》,第 466—474 页,莱比锡,1919。

和莱布尼茨的其他手稿一起出版,所以莱布尼茨对整个启蒙哲学的影响只局限在形而上学和方法论的范围,人们都只了解他的"单子论"和"预定和谐说",而他在认识论方面的许多深刻观点直到18世纪中叶才为世人所知。比如针对洛克的"白板说",他认为心灵"是一块有纹路的大理石",具有潜在的天赋观念,普遍必然性知识来源于"天赋的内在原则",感觉和思维都是作为精神实体的心灵的能力。

二　沃尔夫及其学院哲学

沃尔夫(Christian F. Wolff,1679—1754)是莱布尼茨哲学的忠实继承者。他终生推崇具有自然科学和数学色彩的科学理念,并期待在这一基础之上,构造哲学的各个学科。他尤为崇拜数学,认为数学在发现迄今尚无人所知的真理时是艺术永远无法超越的榜样。据沃尔夫自述,他早年就对天主教和路德教之间的神学争辩感兴趣,当时就立志要把数学的程序应用到神学和哲学领域,使它们具有科学的特征。他提出在进行哲学论证时应遵循四条原则:(1)只使用得到精确定义的表述。(2)只使用得到充分证明的原则。(3)只承认那些根据可靠的程序从得到证明的原则中推导而来的定理。(4)排列证明的诸要素时,使那个能使随后的要素得到理解和证明的要素位于最前面。这种方法的重点并不在于按定义、公理、假设和推论来进行论证,而是把结论和不可否认的前提紧密联系起来,强调结论对前提的严格依赖性。

这种视数学为唯一真理并把它推向哲学领域的做法,是与自笛卡尔以来的近代唯理论思想一脉相承的。它一方面克服了早期启蒙运动只重社会和文化因素,忽视科学和数学知识的片面性;另一方面又难免使自己陷于独断论的泥沼。实际上沃尔夫的数学哲学理想很快就遭到克鲁西乌斯(Crusius,1715—1775)、康德等人的批判。批判运动最终导致对按照数学方法处理哲学问题的彻底拒绝。

与莱布尼茨一样,沃尔夫并不排斥经验的东西,认为在经验认识和哲学认识之间存在一种一致性。他区分了历史知识和哲学知识。历史知识是关于那些"在物质世界或非物质实体的领域内所存在和发生的东西"的知识,哲学知识是关于那些"所存在和发生的东西的根据"的知识。他说:

> 历史知识有别于哲学知识。历史知识由纯粹的事实认识组成,而哲学知识走得更远,它揭示根据,从而使人认识到,为什么这类事情会发生。①

> 历史知识是哲学知识的基础。如果某事通过经验得以确定,并且人们能借助它的帮助给出其他所存在和发生的事的根据,那么,历史知识就构成哲学知识的基础……人们必须重视历史知识。一个想获得哲学知识的人决不能低估历史知识,这是显而易见的。历史知识先于哲学知识而发生,哲学知识必须不间断地与历史知识联系在一起。②

沃尔夫在哲学史上的杰出贡献在于他使莱布尼茨哲学系统化,在德国哲学史上第一次创建了一个学科完整的体系。这一哲学体系或学科分类被人们普遍认可,并成为大学教学的基本模式,从而规定了以后100多年哲学的发展方向。沃尔夫的哲学体系可图示如下③:

	高级认识能力	低级认识能力	
表象能力	本体论和形而上学 { 灵魂学 { 理性神学 理性心理学 理性宇宙学	目的论 经验心理学 物理学和自然科学 } 经验理论	理论科学
统觉能力	普通实践哲学和自然法 { 伦理学 政治学 经济学	技术理论或实验性实践	实践科学
	先验科学 (理性科学或哲学)	后验科学(经验科学)	

① 转引自文德尔班《近代哲学史》,第145页,莱比锡,1919(以下所引此书均为此版本)。
② 同上书,第146页。
③ 同上书,第521页。

在这些学科之前,沃尔夫安排了逻辑作为从事科学活动的工具。

沃尔夫还是第一个用德语写作哲学文章的人,他的大部分哲学著作都是用德语写的。他使德语堂而皇之地进入了学术的殿堂,使哲学成为普遍的、属于德意志民族的科学。应该说,民族语言的应用对哲学在德国的普及、哲学的世俗化和思想的深化有巨大促进作用。以民族语言取代拉丁语,也是启蒙运动取得的一个巨大文化成果,它反映了欧洲各国民族意识的觉醒,民族意识的强化又促进了各国文化事业的发展。黑格尔恰如其分地评价了沃尔夫因推广德语而对德国哲学所作的贡献:

> 只有当一个民族用自己的语言掌握了一门科学的时候,我们才能说这门科学属于这个民族了;这一点,对于哲学来说最有必要。因为思想恰恰具有这样一个环节,即:应当属于自我意识,也就是说,应当是自己固有的东西;思想应当用自己的语言表达出来,比方说,用 Bestimmtheit[规定,德语固有词]代替 Determination[规定,借自拉丁语词 determinatio],用 Wesen[本质,德语固有词]代替 Essenz[本质,借自拉丁语词 essentia],等等,这样对于意识来说是直接的,这些概念是它自己固有的东西,它是在同自己的东西打交道,不是同一个外来的东西打交道。拉丁语有一套措词法,有一个特定的表象范围或界域:一旦承认了这个范围,用拉丁文写作的时候,就必定写得平平板板;人们冒昧地用拉丁语表达的东西,是不可能明白可诵或流畅自如的。[①]

沃尔夫在德国哲学史上第一个创建了学派,其弟子们占据了德国各大学的哲学教授讲席,当时所有的哲学课都在莱布尼茨-沃尔夫哲学的框架内进行。多年来,各大学都使用沃尔夫的教科书。弟子们除了编写各种拉丁语和德语的教科书,以及对大师的体系作点无关痛痒的改善外,往往无事可做,这迅速导致了沃尔夫哲学的教条化。沃尔夫哲学的

---

① 黑格尔:《哲学史讲演录》第 4 卷,贺麟、王太庆译,第 187—188 页,商务印书馆,1981。

主要问题就是拘泥于形式,缺乏思辨,从而窒息了哲学的深刻内容。例如黑格尔认为:

> 他把哲学划分成一些呆板形式的学科,以学究的方式应用几何学方法把哲学抽绎成一些理智规定,同时同英国哲学家一样,把理智形而上学的独断主义捧成了普遍的基调。这种独断主义,是用一些互相排斥的理智规定和关系,如一和多,或简单和复合,有限和无限,因果关系等等,来规定绝对和理性的东西的。[1]

黑格尔对沃尔夫哲学的评价,在今天看来也还是恰当的。

第三节　德国启蒙运动的理论焦点

一　人的规定性

文艺复兴以后,人成为思想文化关注的中心。人的图像在逐步脱离神的束缚,获得人本身应有的尊严和自由。莱布尼茨和斯宾诺莎的唯理论哲学的一个共同点,就是认为人是神创造的,因而是圆满的,达到观念的清楚性应是人的最终目标,人向这个方向迈出的每一步都会增加人的幸福。人的最高的善就在于寻找和发现真理,但只有少数博学之士才能实现这个理想。这种观点遭到托马西乌斯的驳斥。他认为仅凭形而上学的抽象根本不能解决生活世界的任何实际问题,行为应该先于认识,在概念的劳作和社会-政治现实性之间应该建立紧密联系。他策划了一种以博爱为基础的新伦理学,认为只有博爱才是人之为人的规定性标志。人只有成为一个共同体的成员,并且为团体服务,才能使其"规定性"成为现实。沃尔夫有调和两者的倾向,主张人的自然规定性不仅在于行动着的生命,更在于理智的养成。理论与实践谁为先之哲学争论在此已初露端倪。

---

[1] 黑格尔:《哲学史讲演录》第 4 卷,贺麟、王太庆译,第 188 页,商务印书馆,1981。

到了 18 世纪 60 年代,在门德尔松和另一位启蒙学者阿伯特(Abbt)之间又爆发了关于人生的意义和最终目标之争。阿伯特颇有点后来的怀疑主义和虚无主义的味道,与启蒙哲学的乐观主义大唱反调,否认人可以借助理性去认识自己的时间规定性和永恒规定性。他认为人的实存充满了理性无法解释的矛盾,是一个理性不能打开的死结,也是理性不能澄明的黑暗。门德尔松则对人的理性天赋坚信不疑,他毫不怀疑人的实存是可以认识的。每个人必须在与上帝的目的的完全一致性之中,在与其他被创造之物的完全和谐之中,发展自己的能力和天资。

随后,莱辛、席勒等人开始突破上述唯理性与教育为大的立场,寻求更全面和准确地表达人的规定性。一方面,他们区分了伦理和艺术,认为善和美是两个不同的领域,各有自己的规则,进而承认了感觉的原初性以及它对认识和行为的独立性;另一方面,他们把艺术视为重新获得人的原初统一性的工具,认为近代因劳动分工和科学分化而摧毁了人的这种原初统一性。这为向浪漫主义的过渡——注重内心情感,强调艺术的功用,呼唤原初的统一性——埋下伏笔。

二　哲学知识

在哲学领域,出现了关于哲学与数学的关系以及与此相关的关于自然和哲学方法的关系的激烈辩论。德国启蒙哲学的基本倾向是拒绝德国传统的唯理论-思辨的形而上学,审慎地欢迎和接受英国经验论,主要是洛克和休谟的哲学。由于对沃尔夫的批判,德国人开始从形而上学的迷梦中惊醒,认识到关于上帝、灵魂、世界的形而上学的三大传统问题是无法证明的,人类在这些问题上耗费了几百年的精力。这就导致后来出现了康德的处理方法,即把它们当做理性的三个假设。哲学开始出现由本体论向认识论和方法论的转向。哲学家们探讨人的理性能力到底有多大,理性认识的界限何在。他们还注重研究哲学的方法论。既然原有的演绎-推理方法不足以达到真理,那么何不试试英国的经验-分析的哲学方法呢?当时英国的经济和政治在欧洲都处于领先地位,随着德、英贸易的增多和文化的交流,德国人无不把接受英国的新思想潮流当做时尚,所以他们很容易在英国经验论中寻找新的思维定向。

托马西乌斯是第一个对人的理性的可能性和理性认识的界限发问的人。他的结论是,只有经验知识才是有根据的,形而上学始终问题重重,因为它超出了可知觉之物的范围。他认为我们的表象依赖于感觉,因而把那些就其本性来说的不可感觉之物——上帝、灵魂、世界——从可认识之物的范围中排除出去。

克鲁西乌斯是对康德前批判思想影响比较大的一位有强烈经验论倾向的哲学家。他把数学和哲学严格区分开来,由此驳斥了沃尔夫把几何学方法转用到哲学上的"越轨行为"。他对沃尔夫视为人的确定性的唯一原则的非矛盾律进行了批判,并且想找出一种哲学所特有的分析方法。这种方法是分析-分解式的,它对经验进行分析和分解,直至找出人的认识中再也不可分的第一原则。克鲁西乌斯实际上是在为人的知性寻找一种新的原则,这些原则不仅是形式的,而且涉及内容。他还反对从任意设想的原则中推导出真实之物,认为沃尔夫仅凭作为数学和逻辑的基础的非矛盾律并不能说明上帝等等的实存。当然直到康德才彻底把上帝的实存当做某种原初的东西与思想的形式原则彻底区分开来。在《自然神学和道德的基本原理的清楚性研究》(1763)一文中,康德在涉及其方法问题时,就自称为"著名的克鲁西乌斯"的债务人。①

这里值得一提的有一位叫特滕斯(Tetens,1736—1807)的哲学家,他所抓住的问题与批判哲学所关心的问题有类似之处。在《论普通思辨哲学》("Über die allgemeine speculativische Philosophie",1775)一文中,他明确要求一种以与在我们意识之外实存着的对象相一致的一些概念和原则为基础的关于真实之物的本体论。这样他就遇到一个似乎无法解决的难题:我们的表象始终是被给予的,而我们自身并没有达到外在

---

① 参见齐亚法多纳《德国启蒙的哲学——文本选读与评介》,第126—127页,斯图加特,瑞克兰出版社,1990。

之物的通道。为了离开这条死胡同,只有假设一种表象间的不断的连结,把它作为判断空虚表象和可靠表象的标准。特滕斯的根据是,有一种内在经验,有一种引导每一个知觉的、关于我们的实在表象间是否一致的感觉,这种感觉通过它的清晰性来强迫我们把这些实在表象当做对象的真实摹本。后来康德找到了对表象与对象间关系的满意解释,这就是认识主体的综合性活动,它是知识的统一性和客观性的基础。

特滕斯还把感性和知性加以区分,认定它们是两种相互无关的认识能力,但在建构经验时又共同发挥作用。他区分了知识的质料和形式,认为思维的功能就是整理感性数据,从而彻底排除了关于一种纯粹感性知识和一种纯粹知性知识的假设。他还是当时德国对因果关系作过最详尽研究的人,这导致他对休谟假设的全面批驳。在德国启蒙哲学的经验论倾向,或者说沃尔夫唯理论和英国经验论调和的倾向一度占据上风后,在特滕斯那里,风向又开始刮向德国固有的思辨-形而上学传统。我们读到了他对德国哲学优于英国哲学的有趣分析:

> 在观察时英国哲学家们可能是我们的榜样,但在思辨哲学中他们却不是这样。他们在思辨中毫无作为。他们对此颇为陌生,因为他们是在这样一个民族中进行思维,这个民族要比其他任何一个民族都惯于直观地表象普遍数学知识对真实的对象的知识的强大影响;因为他们有了牛顿,他的伟大之处与其说表现在他那重要的观察中,不如说表现在他那深刻、普遍的理论观点中。为什么这些哲学家不喜欢下述想法,即在思辨哲学中也有一种普遍的理性理论,它以同样的方式也和真实世界的知识有关联呢?他们的哲学史似乎能解释这一点。他们的近代哲学最初是由牛顿、然后是由洛克构成的。两人都不是数学家和天文学家……相反德国近代哲学是从沃尔夫那里,从他的法规和程序中,被推向高潮,至今仍未回落。沃尔夫在确定方法和计划时,始终不忘数学的守护神。从齐恩豪斯(Tschirnhausen)那里他熟悉了思辨的途径。由此他认定一种普遍

的基础科学是不可缺少的。[1]

总之,德国启蒙时代有不少哲学家在思考类似这样的问题:数学方法和哲学方法的关系如何?哲学知识有什么特殊特征?人有什么样的认识能力和认识功能?人的表象与认识对象的关系如何?康德对这场哲学论战了如指掌,他和当时的一些哲学家有过私人交往,但他更多的是通过书籍报刊了解和参与这些讨论。置身于这些错综复杂的问题之中,他比同时代人要更深刻和开创性地思考了这些问题,从而使得"哥白尼革命"成为可能。重翻德国启蒙哲学的一些旧文献,对于我们理解康德的批判哲学及其产生背景和创新,确实颇有裨益。

三 批判神学和改造宗教

宗教、神学与哲学的关系问题是德国启蒙理论的重中之重。首先,德国启蒙学者并不是要否定宗教。与法国百科全书派的无神论倾向和英国思想家的自然神论立场不同,德国启蒙学者的主要矛头是针对天主教和基督新教的正统神学理论,这些教条和僵化的学说决定着当时德国的社会、政治和意识形态状况。其次,德国启蒙学者的用心之一就是改造宗教,因为他们视宗教为解释和理解与物质的自然不同的精神现象的有用工具。[2] 最后要特别强调的是,德国启蒙学者都不是无神论者,他们对待宗教的态度十分谨慎和小心。因为与法国、西班牙等信仰天主教和重视外在宗教仪式的拉丁民族相比,德国人的宗教情感更多的是发自内心的。他们把宗教问题与道德伦理问题联系在一起,视宗教为促进人类道德的动力,宗教和道德成为人之为人的"两个基本点"。虔诚信仰、辛苦劳作、简朴生活是得到社会公认的一个"好人"的标记。如果谁有无神论的嫌疑,谁就会被视为不道德或德行败坏的人,他在自己的生活环境

---

[1] 转引自齐亚法多纳《德国启蒙的哲学——文本选读与评介》,第198—199页,斯图加特,瑞克兰出版社,1990(以下所引此书均为此版本)。

[2] 参见张慎《黑格尔建立哲学体系的过程》,第45—46页,波恩,波菲亚出版社,1991。

中就难有立锥之地。还有,教会和国家都是社会传统和既定秩序的维护者,它们时常结盟,共同应对那些敢于在宗教问题上向教会或教义挑战的人,在这里,国家扮演着帮凶的角色,它有书报禁令、驱逐出境等一系列措施,来对付那些敢于向宗教权威挑战的人。

我们略举几例。康德在1793年春写了《单纯理性限度内的宗教》一书,书中的许多观点引起教会人士的不满,普鲁士国王威廉二世给康德发来一封信,斥责他滥用哲学以贬低基督教的一些基本教义,违背了青年导师的义务,并且责令他以后不许再犯类似的错误。康德写了一封未发出的答辩信,在信中他一边解释自己的理性宗教,一边表示愿意放弃自己一切有关宗教的公开学术活动。他无可奈何地说:"放弃自己内心的信念是卑鄙的,而在目前这种情况下保持沉默却是臣民的义务;既然你说的一切都应当是真实的,那就不一定非把全部真理都公开说出来。"①这句话恰当地刻画了知识分子面对强权时那种无奈的心态。

尽管人们在宗教问题上小心翼翼,但在启蒙运动和德国古典哲学时代,围绕着"神的东西"还是不可避免地发生了三次大的论战,这三大事件在社会上产生不小影响。②

首先是发生在1781年左右的"泛神论"(Pantheismusstreit)之争。莱辛于1781年初逝世,他在去世前半年曾与雅可比见过面,并向他阐述过自己的哲学观念。当雅可比得知门德尔松要写文章纪念莱辛时,便写信把他们的谈话内容告诉了门德尔松。据雅可比说,当他们谈到歌德的《普罗米修斯》时,莱辛完全赞同作者的观点,他说:"关于神的正统观念对我来说已不复存在,我不能接受这些概念,万物都是统一的,我对此坚信不疑。"雅可比对此感到惊讶,问道:"那您必定在很大程度上赞同斯宾诺莎的观点?"莱辛回答说:"如果我必须举出是谁的话,那么除他而外别无他人……您知道还有什么更好的吗?"然后莱辛又补充道:"除了斯宾

① 转引自阿尔森·古留加《康德传》,贾泽林、侯鸿勋、王炳文译,第241页,商务印书馆,1981。
② 关于泛神论、无神论和有神论三大论战的内容、意义及其影响,参见耶西克主编《围绕神的东西的论战》,第1—7页,汉堡,迈纳出版社,1999。

诺莎哲学,再没有任何别的哲学。"门德尔松对此十分震惊,他不相信"伟大的莱辛"会对上帝公然表示怀疑,更不相信莱辛居然是一位斯宾诺莎主义者,他认为这是雅可比的诬陷。于是他们之间就莱辛是真正的还是所谓的斯宾诺莎主义者,进行了长时间的争论式通信。在争论中雅可比主要是批判唯理论,捍卫信仰。门德尔松则关心消除关于莱辛信奉讨厌的无神论的指责。他们的共同点是反对或不赞成斯宾诺莎哲学。① 斯宾诺莎哲学在德国一直被当做"死狗"对待,因为泛神论被视为危险的东西,它把绝对之物相对化,抽掉了有神论赖以生存的基础。反对斯宾诺莎哲学的人认为,任何哲学论证都必然导致对所有自由从而对所有道德性的否认,最终导致泛神论和宿命论。虽然在这场论战中有神论仍占上风,但其中已暗藏着它的潜在危机:它失去了它迄今为止在科学讨论范围内所赖以依存的知性和理性的基础。如果一切论证都必然导致宿命论和无神论,那么,有神论就根本不可能得到论证。这样,传统的有神论思想虽然仍继续存在,但它却与一切间接知识、论证、科学乃至自然总体相对立,它只剩下信仰这一块地盘。泛神论论战的意义还在于,它在自然科学取得巨大进步的时代背景下,反映了自然科学要求脱离神学的愿望。泛神论之争表明,尽管遭官方禁止,人们实际上已在私下里偷偷阅读斯宾诺莎的著作,这预示着"斯宾诺莎复兴"即将到来。这和发动这场挑战并想禁止泛神论思想传播的人的初衷正好相反。

其次是与费希特有关的无神论(Atheismusstreit)论战。1798 年,费希特主编的《哲学通讯》杂志刊出了一篇题为《宗教概念的发展》的文章,这是谢林的一位名叫弗尔贝格(Forberg)的追随者写的。该文的目的是为宗教和上帝的实存寻找一种理性的解释,其中有几处有一点无神论的立场。例如作者认为康德关于伦理和幸福之间的和谐的理想只是一个

① 参见 A. B. 古雷加《德国古典哲学新论》,沈真、侯洪勋译,第 45 页,中国社会科学出版社,1993。关于"泛神论的争论"是一个十分复杂的问题,因为莱辛和雅可比之间的谈话是在"四只眼睛"下进行的,许多人对雅可比转述莱辛的原话的真实性表示怀疑,至今德国学界还在讨论这件事。

善良的愿望,善可能在世界上赢得,但这不应该是必须的愿望,而应该与使这一理想得以实现的伦理追求联系起来。拥有宗教意味着,人应该如此行为,即假设上帝的定在(Dasein),因为理性既不能用理由也不能用公设来使这一假设合理合法。费希特对这些观点并不赞同。众所周知,费希特在宗教问题上一贯追随康德,他并没有放弃"上帝"的概念,而是把上帝等同于一个道德的世界秩序。但因为他一向宣传科学言论自由,遂决定还是在杂志上刊发这篇文章,自己还写了一篇短文,表明与此相反的观点。但由于费希特在耶拿得罪了不少人,有人就借此事大做文章,向魏玛官方告状,诬陷费希特滥用"公开教职",传播无神论观点。结果在 1799 年 4 月,费希特被解职,不得不离开耶拿大学。这对他本人的职业生涯和耶拿大学都是不可弥补的损失。自此耶拿大学在知识分子心目中一直享有的学术自由的名声受损,许多优秀教师离校,入学注册的新生也急剧减少。这次所谓的无神论之争,起因很简单,之所以被小题大做,是因为费希特把上帝等同于道德秩序,比科伯格把上帝加上"好像"的括号的做法,更容易激起有神论者们的愤怒。

最后是发生在雅可比与谢林之间的"有神论"(Theismusstreit)论战,或称为围绕"神的东西"的论战(Der Streit um die Göttlichen Dinge)。1811 年,雅可比发表文章《论神的东西及其启示》,攻击谢林有泛神论之嫌。1812 年,谢林写了一篇措词尖刻的文章《雅可比论神的东西及其启示的作品》,作为回答。随后有许多人参与了这场争论,例如弗·施莱格尔和歌德。论战的焦点有两个:一是应该如何思考有神论的上帝思想,从而对这个上帝与自然的关系进行规定。雅可比宣称自然中就藏匿着上帝,谢林则认为假设自然在上帝之中才是科学有神论的前提条件。二是如何才能通向这样一个从有神论立场思考的上帝。雅可比怀疑科学是否有兴趣去否认上帝并不存在,他认为上帝是不能被论证或认识的,因为上帝是一个绝对之物,间接的知识不能认识绝对。上帝是作为事实直接给予我们的,我们都意识到一个超自然者、无限者的存在,这只能是信仰。谢林反驳这一点,认为关于上帝存在的观点才是彻底形成的科学的最后成果。有神论之争本身并没有什么新内容,也没有得出大家认可的结论,它更多的是两个理论观点不同的人之间的相互指责,有时甚至是近乎超出君子立场的谩骂,但它却使得传统神学中关于上帝的观念土崩瓦解,使得关于上帝存在的"科学"和"哲学"论证不再可能。

尽管德国启蒙运动不是无神论,但它对传统神学理论的冲击是巨大的。除了后面要提到的虔敬派运动外,18 世纪早期德国还流行一种"物理-神学"(Physiko-Theologie)的思想。这是一种哲学-宗教运动,它是在英国人影响下首先在德国北部发展起来的,后来逐渐传遍全国。它主要是回应自文艺复兴以来流行的从力学方面刻画的关于世界的不定图像。人现在不再被认为生活在自然的中心,并且与自然相一致,而是被放逐到一个没有中心的无限世界的边缘。人在这个无边无际的宇宙中四处漂游,没有任何一个参考点。人的实存所赖以立足的宗教-伦理原则此刻陷于摇晃,人掉进孤独和害怕之中。物理-神学思潮试图对这个新问题作出回答。它筹划了一个无限之物的新概念,这个无限之物不再被理解为某种数学或空间的东西,而是被看做一个超验的本质,一个人,他创造了他的被造物并且爱它们。自然也不再被理解为一种可用量来计算的诸特性的集合,它被感觉和描写为一个有生命力的有机体,它通过它那无法比拟的美证明了宇宙中一个既睿智又善良的造物主的实存。当时的许多文献甚至研究了自然的各个方面,从人的身体到哺乳动物、鱼类、鸟类,直至昆虫,其目的是展现它们的合目的性,从而在关于上帝的本体论证明、目的论证明过时后,对上帝的实存作出新的、不可驳斥的证明。

出于改造宗教的目的,康德等启蒙学者还倡导一种"道德-神学"(Ethiko-Theologie)。由此可见,在教会官方认可的正统教义之外,致力于探索一些新的宗教理论,也是启蒙哲学的一项辉煌成果。实际上自基督教出现之后的 2000 多年里,正统和异端邪说的争斗从未停止过。

在宗教问题上,启蒙哲学探讨的一个主要问题是理性与启示(Vernunft und Offenbarung)的关系。"Offenbarung"这个德文词有公开、表白、突然地领悟、觉醒等意思，表示一种以非自然的方式得到的知识。在特指的宗教用意上，它表示一种超验真理的披露，这种真理作为一种不再被怀疑的知识，得到它的接受者的无条件信仰。启蒙学者对理性与启示相互关系的认识也经历了三个不同发展阶段。莱布尼茨-沃尔夫学派主张在理性与启示这两个不同的认识源泉之间存在着完全的和谐。"旧词新义"（Neologie）派把启示的内容完全限制在理性真理的范围内，并把一切理性不能达到的东西都从启示中排除出去，他们还证明了这些东西是在后来才被补充成为信仰真理的原初核心。以莱辛等人为代表的"彻底理性主义"则视理性与信仰是根本同一的，他们拒绝了上帝的"历史启示"的观念，把流传下来的宗教真理解释为理性真理。

在欧洲，自中世纪以来，宗教问题就和哲学问题紧紧纠缠在一起，上帝和形而上学同时发生，哲学是神学的奴仆。启蒙哲学想把它们分开，并用理性管辖宗教；德国古典哲学走的也是这个路子，不过他们更彻底，他们明确地把知性、理性置于信仰之先，把宗教归于哲学之下，例如康德对思辨神学的批判，后来黑格尔对康德、雅可比的批判，等等。但他们并没有彻底地把宗教问题从哲学中驱逐出去，这就为他们的失败埋下了伏笔。19世纪30—40年代费尔巴哈和黑格尔左派对黑格尔哲学的致命批判就是从宗教问题发端的。

四　人与社会

人是德国启蒙运动的中心问题，"法与政治"这一敏感的社会现实问题自然不能回避。莱布尼茨在哲学和认识论领域持进步的近代科学数学立场，但在法与政治的问题上基本上维持中世纪观点。他强调宗教与政治的联盟，像奥古斯丁那样，他把上帝之国解释为精神之国，一个庞大的共同体，精神因其理性的本性而与上帝共同处于其中。这个王国是一个最好的国家，"一个最好和最宽容的君主政体"，因为是上帝创造了它。每个世俗的国家都要以上帝之国为榜样，它就是世俗国家的最高伦理和法律标准。这种保守的政治观自然遭到托马西乌斯和普芬多夫

(Pufendorf,1632—1694)等激进法学家的批判。他们的用心是把法学从低于神学的地位中解放出来,使之成为一门独立的科学。在莱布尼茨那里,法学是从属于自然神学的一个部分。

启蒙学者还注重把法与道德区分开。托马西乌斯列出三个实践范畴:正义(Gerechtigkeit)、正直(Rechtschaffenheit)和正派(Ehrbarkeit),人必须按照这三个范畴来建造自己的政治和道德世界。法作为"正义"的领域处理主体间的关系,建立在"正直"基础之上的道德确定个体良心的义务,"正派"规范人们的习俗。按照托马西乌斯的理论,法不再是上帝意愿的表达,而是一个主体的义务和命令,这个主体制定标准,并强迫人们注意和遵守它。"强迫"成为法与宗教和道德相区别的一个显著标志。

五　人性论和人道主义的概念

人性论(Humanität)、人道主义(Humanismus)是德国启蒙运动的核心。西塞罗最早使用"人性论"一词,但这个表面上的罗马人的概念实际上蕴含着古希腊的思想。在希腊文化中,人是中心,整个希腊思想的发展都可以看做人的自我认识和自我内在化的过程。西塞罗的人性论概念继承了古希腊的传统,它包含伦理与精神文化的素质教育、人的高尚、人的精神的尊严和高贵、正派和正直、幽默、诙谐、鉴赏力、优美、高雅、感觉灵敏和知识教育、温文尔雅、内在的平衡、友好、善良、温和、好客、宽宏大量、慷慨大方等。总起来看,它代表那些使人之为人的精神标准和实践行为方式,而这些东西得到人们的普遍认可。应该说,"人性论"是一个中性的词。文艺复兴时,人们重新发现了这个词,于是它泛指古希腊-罗马文化的精神遗产和后人保护、继承它的努力。[①] 欧洲语言基本上是在这个意义上使用这个词。

"人道主义"这个概念则比较复杂。在文艺复兴时,它表示对古希

---

① 参见瑞德尔等主编《哲学历史词典》第 3 卷,第 1231 页,巴塞尔/达姆斯塔特,1971。

腊-罗马文化的热爱和学习,以使人从神学和哲学造成的偏见中解放出来。近代的人道主义概念一方面分享对古文化的热爱,另一方面又努力从哲学上使其深化,宣传一种文学-美学-历史素质教育的纲领,并因对当时封建社会的不满而更加渴望古希腊文明。至于所谓的"第三种人道主义"是指 1900 年左右以德国哲学家耶格尔(Yaeger)为代表的思潮,旨在当时的历史条件下重新唤醒古希腊-罗马文化和德国唯心主义。卢格和马克思则在更广泛的意义上理解人道主义概念,这种理解经过不同年代的人们不同的解释,意思更加多样化,而且与它的本义已相去甚远。①

第四节　德国启蒙运动的自我理解

德国启蒙运动发展到晚期,思想家们开始从问题的纷争中走出来,转而对这场运动本身进行反思。1784 年 9 月,门德尔松在《柏林月刊》第 4 期上发表文章《关于什么是启蒙的问题》("Über die Frage:was heisst Aufklären")。他认为,"启蒙""文化""教养"三个词是德语中的外来词,它们都是社会生活变化的产物,其目的是对人的社会状况予以改善。"启蒙"(Aufklärung)与理论的东西、客观的理性知识和人的主观能力有关,它思考人的生命中的事物,它们的重要性和它们对人的使命性的影响。"文化"(Kultur)则与实践的东西有关,它涉及善、手工艺品中的精致与优美、艺术和社交习俗等,还包括人的能力、勤奋程度、技巧,人的嗜好、欲望、习惯。"教养"(Bildung)则分化在启蒙与文化之中,通过艺术和勤奋,一个民族的社会状况与人的使命性愈加和谐,这个民族就有更多的教养。随后,门德尔松旗帜鲜明地指出:"我无论何时都把人的使命性(Bestimmung der Menschen)作为我们一切奋斗和努力的尺度和目标,作为我们的目光所必须瞄准的那一点,如果我们不想失败的话。"②门德

---

① 瑞德尔等主编:《哲学历史词典》第 3 卷,第 1217—1218 页,巴塞尔/达姆斯塔特,1971。

② 门德尔松:《关于什么是启蒙的问题》,载康德《什么是启蒙?》,策伯编辑出版,哥廷根,1994(以下所引此书均为此版本)。

尔松把人的使命性分为两个层次,一是人之为"人"(Mensch),二是人作为"公民"(Bürger)。把人视之为人的启蒙运动所感兴趣的,是作为普遍的人,而不管人的等级区别。它又分为"本质的"和"次要的"两个层次,前者指人的定在(Dasein),后者指人的更好的存在(Bessersein),规定人应该发展和完善自己的全部精神力量和肉体力量,以在灵魂和肉体方面尽善尽美。把人作为公民的启蒙运动则要考虑到人的职业与等级。门德尔松强调,在国家之中,"人的启蒙"和"公民的启蒙"会发生冲突,为了避免冲突,要正确划定它们之间的界线,小心翼翼行事。启蒙的滥用会削弱道德情感,文化的滥用会产生迷信、奴役、享乐、软弱等恶习。启蒙与文化必须同步前行。一个有教养的民族所看到的最大危险是过分的民族内心幸福感(National glückseligkeit),因为它通过教养达到最高峰后,就意味着不能再向上升。

康德看到报刊上对门德尔松的文章的介绍后,并没有看到全文,就立即写了《什么是启蒙?》("Was ist Aufklärung?")。当然他对门德尔松文中的主要观点是了解的。他开宗明义地指出:"启蒙运动就是人类脱离自己所加之于自己的不成熟状态。"不成熟状态就是一种无能,只能在他人的领导下行事。这种无能的原因在于人自身,在于人的懒惰和胆小(Faulheit und Feigheit),不敢自己承担责任,总在自身外寻找一个保护人。只有极少数人可以通过对自己精神的加工,成功地离开这种不成熟性,走上一条可靠的道路。康德强调,只要给予人自由,启蒙就必然会发生,人就会对自身的价值和职业进行理性的思考。但是,面向大众的启蒙应该是一个缓慢的过程,革命固然能很快地推翻一切,却不能形成一场真正的思维方式的改革。启蒙运动所要求的东西不是别的,就是自由。自由的具体含义就是"在一切事情中公开地使用理性"。理性的公开使用(öffentlicher Gebrauch)是指那些在读者面前是理性教师的人,它应该是不受限制的,每时每刻都是自由的,这样才能启蒙民众。理性的私人使用(privater Gebrauch)指人在市民生活中所处的地位,它当然要受到限制,市民要按契约履行自己的职务和义务,但这不会对启蒙运动造成障碍。康德进一步强调：作为教师，他有完全的自由，甚至有这样的职业，这一职业的目的就是告诉公众他那些经过仔细检验的、对那些在教义的象征中有缺陷的东西的善意的意见，并告知公众他对更好地组织宗教团体和教会的建议。康德认为，我们正处在一个进行启蒙的时代，而不是已经完成了启蒙的时代，现在已经开启了一块领域，人可以在其中自由地工作，减少启蒙的障碍，或减少退出自我有责的不成熟状态的障碍。文章结尾，康德承认，他主要在从宗教的角度谈启蒙运动的要点。

两篇文章虽短，但都是反思启蒙运动的纲领性文献。过去，我们常引用康德的名言"启蒙运动就是人类脱离自己所加之于自己的不成熟状态"，作为对德国启蒙运动的定义和概括。但是意大利学者齐亚法多纳指出，康德的定义不是对启蒙运动的唯一定义，它并没有恰当地表达出德国启蒙运动的自我理解。与其他对启蒙运动的本质和任务发表过意见的同时代思想家相比，康德的定义更倾向于它的理论和精神方面，他在这一领域内驾轻就熟，而门德尔松等人的定义则描绘了另一幅启蒙运动的画卷。① 门德尔松不是以个体的自我觉醒，而是以普遍的人的规定性作为这场运动的尺度和目标，从个体、教育、伦理、宗教、国家等多个角度涉及到社会、政治等更深层次的问题。

正是在人的问题上，暴露出了德国启蒙学者的片面性和局限性。他们看到并夸赞人的积极、乐观、向上的一面，而忽略了人的消极、阴暗、恐惧的另一面。他们只承认理性的作用，以此作为万物的尺度。但是难道理性是万能的吗？在理性无法达到的领域内又该如何行事呢？在冷冰冰的理性面前，感觉、欲望、意志也要获得自己的一席地位。在哲学方面，启蒙学者重视批判宗教和强调理论的实践功能，有忽视理论哲学的倾向，这一方面妨碍了哲学的深入发展，另一方面则把哲学退缩的地盘拱手让给了当时新兴的文学艺术思潮。所以启蒙运动最后理所当然地受到赫尔德、康德等人的批判，他们在启蒙精神下成长，但又对它的困境

---

① 参见齐亚法多纳《德国启蒙的哲学——文本选读与评介》，第13—14页。

洞若观火,最后在批判中超越了启蒙运动的立场,带来了德国文化和哲学的全面繁荣。

第五节　虔敬派运动

在谈论德国启蒙运动时,必须提及虔敬派(Pietismus)这一宗教运动。虔敬派运动基本上和启蒙运动同时发生,领军人物是斯彭内尔(P. J. Spener,1635—1705)和弗兰克(H. Francke,1663—1727)。斯彭内尔的著作《虔诚的愿望》(*Pia Desideria*,1675)可以被看做虔敬派运动的宣言。他首先是想通过建立一个叫做"虔敬学校"(Collegia Pietatis)的团体来推动和扩大对《圣经》的阅读与研究。1670 年,斯彭内尔在法兰克福主持信义会时,终于建立了一个这样的学院。这种团体深受市民欢迎,并在弗兰克的努力下很快在德国蔓延开来。其主要活动是教会人士带领世俗人士阅读并解释《圣经》,首先是《新约》。他们藉此强调每个基督徒在面对教会时所应有的宗教自由。这意味着回到原来意义上的路德宗教改革,即具有自由解释《圣经》的权利,同时也是对路德新教企图将神学理论重新教条化的趋向所作的批判。此外,他们还倡导一种实践的宗教性,以表达一种"有生命力的信仰",这和教堂祈祷仪式上所表现的外在信仰形成强烈对照。

虔敬派和德国启蒙运动有着密切联系。两者都想通过伦理和宗教方面的革新,来重塑因 30 年战争而遭到重创的德国的精神生活。两者都拒绝一种纯学院式的教育,拒绝抽象的神学和形而上学的思辨,向教会的权威们要求个体能凭自己良心作出决断,强调实践化的信仰在基督新教的知性神学面前的优先权。托马西乌斯和弗兰克曾在同时期在哈雷居住过,他们都反对传统的路德的经院哲学,主张一种爱他人和奉献自身的生活理念。他们曾使哈雷一度成为德国早期启蒙运动的中心。不过,两者之间的区别也是巨大的。虔敬派倡导宗教的生活,认为一切最终取决于上帝那无可探究的意志,并要求盲目地听从。启蒙学者们则重视市民的社会改革纲领,以使对人的要求合法化。

虔敬派对德国古典哲学的影响也不可低估。康德和黑格尔都是在虔敬派的生活氛围中成长和生活的。他们轻视繁琐的宗教仪式,注重内心的信仰,注重个人对《圣经》的直接理解,不承认任何外在的、强加的权威。

1740—1750 年期间,主要受沃尔夫哲学的冲击,虔敬派活动迅速走向低潮。[1]

第六节　通俗哲学

1740—1780 年期间,德国出现了一股"通俗哲学"(Popularphilosophie)的潮流。通俗哲学的兴起,表面上看是针对沃尔夫学派,是对他们的繁琐哲学推论的不满,是对形式主义的批判。1768 年,经杜滕斯(Dutens)主编的莱布尼茨生前许多未曾发表的作品问世,人们惊讶地发现,莱布尼茨的思想远比他们在沃尔夫那里了解的要多得多。他们自然会对沃尔夫理论的可信程度产生怀疑,再加上当时大量的英、法哲学著作被译成德语而得到广泛阅读,例如洛克、莎夫茨伯利、哈奇森、休谟、孟德斯鸠、爱尔维修、孔狄亚克等著名思想家的作品,这开阔了德国人的视野,打破了独断论的迷梦。于是,他们重新提起了在早期启蒙主义者托马西乌斯那里占中心地位但很快被遗忘的人类学话题。

18 世纪的德国尽管经过了早期启蒙,许多新思潮和观念广为流传,但是,理论的胜利对社会现实性改变不大。绝大多数人的行为方式仍为传统和习惯所规定,社会和政治环境基本如故。基督教的信仰和神学虽面临理性的挑战,但在社会生活和政治体系中的地位没有丝毫动摇。教会仍一如既往地对人们的情感和观念发号施令。在大学里,虽然莱布尼茨和沃尔夫的哲学取代了亚里士多德哲学,但他们用理性来证明教会的

---

[1] 参见齐亚法多纳《德国启蒙的哲学——文本选读与评介》,第 20—21 页。

教义,宣传信仰,与正统神学又建立了新的联盟。在科学领域,虽然借助各种实验和分类,追根溯源和因果解释,使得新发现的可以得到验证的科学成果层出不穷,但仍然可以遇到一些晚期人文主义的纲要性知识和巴洛克式的博学人士。不过,在绘画艺术领域,巴洛克式的教会和辉煌的代表风格中那种严格和激情在不断松动,并逐渐转化成为宫廷式和明亮的洛可可风格,其中不乏内在性和深度。与此同时,早期古典主义建筑、市民肖像和家庭画像,以及充满诗意和现实主义色彩的风景绘画都崭露头角。在音乐界,巴洛克风格正流畅地向早期古典主义发展,市民音乐文化已独立成长起来。更为重要的是,随着标准德语和德语文学语言的发展,以及迅速扩张的书籍市场,文学讨论及相关产品都前所未有地成长壮大,起初是模仿欧洲的样板,然后是批判性的探讨,最后是表现出自己不断增长的独立性。读者和作者的队伍都在扩大,逐渐出现了一个超国家、超等级、超信仰的"读者群"。他们主要是开始富裕起来、自我意识初步觉醒的市民阶层,他们强烈希望在公开的讨论中发出自己的声音。他们不仅对文化教育发表意见,对道德判断和美学趣味也坦陈己见,最后对传统和现有社会-政治关系也表示严厉批评,并且构造出一幅未来社会的理想纲领。

通俗哲学正好反映了市民阶层要求参与普遍文化尤其是学院哲学的强烈意愿。它的基本倾向是将哲学和生活结合起来,具有强烈的实践性。哲学家是为"世界"和"生活"而写作,思辨的知识应让位于实践的知识。为此,许多哲学家寻找一种易于理解的语言和直观的介绍,大量运用日常语言,尽量"通俗化""大众性"地写作,并以优美的法语对话语调和英语短文为范例,以求走出知识分子的象牙塔,以先进观念影响民众。在用先进意识武装人、改造人的行为并最后达到改造社会的目的这一点上,通俗哲学和启蒙运动是一致的。通俗哲学不是把一种观点强加给人,而是推动人理智的发展,帮助人认识自己的力量,形成自己的判断和审美趣味。它有意识地反对哲学体系和学派,反对既定的题材和方法,反对学派哲学的学术风格。作为涉及世界和生活的哲学,通俗哲学的对象是自然和社会的那些可以经历的现实性,它关注的主要问题是道德问题,它基本上排除一切思辨的冥思苦想。总之,通俗哲学是出自实践目的而强调思维过程和语言的清楚性,并不是把哲学弄得简单庸俗。它致力于传播先进思想或真理,而不是研究学问。它的价值不在于理论成绩,而在于推动德国精神文化的普遍发展。它在探索有趣味的表达方式和优美的哲学写作风格方面的成就也不可小觑。通俗哲学不是一个统一的思想流派,有的人倾向于实在主义的方向,有的人则倾向于观念、概念的方向。

但是,一种哲学越大众化,就越会失去自己的深度和原创性。通俗哲学因此被康德之后的哲学尤其是黑格尔哲学不屑一顾。黑格尔认为,"我们看到门德尔松以健全常识为目标,把它当做规范"①,其内容与沃尔夫哲学并无二致,因为它缺乏思辨-形而上学的深刻内容。受黑格尔这一观点的影响,过去我们一直对通俗哲学评价过低。其实这是哲学发展史中的一种常见现象,每当一种学说开始正统化、教条化、学究化,成为独断论时,就会有来自学院之外的声音通俗地批判或论述这种形式学说。例如此后费尔巴哈对黑格尔的批判,他的批判与其说是深刻的,不如说是机智的。

通俗哲学的一个主要代表是门德尔松(Mendelssohn,1729—1786)。他出自一个犹太人家庭,本人并不是一个职业学者,而是一个犹太丝绸商家里的雇员。他靠自学而获得知识。1783年,他参加了刚成立的秘密组织"柏林周三聚会"。这个组织又被称为"启蒙之友协会",主要把从实践哲学方面推动启蒙运动作为自己的纲领,具体地说,就是对"社会市民"(Mitbürger)进行启蒙。成员们主要讨论哲学、道德、宗教问题,认为判断这些东西是否正确的唯一标准就是知识和科学。门德尔松一直都是该组织的成员,积极参加和组织各项活动,直至逝世。他重视德行对人的影响,强调人有自由表达意见的权利。

---

① 黑格尔:《哲学史讲演录》第 4 卷,贺麟、王太庆译,第 237 页,商务印书馆,1981。

第二章 与文学并肩而行

德国启蒙运动不仅解放了思想，而且造成了文学领域的空前活跃。这是一个渐进发展的过程。部分由于理性哲学的枯燥，部分由于精神生活的需要，18世纪后半叶，德国公众对文学艺术的兴趣大增。在这块新的领域，人们找到了使那些曾被忽视的东西如原创性、狂热的情感、内心的感觉等得以倾泻的空间。于是，遂有狂飙突进运动、古典主义、浪漫派等文学浪潮相继涌现，且后浪推前浪，一浪高过一浪。在文学浪潮的碰撞中产生了赫尔德、席勒、歌德、荷尔德林、施莱格尔兄弟等文学巨匠，他们留下的文学遗产至今仍是全人类的宝贵财富，成为我们理论话语的源泉之一。

值得一提的是，德国文学从来不是纯文学，它始终和人的信念、理想、追求等哲学思考相联系，这就和哲学发生了交汇。所以18—19世纪的德国哲学与文学你中有我，我中有你，哲学与文学并肩而行，相互促长，这一现象在古典哲学和浪漫派文学阶段达到高潮。它们的融合造就了德国文化史乃至世界文化史上最辉煌的一页，德国人借此能与英、法邻邦在政治和科学方面的成就相媲美。文德尔班在回顾那个时代时说：

> 德意志精神逐渐开始呼吸，除了通过沃尔夫学派的影响而获得的对莱布尼茨思想的新的哲学兴趣外，它到处都产生了文学的生活

和对艺术的感受。这种高涨的同时性对两种兴趣的继续发展都是决定性的。德国哲学落在一个最活跃的艺术活动的时代,美的文学碰上一个为哲学所兴奋的社会。不过在德国,缺乏那种曾赋予法国哲学发展方向的要素,即对社会生活问题的狂热的讨论。民族统一的缺乏使得这类问题在共同的精神生活中更加退居后台,尽管它们在单个人那里更加凸现出来,人们常常提到,德国人凭借他们的哲学,尤其是文学重新赢得了在三十年战争中失去的民族性。使德国诸精神联合起来的东西,不是政治和社会生活的共同目标,而是对科学对象和艺术对象的兴趣,这种兴趣是如此之活跃和狂热,使得人们后来可以有理由地指责它排挤了对社会生活的感受力。由于哲学和文学在新生的德国文化生活中构成了两个根本的统一之点,所以这两种追求要比在其他民族那里更内在地和更持续地共同成长,这是一种自然的结局。在18世纪中叶,哲学运动和文学运动的融合就开始了,它决定了它们今后发展的特征。18—19世纪德国文化的辉煌——它是整个文化史的最有价值的阶段之一——只有从哲学和文学的相互渗透中才能理解。①

第一节 狂飙突进运动:赫尔德

"狂飙突进运动"(Sturm und Drang)又称为"天才时代"(Genieperiode)。"天才"意指不受拘束的创作,它是作为对启蒙思潮的修正而出现的。"狂飙突进"一词来源于克林格(Klinger)的同名戏剧[该剧原名为《一团糟》(Wirrwarr)],后来人们用它来标识18世纪60年代中叶(以赫尔德的《论德国近代文学·断片》为标志)到80年代末(古典主义的出现)在德国出现的一种精神运动。它是年轻人发起的一场精神革命,矛头直指启蒙运动的理性主义、信仰规律、人的平面图像,还有"不自然"的社会秩

---

① 文德尔班:《近代哲学史》,第531—532页。

序,例如等级限制、僵化的社会习俗与和生活为敌的道德等。这场运动在政治领域没有什么影响,但对思想文化界的冲击却是巨大的。它的主导观念就是把个体当做一个肉体-精神的整体,要求个体的自我经历和解放。

赫尔德(Johann Gottfried Herder,1744—1803)是这场运动的领军人物。赫尔德是贫家子弟奋斗成才的典型代表,早年曾受康德的帮助和影响,后来两人关系逐渐冷淡,赫尔德开始转向哈曼。哈曼的基本思想倾向是注重情感和经验,排斥德国人钟爱的思辨。后来黑格尔曾和哈曼有过一番交锋,这是后话。在处理语言和诗的关系上,哈曼憎恨绝对的理性主义,始终重视我们思维和幻想中的自然基础。他拒绝一切抽象-理论的公式,指出只有观察和经验的道路才是可行的。他强调通过感官和感觉去感知事实。这些看法都对赫尔德产生了极大影响。①

一　关于文学、诗学和语言

1759 年,莱辛发表了《关于近代文学的通信》(*Briefe, die neueste Literatur betreffend*),随之在莱辛、门德尔松、尼可来、阿伯特等人之间进行了一场与文学批评有关的讨论。赫尔德擅长写诗,也通晓这场讨论中各家的观点。1767 年,赫尔德的作品《论德国近代文学·断片》("Über die neuere deutsche Literatur Fragmente")匿名发表,它主要涉及对语言的重新考察。在文中,赫尔德站在莱辛等人的立场上,因而受到他们的欢迎。但是他比他们走得更远。为了设身处地地对文学进行解释,赫尔德不仅抛弃了一切僵化的评判尺度和规定好的理论,还转而反对理性的诗学,因为后者在诗中只看到文化教养和精神充沛的知性的成果,并且从"优良趣味的基本原理"中获得自己的判断准则。赫尔德认为,评论一个国家的文学,不能忽略这个国家的语言,因为语言的守护神也是一个民族的文学的守护神。赫尔德十分重视语言在文学创作中的

---

① 参见康成巴赫《赫尔德》,第 29 页,汉堡,罗沃尔特出版社,1970。

作用,誉之为文学的"创造性根据",并驳斥了那些把语言表达的多种可能性当做可以不断交换的硬钱币的人。语言中没有什么偶然的东西,所有一切都在语言中有自己的地位,它们与人的感官和本民族的年轮有确定的关系。赫尔德主张在语言的早期阶段也就是诗的语言中去寻找那些伟大的文学。哲学是语言的最后阶段,它是一种正确和清楚的散文。赫尔德设身处地地分析了不同时代的伟大文学的特征,犹为推崇荷马的史诗及其有节奏的诗化语言,他仿佛置身于荷马的史诗之中,在与他所处时代和环境的历史联系中回过头去看待荷马。他说:"当我阅读荷马时,我在精神上就站在希腊的大市场上,想象着《柏拉图》中的歌手 Jo 是怎样在我面前唱着那神的诗人的叙事诗。"他还说:"只要不懂得回头从其源泉处也就是在作者的本意上去思考理念,人们就会写出非常违背作者的东西。"①

二 创建现代语言学

赫尔德的一大理论贡献是在语言学领域,把他称为现代语言学的创始人并不过分。18 世纪中叶,随着地理新发现和殖民地扩张,西方传教士走遍世界,他们不断向欧洲发回有关异域奇特的语言文化习俗的报导,语言的多样性震动了拉丁语的垄断地位,语言起源问题成为欧洲学者关注的重点。为此,柏林普鲁士皇家科学院特设专奖,征求关于语言起源问题的最佳答案。当时参加这次论文活动的共有 30 篇文章。赫尔德写的《论语言的起源》(*Abhandlung über den Ursprung der Sprache*)1770 年获科学院唯一大奖,1772 年正式发表。其实,当时还有六篇论文受到评审人士的称赞,而且据专家现在考证,其中四篇论文思想独到,学术水准并不亚于赫尔德,其推论的严密和行文的谨慎甚至胜过赫尔德。②

---

① 转引自康成巴林《赫尔德》,第 30—31 页,汉堡,罗沃尔特出版社,1970(以下所引此书均为此版本)。

② 参见 J. G. 赫尔德《论语言的起源》,姚小平译,"译序",第 i 页,商务印书馆,1998。

那么,为什么赫尔德能独占鳌头呢? 我们还是回顾一下这篇短文。

文章开篇明确指出:"**当人还是动物的时候,就已经有了语言。他的肉体的所有最强烈的、痛苦的感受,他的心灵的所有激昂的热情,都直接通过喊叫、声调、粗野而含糊的声音表达出来。**"[①]赫尔德强调"**语言最初为人和动物共享**"[②]。然后,他笔锋一转,开始批判语言神授说。此说乃是中世纪的理论遗风,当时以科学院院士苏斯米希(Süssmilch,1708—1767)为代表,他认为所有已知语言的声音都可以归诸大约 20 个字母,它们具有如此之完美和神明的秩序,只有万能的上帝才可能发明。赫尔德驳斥道,没有任何活的语言可以完全归诸字母,仅靠 20 个字母,根本无法写下不同民族的语言,尤其是那些边远地带、自然音节多的民族方言。活的语言远比写下来的死的语音和语法规则要多得多。 即便是最早的所谓神造语言希伯来语,开始时也缺乏元音,因为这些元音发音异常生动,根本不可能用字母加以把握。所以,赫尔德说:"语言并非脱胎自神的语法书上的字母,而是源于人类自由的器官所发出的野性的声音。"[③]赫尔德也批评了以孔狄亚克和卢梭为代表的语言起源假说。孔狄亚克和卢梭的说法虽有不同,但都认为是从人类的自然喊叫中产生了语言。赫尔德认为他们假设的一些原始状况并不存在,也没有说清"喊叫"何以成为语言的关键。

赫尔德描述了语言产生的过程。就本能的强大和可靠而言,人远远比不上动物。许多动物天生的艺术能力在人身上是绝对看不到的。动物的这种能力只能用它们本身的想象力(Vorstellungskraft)来解释。人和动物不是程度有别,而是种属不同。人的本能不如动物,所以他不会专注或定向于某一个方面,这样他就获得了一个更广阔的活动空间,在这个空间里,他有自由去做更多的事,从而不得不抛弃本能,得到了若干发展的可能性。人可以广泛地观察,为自己开辟一个反映的领域;人还

---

① 参见 J.G. 赫尔德《论语言的起源》,姚小平译,第 2 页,商务印书馆,1998。
② 同上书,第 3 页。
③ 同上书,第 9 页。

能自我观照,从而以自身为行动目的。赫尔德把人自身的这种能力称为理性,它是一切人类力量的总和,包括人的感性、认识和意愿本质。理性能力就是人与动物相区别的种属特性,又可以称为悟性(Besonnenheit)。悟性使人对他所感觉到的自然现象进行区分和思考。为了确认和区分不同东西的特性,人就在心灵中形成了明确的概念,即词,与词一道,语言就被发明了。语言的发明是一个完全自然的过程。① 赫尔德还详细描述了从声音到词再到语言、语法等的语言自然生成过程。②

　　赫尔德概括了人类语言产生的条件和因素,提出了如下四条规律:(1)"人是一个自由思维、积极行动的生物,他的力量在持续不断地发挥作用,正因为此,他才成其为具有语言的生物!"③(2)"人本质上是群体的、社会的生物,所以,语言的发现对于人来说是自然而然、不可避免的。"④(3)"人类不可能始终停留在所有的人都群居在一起的阶段,同样,人类也不可能只用一种语言。因此,各种不同的民族语言的形成是很自然的事。"⑤(4)"从各方面看,人类都是一个持续发展的整体,来自**一个**巨大的宇宙秩序中的**一个**始源。同样,所有的语言以及整个文明的链带都出自同一源泉。"⑥我们可以把上述规律概括为四句话:人是具有语言和思维的动物,人是社会性的,语言具有多样性,人类出于同一祖先。赫尔德使用了大量的人类学资料来论证这些理论。他还有一句名言流传至今:"**语言是人的本质所在,人之成其为人,就因为他有语言。**"⑦

　　赫尔德这篇文章行文流畅,一气呵成,咄咄逼人,字里行间洋溢着对自己假设理论的信念,是典型的狂飙突进时代的文体风格。而且,他的立论颇有新意和原创性,并引用大量新发现的史料。也许正因如此,才

----

① 参见 J. G. 赫尔德《论语言的起源》,姚小平译,第20—29页,商务印书馆,1998。
② 参见同上书,第38—70页。
③ 同上书,第72页。
④ 同上书,第85页。
⑤ 同上书,第94页。
⑥ 同上书,第102页。
⑦ 同上书,第21页。

使得评委们忽略理论分歧,把票投给了赫尔德,因为这篇文章并非无懈可击,理论漏洞也不少。

今天,赫尔德的许多观点已成为基本常识,但是,从人类文明发展史上看,是他第一个表述了这些基本思想。开拓者功不可没。赫尔德的观点后来对浪漫派颇有启迪,浪漫派更大胆地把语言、神话、法律和诗歌的起源都归于人类。

三　历史观的确立

赫尔德是最早把眼光投向历史的学者之一。很久以来,一直是神学理论统治着历史。文艺复兴以后,历史才开始进入科学的视野。维科(Vico)是历史学的开山鼻祖,他第一个在社会生活的变化中看到了规律性的特征。孟德斯鸠尝试把这种变化归结为自然原因。1750 年,法国人杜尔哥发表了著名的关于人类精神进步的演说。重视历史之风开始刮向德国。赫尔德早年就研究过《圣经》中的史前史。针对启蒙运动的理性原则,他认为上帝是不能被认识的,上帝只能显示自己,上帝只能通过这种显示的历史证据对人的内在经历产生影响。这样,赫尔德在神学争论中通过创世史意识到了历史的重要性。1774 年,他发表了《关于人类教育的历史哲学》(*Auch eine Philosophie der Geschichte zur Bildung der Menschheit*),既否认历史只是展示了一种上升和下降,也不赞成启蒙派的历史乐观主义,即认为历史始终是向前发展的,人在其中会变得更加有德行和获得更多幸福。他认为在历史背后有天命的策划,但只有上帝知道它。他要在表面纷繁复杂、混乱不堪的人的活动中寻找伟大的规律,几千年来作为历史的人的自然就是根据这些规律在发生着变化。他并不把上帝的过程、天命的过程和命运的过程从这些规律中排除出去。在他看来,天命的过程越过无数的死尸走向自己的目标,其中善与恶紧密交织,伟大的和新生的东西以暴力方式取得成功。赫尔德对法国革命也表示理解和赞扬。每个民族都代表了人类的一个生命阶段,都是其他民族向前发展的阶梯。他指出,不能把中世纪看做纯粹的野蛮时代,它也是一个必然的发展阶段,不应该用本时代的标准,例如启蒙的标准,去衡量较前的时代。有些表面看来纯粹否定的东西恰好是继续向前发展的动力。中世纪也有积极的因素,例如哥特式精神和北欧的骑士荣誉。赫尔德对中世纪的合理看法后来对浪漫派有很大影响。

1784 年,赫尔德的重要著作《人类历史哲学大纲》(*Ideen zur Philosophie der Geschichte der Menschheit*)发表。其中,赫尔德围绕"人性论"(Humanität)这个中心理念来建造自己的历史哲学。他说:

> 我希望我用"人性论"这个词,可以把迄今为止我为了理性和自由、优美的感觉和欲望、最温柔的和最强健的健康、对地球的满足和控制而就人的高尚的文化教化所说的一切,都囊括其中;因为人除了他自身的存在外,再也找不到其它高尚的词来表示人的规定性。[①]

即使是宗教,也是人的最高人性。在《人类历史哲学大纲》的前两部分,赫尔德从人的本性、人的自然器官组织和人的真正规定性开始来谈历史,从上帝创世到人的活动,他的历史哲学有强烈的人类学色彩,历史图像变成了一幅世界整体的图像。著名哲学家传记作者海姆(Haym)戏称这部著作的第一部分是到天上转一圈,转够了再返回人间。

康德读过赫尔德著作的第一部分,他一方面认为赫尔德继承了自己对形而上学的灵魂说的克服,坚持从现实性出发,依赖经验,利用当时自然科学的一些发现,反对一切形式的形而上学抽象;另一方面他对赫尔德的理论基本上持批判性态度。例如,赫尔德提出了人的器官的阶段性发展、人在死亡后还会有更高的存在形式的命题,并且用类比方式予以证明。康德则坚定地否定这种做法,认为类比证明会导致这样的结论,即在其他的星球上可能还有比人类组织更高的被造物的存在。赫尔德所引用的另一个类比——从毛虫到蝴蝶的变化,也被康德认为不具说服力。另外,在诸如幸福与活动、个体与类、自然的与国家秩序的赐福等关

[①] 转引自康成巴赫《赫尔德》,第 98 页。

系方面谁更有优先权的问题上,康德和赫尔德也有根本分歧,并打了一场笔墨官司。① 我们完全可以理解,行文冷峻、推论严谨的康德自然不会喜欢赫尔德那热情洋溢的语调和大胆的论证,或者说,康德不喜欢狂飙突进的文体风格,因为它在哲学上缺乏说服力。但是两人的理论观点应是各有千秋的。

《人类历史哲学大纲》的第三部分才涉及真正的历史哲学。历史从古老的东方国家开始,从中国、印度、日本、韩国、巴比伦等直到埃及。赫尔德叙述了这些国家和民族得以发展的地理和气候条件,还有他们的风俗习惯、语言、经济生活和文化生活。当然他的资料十分有限。他对那些从事农业和商业并过着和平生活的民族表示同情,认为战争工具从来都没有推进过人性。他赞扬腓尼基人,因为他们在地中海沿岸建造了城市并勤奋工作。他对希伯来的国家法没有任何好感。因为对中世纪国家的等级制感到羞愧,他不能正确判断以色列的国家形式。他对埃及的判断也不够正确,对埃及艺术完全不了解。他对希腊人的智慧、音乐和文学十分推崇,认为他们的诗的艺术是其中最完善的艺术,欧洲的全部科学基础都应归功于希腊人。希腊共和国是向着人类精神的成熟迈出的第一步,因为它开始了一些人如何被另一些人治理的历史。罗马帝国的关系因希腊的衬托而显得突出。罗马是发动战争者和统治者的国家,宗教也与军事统治者结盟,在那里根本没有人民自由和民权的精神。在谈到欧洲国家时,赫尔德对斯拉夫民族和东欧民族表示极大同情,他承认斯拉夫人是垦殖者、牧人和农民,预料他们有伟大的未来。他不认为德国向东扩张的移民历史是人类的光荣业绩,因为它带来了巨大灾难,满目荒野,血流成河,有的民族沦为奴隶。他把基督教视为人性论理念的最强有力承担者,赞扬耶稣那对人友善、非禁欲的教育方式和思维方式。他明确地拒绝叙述基督教后来向等级制和教条化的发展,认为在康士坦丁大帝统治下基督教上升为国教是一个严重的错误,这是把人对国

---

① 参见康成巴赫《赫尔德》,第 99—103 页。

家的义务与人纯粹对上帝的义务混为一谈。他与其说是同情欧洲的统治者,不如说是同情那些虔诚的教团尤其是本笃会教士的文化活动。在这本书里,他对中世纪的评价发生了根本性变化,以前是较为推崇的,现在则基本上是批评性的。[1]

赫尔德到过欧洲的许多城市,见多识广。在法国,他结识了百科全书派,发现他们对德国文学知之甚少,他认为狄德罗是最重要的哲学家。在汉堡,他拜会过莱辛,对这位智多识广的人十分尊崇。

赫尔德不仅文学修养好,思想也极有见地。可惜他长时间没有稳定的工作,在大学谋职总不成功,所以没有弟子。而且,他个人志向远大,功名心较重,且自我感觉极好,因而与人关系紧张,常和朋友闹崩,例如和康德、歌德等人的友谊最后都以破裂告终。这些都限制了赫尔德的思想的影响范围。人们研究德国思想文化史,都离不开这位天才的诗人和思想家,但他从来也没有进入到研究的中心。

第二节 从狂飙突进运动到古典文学:席勒

席勒(Friedrich von Schiller,1759—1805)的青年时代及其作品被视为狂飙突进运动的典型代表。[2] 他的一生是充满激情、为理想奋不顾身并带有戏剧性色彩的一生。他出身于一个军官家庭,在虔敬派又不乏市民精神的家庭氛围中长大。14 岁时,维腾堡公国的奥根(Eugen)大公强迫他去一所培养军官和官员的寄宿学校就读。他本来的追求目标是神学,却被迫去学法律,后来是医学,这对他是一个沉重的打击,再加上学校与社会和家庭相隔离的封闭环境、苛刻的军事纪律,这些不利的生活状况为他今后的 连串反叛行为打下心理基础。在学校里,除了必读课程外,他也读了哲学、心理学和莎士比亚的作品。当时狂飙突进运动的文学之风也吹进了封闭的军营,它点燃了席勒的文学激情,在此期间,

---

① 参见康成巴赫《赫尔德》,第 103—104 页。
② 参见马梯尼《德国文学史》,第 271—295 页,斯图加特,1978。

他开始文学创作，且小有名气。1780年，席勒从学院毕业，奥根大公却强迫这个"天才的学生"做一名薪俸微薄的军医。为了心爱的戏剧，席勒多次在没有请假的情况下跑到曼海姆剧院去。1782年，席勒的《强盗》在曼海姆首演，所产生的轰动效应可以与歌德的《少年维特的烦恼》相提并论。但奥根大公禁止他与"外国"交往和继续写作喜剧，而他则因该剧的成功坚定了不惜一切代价都要以戏剧家为终身职业的信念。于是，他甘冒被通缉的危险逃到曼海姆，但是他在那里的戏剧活动并不成功，反而陷于衣食无着的境地，靠着好心人的帮助，他才摆脱窘境，但从未停止创作。1783年，他开始转向社会政治题材的历史悲剧，如《斐爱斯柯在热那亚的谋叛》，主人公是一个充满事业心并行动着的人，表面上要捍卫共和国的法律与自由，实际上却迷恋于玩弄权术，最后以失败而告终。正是在政治历史题材领域，席勒找到了显示自己的天赋和才能之处。几个月后，《阴谋与爱情》的首演又获得极大成功。这是一部现实主义题材的悲剧作品，它以一个贵族青年和一个平民少女的恋爱故事为主线，强烈地表达了反对封建专制的呼声。剧中从未出场的公爵到出场的宰相、宫廷侍卫长、家庭秘书，个个都是视人民生命为草芥、利欲熏心、表面上道貌岸然而背地里道德败坏、玩弄阴谋权术的小人；而平民乐师米勒及其女儿、宰相的儿子、先骗人后觉醒的公爵情妇，则成为代表了平等、博爱、自尊、德行高尚等时代理念的新人。这就把封建社会传统价值的标准和看法彻底颠倒过来。可以说，席勒利用戏剧形式，从市民生活的角度向德国的封建分封制发动了一场激进的政治攻势，其言辞之犀利，揭露之深刻，至今读来仍令人感到震撼，体会到封建时代的人们渴望摆脱等级制、追求幸福的呼声。《唐·卡洛斯》是一部耗尽席勒心血的作品。1789年，耶拿大学聘请席勒为有职无薪的历史学教授，他的首次讲课成为德国历史哲学的伟大见证。

岁月蹉跎。在经历了创作的高潮和与之相伴的挫折后，席勒期待对自己作一番内在反思，期待他的作者地位能得到全国认可，期待有一种经济稳定的生活。于是他来到魏玛，开始了人生的新时期。他一方面寻求与赫尔德、维兰德、歌德建立友谊；另一方面开始深入研究历史，想从中寻找广阔、客观的生活题材。他对反映人的精神-伦理能量、反映人的形成着的力量和人的自由的文献感兴趣。他写的历史作品展现了优秀的哲学和语言学成绩，当时只有著名的瑞士历史学家米勒（J. V. Müller，1752—1809）的著作《瑞士史》可以与之相提并论。经过几年的交往和磨合，他终于和歌德建立了终身友谊。不是亲密的私交，而是共同的志向和追求，使两个伟人走到了一起，开始了所谓的古典文学时代。

席勒在美学领域的建树也在哲学史上留下光彩的一笔。18 世纪中叶，鲍姆加登（A. G. Baumgarten，1714—1762）通过自己开创性的工作使美学成为一门专门的学科。1790 年，康德的《判断力批判》出版，使美学这门新兴学科的研究更进了一步。席勒对康德有独到的研究，不仅赞成他的美学思想，对他的哲学立场也十分了解和拥护。作为艺术家和注重伦理精神的人，席勒不仅期待在哲学的客观概念中为艺术找到坚实的基础，还希望把代表人道主义理想的伦理与美育结合起来，通过美的教育或艺术感染力来改善人性，使人到达道德性的最高境界，以克服时代弊病，实现理想社会。研究古希腊罗马文化、历史、康德哲学以及与歌德的联盟，这是席勒所认为的一个客观艺术家应做的最重要的事情。他在这方面的代表作是《审美教育书简》（*Über die ästhetische Erziehung des Menschen*）。其中，席勒主要表述了如下观点：

（1）艺术与道德、社会、政治自由等时代问题密切相关。"人们在经验中要解决的政治问题必须假道美学问题，因为正是通过美，人们才可以走向自由。"[①]艺术或美能克服理想社会与现实社会、道德的人与自然的人之间的对立，实现人的性格的完整性。

（2）人的物质欲求是合理的，道德要求苍白无力，应用第三种性格——"审美性格"来统一两者。"所以，重要的是，要从物质性格中区分出任意性，要从道德性格中区分出自由；重要的是，使前者同法则相一

[①] 弗里德里希·席勒：《审美教育书简》，冯至、范大灿译，第 21 页，上海人民出版社，2003。

致,使后者同印象相联系;重要的是,使前者离物质再远一些,使后者离物质再近一些,从而造出第三种性格。这种性格和那两种都有连带关系,它开辟了从纯粹是力的支配过渡到法则支配的道路,它不会妨碍道德习惯的发展,反倒会为目所不能见的伦理提供一种感性的保证。"①这一观点体现了席勒较之时代的一个进步。

(3)培养生动的感觉和坚强的意志以执行理性和启蒙的法则。"理性如若找到并提出法则,它就做了它能做的事,实行法则必须由勇敢的意志和生动的感觉来担当。真理要想在同各种力的斗争中取胜,它本身必须先变成力,并在现象世界设置一种**冲动**作为它的代理人。"②

(4)政治方面的一切改进都应从性格的高尚化出发,性格的高尚化有赖于美的艺术,因为艺术和哲学一样,都不受世俗影响,享有绝对豁免权,致力于把美和真理注入芸芸众生的心灵中。诚然,艺术家效忠时代精神,但"他藐视时代的判断。他是向上仰望他的尊严和法则,而不是向下瞧着幸福和需要"③。

(5)人的身上具有感性冲动(物质或有限的)和理性冲动,只有当人的两种冲动都得到发展时,他才是完全的,才有自由。这两种冲动的结合形成一种新的冲动即"游戏冲动",它所指向的目标是,在时间中扬弃时间,使演变与绝对存在、变与不变合而为一。④

(6)从感觉到理性不能一蹴而就,要经过一个"中间心境",感性与理性在其中同时活动,心绪既不受物质也不受道德的强制,故可以称为"自由心境"。"如果我们把感性规定的状态称为物质状态,把理性规定的状态称为逻辑的和道德的状态,那么,这种实在的和主动的可规定性的状态就必须称为审美状态。"⑤美的作用就是通过审美生活把人由于进入感

---

① 弗里德里希·席勒:《审美教育书简》,冯至、范大灿译,第 28 页,上海人民出版社,2003。
② 同上书,第 64 页。
③ 同上书,第 71 页。
④ 同上书,第 95、108、113、115、158 页,上海人民出版社,2003。
⑤ 同上书,第 162 页。

性的和理性的被规定状态而失去的人性重新恢复起来。

（7）人的发展要经过物质状态、审美状态和道德状态三个不同的阶段。"不论是个人还是全人类，如果要实现他们的全部规定，都必然要以一定的次序经历这三个阶段……人在他的物质状态中只承受自然的支配，在审美状态中他摆脱了这种支配，在道德状态中他控制了这种支配。"①

（8）美是自由观赏的作品，它使感性和理性同时存在，使物质依赖和道德自由并存。美既是我们的状态又是我们的行动。因为一切都孕育在美中，所以，人如何从美过渡到真理，就不再成为问题。"成为问题的是，人是如何为自己开辟道路，从日常现实走向美的现实、从纯粹的生活感走向美感的。"②

席勒在此表述的显然是一种"大"美学，一种能够克服情欲与道德律令的对立，使人性得以圆满实现并具有实践功能的美学。在康德和费希特视道德为哲学的最高理念之后，席勒看到了纯道德说教的高高在上和苍白无力，因而他想利用哲学刚开拓的新的第三领域——美学，来克服前者的局限性。他把美的活动提到使人性改善、道德完美，实现社会的平等和自由的高度，这一方面显示了德国文学的革命性和时代性，它从来就不是一种纯文学；另一方面也显示了它的局限性，即期待用伦理和文学的因素来使人性完善，从而达到社会的平等与自由，实现政治经济革命的目的。受席勒的思想影响，黑格尔和谢林都曾一度把"美的艺术""艺术的哲学"当做一种最高的理论追求，理论先于实践。

席勒的理想主义和创作激情与他的身体状况不成比例。多年不规律的生活损害了他的健康，1805年，他英年早逝。若非如此，他在德国文坛和哲坛上不知还要掀起什么样的风暴。

强烈的批判精神、狂热的理想信念、高昂的道德激情、矫揉的情感倾

---

① 弗里德里希·席勒：《审美教育书简》，冯至、范大灿译，第 162 页，上海人民出版社，2003。
② 同上书，第 209 页。

泻,狂飙突进运动像飓风一般刮遍德国大地,随后就消失在接踵而至的古典主义浪潮中。当然,它并非什么也没留下,席勒的《欢乐颂》不是随着贝多芬的《第九交响曲》,至今仍在地球上回荡吗?欢乐女神,圣洁美丽,灿烂阳光照大地。我心中充满热情,来到你的圣殿里。你的力量能使人们清除一切分歧。在你光辉照耀下面,人们团结成兄弟。

第三节 德国文学的旗帜:歌德

歌德和席勒是18世纪下半叶德国文坛的两面旗帜,尤其是歌德,因其在戏剧、诗歌、小说等方面的大量著述,因其作为文人在德国封建专制的魏玛公国参与了政治活动这一罕见事实,因其在文化和教育领域内所发挥的特殊影响,当之无愧地被誉为德国文坛的巨匠。与歌德同时代的德·斯太尔夫人曾这样评论道:

> 歌德可以代表整个德国文学,这倒并不是因为在某些方面没有比他更高明的作家。但他是唯一能把全部德意志精神的特点荟聚于一身的人。没有人能象他在这一类想象力上做到如此出类拔萃,而意大利人、英国人、甚至法国人,在这方面竟无涉足的余地。①

一 丰富的人生

歌德(Johann wolfgang von Goethe,1749—1832)出身于法兰克福市的一个富裕家庭。他在幼年受到良好教育,尤其是语言文学方面的训练,还在孩童时代,他就尝试诗歌创作。16岁时,他来到莱比锡大学学习法学,他父亲希望他成为法学博士,然后做一名高级行政法律官员,这曾是他父亲的夙愿。他在斯特拉斯堡完成大学学业后又重返故乡,成为陪审法庭的一名律师。但是他与其说是对法律案件,不如说是对诗歌创作产生了浓厚兴趣,这期间他写了几个剧本。1772年,他到维茨拉尔帝国

---

① 德·斯太尔夫人:《德国的文学与艺术》,丁世中译,第28页,人民文学出版社,1981。

最高法院去做一名实习生,以期在法律领域有进一步的提高,私下里也希望工作地点的改变能带来生活方式的改变。回到法兰克福后,他根据自己在维茨拉尔的经历创作了经典名篇《少年维特的烦恼》。这部小说在有教养的读者中引起强烈反响,一时间成为人们茶余饭后的中心话题。

歌德本人是这样解释当时的"维特热"及其巨大影响的:这位年轻人"具有深厚而纯真的感情和真正的感染力,他沉醉于甜蜜的梦境中,由于玄思而损害了身体,直到最后由于他心中突发的那不幸的狂热,特别是那不甘罢休的爱恋之情,使他神经错乱,用手枪打穿了自己的头"①。维特的思想和情感反映了当时社会流行的那种多愁善感和悲观厌世的潮流,代表了年轻一代的情感。他们"经受着各种热情都得不到满足的痛苦,从本身之外根本得不到去从事有意义的行动的激励,他们的无可选择的前景就是不得不在停滞不前、精神空虚的市民生活中耗尽自己的生命,因而,他们才容易产生病态的青春疯狂"②。"维特现象"绝不是孤立的,它反映了个人与社会的悲剧性冲突:一方面是一个内向、敏感、善良的青年,渴望超凡脱俗的爱情,厌恶墨守成规的社会习俗和关系;另一方面是有几千年传统规定的社会整体,它要求每个个体遵守它的实证性。这种悲剧性的冲突是必然发生的,是超时代的,这也是《少年维特的烦恼》历经 200 多年仍为人们所喜爱的原因。维特的烦恼是每个人在青春期都可能遭遇的烦恼,维特的浪漫和激情也可能是每个人在其漫长人生旅途中必然经历的一段心路历程。所以,当人们问海涅谁是德国浪漫派的代表时,海涅脱口而出:歌德和席勒。

不管怎么说,歌德在 24 岁时就因《少年维特的烦恼》而一举成为德国最著名的文学家。以后的几年也是他诗歌创作最为成功的年月,当时,几乎没有任何一种内心的经验和外在的经历,不被他信手拈来形象

---

① 转引自彼德·贝尔纳《歌德》,李鹏程译,第 55 页,中国社会科学出版社,1992(以下所引此书均为此版本)。
② 转引自同上书,第 56 页。

地作为诗歌而表达出来。但是,若以为歌德会满足文学上的功成名就那就大错特错了。"燕雀安知鸿鹄之志",他像许多志向远大的知识分子一样,期待在广阔的政治舞台发挥作用。但是,由于历史原因,直到 18 世纪,德国的知识分子基本上被排除在政事之外,他们的社会影响远不及自己的英国、法国同行们那样大。即使与市民阶层同属第三等级,他们也因在经济、税收等方面无足轻重而排在末位。不过歌德创造了一个"例外",命运女神这次格外垂青他。1775 年 10 月,他离开故乡,应奥古斯特公爵之邀来到魏玛,并在 1776 年成为魏玛公国的枢密参事官。歌德说:"我大概将留在这里,尽我之所能好好发挥自己的作用,逗留时间的长短只好听从命运对我的安排。哪怕只有几年时间,也总比呆在家中虽有志向而无所事事要好得多。"①他与公爵的合作和他所发挥的作用都好得超出了他的预期,他也在魏玛一直留下来,直至辞别人世。

歌德要处理的事务繁多,小到制定防火条例,大到参与巴伐利亚王位继承战争时期欧洲宫廷之间的政治谈判。他还主管一些政府部门,如矿业、军事、水利、财务等。他精力充沛地投身其中,有趣的是,他把这一切看做是对他的"伦理考验"。"归根到底一切都是伦理的",歌德在其自传《诗与真》中的这句话恰如其分地昭示了德国知识分子的一种普遍心态:伦理高于政治,知识分子为社会服务只是一种手段,个人的伦理完善才是最终目的。当然,歌德还热情地参与魏玛的各项文化活动,展示自己的诗歌天才和戏剧天才,这些活动也因他的到场而格外有生气。其间,他曾到意大利旅行,为优秀的古罗马文化而惊叹不已,后来写下了脍炙人口的《意大利游记》。席勒曾感慨歌德没有生为古希腊人或罗马人,不能直接处在优越的自然环境和产生理想的艺术氛围中,否则他在艺术探索方面的路会短得多。后来歌德把主要精力用于魏玛公国的科学文化事业,1791 年,在他指导下创建了魏玛宫廷剧院。这所剧院后来成为德国享有盛誉的艺术舞台,许多当时前卫性的剧本在此首演。歌德为耶

---

① 转引自彼德·贝尔纳《歌德》,第 71 页。

拿大学聘请了一批优秀人才，费希特、谢林、黑格尔先后被他招至麾下，使得原本不起眼的耶拿大学一时间成为文人瞩目的中心。洪堡兄弟、施莱格尔兄弟以及浪漫派的著名代表蒂克、诺瓦利思等都先后造访魏玛。

　　由于繁杂的事务和种种原因，歌德的生活和创作一度陷于低潮。这时他与席勒相识，两人的友情由小心翼翼地礼节性书面相互问候，到通过口头和书信就艺术、人生等严肃话题进行紧张的思想交锋，最后发展到席勒移居魏玛，两人同城相居，共同进行他们视为神圣的文化艺术事业，直至席勒英年早逝。歌德这样评价两人的关系："我和席勒的关系更特别，因为我们结成了最坚强的联盟，志同道合，不需要所谓友谊。"[①]这段"文人相重"的结果是使两人都迸发了创作的灵感和激情。他们共同创作了大量箴言诗。席勒从 1796 年起开始写《华伦斯坦》三部曲；歌德完成了《维廉·麦斯特的学习时代》，并开始重新创作《浮士德》，而作品《赫尔曼和多罗特娅》则使他重新家喻户晓。"歌德在一定程度上纠正了席勒爱走极端的弱点和哲学思辨倾向；席勒则把歌德从自然科学研究中拉回来使他更多地从事诗歌创作。"[②]他们在这段时期力图形成古典主义的艺术观，在诗歌和艺术中，也要在变化万千的现象中寻找规律性的东西，和谐、自我实现、追求真善美、以古希腊文学为榜样，这就是文化应遵从的基本原则。

　　晚年，因对政局失望，因席勒和自己妻子的逝世而备感人世的凄凉，抑或其他的原因，歌德基本上远离外部事务，除了几次旅行外，专心在家从事文学创作，《浮士德》的第 2 部、《维廉·麦斯特的漫游年代》《西方诗和东方诗诗集》《意大利游记》等作品都是在这期间完成的。《西方诗和东方诗诗集》显示了歌德对印度和中国文学有所注意和感到新奇，对古希腊、罗马文学和英、法文学有深厚的造诣。尤为值得一提的是他的自传性作品《诗与真》、他死后由爱克曼出版的《歌德谈话录》，这些文字基

[①] 爱克曼辑录：《歌德谈话录》，吴象婴、潘岳、肖芸译，第 264—265 页，上海社会科学院出版社，2001。

[②] 彼德·贝尔纳：《歌德》，第 119 页。

本上出自歌德本人，记载了歌德晚年对政治、文学、人生和自己的看法，在忠实性和可信程度方面都胜过后来堆积如山的二手资料。下面我们不妨转录几段，因为它代表了德国古典哲学时代的知识分子的普遍心态。

二　政治、文学、哲学方面的基本态度

对于法国大革命，歌德是这样说的：

> 我是在法国大革命时期写这个剧本的(《被煽动者》，这是歌德一个未完成的剧本——引者)，可以把它看做表明我当时的政治信仰的自供状。我把那位伯爵夫人当做一种贵族，通过她的嘴，我说出了贵族实际上应当如何思考问题。那位伯爵夫人刚从巴黎回来，是巴黎一系列革命事件的目击者，因此，她为自己得出了一种不坏的看法。她深信人民可以受统治，但不可以遭压迫，下层阶级中爆发革命是上层阶级不仁不义的结果。①

> 确实，我不可能是法国大革命的支持者；大革命的恐怖离我太近了，日日夜夜、时时刻刻都使我感到震惊，而它带来的好处在当时还不明显。大革命在法国是完全不可避免的结局，德国人试图在这里人为地引起这样一场革命，对此我也不可能漠不关心。

> 但是，我几乎同样不是专制统治的支持者。的确，我完全相信任何一场大革命的爆发都绝不是人民的过错，而总是政府的过错。因此，只要政府始终公正、始终警觉，革命是完全不可能发生的；因此，政府可以通过在适当的时候作些改良来防止革命，而不可以守旧不变，直到因来自底层的压力而被迫投降。②

德国文学创作中有一种天生的爱好哲学–思辨的倾向，许多作品自

---

① 爱克曼辑录：《歌德谈话录》，吴象婴、潘岳、肖芸译，第53页，上海社会科学院出版社，2001。
② 同上书，第54页。

始至终都是想说明一个理念,对观众来说十分重要的人物、情节、事件等要素反而退居次位,一如柏拉图的理念论,理念是原型,作品只是分有部分理念,是理念的摹本。这增强了德国文学的严肃性和主题性,但也极大地削弱了它的感染力,往往使得作品本身晦涩难懂。歌德谙熟英、法文学,对德国文学中注重普遍性和思辨、忽视个性的做法表示了否定的态度。在讨论作家风格时,歌德说:

> 总的看来,哲学思辨对德国人是有害的,因为它往往会使他们的风格变得含糊、难懂、晦涩。他们愈热衷于某些哲学派系,便愈写得坏。但是,那些干实事、过实际生活、只注意实践的德国人却写得最好。每当席勒停止用哲学家的态度进行思索时,他的风格总是极其宏伟、极其感人的,正如我每天在他那些非常有趣的信件中观察到的。[1]

> 英国人几乎总是写得很好,是天生的演说家和注重实际的人,眼睛老是瞄准现实。
>
> 法国人在风格上一直表现出自己的一般性格。他们生性好交际,所以从来不会忘记自己的听众。他们力求表述清楚,以便使读者信服;力求文辞优美,以便使读者满意。[2]

在评论爱克曼写的诗时,歌德说:

> 你必须去突破艺术的真正高大的难关——去理解个别事物。你必须全力挣扎,以摆脱**观念**。[3]

> 当然,德国人都是些奇怪的家伙。他们在每一件事物中寻求深

---

[1] 爱克曼辑录:《歌德谈话录》,吴象婴、潘岳、肖芸译,第83—84页,上海社会科学院出版社,2001。

[2] 同上书,第84页。

[3] 同上书,第25页。

奥的思想和观念,并且用深奥的思想和观念框定每一件事物,因而把生活搞得不必要地繁重。你且拿出勇气来,沉湎于你自己的印象,允许自己高兴、感动、振奋,接受某种伟大事业的教导与感召,不要以为除了抽象的思想或观念,便一切都是空。①

简而言之,作为诗人,我对尽力表达某种抽象的东西并不是很感兴趣。我在内心接受一些印象,而这些印象须是激发美感的、生动活泼的、可爱迷人的、丰富多彩的、百倍亲切的——正如活跃的想象力所呈现的那样。作为诗人,我所要做的事不过是用艺术方式完善和阐明这些观点和印象,然后用生动的描写把它们提供给听众或读者,使他们接受的印象和我自己原先所接受的相同。②

在谈到德国近代哲学家中谁水平最高时,歌德说:

康德,毫无疑问。只有他的学说还在持续发生作用,而且深深渗透到我们德国的文化里。你虽然从未读过康德的书,他对你也发生了影响。现在你已经不需要他了,因为他可以给你的东西,你都已经有了。如果你日后想读一点康德的著作,我建议你读《判断力批判》,在这本书里,他论修辞学论得很精彩,论诗歌还过得去,但是论造型艺术就不能令人满意了。③

其实,歌德和康德之间完全没有私人交往,但歌德跨越地域空间,敏锐地意识到康德思想的重要性,与康德哲学产生共鸣,这真令人拍案叫绝。这种共鸣源于两人思想中的许多相通之处。例如,对封建压迫的痛恨,对自由公正的追求,视个人德行完善为人之最高目标,超越狭隘民族立场的世界公民视野,在一定程度上对经验的重视,对美学的一般原则,对

---

① 爱克曼辑录:《歌德谈话录》,吴象婴、潘岳、肖芸译,第288—289页,上海社会科学院出版社,2001。
② 同上书,第289页。
③ 同上书,第270页。

诗歌、绘画等艺术领域,以及对优美、崇高等美学情感的进一步研究,等等。这不是什么思想巧合,而是因为他们两人都站在时代的前列,他们都持基本的人道主义信念,并有强烈的知识分子的使命感,所以能在各自的领域创造出有生命力的东西,且有许多相通之处。歌德不是坚持"只有伟大的人格才能写出伟大的作品吗"? 我们在他们两人身上看到了对这句话的最好印证。歌德对康德的评价历时 200 多年仍有效力,而且对他本人也适用。歌德的文学和康德的哲学一样至今仍在持续发生作用,并且深深影响着德国文化,乃至世界文化。

歌德和黑格尔有过几次会面。尽管他们的观点有很大分歧,但这并不妨碍他们友好交谈,互相尊重。爱克曼记录了他们在 1827 年 10 月 18 日的会见。

> 黑格尔来了——一位歌德非常尊敬的人,虽然歌德不太赞赏他的哲学带来的成果。今晚为欢迎他,歌德开了个茶会。

> 之后谈论转到辩证法的本质上来。"事实上",黑格尔说,"它们只不过是人所固有的,规范而系统地培育起来的矛盾精神,作为甄别真伪的才能显示出其伟大的一面。"

> "让我们仅仅希望,"歌德插话道,"这些智慧的技巧和灵活性不会被经常滥用,用以颠倒是非。"

> "那肯定会发生的,"黑格尔说,"不过只对于头脑有病的人来说是这样。"

> "那么我要因为从事自然研究而祝贺自己,"歌德说,"避免了我生这样的病。因为在这里我要探讨无限而永恒的真理,它将每个不能纯真而诚实地处理和观察这一主题的人,视为无用之徒,弃之不用。我还认为许多辩证法的疾病会在自然科学的研究中得到全面的救治。"①

---

① 爱克曼辑录:《歌德谈话录》,吴象婴、潘岳、肖芸译,第 338 页,上海社会科学院出版社,2001。

三 教养小说《维廉·麦斯特》

教养小说(Bildungsroman)这种形式是德国文学的一个独创,它不像许多英、法小说那样,或者以政治、历史事件为主线,或者讲述一个情节曲折、引人入胜的故事,它致力于描述一个人内心的发展和他在与外界的接触中所产生的经历。教养小说扬弃了以前所谓"发展小说"(Entwicklungsroman)的特点,以主人公的有意识的自我教养的形成过程为主题,注重刻画人的内心成长过程。在主人公的生活命运之中,不是其人格性和性格的发展,而是客观的文化财富和人的环境世界,以及它们对人的灵魂的成熟和精神气质的和谐形成所产生的影响,成为作者关注的中心。教养小说的目的是探讨未成熟的人如何发展成为一个具有整体性性格的人。《维廉·麦斯特》开教养小说之先河。这也是一部自传性小说。歌德最迟在 1777 年开始动笔,先是想写一个剧本,后搁置下来,其间多次写写停停,1794 年重新动笔并改写为小说,并在 1795—1796 年推出第一部《维廉·麦斯特的学习时代》。然后,他又在 1807—1821 年间,构思第二部《维廉·麦斯特的漫游时代》,1828—1829 年最终完成,其形式也由整体连贯的小说变成一系列单独的故事。

主人公维廉·麦斯特出身市民阶层,是一位商人的儿子,但他脱离了固有的从学徒至商人的生活轨道,走向社会,立志戏剧人生,为德国创建民族剧院。不过,他在剧院团体中并没有实现自己的理想,反而不知不觉走入迷途。后来几个有识之士不断地暗示、引导他,使他进入一个高贵的社会团体,一个与先前完全不同的社会。在这两个不同的社会中,维廉·麦斯特经历了道德与欺诈、高尚与琐屑的鲜明对比,经历过矛盾、困惑与激烈的思想斗争,最终在发展中成熟起来,修成"正果"。在全书中,歌德还穿插了迷娘与竖琴老人的美妙和奇异的故事。在第二部中,维廉·麦斯特本人退居幕后,以时代和人为目标的教育目的跃居前列。理论和普遍-象征性的东西排挤了直观-形态性的东西。

"教养"(Bildung)这个词又可译为"教化""修养""人的素质养成",它的广义是：

> 个人和社会的关系，外边的社会怎样阻碍了或助长了个人的发展。在社会里偶然与必然、命运与规律织成错综的网，个人在这里边有时把握住自己生活的计划，运转自如，有时却完全变成被动的，失却自主。经过无数不能避免的奋斗、反抗、诱惑、服从、迷途……最后回顾过去的生命，有的是完成了，有的却只是无数破裂的片断。①

教养小说的主旨是塑造个人，通过个人在社会的经历来展现个人人格的提高和完善，使优秀的个人成为全人类的榜样，其目的是通过文学形式来宣扬进步的人文、道德、宗教、社会观。因此它强调作者的客观性，注重作品的社会效应。这和现代文学强调作品是个人主观情感的表达正好背道而驰。所以随着时代的变化，自最后一部教养小说——托马斯·曼的《浮士德博士》之后，教养小说就风光不再。

第四节　浪漫派运动：施莱格尔兄弟

与德国古典哲学关系最为紧密的是所谓的"浪漫派"（Romantik）运动。浪漫派运动指的是 18 世纪中叶在欧洲开始兴起的一种思想文化潮流，它向启蒙运动和古典文学的人道主义理念和视理性为唯一尺度的做法提出挑战，使古典文明的古老基础发生彻底动摇。在欧洲，没有一个国家和领域能躲避它的冲击，在那段时间里，它在哲学、艺术、社会、伦理乃至社会政治革命中，都扮演着第一位的角色。

据语言学考证，"Romantik"这个词的形成要晚于它的形容词"romantisch"。"romantisch"从意大利（romanesco）流传到法国（Romanesque），再到英国（romantic），指的是那些使人想起古老的骑士

---

① 歌德：《维廉·麦斯特的学习时代》，冯至、姚可昆译，"中译本序言"，第 2 页，人民文学出版社，1988。

小说和游吟诗人时代的东西。后来它的词义发生了细微偏移,意指那些使人在田园风光或废墟之中想起古老的罗马语民族的独特性和天真淳朴性的东西。从 17 世纪前后最早使用这个词的一些例子来看,"Romantisch" 涉及幻想的领域,而且从开始就与反理性的东西(Irrationales)结盟。到了 18 世纪末,"浪漫的"一词的使用就比较频繁了。卢梭在《一个孤独漫步者的遐想》中写道:比尔湖畔要比日内瓦湖畔更荒凉和浪漫。可见,当时的文人开始把它应用于文学、音乐、绘画等领域,表达那些不可定义、充满伤感和渴望的感觉,不过对它一直没有统一的定义和应用。

"Romantik"一词在德国出现比较晚,它首先是表示那些哥特式和中世纪的东西,后来飞快进入哲学、文学和文艺批评的领域。18 世纪最后 10 年,弗·施莱格尔(Friedrich von Schlegel,1772—1829)设法使"浪漫诗"(Romantische Poesie)获得一种历史性意义,它意指中世纪的诗,但也包括情感(Laune)的诗和幻想(Fantasie)的诗。1801 年时,奥古斯丁·施莱格尔(August Wilhelm von Schlegel,1767—1845)已严格区别了浪漫派文学和古典文学。蒂克把自己的诗集称做"浪漫诗集"(Romantische Dichtungen)。席勒给自己的戏剧《奥尔良的姑娘》加了一个和蒂克同样的副标题"浪漫诗集",以此表明他想重新召唤那个骑士的世界。歌德强烈反对在文学论战中作出"浪漫"和"古典"的区别,主张只在"中世纪的"、有"童话色彩的"或者"基督教的"意义上使用这个词。后来他才改变态度,将古典贴上"健康"、浪漫贴上"病态"的标签。①

由此可见,在德国,"浪漫"一词在 18—19 世纪之交已是一个流行和时髦的用语。但最后是因为德·斯太尔夫人那部在欧洲颇享盛名的著作《德意志论》,尤其是其中被称为"浪漫派《圣经》"的第二部分"德国的文学与艺术",才使"浪漫派"这个词为人们所真正认可和流传开来。德·斯太尔夫人说:

---

① 参见克劳东主编《浪漫派词典》,第 8—9 页,科隆,科学与政治出版社,1980。

　　"浪漫"这个词是新近传入德国的,是指以行吟诗人的歌唱为源头的诗,也就是骑士制度和基督教所产生的诗……人们有时把"古典"当做完美的同义词。我在这里取另一个含义,即把古典诗看成古代的诗歌,而把浪漫诗看成某种意义上发源于骑士传统的诗歌。这种划分同世界分成两个时代也是有关的:一个是基督教确立之前的时代,另一个是基督教确立之后。①

　　但对我们来说,问题并不是要在古典诗和浪漫诗之间作抉择,而是在机械模仿和自然启示之间作抉择。古代文学对今人而言是一种移植的文学;浪漫文学或曰骑士文学却是在我们自己家里土生土长的,使浪漫文学桃李竞放的乃是我们自己的宗教与制度。②

一　早期浪漫派

　　德国浪漫派的领军人物是施莱格尔兄弟,尤其是弗·施莱格尔被视为德国浪漫派的缩影,诚如朗格所说,"年轻的施莱格尔的发展过程是整个运动的忠实的镜子"③。在经历了一段时间的"古希腊崇拜狂"后,1798—1804 年之间,在耶拿围绕着施莱格尔兄弟形成了一个活跃的文人圈,史称"耶拿浪漫派"。他们关心思想、政治、文学、哲学、艺术领域的动态,愤世嫉俗,渴望创新。1798 年,弗·施莱格尔在《雅典娜神殿》杂志上发表了"浪漫派"宣言:"浪漫诗是渐进的总汇诗"④。他进一步解释道,这条原则首先意味着,把诗学的所有被分割的类型再次统一起来,而且不仅是诗学的各种类型要统一,诗学与哲学和修辞学要有接触,还要使诗与散文、天才性与批判性、艺术诗与自然诗时而混合、时而统一起来。把

---

① 德·斯太尔夫人:《德国的文学与艺术》,丁世中译,第 47 页,人民文学出版社,1981。
② 同上书,第 49 页。
③ 转引自弗·施莱格尔《雅典娜神殿断片集》,李伯杰译,第 1 页,生活·读书·新知三联书店,1996(以下所引此书均为此版本)。
④ 同上书,第 72 页。《雅典娜神殿断片集》第 116 条通常被视为"浪漫派"理论宣言。

诗变成生活和社会,把社会和生活变成诗。其次,要保留描述者和被描述内容之间的区别。诗学可能在被描述内容中消失,刻画出各种类型的诗学个体。这可能是一个作者描述自己,也可能是一个作者乘着诗的反思的翅膀,在描述者和描述内容之间飞翔,不断地增加两者间的反思,就像在一系列无穷尽的镜子中使它成倍增长。最后,浪漫诗有能力胜任最高和最全面的文化教育,不仅从内向外,而且从外向内。不过,浪漫诗还正在成长之中,这正是它真正的本质之所在:永远在成长,从来不会终结。① 在该宣言的结尾处,弗·施莱格尔说道:"浪漫诗承认,诗人的随心所欲容不得任何限制自己的规则,乃是浪漫诗的最高法则。浪漫诗是唯一既大于浪漫诗又是浪漫诗自身的诗:因为在某种意义上,所有的诗都是也应该是浪漫的。"②

耶拿浪漫派的主要成员及其值得一提的作品有:蒂克(Tieck,1773—1853),一位多产的作家和文学评论家,写了许多小说和剧本,尤以《金色的艾克哈特》(*Der blonde Eckhart*)著名。他和瓦肯罗德尔(Wackenrode,1773—1798)因共同的兴趣与志向而成为好友。他们研究莎士比亚、伊丽莎白时代的戏剧,中古高地德语语文学等,甚至还研究中古城镇建筑。蒂克的小说《弗兰茨·斯太恩巴尔德的漫游》(*Franz Steinbaldes Wanderungen*,1798,2卷本,未完成)和瓦肯罗德尔的小说《一个热爱艺术的修道士的心情的流露》(*Herzenergießungen eines Klosterbruders*,1797年匿名发表),被视为拉开了浪漫派文学创作的序幕。

诺瓦利斯(Novalis,1772—1801),一位年轻的文学天才,他和弗·施莱格尔之间的交谈为他们各自的文学创作提供了源泉。后来施莱尔马赫(Schleiermach)也加入到这个圈子中来,他因提倡宗教是人的内心情感而闻名。谢林理所当然地是这个圈子中的重要人物,他的自然哲学受到人们的热烈欢迎。

---

① 参见布塞主编《浪漫派——人物、题材、著作》,第9页,弗赖堡,海尔德出版社,1982。
② 弗·施莱格尔:《雅典娜神殿断片集》,第72页。

在柏林,基本上与耶拿同时也开始了浪漫派的活动。它是在拉埃尔·瓦恩哈根·冯·恩泽(Rahel Varnhagen von Ense,1771—1833)的沙龙中进行的。她是一位非凡的知识女性,家庭富有,常举办文化名人参加的晚会,并致力于妇女解放和犹太人的解放,这在当时极为罕见。汉娜·阿伦特曾在 20 世纪写过一本关于这位浪漫派时代的德国犹太妇女的传记。[1] 蒂克后来也在柏林活动,海涅后来也是这个沙龙的常客。

二 晚期浪漫派

海德堡浪漫派又被称为"晚期浪漫派",他们的主要活动年代约在 1805 年以后。其主要代表人物有布伦塔诺(B. Brentano,1778—1842)、冯·阿尔明(A. von Arnim,1781—1831)、艾辛多夫(J. von Eichendorf,1788—1857)、格罗斯(J. von Görres,1776—1848)、京德罗德(K. Günderrode,1780—1806)等。他们在批判性和社会影响方面也许不如耶拿同仁,但在纯文学成就方面却毫不逊色。

浪漫派活动参与者是一群精力充沛的年轻人。他们大多在 18 世纪70 年代前后出生,是黑格尔的同龄人。他们经历的正是欧洲大陆由封建制度向资本主义过渡的时代。法国大革命和拿破仑的成败,伴随着他们的青壮年时期。虽然他们没有直接参与社会政治活动,对社会现实性比较陌生,但是他们在本质上是反对当时封建社会的一切强力和流行趋势的,反对任何形式的人对人的压迫。所以从人道主义这个角度看,在社会政治层面上他们与启蒙运动和古典主义有很多共同点,应该同为市民阶层的代言人;但是在文学领域中,两者在所追求的哲学理念、所探寻的创作和批评原则方面则有根本区别。

三 浪漫派特征:自然、神秘、梦境、伤感

概括来说,浪漫派有这样几个特点:他们开始重视历史,因而对中世

---

[1] 参见汉娜·阿伦特《拉埃尔·瓦恩哈根——一位浪漫派德国犹太妇女的生活史》,皮佩尔系列丛书第 230 号,慕尼黑/苏黎世。

纪作出肯定性的评价,并在中世纪的传说中发掘创作题材,如"古堡""废墟""骑士""神秘""幽灵"等。他们重视人的内在性,即人的情感、幻想、梦境、渴念。他们充分肯定文学艺术或美学在近代这个新历史时期的作用,想用文学艺术来取代抽象的理论即陈旧的形而上学,对抗权威的宗教教条,以促进人类的文化教养,达到最完美的统一境界。这和早期德国唯心主义有某种异曲同工之处,即在形而上学、道德性的概念遭到诘难之后,企图把判断力、美学、艺术、诗学之类的概念当做最高的统一概念。他们强调人与自然的和谐统一,"夜晚""死亡"都不再与人处在对立的地位,"森林""林中小屋""农夫与农妇"都成为作品的主题。这些题材后来都在海德格尔的作品中重现,所以阿伦特不无理由地把海德格尔叫做"德国最后的一个浪漫派"。他们赞扬爱的作用和力量。这里的爱不仅是男女之间的情爱,更是对全人类的博爱,对自由与和平的深切的爱,"爱"在此超越性、宗教、自然情感的范围,获得反封建的社会政治色彩。

浪漫派惯用的文学类型有戏剧、叙事诗、抒情诗、长篇小说、中篇小说、童话和传说等。他们尤为推崇"断片"(Fragment)这种写作形式。这本是古希腊时期流传下来的一种短小精悍的写作形式,浪漫派对之进行改造后引入德国文学,其目的是要反对德国人动辄建立一个庞大体系并认为只有体系才能表达真理的传统观念。采取断片的形式,可以使思想不受形式和体裁的制约,自由地言说和渐进式跳动。它避免了哲学理念的枯燥乏味,更能吸引读者尤其是非专业人士。后来尼采的许多作品为人所喜爱,除了其中的反传统思想震人肺腑外,它采取的断片形式也令人耳目一新,成为形式与内容珠联璧合的典范。在现在的后现代哲学中,"断片"的形式又获得重要意义。

浪漫派最看重的形式是"嘲讽"(Ironie)。

浪漫派热衷的主题有:(1)对庸人的嘲讽。庸人在此作为艺术家的对立面而出现,他们为自己的社会角色所束缚,为日常生活操心劳碌,安于现状,易于满足,对冒险、变更、意外之事感到陌生,缺乏精神性。(2)对黑夜的咏叹。黑夜意味着自然的秘密、神的启示。对青少年时代的回忆,各种梦境、预感、渴念都在黑夜里变得栩栩如生。白天是概念的世界,由智力和意识一统天下。黑夜则让感觉和幻想苏醒,还有信仰加以补充。黑夜体现了自然的创造性力量,草儿舒展,夜莺婉转歌唱,是创造的盛大节日。(3)对远方不可及之物的渴求。孤独的人站在窗前或井边,思绪飞向遥远的天边。漫游、森林、悬崖、山泉、暮霭、黑夜、爱等,都是不受束缚的精神所渴求的对象。(4)对梦境的描述。在梦中摆脱了客观性的制约,灵魂无止境地活跃起来。人可以尽情幻想,在瞬间让神奇的生命一晃而过,仿佛亲眼见到那朵神秘的蓝色花。(5)对自然的赞叹。自然不是指自然界的现成事物,而是指一种原初的、无限的活动性。它是无限发展的,不断产生着新的作品。在这个意义上,自然是第一位的。浪漫派的自然观深受谢林影响,即把自然看做有机的整体,不依赖外力。(6)对森林的歌唱。森林远离人的日常现实世界,既美丽静谧又在运动之中,流水淙淙,树叶簌簌,树梢在微风中摆动。人在树林中倾听自然的声音,森林成为人自我回归、自我发现、自我内在成长的地点。(7)对中世纪的迷恋。中世纪是浪漫派的理想国,呼唤中世纪就意味着重新使基督教恢复活力。在经历了恢复古希腊、罗马的古典主义高潮后,"回到中世纪"意味着对自己民族性的肯定和呼唤。(8)对天才的崇拜。他们强调原创性,反对病态的模仿。诺瓦利斯说:

> 没有天才性我们根本就不存在。一切事都需要天才。人们习惯于称为天才的东西,其实是天才中的天才。因此,天才是一种能力,像处理真实的东西一样去对待虚构的东西,像对待真实的东西一样去对待虚构的东西。[①]

严格地说,早期浪漫派的文学创作并不成功,他们与其说是在创造文学作品,不如说是借作品宣传自己的观念,即"诗学的诗学"(Poesie der Poesie)。他们不太遵循已有的创作规则,或者说,他们宁肯致力于打破

---

① 转引自布塞主编《浪漫派——人物、题材、著作》,第 16 页,弗赖堡,海尔德出版社,1982。

这些规则，他们的作品中虽然不乏惊世骇俗之语，但也常空泛和不切实际，不易为人们所喜爱和接受。倒是晚期的浪漫派，抛弃理论争论，发掘历史题材，在童话、诗歌、民谣等文学创作领域成绩斐然，例如雅各·格林（Jakob Grimm，1785—1863）和威廉·格林（Wilhelm Grimm，1786—1859）的童话、艾辛多夫的抒情诗等。

我们之所以用较大篇幅论述德国文学史上的重大事件，是要强调，文学与哲学在体现时代精神和表达思想信念方面是相通的，是相互促进的。让我们欣赏一首艾辛多夫的诗，来结束本段吧。

告　别
——在卢波维茨附近的林中

啊，辽阔的山谷，啊，山峰，
啊，美丽的苍绿的森林，
你是我的哀乐的
虔诚的家庭；
在外间，受尽欺骗，
人世间扰攘一片，
你绿色的天幕，在我四周，
请再划一道弧线！
当曙色初开的时辰，
大地闪烁得烟雾腾腾，
小鸟儿愉快地唱歌，
在你的心中发出回声：
那种浊世的烦恼，
让它烟消云散，
那时你要复苏，
恢复你的青春灿烂！

在森林里有一句

静静的恳挚的铭文，

谈论人类的至宝，

谈论正直的行为和爱情。

我已忠实地读过

这些千真万确的名训，

它渗透我的全身，

清清楚楚，不待说明。

不久我就要舍你他去，

远适他乡，漂泊风尘，

在万花筒似的世路上

欣赏人生的戏文；

在我的生活当中，

你那种恳挚的力量，

会鼓舞着孤寂的我，

使我的心保持坚强。①

---

① 歌德等:《德国诗选》,钱春绮译,第 225—226 页,上海译文出版社,1982。

第三章　自然科学迅速发展

　　德国的自然科学是在哲学内部成长壮大，最后自立门户的。这一从成熟到独立的过程正好与德国古典哲学的发展阶段相重合。当时的哲学家身肩哲学研究与自然科学研究两大重任于一身。康德的第一部作品《正确评价活力的思想》就是以物理学的问题为对象的，他早期的一批作品也都与天文、物理等问题有关。谢林更是以《自然哲学的观念》这部著作开创了哲学的新方向，也使他获得"年轻天才"之美誉。黑格尔也是自然科学之友，他的《哲学科学百科全书》第二部分"自然哲学"集自然科学之大成，数学、物理、化学、天文、地理、生物等各类问题林林总总，无所不包。但当自然科学在18—19世纪的近百年之间经历了从"新发现"到"日趋成熟"的黄金时期后，在学科对象和分类逐渐清晰的情况下，尤其在创立了与哲学的演绎方法不同的、适宜于自然研究的归纳方法和实验方法后，它就不甘再屈居于哲学门下，于是以1831年黑格尔去世为标志，在那之后，物理、化学、生物等自然科学的诸分支，相继从哲学中独立出来，在大学里成为独立的学科，各大学设立了专门的自然科学教授讲席，百科全书式的哲学开始土崩瓦解。我们略为回顾一下这一过程。

第一节　"科学"的理念

德国人对科学的理解与英国人和法国人有很大不同。英、法所说的科学就是指自然科学，而德语的"科学"（Wissenschaft）一词则含义广泛，包括一切有系统的知识，如哲学、语言学、历史、文学、数学-自然科学等，宗教、医学、法学也概莫能外。当时由康德创建的批判哲学、历史批判和《圣经》批判的科学、语文科学，都被视为与自然科学各科具有同样精确方法的科学学科。费希特把自己的哲学称为"知识学"（Wissenschaftslehre），目的就是要建立一个以哲学为基础的包括其他学科知识在内的科学体系，"科学"在此意味着全部的知识学体系。英国人和法国人对"科学"一词有自己的理解，他们更愿意把关于科学理念、方法及其标准的哲学讨论叫做"知识学"或"方法论"。他们所说的科学在德国被称为"精确科学"（Exact Science），相对应的德文词是"Naturwissenschaft"。直到18世纪，"自然科学"这个词才首次在德语中出现和被使用，其当时的意义和用法与"Naturphilosophie"和"Physik"基本相近。这三个词的分化和区别是在19世纪后才逐步发生的。我们中国人在五四运动时倡导的"赛先生"应该与英、法所理解的"科学"一词的意义相近，当我们现在说要实现"科学技术的现代化"时，我们的"科学技术"指的是德文中的"Naturwissenschaft"和"Technik"。

著名的英国思想史研究专家梅尔茨（Merz）在19世纪时就指出，"Wissenschaft"代表了德国人对科学的一种特殊理想，这是最宽广的科学概念，最高和最一般的科学标准。梅尔茨指出：

> 它是从德国大学制度中特殊地演化出来的一种观念。在这个制度里，神学、法学、医学和专门的哲学研究全都被拿来作"科学的"处理，一起形成普遍的无所不包的人类知识大厦。这样一种观念、这样一个名字的运用只能在这样的地方产生和发展，在那里，各个不同事业、各种知识分支习以为常地在同一屋顶下共同生活了许多

个时代,它们不断接触,学会彼此看做一个家庭的成员、一个整体的不可分割的部分……同科学相对立的是非科学的、业余的、通俗的东西;不是职业的而是手工业性的东西,在伟大大学制度(其中包括无数构成基础的学术学校和构成顶端的科学院)之外成长和生存的东西。①

梅尔茨对在德国的"科学"理念下成长的哲学家和自然科学家们作出高度评价。首先,从哲学家和思想家开始,继而影响到自然科学家,他们都是为了纯粹科学,为了追求真理,而不是为了什么实际功用而孜孜不倦地探索着。梅尔茨说:

> 从莱辛、赫尔德和康德开始,到施累尔马哈尔、赫尔曼和伯克终止,领导一支甘愿献身的追随者大军穿过民族压迫、野蛮和绝望的旷野,进入自由、文化和希望的充满美好前景的地方。这样一种理想是无价之宝,正是这种理想在本世纪(19 世纪——引者)上半期被作为哲学和古典思想学派的遗产传给了新的思想家学派,这些思想家以同样坚忍无私的精神研究似乎不怎么崇高也不怎么神秘和迷人的自然界问题。②

其次,德国科学家不仅崇尚透彻性,而且决不甘心只当本学科的泰斗,而对其他学科充耳不闻。他们都不是孤立的思想家,他们生活在大学里,与其他的科学家有工作接触和思想交往,可以说,他们从不同角度探讨同一个问题。他们的目标不是显示自己作品之伟大,而是要在科学的大厦中为自己找到一个位置。

再次,德国科学家又是教师,他们不仅向年轻人传授本学科的知识,还要使他们对整个科学领域有所了解。德国科学家并不局限于传授现成知识,还鼓励年轻人进行科研,学会与他人合作,鼓励胸怀大志的天才

---

① 梅尔茨:《十九世纪欧洲思想史》第 1 卷,周昌忠译,第 146—147 页,商务印书馆,1999。
② 同上书,第 179 页。

一展宏图。

最后,德国科学家又是哲学家。不管他们对具体的哲学学说多么厌恶,他们总是处于某个哲学学派的影响之下。他们有自己的信念和信条,面对学生时会坚定地捍卫自己认同的真理,驳斥他人的攻击,如果必要,则对它们予以修正。梅尔茨说:

> 如果说历史科学主要从谢林和黑格尔的哲学受益,这种哲学试图对于人类即普遍灵魂的理智的和伦理的表现给出新的构造性的观点,那么,数理科学和自然科学主要受康德哲学精神的影响,这种哲学使德国心智根深蒂固地沾染上对知识原理作批判的必要性。[①]

第二节 自然哲学作为自然科学发展的一种特殊形态

在独特的科学理念的指导下,在德国,对自然科学的研究以自然哲学的特殊形态出现,似乎就应该是理所当然的事。实际上,整个 18 世纪,由莱布尼茨经沃尔夫到康德,德国的自然科学研究基本上就是以这种形态出现的。国际上许多重要科学史著作都反复强调,自然哲学是德国自然科学发展史上的一种特殊形态。自然哲学就是以概念、推论、假说来研究当时的自然科学问题,自然哲学家们都精通自然科学,当时的哲学家也大多是卓越的自然科学家,最光辉的例子当然是莱布尼茨和康德了。莱布尼茨独立于牛顿发明了微积分,康德的星云假说等理论也在科学史上获得高度评价。

> 有些人认为康德哲学与现代科学提供的征候是相合的。也许这种相合至少部分是由于康德本人是一位合格的物理学家。他在拉普拉斯之先创立了星云假说来说明太阳系的起源。他最先指出潮汐的摩擦有促使地球的旋转渐渐迟缓的作用,而且这种摩擦又靠了它的反作用,迫使月球以同一面对着地球。他指出地球自转时地

---

① 梅尔茨:《十九世纪欧洲思想史》第 1 卷,周昌忠译,第 183 页,商务印书馆,1999。

面各带线速度的差异,可以解释"贸易风"及空气的其他类似的不断流动现象。如地震的原因,人种的差异,月球中的火山,以及自然地理学,他都有著作论述。由此可见,康德对于当时科学有渊博的知识。他在两个可能(或不可能)的情形不能凭逻辑加以判断时,抱保留的态度,也有科学家存疑的精神。他在处理关于实在的问题时也表现了这种态度。①

自然科学家们或者跻身于哲学系教师的队列,或者是大学门外的私人研究者。当时存在的自然科学门类有数学以及跻身在物理学名下的力学、天文学、自然史(包括动物学、植物学、地质学、矿物学)等。

牛顿以来,在英语用法中,"natural philosophy"就意味着诸精确自然科学的理论和数学基础。沃尔夫和康德都把自然哲学理解为与经验的自然科学有别的、关于自然的"形而上学",它与自然科学的先验原则以及从中产生的自然规律有关。谢林和黑格尔则进一步把自然哲学发展为思辨的,其任务或者是从精神中引导出自然的可能性(黑格尔),或者是在一个体系中展现自然的整体结构和共同联系,体系在经验之先(谢林)。德国学界普遍认为,通过观察得到的数据和经实验验证的成果对科学学科来说固然重要,但更重要的在于,对这些经验事实予以说明,使它们具有一般、普遍的理论基础。康德就认为被这样命名的自然科学应该以自然的形而上学为前提。这种基础或者是数学的,或者是哲学的,其他科学都不具备这种普遍必然性。自然哲学在 18 世纪末因谢林的自然哲学新作问世而达到高潮。它所产生的轰动效应,使得自然哲学一时间似乎成为一门极有希望的新学科,人们期待它能克服力学机械论的片面性,并解决当时哲学的危机,自然期待精神的塑造。后来著名的自然哲学代表人物还有奥肯(Auken,1779—1851),他是德国科学协会的创始人,还主编了期刊《爱西丝》(Isis)。

---

① W. C. 丹皮尔:《科学史及其与哲学和宗教的关系》,李珩译,张今校,第 277 页,商务印书馆,1987。

一　机械论与活力论的碰撞

德国自然哲学与英、法力学机械论的冲突实际上代表了两种自然观的对立。德国学界对当时流行于英、法的力学思想和自然史观很不满意。

> 十八世纪的法国哲学家们用机器作为他们的基本形象,把宇宙设想为一座庞大的机器,把宇宙中万物设想为许多较小的机器。在法国人看来,人们的心灵能力在原则上可以分析为在运动中的物质,这些能力为外来的力量(如身体的生理过程和外界刺激)所决定。德国人则比较着重内省的方法。他们对人的心灵的主动性深感兴趣,用歌德的话来说,他们既从内心深处感到有类似自由意志的东西,又感到有限制和平衡这种自由的某种力量。德国哲学家认为自然界为同样的精神活动所渗透,因此自然界的一切过程应该用心灵的内在活动来比拟和解释,而不应当用纯外在的、运动中的物质来解释。①

这两种自然观的对立,实际源于流行于 16、17 世纪的活力论(Vitualismus)与机械论(Mechnismus)的对立。当时占优势的思想流派是以笛卡尔和牛顿为代表的机械论学说。笛卡尔是典型的二元论者,认为实体有广延和思维两大属性。牛顿研究物体的运动,但把上帝视为"第一推动力"。他们都把物质看做被动的实体,由于外部机械力量的推动才产生运动。当然他们并不否认精神世界的存在,认为精神世界起码在原则上也会对物质世界起一定的主导作用。困难或者问题在于,从逻辑上或经验上找出这两个世界的联系。因此他们最终都放弃了精神世界。关于物质世界的机械论哲学一直在英、法两国占上风。

德国人则受活力论思想的引导。它源自帕拉切尔苏斯(Paracelsus)

---

① 斯蒂芬·F. 梅森:《自然科学史》,周煦良等译,第 327 页,上海译文出版社,1980。

和赫尔蒙脱(Helmont)的医药化学理论,他们认为,根本没有什么被动的物质,所有物体,包括矿物和化学化合物,都是有活力的,都为一种生命力所渗透,这种力是事物成长的原因,也是决定事物成长的形式。自然界的一切事物都是自主的,是它自己的内在生命力,而不是外在的能量使它成长并运动。

波墨(W. Böhm,1575—1624)和莱布尼茨都赞成活力论。波墨是一个神秘主义者,使用神秘化了的医药化学语言和象征形象来表述自己的观点。他认为人是宇宙的具体而微小的翻版,人是由内部精神力量所支持,因此可以说人是一个自主的小宇宙。外部大世界也自成一个完整的世界,由作为宇宙的灵魂或自然界的精神的上帝所支持。波墨感到人本身的精神发展过程也可比拟为宇宙发展的过程。他还谈到以自我为中心的肉体欲望和否定自我的精神意向之间的心理斗争,通过内心的神秘体验,可以解决两者之间的争斗。在神秘语言的背后,波墨还首次比较系统地表述了关于自然界发展变化的辩证法思想。莱布尼茨十分关心将世界作为一个整体来把握,认为借助第二手的物理原因来说明生物界现象是不合实际的。为此,他提出了"预定和谐说"和"充足理由律"。他的"单子论"解答方案对我们来说是再熟悉不过的了。世界由无数单子所组成,这些单子都是自主的,是纯精神活动的中心。它们分成高低不同的等级系列,没有一个单子是相同的。这种关于自然界等级系列的思想为后来进化论的接受与传播打下了基础。

活力论思想对德国古典哲学产生了深远影响。自然界是一个有机联系的整体,精神高于自然,人是自由的,实体被表述为主体,而主体是能动的,这些古典哲学的基本观点都和活力论有一定理论联系。当然,随着近代科学的发展和现代生物学的创立,人们发现可以用物理学和化学规律来解释生理过程,活力论作为对自然界和人的一种猜测性理论,就从科学的视野中逐步退却了。这主要得益于德国科学家米勒(J. V. Müller)、施莱登(J. M. Schleiden)、施旺(Schwann)等人在 19 世纪中叶的三项工作:第一,施莱登和施旺发现,动、植物的躯体皆由一些结构组成,这些结构各自独立地却按照一条共同的原理发育。第二,施旺通过研究表明了肌肉的力量如何随着肌肉的收缩而变化。他动用了现代物理学全部手段对动物运动现象进行研究,从而逐渐用一种分子机制取代"活力"的奇迹。第三,赫尔姆霍尔茨(Helmholtz)和迈耶使力的守恒学说重新复兴,它既澄清了力的概念,又为认识动、植物中物质的变化提供启示:人体活动的动力无非是转变成植物机体的阳光,动物机体高度含氧的排泄物在氧化时产生这种力量,并连带地产生动物热量,即古人所说的"精气"。

但是直到20世纪初,仍有科学家坚持活力论思想,他们认为生物有机体中的一些过程并不遵从化学和物理学定律。活力论的最后一名代表是德国著名的哲学家和生物学家德里希(Driesch),他通过海刺猬蛋的试验而成为新活力论的创始人,他的有机体哲学的讲座也名噪一时。他反对严格的因果观,赞成一种由亚里士多德而来的、把圆满实现看做自然因素的理论。直到二三十年代,活力论才被生物学家们普遍否定。主要原因有二:"首先,因为活力论依赖的是一种还不清楚的、甚或是不可知的原动力,因而实际上脱离了科学范畴;第二,因为最终有可能用化学和物理学来解释一切现象。"[1]

二 有机体学说

18世纪末,科学开始向世人展示自己的力量。在德国,把自然科学新发现的概念和术语运用到哲学乃至文学作品中,一时间成为一种时尚,人们期待通过运用新概念来达到思想上的一种突破。歌德、席勒、浪漫派、古典哲学都概莫能外。当时,一方面受活力论思想的影响,另一方面随着生物学在物理学的襁褓中缓慢孕育成长,有机生命和个体化问题、意识产生的直接条件等等,引起各学科的高度重视。谢林、黑格尔等人就敏锐注意到了这之中产生的某些新概念,为解决一些根本的哲学疑

---

[1] E. 迈尔:《生物学思想发展的历史》,涂长晟等译,第60页,四川教育出版社,1990。

难问题提供了新视野和新表达法。他们开始用"有机体"（Organismus）、"有机的"（organisch）等术语，来从哲学角度规定那些有生命的东西，那些有统一联系的整体。

"有机体"本来是个生物学概念，其意义最早可以回溯到亚里士多德，表示一种被设定在一起的、由不同类型的部分所组成的有生命的生物。组成整体的部分是工具（Organ），是灵魂的工具，灵魂是有生命的物体及其运动和达到终结形式的最终原因。这种观点一直传到近代的笛卡尔和法国启蒙哲学家，他们把有机体（法语 Organisme）理解为一台机器。受其影响，到了 18 世纪末，"有机体"一词已被普遍使用。与法国机械论的理解相反，康德在《判断力批判》中严格区分了有机体和机械论，认为有机体是一个整体性的被构成之物，其中的每个部分只有通过其他部分才能存在，因而是工具，但是它作为工具又把其他部分生产出来，所以它不可能是技艺的工具，而只能是向工具提供质料的自然的工具。因此这一产品应该被叫做"被组织的和自我组织的生物"，一个"自然目的"。① 有机体初步获得了部分与整体、工具与目的的辩证统一的意义。

受施瓦本地区的虔敬派的神秘主义和浪漫派的有灵魂的自然图像的影响，荷尔德林也在"恩培多克勒草稿"的诗中区分了"organisch"（有机的）和"aorgisch"（无机的）。"有机的"并不是表示自然的有机体，而是代表精神和艺术的被组织了的、被反思的东西。"无机的"也不是指无生命之物，而是自然中无意识的、无语言的、无图像的、组织结构分解了的东西。"有机的"和"无机的"是一对处于相互影响中的矛盾。

谢林可能从荷尔德林处借用了这对概念并加以改造。谢林认为，无机的自然和有机的自然的区别在于，前者缺乏自我刺激和自我再生产的特性，因此必须在它之外去寻找"刺激的原因"；后者则受自身交互影响的支配，它独立自主地维持其存在，它自身同时既是原因又是结果。② 黑

---

① 参见瑞德尔等主编《哲学历史词典》第 3 卷，第 1330—1333 页，巴塞尔/达姆斯塔特，1971。
② 参见谢林《先验唯心论体系》，梁志学、石泉译，第 136—139 页，商务印书馆，1983。

格尔在他 1800 年写的一份手稿中也反复提出"有生命的东西必须被视为有机体","有机体"或"个体性"才能使对立的东西或"杂多"处在既保持自身又与他物相关的关系之中。①

概括来看,"有机"的观点对古典哲学至少有下述几方面的启迪:(1)自然界乃至整个世界是一个有机联系的整体,各类事物处在相互联系、由低到高的有序系列中,其中部分与整体的关系是和谐统一的,统一性高于对立性。众所周知,统一性和体系性始终是德国古典哲学的最高追求。(2)有机体的细胞大体上是自主的有生命的实体,因而每个个体都是独立和自主的,它的发展动因在其自身之中,它以自身为目的。重视个体和个体自因在一定程度上促使把实体转化为主体,并使主体具有能动性。(3)有机个体间既是对立的,又彼此相互依赖。缺少一部分,另一部分就不能存在。这无疑包含着辩证法思想。

三　自然哲学的历史作用及其局限

对德国自然哲学的评价一直是一个十分棘手的问题,人们对它一直褒贬不一。19 世纪中叶以后,人们对它基本上持否定性态度,谁也不想背上"反科学""伪科学"的罪名,当然也没有什么人愿为它说句公道话。近几十年来,这种局面有所改变,主要原因在于,随着科学知识大爆炸,自然哲学的某些假说现在得到了证实,这促使一些懂得科学的哲学家们开始历史性地评价自然哲学的合理成分。

第一,自然哲学是在近代科学到现代科学的过渡时期中出现的。作为科学发展史上一个特定阶段的产物,它是当时的哲学家兼科学家探索自然界的一种方式,具有科学的形态和成分,并非完全由臆造和假说所构成。因此,根据当时的自然科学水平对它作出切实的评价,是十分必要的。例如在提到进化论发展史时,丹皮尔说:

---

① 参见《黑格尔手稿两章》,张慎译,载《德国哲学》第 9 辑,北京大学出版社,1991。

　　博物学家大半都把进化观念留给哲学家去议论,而且在达尔文与华莱士发表他们同时得出的研究成果以前,科学界的意见就发表出来的而言,倒是反对进化论的。这是在资料不确凿时暂不下判断的真正科学态度的很好例证。另一方面,哲学家也尽了他们的本分,因为他们对于一个还不能交给科学家处理的学说,不断地提出思辨性的见解。他们对一个极其重要的问题始终不作最后决定,然而又提出解决的方案。到相当的时候,这种解决方案可以成为科学家的工作假设,他们让科学家去作最后的决定。①

　　第二,自然哲学是科学家和哲学家的最后一次联盟,以后他们就分道扬镳了。分道是必然的,但未必全是好事。从根本上说,在自然科学史上 1800 年左右这段时间提供了唯一的机会,就自然科学与人文科学的共同关系进行反思,因为这是由当时的自然研究者们自己进行的;以后的自然研究者们不再在哲学、神学和艺术的近处对自己的专业进行普遍性的反思。近百年来,科学家们在意识形态、人文关怀、科技进步造成的社会后果等方面时而出现的短视,就不断招致社会的批评,如"工具理性""技术白痴"等,这种状况与科学和哲学的脱节有很大关系。另外,搞哲学的人不懂自然科学,视野也受到限制。但是,在科学技术大爆炸的年代,难道还敢期待百科全书式的人物横空出世吗?科学史家们认为,康德是最后一位对自然科学(人类学和宇宙学)的发展作过贡献的哲学家,在他之后,是科学家们对哲学的发展作贡献,反之则不然。哲学家们常常不太认可这种看法,但事实又似乎确实如此。矛盾无处不在,当事人要明白自己的局限性。科学和哲学都不可妄自尊大。

　　第三,与它的同伴知识学、逻辑学还有精神哲学等相比,自然哲学因其处理对象在近两个世纪里获得了突飞猛进的发展,它的历史局限性就更加凸现出来,它也因此遭到后人更多指责和嘲讽。从现代科学角度来

---

① W. C. 丹皮尔:《科学史及其与哲学和宗教的关系》,李珩译,张今校,第 369 页,商务印书馆,1987。

看，自然哲学没有明确的科学分类，缺乏精确的学科概念、数学化计算方法和实验室工作等，因而它注定要退出历史舞台。但是，用当今的科学水准来评价历史的科学成果时，一定不能脱离当时的认识视野，要谨慎从事。当时经历许多人艰苦工作才获得的科学新发现，如今可能已作为基本常识在中学课堂上讲授。

第四，正确评价假说、臆想甚至谬误在科学发展史上的作用。假说推动科学的进步和发展，这一点已经得到公认。例如 18 世纪就提出的"哥德巴赫猜想"一直是数学的数论理论发展的动力之一。对臆想和谬误也不能轻易否定，不能完全视之为科学的对立面。有时它们也是科学发展的动力。美国科学史家迈尔指出：

> 奇怪的是错误学说往往对科学的某一特定分支能产生有利影响。这些错误学说促使探索对立学说所忽略而又是本身所需要的事实根据，这些事实却对支持另一种不同的解释方案十分有用……活力论对 18 世纪和 19 世纪早期生理学的发展或许比机械论起了更有利的影响。[1]

第三节　自然科学成就概观：天文学、数学、化学、生物学

直至 18—19 世纪之交，当时欧洲的科学中心还在巴黎，拉普拉斯、拉格朗日与蒙日（Monge）的数学、拉瓦锡所倡导的新化学与阿雨（Hauey）创立的几何晶体学，合起来形成了物理科学的光辉星座。在法国是由科学院承担着研究和传播科学的任务。英国科学的显著特点则在于它的个人主义精神，许多天才的研究成果往往是非学院出身的人物完成的，如波义耳（R. Boyle）、卡文迪什、达尔文。牛津大学和剑桥大学曾一度落后于时代的科学研究精神，但很快又振作起来，进行改革，在古典学术研究和现代学术研究方面都卓有成效。居各门科学之冠的数理物理学在

---

① E. 迈尔：《生物学思想发展的历史》，涂长晟等译，第 965—966 页，四川教育出版社，1990。

剑桥孕育，后来麦克斯韦、雷利爵士与汤姆生(J. J. Thomson)、卢瑟福等人倡导创立了驰名世界的卡文迪什实验室的实验学派，经福斯特、兰利(Langley)与贝特森等人倡导创立了生物学学科，剑桥遂成为重要的世界科研中心，其地位保持至今。

与英、法相比，德国的科学发展状况还是比较落后的。在近代科学史上能占据一席之地的是开普勒(Kepler)和莱布尼茨。开普勒以发明行星运动三定律而闻名于世。开普勒也是维腾堡公国君主的开明教育政策的受益者，他先于谢林和黑格尔在图宾根大学读书，专业是神学，后来辗转于格拉茨、布拉格、林茨西里西亚的扎甘等地，从事天文学、几何学、数学等方面的研究，最后在德国的雷根斯堡逝世。开普勒的三条定律描述了太阳系各行星运动的规律：(1)所有行星都在椭圆轨道上绕太阳旋转，太阳位于椭圆的一个焦点。(2)连接太阳到任何行星的向径在等时内扫过等面积。(3)行星(公转)的恒星周期的平方同它到太阳的平均距离的立方成比例。这三条定律是对哥白尼天文学说的补充和纠正，其中的第二定律对牛顿建立地球和月球与太阳和行星之间的著名万有引力定律起了关键性作用。此外，开普勒对近代光学理论也有不小贡献。

直至18世纪后半叶，德国自然科学的主要强项还在数学、天文学等领域。1800年前后，经过不少科学家的努力，尤其是冯·扎赫(Von. Zach)、高斯(Gauß)等人的工作，德国的天文学研究应该达到了世界先进水平。冯·扎赫出身贵族，在奥地利炮兵服役之后，喜爱上了天文学，并且在巴黎和伦敦逗留时，结识了不少一流的科学家，眼界大开。1786年，他应戈塔公爵埃内斯特之聘在戈塔附近的泽堡建造了一个天文台。他在那里训练了许多年轻的天文学家，还率先创办了一份天文学期刊，并一直坚持把它办下去。它初次(1798)出版时取名《地理星历表》，后来(1800—1813)改名为《地球科学和天文学每月通信》。当时的科学家如拉朗德和高斯等人都高度评价它的科学价值，如果没有它，意大利天文学家皮亚杰就不可能在1801年发现第一颗小行星——谷神星。谢林和黑格尔都是这份杂志的读者。

　　德国在天文学方面的成就离不开著名数学家高斯的工作。高斯出身贫困家庭,鉴于他在数学和语言方面的特殊天赋,人们把他推荐给不伦瑞克公爵,他在后者资助下上完中学和大学,获博士学位。高斯在 24 岁时就发表了《算术研究》,系统而广泛地阐述了数论——论述整数的性质与关系——中有影响的概念和方法。这本书是数学史上最出色的成果之一。当皮亚杰发现的谷神星在被观察到一段时间又消失后,是高斯发明了一种新的简捷的计算轨道的方法,并通报给冯·扎赫,冯·扎赫在他主办的刊物上发表,这使得皮亚杰能根据新的方法重新进行计算,并在第二年重新在天空中看到了这颗星。高斯是能与阿基米德和牛顿相媲美的数学家。

　　18 世纪初,德国在医学、化学领域的研究也有一定优势,其主要成就是燃素说。医疗化学家们曾设想化学物质含有三大原素,硫为易燃的元素,汞为流动性和挥发性的元素,盐为固定和不活动的元素。1669 年,美因茨的贝歇尔(Becher)在此基础上提出,固体的泥土物质一般含有石土、油土、汞土三种成分,分别与盐、硫、汞相对应。他主张一切可以燃烧的物体含有硫质的、油性的"油土",它在燃烧过程中从与别的土的结合中逃了出来。这一假说涉及化学中化合物分解为其组成部分的问题。1703 年,哈雷大学的教授斯塔尔(Stahl)把"油土"重新命名为"燃素",这就是"热的运动"或"火的运动",也就是"硫质的元素"和油性的元素。斯塔尔把金属看做灰渣与燃素的化合物,加热释放了燃素而留下灰渣。总起来说,燃素为一切可燃物体的根本要素,油、脂、木、炭及其他燃料含有特别多的燃素,当这些物体燃烧时,燃素便逸出,或进入大气中,或进入一个可以与它化合的物质中,从而形成金属。这样一种煅烧和燃烧的理论,包括了大量早期的医疗化学家和以前的炼金士的基本见解,他们认为物质为物质和灵气所组成,可以用火烽的方法使其分离,当物质加热时,灵气便从物质中逸出。

　　这种燃素说今天看来当然十分可笑,因为它只是假说和臆测,完全缺乏现代化学的原理和公式,更别说精确的数学计算了。但在当时,它却推动了化学的进一步发展。斯塔尔的信徒提出燃素具有一种负的重量或正的轻量。英国的化学家们也普遍接受了燃素说,布莱克、卡文迪什、普利斯特列(J. Priestley)作了大量的实验,并不断改进工具和方法,终于分离和收集了许多不同的气体,如氨、氯化氢、一氧化二氮、一氧化氮、二氧化氮、氧、氮、一氧化碳和二氧化硫。最终,他们的工作导致推翻燃素说和古希腊关于自然物质是由土、水、气、火四大元素所构成的学说。与此同时,法国人拉瓦锡正以其他方式进行燃烧的化学研究。他系统地批评了传统的化学理论,并通过实验证明水不能转化为土,否定了波义耳关于金属在煅烧时重量增加是由于吸收了火微粒的论点。拉瓦锡还提出大气体积是由 3/4 的氧和 3/4 的氮组成的。他认为燃烧和煅烧的过程在任何情况下都是可燃烧物质同氧的化学结合,因为所形成物质的重量毫无改变地等于原来所用物质的重量。当然他把氧看做酸的本原,认为一切酸都是由氧和一种非金属物质结合而成的假设也是不正确的。后来拉瓦锡从多次实验中得出了现代的结论:水不是一个元素而是氢和氧的化合物。拉瓦锡的学说在概括化学的已知事实上远比燃素说要令人满意得多,因此燃素说很快就失去了地位。

19 世纪初,德国人在化学界又卷土重来。这次化学复兴完全抛弃了自然哲学的思辨轨道,按现代科学的精神和规律运行。以 1826 年李比希(J. Liebig)在吉森大学建立实验室为标志,化学成为大学教程的一部分,不再游离于校园之外,或由私人爱好者所从事。李比希实验室的特点是,按照一个专门制定的计划系统地且讲究方法地进行定性的、定量的和有机的分析。这种现代科研组织的建立,有助于德国人把自己崇尚的系统、彻底、严谨的科学精神发挥到极致,从而再次取得世界一流的科研成果。1819 年,米希尔里希发现同晶型现象;1828 年,孚勒从无机物中制备出一种有机化合物。凭借这两项新发现,德国在化学领域重新位居世界领先地位。1830 年,李比希成功地确立了以他名字著称的简单而又精确的有机分析方法。可以说,现代意义上的有机化学始自李比希和孚勒及其他一些人同时进行的工作。德国人多次获诺贝尔化学奖。

生物学则完全是一门德国科学。"Biologie"（生物学）一词是在 19 世纪时才有的,在这以前并没有这门科学。直到 17 世纪,有关生命的知识分散在医学（包括解剖学和生理学）与自然史这两个联系非常松散的学科中。自然史后来分成植物学和动物学。对植物的研究多由医生进行,而对动物的研究则是自然神学的一部分。18 世纪末,生命现象得到广泛关注,一位名叫特雷维拉努斯(G. R. Treviranus)的德国学者型医生在 1796 年开始写六卷本的《生物学或有生命的自然的哲学》,拉马克在 1801 年的《水文地质学》一文中用了这个词。他们的共同想法是要把研究活物质的各门学科结合成一个整体,并把它们当做一门学科对待。

到了 19 世纪中叶,一方面德国接受了达尔文的进化论思想,另一方面由于科学家的钻研精神,德国人在生物领域开始取得许多突破性进展:施莱登和施旺的细胞理论把动、植物研究结合起来,贝尔(Ber)使胚胎学发生飞跃,在赫尔姆霍尔茨（奠定物理学"能量守恒"和"涡动理论"的基石）等人的领导下新生理学开始成型,米勒的特殊能量定律使无脊椎动物学的基础得以更新。大学里建立了类似李比希化学实验室的生理学实验室,设立了许多由杰出人士任教的生理学和动物学讲席,选修生物专业的学生也不断攀升。生物学当时划分为这样三个分支:(1)形态学,包括解剖、发育和分类的科学。(2)关于古代生物分布的科学。(3)生理学,研究生物的功能和活动。德国人在生物领域的成就使他们的科学水准上升到英、法科学界的一流水平。

生物学的进步是在德国古典哲学之后发生的。我们在此不厌其烦地简略回顾它的成长史,是想展示它的成长是如何受益于德国的"科学"理念和哲学精神的。对此,梅尔茨有段精辟论述:

> 于是,正是在本世纪(19 世纪——引者)初伟大法国学派教导的精密实验和计算方法的影响下,同时又由于德国科学所独有的哲学精神,在本世纪中期,各门研究生命和意识现象的科学得到了改造。

于是,建基于力学原理的生物学这门大科学被创立,它所获得的成果被出色地应用于改组医学行业。但是,这个伟大改革并不专属于一个伟人,它是一大系列思想家工作的结果。我不能设想,没有哲学的、历史的和批判的精神的帮助,仅仅采用精密研究方法就普遍能那么有效地引起这场改革。这种精神早在精密方法被普遍引入德国之前,就已成为德国思想的一个独特特征。正是因为这场改革需要许许多多各不相同的开端来引发,并且需要在最后牢固确立之前逐渐得到展开和捍卫,所以,生理学和病理学这两门现代科学可以突出地称得起德国的科学;因为,别的国家都不具备必要的条件和广泛的组织、协合研究和坚忍合作的习惯、广阔观点和崇高目标,而这一切在德国大学里在德国 Wissenschaft 理想的指导下和在哲学和古典精神的影响下都已达致了。①

德国自然科学界活动的另一显著特点就是专业杂志多,专业社团多。德国人注重获取理论信息,他们觉得实践虽然落后,但理论知晓决不能落后。18 世纪时,借助较发达的出版业,德国发行了各式各样的专业杂志,这一方面能很快把英、法的新发现传回国内,使哪怕身居穷乡僻壤的人也能及时获知消息;另一方面,杂志上也刊登德国知识分子对这些信息或发现的看法,这有助于把研究推向深入。还有德国学者有较好的外语水平,大多数人可以不必借助翻译而直接读英、法原文,这就为他们及时了解最新动态扫清了障碍,使个人研究与最新水平接轨成为可能。结社是德国人的一大爱好。有句戏言:三个德国人就组成一个社团。一般在业余时间里进行活动的科学社团(其成员有专业人士和业余爱好者),为科学家们的共同讨论尤其是思想交锋提供了便利条件。

有崇尚科学和追求真理的理念指导,有大学制度作保证,再加上严谨、系统、一丝不苟等典型的日耳曼人的工作作风,这些因素的共同作用,导致了 19 世纪中叶德国自然科学的腾飞。1830—1930 年,是德国自

----

① 梅尔茨:《十九世纪欧洲思想史》第 1 卷,周昌忠译,第 183—184 页,商务印书馆,1999。

然科学的黄金时代,它向世界奉献了一大批超一流的科学家,它的各门学科都位居世界领先地位,当时自然科学领域的国际语言是德语。后来希特勒上台,迫使一大批优秀科学家逃亡海外,德国在 1930 年后丧失了在自然科学界的优势地位,风光不再。如今基本上是美国的大学和科研院所在执掌世界自然科学研究之牛耳,诺贝尔奖也多落在美国科学家手中。

第四章　学院哲学与学术自由

谈论德国古典哲学，就不得不涉及德国的大学，它们是哲学的主要活动场所和传播之源。德国古典哲学的优秀代表如康德、费希特、谢林、黑格尔，都是以大学讲坛为阵地，从事自己的学术活动。一般来说，哲学家就是大学的哲学家（Universitätsphilosophen），德国哲学主要是学院哲学。当然也有例外，例如马克思、尼采、叔本华等人都被排斥在大学的讲堂外。但是，他们的哲学批判活动，却是针对着学院哲学进行的。费尔巴哈的主要哲学著作虽然是在乡间隐居时完成的，但是他的哲学起步却是在大学校园内开始的。

第一节　哲学在大学的地位

哲学在大学里的地位是逐渐演变的，可以分为三个不同的阶段。①直到18世纪末，德国各大学的哲学系还不是一个独立的学科。它类似今天的大学预科（Propädeutik），包括现在被称为自然科学和人文科学的各科。它开设的课程有语法、逻辑、修辞、几何、算术、天文等，所传授的

① 20世纪90年代，德国哲坛又重新重视哲学与大学的关系问题，有不少新的研究成果问世。本章的写作主要参考了施奈德《哲学与大学》，汉堡，迈纳出版社，1999。

知识可以被称为"书本文化"（Buchkultur），其主要任务是向刚进入大学的新生讲授一些已成定论的基本科学知识，并进行必要的学习方法训练，以便为他们今后进入更高的学科和阶段作准备。这些更高的学科是神学、法学和医学，它们是自中世纪时大学创办以后得到认可并被视为科学的三个传统学科，它们的任务是培养教士和牧师、法官、医生，这是当时社会上三种具有国家官员地位并为民众所尊崇的职业。用当时的话说，宗教处理人的永恒问题，法学涉及市民社会的关系问题，医学关心人的身体健康。

　　这种学科分类状况是在中世纪时就确立下来的。11 世纪末，第一所真正的大学在意大利的博洛尼亚创办，它成了讲授宗教法规和民法的场所，受到各方称道。以后欧洲各国陆续办起大学。首先是巴黎大学，它以讲授神学闻名，成为英格兰人效仿的榜样。12 世纪末，牛津大学创立。1386 年，德国第一所大学成立，这就是现在的海德堡大学，随后是科隆、爱尔福特、维尔茨堡、莱比锡、罗斯托克，这些德国大学最初以意、法大学为效仿模式。中世纪的大学在传播知识方面所作的贡献是无可否认的，但是它们是在皇帝、国王、教皇的恩准下创办的，自然以服务于封建君主和教会为己任。随着文艺复兴思潮的蔓延，这期间德国又创办了八所大学。宗教改革之后，中世纪大学的僵化状况开始引起人们不满。基督新教敏锐地向大学教育这块重要阵地伸出了控制之手，1524 年，马堡大学成立。还有许多君主对中世纪大学进行了重建。1694 年创办的哈雷大学是德国大学史上的重要事件，它是第一所真正意义上的大学，托马西乌斯所代表的培根和莱布尼茨的科学精神成为学校的领导力量，自成立之日起，它就用德语而不是拉丁文开设一些有关现代科学知识的课程。其他大学也开始仿效这种改革。但是，从总体上看，在新时代到来时，当新的人道主义观念和科学之风刮遍欧洲大陆时，许多大学仍墨守中世纪的陈腐教条和僵化做法，把科学和人道主义拒之门外，没有做好应对的准备，这就导致了它们自身无可挽救的衰落。

　　随着启蒙运动的深入，1800 年左右，神学、法学、医学在大学里一统天下的局面开始松动。一方面,哲学因其逐步成为培养国家教师的手段,因其教研逐步走向科学化,开始得到国家的重视;另一方面,当新兴的第三等级(包括富裕的市民阶层和知识分子阶层)要求在大学事务中有自己的发言权时,他们就用体现了自由和科学精神的哲学,来对抗旧有的权威和传统。再加上当时科学和文学的发展,使得哲学的羽翼日渐丰满,哲学不再满意自己的从属地位,要求与其他三个在其之上的学科比肩而立。康德在 1798 年发表的著名文章《学科之争》,就真实地描述了大学当时的状况,强烈地表述了哲学解放的心声:

> 按照所实施的做法,它们被分为两个等级,三个高等和一个低等。可以清楚地见到,在进行这种区分和命名时,人们不是征求教师代表而是征求政府的意见。因为只有那些政府对之感兴趣的理论的学科被算做高等学科,不管它们是怎样被获得的,或是应该被公开说明的;相反,那些只为科学的兴趣所操心的学科被叫做低等学科,因为它喜爱那些它觉得是好的原理。但是政府最感兴趣的是那些它能藉此对民众施加最强烈和最持续影响的东西,与这些类似的东西就是这些高等学科的对象。为此,政府保留自己认可高等学科理论的权利,它把低等学科的理论留给有知识的民众的自我理性。①

作为代表了自由品德的遗产的学科,哲学既是低等的,又是自由的。对此,康德说道:

> 对于知识大众来说,在大学里必须有一个学科,它在考虑理论时完全独立于政府,它具有既不发号施令又能批判一切的自由,它只与科学的兴趣,也就是与真理有关,在此,理性必须有公开说话的权利;因为没有这样一个学科,真理将不会昭示于天下(对政府自身

---

① 康德:《学科之争》,载《康德著作集》第 7 卷,E. 卡西尔编辑出版,第 6 页,柏林,1916(以下所引此书均为此版本)。

也是损失），理性据其本性是自由的，不会接受把某事视为真的命令。①

启蒙运动前后，数学、力学、天文学、地质学、人类学、心理学等学科在哲学内部得到发展，哲学与其说是传授文献和历史方面的知识，不如说是帮助学生对各门科学及其相互之间的基本联系有一个彻底的了解。哲学扮演着类似"百科全书"的角色，具有"领头学科"的地位。它无所不知，无所不能，达到其历史上的鼎盛期。这与德国古典哲学的繁荣期正好重合。

约在19世纪中叶，随着各门科学因为得到数学或经验的验证而获得合法的科学地位，它们开始从哲学的卵翼下解放出来，成为独立的科学分支，不再需要哲学的保护伞。1863年图宾根大学发生的自然科学自立门户被视为科学从哲学中分化出来的标志。自此，哲学失去了自己的优越性，沦落为与其他学科地位相同的一个研究与教学的领域。这种状况一直持续至今。今天，在德国大学里存在的自然科学、人文科学和社会科学三大类别的精确划分，是在20世纪才产生并固定下来的。这种分类被全世界的大学接受下来。

第二节　哲学课程的内容与形式

一　学校与学生

直到19世纪末，在德国共有19所大学讲授哲学。它们分别是柏林、波恩、布雷斯劳、艾尔兰根、弗赖堡、吉森、哥廷根、格赖夫斯瓦尔德、哈雷、海德堡、耶拿、基尔、哥尼斯堡、莱比锡、马堡、慕尼黑、罗斯托克、图宾根、维尔茨堡。如果再加上有"半个"大学之称的明斯特大学（只有哲学系和神学系）和1872年开始归属德国的斯特拉斯堡大学，那么哲学系

---

① 康德：《学科之争》，载《康德著作集》第7卷，第8页。

的数目共是 21 个。直到 20 世纪后半叶,随着大学办学观念由精英教育向大众教育转化,再加上第二次世界大战后德国经济奇迹的强有力支持,大学数量猛增,哲学系的数量也随之水涨船高,迄今已超过 50 个。

从在哲学系注册的学生人数来看,据统计,1830 年左右,德国最大的哲学系在慕尼黑,有 447 名学生;其次是柏林,有 381 名学生;随后是图宾根(232 名)和莱比锡(184 名)。到了 1880 年左右,学生人数总体呈急剧上升趋势,但学校排位发生变化,柏林大学哲学系以 1 413 名学生位居第一,莱比锡以 1 272 名学生紧随其后。学校规模大小和学生人数多少对学校精神氛围和学生课程学习产生直接影响。一方面,学生多,事件就多,科学气氛就浓厚,思想交锋也激烈;另一方面,转移学生学习注意力的机会也比较多。

值得一提的是,19 世纪时的德国大学哲学系就有许多外国学生。仅以莱比锡大学哲学系为例,1880—1885 年共有 523 名学生,除了 104 人来自萨克森,129 人来自普鲁士,95 人来自德国其他地区外,其余 195 人都是外国人。其中 83 人来自东欧,46 人来自西欧和北欧,65 人来自南美和北美,还有一名日本人。这充分显示了德国哲学由来已久的对外开放性和吸引青年人的魅力。

不过,学校规模大小并不代表所提供的哲学课程的多少。海德堡大学只是中等规模,耶拿和马堡都是小字辈,但是,这三个学校的哲学课程设置却是相当丰富的。慕尼黑大学属于第一等级,提供的哲学课程却最少。几个较大的大学每学期开设的哲学课程约在 10—15 门之间。

二　课程设置:从逻辑与形而上学到哲学史

哲学系主要讲授的课程与今天有很大不同。18 世纪时开设的课程有逻辑、形而上学、道德学、人类学、自然科学(数学、物理、天文学、地理等)、修辞学,等等。

在逻辑中不仅要对人类的知识及其缺陷、界限和完美性进行哲学思考,还要对所教授的思想和课程予以指导;如果一位学生在刚入学时就学习了这样的逻辑,他就最好地懂得了他必须怎样去学习他所要专心面对的各门科学。①

　　形而上学处理所有人类知识的第一概念和基本原理,没有形而上学,任何科学中的任何东西都不可能得到解释和证明。因此,它使学习其他的科学变得容易,因为它除此以外还处理世界、物体的本性、人的本性、人的全部精神力量和上帝。由此,它促进了对神学、法学和医学的彻底了解。②

到了19世纪,课程的开设和内容又发生了较大变化。这些变化恰好从一个侧面折射了德国古典哲学发展和前进的轨迹,我们不妨在此稍作停留。历史学家们对1810—1880年间所有德国大学哲学系的课程表作过一番研究,发现其中4/5的课都集中在九大专题上,它们是百科全书、逻辑、心理学或者人类学、伦理学或者法哲学、哲学史、教育学、美学、宗教哲学、哲学家其人及其著作。其中前五个专题又是重中之重,每个大学每学期都由不同的教师提供与这五大专题有关的课程,只要学生们选修哲学,就不能绕过它们。后四个专题则视学校、教师研究重点不同而轻重不等,可有可无。

"百科全书"这门课又常被教师们冠上"导论""百科全书和逻辑""序言和逻辑"之类的名称。顾名思义,它的主要目标是为大学新生提供学院学习的入门和指南,扮演着科学的预科的角色。这和哲学在18世纪所承担的角色是一脉相承的。在这种传统的意义上,它就是科学的总体,科学的科学。这种观点虽然仍贯穿整个19世纪,但在其实际运作中,却潜移默化地发生了两点变化:一是教师们在讲课中逐渐把重心从诸科学的入门转向哲学的入门,因此,它成为关于哲学的问题和立场的

---

①② 转引自施塔克《作为大学教师的康德》,载伊希瑞特主编《哥尼斯堡和里加》第2卷,图宾根,1995(以下所引此书均为此版本)。

初步定向的百科全书;二是到了 19 世纪后半叶,它在讲坛上的优先地位受到哲学史讲座的有力冲击,哲学史逐渐成为哲学学习导言。它从稳居第一的位置上跌了下来。这一变化也深刻反映出哲学自我理解的变化。

关于逻辑的讲座又常被称为"逻辑和形而上学""逻辑和认识论""逻辑和方法论""逻辑和辩证法"。它的内容五花八门,极不统一,完全视教师的学派归属、理论兴趣甚至意识形态而定,个人好恶在其中起着一定作用。19 世纪 30—40 年代,许多大学的教授都是黑格尔的学生,他们的逻辑讲座带有浓厚的黑格尔色彩。到了 50—60 年代,逻辑讲座的重点是新康德主义的认识论和方法论。70 年代,人们对逻辑的兴趣逐渐减弱,逻辑讲座在总课程中所占的比重有所减少。

"心理学"包括人类学知识,它和"百科全书"和"逻辑"两门课程一样,一度也是学生的必修课。19 世纪时有的人文中学也开设心理学。它类似哲学预科,为大学学习作准备。它的内容常和实践哲学或者伦理学有所交叉,它也常探讨认识论的一些问题,又和逻辑发生牵连。它具有强烈的经验特征,起初是描写性的,然后是实验性的。正是这种把心理学作为经验科学的处理方式,使得它在 19 世纪末从哲学中独立出来,成为一门自立的专业。

与这些传统哲学课程呈逐渐下降趋势形成鲜明对比的是,哲学史讲座的开设呈上升趋势。19 世纪 20 年代,它在总课程中所占比重还不到 9%,到 60 年代以后,占到 1/4 强。这一增长趋势贯穿整个 19 世纪。18 世纪时,哲学史还不是课堂教学的真正对象,教师们惯用的办法是把它作为对哲学百科全书或哲学科学的补充,至多只在以体系为导向的理论中提到一些哲学史知识,也就是说,哲学原理附带哲学史。18—19 世纪之交,哲学史的这种附属地位出现了转机。当时出现了不少讲述哲学史的大部头作品,它们很快就在课堂上得到充分利用,这就引起了人们对哲学史的强烈兴趣。著名哲学史家特讷曼(Tennemann)在 1798—1819 年期间发表了 12 卷本的《哲学史》(*Geschichte der Philosophie*),这在当时算得上是一部全面和有影响的著作,黑格尔就是它的一名读者。特讷曼在此基础上写成的并于 1812 年出版的《哲学史概貌》(*Grundriss der Geschichte der Philosophie*),成为学生们了解纷繁复杂的 2000 年哲学发展史的简短指南。① 特讷曼还是最先把哲学史作为讲座内容的人之一。创作哲学史的热情在德国古典哲学发展晚期达到高潮,并且没有随着古典哲学的终结而消亡,而是贯穿整个 19 世纪。康德没有开设过哲学史讲座,而黑格尔自 1802 年首次开设哲学史讲座后,在随后的年月里共开设了九次。毫无疑问,黑格尔对哲学史的影响是巨大的,他的《哲学史讲演录》至今仍是人们喜爱和常引用的哲学史读本之一,即使他的敌人也不否认他在这一领域的成就。

为什么当时人们对哲学史的兴趣如此之大呢?其主要原因在于,哲学史开始逐渐取代逻辑而成为哲学导言。1808 年,哈特曼(N. Hartmann)在一次演讲中提到,应该让学院哲学课程从一种历史性的定向开始,以便在这种历史性知识的基础上更好地去理解对哲学的系统性阐述。100 年之后,尽管关于哲学史能否作为哲学课程导言的争议并没有结束,但是在大学里,把哲学史作为"入门科学"的做法已经普及并固定下来。1865 年,在柏林大学哲学系课程表上,就把哲学史列在各门课的首位。学习哲学大有变成就是学习哲学史的趋向。

当时的哲学史讲座,除了一些普及性通史讲座外,主要集中在三大断代史上:"古代哲学或希腊哲学";"近代哲学史",通常加上小标题"自笛卡尔"或"自培根";"当代哲学史",小标题常是"从康德开始"。至于就某个专门学科,例如宗教或道德,举办历史讲座,这种做法则比较少见。哲学史课的习惯做法是以单个哲学家及其著作为中心。在 1820—1821 年和 1855—1856 年的学期讲座课中,以下 10 位哲学家是出现频率最多的(以教师开课多少为序):亚里士多德、黑格尔、柏拉图、康德、谢林、施莱尔马赫、斯宾诺莎、歌德、费希特和赫尔巴特。一些以某位哲学家为专题的课,往往只集中研讨他的单部经典著作,例如在关于柏拉图的课上

---

① 参见特讷曼《哲学史》,莱比锡,1798—1819;特讷曼:《哲学史概貌》,马堡,1812。

毫无疑义地是讲他的《对话集》(《会饮篇》《斐多篇》等),亚里士多德是《形而上学》《动物学》和《尼各马可伦理学》,康德是《纯粹理性批判》,谢林是《自然哲学》,黑格尔常常是《逻辑学》和宗教哲学,歌德几乎总是《浮士德》。

德国古典哲学大师们受到重视的程度也随哲学年历的变迁而变化着。19世纪40年代的"思想大师"毫无疑问是黑格尔。与之相应,关于黑格尔的讲座在那段短时期内达到数字的高峰。而在19世纪50年代后,很少有人还在开设黑格尔哲学的讲座。19世纪上半叶关于康德的讲座既不多又分散,但是到了19世纪70年代,随着新康德主义的兴起,有关康德的讲座剧增,康德一时间似乎成为新一代哲学教授的"翻译"。关于费希特的讲座本来就不多,排在施莱尔马赫和歌德之后,通常是在与康德、谢林和黑格尔哲学的联系中提到费希特。值得一提的是,从18世纪直到20世纪初,歌德连同他的《浮士德》都是哲学教授们所热衷的话题,1925年还有位教授将其作为自己讲座的主题。今天,歌德已经基本上远离哲学系,但他一直在文学系中稳坐第一把交椅。

三 授课方式:"康德式"或"黑格尔式"

老师讲课的方式主要有两种:一种可称为"康德式",即任课教师以他人的著作作为讲课时的教科书,而把自己的思想写成专著去发表,当然他们在讲课时也会掺杂进自己的一些观点;另一种就是"黑格尔式",即给学生指定自己的著作作为教科书,讲课时主要阐发自己的理论,不过也经常会提到他人的思想作为参照。教师们开设的课也各有千秋,他们都有自己的研究重点,一个人每学期开设的课都各不相同,一般来说,二三年左右把这些重点重复一遍。从总体来看,直到19世纪,德国大学哲学系的讲座方式无非是老师照着讲稿念,学生在桌上拼命记,因而对这种教师"纯念稿"和学生"纯记录"的做法的批判也一直贯穿着整个19世纪。新的教育观念是,借鉴自然科学的教学法,让学生积极参与进来,在教师和学生间建立更加紧密和活跃的关系。这就导致了一种新教学方式的产生和制度化,它就是讨论课(Seminare)。讨论课既是专业学习的一个重要方面,从事研究的一种方式,又是教育的一种工具。高年级学生必须参加讨论课,它以研讨哲学家及其著作为主,学生们在教师的指导下,学习如何对哲学文本进行解读和处理,为自己今后的独立思考和研究打下基础。讨论课是德国人在大学教育中创造的一种新教育手段,它为世界各国的大学所认可和接受。今天,讲座课和讨论课基本上成为各国大学哲学教学的两种主要形式。

第三节　哲学与学术自由

德国古典哲学的辉煌,是在当时的社会政治文化背景下,在德国大学这一舞台上发生的。哲学的繁荣,离不开大学这种当时为德国文化所特有的教育机构及其制度的促进作用。这种促进作用表现在以下几个方面:

首先,四分五裂的政治环境使得学校和学者相对自由。18世纪的德国还是一个分封割据的国家,各邦国分别管理自己辖区内的大学,对辖区外大学的各种事件无能为力。这就为知识分子的人身安全和思想的自由流动提供了可能性。而学生和教师的空间自由流动则保证了思想的不受侵犯和繁荣,并在德国形成了多个思想文化中心。许多著名思想家在冒犯本国君主并遭受被驱逐的厄运后,常在他乡找到保护伞和落脚之地,思想一发而不可收。例如,1723年,沃尔夫在哈雷大学因为主张理性经过本身的努力可以上升到道德的真理而与虔敬派的神学家发生争论,被当时的普鲁士国王解职并被勒令马上离开普鲁士大学。归属另一邦国管辖的马堡大学马上聘任他担任本校的数学和哲学教授。沃尔夫在马堡工作达17年之久,直到1741年,弗里德里希二世为他平反,重聘他回哈雷大学并任校长。1799年,费希特遭到无神论指责,被迫告别耶拿,他在弗·施莱格尔的支持下以"私人讲师"的身份前往柏林,柏林当局经审慎考虑给了这位被魏玛公国开除的教授以永久居住权。不久,费希特甚至被允许在公开场合举办自己的哲学私人讲座。虽然普鲁士当局的用心是向世人展示自己要比依赖选帝侯萨克森的魏玛小公国更加允许"意识形态的自由",但是这对费希特本人的生存及其事业发展,还有他的家庭却是意义重大的。后来费希特在柏林大学的创建中充分发挥了自己的作用。

其次,国家赋予大学相对自治权,这就为哲学按其内在规律自由发展留下足够空间。欧洲各大学自成立之日起,就从王国、教会那里争取到相对自治权。由教师和学生组成的团体自行决定学校的内部事务,只要不发表异端邪说和对宗教不敬,上面对大学内部的各项事务基本上不予干涉。德国的各邦国除了决定大学的财政收支外,对其他事务只有一种形式上的决定权或任命权,对教授们的意识形态和学术倾向基本不作过多干涉,除非出了大麻烦。教授们组成的委员会决定本系内部事务,教授们自己决定开设什么课,讲什么内容,对哪些学生减免学费。当然,教授们也要尽力避免和学校的基本规章制度发生大的冲突。

最后,各学校有一套切实可行的传统制度,它创造和保证了宽松的学术环境,教师与学生在本专业领域内致力于求知和求真,当局、社会和校方还没有向哲学强求其发挥实际功用。无论是王位交替,还是革命或战争,只要大学没有被关闭,哲学的教与学就始终按自己既定的轨道运转。哲学始终把自己首先理解为一门科学,而不是意识形态的一种工具或仅具有教育功能的一种手段。这一方面保证哲学不受任何党派性和时代的束缚;但另一方面也体现了德国哲学的一个缺陷,即远离生活,表现出学究性的自我满足,构筑专家象牙塔。这导致了 19 世纪中叶对学院哲学的强烈批判,人们不无道理地要求它对生活意义和意识形态等问题表明自己的态度,要求哲学家成为关注社会问题的知识分子。

下面我们对几个在德国古典哲学发展史上起过举足轻重作用的大学作一番历史性回顾,"视一斑以窥全豹",让历史的在场加深我们对学术自由的理解。

一　哥尼斯堡大学

首先必须提到的是康德就学和任教终身的哥尼斯堡大学。很久以来,在魏克塞尔河和涅曼河之间生活着非基督教的波罗的海沿岸民族,他们自称为普鲁士人。十字军东征失败后,德国骑士们把目光和长矛对准了邻近他们的东方——波罗的海沿岸。整个 13 世纪这片普鲁士土地都被德国骑士团占领。基督教也随着占领者一起来到了这块土地上。1255 年,普雷格尔河口开始修建城堡,为了纪念波西米亚国王奥托卡二世,人们把这个城堡称为"哥尼斯堡"(德语意为"国王城堡")。围绕着城堡四周建起了大片的商店和民居,开始出现城市的雏形。它的港口是东西方交往的纽带,它因其交通便利而带来手工业和贸易的繁荣。谋生的人们从德国各地涌向这片经济繁荣的土地。1701 年,普鲁士公国与选帝侯国勃兰登堡联合,成为普鲁士王国,首都定在柏林。1724 年,也就是康德诞生的那一年,哥尼斯堡几块分散的城区正式联合成为一个城市,因此,康德与他终身相伴的城市同龄。

康德曾经这样描述自己的故乡:

> 一座大城市……它拥有一所大学(致力于科学的文化),同时还具备从事海上贸易的地理位置,再加上流自内陆的诸条河流和相邻各国的不同语言和习俗而更加有利于交往。一座像哥尼斯堡这样的位于普雷格尔河畔的城市,可以被看做一块既能扩展关于人的知识,又能扩展关于世界的知识的适宜之地,在这里可以不经旅行而获得上述知识。①

作为东普鲁士的中心城市,哥尼斯堡在物质生活和精神生活方面都占有优势地位。与德国的其他城市相比,哥尼斯堡的优势就在于它在政治、经济、文化等方面的相对多元性。在政治方面,哥尼斯堡很早就享有

---

① 《康德全集》(普鲁士国家科学院版)第 7 卷,第 120 页。

一定的自治权。18 世纪发生的西里西亚战争和"七年战争"虽然对城市造成很大损失,但也因统治者的不断更替而给人们留下一定的活动空间。在宗教方面,哥尼斯堡以宗教改革后的基督新教为主流,与柏林联系紧密,与周边乡镇信奉天主教的波兰居民反而关系紧张。哥尼斯堡的居民们来自德国的每个角落,还有不少外国人在此居住,波兰人钟情于这块土地,荷兰人和英国人乐于在此经商。哥尼斯堡较为发达的手工业和内外贸易产生和扶植了一个较为独立和强势的市民阶层。与本公国的其他地区相比,他们在政治方面有更大的影响和话语权。此外,他们和贵族、官员阶层一样,对文化和教育的需求也极为迫切。这使得哥尼斯堡的新闻出版业十分发达,它拥有自己的数份报纸,报纸的主要话题涉及政治、文化、艺术、自然科学等方面。这里还有许多书商、印刷厂、出版社,出版商不仅出版本地区人士作品以满足当地人需要,还经常在全国性的莱比锡书展上露面。作为市民阶层的一个相对独立部分,知识分子也在哥尼斯堡的精神生活中起着举足轻重的作用。这些教师、牧师和传教士、艺术家们组成各种团体,经常聚会和交流,他们以传播文化和启蒙民众为己任。这就为开阔民众视野、交流思想和接受新观念创造了优越条件。因此,哥尼斯堡能成为德国早期启蒙主义的中心,出现康德这样杰出的具有世界公民眼光的思想家,绝不是偶然的。[①]

哥尼斯堡拥有当地的唯一一所大学,创办于 1544 年。就当时整个德国大学的状况来看,它只具有中等规模和中等水平。1744 年,哥尼斯堡大学建校 200 周年校庆时,只有 1 032 名学生。其中大部分人学习法律和神学专业,医学专业的水平比较落后。东波罗的海沿岸的年轻人出自种种原因,都把这里作为自己上大学的首选。不过,他们在此地呆的时间并不长,一旦结束了两年左右的哲学基本课程学习,大部分人会选

[①] 关于哥尼斯堡及其大学的历史状况参见萨尔莫诺维茨《哥尼斯堡、托恩和但泽——哥尼斯堡作为启蒙的中心》,载阿尔布莱希特等主编《门德尔松和他的影响范围》,图宾根,1994;瑞茨《1772—1813 年之间的东普鲁士和西普鲁士文化》,载伊希瑞特主编《哥尼斯堡和里加》第 2 卷。

择转往其他大学，例如莱比锡、哈雷等地。直到 18 世纪晚期，哥尼斯堡大学才因康德在哲学界的声誉而获得短暂的辉煌，达到其历史上的鼎盛期。它吸引着追求真理的青年人。德国文化史上的著名人物，如赫尔德、哈曼、费希特，都在这里吸吮了自己成长路途上的精神乳汁。

赫尔德家境贫寒，当他 1762 年来到哥尼斯堡时，这座城市在他看来就像半个世界。他胆怯、腼腆、羞涩、内向，其衣着举止都显示了他来自社会底层这一事实。但是，社会和大学并没有以外在条件来判断他，而是给他提供了机遇。他原想当医生，后改学神学。他从大学里得到了经济资助，既能坐在"免费餐桌"旁，又得到一个作为督导员做类似勤工俭学工作的机会。这是学校为了赞助既有天赋又经济窘迫的学生而采取的一项措施。康德也常邀请他吃中饭，还免收他的听课费。后来赫尔德又到中学当过教师。当他 1764 年冬天离开时，他已经是一名教师、当地报纸的一名固定工作人员、城市里一些思想家和文化名人的朋友、在一些公开场合作讲演的演说家。哥尼斯堡在短期内培养了一位伟大的思想家。赫尔德的精神的形成，他的批判和判断能力的养成，都应归功于这座城市和它的大学。①

二　耶拿大学

耶拿是德国中部一个以农业为主的小城。截至 1790 年，在这个有中世纪城墙环绕的美丽小城里，只有大约 4300 名居民、790 栋房屋。居民虽然少，却分属两个完全不同的社会，一部分是市民，另一部分是大学的成员，学生们租住在市民的家里，教师们为了方便，也住在离大学没有几步路的民房里。市民们都是本地人，而学生和教师则是外来户。这是两个完全不同的社会阶层。他们有各自的法律，归不同的法庭管辖，各有自我管理的独立机构。他们的人生观和生活方式更是有天壤之别。城里经常爆发市民和学生之间的殴斗。另一方面这两个阶层又相互依

---

① 参见威斯特尼宁《青年赫尔德在哥尼斯堡》，载伊希瑞特主编《哥尼斯堡和里加》第 2 卷。

赖,密不可分,市民们的主要职业是手工匠、葡萄农和菜农、佣人和短工等,他们基本上靠为耶拿大学及其成员提供服务为生。

耶拿大学在 18 世纪末已经有 200 多年的历史。它有一套与德国其他大学完全不同的独特的行政管理结构。1795 年前后,它靠四个独立的主权公国为生。封建君主们决定大学的事务,并按比例提供它所需要的费用。其中萨克森-魏玛公国因其财政方面的优势而具有决定性发言权。这种状况当然为学校的管理带来困难。一方面,很多事情议而不决,一件公文在四个公国间来回旅行一趟,最后却因诸侯们意见不一致而达不成任何决议;另一方面,也难以找到足够的财政援助和其他的经济来源,以便改善学校本来就捉襟见肘的办学状况。但是,这回过头来又为教师们和学生们提供了足够的自由空间,他们精通于如何利用这种自由。

18 世纪初,耶拿大学有大约 1800 名学生,是当地学生人数最多的大学。后来在新成立的哈雷大学和哥廷根大学的竞争下,学生人数不断回落,在 1770 年左右降到最低点。1775 年,魏玛公国的公爵卡尔·奥古斯特继位后,和改革派大臣福格特及歌德一起,采取一系列措施,推行开明与宽容政策,成功地使耶拿大学的声望达到了一个新的高度。耶拿大学迎来了自己历史上最辉煌的年代,成为德国古典主义和浪漫派运动的发源地和活动中心,德国近代文化史上一批璀璨的新星都在这里留下了自己的足迹。一系列向公众开放的讲座,一次次沙龙聚会,一本本出版物,把许多发聋振聩的文学和哲学新观念推向全国。耶拿一度成为德国的"精神中心"。

耶拿大学的辉煌是从席勒于 1789 年应聘来校任历史学副教授开始的。他热情洋溢地发表演讲,创办《时艺》杂志,在他周围很快聚集了一批热血青年。在耶拿的几年期间,他创作了《30 年战争史》《审美教育书简》《华伦斯坦》等作品。

1794 年,费希特应聘来到耶拿,他所作的关于"知识分子的使命"的讲演,为他本人和学校在社会上赢得了巨大声望。"人们选择什么样的哲学,这取决于他们是什么样的人。"作为人权斗士,费希特对康德批判哲学的坚定接受和发展,还有他的知识学理论体系,吸引了许多青年学生和有识之士,耶拿大学一度成为全德国康德哲学研究的中心。耶拿大学在学术界的声望正是建立在对康德哲学的接受之上的。此前,另一名康德哲学的忠实追随者莱因哈德(Reinhold,1758—1823)已于 1785 年到耶拿任教。1795 年 9 月,费希特因为与学生的矛盾而暂时搬离耶拿,他在这里渡过的 16 个月常被人们称为耶拿的"奇迹年代"。

费希特热还未消退殆尽,谢林又于 1798 年被聘为耶拿大学的哲学副教授。1797 年复活节,谢林的《自然哲学》一书发表,这为他赢得了全国的认可和声望。他在东方哲学领域有独到的造诣,他的哲学的原创性以及他的作品所受欢迎的程度,在当时都无人可比。他也期待离开家庭教师的地位,到大学发挥自己的天赋和才干。但是,他自恃甚高,只肯接受教授的任命,其他职位都不予考虑。而主管此事的官僚们则坚持按部就班,也就是说,谢林先要完成教授资格论文,然后再得到一个私人讲师的席位。为了打破僵局,那些在耶拿举足轻重的人物如席勒、尼特哈默尔、费希特、保罗斯等都站出来为谢林说话,以使耶拿大学能得到谢林。尼特哈默尔甚至准备从哲学系转到神学系,以便为谢林腾出一个空位子。最后在歌德的斡旋下,谢林到了耶拿。

在耶拿的五年(1798—1803)是谢林一生中最具创造性和最活跃的时光。他在学校里开设了关于"自然哲学的原理""先验哲学"的讲座,后来又开设了"艺术哲学的基础"。他带来的知识火花和他的人格魅力以及关于天才神童的种种传说,使他很快赢得了年轻学生的喜爱,追随者众多。1800 年,谢林的主要著作《先验唯心论体系》问世。在谢林周围,还活跃着一个由科学家、艺术家和文学家组成的精英圈子,他们间的交往和交锋构成德国文化史上的一段绝唱。[①]

1801 年,黑格尔在经历了八年的蹉跎岁月后,受耶拿的气氛吸引,也

---

① 参见迪采《谢林》,第 50—58 页,科隆,保尔-鲁根斯太恩出版社,1978。

来到了这个精神文化的中心。

三　柏林大学

与哥尼斯堡大学和耶拿大学的悠久历史相比,柏林大学显得十分年轻。普鲁士原本是一个不开化的农业小国,只到 16—17 世纪才开始苏醒和崛起。1701 年,弗里德里希一世把普鲁士从一个公国扩张成为一个有不小影响力的王国。1710 年,柏林原有的两个城区和几个新诞生的郊区合并成为一个城市,从此奠定了自己在政治、经济、文化等方面的中心地位。有"士兵国王"之称的弗里德里希一世十分重视柏林的精神生活,他于 1694 年创办了艺术科学院,又于 1700 年创办了科学院,其目的是使这个年轻的王国在文化教育方面迅速赶上其他各国相对来说较为发达的水准。科学院创办后,在传播知识方面所起的作用一度甚至超过了大学,成为新的文化中心。欧洲许多著名学者成为它的院士。科学院经常提出一些具有重要现实意义的论文题目,激励知识分子们对时代问题进行反思,然后从中遴选出优秀论文予以重奖。1751 年的论文题目是"关于决定论";1755 年是"关于乐观主义";1761 年是"关于自然神学和道德的基本原理的明晰性",门德尔松获得大奖,康德参与了这次征奖论文活动;1791 年的论文题目是"自莱布尼茨和沃尔夫以来的形而上学的进步"。

在弗里德里希一世统治时期,普鲁士的艺术、教育、出版等文化事业确实显示出蒸蒸日上的发展趋向。弗里德里希二世继位后继续既往的文化政策,吸引了大批文化名人前往柏林,柏林成为德国早期启蒙运动的中心。启蒙运动的目的是通过传播一种理性、人道主义和哲学的世界观,把人从他自己造成的不成熟状态中解放出来。在与拿破仑交战失败后,普鲁士王室开始接受施泰恩(Stein)、哈登伯格(Hardenberg)、夏恩赫斯特(Scharnhorst)、卡尔·威廉·洪堡(K. W. Humboldt)等开明人士的建议,被迫采取一系列内部改革措施,以励精图治,走富国强兵之路。他们解放农奴,推行城市自治,重组军队,改革学校和教育制度,等等。几年下来,这些改革颇有成效。在法国通过战争和流血才能取得的成果,在这里通过改革方式也达到了,例如公民独立与自由,参与国家机构并管理国家事务等。普鲁士王国藉此成为德意志民族的领头羊,并在以后的岁月里追上历史的步伐,跻身于欧洲列强之列。[1]

在18—19世纪之间柏林建立了不少新式的科学教育机构,而体现这一文化科学发展高峰的事件就是1810年柏林大学(当时有256名学生)的正式创立。柏林一直没有一所大学,这与它的首都地位很不相称。受启蒙思想的影响,费希特、谢林、施莱尔马赫、施特凡(Stefen)等人就建立一个有别于由国家和神学家统治的中世纪旧大学的新式大学发表了许多纲领和建议。最终在卡尔·威廉·洪堡的努力下,这些理念成为现实。柏林大学在1809年开始创建,它不是要进行教育改革,而是要实践一种全新的教育理念,以满足新兴的王国和市民社会对教育的需要。人们聘请了哲学家费希特、神学家施莱尔马赫、法学家萨维尼、古文字学家沃尔夫等名人来柏林任教,以"解放斗士"著称的费希特还当上第一任校长。

柏林大学的基本教育纲领就是洪堡提出的两条原则,一是学术自由,二是教学与研究的统一性。卡尔·威廉·洪堡本人一直坚持必须使研究与教学远离国家的干涉。学术自由在此包括以下几个层面:学校有权在国家法律的监督下进行自我管理;学校有独立的财政收支;各系在部长任命教授之外有自行补充权,这主要是提供教授候选人名单,授予"恩准授课"的大学教授资格,使接受人能成为与国家行政无关的私人讲师;把成为国家公职人员的国家考试与和国家无关的学院考试区分开来;教师教学自由;学生进入大学的"表面"自由,因为只有通过文科中学合格考试的中学生才有资格进入大学。

教学与科研的统一性是这样得到保证的:教师必须从事科研工作;学生享有听课的自由;使被视为"科学植物园"的讨论课形式制度化,并

---

① 参见珀格勒尔主编《黑格尔在柏林》,第13页,柏林/杜塞尔多夫,1981。

成为主要的教学形式;把大学与已有的科学院和研究机构紧紧连在一起。① 卡尔·威廉·洪堡认为,大学应该把科学始终当做尚未完全解决的问题来对待,因此要不断进行研究工作。"研究"意味着自己动手寻求真理和掌握知识。

卡尔·威廉·洪堡还有一个重要的教育理想,那就是"研究着的人的精神的图像",人的精神通过自我活动性达到最高的理论观点和最完善的伦理性。在卡尔·威廉·洪堡看来,教育就是个体自我成长的过程,个体自身应该是一个真的和伦理世界的体现。中国古代常说的"教书育人"似乎在此遇到了知音。当然,两者的"书"和"人"在内涵上有天壤之别,不可同日而语。

自柏林大学创立之日起,哲学系就在学校中居领导地位。这就实现了康德的要求,即所有自认为是科学的"较高"学科都必须在"较低"学科的原则面前论证自己的合法性。哲学系包括了当时所有的理论学科,自然科学也在其内,它们都被视为理性的学科,也就是承认所有参与者的平等与自由。

柏林大学创建时被命名为弗里德里希-威廉大学,1949 年后改名为洪堡大学至今。由于教育观念是全新的,聘请全国第一流学者来校任教,再加上柏林逐渐成为全德国的政治文化中心,柏林大学这所新校很快跃居德国大学前列,并成为欧洲各大学争相效仿的榜样。可以说,柏林大学奠定了现代大学的雏形。这种模式从 19 世纪一直持续到 20 世纪 60 年代德国高校改革前,并扩展到全世界。

柏林大学的历史还和这个城市的政治命运密切相关。建校之初,它强化了改革派的目标,即使这个城市在精神和文化方面得到更新,使之与首都的地位相称。柏林大学确实带来了柏林文化的繁荣,建筑、绘画、音乐、媒体等领域的大师和名作互相辉映。但柏林大学的改革企图也遭

① 柏林大学的历史参见施奈德尔巴赫《1831—1933 年的德国哲学》,第 36—38 页,法兰克福/美因,苏尔坎普出版社,1983。

到了保守派的打击。在任"普鲁士王国文化、教育、医疗顾问"一年后,卡尔·威廉·洪堡本人不得不在针对他而进行的内阁改组中辞去自己的职务,教师遭遇书报检查令,学生因种种罪名被逮捕。在第二次世界大战中,柏林大学同样成为纳粹"一体化"政治的牺牲品,在纳粹的意识形态面前卑躬屈膝并成为它们的"传声筒",因此,它在 1944 年曾被短暂关闭。第二次世界大战后,随着柏林一分为二,柏林大学的一部分也搬到西部,又成立了一所"自由大学"。今天,柏林市骄傲地拥有以这两所一流的大学为首的诸多大学,它们在科学教育领域上演着一场同城"德比"大战,共同促进科学和教育的繁荣。

第二篇

康德

第一章　生平与著作

伊曼努尔·康德(Immanuel Kant,1724—1804),继柏拉图、亚里士多德以来最有影响的西方哲学家之一。他以深邃的哲学思维把西方的启蒙哲学提高到一个新的理论高度,他还深刻地论证了作为现代性的基本原则的理性和自由,为现代人与社会提供了弥足珍贵的哲学理念。他对哲学问题的广泛思考与洞见,成为人类宝贵的思想资源,对后来的哲学与文化产生了深远的影响,经久不衰。

康德出生于德国东普鲁士的哥尼斯堡一个贫苦的皮匠家庭,父母老实本分,是虔诚的虔敬派(路德派的一个分支)教徒,他们追求寡欲与恬静心境的宗教精神,这对康德的人格与道德情怀有着不可磨灭的影响,尤其是母亲的教诲,使康德难以忘怀。康德自认为自己身上最初的优良品质,就是来自母亲的培育,并且她还用来自大自然的观念,启发了康德幼年的心智,唤醒并扩展了他的智力。

就世俗的生活来说,康德的一生是极其平淡无奇的。他终身未娶,生活极有规律,并始终生活在哥尼斯堡,出行最远的地方离哥尼斯堡仅90公里。8岁时他进入哥尼斯堡的一个虔敬派学校念书,学习神学与拉丁文典籍。他成绩优异,几乎每学年考试都名列第一,但学校当时严格的纪律约束,使他难以选择朋友,更是缺少自由,因此这段早年的学习生

活并没有给他留下美好的记忆。16 岁时,康德进入哥尼斯堡大学。虽然
被录取为神学系的学生,但他却对物理学与数学更感兴趣。在 1746 年
父亲去世之后,康德被迫中断学业,在一些家庭担任私人教师以谋生,直
到 1755 年才依靠朋友的帮助恢复了学习,并获得博士学位。然后,他作
为没有正式薪俸的讲师,开始了在哥尼斯堡大学里的教学生涯,先是讲
授物理学与数学,后来扩展到许多其他科目,包括逻辑学、形而上学与伦
理学等。1770 年,康德成为逻辑与形而上学的教授,并以此教职终其
一生。

　　就康德的哲学思想而言,一般把它划分为"前批判时期"与"批判时
期"。在"前批判时期",他起先主要从事自然科学方面的研究,尤以在
《自然通史和天体理论》(*Allgemeine Natargeschichte und Theorie des
Himmels oder Versuch von der Verfassung und dem mechanischen
Ursprunge des ganzen Weltgebäudes, nach newtonischen Grundsätzen
abgehandelt*,1755)中提出的太阳系演化学说为著名。这一时期他在哲
学上深受德国流行的莱布尼茨-沃尔夫的理性主义形而上学的影响,后
来因得益于休谟对因果律的必然性的质疑,才从独断论的迷梦中醒悟过
来。在 18 世纪 70 年代进入"批判时期"之后,他留下了著名的"三大批
判":《纯粹理性批判》(*Kritik der reinen Vernunft*,1781)、《实践理性批
判》(*Kritik der praktischen Vernunft*,1788)和《判断力批判》(*Kritik
der Urteilskraft*,1790)。对人的心灵而言,它们分别对应于"知""意"
"情"三个部分;对于哲学而言,则分别对应于"真""善""美"三大领域。
因此可以说,"三大批判"基本上构成了康德的哲学体系。不过,康德也
曾经把哲学归属于这么三个问题:1. 我能够知道什么? 2. 我应当做什
么? 3. 我可以希望什么?① 它们分别由认识论、道德哲学与道德神学来
回答。这一分法显示出"道德神学"在康德哲学体系中的分量,它以《单

---

① 康德:《纯粹理性批判》,A805=B833;中译本参见邓晓芒译,杨祖陶校,第 612 页,人民出版
　社,2004(以下所引此书均为此版本)。

纯理性限度内的宗教》(*Die Religion innerhalb der Grenzen der bloßen Vernunft*,1793)为代表。此外,康德的哲学思考还覆盖了政治、历史、法学等领域,留下了一些政治哲学与历史哲学的论著,如《什么是启蒙?》《论永久和平》(*Zum ewigen Frieden*)等。在晚年,康德还提出"人是什么"的问题,作为他的哲学思考的最高概括,并认为上面三个问题都与此有关,都可以被归结为"人类学"的问题。据此我们可以说,对"人"这一永恒主题的理解,构成康德的哲学批判与思考的最高目标。

第二章 《纯粹理性批判》

在《纯粹理性批判》一书中,康德对传统的认识论进行了批判与改造,系统地提出了他的"先验哲学",这就是在哲学史上有名的"哥白尼式的革命"。这一"革命"的实质,在于转换了认识的参照系,即一种认识的客观、必然与否,不在于认识是否符合对象,而在于我们有关对象的认识是否遵循了我们在纯粹知性概念(范畴)中所具有的内在、先天的思维法则。这就涉及认识者先天所具有的认识能力及其本有的逻辑工具问题。因此,为论证这种先验哲学与认识论,康德从人的认识能力入手,对"纯粹理性"进行批判。

对于这一哲学思考的主题,康德特别声言,他的这一纯粹理性批判,"不是对某些书或体系的批判,而是对一般理性能力的批判,是就一切可以**独立于任何经验**而追求的知识来说的,因而是对一般形而上学的可能性和不可能性进行裁决,对它的根源、范围和界限加以规定"①。在这段话中,康德挑明了他的"纯粹理性批判"的两大任务:一是通过对"一般理性能力"的批判,来展现理性所具有的一切独立于经验的"先天知识",尤其是作为认识的基础的"先验逻辑";二是借此来论证建立一种科学的

---

① 康德:《纯粹理性批判》,A Ⅻ;参见邓晓芒译本,"第1版序",第3—4页。

"形而上学"的可能性,因为在康德看来,此前西方的所有形而上学学说,都称不上是"科学的",它们并不具备作为科学的形而上学的条件,故而"形而上学"这样的东西实际上并未曾有过。就康德本人而言,他认为要建立这种科学的形而上学,首先要建立起"先验哲学"。从两者的关系上说,虽然先验哲学只是形而上学的一部分,但它却是存在于形而上学之先,并且是能够使形而上学成为可能的科学。

康德所构想的形而上学,是一门出自纯粹理性的知识的科学,亦即有关先天的、非经验的知识的科学。在康德哲学语言中,"先天的"(a priori)一词具有这么三层含义:首先,从逻辑顺序而言,它是先于对对象的认识的,例如,在对对象进行直观之前,认识者先已具有纯粹直观的形式。其次,从来源上说,它源于纯粹理性本身,因而是独立于经验的。再次,就知识的属性来说,它意味着具有普遍性与必然性。

了解康德有关"先天"的这些界定,是把握他的哲学思想的基础。康德先验哲学的立论的根据,就在于认定人类的一切认识活动,不论是数学的、物理学的还是哲学的,都是以某种先天的知识为根据、为先决条件的。对于任何能够扩展知识的"综合"性的而非"分析"性的认识活动,思维除了遵守古已有之的亚里士多德的形式逻辑之外,还需要服从他所建立的"先验逻辑",即"一门规定这些知识(即'纯粹知性知识和纯粹理性知识'——引者)的来源、范围和客观有效性的科学"①。这里应当指出的是,康德在《任何一种能够作为科学出现的未来形而上学导论》(*Prolegomena zu einer jeden künftigen Metaphysik, die als Wissenschaft wird auftreten können*)中,并未使用"先验逻辑"这一用语,而是用"形而上学"一词来指称相同的对象与内容,这表明康德实际上是把先验逻辑作为一种形而上学来看待的。这种先验逻辑或形而上学所研究的对象与问题,康德用一个命题来加以概括和表达,这就是:"先天综合判断如何可能?"

---

① 康德:《纯粹理性批判》,A57=B82;参见邓晓芒译本,第55页。

第一节　分析判断与综合判断

要说明"先天综合判断如何可能"，必须先从康德对判断的分类说起。他把判断首先区分为"分析判断"与"综合判断"。分析判断的特征有三个：一是它的谓词的内容已经包含在主词里，如"所有的单身汉都是独身的男人"，因此它属于不增加、不扩展人们的知识的判断；二是它们都属于先天判断，因为要了解这种判断的含义，并不须借助任何经验，而只须对主词的内容加以演绎即可；三是一切分析判断仅仅依据矛盾律即可进行，并且对它的否定必定陷于矛盾。

综合判断则是能够扩展知识的判断，其谓词包含着超出主词所蕴涵的内容。康德对此所举的例子是，"某些物体是有重量的"，该命题中的"重量"包含了"物体"中所没有的内容，因而扩展了人们对物体概念的了解，即增加了这方面的知识。

综合判断又可区分为"经验的"与"先天的"。前者来自经验，其初级的形态属于"知觉判断"，并不具有普遍性和必然性，高级的形态则是"经验判断"，它具有普遍性与必然性。后者（先天的综合判断）来自纯粹知性与纯粹理性，它是独立于经验的，如"一切事物的发生都是有原因的"。不论是经验的综合判断还是先天的综合判断，由于都能扩展知识，因此它们的一个共同之处在于不能仅仅依靠不矛盾律，而是还要依据另一种完全不同的认识原则，即构成康德先验逻辑的思维规则系统的"纯粹知性的综合原理"，包括"直观的公理""知觉的预测""经验的类比"与"一般经验性思维的公设"。

之所以提出"先天综合判断"这一知识类型，是由于康德认为，所有的知识都以此类先天知识类型作为它们的基础，构成它们的原理体系。在《自然科学的形而上学基础》（*Metaphysische Anfangsgründe der Naturwissenschaft*）一书中，康德对此有比较清楚的说明。首先，只有以这类先验的原理作为基础，具备这样的条件，有关的自然学说才有资格叫做"自然科学",也就是说,自然科学只能凭借它的这一"为经验性的部分提供基础并先天地独立于自然事物的知识之上的纯粹部分"①,才能称为本义上的"科学"。这里所说的"提供基础",亦即提供有关"对自然解释的先验原则"。在该书中,康德依照四类知性范畴把它们区分为"动量学"(量)、"动力学"(质)、"机械学"(关系)、"现象学"(模态)四个部分,以此构成他所谓的"自然科学的形而上学基础"的体系。这些作为先验原则为自然科学提供基础的"纯粹部分",就是一些先天综合命题,诸如康德所举出的"物质是空间中的运动物"之类的"界说",以及"物质充满一个空间并非通过其单纯的实存,而是通过一种特殊的动力"之类的"定理"。在康德看来,假如没有这些构成基础的"自然的形而上学",自然科学就不可能具有确定性。

与自然科学中存在着一个纯粹的先验原则的部分一样,有关人类的一切认识活动(包括数学、自然科学与哲学)也同样存在着一个这样的先验原则的系统。比起单纯的自然形而上学,这样的先验原则是处于一个更高层次上的,即形而上学、认识论与逻辑的层次。了解康德的这一思想,对于把握他的先验哲学的基本思路,是极为重要的。所谓先验哲学或先验逻辑,其根本的出发点就在于将认识中的经验层面与先验层面明确地区分开来,认定先验的层面是经验层面的认识的基础与前提。鉴于"先验"(transzendental)这一概念对理解康德哲学具有至关重要的意义,我们有必要在此对它的含义作一番详细的说明。

(1)"'先验'这一词……在我这里从来不是指我们的认识对物的关系说的,而仅仅是指我们的认识对**认识能力**的关系说的。"②这里的"先验",指的是我们在认识活动上所具有的能力,如"先验的统觉"与"先验的想象力"等等的能力。

(2)"我把一切与其说是关涉到对象,不如说是关涉到我们有关对象

---

① 伊曼努尔·康德:《自然科学的形而上学基础》,邓晓芒译,第 6 页,上海人民出版社,2003。
② 康德:《任何一种能够作为科学出现的未来形而上学导论》,庞景仁译,第 57 页,商务印书馆,1978。

的认识方式(就其是先天可能而言)的知识,称为先验的。这样一些概念的体系就叫做先验哲学。"①这里的"先验",康德意指一种"认识方式",他并且使用"工具论"一词来刻画这种所谓认识方式的含义。这一作为思维工具的认识方式,具体表现在运用一些先天范畴及其衍生出的规则系统上。

(3)"先验……这个词并不意味着超过一切经验的什么东西,而是指虽然是先于经验的(先天的),然而却仅仅是为了使经验知识成为可能的东西说的。"②这里的"先验",一方面是指"先天"的意思,另一方面则是指作为经验的前提、根据的东西,例如"先验逻辑",以及由范畴所构成的那些有关经验判断的"先验原理"。

(4)"并非任何一种先天知识都必须被称为先验的,而是只有那种使我们认识到某些表象(直观或概念)单纯先天地被运用或单纯先天地可能的、并且使我们知其何以如此的先天知识,才必须称为先验的(即知识的先天可能性或知识的先天应用)。"③这里的"先验",主要指对先天知识的"运用",此外还指先天知识的可能性。如康德所说的范畴的"先验使用",以及伴随这种使用产生的"先验幻象"。

了解了康德有关"先验"的用法,有助于我们理解他从经验中分离出先验层面的用意。正是通过那些先验的原则,"有关那些将其现象给予了我们的客体的知识,也就是经验,才有可能"④。也就是说,经验(亦即自然科学的认识)只有借助于这套先验原则系统才有可能成立,才能获得它们的普遍必然性与客观有效性。简言之,是先验的东西决定了经验,或者说,在认识的两个基本要素即概念与直观中,是先验的概念规定了直观。

---

① 康德:《纯粹理性批判》,A12=B26;参见邓晓芒译本,第 19 页。
② 康德:《任何一种能够作为科学出现的未来形而上学导论》,庞景仁译,第 172 页,商务印书馆,1978。
③ 康德:《纯粹理性批判》,A56=B81;参见邓晓芒译本,第 55 页。
④ 伊曼努尔·康德:《自然科学的形而上学基础》,邓晓芒译,第 16 页注释,上海人民出版社,2003。

正是由于不论是在自然形而上学中，还是在纯粹的形而上学（先验哲学、先验逻辑）中，那些先验的原则都属于先天的综合判断（命题），因此被康德称为"纯粹理性的真正课题"的"先天综合判断如何可能"这一问题，理所当然地成为他的纯粹理性批判所提炼出的"唯一课题"。① 它的解决虽然从理论上说很复杂，却是围绕着三个关键词进行的：知性先天概念与原则的"源泉"、它们的"使用条件"以及使用的"范围"或"界限"。

这里，我们可以预先对康德先验哲学的这三个理论支点作个简单的说明。首先，就知性先天概念（范畴）与先验原则的来源而言，它们来自纯粹知性或理性。其次，就范畴与先验原则的应用涉及的条件而言，它们在主观方面涉及内感（觉）、想象力与统觉，在质料方面关涉到的是对知觉的综合。再次，就范畴与先验原则的使用范围与界限而言，它们只限于在可能经验的范围内亦即在现象界使用。现象是相对于本体的，它是经由物自体对感官的刺激而对认识主体显现的东西，因此是认识的对象。至于"物自体"，在康德看来，由于它并不显现，因此是无法认识的，虽然它是可以被"思想"的。基于上述理由，范畴一旦超出这一范围而应用于本体世界之上，范畴的使用就成为超验的、非法的，就会产生"二律背反"的假象。

有关"先天综合判断如何可能"的问题，康德把它分为三个领域的问题加以阐述，这就是：（1）纯粹数学是如何可能的？（2）纯粹自然科学是如何可能的？（3）形而上学作为科学是如何可能的？

在《纯粹理性批判》中，康德将它们分属于感性论、知性论与理性论三个部分。下面，我们依此顺序来分别加以论述。

第二节　先验感性论

数学的方法，在康德看来属于概念"构造"的方法，它依据普遍性的

---

① 参见康德《纯粹理性批判》，B19；参见邓晓芒译本，第 14 页。

概念来构造个别性的直观。他写道："数学知识是出自概念的**构造**的理性知识。但**构造**一个概念就意味着：把与它相应的直观先天地(a priori)展现出来。"①例如，构造一个三角形的概念，就是提供出一个可见的三角形的空间表象，即有关空间的纯粹直观。因此，康德认为，纯粹数学之所以可能的条件，就在于它能够依据纯直观来先天地提供它的概念。

但是，这种说法不免使人产生困惑。直观只是伴随着对象的出现而产生的，怎么可能有先于对象的直观呢？康德对此的解答是，这只有在直观只包含"感性的形式"的情况下才有可能，因为感性的形式在主体那里必然先行于他被对象所感染的一切印象。这里的关键之处在于，康德将直观的质料与形式加以区别。直观的质料是后天的，只能随着各个不同的对象而出现，但假如我们从直观中将属于感觉的成分加以去除，分离出直观的形式，那么它们作为我们的感性形式，却总是先在的，作为直观的先决条件的。

因此，我们能够具有某些先天的直观，它们就是我们的感性直观的形式。这些感性形式先行于作为认识对象的现象，在现象中作为它们的形式，首先使对象在事实上成为可能。而且，康德更为大胆地将空间与时间解释为就是我们的感性直观形式，同时作为直观的形式，这种感性的形式本身就是先天的直观或纯粹的直观。纯粹的直观构成数学认识的质料，为数学知识提供着基础。之所以这么说，是因为几何学是依据空间的纯直观的，而算学则是在时间里把单位一个一个地加起来。

康德给出如下具体说明。对于这条定理："凭两条直线不能围住一个空间，因而不能有任何图形"，我们无法仅仅通过对直线的概念与"两"这个数目的概念的分析来推导出这一定理。同理，对于"凭三条直线可以有一个图形"这一定理，也无法借助概念的分析来得出。唯一的出路在于借助直观。这种直观不可能是经验的直观，因为我们无法从经验的直观中得出一个普遍有效的命题，所以我们"必须给自己在直观中提供

---

① 康德：《纯粹理性批判》，A713＝B714；参见邓晓芒译本，第553页。

一个先天对象并在此之上建立综合命题"①。因此,纯粹数学之所以可能,结论在于它有空间与时间的先天纯直观作为基础。空间与时间的表象为纯粹数学提供了一个能够具有普遍必然性的先天的对象。

可以看出,对于康德的"纯粹数学如何可能"这一问题的解决,立足点在于时空论。进一步说,对于康德的整个先验哲学而言,先验感性论所侧重之处,也是空间与时间的先天性质及其先验功能。这些性质与功能的关键点在于,空间属于外感官的形式,时间则属于内感官的形式。作为先天直观,空间是我们表象外部事物的形状、大小及其相互之间关系的基础,时间是我们规定内部状态中诸表象的同时或相继关系的基础。一切外部现象不仅都在空间中依照空间的关系被先天地规定着,还都在时间中必然处于特定的时间关系中。

此外,在康德哲学中,"时间"还有另一极其重要的但经常被忽视的作用,即它作为"先验图式"的作用。所谓"先验图式",是康德用来解释普遍性的先天范畴如何能够应用到个别性的现象之上的一个中介物,一个能够沟通、连结起范畴与现象的东西。这种先验图式,康德认为就是"时间的先验规定"。这是由于,时间既然是直观的形式条件,它就必然是一种普遍的东西,因此它与构成时间统一的范畴是同质的;另一方面,由于时间包含在所有个别的经验表象之中,或者说,一切现象皆处于时间关系中,因此时间又是与现象同质的。康德并且具体指明了与量、质、关系、模态这四组范畴相对应的时间的先验规定,它们分别关涉到时间序列、时间内容、时间次序和时间综合。例如,"实体"范畴的先验图式就是实在之物在时间中的实存性,而"必然性"的先验图式则是一个对象在一切时间中的存在。

第三节　先验知性论

康德认识论的基本思路,是把认识从结构上区分为"直观"与"概念"

---

① 康德:《纯粹理性批判》,A48＝B65;参见邓晓芒译本,第46页。

两个要素。首先,通过直观,对象作为现象被给与;其次,通过概念,一个与该直观相对应的对象被思维。概念与直观两者之间的关系是,概念若无直观,就是空虚的;而直观若无概念,就是盲目的。此外,概念在认识中起着规则的作用。"通过规则来思维"①是康德认识论的基本思想。概念又分为"经验的概念"与"先天的知性概念"两类,前者是一般形式逻辑意义上的概念,来自对经验的综合、抽象与概括,具有普遍性;后者则来自知性本身,康德又把它按照亚里士多德的方式称为"范畴",其作用在于提供一些思维的规则,使知性在对知觉的综合中达到统一性,从而形成经验判断。因此在这个意义上,范畴的根本作用在于它是经验的可能性的条件。

一　综合判断与先天综合判断

康德的纯粹理性批判所要解决的是"先天综合判断如何可能"的问题,不过它的解决,却又是依赖于"综合判断如何可能"这一问题的解决的。这是康德哲学中最容易使人迷惑的部分。假如不将这两层意思区分清楚,就难以理解康德所要论述与解决的问题。

"综合判断"即经验判断,或简称"经验"。经验"是一种通过知觉来规定某个客体的知识"②,因此它所综合的对象是感性直观的质料。这些知觉是个别性的,涉及的是具体对象,而不是一般对象。比方说,它是对诸如"天下雨则地湿""地球气候正在变暖"之类的可观察对象的判断,而不是对"一切发生的事物都有其原因"这种以一般性的事物为对象的、非经验的判断。

先天综合判断则是对一般直观、纯粹直观的综合,范畴在其中先天指向的是"一般对象",也就是说,先天综合判断不是对具体的、个别的直

---

① "我们进行思维的特有方式(即通过规则来思维)"。参见康德《任何一种能够作为科学出现的未来形而上学导论》,庞景仁译,第 91 页,商务印书馆,1978。
② 康德:《纯粹理性批判》,A177＝B219;参见邓晓芒译本,第 166 页。

观杂多进行综合,不是在进行具体的经验判断,如"太阳晒热了石头"之类,而是进行诸如"一切事物的发生都是有原因的"之类的非经验的、纯粹的先天判断。所以它要综合的对象不是经验的对象,而是"一般直观的对象",或者说是以"一切表象的总和"即"可能的经验"为对象。正因为如此,康德也将这类先天综合判断尤其是那些他在先验逻辑中提出的、作为认识的"纯粹知性的综合原理"的先天综合判断,称为"纯粹的综合判断"。

不过,这两类判断虽然在性质上各异,但它们在认识的基本点上则是共同的,即都属于对知觉的综合的产物,只不过是经验的判断所综合的是个别性的杂多的知觉,而先天综合判断所进行的则是一种纯粹的综合,亦即它们所对待的是综合本身所可能具有的不同的进行方式,不同的综合统一性的形态。例如,对于"经验的类比"的三个知性原理("实体的持存性原理""按照因果律的时间相继的原理""按照交互作用或协同性的法则同时并存的原理")而言,它们对待的是按照时间的持续存在、先后相继和同时并存这三种关系所可能具有的综合统一性,而非像"这是一个杯子"之类的经验判断涉及的是有关具体的知觉质料(杯子的形状、大小、颜色等)的综合。

此外,经验综合判断与先天综合判断所包含的环节是相同的,即都包含内感、想象力和统觉这三个要素。对于经验判断而言,内感为经验认识提供了感觉资料,想象力对这些资料进行连结,统觉则最终运用范畴,将它们从形式上规整为具有普遍必然性的判断。而对于先天综合判断来说,需要的也同样是这三个要素,只不过由于对象不同,综合的运作方式也不同。先天综合判断所进行的是"纯粹综合",其"纯粹"性在于所综合的对象是被先天给予的,是对"内感形式"即空间与时间这些感性形式亦即纯粹直观的综合,或者说是对"一切表象的总和"、对"可能的经验"的综合,而不是对个别性的直观杂多、对现实的经验知觉的综合。

由于上述所言及的共同之处,因此辨明经验综合判断如何可能的问题,能够为解决先天综合判断的如何可能提供论证的基础。这一基础从根本上说在于认识的综合活动毕竟有其规律可循,在于现实的经验与一般可能的经验在结构与条件上的同构性,因此"**一般经验的可能性**的诸条件同时就是**经验对象之可能性**的诸条件"①,从而一些有关认识之综合规律的纯粹的先天判断,在康德看来,也才能够作为先验逻辑的思维原理,指导着主体在经验认识中形成普遍必然的判断;另一方面,这些先验逻辑的纯粹综合判断,也正是由于与可能的经验或者说与经验的可能性本身相关,才是可能的,才能建立起它们的综合的客观有效性。

二　范畴的先验演绎

在康德有关经验判断或先天综合判断如何可能的论述中,"综合"亦即对知觉的"连结"起着核心的作用,也就是说,康德把知识形成的活动,从根本上看做一种对知觉加以综合并形成统一性的过程,而这其中知性能够借以实施这一综合活动并达到统觉的统一性的工具,就是"范畴"。因此,对于康德论证综合判断乃至先天综合判断如何可能,并最终建立先验逻辑而言,其成败的关键就在于是否能够确证范畴的这一功能与效力。这样,我们可以在还原的意义上说,康德的先天综合判断如何可能的问题,从逻辑的角度说,就是先天范畴如何可能的问题。也正因为如此,康德在《纯粹理性批判》中要花费很大的力气,专门进行有关范畴的"演绎",即对它的来源、功能与有效性进行证明,尤其是对它们"能够先天地和对象发生关系的方式"作出解释。这一部分章节也由此成为《纯粹理性批判》中最为困难的部分。

之所以会如此,是因为问题本身使然。范畴本是主观的东西,它如何会具有客观的效力? 也就是说,通过运用主观性的范畴对感性知觉杂多进行规整与综合,如何能够使形成的经验判断成为客观有效的? 对此,康德写道:"这里出现了一种我们在感性领域中没有碰到过的困难,这就是**思维的主观条件**怎么会具有客观的有效性,以及怎么会充当了一

———————————

① 康德:《纯粹理性批判》,A158＝B198;参见邓晓芒译本,第 151 页。

切对象知识的可能性的条件"①。

康德明言,他的范畴演绎的切入点,是"只着眼于由知性借助于范畴而放进直观中的那个统一性"②。这就点明了范畴的功能所在,即它在直观的综合中所起的统一作用。按照康德的看法,能够扩展知识的判断属于综合判断,因而这类认识的本质就在于它们对知觉的"连结"或"综合"。知觉综合可以有两种不同的结果,一种是只具有经验的即偶然的有效性,另一种则是具有客观的、必然的有效性。之所以有这两种结果的差别,原因就在于是否有范畴的介入。

这里,我们可以给出康德的范畴的先验演绎的基本思路:

(1)认识需要连结、综合起直观的杂多,这在形式上表现为判断。由于范畴都是建立在判断的逻辑功能之上的,因此,认识的综合活动实际上已经蕴含着范畴的存在,或者反过来说,范畴已经预先假定了"综合"这一前提。

(2)综合是认识主体的所为,或具体地说,是"我思"这一知性能力的一种主动性的活动。康德用"纯粹统觉"或"本源性的统觉"来刻画这种我思或自我意识的能力。这样一种心理学意义上的统觉能力,其作用是把被给予的表象杂多连结在一个自我意识之中,使之成为"我"的表象,我所理解、把握的统一性的表象。假如没有这样一种统觉的能力来使知觉的综合达到统一性,一切认识就是不可能的,因此,统觉的原理"乃是整个人类知识中的最高原理"③。

(3)统觉的综合统一之所以能够具有客观性,在于它把一切在直观中给予的杂多都结合在一个"客体"概念中。由此意识的统一就决定了知觉表象与某一客体的关系,并进而决定了这些表象的客观有效性。这里值得指出的是,虽然康德的先验逻辑要建立的思维方式,是形式方面的先天直观形式与范畴使有关内容(质料)方面的认识成为可能,并赋予

① 康德:《纯粹理性批判》,A90=B122;参见邓晓芒译本,第82页。
② 同上书,B144;参见邓晓芒译本,第96页。
③ 同上书,B135;参见邓晓芒译本,第91页。

它们以客观有效性,但这里康德仍然引进了"客体"概念,把统觉的先验统一性认定为使一切直观杂多"都结合在一个客体概念中的统一性"①。

(4)感性直观的杂多之所以能够被综合并统一到意识中,是由于它们都从属于范畴,通过范畴被带到意识中来,并由范畴在其中赋予统一性。这一点是通过由范畴规定出相关的判断形式而得到的。在《任何一种能够作为科学出现的未来形而上学导论》(Prolegomena zu einer jeden künftigen Metaphysik, die als Wissenschaft wird auftreten können)中,康德对此有过较详细的说明。在那里,他区别开仅有主观有效性的"知觉判断"与具有客观必然性的"经验判断"。前者仅仅是在认识者的主观心理情态中的知觉的连结,并没有范畴的介入;而后者则是把直观包摄在范畴之下,由范畴来规定出有关直观的判断形式,把直观的经验的意识连结在一个"一般意识"里,从而使经验的判断具有普遍有效性。例如,"太阳晒石头,石头热了"这样一个知觉判断,它并没有必然性,属于人们通常的一种认识,但如果说"太阳晒热了石头",那么这就在知觉之上加进了"因果性"这个范畴,它为"太阳晒"与"热"这样的知觉连结规定出"假言判断"的形式,从而使这一判断变成为普遍有效的,从而是客观的,知觉也因此变成了经验。对于康德而言,在解释了范畴的这一功能及其先天有效性之后,范畴的先验演绎的目的就算完全达到了。

在康德的先验演绎中,有一个问题是特别值得关注的,它关系到康德先验思维方式的核心。有如康德自己所点明的,范畴的先验演绎的困难,在于主观性的思维条件(统觉与范畴)怎么会具有客观的有效性,或者说,怎么会使关于对象的知识成为客观有效的。在这一问题上,康德可以说是费尽心思,先后三易其稿。在第1版中,康德侧重的是"主观演绎",主要论证的是主体的三种意识能力即感知、想像力与统觉在认识中的作用,尤其是统觉在其中所起的本源的、先验的条件作用,但对范畴的作用实际上着墨极少,更不用说论及它所具有的客观有效性问题,而只

---

① 康德:《纯粹理性批判》,B139;参见邓晓芒译本,第93页。

是蜻蜓点水般地提及范畴作为在一些现象上思维一般客体的基本概念，先天地拥有客观有效性，却没有给出进一步说明。

这种状况在《任何一种能够作为科学出现的未来形而上学导论》中有了改变。在那里，康德把范畴拥有客观有效性的问题作为一个重点详加论述。他的基本思想是把范畴的"客观有效性"与"必然的普遍有效性"作为两个可以互相换用的概念，其理由是，如果我们有理由把某个判断当做必然的、普遍有效的，那么也必须把它当做客观的，因为除非大家的判断都涉及一个相同的对象，它们都同这个对象符合一致（即具有客观性），否则没有理由解释为什么大家会作出相同的判断（即具有必然的普遍有效性）。因此，我们"仅仅是从经验的判断的普遍有效性这一条件中取得它的客观有效性的"[①]。

然而，这样的论证有其显见的毛病。假如大家的判断同时都错了呢？例如，古代人们认为地球是平的，这时即使这种错误的判断是普遍的，也并不具有客观有效性。康德本人在《纯粹理性批判》第 2 版的修改中，也收回了这一说法，没有把上述《任何一种能够作为科学出现的未来形而上学导论》的观点写进其中。我们不知他是出自什么考虑，看得见的变化是，在第 2 版中，康德强化了他的"客观演绎"，突出范畴在直观杂多的综合统一中的作用，并且点明这种知觉综合与客体的关系，把对"认识"的解释在一定程度上重又回归传统的主客体对立与关联的框架中："认识就在于被给予的表象与一个客体的确定的关系。"[②]客观性因此也在于直观杂多于客体概念中的综合统一性。

康德在范畴的客观有效性问题上的这些变化，凸现了他所意识到的范畴论的上述困难，同时这一困难也是他的先验哲学的难题所在。认识的客观性问题始终是认识论、真理论绕不开的难题。认识毕竟像康德所承认的那样是对客体的认识，是基于与客体的关系之上的。因此，要从

---

① 康德：《任何一种能够作为科学出现的未来形而上学导论》，庞景仁译，第 64 页，商务印书馆，1978。

② 康德：《纯粹理性批判》，B137；参见邓晓芒译本，第 92 页。

认识的必然普遍有效性来推出客观有效性,实际上是不可能的,无怪乎康德要改变在《任何一种能够作为科学出现的未来形而上学导论》中的那一论证思路。

三 范畴与知性的原理

前面说到,康德认识论的准则是"按照规则思维",因此它的一项重要工作,就是找出并论证这些知性思维的规则,而范畴在性质上正是这样的规则。康德写道:"范畴只是这样一个知性的规则,这种知性的全部能力在于思维,即在于把在直观中以个别的方式给予它的那个杂多的综合带到统觉的综合统一上来的行动"①。这也就是说,范畴的规则作用在于直观质料的综合方面,在于使直观杂多的综合达到统觉的综合统一。在范畴的先验演绎中,康德论证了范畴的这种规则作用,现在他需要进一步做的,是具体展现这些"范畴的客观运用的规则",这些规则一起构成了"一切纯粹知性原理的体系"。

这一体系是依据量、质、关系与模态四组范畴衍生出来的,因此相应地共有四种知性思维的原理,它们分别是"直观的公理""知觉的预知""经验的类比""一般经验思维的公设"。其中,"直观的公理"和"知觉的预知"属于"数学性的原理",因为它们具有直觉的确定性;"经验的类比"和"一般经验思维的公设"属于力学性原理,它们具有的是推论的确定性。不过,虽然有此不同,但康德强调,它们作为纯粹知性的思维原理都与"内感官"相关,也就是与时间的表象相关。

"直观的公理"所规定的原则是,"**一切直观都是外延的量**"②。首先,现象均表现为量,一个客体只有作为量的表象才是能够被思维的。其次,这种"量"是一种"广延"的量,即部分的表象先行于整体的表象,且整体的表象是通过对这些部分的量之表象的延续的综合,始成为可能的。

---

① 康德:《纯粹理性批判》,B145;参见邓晓芒译本,第97页。
② 同上书,B202;参见邓晓芒译本,第154页。

例如,我们表象一条线,总是从某个点开始,然后在意识中产生出所有的部分,最后形成一条线。康德认为,这条先验原理给先天知识带来很大的扩展,因为几何学乃是关于空间纯直观的广延的量的科学。

"知觉的预知"这条原理的规定是,"**在一切现象中,实在的东西作为感觉的一个对象具有内包的量**,即具有一个度"[1]。这条原理涉及的是有关现象中的"质料"的感觉,而不同于"直观的公理"涉及的是现象的"形式"方面(空间与时间)的直观。这种感觉的质料为感觉提供了某种与对象相关的实在的东西。对康德而言,有无感觉,是与现象的"实在性"与"否定性"这两个范畴相联系的。现象的实在性在于具有与感觉相应的东西,而现象的否定性则在于与感觉的阙如相应的东西。假如我们在某一瞬间没有感觉,那么这一瞬间只会被表象为空无,其感觉为零。此外,我们对于感觉所能预知的,是任何感觉,只要是感觉,都会有一定程度的量,即使这种量是很微弱的;并且这种感觉的量可以在从无到既定的量之间变化,这种变化可以是产生与增强,也可以是既有感觉的逐渐消失。

康德强调,感觉的这种量与直观的量在性质上是不同的。直观的量是由部分进展到整体的综合,其广延的量是相同的,这种综合可以是逐渐进行的;感觉的量则是瞬间发生的,其量是有大小、强弱的,这一量的差别是由"程度"性来刻画的,也就是说,有的感觉强烈些,有的则微弱些。例如,同样是"红"的颜色,但它们影响并表现在我们的感觉上则是有强弱之分的,有的色感很强烈,有的则平淡。康德通过这条"知觉的预知"原理要告诉人们的是,一切感觉虽然只是经验的,因而只能是后天给予的,但它们具有一种"程度"这一属性却是可以先天预知的。

"经验的类比"这一原理的规定是,"**经验只有通过对知觉作某种必然连结的表象才是可能的**"[2]。从本质上说,经验是一种通过知觉来规定一个客体的知识,它只有通过某种把知觉必然结合起来的表象才是可能

---

[1] 康德:《纯粹理性批判》,B207;参见邓晓芒译本,第157—158页。"内包的"(intensive)亦有"强度的"之义。
[2] 同上书,B218;参见邓晓芒译本,第165—166页。

的,因此它在根本上是知觉杂多的综合统一。经验的本质既是如此,现在的问题是,有关它们的知觉可以有哪些"连结"的方式?由于现象本来就是存在于一定的时间关系中,有关的知觉也只有在时间关系中才能获得它们的次序,因此在这一问题上康德诉诸"时间",具体来说,是诉诸时间的"常在"(Beharrlichkeit)、"继在"(Folge)与"同在"(Zugleichsein)这三种样式。由此,他的论述包含如下两个要点:首先,经验的知觉综合的本质与现象的时间关系的内在关联性;其次,时间的三种样式与经验的三种类比的对应关系。这里,"类比"所要建立的是有关经验认识的规则,也就是说,建立认识者据以把握有关现象知觉的"连结"的方式,由此保证对表象的综合能够产生出所需要的统一性。

时间的上述三种样式分别对应于"实体性""因果性""共存性"三个范畴。现在,康德需要做的是将体现一切现象的时间关系的这三条原则,论证为必定先行于一切经验,并且使经验成为可能的先验条件。

经验的第一类比是"实体的持存性原理",其规定是,"**实体在现象的一切变化中持存着,它的量在自然中既不增加也不减少**"①。在这一原理中,康德把实体解释为现象中常住不变、始终保持同一的存在,它构成一切属于"物"的东西的"基质"(Substrat),现象的一切时间关系只有通过与它发生关联才能得到规定。常住的实体虽然并不发生与消失,但它会变化。它的变化所产生的各种不同的规定性,称为"偶性"。偶性是实体存在的特殊方式。由于实体本身是常住不变的,因此它在自然界中的量是守恒的,既不会增加,也不会减少。康德把实体范畴设定为一切有关现象的经验认识的条件。既然只有以一个常在的基质为参照,一切存在的东西作为它的规定才能被表象与思维,其时间规定才是可能的,对象的存在的变化也才是可以理解的,因此实体就构成经验认识的一个先天条件,我们可以凭借它来预先推定经验。

经验的第二类比是"按照因果律的时间相继的原理",其规定是,"**一**

---

① 康德:《纯粹理性批判》,A182＝B224;参见邓晓芒译本,第170页。

切变化都按照因果连结的规律而发生"①。这一原理直接关系到康德建立先验逻辑的初衷,因为这与对休谟问题的回答相关。休谟否定因果律的客观性与必然性,把它归于一种偶然的心理联想,这是康德无法接受的。因为自亚里士多德以来,科学的目的一般被认为是探寻事物之间的因果联系,而如果这种联系在逻辑上只是偶然的,那科学也就不复有坚实的逻辑基础。不过休谟对因果性的质疑却引起了康德深深的思考,用康德自己的话说,是打破了他的独断主义的迷梦,促使他对范畴的来源与功能等问题进行批判与反思,其结果是借助时间概念来建立因果律的客观性与必然性,进而用理性与范畴学说来构建先验哲学的大厦。

　　这里,单从因果原理本身的名称上,我们已可看出康德突出了它以时间关系(原因与结果在时间上的相继关系)为依据。时间对于康德建立先验哲学的重要性,往往没有得到足够的体认。在康德看来,现象的一切变化都应当在时间中来考虑。我们之所以能够知觉到一个现象跟随着另一个现象,是因为我们在时间里连结起这两个知觉。就构成因果关系的两个现象而言,它们在时间上的联系表现为原因是在先的,结果则是在后的。这样一种时间次序是客观的、必然的。不过,由于构成我们认识质料的乃是我们感知到的现象,它们属于主观方面的知觉,需要我们的知性来对它们加以综合,使之形成统一,因此这种处于知觉杂多中的时间次序,又是我们的知性在综合的活动中依据因果联系的法则输入的。这样,有关事物的因果联系的认识,最终还是依据知性(统觉)所把握的知觉的综合统一,只不过这种统一是依据因果法则进行的。因果法则由此在这里起着一种规则的作用,它规范、引导着认识者对有关的现象知觉进行综合。康德强调,除非有这样的一条规则作基础,它构成我们的因果思维的先天条件,强迫我们遵守知觉的这种秩序而不是其他的秩序,乃至于这种强迫是使客体中的承继性表象成为可能的东西,否

---

① 康德:《纯粹理性批判》,A189=B232;参见邓晓芒译本,第175页。

则我们对现象先后相继的表象的连结就不会是必然的。这意味着如果我们只是像休谟那样通过知觉来从事件的一致性中发现规则,亦即基于归纳的基础来建立因果概念的有效性,那么它所带来的这种经验性的规则就会同经验本身一样是偶然的。

经验的第三类比是"按照交互作用或协同性的法则同时并存的原理",其规定是,"**一切实体就其能够在空间中被知觉为同时的而言,都存在于普遍的交互作用中**"①。这一原理讲的是处于现象中的一切同时并存的实体,都具有交互作用的关系,也就是互为因果的关系。因此对于经验认识而言,只要诸对象应当被表象为同时存在地结合着的,那么它们就必须在时间中交互地规定其位置,处于统觉的连结与关联之中,并由此构成一个整体。因此,从认识的角度看,我们有关自然界的知识必定形成一个相互关联的整体。

上述三种先验逻辑的原理,分别从直观、知觉与经验思维三个方面提供了各自的规则,而第四种原理,即"一般经验思维的公设",则是着眼于建立经验思维的标准,以便明确划定先天范畴所能运用的范围。经验思维的"可能性"在于这一思维与经验的形式条件(概念、范畴)相一致,也就是说,如果我们仅仅具有某个概念,而不具有与它相关的感觉质料,那么我们关于这一概念的思维,只能说具有某种可能性而已。例如我们有着某个"三角形"的概念,但它只是我们想象力的一个构想,并没有相应的对象提供,这样就可能导致某种纯然的幻想、思想的任意的连结,因此还需要有可供综合的图形的直观,才能形成一个真正的三角形概念。由此可以得出,经验思维所具有的现实性,在于与经验的以及感觉的质料条件相关联,而经验思维的"必然性"的获得,则是在现实性(具有感性经验的资料)的基础上,依照经验的普遍条件来进行规定,亦即要满足康德所说的经验的两个要素(直观与概念)的条件,换言之,只有在既满足经验思维的形式条件,同时又满足它的质料方面的条件下,经验思维才

---

① 康德:《纯粹理性批判》,A211＝B256;参见邓晓芒译本,第190页。

能够达到必然性的要求。

在阐述了上述的纯粹知性原理体系后,康德升华了理性主体的地位。原本有关自然科学如何可能的问题,现在被转换为"自然界本身是如何可能的"命题。他把这一命题称为"先验哲学所能达到的最高峰"[①],并由"自然界的普遍法则是可以先天认识的"结论,引申出"自然界的最高立法必须是在我们心中,即在我们的理智中"[②]。这一命题可说是启蒙的理性精神所发出的最高、最强音,充满了理性的豪情与自信。

第四节　先验理性论

纯粹数学如何可能和纯粹自然科学如何可能虽然也属于"形而上学"的论域,但对康德来说,这些问题的解决本身并非目的,他的最终目的是哲学的,亦即要建立起一门科学的形而上学,所以这最后一个命题才构成形而上学的基本部分,才是他的理性批判的最终旨归。在篇章的安排上,这部分的内容被放在"理性论"里加以阐述。

康德思想的"建筑术",使他在把知性界定为"判断"与"规则"的能力之后,对称地把狭义的理性定义为"推理"与"原则"的能力,也就是使知性规则统一于原则之下的能力。因此理性从来都不直接针对经验或任何一个对象,而是针对着知性,寻求通过概念赋予诸多的知性知识以理性的统一性。

在康德看来,形而上学的对象主要是"纯粹理性"概念,即"理念"。与"纯粹知性"概念是出于知性本身不同,理念是出自"纯粹理性"的,这就使它们与"纯粹知性"概念具有不同的性质、功能与特征。这里应当注意的是,与范畴被称为"先天的(a priori)范畴"不同,理念被康德称做"先验的(transzendental)理念"。这里的"先验"一词,除了它一般具有的"先

---

① 康德:《任何一种能够作为科学出现的未来形而上学导论》,庞景仁译,第 90 页,商务印书馆,1978。
② 同上书,第 92 页。

天的运用"含义外,重要的是取其"从其单纯可能性中去认识事物"之义。详细说来,在"理念论"中,康德所要阐明的"先验的理念"的性质与特点主要有以下三个方面:一是理念是超验的,先验理念在感官中无法有任何与之重合的对象,也就是说在任何经验里都无法提供出它的相应对象,因此它们的运用是"超验的",超出一切经验的界线,这与"纯粹知性"概念的使用不同,后者是"内在的",即只限于在经验范围内使用。由于理念是超验的,因此我们对它们作出的任何论断或规定,都只是某种"可能性",而无法通过任何经验来证实或否证。这样,我们对它们只能加以思想,而无法进行认识。它们是无法像对待经验现象那样用范畴加以规定的,否则会产生一些不可避免的思想幻象,其中最著名的是有关宇宙论方面的"二律背反"的假象。二是先验的理念虽然无法规定任何客体,但它们对于我们的知识还是有帮助的,它们可以起一种"范导"的作用,用来指导知性进行一种整体性的思维,为它指出某种确定的知识统一的方向,以便使知识得到最大限度的统一。三是使形而上学由认识领域过渡到道德实践领域,并确立理念在道德实践中的必不可少的规则条件作用。如"自由"这样的实践理念,它所包含的内容是需要人们将它转变为现实的。

康德从直言推理、假言推理和选言推理三种推理形式中得出相应的三个理念:第一,完整的主体理念——心灵①(心理学理念),它包含的是思维主体的绝对的、无条件的统一。第二,完整的条件系列理念——世界(宇宙论理念),它包含的是现象的诸条件系列的绝对统一。第三,一切概念在可能的东西的一个完整的总和的理念中的规定——上帝(神学的理念),它包含的是思维的所有一般对象的条件的绝对统一。

由于理念的超验性质,它并不具有任何相应的可经验的对象,如果我们要对它们加以推理,就会产生一些不可避免的"先验幻象"。因此这

---

① Die Seele 兼有"心灵"与"灵魂"之义,不过就康德所说的"我思(Ich denke)是理性心理学的唯一本文"而言,它所关涉到的主要是心灵学说,因此应当译为"心灵",虽然康德也论及属于灵魂方面的"不死性"问题。

样的推理只是属于"玄想的推理",并不具有任何客观实在性。这类推理与幻象一方面对于人类的科学认识是有害的,使人误入歧途,超出经验的范围进行认识;另一方面也妨碍形而上学成为科学,不能正确地辨明理念的用途。因此康德批判的使命,是要揭露理念的这种不当使用及其产生的幻象,这样既可明确为科学划定界线,同时又可为科学的形而上学的建立扫清思想障碍,指明一条康庄大道,使之成为可能。

由于三种理念的误推皆会产生幻象,因此康德分别对这些假象进行了揭露,这些构成纯粹理性批判的"先验辩证论"的主要内容。其中,"纯粹理性的谬误推理"揭示的是有关"心灵"理念的虚假推论所产生的谬误。对于康德的认识论而言,任何认识都必须满足"概念"与"直观"这两个条件,而且仅当具有"直观"这一质料要素时,认识才谈得上是"现实"的。同理,对于作为思维活动的"我"("我思"、自我意识)自身的认识也是如此。我不能仅仅通过我意识到我自己作为"思维"活动(即作为实体)来认识我自己,还需要有对自我意识的"直观"并对之加以规定,才谈得上思维中的"我"本身。由于实体的概念总是与直观相关的,因此要把"自我"当成实体来认识,必定要有关于自我的直观。而"纯粹理性的谬误推理"正是在于,它是在一种直观缺失的情况下来断定思维主体为实体的。康德把"理性心理学"的这一谬误推理展现为如下形式:

> 凡是只能被思考为主体者也只能作为主体而存在,因而也就是实体。
>
> 现在,一个思维着的存在者仅仅作为这样的存在者来看,只能被思维为主体。
>
> 因此,它也仅仅作为这样的存在者,亦即作为实体而存在。①

康德指出,这一推理的错谬之处在于犯了三段论推理的"四名词"的错误,也就是说,大前提中的"主体"是指可能在直观中给出的、实在的主

---

① 康德:《纯粹理性批判》,A348;参见邓晓芒译本,第 310 页。

体,而小前提中的主体却并不具有与直观的关系,因此也就不具有客观实在性,它仅仅是指一种思维与意识统一性意义上的逻辑主体。这样,由于两个前提中的"主体"概念所指的并不是同一个东西,这一推理的结论是错误的。

这里,我们看到康德对自己的"经验思维的公设"的应用:凡是不具有直观质料的思维,都是没有现实性的,或换言之,概念没有直观,就是空虚的。这是康德认识论的基本准则,他把这一准则贯彻始终,表现出一个大哲学家特有的思想风格,有如孔子所说的"吾道一以贯之"。在下面有关理性宇宙论、理性神学的批判中,我们能够继续看到康德这种认识论准则的运用。

先验宇宙论所产生的二律背反的幻象,同样在于理性超出可能经验的范围,不过这一次并非去追求把握一个主观条件方面的绝对统一的主体,而是寻求把握一切现象中的无条件的统一,即世界总体。在进行这种把握时,理性就从部分的、有条件的、有限的经验现象推论至无条件的、整体性的、无限的世界总体。但这样一来,由于我们有关世界总体的理念并没有任何相应的可直观的对象,我们对它作出的任何论断都是无法经由经验来证实或否证的,从而形成正、反两方面的论题都显得合理的假象。

康德列举出的二律背反共有四组对立的命题。这是由于在对无条件的世界总体进行思维时,我们仍然需要运用范畴,这四组命题正是使用量、质、关系与模态四组范畴的结果。具体说来,康德从范畴表中剔除掉一些他认为无法构成"条件系列"的范畴,而留下了量(时间空间)、质(实在)、关系(因果性)、模态(必然性)这四个范畴,并与此相对应提出了四组"二律背反",即宇宙论理念的正、反命题。

(1) 正题:世界在时间上有一开端,在空间上也有一界限。

反题:世界没有开端,也没有空间界限,不管在时间上还是空间上,它都是无限的。

（2）正题：世界上每个复合的实体都是由单纯的部分构成的，而且除了单纯的东西或由之复合而成的东西之外，任何地方都没有任何东西存在着。

反题：世界上没有任何复合的事物由单纯的部分构成，而且世界上任何地方都没有单纯的东西存在着。

（3）正题：作为自然法则的因果性并不是世界的全部现象都可以由之导出的唯一的因果性。为了解释这些现象，还有必要假定一种由自由而来的因果性。

反题：没有什么自由，世界上的一切东西都是按照自然法则而发生的。

（4）正题：世界上应有某种要么作为世界的一部分、要么作为世界的原因而存在的绝对必然的存在者。

反题：任何地方，不论是在世界之中，还是在世界之外，都不存在作为世界的原因的绝对必然的存在者。

在这四组论题中，正题代表的是"纯粹理性的独断论"，反题代表的是"纯粹经验论"。这两种对立的观点分别有着不同的利益。对于正题而言，它表现出某种道德实践的利益和理性的思辨的利益。道德实践的利益表现在，它肯定了人具有超越于自然必然性之上的自由，并且肯定了构成"道德和宗教的基石"的、整个世界秩序的统一性与合目的性的连结的源泉——某个原始的存在者（神）的存在。思辨的利益则表现在，人们可以有一个总体的视野，思考种种条件的整个链条，考虑有条件者的由来问题。反题的利益则表现在，它把知性限制在自己特有的地盘——可能经验的范围之内，不承认有独立于自然规律之外的自由，也不同意在自然之外寻求所谓的"原始存在者"之类的终极原因，以便能够可靠地探究经验的规律，并依据这些规律无穷尽地扩展知识。

康德对这些对立论题的最终评判，一是基于他的"先验观念论"，即一切我们可能经验的对象都无非是现象、表象，它们并不具有任何以自身为根据的存在，也就是并非"物自体"。将对象区分为"现象"与"物自体"，是康德哲学的一个基石。现象是可直观、可感觉的，物自体是现象的基础，现象是物自体刺激我们的感官所产生的东西，但物自体作为本源性的东西却是无法认识的，我们所能认识的只是它的"显现"（现象）①。二是基于他的理念的"范导原则"。在他看来，理念的作用不是"建构性"（konstitutiv）的，而是"范导性"（regulativ）的。前者指的是运用范畴对感性对象进行规定，其结果是使所获得的经验具有客观有效性；后者指的则是作为某种"准则"（maxime）所起的导引、规范的使用，用以引导理性对经验进行最大可能的延续和扩展，以达至知识的最大限度的统一的目标。②

基于上述的立场，康德给出的最终评判是，宇宙论的二律背反是把范畴的使用超出一切经验之外，扩展到物自体之上的结果。因此，在指出它们这种属于辩证的、幻象的冲突之后，宇宙论的二律背反就可得到消除。其中，前两个量与质方面的、康德称之为"数学性的先验理念"的冲突的根源在于把世界当做物自体来作出论断。以第一个二律背反为例，不论世界是无限的整体还是有限的整体，在康德看来都只能通过对现象系列的回溯见到，但现象系列的经验性回溯（由最近的条件向更远的条件的推进）总是处于一个过程之中，因而所能达到的只能是有条件的东西，而不能是那"全部流逝了的永恒"——一个已经完成的无条件的整体，因此这两组论题的矛盾对立属于一种"辩证的对立"，即"一方对另

---

① 德文 Ersheinung 本来即为"显现"之义，李秋零译本（《纯粹理性批判》，中国人民大学出版社，2004）把它译为"显象"，使它回归本义，并将它与 Phänomena 区别开来，后者被译为"现象"。为照顾到以往的习惯用法，本文仍取 Ersheinung 的"现象"的译法。
② 有关康德的"建构"与"范导"原理的详细辨析，参见陈嘉明《建构与范导——康德哲学的方法论》，社会科学文献出版社，1992。

一方并不只是相矛盾的,而是比矛盾所需要的说出了更多的东西"①,从而正、反两方的论题都是假的。

第三、四个二律背反则属于另一种情况,其中正、反两种论题都是正确的,实际上并不发生冲突。这是由于力学性的诸理念允许在现象序列之外有这些现象的一个条件,即一个本身不是现象的条件,这就发生了与某种二律背反的结果完全不同的事情。

就"原因性"的二律背反而言,康德的解决方式是指出存在着两种不同的原因性。一种是属于自然规律的,另一种是出自自由的。自然的原因是处于现象中的,一个事件的原因之上复有其原因,并由此构成一条严格的因果决定的链条,形成了相应的自然秩序。这意味着任何自然现象都是无法自行发生,而是受其原因决定的。与此不同,道德本体领域中的自由的原因则是自行开始一个状态的能力,所以它的原因性并不是像自然的原因性那样是环环相扣的,而是可以自我决定、根据自己的意愿(作为原因)采取某个行动的。这两种不同的原因性是可以并行不悖的,分别适用于不同的领域——自然与道德。

康德特别强调了自由的原因性的意义。它是我们行为的依据,表现为一种"应当",因此属于一种"先验的自由"。自然中是没有什么"应当"的,没有什么"目的""价值"与"意义"的问题。而作为理性的存在者,人的理性给自己提供着某些理念,并以这些理念为行为的根据,来规定自己的行动,进而规定道德的秩序。假如取消了先验自由,也就同时取消了一切实践的自由。康德坚定地认为,人是不能以感性经验来作为自己行为的根据的,因为现实中充满的是各种欲望与诱惑,它们只会使人走向堕落。

第四个表现为二律背反的对立的论题,在不同的关系中也可以同时都是真的。一方面,感官世界中的所有事物都完全是偶然的,只具有经验性上的有条件的存在;另一方面,作为世界原因的"必然的存在者"(上

---

① 康德:《纯粹理性批判》,A504＝B532;参见邓晓芒译本,第414页。

帝)则是一种被设想为完全存在于感官世界序列之外的东西,它仅仅属于我们精神思索的产物。这样,由于分属经验与精神这两个不同的世界,第四个表面上是二律背反的论题,实际上并不发生冲突,是可以共存的。

"先验辩证论"所要对待的第三个理念,是神学的理念,康德又把它称为"纯粹理性的理想"。它的对象是一个仅仅处于理性中的,也被称之为"原始存在者"或"最高存在者"的上帝。康德通过对有关上帝存在的本体论、宇宙论和自然神学证明的诘难,详细地论证了这三种证明的不可能性。不过,虽然上帝的存在是无法证明的,但出于自然认识和道德实践的双重需要,康德认为仍然需要设定这样一个存在者。首先,在对自然的认识上,"上帝"这一最高存在者的概念,是一切概念中最适合于一个"无条件的必然存在者"的概念的,这就有助于把它设定为"一切事物的原始根据",从而满足人类不仅追求有限同时也追求无限的形而上学思维的要求。同时,这样的理念也有助于引导人类在对自然的认识上,把自然看做有着最高根据的统一,从而寻求一切关于自然知识的最高限度的完备统一,使知识达到高度的系统化。具体来说,上帝的理想这一理念表现为"同质性""异质性"和"连续性"这三条原理。它们的"范导"作用在于引导我们在繁多的不同"种"的事物中,探求它们在更高的"类"上的相同性质,在相同类属的事物中探求它们之间的差别,以及在类、种、族之间探求事物的最广泛的联系。另一方面,在道德实践方面,康德认为设定上帝这一理想能够为行为提供一种应当仿效的"原型"(prototypon),作为人们追求的目标,尽管这样的目标是永远也达不到的。例如,"圣贤"就是一种道德上的理想,它能够为行动的完善性提供根据。反之,如果道德的法则不预设上帝这样的理想,那么它们的实施就会缺乏一些必要的约束力,人们在履行道德的义务时也就会缺乏动机。

"我之所以要扬弃**知识**,是为了给**信仰**留下地盘。"① 康德的这一主张

---

① 康德:《纯粹理性批判》,BXXX;参见邓晓芒译本,"第 2 版序",第 22 页。

曾经备受指责,似乎这表现了他向有神论的妥协。但康德的本意是要消除"独断论"阻碍道德实践扩展的错误的根源,防止理性把本来并无可经验对象的"自由""上帝"等理念,硬要当成认识的对象来加以规定,从而通过批判来为这些理念给出正确的定位,使它们回归自己在道德本体世界的位置,与科学各自拥有明确的地盘,两者能够和谐相处。这既有利于科学的发展,使它不去闯入非经验的世界而堕入二律背反的困境,同时也有利于道德与宗教的信仰,使它们明确理念所拥有的范导功能,从而在即使无法证明上帝存在的情况下,也能利用上帝这一概念性的"理想"的作用,在增强道德责任、增加道德敬畏感等方面来促进道德实践的发展。今天,在片面主张科学万能的"科学主义"思潮受到质疑的时候,康德力图平衡科学与道德的考虑,以及宣扬自由高于自然、道德高于科学的理念的思想,无疑显出它的积极意义。

此外,康德哲学与此相关而被冠以的"不可知论"之名,实际上多是出自一种误解。虽然康德断言超出现象之外的东西是不可"知"的,但也宣称它们是可"思"的,只是"知"与"思"分属不同的领域,应用于不同的对象,并且采取"建构"与"范导"的不同方法而已。这是他分辨现象与本体、自然与自由、科学与道德的深刻用意。物自体(本体)概念固然是康德的二元论使然,但它的深刻之处,却在于倡言自由高于自然,道德高于科学。现代哲学的"生活世界"等概念,在某种意义上体现了康德本体世界的回响。

"人类的一切知识都是从直观开始,从那里进到概念,而以理念结束。"①至此,我们已经跟随康德经历了他的"纯粹理性批判"的历程,在结尾的时候,最重要的自然是要揭明他的"形而上学如何可能"的答案。虽然康德由于叙述的需要,将"纯粹数学如何可能""纯粹自然科学如何可能"与"科学的形而上学如何可能"分别放在感性论、知性论与理性论三个部分加以论述,但这三种知识如何可能的问题,实际上也不是各自独

---

① 康德:《纯粹理性批判》,A702=B730;参见邓晓芒译本,第544—545页。

立,而是相互关联的。就像经验离不开直观,从而也离不开直观的形式"时间和空间"一样,形而上学的可能性问题,既包括直观与范畴,也包括理念。

概括说来,作为有关自然认识的科学的"形而上学"的对象是"先天的知识"即有关"先天综合判断(命题)"如何可能的问题。对这一问题的解答的关键,除了我们所具有的主观认识能力(感性、知性与理性)之外,还在于一些来自知性与理性的"纯粹概念"即范畴与理念。这些概念在来源与性质上是非经验的,这就决定了形而上学与经验科学的不同性质。纯粹的知性概念(范畴)是"建构"性的,是我们用以综合直观杂多,建构具有统一性、客观实在性的经验判断的逻辑工具,因此它们在形式上构成经验的必然性的条件。但它们只能被限制在可能的经验范围内,"超验的"使用只会产生一些先验的幻象。纯粹理性的概念(理念)则是"范导"性的,它们在认识上的作用,是用来引导知识朝向最大限度的统一,力求形成一个最完备的知识系统。在康德看来,通过批判辨明了这两类先天概念的来源、作用以及应用的范围,论证了先天综合知识的可能性和它们的使用原则,也就解决了有关自然认识方面的、科学的形而上学如何可能的问题。至于另一种领域的形而上学即道德实践知识方面的形而上学如何可能的问题,则归由实践理性与道德哲学方面的批判来解决。

康德哲学批判的努力,留下的是一种作为思维方式的先验形而上学,它在哲学史上开创了思想的一个新维度,其意义在西方哲学史上是革命性的,影响是多方面的,这里我们想突出强调的主要有如下两点:首先,在继笛卡尔之后,它进一步高扬了"我思"在认识中的"基点"作用,并且提出了"人为自然立法"的思想,把"理性"这一启蒙的核心观念提升到新的高度,使之与"自由"等观念一起,构成了时代的精神,培育起一种"现代性"的观念。其次,它通过对理念的"范导"作用的论证,向人们昭示了哲学观念对于行为的引导作用。在这方面,康德是深刻的:从经验的"是"什么之中引不出行为的"应当"做什么来。人类社会及其行为的价值、目的、意义，是不能从既有的经验中引申出来的，它们在本质上属于先验性的"应当"。因此哲学对于人与社会的范导与教化功能是永恒的，哲学永远也不会消亡。

与此相反，康德主张的对经验进行建构的那些范畴与原理学说，尤其是他尝试建立的不同于传统形式逻辑的"先验逻辑"，则与他所期许的相反，并没有表现出多少的逻辑可操作性。可以说，没有人需要像这种逻辑所规定的那样去直观与知觉。这表明，哲学的功能主要是属于理念方面的范导性的，而非在于经验认识方面的建构性。此外，康德的"哥白尼式的革命"在论证上暴露出的困难（即要把认识的客观性、必然性的根据建立在主体方面，却无法给出一致的、有效的论证，有如我们前面指出的那样），也可说是佐证了这一点。康德所意识到的先验哲学面临的最大困难即主观的范畴如何能有客观的效力，在他的先验哲学中留下的仍然是一个悬而未决的问题，因为这本身就是一个不可能的命题。

第三章　《实践理性批判》

第一节　《实践理性批判》在康德哲学中的位置

　　道德是康德毕生关切的中心问题。从康德全部哲学著作的内在联系来看，关于道德问题的思考乃是康德哲学演变，包括从独断的理性主义（唯理论）转向批判哲学的主要理论因素。虽然伦理学事实上是与形而上学和认识论一样古老的哲学领域，然而在哲学活动的早年就清楚地意识到它们构成哲学的两大领域，并为之终生孜孜努力，依然是康德哲学生涯的特点。

　　康德最早论述道德问题的文字，是他写于 1759 年的《试论乐观主义》（"Versuch einiger Betrachtungen über Optimismus"）①。此时，康德的思想虽然处在莱布尼茨-沃尔夫体系的影响之下，但其思想独立的品格却在具体的结论中鲜明地表现了出来。自此之后的前批判时期论文中的多数都关涉道德问题。在所有这些论文中，1764 年发表的《自然神

---

① 参见《康德全集》（普鲁士国家科学院版）第 2 卷，第 27—36 页。这是一篇讨论莱布尼茨关于这个世界是所有可能世界中最好的世界的命题的论文，康德证明了自己的一个结论，即整体是最好的，一切皆因整体的缘故才是好的。

学原理和道德原理明晰性之探讨》（“Untersuchung über die Deutlichkeit der Grundsätze der natürlichen Theologie und der Moral”）是其早年讨论道德问题的最重要的论文。在这篇文章里，康德提出了"义务"（Verbindlichkeit）和"职责"（Pflicht）这两个重要的伦理学概念。在这里他说道：

> 人们应当做这事或那事，将另外的事放在一边。这就是公式，每一种义务在这个公式之下得到了表述。现在那种愿欲（Wollen）表达了行为的必然性并且可以具有双重意义。这就是，如果我欲求其他某事（作为目的），我或者应当做这事（作为一种手段），或者应当直接地做那某事（作为一种目的）并且成就之。人们可以将第一种称做手段的必然性（necessitatem problematicam），将第二种称做目的的必然性（necessitatem legalem）。第一种必然性所指示的不是义务，而只是解决问题的规矩：这是这样一种手段，如果我想要达到某种目的的话，我就必须运用它。如果谁告诫另一个人，如果他想要促进自己的幸福，他必须采取或放弃哪些行为，那么此人虽然也许可以把所有道德教诲归于这种规矩之下，然而它们不再是义务，而且，假若是一种义务的话，亦如下面的情况：如果我想要把一条直线二等分，得画两个交叉弧①。这就是说，它们根本不是义务，而只是一种就人们倘若想要达到某种目的而言关于某种熟巧做法的告诫。因为手段使用的必然性无外乎就是适合于这个目的，所以道德在某种目的的条件下所规戒的一切行为，只要它们不隶属于一个自身必然的目的，便都是偶然的，不能称做义务。譬如，我应当促进最大限度的全体完善性，或者我应当依照上帝的意志行动；全部的实践哲学应委身于这两个命题中的一个，这个命题，如果它应当是义务的规则和根据的话，它就必须把这个行为当做直接必然的来

---

① 在《道德形而上学原理》第 2 章中，康德又一次提到这个例子，但已对它作了批判哲学的限定。参见《康德全集》（普鲁士国家科学院版）第 4 卷，第 417 页。

命令,而不是把它置于某种目的的条件下来命令。在这里我们发现,这种一切义务的直接最高的规则必定是绝对不可证明的,因为无论关于何种事物或概念的观察,都不可能认识到和推论出,人们应当做什么,倘若那预先设定的东西不是一个目的,而行为又是手段。但后者必定也并非如此,因为它不是义务的公式,而或许是有疑问的熟巧的公式。①

从上述引文中,我们可以看到,早在前批判时期的早期,康德就已经具有了或者说形成了道德是出于定言命令的思想,即道德行为应当直接出于义务,而不可能是为了达到其他目的而采取的行为。毫无疑问,在这个时期,康德远没有形成自由、自律、道德法则或实践理性等思想,而且目的必然性的表达在清楚和内在一致性方面,由于尚缺乏必要的理论支持,与批判时期的定言命令的命题是大有差距的。但如果定言命令被视为一个公式,那么它的基本结构已经形成。此文另一个值得注意的重要思想就是,道德义务是一种必然的东西,不能够从对事物或概念的观察之中获得,尽管其最高规则是不可能证明的。然而,不可证明并不意谓它是不可探求的,事实上,正是探究这种最高规则根据的要求,构成了批判哲学形成的最初契机。我们看到,康德前批判期以及已经具有批判思想萌芽时期的关切中心始终是两个方面,这就是关于自然的哲学和关于道德的哲学。康德自己认为,他首先在道德哲学领域取得了成功。②不过,真正的成功应当是在一系列的道德哲学著作出版之后,因为为道德哲学找到一个最高而自主的根据以及一条最高的原则,没有整个批判体系的支持是不可能的,而进入批判并完成批判体系的建立乃是一个漫长的过程。这里所要指出的一点是,在从前批判时期到批判时期这一阶段之中,颇能反映康德哲学发展轨迹的是他的道德哲学观点的演进,他几次提及的有关道德哲学研究即将完成的消息以及其中用来称呼其道

①《康德全集》(普鲁士国家科学院版)第 2 卷,第 298—299 页。
② 参见《康德书信百封》,李秋零编译,第 17、24 页等处,上海人民出版社,1992。

德哲学研究工作的名称。此外,我们也看到,除了上面提到的定言命令的形式结构之外,批判的道德哲学的一些重要问题和概念也逐渐成熟和确定起来,在 1768 年,"道德形而上学"的概念已经出现,而在 1770 年提交的《感觉界和理智界的形式的原理》("De mundi sensibilis atque intelligibilis forma et principiis")的就职论文中,康德已经指出道德哲学属于纯粹的理智,因而属于纯粹哲学,而它的任务就是提供第一原理。道德动力的问题也在这稍后提了出来,而这就关涉纯粹理智与意志的关系——这一点是《实践理性批判》论述的一个重点,并且也是一个难点,即理性的法则如何成为具有现实行为的动力。"自由"概念之中的一个要点也在这个时期得到了澄清和规定,它意谓免除感觉的强制,而不是免受理性法则的强制。①

《纯粹理性批判》的问世宣告批判哲学基础理论的建立,同时也为整个批判提供了方法和大纲。康德在此部批判的"第 2 版序"中指出,如果它的意义对理论理性而言是消极的,那么对实践理性来说却是积极的。这就是说,批判哲学在限制理论理性的应用范围而使之不具有逾越感性界限的有效性的同时,也为实践理性开辟了一个专门的领域,这就是自由的领域。这种限制之所以在另一方面是积极的,是因为它消除了理性的实践应用的障碍——这是至关重要的一点。纯粹理性是统一的,因此无论认识还是道德都是纯粹理性的职责所在。然而,《纯粹理性批判》已经证明,我们的一切认识都无非是现象,后者在最终的意义上由感性直观划定了有效的范围,这就是自然的领域。在这个领域里面,就认识而言,理性的法则是必然的,一切事物都服从机械法则,因此都受必然性的支配。然而,现象与物自身的区分也诠证了一个感性之外的超感性世界,这里也同样是在自然法则的领域外。道德的可能性根据就居于此,这个根据就是作为意志特性的自由。康德强调,自由虽然是无法认识到

① 参见施尔普《康德的前批判伦理学》,第 130 页,纽约/伦敦,加兰德出版社,1977。

的,但确实是可以思维的。①

在这个意义上,现象与物自身的区分同时也就是自然与自由领域的划分。我们知道,就理论理性而言,自由始终是一个消极概念,这就是说,任何发生的事物始终有一个原因,而这个原因同样作为一个发生的事物,必定依然有其自身的原因。这样,在自然之中,一切事物都处于因果性的关系之中。而所谓自由却正好与此相反,它意谓这种因果性会在某处达到其原点:在这里存在着一种单纯的原因,后者本身不具有因果性,也就是说,它不再有另外的原因。在自然之中,这样一种自由是不可能的,因为它必然导致矛盾,康德的第三个二律背反所揭示的就是这样一种矛盾。然而关键的一点在于,就如我们前面已经知道的那样,在康德看来,道德是以自由为前提的,如果自由是不可能的,那么道德也是不可能的。但是,道德却是一个无法否定的事实。

因此,对于道德,或者理性的实践应用,并且对于统一的理性来说,至关重要的一点就是如何理解自由。康德在《纯粹理性批判》里面提出了"先验自由"概念,并且分析它与实践自由的关系。他说:

> 我把自由,从宇宙论上理解为从自身肇始一种状态的能力,它的因果性也并不依据自然法则又归于另一个依据时间决定它的原因。自由在这个意义上就是一个纯粹先验的理念,它首先不包含任何从经验借来的东西,其次它的对象也不能在任何经验里确定地被给予,因为一条普遍的法则,甚至一切经验可能性的法则是,一切发生的东西必定有一个原因,从而也必定有原因的因果性,这个原因本身必定已经发生或出现,它必定又有一个原因。于是,通过这个法则,经验的整个领域,无论它伸展得多么远,就变成为单纯自然的一个总体。②

在这里,我们首先要领会的就是,自由的本质在于它是一种原因,一种不

---

① 参见康德《纯粹理性批判》,BⅫ—BⅩⅩⅩ。
② 同上书,A533=B561。

受羁于因果性锁链的独立的原因。尽管对于自然这个经验的整体来说，先验自由的意义是消极的，然而，它却构成了一切自由概念的基础。"自由的实践概念建立在自由的先验理念的基础之上，后者在前者这里辨认出那些向来围绕自由可能性问题的困难的真正契机。从实践上来理解的自由是对由感性驱动而来的强制的意愿的独立性。"①困难是，在现象界，或者在经验层面，一切事件都处在因果性的锁链之中，然而如果道德是可能的，那么它就始终要求某一事件系列是从一个最终的原因发轫的。一般而言，这样一个独立于因果性锁链的原因必定要与自然因果性发生冲突，"因为实践自由假定，虽然某种东西没有发生，它却原本应当发生，并且它的原因在现象之中也不是这样被规定的：在我们的意愿中并不存在一种独立于那些自然原因，甚至抗拒它们的强力和影响去产生某种东西的因果性，这种东西在时间秩序里是依照经验法则被规定的，从而完全从自身开始一个事件系列"②。

康德清楚地意识到自然与自由的二律背反并将之表达之时，也就是解决之道成竹在胸之际。他指出：

> 倘若现象就是物自身，那么自由就无可拯救。于是，自然就是每一事件的完全和自身充分的决定的原因，并且这个事件的条件在任何时候都仅仅包含在现象系列之中，这些现象与其结果一起必然是处于自然法则之下。如果相反，现象除了它们事实上所是而不再被算做其他东西，也就是不再被算做物自身，而算做依据经验的法则连结起来的单纯的表象，那么它们本身必须还另有根据，后者不是现象。但是，一个如此的理智的原因就其因果性而言不是由现象规定的，虽然它的结果在现象中显现了出束，并且因此能够由其他的现象来规定。这样，这个理智的原因就与其因果性一起是居于那个系列之外的；与此相反，它的结果则在经验条件的系列之中遇及。

---

① 康德：《纯粹理性批判》，A534＝B562。
② 同上书，A543＝B562。

　　　　这个结果也能够就其理智的原因而言被视为自由的,并且同时就现
　　　象而言也被视为来自于依据自然必然性的现象的结果。①

道德行为始终是发生在现象之中的,作为一个经验的事件,它无可避免
地处于自然法则必然性的系列之中,因此就必然有其经验的原因。比如
一个人奋不顾身地救人于水火,他的奔跑必然符合生物的和物理的法
则,不可能御风而行、辟水而潜,而必须具有奔跑的能力、游泳的能力或
者淹毙的可能;又或者一个人周济穷人,他也必须有现实的物品或者财
力,这些都必须有其经验的来源,而不可能出自一个超感性的原因。然
而,另一方面,人固然有奔跑的能力、游泳的本领,但见人身陷火海而不
动,见人溺水而不援,这并不违反自然法则;相反,如果人仅仅被视为一
种动物的因而感性的存在者,那么这样的表现或许正是符合自然法则
的。人的这两种不同行动的根源就在于一个超感性原因的有无,这就是
自由。在任何一项道德事件上面,都同时有两种原因为其根据,这就是
现象的原因和自由的原因。由于现象与物自身的区分,同一事件上面的
两种原因就因其处于不同的层面而有可能性。康德因此断定,自然与自
由两者可以在同一件事情上在不同的关系中同时发生,因为是在不同的
关系中,所以两者并不相冲突。② 这种区分的全部理论根据都是在《纯粹
理性批判》里面建立起来的,因此实践自由的基础,或者一般地说,纯粹
实践理性的基础在《纯粹理性批判》里面已经奠定。

　　在这里,康德关于自由的积极和消极的划分是值得人们注意的一个
观点。先验自由奠定了实践自由的基础,取消先验自由同时就废除了一
切实践自由。③ 然而,先验自由是消极的,在自然领域并不存在从自身产
生一系列原因的自由;与此相反,建立在先验自由基础之上的实践自由
则是积极的,它能够从自身产生一个事件的系列。但是,实践自由作为

---

① 康德:《纯粹理性批判》,A536＝B564、A537＝B656。
② 参见同上书,A536＝B564、A541＝B569 等处。
③ 参见同上书,A543＝B562。

人的意志的特性,它的意义同样是双重的,它首先意谓意志对于一切经验的驱动的独立性,就此而论,它是消极的,这就是说它使得人能够不做什么事情;然而,它同时也是积极的,因为在康德看来,对经验的刺激的独立性也就意谓从自身产生出作为道德行动的一个事件系列,自由在这个意义上就是积极的。[①] 自由的积极与消极意义都必须从因果性上来理解,并且同时也必须以现象与物自身的区分为理论根据和背景。

康德在《实践理性批判》的"序言"中强调自由是全部理性体系的拱心石。这一点诚然重要,也确实受到人们的重视,但是人们却往往容易忽略如下一点:康德的理论哲学尤其是其感性学说,以及现象与物自身的区分,为自由,从而为道德法则的可能性提供了必不可少的基础。没有这样一种基础,康德的实践哲学就是难以理解的。先验自由构成了实践自由的基础的断定就要从这样一个宽广的意义上来理解。[②]

于是,从理论体系以及已出版的著作的连贯性这个角度来说,现在康德所要做的工作就是将纯粹实践理性的体系以一种适当的方式表达出来,并且将在那个体系里面建立起来的法则和原理进一步推进到与人的行为有关的一切领域之中。这就构成了从《道德形而上学原理》(*Grundlegung der Metaphysik der Sitten*)、《实践理性批判》、《道德形而上学》(*Metaphysik der Sitten*)、《单纯理性限度内的宗教》和《论永久和平》等一系列著作的主题,不过这个主题的畛域却相当广泛。就纯粹实践理性及其原则而论,也就是就一般的道德形而上学而论,《实践理性批判》是最重要的著作。不过,《实践理性批判》之中的一些基本概念在《道德形而上学原理》中都已经提出,比如,道德法则的公式(并且还有三种形式),道德行为的动力与情感等问题也已经得到讨论,因此,如果仅仅就康德道德哲学的基本原则和思想来说,那么两者的区别主要在于全书结构的严谨程度、道德法则和其他基本观念规定的严格程度,以及相

---

① 参见康德《纯粹理性批判》,A553=B581。
② 参见同上书,A533=B581。

关论证的充分与完善程度上面。然而,如果从方法上来看,那么这两部著作的差别就相当大,这就是它们正好体现了两种不同的方法,而方法的差异来自两书任务的不同。

在《道德形而上学原理》的"序言"里,康德说:"我相信,我在这本书里所采用的方法是最便利的方法,它分析地从普通认识过渡到对这种认识的最高原则的规定;再反过来综合地从这种原则的验证、从它的源泉回到它在那里得到应用的普通知识。"①毫无疑问,这个方法本身就包含了先验哲学的原则,这就是道德法则构成了道德行为可能的前提条件,而在日常生活亦即现象的畛域,道德法则的现实性总是体现在人们的经验的道德活动之中。这个方法同时也是批判的,因为它意谓从对人们道德性的经验行为的分析着手切入道德之所以可能的条件。康德这里层层递进的分析从结构上来说堪称一种干净利落的方式,从普通的理性德性知识、哲学的理性德性知识、大众道德哲学、道德形而上学到纯粹实践理性,不仅将关于道德哲学的可能形式一一揭示出来,并且划出层次,而且通过这种分析最后证明,事实上只有纯粹实践理性的道德法则才能成就具有普遍意义的道德,因为自由意志与服从道德法则的意志是同一个东西。② 于是,这就与此部著作的开首第一句形成了呼应:只有善良意志才是无条件善的东西。虽然我们不能说,单单由于这个呼应,康德也就顺利地从分析的进程回转到综合的过程——因为实际上在此书的最后一章,康德已经简短却清楚地论述了综合的过程,但是,一个如此安排的结构也是不可不重视的。

不过,在这里我们所要强调的是,比之于《实践理性批判》,《道德形而上学原理》在方法上的主要特征是分析的,这就是说,全文的主要篇幅在于分析道德以及道德法则的最终根据,这就是作为定言命令的道德法则及其根据——自由。从《道德形而上学原理》与《实践理性批判》的一

---

① 《康德全集》(普鲁士国家科学院版)第 4 卷,第 392 页;参见康德《道德形而上学原理》,第 7 页,苗力田译,上海人民出版社,2002(以下所引此书均为此版本)。
② 同上书,第 446 页;参见康德《道德形而上学原理》,第 70 页。

般关系来看,前者的结论正是后者的出发点,因为在《实践理性批判》的开首,康德就宣布自由的实在性由于道德法则的存在而已经得到证明。仅仅就这个意义而言,综合是在《实践理性批判》里面完成的。然而,先验哲学的批判性质决定了理性批判的理论体系在其进程中同时包含分析和综合两种方法,因此就如《纯粹理性批判》一样,《实践理性批判》一般来说也是分析与综合并行的。不过,因为自由一开始就被确立为理性的事实,《实践理性批判》的主要任务因此就是如下一项:诠证因自由而可能的道德法则是如何使人的道德行为成为可能的。

第二节 实践理性与自由的实在性

《实践理性批判》的写作方式套用了《纯粹理性批判》的基本格式,全书分为要素论和方法论两大部分,要素论又进而分为分析论和辩证论两大部分。不过,这仅仅是大体上的相同,而不是一一对应,比如分析论里也有原理和演绎,但其他内容完全只是为了诠证实践理性而安排的。如果从此书的论述内容的具体进程来分析,我们就会看到,在一些重要的理论逻辑结构方面,它与《纯粹理性批判》的进程刚好相反。比如,在《纯粹理性批判》中,感性论构成了整部著作的基础,从而也构成了全部批判的基础,因此,它在理论的叙述秩序之中就先于知性层面的内容,并且相对于知性与经验的对象的间接性而言,感性是直接与经验的对象相关的,这样,即便仅仅为了批判进程的合理性,感性论也必须首先得到分析。康德说,我们的一切认识都是从经验开始的,与此相应,一切批判事实上也是从经验开始的。《实践理性批判》却正好相反,它直接从实践理性的原理入手,"我们将从**原理**出发而至于**概念**,随后才从这里,如果可能的话,进到感觉"①。这样一种安排,一方面因为有了《道德形而上学原理》的先行准备,另外一方面也是实践理性批判所确立的法则对于感性

---

① 康德:《实践理性批判》,韩水法译,第 14 页,商务印书馆,1999。

的存在者原本就是一个命令，因此就因果性而论，它一方面摆脱感性的限制，另一方面又从自身在现象界创造出一个事件来。因此，感性的元素在这里相对而言就是消极的和次要的。

也正是因为《纯粹理性批判》和《道德形而上学原理》这两部著作为《实践理性批判》所做的预备性工作，所以此著作就十分精当，是三部批判之中篇幅最小的一部。然而，虽然精当，此书依然不减其诠证的缜密和一贯。这里我们将全书内容作一概观，以便随后进行详细论述。整部《实践理性批判》是由三大部分组成的，这就是前言、纯粹实践理性要素论和纯粹实践理性方法论。第二部分无疑是全书的主体，关于实践理性和道德法则的主要理论都是在这里得到诠证和论述的；相对而言，前言部分要比方法论部分重要得多，因为恰恰是这个前言而不是后面的方法论才提出了《实践理性批判》的基本方法。下面的文字将会这样来安排：在这个概观的余下部分所要讨论的是自由的实在性、《实践理性批判》的方法论、实践理性与理论理性的区分。道德法则、实践理性对象和动力以及实践理性的悬设这些基本问题都将予以单独的专门论述。

前言包括"序言"与"导言"两章。在"序言"里面，康德开门见山，直接指出，此书无非就是对纯粹理性的实践能力的批判，因此，一个必然的逻辑结论就是它必须以《纯粹理性批判》为前提，这就是说，实践自由是以先验自由为前提的。因此，在这里，它无须探讨理性能力本身，而仅仅需要证明实践理性的实在性。然而，一般而言，此种实在性实际上在《道德形而上学原理》里面已经得到证明，不过，康德自己却认为尚未得到证明。康德作出如此断定的理由，与他在《实践理性批判》的"序言"中作出相反断定的理由，主要是理解方面的。妨碍他认定道德法则以及自由的实在性的主要原因，在于两个方面，首先，这种实在性的表达，即是一个专门的概念；其次，他在《道德形而上学原理》中尚无法解开自由与道德法则之间的循环证明的纠缠。从总体上来说，其他方面的因素还包括，无论在体系方面，还是在表述方面，《实践理性批判》要更为准确和周到，而《道德形而上学原理》则表现出素朴的特征，尽管它有将要紧的观点直

接表达出来的优点,这使得人们在一定程度上更愿意通过阅读它而不是
《实践理性批判》,来了解和把握康德的思想。

在这里,首先需要来规定一个核心概念,这就是"实践理性"。为了
清楚和明确起见,我们从以下几个方面予以分别的论述:

在康德哲学的范围内,理解实践理性的一个首要问题就是要弄清它
与理论理性的关系。在批判哲学里面,关于理性的两个断定对于从整体
上来理解批判哲学具有十分重要的意义。第一个断定就是只有一个理
性,对人类而言,并没有两个或更多的理性。① 通常所谓的理性存在者就
是指人,而这里的理性是一个统一体。第二个断定与此直接相关,这就
是同一个理性有其不同的应用,它们分别就是理性的实践应用和理论应
用。因为这两种不同的应用各有自己不同的法则,所以理性的应用就有
其不同的领域,这就是自然领域与自由领域。康德在完成了理论理性批
判和实践理性批判之后,意识到理性的这两种应用造成了理论哲学和实
践哲学之间的鸿沟,其结果就是,尽管理性依然是统一的,它们的法则却
是不能够超越各自的领域而在另一个领域中有其应用。通过《判断力批
判》的诠证,康德指出,反思判断力及其所具有的先天原则即自然的形式
合目的性地提供了跨越鸿沟的可能性:自由领域的目的原则可以凭借反
思判断力而用于对自然的判断。人们通常关注和强调康德关于两个领
域之间过渡的可能性,而忽略了他在这里用语的变化:他并不说道德法
则可以用于自然领域,而是说合目的性原则可用于自然领域。这就表
明,反思判断力据以观察自然的合目的性仅仅是实践哲学中的一项原
则,或者说仅仅是一项要素,而它并非是实践理性的基本原则,即法则。
不过,反思判断力的这项原则却正是应用了自由的本来意义,这就是因
果性。目的与自由之间联系的关键在于,目的意谓自由的原因。然而,
这种合目的性的要害就在于它的仿佛性质,这就是说,我们可以将自然

---

① 《康德全集》(普鲁士国家科学院版)第 4 卷,第 391 页;参见康德《道德形而上学原理》,第
6 页。

的一些经验的形式看做某种存在者的实践的产物,但是这并非是理性存在者的产物,尽管那个可以视为最终目的的是这个理性存在者而非其他存在者。

纯粹理性的理论能力就是认识能力,而纯粹理性的实践能力就是欲求能力。这里的区别在于,就理论能力而言,认识能力并没有高级与低级的分别;而就实践能力而论,欲求能力是有高级与低级的分别的。按照康德的观点,对于理性存在者来说,意志决定根据究竟出于低级的欲求能力,还是出于高级的欲求能力,正是道德的分野所在。低级的欲求能力就是动物性的欲求能力,道德不可能在那里有自己的根据;而高级的欲求能力就是纯粹理性,唯有它才提供了道德的可能性和根据。在前者那里,意志决定根据是欲求能力的质料,亦即某种当下在此的对象,是某种外在的东西;而在后者那里,意志决定根据是一种作为形式的普遍原则,是出自纯粹意志自身的东西。据此,实践的原则可以分为质料的和形式的两类,前者就是低级欲求能力的原则,后者则是高级欲求能力的原则。纯粹实践理性属于高级欲求能力,它的原则就是形式的。

实践的东西与欲求能力基本上是重合的,实践的东西总是与某种目的联系在一起的,不过,相对来说,实践更强调行及其决定根据。于是,它总是指这样一种活动,即人出于意志并产生某种现实结果的行动。一般的实践就有三项因素:实践准则即意志决定根据、意志决定与行为、实践的目的。这里我们需要注意,意志决定与意志决定根据并不是同一样东西,然而,意志决定始终是理性的能力,这就是说,意志决定始终是通过服从某种理性的规则而实现的,而倘若没有服从理性的规则这一要求,也就无所谓意志决定。因此,从另一个角度来说,理性的全部实践能力都是通过意志决定实现出来的。康德认为,实践的规则始终是理性的产物,因为它指定作为手段的行为,以达到作为目标的结果。正是因为意志与其决定根据是不同的,所以意志才会有自律与他律的分别。

这样,从广义上来理解的实践就有几种不同的视角。首先,从意志决定根据与目的关系这个角度来说,一种类型就是决定根据与目的完全契合一致的实践,一般地说,这就是纯粹理性的实践,在这里,目的就是人或者人格,而普遍的道德法则正是契合这个目的的整体的。① 理解这种关系的要点在于,目的是在整体上与道德法则契合一致的,道德法则也可以说是出于这个目的整体的,因此在实际的行为之中,决定理性存在者的意志的只是道德法则本身,而不是任何具体的目的,因为只要依照这个法则行事,那么实践的行动必然符合那个目的,也就是为着那个目的的。与此相关,另一种类型的实践也是出于目的的,但是,那些目的是个别的而且具体的,并且行动是仅仅为了这样一个目的而采取的。这样的目的是一种实用的目的。康德举例说,比如医生的治病和投毒者的投毒都有其具体的目的,所谓"实践的"东西在这里就是为了完成这样确定的目的而采取行动。康德说,每一门科学都有实践的部分。就此而论,这样一种类型的实践,即从意志决定根据与目的之间的关系而言的实践,如果以实用的标准来考察,可以与道德判断无关,而且事实上,就康德所提及的科学的实践的部分来说,尤其是如此。康德在《实践理性批判》的一个注释中就此说道:"数学或自然科学中所谓的**实践**命题本来应该称做**技术**命题。因为这些学科完全无关乎意志决定;它们仅仅指示足以产生某种结果的可能行为的多样性,因而与表示因果连接的所有命题一样是理论的。"②

另一种考察的视角就是意志决定根据的性质,即决定意志的根据究竟是感性驱使,还是理性的强制。在《实践理性批判》里面,康德为表明这两种实践类型的区别,分别使用意愿和意志来指示意志决定的不同性质。③ 意愿表示广义的人的主观决定。受到感觉驱使而发生的行动,就是意愿的行使受到经验的规定,比如《实践理性批判》所说的伪证和行淫就是这样一类行为。意志决定根据完全来自埋性,也就是说,来自道德法则的实践,就是道德行动。道德法则出自作为理性存在者的实践理

---

① 参见康德《实践理性批判》,韩水法译,第 94 页,商务印书馆,1999。
② 同上书,第 25 页。
③ 在《纯粹理性批判》里面,康德是不加区分地使用意愿与意志的。

性，后者也就是纯粹意志，它对理性存在者的规定就是纯粹意志的自我规定，这就是所谓的意志自律。意愿的行使来源于感觉驱使，这就是说，决定意愿的根据来自外在的经验刺激，意志在这里不是服从出自自身的法则，而是受制于外在的质料。意志他律指的就是这样一种情形。

因为理性并不是决定意志的唯一根据，或者更准确地说，决定意志的根据是有不同来源的，因此这些根据对于意志来说就是一种命令，表达了行为的客观强制性。① 从这个角度看，根据通过意志决定而产生行为的过程就表现为一种命令的形式。道德行为的这种命令形式是康德在前批判时期就已经明确意识到的，这里不过在一个全新的基础上和结构中重述出来了。实践的规则在这里就区分为定言命令和假言命令两种形式。康德说：

> 命令或者单单就一个结果和足以达到结果的充分性而言，决定作为现实化原因的理性存在者的因果性条件，或者它只是决定意志，而不论它是否足以达到这个结果。前者是假言命令，单单包含技巧规则；与之相反，第二种是定言命令和唯一的实践法则。②

用直白的话语来说，两者的区别的要点就在于：假言命令不仅以结果为条件，而且以达到结果的能力为条件；定言命令只以一条法则决定意志，而毫不考虑结果和达到结果的可能性。"实践法则单单关涉意志，而并不顾及通过意志的因果性成就了什么，并且人们可以不顾后者（因为属于感性世界）而保持法则的纯粹。"③

---

① ② 参见康德《实践理性批判》，韩水法译，第18页，商务印书馆，1999。康德此处关于命令的定义是容易导致歧义的，因此从广义上来理解理性和客观乃是一个必要的前提。与此相关，康德在《纯粹理性批判》里面提出的一个关于自由和实践的广义的定义，即"一切通过自由而可能的东西是实践的"（A800＝B828），也有同样的问题。但是，这事实上也透露出一个重要的思想，即一切实践的东西都通过理性的抉择，即便感性驱使也并不是盲目因而直接地决定意志的，而总是有一个抉择，这就是假言命令也是一个意志决定形式的本来意义，同样也是"一切通过自由而可能的东西是实践的"这个定义的本来意义。因此，问题的关键就在于意志决定根据是直接来自理性，还是间接地来自经验。

③ 同上书，第19页。

上述三种理解实践的视角是有重合之处的。在所有这些论述之中，康德的主旨在于，诠证在意志与其决定根据之间的种种关系之中存在着一种关系，这就是实践法则直接决定意志的定言命令形式，在这样一种道德命令形式之中，目的是作为理性存在者的整体这样一个目的。另一方面，它也给出了区别不同种类实践的两种界线。其一是道德与非道德的界线，一些实践的东西是与道德无关的，比如实用意义上的实践行动，就如康德所说，其实它们原本就是技术命题，完全无关乎意志的决定。除此之外的实践就是与道德相关的实践，这就是说它们事关意志的决定。而就道德而言，实践的东西就有道德的和不道德的分别。在康德看来，只有直接出自道德法则的实践的东西才是道德的，而其余的实践的行动就是不道德的。毫无疑问，康德的实践哲学只以事关道德的实践的东西为题目，而并不讨论实用的行动，尽管后者在分类时必定会涉及到。

通过以上的阐述，我们就可以理解，当康德指出实践理性批判是对纯粹理性的实践能力的批判时①，他在这里的工作虽然是对理性全部实践能力的批判，然而意旨所在乃是实践理性的纯粹层面，后者正是道德法则的渊源和所在；但是，他不是一般地诠证自由和道德法则的存在，而是要诠证这两者是有实在性的。所谓实在性，是指纯粹实践理性的形式即道德法则是直接地决定意志的。不过，正如前面所说，这样一个结论事实上在《道德形而上学》里面已经大体达到，剩余的、也是极其重要的任务就是如何确认，以及与之相关的，如何表达这种确认。

实践理性的实在性关涉三项要素以及它们之间的相互关系，这就是纯粹实践理性、自由和道德法则。在理论上将这三项要素予以明确的区分，也就是说，分别界定它们在道德实践中的位置，并不是一件容易的事情。其次，它们作为道德的先天条件，比照理论理性的情况，应当仅仅具有先验的观念性，而不具有经验的实在性。然而，问题的关键在于，自由在这里作为一种导致一件或一系列现实事件的原因，是不能仅仅以或然

---

① 参见康德《实践理性批判》，韩水法译，第 1 页，商务印书馆，1999。

的、并非不可能思维的方式树立起来的。① 然而,在关于道德可能性条件的分析之中,康德已经推得一条道德法则,而这条法则由于具有意志自律的性质——意志愿意这条法则同时成为普遍的即对所有理性存在者有效的法则,因此意志必须是自由的;但是,正是因为意志是自由的,所以它是服从道德法则的。于是,自由与道德法则就陷入了彼此的循环论证。②

《实践理性批判》在"序言"一开首就提出了关于这两个问题的明确的观点。第一,以相当坚定的思想态度断定自由和道德法则的实在性。与理论理性中的经验实在性不同,康德在这里确认自由与道德法则作为理性事实的实在性,这就自然而然地解决了《道德形而上学原理》之中的困难,而且一扫那里的依违不决。第二,在确认此种实在性的同时,对自由与道德法则之间复杂和玄妙的关系也梳理出了头绪,并得到了明确的规定:"自由诚然是道德法则的存在理由,道德法则却是自由的认识理由。"③

我们看到,《实践理性批判》"序言"的主要内容就是围绕自由与道德法则的实在性展开的。自由与道德的实在性事关重大,这涉及康德整个哲学体系的内在一致性。虽然我们可以说,"序言"关于自由和道德法则实在性的论证在基础理论方面并没有提供什么新的东西,然而关于它们与理论哲学基本原则之间关系的定位和诠证,却拓展了批判哲学的可能的内在关系,从而化解了原先康德自己也以为有矛盾的东西。④ 就此而论,序言中的肯定与《道德形而上学原理》中的犹豫和不定——而这同时也就体现了康德对此问题的郑重其事,都取决于理解基础之上的思想决定;后者同时也就表明,康德认为肯定自由实在性对整个批判体系的内

---

① 参见康德《实践理性批判》,韩水法译,第 1 页,商务印书馆,1999。
②《康德全集》(普鲁士国家科学院版)第 4 卷,第 455 页;参见康德《道德形而上学原理》,第 80 页。
③ 康德:《实践理性批判》,韩水法译,第 2 页注释①,商务印馆,1999。
④ 参见同上书,第 4 页。

在一致性所产生的影响是积极的,而不可能是消极的。

"序言"中的这个断定,即自由实在性与道德法则的实在性也为《道德形而上学原理》中提出的一个方法提供了完成的可能性,这就是关于道德哲学诠证的分析和综合的关联。因为《道德形而上学原理》并没有达到自由和道德法则实在性的结论,所以它实际上就缺乏以此为原则去说明道德行为可能性的有力的支持;与此不同,由于《实践理性批判》达到了这样的确定性,所以"源于自由的因果性法则,亦即任何一个纯粹实践原理,在这里不可避免地形成开端,并且决定惟有它才能与之相关联的那些对象"①。这样,《实践理性批判》在方法上就主要是综合的,它表明自由和道德法则是如何使道德行为可能的,或者换言之,自由和道德法则如何使人在道德领域只能理性地行事。

自由和道德法则的实在性以及由此而来的必然结论,从另一方面来说,也才真正地证明纯粹理性是能够实践的。如果将《道德形而上学原理》的结果考虑在内,那么现在的情形就是纯粹理性必须是实践的,然而这一点却是依然需要进一步分析的,所以康德说此部批判"只研究纯粹理性是否以及如何能够是实践的,也就是说,它是如何能够直接决定意志的"②。这里提出的如何能够的问题也包含一个主要与认识形式相关的问题,这就是道德法则是一个先天综合的命题。这就不仅表明,它对作为理性存在者的人来说是一种强制的东西,也表明,任何道德行为总是产生某种道德法则所不包含的东西,后者也正是实践的必然结果。这样一种思想正是康德的高明之处,但同时也是他的道德哲学最薄弱之点。关于这一点的分析可以在下面的文字里面看到。

第三节 纯粹实践理性基本法则

无论在理论哲学之中,还是在实践哲学之中,法则都具有中枢的位

---

① 康德:《实践理性批判》,韩水法译,第 14 页,商务印馆,1999。
② 同上书,第 48 页。

置。纯粹理性的认识能力和实践能力都必然要通过法则实现出来,而这里一个最为特殊的特征就是,无论在自然领域还是在自由领域,纯粹理性都通过作为理性存在者的人在颁布法则,人既为自然立法,也为人自己的实践活动立法。然而,在实践哲学里面,纯粹理性的一切实践能力都是围绕法则而展开的,并且由于自由与道德法则事实上具有一而二的关系,而意志自律、定言命令都要通过道德法则才能实现,因此,相对于自然领域的法则,道德法则在实践领域具有重要得多的作用和意义。

康德在《实践理性批判》正文第 1 节就提出实践法则的定义:

> 实践**原理**是包含意志一般决定的一些命题,这种决定在自身之下有更多的实践规则。如果主体以为这种条件只对他的意志有效,那么这些原理就是主观的,或者是准则;但是,如果主体认识到这种条件是客观的,亦即对每一个理性存在者的意志都有效,那么这些原理就是客观的,或者就是实践法则。①

前文已经指出,就一般实践哲学而论,康德之前或同时代的人们对意志决定根据提供了各种各样的解释,从而实践原理有五花八门的来源。就此而论,《实践理性批判》的任务不仅在于证明纯粹理性是能够现实地实践的,还在于证明唯有先天的实践原理才是道德可能的条件。事实上,这两个方面的诠证是相互支持的,就康德道德哲学的性质来说,后者尤其是整个"纯粹实践理性分析论"的主要目的。在讨论康德道德法则的这一章时,我们论述的重点是分析这条法则的各种性质,从而达到对于这条法则的完整的理解,同时通过这种分析讨论其他实践原理与此相左的性质。

纯粹实践理性基本法则只有唯一的一条,在《道德形而上学原理》里面康德给出了它的不同表达形式,但在《实践理性批判》中它只有一种形式:"这样行动:你意志的准则始终能够同时用作普遍立法的原则。"②

---

① 康德:《实践理性批判》,韩水法译,第 17 页,商务印书馆,1999。
② 同上书,第 31 页。

这条法则在形式上是一个典型的命令句,并且就如康德自己所说,是一个定言命令,"人们应当绝对地以某种方式行事。因此这条实践规则是无条件的,从而是作为实践的定言命题被先天地表象出来的,借此意志绝对地和直接地(通过在这里也是法则的实践规则自身),并且客观地被决定"①。或者反过来说,意志服从这个法则是没有其他条件和中介的。与此相反的就是假言命令,它不是决定作为意志的意志本身,而是着眼于欲求的结果决定意志。简单地说,假言命令总是首先设定行动的结果,将此作为行动的目的和根据;为了达到某种目的,必须这样行动。康德说,假言命令虽然是实践规矩,但决不是法则。②这就是说,法则是必须绝对而直接地决定意志的,法则本身就包含必然性。假言命令就缺乏这种必然性。康德分析了一个假言命令的例子。"譬如对某个人说,他在年轻时必须勤劳节俭,以免老来贫困,那么,这是正确而同时又重要的意志的实践规矩。"③但是,意志在这里被引向自身以外的其他东西之上去了,这就是外在的欲求对象。这里的关键在于,这个人的外在欲求其实也是不确定的,"或者他除了自己所获财富之外尚可指望其他财源,或者他根本不希望活到老,或者自忖有朝一日身处穷困亦可勉强应付"④。于是,我们看到,这样一个假言命令如果是正确和重要的,那么这个人就应该没有后面那些打算,并且确实也不希望老来贫困。然而,这只是一种主观必然性,因为他很可能怀抱的是其他想法,那么这个命令对于这个人也只是在他处于特定的情况之下才是有效的;与此相反,实践法则在决定意志时并不指向或考虑任何纯粹意志之外的东西,也不考虑行动者任何具体的欲求,无论行动者私下意图如何,无论所处状况如何,实践法则完全出于自身的缘故而决定意志。

纯粹实践理性原则就其本身而言仅仅为意志提供了一个只具有形式

① 康德:《实践理性批判》,韩水法译,第 31 页,商务印书馆,1999。
②③ 同上书,第 18 页。
④ 同上书,第 19 页。

意义的原理,而没有任何具体的内容。这条法则并没有告诉人们,他们应当具体做什么,比如,不许说谎,尊重生命,如此等等。因此,从这个意义上来说,人们可以做任何事情,只要他们在做那些事情时他们的意志所依据的准则——一般地说就是实践原理——能够同时用做普遍立法的原则。这就是说,这个行动者愿意这条准则能够在任何时候成为任何一个人的行为准则,这就承带如下一点:他据此准则来对待所有其他人,并且他也愿意所有其他人据此准则来对待他自己以及任何其他人。深入分析表明,在更为准确的意义上,这样一条实践法则应该是对所有实践原理的形式约束,只有符合这个约束的实践原理才能成为实践法则。

实践法则这种形式约束的性质包含、承带和导致了一系列其他的理论结果。

第一,形式化的约束就包含了普遍性的条件:凡是满足这个形式化约束的实践原理就是道德法则,凡是不能够满足这个约束的就不是道德法则。

第二,道德选择在这里只能根据唯一的形式原则,任何其他的考虑都在排除之列,因为至少从理论上来说,任何其他的考虑都必定涉及具体的情形和条件,从而自然要牵涉实践原理的质料而并非单纯的形式。这样,实践法则作为决定意志的根据就对任何意志,从而对任何理性存在者,都是一视同仁的。

第三,康德强调道德法则是一个先天综合命题①,然而此处所谓先天综合命题却包含相当特别的意思,因为"普遍立法的原则"这一项是确定的,它也就是上文所说的形式化约束的主要因素,不过,"意志的准则"这一项却是不确定的,它可以是各种不同的实践规则。但是,这些实践规则的内容究竟是什么,在这里并没有也不可能有任何具体的指示,尽管康德在其具体的行文中举出了许多例子。于是,这里就出现了实践的先天综合判断的特殊情形:能够成为普遍立法的实践法则在实际的道德境

_____

① 参见康德《实践理性批判》,韩水法译,第 32 页,商务印书馆,1999。

况之中都是行动者自己确立的,而所谓确立却包含了相当复杂的要求。倘若行动者持有若干既有的道德戒条,那么他虽然不必每次都对这些戒条进行普遍性的考量,但这样的考量却是必不可少的。倘若行动者在具体的实践境况中缺乏现成的道德戒条,那么他就必须自己建立切合实际境况并且能够成为普遍法则的实践规则。在这样的情况下,作为实践法则的先天综合命题就通过一个当下的道德判断得以成就。康德在其文字里面并没有分析这一点,但这却是他的实践法则所承带的必然要求。决定意志的实践原理原本就是多种多样的,这是因为道德判断所发生的境域必定是多种多样的。道德哲学的困难性原本就在于,面对各种不同而须作出决定的境域,人如何能够选择那些具有普遍评价标准或者能够得到普遍而客观评价的原则?在康德看来,实践原理能否普遍化是道德或者道德判断是否可能的根本标准。这里进一步的问题在于,无论实践原理还是能够普遍化的实践原则都不可能是确定的。如果能够成为普遍的实践法则的实践原理在数量上是确定的,那么纯粹实践理性基本法则就不复为基本法则,康德可以将它们像 12 个范畴一样予以直接的确定,从而就是这些确定而具有特定意义的实践原理构成道德法则,而不是现在那个形式化的实践法则构成道德法则。倘若情况就是如此,康德的实践哲学自然就要在相当大的程度上改观了。因此,康德关于实践法则乃是一个先天综合命题的观点与实践法则的形式化的特征,就指出了一个需要深入考察的问题,而这种考察对于理解康德实践哲学及其现代意义是相当重要并会获得积极成果的。

第四,实践法则的客观性是与普遍性结合在一起的,而它们同时也就是定言命令形式所要满足并且能够满足的要求。康德说:"道德法则之所以被思想为客观必然的,乃是因为它对每一个具有理性和意志的人应当都有效。"①这样一种普遍的有效性是从两个方面来实现的:其一,它仅仅规定了法则的形式要求,而排除任何质料的东西。我们看到,事实

---

① 康德:《实践理性批判》,韩水法译,第 38—39 页,商务印书馆,1999。

上"纯粹实践理性原理"的一个反复重述的内容就是诠证质料的原则都属于经验的原则,而经验的原则虽然可以作为实践的准则,但是由于它取决于因人而异、因时而异的欲求对象,因而始终具有偶然性,而无法达到对于具有理性和意志的人的一视同仁。一些看起来乃是客观的实践规则,比如完满性和上帝的意志,最终也取决于个人采取这些规则所要达到的目的,因此,它们最终也归于经验的东西,从而具有无可避免的偶然性。[1]　其二,实践法则并不顾及意志决定最后成就了什么,简单地说,它并不顾及行动的实际结果如何。这样,任何因为个人特殊境况而无法服从或者不服从法则的可能性得以排除,从而保证实践法则的客观必然性。不过,这里必须注意的重要一点在于,实践法则并不顾及通过意志的因果性成就了什么,并不等于实践法则不要求行动者成就什么,实践法则之为实践的,就在于人们的行动,如无行动,就无所谓实践;关键在于,行动者不能因为自己完成实践法则所命令的行动的能力充分程度的差异而不服从这个法则。你必须这样行动,行动的结果则取决于你的现实能力。

行文至此,我们可以给实践理性基本法则作出一个总结性的概述。这条实践法则是一条以命令方式表达出来的形式化的法则。它是理性的先天形式,既不是感性对象,也不从属于现象,从而完全独立于现象的自然法则,亦即因果性法则。"但是这样一种独立性在最严格的意义上,亦即在先验的意义上称为自由。因此,一个只有准则的单纯立法形式能够用作其法则的意志,是自由意志。"[2]由此可见,自由意志就是纯粹理性的实践能力,或者说,高级欲求能力[3],而实践法则就是这种能力的形式。这条法则的客观必然性简单来说就是出自其先天形式这样一个性质。但是,实践法则的内容是必定要以经验的方式被给予的,而这意味着,具

[1] 康德:《实践理性批判》,韩水法译,第43页,商务印书馆,1999。
[2] 同上书,第29页。
[3] 同上书,第59页。"欲求能力因此称做意志,并且在纯粹知性(它在这种情形下称做理性)通过一条法则的单纯表象是实践的范围内,这个能力称做纯粹意志。"

有先天综合性质的这条法则必然要决定法则的内容，即经验性的东西。这就是说，在意志的每一次决定中，能够成为普遍立法的实践规则总是具有特定内容的，是一个可以照此行事的准则。

在这个总结里还必须强调另外一个重要的观点。在康德看来，除了作为普遍立法的实践法则之外，其他一切道德哲学所提出的实践原理都是质料的原理，因此它们最终都是来自经验的——尽管有直接的与间接的之分，从而是主观和偶然的。康德专门制订了一张"德性原则中实践的、质料的决定根据"表，对那些原理进行分类，并举出相应的哲学家或哲学派别。我们将此表也列出：

主观的

外在的：

教育（按照蒙田）

公民宪法（按照曼德维尔）

内在的：

自然情感（按照伊壁鸠鲁）

道德情感（按照哈奇逊）

客观的

内在的：

完满性（按照沃尔夫和斯多亚派）

外在的：

上帝的意志（按照克鲁修斯和其他的神学道德家）①

康德在解释此表时指出，客观的质料的决定根据也是为着人的某些目的而被采用的，虽然它们以"完满性"或"上帝意志"这样的概念表现出来，但终究是某种经验的东西。

从《实践理性批判》的结构上来看，这里还有关于纯粹实践理性原理演绎的任务尚须完成。所谓演绎，就是证明这样一条原理有其客观实在性，也就是它能够决定意志。然而，这样一种实在性在"序言"里面已经断定了，并且"道德法则仿佛是作为一个我们先天地意识到而又必定确实的纯粹理性的事实被给了的，即便我们承认，人们不能够在经验中找

———————
① 康德：《实践理性批判》，韩水法译，第 42 页，商务印书馆，1999。

到任何完全遵守道德法则的实例。于是，道德法则的客观实在性就不能通过任何演绎，任何理论的、思辨的或以经验为支撑的理性努力得到证明，而且即使有人想根除它的必然的确实性，也不能通过经验加以证实，因而不能后天地加以证明，而且它自身仍然是自为地确定不移的"①。于是，原本旨在演绎的章节却给出了这样的文字：演绎乃是求之而不可得。然而，我们从中也可以得知：实践理性法则实在性的正当性证明已经由康德那句名言②揭明了："本身无需任何正当性证明根据的道德法则不但证明了自由的可能性，而且证明了它在那些承认这条法则对自己有强制作用的存在者身上具有现实性。"③

第四节　纯粹实践理性对象

在"纯粹实践理性对象概念"这一章，康德论述的重心主要集中在两个问题上面：第一，究竟是实践理性的对象决定实践规则，还是实践规则决定实践理性的对象？或者简单地说，是实践的对象在先，还是实践的规则在先？第二，超感性的或曰先天的理性法则如何作用于发生在感觉世界并因而在此范围内属于自然的事件？④ 这一问题是在"纯粹实践判断力范型"的名下讨论的。人们在这里自然就会追问一个基本而重要的问题：所谓对象究竟是什么？事实上在名为"纯粹实践理性对象概念"这一章里，康德似乎没有对这个问题予以专门的讨论，这就使得关于对象的规定成为这一章最难理解和把握的内容。实践理性的对象究竟是什么？这个问题的答案对康德来说或许不言而喻、无须详述，然而对现代的读者来说，情况却非如此。因此，在下面的文字里，我们的讨论也就将围绕上述三个问题展开，并且努力对比较困难的对象概念给出清楚的说明，不过，只是关于康德的对象思想的清楚说明，而不是其他。为了达到

---

①③ 康德：《实践理性批判》，韩水法译，第 50 页，商务印书馆，1999。

② 参见同上书，第 2 页注释①。

④ 参见同上书，第 74 页。

此一目的,就需要以关于前两个问题的清楚理解为前提,因此我们要将它放在最后来讨论。

在这一章的起首,康德就提出一个定义:

> 所谓实践理性的对象概念,我理解为一种作为通过自由而可能的结果的客体之表象。于是成为实践认识的这样一种对象,也只意指意志对于行为的关联,通过这个关联对象或其对立面得以现实地造成,并且判断某种东西是否**纯粹**实践理性的对象,也仅仅是区分我们愿望如下一种行为的可能性或不可能性:倘若我们具备相关的能力(这必须由经验来判断),通过这种行为一个客体就会成为现实。[①]

在这一段话里,主题是实践理性的对象,而重点却在于意志与行动的关系,也就是实践的对象得以产生的方式。实践理性的对象必须通过这样一种关联,即意志对于行动的决定,才能够现实地出现。在这里,我们前面所论及的实践行动的三项关系——意志决定根据、意志决定和行为就凸现得更加清楚,对象在这里就是行为的具体实现,所以康德在这里强调意志对于行为的关联,而非意志对于对象的关联,对象之产生或获得现实化与否,完全取决于我们是否希望一种行为的发生。

于是,我们这里就看到,康德再次突出了其实践哲学思想的一个要点:对于实践哲学来说,实践理性对象的重要性并不在其本身,而在于达成如此对象的意志决定根据。因此,对康德来说,至关重要的事情就是,对象不能成为意志决定根据。如果人们将对象作为意志决定根据,"那么在判断这个客体是否实践理性的一个对象之前,这个客体通过我们自由应用我们的力量而具有的**自然的可能性**,必须先行具备"[②]。情况倘是如此,那么意志决定根据就会完全是因人而异的,因为首先,每个人对于对象的欲求是不相同的,正如我们在上文已经看到,即便对象具有客观

[①] 康德:《实践理性批判》,韩水法译,第 61—62 页,商务印书馆,1999。
[②] 同上书,第 62 页。

的性质,如完满性或上帝的意志,它们依然要以行动者内在的目的为依归,因而具有经验的性质,从而也就是偶然的;其次,每个人实现行为的自然可能性是各不相同的,因此具备这种可能性与否以及具备的程度如何,就直接导致意志决定根据流于最大的不确定性之中。与此相反,对于纯粹实践理性来说,"行为的**道德可能性**必须先行;因为在这种情况下,不是对象,而是意志的法则才是行为的决定根据"①。

康德在这里分别阐述了其实践哲学与唯理论观点和经验论观点的重要区别。简单地说,无论唯理论道德哲学还是经验论道德哲学,都把对象当做意志决定根据,因此,在关于实践理性对象的问题上,它们的一致之处就是先有对象,然后才有实践规则。相对而言,关于实践对象的经验论观点是较容易为人所辨认而把握的,而唯理论观点则显得较为复杂,尤其当它也以至善为实践对象时,就仿佛是一种定言命令,具有客观必然性,因此需要仔细辨析才能得到清楚的认识。现在就从康德关于实践理性对象的另一个定义——"实践理性的唯一的客体就是**善**和**恶**的客体"②——开始我们的分析。

这里我们仅仅引用了康德这个定义的第一句,因为单单此句,康德实践哲学无疑是承认的,唯理论道德哲学也是承认的。这里的区别就在于,善和恶的概念是先行的,从而它们就是意志决定根据,还是它们无非就是对象,从而应当是某种先行法则的结果而已? 如果是前者,在康德看来,那么它们就无非是某种东西的概念,而当下存在的这种东西就预示快乐与不快。这就是说,按照唯理论的观点,善的概念是在先的,它构成道德行动的目的,从而也就是道德行动的对象。然而,倘若要对这种善和恶的概念予以确切的规定,那么就要追溯到人的幸福或快乐上面,但这样一来,它就取决于主体的经验,而主体的经验在这一点上能够引出判别标准的就只能是情感,即快乐或不快的情感。③ 这样,唯理论的善

---

① ② 康德:《实践理性批判》,韩水法译,第62页,商务印书馆,1999。
③ 参见同上书,第62页。

恶概念虽然看起来有其客观的和一般的形式,然而一旦追溯到它们的基础,那么人们就会发现它们原来也不可避免地栖身于经验之上。康德这个分析是非常彻底的,它揭示了一个重要的理论事实,即关于道德规则的一切唯理论观点最终与经验论观点殊途同归。

康德的观点是非常清楚的,"这就是说,**善和恶的概念必定不是先于道德法则(从表面上看来,前者甚至似乎必定构成后者的基础)被决定的,而只是(一如这里所发生的那样)后于道德法则并且通过道德法则被决定的**"①。然而,这在当时却是容易被视为矛盾的说法,所以康德也为之定了一个"方法悖论"的性质。不过,这个所谓悖论在康德实践哲学里却完全是一个正论,因为只有道德法则先行,并且无视对象而给准则颁行单纯的法则形式,才能避免善恶概念最终诉诸经验的结局。

康德为了诠证和解释他的观点而提出的善恶与福祸之间的区别,不仅有助于深刻而清楚地理解善恶概念,而且有助于理解道德与人的其他情感之间的区别。康德是针对拉丁语善福与恶祸各一词而二义才特别提出这样的区分的,但这却并不意谓它们仅仅关涉语言的歧义,相反,它们首先关涉的是理论原则。福祸直接与人的快乐或不快相关联,它们与善恶或许有关系,但并没有必然的关联,因为导致人的情感快乐而被视为福的东西并不一定就是善的,祸的情况也是一样。康德在这里举了一个令人印象颇为深刻的例子:"一个斯多亚派分子在痛风剧烈发作时呼喊道:疼痛,你尽可以如此厉害地折磨我,我仍然将永不承认:你是一种恶的东西;人们可以笑话他,但他的确是对的。"②痛风诚然是一种祸害,但是,"疼痛丝毫不降低他人格的价值,而只是降低了他的境况的价值"③。康德强调,人属于感觉世界,所以人的理性自然就有一个无可否认的使命,这就是照顾感性的关切。④ 这就点出了康德思想的一个要点:人原本就是整个实践哲学的目的,因此,人的此在决非无关紧要;然而关

---

① 参见康德《实践理性批判》,韩水法译,第 68 页,商务印书馆,1999。
②③ 同上书,第 65 页。
④ 参见同上书,第 66 页。

键的一点在于,人作为目的这一根本之点只有通过一条普遍的因而无关乎个人的具体情感的法则来保证,倘非如此,人作为目的这一根本之点会因个人情感的无限多样性、偶然性而消散于无形,最好的情形也就是人在彼此视为工具的境况之下,某些行动恰好是符合实践规则的。

通过这样的分析,康德强化了一个观点,即凡是实践对象先行从而规定或成为意志决定根据,那么这种决定根据或者说实践规则最终必定是取决于经验的,而意志在这种情况之下就是他律的;意志一旦是他律的,那么善恶概念就是不可能的,这就是说,不可能有普遍而必然的善恶概念,而倘若善恶概念是因人而异的,那么就无异于根本就没有善恶概念。于是,一个必然的结果就是,道德在这种情况之下就是不可能的。康德关于对象的这样一个规定具有划时代的意义:除非存在一种先天的道德法则,它先于对象决定意志,并且对象仅仅是这种法则的结果,否则道德就是不可能的;但是,道德确实是可能的,那么这样一条普遍的实践法则就是存在的,因此人的意志就是自由的;而从形而上学的角度来说,正是因为人是自由的,所以道德法则才有其存在的理由。

但是,从理论上来说,这里仍然存在着一个至关重要的问题,这就是纯粹实践理性法则乃是先天地决定意志的,但是道德行为毕竟是需要在感性世界里实现出来的,那么我们如何来判断一种在这个世界中的行为是否属于受到如此决定的意志的结果?这里所包含的一个既属理论的也属实践的困难就是,康德认为,"关键只在于意志决定,而不在于(实践能力)**实现其意图**的自然条件"①,因为实践法则自身造就它们与之关联的东西(意志意向)的实在性。然而,这种实在性是需要得到判定的,实践对象始终就必须有其经验的表现,因为"一切发生的可能行为的事例,都只能是经验的,也就是说,只能从属于经验和自然"②。康德对于这个难点有相当清楚的认识,并充分意识到这一点的重要性:"自由法则应当

---

① 康德:《实践理性批判》,韩水法译,第 71 页,商务印书馆,1999。
② 同上书,第 73 页。

运用于这样一种行为之上,这种行为是那些发生在感觉世界并因而在此范围内属于自然的事件。"①如果一般而简单地说,这个困难就是,先天的道德法则的实践效用如何在经验事件上得到验证。因为这样一种作用不仅是两种不同性质之间的单向作用,而且要在已经受到另一个法则支配的事件上实现出来。

康德在"纯粹实践判断力范型"一节为此提出专门的诠证,主旨就是要为自由法则作用于这样的行为觅得一个范型。事实上,这是康德在批判哲学的酝酿期就已经思考的问题,因此在《纯粹理性批判》中讨论先验自由与实践自由之间的关系时,他就说到两种法则可以作用于同一经验事件之上而不发生矛盾,因为道德行为作为经验的事件始终是受自然法则支配的。从另一方面来说,倘若道德行为不受自由法则的支配与约束,那么自由、意志自律、定言命令等理论就失去了必要性,因为它仅仅是针对既作为理性存在者又作为感性存在者的人的,而后者就承带自然法则的支配和约束,这种支配和约束不仅意谓必然,而且表明他律和假言命令的现实性。然而,就实践判断力范型而言,自然法则对自由法则的意义尚不限于此,因为在康德看来,"自然法则仍然是依照道德原则评价行为准则的一个**范型**。如果行为的准则被构造得经不起一般自然法则的形式的检验,那么它在道德上是不可能的"②。道德行为都是能够通过自然法则而发生的,这里的关键在于你是否能够把它视为通过你的意志而可能的。一个人冲到火海里救助他人,依照自然法则是能够发生的事件,你愿意让这个行为通过你意志的决定而成为可能吗?自然法则的单纯形式在这里构成了道德判断的范型,后者的纯粹意志诚然是独立于经验的东西的,但是它同时却确实应用于经验的事件。

行文到此,我们可以对究竟何为纯粹实践理性对象这一问题作出清楚的回答。在"纯粹实践理性对象"这一章开首,康德指出:"所谓实践理

---

① 康德:《实践理性批判》,韩水法译,第 74 页,商务印书馆,1999。
② 同上书,第 75 页。

性的对象概念,我理解为一种作为通过自由而可能的结果的客体之表象。"①他接着所作出的规定立刻就强调,此处所关涉的是实践认识,而这就与对象概念和客体表象这样的表达正相呼应。于是,所谓实践理性对象就与认识这个对象乃是同一件事情。相同或类似的说法在《实践理性批判》中有许多处,比如在谈到演绎的内容时,康德说它"关涉这样一种认识,这种认识能够自己成为对象实存的根据"②;又如在关于对象的一章中有这样一句话:"与自由的无上原则相关联的先天实践概念立即成了认识"③,这就等于"它们自己造就它们与之关联的东西(意志意向)的实在性"④,而意志实现其意图的自然条件在这里并非关键。在哲学上,对象始终是相对于认识、思想等精神活动而言的,在理论哲学里,先天概念完全不可能立即成为具有实在性的对象或客体,因为倘无感性直观,它们永远只具有观念的意义。"先天实践"概念并没有直观,也没有图形,然而,它通过道德法则对意志的决定立即具有了实在性。这里的全部关键就在于意志决定,而道德行为乃是这种意志决定的必然结果。所以纯粹实践理性对象不是物,而是行动、事件,是道德法则决定意志而产生的行动——一旦意志服从道德法则,那么行为就是必然的。就这个行动经验地发生的方式而言,它是受自然法则支配的,而这正是自然法则构成实践判断力范型的理由。对于理解纯粹实践理性对象来说,范型还有另一层意义:虽然意志决定并不顾及行为的自然可能性,然而道德行为必须是经验地发生的,从而它首先必须是能够发生的,其次必须是确实发生的。实践判断力就是据此来判定实践对象的实在性的,尽管具体的行为可以有其种种不同的情形。

理解康德纯粹实践理性对象思想的一个难点在于,实践理性对象是从其原初产生的角度来诠证和讨论的,而不是从完成的事件如何接受判断,比如它是从如何被判定为属于道德行为或不属于道德行为这个角度

---

① 康德:《实践理性批判》,韩水法译,第 61 页,商务印书馆,1999。
② 同上书,第 49 页。
③④ 同上书,第 71 页。

来诠证和讨论的。因此,这里阐述的主题是纯粹实践理性对象是如何可能的,以及一种被称为道德的行为或善的东西如何在经验之中为人判定或认识到。于是,在这里我们需要指出,《纯粹理性批判》里的一个关于理解经验对象的根本原则的命题对于理解纯粹实践理性对象具有同样的意义,这个命题就是,"一般经验的可能性条件同时就是经验对象可能性的条件"①。我们甚至可以将其套用于实践理性对象:纯粹实践理性法则的可能性条件同时就是纯粹实践理性对象的可能性条件。这正是前文两次引用的关于纯粹实践理性对象概念的第一句话的真正含义。

第五节 纯粹实践理性的动力

"纯粹实践理性的动力"是整个《实践理性批判》之中内容最为丰富的一章。所谓"动力"就是意志的主观决定根据。从纯粹实践理性法则这一意志的客观决定根据转到意志的主观决定根据,在思考角度上就从道德法则的客观必然性挪移至道德动力的主观强制性,从一般的理性存在者挪移至道德行动者主体;从理论的进程来说,这一章正是从原理出发而自概念进到感觉的所在,不过,所谓感觉在这里所指的乃是情感。于是,此章的文字也就要阐述从一般法则到道德情感的过渡,或者说道德情感与道德法则之间的关系。作为这样一种转换的表现,普遍而形式化的道德法则化身为理性存在者生命活动的推动力,因此是为情感的丰富性和境况的多样性所婴薄浸润的。因此,这一章也是全书最具文采的文字。

道德法则直接决定意志,这是康德实践哲学体系的支柱。根据这一点,动力似乎就不成为一个问题,这就是说,道德法则无须任何其他的动力,因为它本身就是动力,并且行为的客观决定根据必须始终同时是行为唯一主观充分的决定根据。② 据此,为了人们正确地领会这里所提出

---

① 康德:《纯粹理性批判》,A158=B197。
② 参见康德《实践理性批判》,韩水法译,第78页,商务印书馆,1999。

的动力问题,康德强调:

> 因为一条法则如何能够自为地和直接地成为意志的决定根据(这也正是全部道德性的本质所在),这是一个人类理性无法解决的问题,而与自由意志如何可能这个问题乃是同出一辙的。于是,我们必须先天地指明的,不是道德法则何以在自身给出了一个动力,而是它作为一个动力,在心灵上产生了(更恰当地说,必须产生)什么作用。①

因此,所谓动力的问题就是从主观心灵的状况来考察道德法则的决定作用,而在这种状况之下,道德法则就成为动力。

这样一种考察的必要性和正当性来自作为理性存在者的人的性质,即人属于两重世界,一方面,作为自然的存在者属于感性世界;另一方面,作为理性的存在者属于理智世界。作为感性世界的存在者,他受到感性条件的制约,有其禀好和自负,而且作为感性存在者,他的理性确实也有照顾自己的感性关切的使命②;作为理智世界的存在者,他应当服从道德法则,这虽然并不意谓人应当否定照顾自己的感性关切的使命,然而却要求在道德法则与禀好、感性关切发生冲突时,以理性的道德法则为根据作出决定,而这不仅意谓要摒弃禀好,而且意谓要牺牲正当的感性关切。康德所说的道德法则作为动力在心灵上产生的作用,指的就是在这两种正相抵牾的决定根据之间因道德法则的决定所造成的情感状态。

意志决定原本就是一种抉择,相应的情感状态就是道德主体的内心感受状态。因为人属于两重世界,所以人的心中始终存在着引诱他偏离道德法则的欲望的可能性,就此而论,在道德主体的心灵之中,依据道德法则的意志决定就要瓦解这种欲望,或者一般地说,一切禀好,出于道德法则的意志决定对于这种欲望或禀好就是一种否定的作用。按照康德

---

① 参见康德《实践理性批判》,韩水法译,第78—79页,商务印书馆,1999。
② 参见同上书,第66页。

的区分,欲望就是感觉冲动,一切欲望和禀好都是感性的东西而建立在情感之上的,因此这种瓦解所实施于情感之上的否定作用本身也就是情感。康德说:

> 作为意志决定根据的道德法则,由于抑制了我们的一切禀好,必定导致一种情感,这种情感可以名之为痛苦,并且在这里我们有了第一个,也许唯一的情形,在这种情形下,我们能够从概念出发先天地规定认识(这里便是纯粹实践理性的认识)与快乐或不快的关系。①

这一点在康德看来是我们先天地认识到的,而不必借助于经验。

这种由否定作用而产生的情感成为一个契机。作为感性存在者的人,禀好的对象总是抢先来造就人的自我。由此,产生了一种偏向,这就是"使依照其意愿的主观决定根据的自我成为一般意志的客观决定根据"②,此种偏向康德称为自爱。道德法则完全排除自爱对实践法则的影响,从而在人们的自我意识中贬损和平伏出于这种自爱的自负。道德法则这种否定作用原本就是其肯定作用的另一方面,道德法则是可以遵循和实行的,从而就自然而然地唤起对它的敬重,于是"道德法则也在主观上是敬重的根据"③。康德说:

> 这样,道德法则,一如它通过纯粹实践理性乃是行为的形式决定根据,一如它乃是善恶名义之下行为对象的虽系质料却纯客观的决定根据,因而也就是这种行为的主观决定根据,即动力;因为它对主体的感性施加了影响,产生了一种促进法则去影响意志的情感。④

在这里,我们可以作出一种概括:在道德法则同时成为意志的主观决定根据这层意义上,它就是动力;动力是一种道德情感,它促进法则去

---

① 康德:《实践理性批判》,韩水法译,第79页,商务印书馆,1999。
② 同上书,第80页。
③ 同上书,第81页。
④ 同上书,第82页。

影响意志;在否定的方面,这种道德情感就是痛苦,而在肯定的方面,这种道德情感就是敬重。这种情感完全是由理性导致的,无关乎感性的原因。敬重只施于人,而决不施于事物,敬重是一种不可避免和不可遏止的道德情感,只要看到道德法则是可以遵循而实行的。在这里,康德同时还提出和解释了与动力相关的两个在一般道德哲学中相当重要的概念,这就是"关切"和"准则"。康德强调的重点在于,这三个概念都只用于有限的存在者。需要补充的是,这三个概念都关涉意志决定的主观方面,因为在这里人原本具有的双重身份才有其真切的道德意义。这三个概念"一概以存在者本性的局限性为先决条件,盖缘存在者意愿的主观性质并非自发地符合实践理性的客观法则;它们设定存在者有一种以任何方式被推动而至活动的需要,因为一种内在的障碍遏止这个活动"①。

排除这种障碍而达到活动表明了道德行为的强制性。道德情感或曰动力在这里又承带职责。职责就是一种行为,这种行为是依据道德法则排除了一切出于禀好的决定根据而发生的,它包含或者直接表明了实践的强制性。② 康德十分重视"职责"这个概念,并且对之发出由衷的赞叹③——这在康德的著作中是十分鲜见的事情。康德如此重视职责的理由在于职责最为真切地体现了人性之中崇高的东西,此种崇高是通过自由的实行表现出来的,而自由的实行在这里甚至更多的是痛苦的情感。这就是实践的强制性,作为理性存在者的人自己对自己的强制,就是义务。正是这种职责或义务使人超越自己作为感性世界的那一部分,而与只有知性才能思想的事物秩序联系起来。人的这样一种性质,就是人

---

① 康德:《实践理性批判》,韩水法译,第 86 页,商务印书馆,1999。
② 参见同上书,第 87 页。
③ 同上书,第 94 页。"职责呵! 好一个崇高伟大的名称。你丝毫不取悦于人,丝毫不奉承人,而要求人们服从,但也决不以任何令人自然生厌生畏的东西来行威胁,以促动人的意志,而只是树立起一条法则,这条法则自动进入心灵,甚至还赢得不情愿的尊重(无论人们如何并不经常遵守它),在这条法则面前,一切禀好尽管暗事抵制,却也无话可说:你尊贵的渊源是什么呢? 人们又在何处找到你那与禀好傲然断绝一切亲缘关系的高贵谱系的根源呢? 而人类唯一能够自己给予自身的那个价值的不可或缺的条件,就是出身于这个根源的。"

格,后者就是超脱了整个自然的机械作用的自由和独立性。① 正是由于
这种职责、这个人格,人才成为目的。康德说:

> 人的确是足够罪恶的,但在其个人里面的人道对于他必定是神
> 圣的。在全部被造物之中,人所愿欲的和他能够支配的一切东西都
> **只能被用作手段**;唯有人,以及与他一起,每一个理性的创造物,才
> 是**目的本身**。所以,凭借其自由的自律,他就是道德法则的主体。②

在这里,我们看到"人是目的"这一命题的丰富意义的一些层面:人是目
的,而这同时也意谓人既是德性王国的立法者,也是这个王国的臣民,而
非统治者。

人是目的,这既是康德实践哲学的出发点,也是其终点,一个根本性
的理论结论。在这里,意志的客观决定根据与行为的主观决定根据是一
致的,亦即同一个东西,道德法则的根据与道德法则的主体和道德法则
的目的也是一致的,这就是自由和作为目的的人。

如上所述,"人是目的"这个命题将康德整个实践哲学构造成一个前
后呼应、内在一致的体系。作为理性存在者的人既是这个理论的实在基
础,也是它的最高条件。充分理解这一点是理解康德《实践理性批判》和
康德实践哲学的关键。人的道德可能性条件在人身上是自足的。道德
法则虽然是先天的法则,但是它属于存在者的纯粹理性的实践能力。于
是,进一步说,人的道德可能性条件在人的纯粹实践理性里面是自足地
具备着的,无须外求。这是康德道德哲学区别于其他一切道德哲学的一
个根本之点。对于人的此在,亦即对于人的现实生命来说,道德法则始
终就是一种命令,而在主观上就是发自自身的职责,这就是自由和独立
性。自由是一个理性的事实。除此之外,"不朽"的概念和"上帝"的概念
仅仅是一种公设,对于人的道德可能性并不是必要的——虽然为着至善
这样一个客体的可能性,它们必须被设定,并且它们依然没有任何实在

---

① 参见康德《实践理性批判》,韩水法译,第 94 页,商务印书馆,1999。
② 同上书,第 94—95 页。

性。因为道德法则在直接决定意志的同时也就决定了实践理性对象或意志对象,而至善就是这样一种对象,所以正是因为有出于自由的道德法则,以及人服从道德法则的职责,至善才有其可能;不朽与上帝只是为着至善而被设定的,因此唯有道德法则和职责,不朽和上帝才能被设定。康德说:

> 我们心中的道德法则确实没有预许我们某种东西或以之威胁我们,而要求我们无私的敬重,但是在这之外,只有在这种敬重活跃起来并居于主导地位之后,并且仅仅通过这一点道德法则才允许我们,而且也仅仅以微弱的视线,对超感性的东西的王国有一个展望:于是真正德性的、直接奉献于法则的意向就能够发生了,理性的创造物能够配当分享至善,后者是与他个人的道德价值而不单单与他的行为相切合的。①

在这里,理解两者之间的正确秩序至关重要,千万不能将它们颠倒过来。

---

① 康德:《实践理性批判》,韩水法译,第161页,商务印书馆,1999。

第四章 《判断力批判》

第一节 《判断力批判》的缘起

在康德的三大批判中,《判断力批判》是最后完成的。按照康德本来的计划,他的哲学体系应当是两个主体部分,即关于人类认识能力的《纯粹理性批判》和关于人类实践能力的《实践理性批判》,以及由这两个批判所建立起来的"自然形而上学"和"道德形而上学",顶多再加上结合这两方面而在理性范围内建立起来的"宗教学"(《单纯理性限度内的宗教》)。所以他在《纯粹理性批判》的"方法论"部分曾把"我们理性的一切兴趣(思辨的以及实践的)"归结为三个问题:"1. **我能够知道什么?** 2. **我应当做什么?** 3. **我可以希望什么?**"[①]它们分别属于"理论的"(认识论)、"实践的"(道德学)和"实践的同时又是理论的"(宗教学)三个方面。在由此展开的阐释中,可以看出康德对于《实践理性批判》和宗教学所包含的大致内容已经胸有成竹了。然而,康德后来提到他的全部哲学思考的三个问题时,却在后面增加了一个问题,即"第四个、也是最后一个问

---

① 康德:《纯粹理性批判》,A805＝B833;参见邓晓芒译本,第612页。

题：人是什么？"①并认为"从根本说来，可以把这一切都归结为人类学，因为前三个问题都与最后一个问题有关系"②。杨祖陶先生指出："根据康德把人是什么这个问题看做是一切其他问题归宗的根本问题，把人类学看做回答这一根本问题的学科，我们可以说，他在这里实际上（不管他自觉与否）已经超出了他 1781 年提出三个问题时所设计的纯粹理性体系，即道德-自然形而上学体系，而构想出了一种新的哲学体系，即接近于我们今天称之为哲学人类学的那样一种体系。"③这一变化是如何来的呢？

早在 1787 年底，当刚刚完成的《实践理性批判》尚未出版之际，康德对自己哲学的整个体系结构已有一个大的调整。他在这年的 12 月写给莱因哈德的信中说：

> 我现在正忙于鉴赏力的批判。在这里，将揭示一种新的先天原则，它与过去所揭示的不同。因为心灵具有三种能力：认识能力，快乐与不快的感觉，欲望能力。我在纯粹（理论）理性的批判里发现了第一种能力的先天原则，在实践理性的批判里发现了第三种能力的先天原则。现在，我试图发现第二种能力的先天原则，虽然过去我曾认为，这种原则是不能发现的。对上述考察的各种能力的解析，使我在人的心灵中发现了这个体系。赞赏这个体系，尽可能地论证这个体系，为我的余生提供了充足的素材。这个体系把我引上了这样一条道路，它使我认识到哲学有三个部分，每个部分都有它自己的先天原则。人们可以一一地列举它们，可以确切地规定以这种方式可能的知识的范围——理论哲学、目的论、实践哲学。④

这时，康德思考的重心已从对"理性"的两重划分（理论的和实践的）转移到了对人的三种能力的划分上来了，如他所说的："如果我有时不能

---

① 《康德书信百封》，李秋零编译，第 200 页，上海人民出版社，1992。
② 康德：《逻辑学讲义》，许景行译，杨一之校，第 15 页，商务印书馆，1991。
③ 杨祖陶：《康德黑格尔研究》，第 172 页，武汉大学出版社，2001。
④ 《康德书信百封》，第 110 页。

正确地确定某个对象的研究方法，那么，只要我能够回顾一下认识和与此相关的心灵能力各要素的全貌，就能找到我所期待的答案。"① 而这时所增加的一种心灵能力，就是关于愉快和不愉快的情感的能力。在此之前，康德在《纯粹理性批判》中曾认为："我们判断的要素只要与愉快或不愉快相关，因而作为实践的判断要素，就不属于先验哲学的范围"②。在《实践理性批判》中，他也曾明确提出，通常心理学中对愉快情感的规定有可能导致"愉快的情感将会是对欲求能力进行规定的基础……但这样一来，实践哲学的最高原则就必然会不得不丧失于**经验性**中了"③，而这是必须坚决拒斥的。至此，人的情感能力，即"感觉愉快和不愉快的能力"，在康德看来还一直是一个经验的心理学问题，而不是先验哲学的问题。可见，正是后来对情感能力的先天原则的"发现"，导致了康德《判断力批判》的诞生。《判断力批判》就是要从"判断力"中为人的情感能力寻求一种先天的原则，以便使人的知、情、意都能具有先验哲学的基础，从而完成对整个人性做哲学研究的具有先验性质的"人类学"。

第二节　反思判断力的提出

在康德哲学这样一种"建筑式"的体系中，任何带本质意义的新发现都将引起整个体系的剧烈震动，而导致全面的反省、调整和再考察。当然，在康德看来，这种调整决不是动摇了他的基本思想的大厦，而是加固了它，使本来不相干的两部分结合成了一个坚实的整体。《判断力批判》的"序言"和"导论"，就是对他整个哲学体系的这样一种调整，康德在此提出："在我们认识能力的秩序中，在知性和理性之间构成一个中介环节的**判断力**，是否也有自己的先天原则……"④他还认为，《判断力批判》研

---

① 《康德书信百封》，李秋零编译，第 110 页，上海人民出版社，1992。
② 康德：《纯粹理性批判》，A801＝B829；参见邓晓芒译本，第 609 页注释①。
③ 康德：《实践理性批判》，邓晓芒译，杨祖陶校，第 9 页，人民出版社，2003。
④ 康德：《判断力批判》，邓晓芒译，杨祖陶校，第 2 页，人民出版社，2004。

究这种"先天原则"的性质及其对愉快或不愉快的情感的关系，在此意义上，它虽然不属于"学理的探究"，但毕竟出于"先验的意图"。①

在《纯粹理性批判》中，康德也讨论过所谓"判断力的学说"，在那里，他要处理的问题是如何用已有的"纯粹知性"概念去统摄感性直观以形成知识。他用"时间图型"把范畴和直观结合起来，所涉及的是认识论意义上的人类诸认识能力（知性范畴与先验想象力，以及通过想象力与直观能力）之间的连结，它达到对经验事物的先验把握，是诸认识能力协同一致产生知识的前提。在《判断力批判》中，康德则提出了另一种"判断力的学说"，这种判断力虽然也是"把特殊思考为包含在普遍之下的能力"②，因而也同样是处理诸认识能力之间的协调关系，但与认识论中的判断力不同，它不是立足于已有的普遍范畴之下来规定特殊事物，而是为已有的特殊事物寻找普遍性原理。所以前一种判断力指向外部世界，是为了获得客观性知识；后一种判断力则指向内心世界，为的是通过对象表象在主观中引起的诸认识能力的自由协调活动而产生愉快的感情。前者是把诸认识能力的协调当做认识的手段，后者则把这种协调本身当做目的。前者受概念和范畴的必然限制，要求对"客观对象"进行规定，称为"规定性的判断力"；后者仅以认识能力的自由而合目的性的运用为转移，称为"反思性的判断力"。所以，反思性的判断力是一种主观形式的原理。但在此基础上，康德又提出了另外一种客观质料上的反思判断力原理。人类认识的"综合"本性（知性）要求把一切经验对象都统摄于一个完整的系统之中，但由于自然界经验事实的偶然性和无限丰富性，它们无法被概念和范畴完全统摄无遗，只得求助于一种"调节性"的认识能力——理性。主观形式上的反思性判断力恰好可以被理性作为统一人类知识的工具，而调节性地运用于客观质料之上。这种运用不是为了产生愉快的情感，而是要把特殊统一于被当做客观原理的目的性原理之

① 康德：《判断力批判》，邓晓芒译，杨祖陶校，第 4 页，人民出版社，2004。
② 同上书，第 13 页。

下,用来指导自然科学的研究。这种目的性原理认为自然界的一切"偶然的"经验事实都是为了趋向某个目的的,并由此而被安排在一个由低级到高级的系统之中,相互间具有"种"和"类"的等级关系。不过,这种观点在康德看来并非对自然界客观性质的认识,而只是出自认识能力统一性要求的一个必然假定,仍然只是一种主观上的"反思性的判断力"。

反思性的判断力的提出给了康德在思辨理性和实践理性之间建立一个桥梁的可能性。这个判断力自身并不形成一个"特殊的部分",而是介于理论和实践之间,"在必要时随机附加于双方中的任何一方"①。因为它是诸认识能力的自由而合乎目的的运用,所以它一方面出自人的认识能力,与人的认识相关;另一方面又指向人的自由和道德,与人的实践相关。《纯粹理性批判》说明了"自然"概念和"自由"概念可以无矛盾地共存于同一个主体之中,"这两个领地虽然并不在它们的立法中,却毕竟在感官世界里它们的效果中不停地牵制着,不能构成为**一体**"②。但是,"自由概念应当使通过它的规律所提出的目的在感官世界中成为现实"③,因为,倘若根本不存在这种影响的感性痕迹,那么受自然法则制约的人永远也无从意识到自己的自由及道德法则,从而对超验本体世界的设想就是毫无根据的。因此应该有这样一种从自然人向自由人过渡的桥梁,它根据自然人切身感受到的某种特殊的情感,"促进了内心对道德情感的感受性"④,从而向人启示出超验道德世界的规律。这个桥梁即"反思性的判断力"。

反思性的判断力在康德所谓"先验"的意义上揭示出其"人类学"的一个新的研究课题,这就是居于认识能力和欲求能力之间并使两者得到统一的情感能力。自此以后,知、情、意的三分法便成了康德关于人的学说的基本模式。

---

① 康德:《判断力批判》,邓晓芒译,杨祖陶校,第 2 页,人民出版社,2004。
② 同上书,第 9 页。
③ 同上书,第 10 页。
④ 同上书,第 32 页。

　　在《判断力批判》中,主观形式上的反思性判断力和客观质料上的反思性判断力是分别在"审美判断力批判"和"目的论判断力批判"中得到阐述的。康德最初用来达成认识向实践过渡的是"审美判断力",他称为"鉴赏力的批判",而后这个批判把他引向了对于"目的论"的先天根据的探讨。因此《判断力批判》中除了讨论鉴赏力的部分外,还有讨论目的论的部分,其中大部分内容被放在了附录的标题之下,虽然就篇幅和内容来说它绝不只是一种附属物。康德这样做的原因和必要性从局部的观点看是很难说清楚的,只有从作为"先验人类学"的康德整个哲学体系的结构关系出发,才能真正理解《判断力批判》这"两大块"之间的内在联系。

　　康德用"反思性的判断力"来建立前两个批判的桥梁,既不是一蹴而就的,也不是同时从两个方面(认识和实践)来进行的;相反,他从人的认识能力开始,以它为基地向道德领域进发。这样,在他的《判断力批判》中就有了两个阶段:第一个阶段是审美判断力,它协调着人的想象力和知性,"即使这些评判自身单独不能对于事物的认识有丝毫的贡献,它们毕竟只是隶属于认识能力的,并证明这种认识能力按照某条先天原则而与愉快或不愉快的情感有一种直接的关系"①。第二阶段是目的论判断力,即自然界"诸物的某种不再能由关于感性的东西的普遍知性概念所理解和解释的合规律性"②,它协调着人的知性和理性,虽然"能够和必须应用于对世间存在物的**认识**,同时开启着对实践理性有利的前景;但它并不具有对愉快和不愉快的情感的直接关系"③。总之,为了连结认识和道德,康德设置了一个不是用来认识的认识活动(审美)和一个用于认识的非认识活动(目的论),前者运用了认识能力却只与情感有关,并通过愉快感而使人意识到自身超验的自由;后者属于理论认识(自然科学)范围却无理论认识意义,它通过最终目的的追寻而为人们对道德律的服

①② 康德:《判断力批判》,邓晓芒译,杨祖陶校,第 3 页,人民出版社,2004。
③ 同上书,第 3—4 页。

从准备了基础。这样，人便能在自由和道德律两方面都过渡到实践理性。

正如在《实践理性批判》中，自由和道德律作为两个不可分割的环节而具有内在的联系一样，在《判断力批判》中，审美判断力和目的论判断力同样也有不可分割的内在联系。首先，审美判断力是目的论判断力的基础。"在一个判断力的批判中，包含审美判断力的部分是本质地属于它的，因为只有这种判断力才包含有判断力完全先天地用作它对自然进行反思的基础的原则……与此不同，必须有客观的自然目的，即必须有只是作为自然目的才可能的那些事物，这一点却并不能指出任何先天理由"①，它只能在审美判断力的超验原理"已经使知性对于把这目的概念（至少是按照其形式）应用于自然之上有了准备之后，才包含有这种规则，以便为理性起见来使用目的概念"②。也就是说，只有当审美判断力把经验对象看做使主观认识能力在形式上具有合目的性的和谐以后，人们才能把经验对象本身也当做客观质料上是合乎目的的来看待。但这并非真正对客观对象的认识，而只是一种拟人活动，是主观合目的性的客观化"类比"（analogie），是把人自身在审美和艺术活动中所发现的无目的的合目的性（形式）调节性地运用、推广到自然事物（质料）上去，因而把自然界看做某种超人类的艺术品。

其次，反过来说，目的论判断力又在另一方面补充了审美判断力，使之最后过渡到道德领域成为可能。审美判断力固然使人在情感活动中发现自身的自由，或在崇高中感到"自我扩张"，但整个活动终究都只是局限于人的主观心理之内。然而人们在自然科学中却明明见到"人是自然的一部分"，所以如果人通过自己自由的愉快感所感受到的人的道德性仍然不能得到客观的确立和支持，其中所隐藏的道德性基础仍然不能被完全揭示，判断力要从整个现象界（包括心理经验和物理经验）过渡到超验本体界也就不可能了。所以，正是目的论判断力把（审美判断力中）

①② 康德：《判断力批判》，邓晓芒译，杨祖陶校，第29页，人民出版社，2004。

实践和理论两种主观能力的心理学上的统一提高、上升到现象界和本体界的统一,补充了审美判断力。

人们也许会感到奇怪:康德那么强调反思性判断力与人的情感的关系,为什么在谈到目的论判断力时却反复提出目的论判断与人的愉快或不愉快的情感无关? 其实,康德并不认为目的论判断力与情感绝对无关,而是认为两者的关系不是直接的。在他看来,目的论判断的先天原则"并不具有对愉快和不愉快的情感的直接关系,这种关系正是在判断力的原则中那神秘难解之处"①。他通过两种解释揭示了这个"神秘难解之处"。

第一个解释是在"导论"第Ⅵ部分"愉快的情感和自然合目的性概念的联结"中。康德认为,自然的经验规律按照目的论原理而形成的等级或种类关系"是一种十分明显的愉快的根据,常常甚至是一种惊奇的根据,这种惊奇乃至当我们对它的对象已经充分熟悉了时也不会停止"②,虽然我们今天已不再对此产生愉快感,"但这种愉快肯定在那个时候曾经有过,而只是由于最通常的经验没有它就将是不可能的,它就逐渐与单纯的知识混合起来而不再引起特别的注意了"③。目的论对经验事物的分类,即把数个较低级的经验规律纳入较高级的规律中(例如把地球上的物体运动规律和天体运动规律全都纳入万有引力),在最初也曾引起过快乐的情感,只是后来由于"习惯"而变得淡漠了。

第二个解释是,"一旦凭借有机物向我们提供出来的自然目的而对自然界所作的目的论评判使我们有理由提出自然的一个巨大目的系统的理念,则就连自然界的美,即自然界与我们对它的现象进行领会和评判的诸认识能力的自由游戏的协调一致,也能够以这种方式被看做自然界在其整体中、在人是其中的一员的这个系统中的客观合目的性了"④,因而自然目的论在这种情况下往往就被康德看做有机体和自然整体的

---

① 康德:《判断力批判》,邓晓芒译,杨祖陶校,第3—4页,人民出版社,2004。
②③ 同上书,第22页。
④ 同上书,第230—231页。

自然美之可能性的条件。也正由于这一点,"我们才能够热爱大自然,而且能因为它的无限广大而以敬重来看待它,并在这种观赏中自己也感到自己高尚起来"[1],因而在自然目的论的最后归宿上,它引起对自然的好意或恩惠的敬重之情(道德感情),而与审美判断(自然美)相融合。

可见,这两种解释,一种是从目的论判断的最初起点上(作为经验知识的条件),另一种是从其最后的终点上,与情感联系起来,并因而与审美判断联系起来(这两种联系通常叫做"科学美",前者如任一自然规律初次发现都引起美感,后者如一个系统的自然观可激发对大自然崇高美的赞叹)。目的论判断与审美判断最后融合,激发了内心的道德情感,为审美判断向道德过渡提供了自然经验上不可缺少的补充。不过,这里仍然还只是两种判断力在现象的、经验心理学上的联系,并未涉及两者的先天原则。这种先天原则将在后面进一步说明。总之,由《判断力批判》的总体结构我们可以看出,为了调和在前两个批判中所暴露出来的自然人和自由人的矛盾,康德在人的审美活动中为超验自由找到感性(情感)的迹象,又从人的有机身体的合目的性中推出一个最终的道德目的。由此,卢梭所未能解决的人的二重性矛盾(这矛盾还可以追溯到笛卡尔的身心二元论)在康德看来就可以得到调和了(但并不靠"非物质实体"的无根据的假定,而只是主观反思的原理)。这样,康德人类学就可以形成一个统一的先验体系了。

第三节　审美判断力批判

《判断力批判》分为"审美判断力批判"和"目的论判断力批判"两部分,每一部分又分为两个更小的部分,而后还可以再加细分,如此类推。康德这种不断分析的方法明显地受了莱布尼茨"连续律"的影响,康德试图用这种方式把事物分解到一定程度,以至于从一方过渡到另一方不需

---

[1] 康德:《判断力批判》,邓晓芒译,杨祖陶校,第 231 页。

要很大的跳跃。这种形而上学的分析最终并不能使对象成为连续的,就像古代的芝诺最终未能使飞箭运动起来一样。然而无论如何,康德在这种分析中所达到的思想的细致、周密,却是很少有人能够相比的。在每次分析出来的两部分中,总是第一部分相对地倾向于认识,第二部分相对地倾向于道德,由此在每一个层次上都部分地实现过渡,最后组合成一个从认识向道德过渡的总体系。这是《判断力批判》的一般结构法。

一　美的分析

康德"美的分析"包含对鉴赏的四个契机的划分。他说,对于这四个契机,"我是根据判断的逻辑功能的指引来寻找的(因为在鉴赏判断中总还是含有对知性的某种关系)"①。也就是说,这四个契机分别归属于逻辑范畴表的质、量、关系、模态四类范畴。但康德的范畴表上原来是量先于质,这里却改成量在质之后。对于这种变动,康德只是说"关于美的感性判断首先考虑的是质",而未作任何说明。不过,如果注意到审美判断力不是由一般来规定特殊的"规定性的判断力",而是由特殊求一般的"反思性的判断力",这一点就不难理解了。在《纯粹理性批判》中,康德曾认为只有先理解了量才能把握质,甚至干脆把质称为"强弱的量",因此把量放在质之前。但即使在那里他也承认,"强弱的量"只不过是质的可以先天把握的普遍性的方面,质(知觉)本身还有不能先天预测而只能委之于经验的成分。② 在《判断力批判》中,这一点却颠倒过来了。这里首先要弄清感觉本身的经验性质,然后才为这种特殊去寻找普遍原则。所以把质提到量之先正说明了审美一开始就根本上不同于认识。如康德说的:"没有对于美的科学,而只有对于美的批判。"③

在鉴赏的第一个契机中,康德考虑的是美感的性质问题。通过把美

---

① 康德:《判断力批判》,邓晓芒译,杨祖陶校,第 37 页注释①,人民出版社,2004。
② 参见康德《纯粹理性批判》,A176＝B218;参见邓晓芒译本,第 165 页。
③ 康德:《判断力批判》,第 148 页。

感与快适和善所带来的愉悦相比较,他认为"惟有对美的鉴赏的愉悦才是一种无利害的和**自由的**愉悦"①。在第二个契机中,康德考虑的是美感的普遍性(量)的特点。这是一种并不基于概念之上的普遍性,在这里,个人的主观愉悦带有普遍传达的要求,因而它既不同于口味的完全个人性,又不同于善和认识的依靠概念的普遍性,而是一种"主观普遍性"。但为了体现这种主观普遍性,审美判断采取了"好像"是一个"客观判断"的形式,如说"这朵花是美的",听起来就像和"这朵花是红的"属于同一类判断一样。康德在第三个契机中指出,其实我们在审美判断中所着眼的只是一个对象(如"花")对于主体的"无目的而合目的性的形式",只是让诸认识能力"好像"趋向于一个目的那样处于协调的游戏活动中,而并不在乎对象的存在,因而不把对象当做目的而用概念来把握。康德把严格符合这一契机的美叫做"自由美",如我们完全无目的地对美丽的花、鸟、贝壳和装饰花纹等的欣赏。掺杂了某种目的的则是"依存美",如对人体、建筑、用具等美的欣赏。康德的第四个契机则揭示了这种主观合目的性形式之所以可能的先天必然性条件,这就是"共通感",是它使得人与人之间的情感要求一种普遍的传达。康德论证道,我们在认识活动中就已经必须使自己的诸认识能力有一定程度的协调性,既然我们的知识能够互相传达,这种协调性及其所引起的愉快当然也能够普遍传达。这种协调性在认识中是服务于对客体的认识的,而不是概念认识所追求的,但在审美中由于摆脱了认识的目的,这种共通感成为了自由的美感之所以能够普遍传达的先天条件。

鉴赏判断的这四个契机中,第一个契机(无利害的愉快感)和第二个契机(非概念的普遍性)主要是从审美的"自由的愉快情感"的消极方面,即摆脱限制的方面来规定鉴赏力;第三个契机(主观形式的合目的性)和第四个契机(共通感)则是从自由情感的积极方面,即形式主义的普遍性方面来规定鉴赏力。这四个契机都基于一个共同的基础,即通过审美愉

---

① 康德:《判断力批判》,邓晓芒译,杨祖陶校,第45页,人民出版社,2004。

快而发现自己是自由的,并由此而指向人类本性中某种共同的、普遍性的东西。不过,康德此处提到的"自由"既不等于思辨理性中的"先验自由",也不等于实践理性中的"实践的自由",而是表现于人的情感之中的"经验性的"自由,即仅仅是一种自由感①。可见,为了"过渡",康德不得不偏离了自己的先验论,而向经验论的幸福主义让步。但即使如此,康德的过渡仍然是不彻底的,他只是在认识和道德之间发现了两个中间环节,即是说,在审美活动中,一方面是通过愉快的情感而导致对真正的自由的"启示"和"类比",另一方面是通过审美判断的"似真性"(好像)而导致对人性的普遍根基的实际承认。在这里给人以启发的是,康德立足于人类学的高度,紧紧地抓住了审美过程中人类的"共同情感"这个带有本质意义的事实。审美判断采取类似于逻辑判断的那种"客观性"形式,但它并不是真正的客观性,而只是为了普遍传达主观情感,即达到"主观普遍性"的效果,以实现其社会本性。这就是人一定要不由自主地把美看成"客观事物的属性"的心理根源,它不过是人对自己情感的社会普遍性的确信(确证)和对一般人类情感的认同的形式而已。

康德对美的四个契机所作的结论是,"鉴赏是与想象力的**自由合规律性**相关的对一个对象的评判能力"②。在这里,想象力因其自由性而不能理解为"再生的",只能理解为"创造性的和自发的",即那种在《纯粹理性批判》中已提出的先验的想象力。不过在那里,这种想象力为知性服务,其结果是产生普遍的客观知识,它的自由性只能在认识内容之外被超验地设想;而在这里,知性能力本身却为想象力服务,从而失去了概念的可规定性,只剩下一种"合规律性形式"而不"具有规律",因而自由便以自由感的方式直接体现在想象力本身的活动中。这种活动就是诸认识能力(想象力和知性)的自由协调活动,它正是反思性的判断力所要从对象上"反思"的(即从对象反思到主体自身)。所以在这里,面临的问题

---

① 康德在《实践理性批判》(邓晓芒译,杨祖陶校,第 132 页,人民出版社,2003)中曾提到一种"心理学的自由",但在那里他是持批判态度的,并未在先验的意义上加以承认。
② 康德:《判断力批判》,邓晓芒译,杨祖陶校,第 77 页,人民出版社,2004。

已不是必然性的知识如何以自我意识的自发性为先天条件（如《纯粹理性批判》中所讨论的），而是自由的自发性活动怎么能具有普遍必然性。这将在"纯粹审美判断的演绎"中得到论证。但在这之前，康德先把眼光转向了"崇高的分析"。

二　崇高的分析

康德指出，美和崇高的根本区别在于："美似乎被看做某个不确定的知性概念的表现，崇高却被看做某个不确定的理性概念的表现"①。这种区别体现为，美无论如何属于主观，却仍然要想象客观对象（自然）自身具有适合于人的要求的合目的性形式，似乎它本身具有"美的属性"；崇高则不可能也不需要有这种想象，相反，其前提是对象的"无形式"，因而对人的判断力和想象力施加"暴力"，形成极端的不和谐、不合目的性，即不能纳入任何可为知性把握的形式中，由此给人的鉴赏活动一个暂时的阻滞，一种被拒斥的不快，但恰恰因此就刺激人到一种更高的理性理念中去寻找依托。这理性理念并不存在于自然界对象中，但这自然界激发着人的审美判断力转向主观，"因为真正的崇高不能包含在任何感性的形式中，而只针对理性的理念：这些理念虽然不可能有与之相适合的任何表现，却正是通过这种可以在感性上表现出来的不适合性而被激发起来、并召唤到内心中来的"②，这种情感是一种"消极的愉快感"，如惊叹或崇敬等。

因此，美是想象力和知性的和谐，崇高是想象力因和知性不能和谐，跳过知性而和理性的和谐。因此美具有某种"客观性"的假象，崇高则连这假象也没有，明白地显示为主观想象力的合目的性运用，其"无形式"所导致的抽象性和主观性使它比起美的概念来远不是那么重要和丰富，

---

① 康德《判断力批判》，邓晓芒译，杨祖陶校，第82页，人民出版社，2004。
② 同上书，第83页。

而只能成为自然美的"补充"。① 但这并不意味着康德认为在一般的意义上美比崇高更重要；相反，他在"对审美的反思判断力的说明的总注释"中把主要的注意力放在崇高上，仔细探讨了崇高与道德的密切关系。他说：

> 实际上，对自然界的崇高的情感没有一种内心的与道德情感类似的情绪与之相结合，是不太能够设想的；虽然对自然的美的直接的愉快同样也以思维方式的某种**自由性**、即愉悦对单纯感官享受的独立性为前提，并对此加以培养；但由此所表现出来的毕竟更多的是**在游戏中**的自由，而不是在合法的**事务**之下的自由，后者是人类德性的真正性状，是理性必须对感性施加强制力的地方；只是在对崇高的审美判断中这种强制力被表象为通过作为理性之工具的想象力本身来施行的。②

崇高使审美判断"把自己提升到与理性相适合"③，即通过对象形式的极端不合目的性而达到主观理性的更高一层的合目的性，从而激起一种崇敬的情感，"所以对自然中的崇高的情感就是对于我们自己的使命的敬重，这种敬重我们通过某种偷换而向一个自然客体表示出来(用对于客体的敬重替换了对我们主体中人性理念的敬重)，这就仿佛把我们认识能力的理性使命对于感性的最大能力的优越性向我们直观呈现出来了"④。可见，崇高一开始就与理性和道德相关。这一点，在康德对崇高的划分上也可看出。康德仍然按照逻辑范畴表把崇高分为量、质、关系、模态四个方面，但与美的分析不同，因崇高的对象是"无形式"，所以既不能从对象的质开始，也不能从一般把握对象形式的量即作为知性范畴的量开始，而只能从把握对象的"无形式"的"无限"的量即作为理念的

---

① 康德《判断力批判》，邓晓芒译，杨祖陶校，第 84 页，人民出版社，2004。
② 同上书，第 108—109 页。
③ 同上书，第 109 页。
④ 同上书，第 96 页。

量开始。不能简单地把崇高中量-质的顺序看做美的质-量顺序的颠倒。崇高的分析比美的分析高了一个层次,它启示的不光是(在游戏中的)自由,而且是这种自由的道德性。

因此,从美向崇高的过渡就是从认识向道德的过渡在审美判断力这个阶段上的表现。在这里,过渡的中介就是"创造性的和自发的"想象力,即具有自由的合目的性的直观活动,它由于与理性协调而带有无限性,因而使自身大大地扩张,使人感到了自己的尊严。在这里,可以明显地看出卢梭的道德情感学说对康德的影响。康德认为,崇高感"在人的本性中、亦即在人们能够凭借健全知性同时向每个人建议且能够向他自己要求的东西中有其根基,也就是说,在趋向于对(实践的)理念的情感即道德情感的素质中有其根基"①。但卢梭并不把道德情感看做静止的、先验的以及与文明的发展相脱离的,而是基于人的欲望和需要、体现于文化史中的;康德对卢梭作出某些让步,则只是为了把道德情感与人的文化对立起来,并把前者纳入"先天原则"里去。康德把这种基于人的本性中的先天原则的必然性称为"对于判断力批判的主要契机",它不仅是崇高的分析的归结点,而且是整个判断力批判的归结点,因为它把一种经验性的现象(道德情感)从经验心理学提升到了有关人的普遍必然本性的"先验哲学"(先验的人类学)。②

尽管如此,在"美的分析"中却仍然保持着一种客观的"对象形式"的假象,其中的主观先天可能性条件并未立即透彻地揭示出来。这就留下一个有待完成的工作:对"纯粹审美判断"即鉴赏力进行一种"演绎",以便把关于"美的对象"的探讨追溯到关于"人"的学问的探讨。

三 纯粹审美判断的演绎

在演绎之前,康德归纳出鉴赏判断的两个特点,实际上是"美的分

---

① 康德:《判断力批判》,邓晓芒译,杨祖陶校,第 105 页,人民出版社,2004。
② 参见同上书,第 106 页。

析"的一个总结:(1)鉴赏看起来好像是客观判断,实际上是主观先验的。(2)鉴赏看起来好像是主观个人的判断,实际上又有权对一切主体要求着承认,如同那是一个客观判断一样。康德认为,从这两个特点里寻找一个客观原理是不可能的,只有在主观中才能找到鉴赏这个"先天综合判断"的可能性条件,这种可能性条件"建立在一种情感上,这种情感让对象按照表象(一个对象通过它而被给予)对于在诸认识能力的自由活动中使这些能力得到促进这方面的合目的性来评判"①。但是,倘若这情感没有一个先验普遍有效的原理,那么它只是个人的愉快感而已。因此康德认为,实际上人们在一个鉴赏判断里所表现的"不是愉快,而正是被知觉为与内心中对一个对象的单纯评判结合着的**这愉快的普遍有效性**"②。找到这个普遍有效性的先天必然条件,"演绎"也就算完成了。

这种演绎分两步进行。他首先在人的审美心理上寻找一般鉴赏判断的普遍有效性的先天条件,然后在人类审美的经验事实即艺术和艺术史中,寻找鉴赏判断及审美愉快普遍传达的先天条件。前者追溯到人的社会性的"共通感",后者追溯到个人的天才。

(一)共通感

康德认为,人的知性已经设定了在一切人心中都有一种共同的"主观的东西"作为它之所以可能的先天条件,既然审美的反思性判断力与认识的规定性判断力一样,都是认识诸能力的协调运用,那么这种主观先天的东西也就是审美愉快的普遍必然性和有效性的条件;反过来,这种认识诸能力在鉴赏里所要求的比例,对于普通认识中的健全知性也是需要的。这种先天条件表现在人身上就是共通感(sensus communis),即一个共同感觉的理念(die Idee eines gemeinschaftlichen Sinnes),它"在自己的反思中(先天地)考虑到每个别人在思维中的表象方式,以便把自己的判断**仿佛**依凭着全部人类理性……我们把自己的判断依凭着

---

① 康德:《判断力批判》,邓晓芒译,杨祖陶校,第129页,人民出版社,2004。
② 同上书,第131页。

别人的虽不是现实的、却毋宁只是可能的判断,并通过我们只是从那些偶然与我们自己的评判相联系的局限性中摆脱出来,而置身于每个别人的地位"[1]。正是这种"共通感",作为先天条件,使个人的审美判断具有一种社会的普遍性,即人通过"将心比心"的心理活动发现"人同此心,心同此理",同时又用普遍的(别人的)情感来衡量自己的情感,把自己从个人偏见中解脱出来,这样就使人类的情感紧密地靠拢在一起。但共通感不仅表现在反思的审美判断的普遍性中,而且表现在认识和道德的普遍必然性和普遍有效性中。康德进一步揭示出在这三种不同的共通感之下所隐藏着的先天原则,即一般人类知性思维的三个准则:"1. 自己思维;2. 站在每个别人的地位上思维;3. 任何时候都与自己一致地思维。"[2]它们分别对应于知性、判断力和理性,作为人类知性(广义的)的思维方式(Denkungsart),它们可以先验地用来说明共通感的诸原则,即认识、审美和道德的原则。但只有第二种,即审美的共通感,才真正是作为共通感的共通感,因为它立足于"站在每个别人的地位上思维"这一准则上。康德说:

> 比起健全知性来,鉴赏有更多的权利可以被称之为**共通感**;而审美[感性]判断力比智性的判断力更能冠以共同感觉之名,如果我们真的愿意把感觉一词运用于对内心单纯反思的某种结果的话;因为在那里我们把感觉理解为愉快的情感。我们甚至可以把鉴赏定义为对于那样一种东西的评判能力,它使我们对一个给予的表象的情感不借助于概念而**能够普遍传达**。[3]

正如在《纯粹理性批判》中,"纯粹知性概念的演绎"达到了知性的最高点即"先验自我意识"一样,在《判断力批判》中,"纯粹审美判断的演绎"也在此达到了它的最高点,即表达为第二准则的人的共通感。至于

---

① 康德:《判断力批判》,邓晓芒译,杨祖陶校,第 135—136 页,人民出版社,2004。

② 同上书,第 136 页。

③ 同上书,第 137 页。

这种审美的共通感如何与道德的共通感联系，则必须用鉴赏这种本身无利害关系的活动在实际过程中所必然涉及的利益或兴趣来说明。康德说：

> 如果人们可以假定，他的情感的单纯普遍可传达性本身对我们已经必须带有某种兴趣（但人们没有理由把这兴趣从一个单纯反思性的判断力的性状中推论出来），那么人们就会有可能明白，在鉴赏判断中的情感由于什么才会被仿佛作为一种义务一样向每个人要求着。①

这种兴趣在经验方面，就是可以通过艺术和文雅而促进人类的"社交性"，它满足了人的感官需要（娱乐）和社交天性，但仅仅"有可能充当从快适到善的一个只是很模糊的过渡"；只有一个与纯粹先验的（而非经验的）鉴赏判断相关的兴趣（"智性的兴趣"）才能真正实现"从感官享受向道德情感的一个过渡"②。因此在康德那里，包含"智性的兴趣"的自然美大大高于仅包含"经验的兴趣"的艺术美。只有对自然美的兴趣，才在"任何时候都是一个善良灵魂的特征"③，并且"表明了一种有利于道德情感的内心情调"④。

不过实际上，"智性的兴趣"终究也并不能真正实现向超验的道德世界的过渡。康德含糊其辞地说："这种兴趣按照亲缘关系说是道德性的"⑤，并满足于指出"在纯粹鉴赏判断和道德判断之间有一种类似性"⑥，这种说明之无力，正如不能从鲸和鱼类、蝙蝠和鸟类的"类似性"证明其亲缘关系一样。值得注意的倒是康德在这里提到的审美与道德的区别："即前者不依赖于任何一种兴趣而使人感到愉悦、同时先天地把这种愉悦表现为适合于一般人性的，后者出自概念做着这同一件事……

---

① 康德：《判断力批判》，邓晓芒译，杨祖陶校，第138页，人民出版社，2004。
② 同上书，第140页。
③④ 同上书，第141页。
⑤⑥ 同上书，第143页。

只不过前者是一种自由的兴趣,后者是一种建立在客观法则之上的兴趣。"①可见,在自由和道德律这两个实践理性的基本环节中,审美只是指示了前者,后者则要通过自然产品(把它看做好像是艺术品)的最终目的之寻求,即通过目的论,才能"在我们自身中寻求,确切地说,在构成我们存有的最终目的的东西中、亦即在道德使命中寻求"②。康德在这里预先提示我们,审美判断力批判是通过艺术品的概念而向目的论判断力过渡的,而这种过渡是由于审美判断力本身的不足才成为必要的。为此,必须先弄清艺术的概念。

(二)艺术和天才

一般说来,康德对于艺术(工艺、技术)是瞧不起的,因为它含有客观实在的"目的",违背了美的"无目的的合目的性"原理。但康德把"美的艺术"从中区别出来了。在这种以审美本身为目的的艺术中,自然美和艺术美之间绝对的界限消失了,这时,"自然是美的,如果它看上去同时像是艺术;而艺术只有当我们意识到它是艺术而在我们看来它却又像是自然时,才能被称为美的"③。正是在这种自然美和艺术美的统一中,在似艺术的自然和表现为自然的艺术品概念中,提供了向自然目的论过渡的中介。

但康德在这里的任务是,为人的情感普遍传达的经验现实性找到主观先天可能的条件。人的情感要能普遍传达,除了每个人主观内心必须有一种普遍的共通感,以便能体验他人传来的情感之外,还要有一种现实的、经验的传达手段,这就是艺术。艺术促进着心灵的陶冶,以达到社会性的传达作用。没有艺术,即使有"共通感",人们也不能在经验的交往(社交)中把自己的情感现实地传达给别人。但即使是人的情感的这种客观传达,也还是有它之所以可能的主观上的条件的,这就是"天才"。

艺术的客观普遍地传达情感的能力是由艺术的"法规"所决定的,按

---

① 康德:《判断力批判》,邓晓芒译,杨祖陶校,第143页,人民出版社,2004。

② 同上书,第144页。

③ 同上书,第149页。

照这法规,人们才可以从同一个艺术品上感受到一致的情感。而艺术的法规是由天才制定的。天才的定义是,"一个主体在**自由**运用其诸认识能力方面的禀赋的典范式的独创性"①。这种独创性是大自然在人类或人种的世代延续过程中偶然产生出来的,因此对于个人来说是先天赋予的,对人类来说却是纯粹经验的事实。构成天才的心灵能力和鉴赏力一样,无非也是想像力和知性,但在这里,知性不光是一种能力,而且具有一个作为目的的概念(艺术品的主题);想像力也不只是一种能力,而且表现为"审美理念"(ästhetische Ideen),这种审美理念所包含的不可名状的情感远远超出了知性概念可能规范的内容,它基于想像力自然天赋的质(情调)、量(比例)的特殊性之上。天才的独创性在艺术中首先在于想像力的特殊性。

康德从他的先验主义出发,认为特殊的、自然经验造成的天才并不是艺术里最重要的东西,最重要的是鉴赏力。经验的天才终归要以先验的鉴赏力为先天可能的条件,前者是经验人类学的内容,后者是先验人类学的内容。可见康德并不把天才和鉴赏看做单纯的艺术问题,而是看做一般人类学的原则问题。不过,他把"先验"作为经验的对立物凌驾于经验之上,这种先验论和形式主义导致了他的自相矛盾,因为既然把天才看做"为艺术立法规"而使情感能普遍传达的现实手段,那么在艺术中便不能缺少天才,哪怕模仿也是对以往天才的模仿,否则人的鉴赏力引起的情感永远只是主观内省的,而无法通过现实的手段传达给别人,艺术也就根本不会存在了。

总之,审美判断力一方面使人类认识能力的运用摆脱纯粹的现象性而集中于对人的超验自由的感性启示,另一方面使人类超验的道德本体在人的感性体验中找到象征;一方面使人在人与人的相互制约的普遍必然关系(情感关系)中感到自己仍然是自由的,并正因为如此才是自由的,另一方面又通过自由自发的创造性的想象力去实现普遍必然的人与

---

① 康德:《判断力批判》,邓晓芒译,杨祖陶校,第163页,人民出版社,2004。

人的连结。正是在这里,康德对他全部哲学的总问题"人是什么?"作了回答,我们可以把这一回答表述为:人通过审美经验意识到自己的普遍性自由的存在。

第四节 目的论判断力批判

前面说过,审美判断力通过艺术给人提供了"客观合目的性的产品"的概念,这首先使人有可能用目的论原理来把握那些无法用机械原理完全把握的自然产物(即有机体),于是艺术品就成了由审美判断力向目的论判断力过渡的中介。如康德说的:

> 在对艺术美的评判中同时也必须把事物的完善性考虑在内,而这是对自然美(作为它本身)的评判所完全不予问津的。——虽然在这种评判中,尤其是在对有生命的自然对象如这个人或一匹马的评判中,通常也一起考虑到了客观的合目的性,以便对它们的美加以判断;但这样一来,就连这判断也不再是纯粹审美的、即单纯的鉴赏判断了。自然不再是如同它显得是艺术那样被评判,而是就它现实地是艺术(虽然是超人类的艺术)而言被评判了;而目的论的判断就充当了审美判断所不得不加以考虑的自身的基础和条件。①

这就是说,在艺术美和自然美的同一性的理解之下,通过一种类比于艺术即设想一种"超人类艺术"的方式,可以从审美判断过渡到自然的客观目的论,它首先体现为生命、有机体。

康德认为,自然的客观目的性有外在的和内在的两种。外在的目的性把一个自然物看做另一个自然物的目的,这样只是"相对的"目的性,永远也追溯不到一个最终目的;反之,内在的目的性以自身为目的,并把所有一切自然物看做自己的手段,这才是"绝对的"自然目的论判断。所以康德说,合目的性"可能以两种方式发生:要么我们把这个结果直接看

---

① 康德:《判断力批判》,邓晓芒译,杨祖陶校,第155—156页,人民出版社,2004。

做艺术品,要么只是看做别的可能的自然存在者的艺术的材料,因而,要么看做目的,要么看做其他原因的合目的的运用的手段。后面这种合目的性(对人类而言)就叫作有用性,或者(对任何其他被造物而言)也叫作促成作用,只是相对的合目的性;而前一种合目的性则是自然存在物的内在的合目的性"①。

　　但是康德又认为,仅仅是一个艺术品还不能被看做自然的内在目的。艺术作品只适合于自然目的论的第一个要求:"对一个作为自然目的之物**首先**要求的是,各部分(按其存有和形式)只有通过其与整体的关系才是可能的。"②但是艺术品的目的是由一个外在于自然物质材料的理智原因即艺术家来规定的,而不是内在于艺术品的自然物质的。因此康德认为,自然的内在目的论还需要第二个要求,即它的各部分还得是为了全体而互相产生出来的,而艺术品不具备这一点。由此康德断言,对于自然目的和有机体,"由于我们自己在最宽泛的理解中也是自然的一部分,所以就连通过与人类艺术的一种严格适合的类比也不能思考和解释它"③。这里看起来好像又否定了自然目的论原理来自与艺术品原理的类比的观点了。其实不然。因为在康德看来,艺术品虽然实际上是由一个外来的理智把合目的性原理加到自然物中去的,但看起来却必须像自然本身的合目的性的产品,而不露出一点人工的痕迹来。从后面这种意义来说,在艺术品中已经启示了一种自然的"内在"合目的性原理,只是在此人们仍理智地意识到艺术品只是人工产品而已。可是当人们把自然物看做一种艺术作品时,这并不是在实际上,而只是在反思的意义上,把艺术品中启示的客观内在合目的性原理从形式推广、应用到自然物的质料上去。而这就必然得出自然的内在合目的性原理,因为一个自然物像艺术品那样所具有的整体统一性在质料上只能理解为互相产生,而不能理解为别的。所以康德认为,自然目的(有机体)"各部分是由于

---

① 康德:《判断力批判》,邓晓芒译,杨祖陶校,第215页,人民出版社,2004。
② 同上书,第222页。
③ 同上书,第225页。

相互交替地作为自己形式的原因和结果,而结合为一个整体的统一体的。因为只有以这种方式,整体的理念反过来(交替地)又规定一切部分的形式和关联才是可能的:不是作为原因——因为那将会是一个艺术品——,而是作为这个作评判的人对包含在给予质料中的一切杂多东西的形式和关系的系统统一进行认识的根据"①。所以在实际上,一个真的艺术品并非自然的内在目的,因为它把上述客观内在合目的性原理不是用于客观质料,而只用于外在于自然物的人的主观形式,因而不能把它看做各部分(质料)互相产生的,而只能看做达到外部(艺术家)主观理念的手段和工具,各部分都分别依靠艺术家产生出来。所以在这个意义上,它只适合于自然目的论的"第一个要求",而不适合于"第二个要求",不能像理性神学(如莱布尼茨)那样把自然目的和艺术品作简单类比,而必须把艺术品的原理反思地引申到客观质料上去。康德在此并无自相矛盾。

不过,康德认为,把艺术品中所启发的客观内在合目的性原理从主观形式上引申到客观质料上,并没有使它由反思的原理变成"规定性的原理",在这点上,目的论与鉴赏和艺术一样,仍然是一种"反思性的判断力"。如果说,在艺术品中是把客观内在合目的性原理作主观反思的运用的话,那么在自然目的论中,则是这客观内在合目的性原理由于本身的反思性质而成为一条反思原理的,它决不是自然界的"构成性"原理,而只是人的理性用来帮助知性对自然界的统一性认识,即"只是要借此按照与我们在理性的技术运用中的原因性的类比来描绘一种自然的原因性"②的规则,它并不妨碍知性所规定的自然界机械因果性的原理,而是与之不相冲突地并存且与之协调,所以它是"理性能力与知性能力的协调"。

这种运用于自然科学中的目的论判断力原理,康德早在《纯粹理性

① 康德:《判断力批判》,邓晓芒译,杨祖陶校,第 222—223 页,人民出版社,2004。
② 同上书,第 234 页。

批判》中就进行了初步的探讨。在那里，他认为可将理性调节性地运用于自然科学，对自然物进行种、类、属的划分，使之呈现为一个从低级到高级的巨大的目的系统；他也提到了自然目的法则不可动摇的证据，即在解剖学、生理学中关于有机体的目的论的观点。[1] 但当时康德还未找到这种目的论的先验基础，未发现反思性的判断力及其运用于自然科学的一整套原理体系，所以在自然科学的知性原理(机械论)与制约着自然科学但却属于道德领域的理性原理(目的论)之间，仍然存在着一道鸿沟。

另一方面，康德在《实践理性批判》中也对这个问题有所说明。例如在谈到人类职责的根源时，他认为"超脱了整个自然机械作用的自由和独立"的超验的"人格"，是与全部感性世界的秩序和目的总体相联系的，在这里，"在全部造物中，人们所想要的和能够支配的一切也都**只能作为手段**来运用；只有人及连同人在内所有的有理性的造物才是**自在的目的本身**"[2]。但在这里康德也没有对这种既定结论予以具体分析和推导，它只是实践理性从自身超验的立场上对世界的一种观点，因此在自然界和超验的"人格"之间还缺乏一个过渡。

康德说过，在理论哲学、目的论、实践哲学三者之中，"目的论被认为最缺乏先天规定根据"[3]。然而他仍然努力要找到它的先天根据。因而，如何能把自然界看成具有自身内在目的的系统，就成了"目的论判断力批判"所要解决的主要问题，它关系到《纯粹理性批判》与《实践理性批判》之间过渡的最后完成。

一　自然目的论

康德认为，过去的唯理论的自然目的论都把自然目的看成在自然事

---

① 参见康德《纯粹理性批判》，A687＝B717；参见邓晓芒译本，第535—536页。
② 康德：《实践理性批判》，邓晓芒译，杨祖陶校，第119页，人民出版社，2003。
③《康德书信百封》，李秋零编译，第110页，上海人民出版社，1992。

物以至于在整个自然目的系统之外,一直追溯到一个超感性、超自然的上帝,这并不是真正的自然目的论。真正的自然目的论必须是内在的,以自然物本身为目的的。

康德在杂多的自然事物中发现,有机体正是他所要寻找的那样一种"内在的自然目的"。有机体的各个部分不仅互相依赖,不仅只有在与全体的关系之中才成其为部分,而且互为目的与手段、互相产生出来,因而是"有组织和自组织的";它并不以外在的东西为目的,而只把那些东西当做维持自己生存和延续的手段。这样一来,整个无机自然界都可以作为产生有机体的手段而被连结在一个以自然物本身(有机体)为目的的大系统中,而机械作用就被从属于目的系统的观念之下了。康德的论述使人产生这样一个印象,好像他是纯粹"偶然地"在经验自然科学中找到了符合自然内在目的论的例证,即有机体。其实,他以有机体作为其自然目的论的支点,有其更为深刻的原因。他并非单纯以一个自然科学家的身份来解释经验中出现的事实,他同时还以一个哲学家的身份通过有机体原理而从自然科学向人类学(哲学人类学)过渡。

康德对于"人"的二重性观点使他认为,人的感性存在(躯体)是人的道德本体在感性世界中的"副本"(Gegenbild),因此,从有机体开始,就是从经验人类学开始,并由此向先验人类学前进。因为不仅人在自然界中是有机体,而且这个有机体的原理正是一条反思性的原理,它不与自然界的机械性原理相冲突、相干扰,它只是为了适应知性要对一切对象都用普遍原理进行统摄的要求,而由理性"调节性"地设想出来,使机械性原理从属于其下。这样,目的性原理就必然引导人们回到自己的主观中,在从知性到理性的追溯中寻找自然界的"终极目的"。如康德所说:

> 一旦想到某种知性必须被看做像在事物身上被现实地发现的这样一些形式的可能性的原因,那么也就必须在这个知性中询问其客观的根据了,这个根据能够规定这一生产性的知性去得出这种类

　　型的结果,它才是这类事物之所以存有的终极目的。①

而知性本身的"客观的根据"(实际上仍然是主观的)就是实践理性的超验的人的本体。这就说明,人的理性存在(道德本体)是人的感性存在(有机体)之所以可能的先天条件。如果没有人的理性,人的机体与其他一切生物的机体并无根本区别,甚至也不高于无机物,只不过是一台"机器",因为有机体原理本身只是人的理性反思的结果。但一旦有了人的理性,整个自然界便显现为以有机物为目的,最终以人类的生存为目的(人可以把其他一切有机物用做手段),而这实际上是以人的理性存在为终极目的的。

　　由此可见,有机体的原理是康德把经验自然科学引向超验世界的桥梁,也是从经验人类学向先验人类学的过渡;而有机体的目的正是"人是目的"这一道德命题在经验世界中的"副本"。不过,这里还有一个环节,不经过它,这个过渡便无法完成,这就是自然目的系统。

　　有机体的自然目的原理说明了每个有机体都以自身为目的而利用周围环境作为手段。但如果仅仅是这样,那么整个自然仍然是一大堆有机体杂乱无章、相互冲突地活动的世界,其中偶然性、机械作用(弱肉强食)原理仍然占统治地位,人们仍然不能用自然目的论原理把握和统一自然界整体,这与人的知性要把自然界统一于一个原理之下的要求仍然不相符合。但是,康德也指明,一旦承认了有机体的内在目的原理,人们也就必然会把整个自然界也看做一个"自组织的有机体",即看做一个合乎目的地按等级次序组织起来的巨大系统。因为如果自然界不是合目的地为有机体提供存在的环境条件,单是有机体自身是无法生存下来的,从而也就不会有有机体存在了;但有机体确实已经存在着,这反过来就使我们有理由提出自然的一个巨大目的系统的理念,所以内在目的性"这种超感性原则的统一性必须被看做不仅适用于自然物的某些物种,

---

① 康德:《判断力批判》,邓晓芒译,杨祖陶校,第290页,人民出版社,2004。

而且以同一种方式适用于作为系统的自然整体"①。自然目的系统是有机体内在目的之可能设想的先决条件。

可以看出,康德上述推论是利用了"外在目的性"原理。康德反对把外在目的性单独地用于自然目的和上帝的推论(如宇宙论证明),但并不反对在内在目的论的基础上运用外在目的性原理对自然的"终极目的"进行推导。恰恰相反,在第 82 节("在有机物的外在关系中的目的论体系")中,他以外在目的性原理为杠杆进行了这种推导。他从无机界推到有机体,在有机体中,他又从植物推到动物,最后推到人。"人就是这个地球上的创造的最后目的。"②有了这个最后目的,整个自然界就可以被看做一个趋向于它的目的系统,这个系统为人类提供了"有用的东西""美和魅力",因而我们可以把它"看成自然界为了我们而拥有的一种恩惠"③。当然,这个目的系统的真正的终极目的还不是自然的人,而是道德的人,对自然目的系统的推导是过渡到道德目的论的必要的中介。

自然目的论最终把人的视线引向了道德世界,但这与审美判断力启示出人自身的超验自由并不完全相同。在这里,人的本体在经验世界中的"副本"已不是享受自由创造的愉快情感的人,而是处于自然大系统中并成为它的"一部分"和"最高点"的人,所以自然目的论所暗示出来的就不只是人的自由,而是这种自由的自律,即道德律。这样,目的论判断力就补充了审美判断力的不足,使经验人类学不但从内心的心理经验方面,而且从外部的物理经验方面,都过渡到先验人类学,从而成为判断力连结认识和道德的一个不可缺少的环节。

二 道德目的论

康德认为,自然目的论本身既不是一种严格的自然科学,也不是一种严格的神学,但它的先天原理使理论自然科学成为神学形而上学的入

①③ 康德:《判断力批判》,邓晓芒译,杨祖陶校,第 231 页,人民出版社,2004。
② 同上书,第 282 页。

门。为了说明这一点，康德首先使自然界的机械作用原理（理论自然科学的规定性原理）隶属于目的论原理（反思性原理）之下，并说明两者之间相辅相成但目的论终归比机械论更高这样一种关系。其次，他使目的论原理中的"外在目的性"隶属于"内在目的性"之下，说明只有内在目的性才是自然目的论的真正根据，它"不仅是一个目的，而且也是一个**终极目的**"①，这个终极目的只能是人类，"因为他是地球上唯一能够给自己造成一个目的的概念、并能从一大堆合乎目的地形成起来的东西中通过自己的理性造成一个目的系统的存在者"②。可是如果仅仅把人看做"自然界的一部分"，即一种动物，这个"终极的"自然目的仍然是缺少根据的，因为大自然对于作为动物的人类并不特别优待，如果没有理性，人这种动物是要被大自然毫不留情地消灭掉的。所以康德认为，只能到"自然的超感性原则"即人的"理性运用的一个主观条件"中③，去寻找终极目的之根据。

康德提出，在人身上这种理性原理有两种，一个是人的"幸福"的理念，人把它当做一个可望而不可即的终极目的，但这个目的并不能把自然界和人类社会的一切不幸都统一在一个目的系统中，于是"只剩下形式上的主观条件，即这种适应性的主观条件：一般来说能为自己建立目的并（在他规定目的时不依赖于自然）适合着他的一般自由目的的准则而把自然用作手段"④，这就是"文化"，"所以只有文化才可以是我们有理由考虑到人类而归之于自然的最后目的"⑤。康德由此从自然领域转入了人类文化的领域。

但并不是一切文化都可以被看做最后目的。康德认为，在文化中，劳动不过是"熟巧"，它虽然是"对促进一般目的的适应性的最重要的主

---

① 康德：《判断力批判》，邓晓芒译，杨祖陶校，第 281 页，人民出版社，2004。
② 同上书，第 282 页。
③ 同上书，第 284—285 页。
④⑤ 同上书，第 287 页。

观条件;但却还不足以促进在规定和选择其目的时的**意志**"①,它无法把意志从欲望的专制和兽性的冲动中解放出来,反而要以人类不平等为自身发展的前提。只有艺术和科学,虽然也有导致虚荣和奢侈的趋向,却对人的更为低级的兽性部分起着抑制作用,使人的意向得到锻炼,使人变得更为文明,这就为我们感到自身隐藏着一种更高的目的作了准备。这样,对自然最终目的的追寻就引导我们到达了"作为本体看的人","只有在人之中,但也是在这个仅仅作为道德主体的人之中,才能找到在目的上无条件的立法,因而只有这种立法才使人有能力成为终极目的,全部自然都是在目的论上从属于这个终极目的的"②。一切自然物在演变中趋向于人的文化和文明,而人的文化又在一个漫长的历史过程中趋向于道德的或理性的人,这样就完成了由经验的自然界向超验的道德世界的过渡,完成了由现象的人向作为本体的人的过渡。

从自然目的论向道德目的论的过渡实际上是从自然界踏入了社会历史领域,在这里康德以高度浓缩的形式表达了一些很深刻的思想,如劳动分工导致文化的进步和人的异化,导致阶级分化、阶级矛盾、市民社会及国家的产生,其中可以看出卢梭的影响。但就把异化、恶、战争看做人类发展和道德进步的手段而言,康德高于卢梭,并对黑格尔产生了巨大的影响。可惜的是,康德在人类现实社会历史领域的这次巡行只是急匆匆地一晃而过。在他看来,这种过渡仍然不过是一种主观的"信念",是人为了和自己的内在本性相符合而不能不假定的一条超验原理,而并非从必然向自由的现实能动的飞跃,即真正的人类社会实践。康德一心一意研究"人类学"的问题,可是正当问题接近于有关人的学说的真正现实基础时,他又迅速地跳回到他那空洞抽象的形而上学思辨中去了。

于是康德又引入了一个从"自然神学"向"道德神学"的过渡。对于传统唯理论的自然神学(即对上帝存有的种种论证),康德像在《纯粹理

---

① 康德:《判断力批判》,邓晓芒译,杨祖陶校,第287页,人民出版社,2004。
② 同上书,第291—292页。

性批判》中一样,再次进行了批判的考察。他认为,自然神学以自然目的
论为自己论证的依据,但实际上自然目的论不管推进到多么远,也永远
不能为神学提供经验的证明,因为自然目的论的根基只能是内在目的
论,其"终极目的"除了主观上必要的反思性规定外没有任何其他规定。
但自然神学仍不失为一种必要的"尝试",它激发我们去追求一个最高原
因和目的,而在这种追求中人们就会发现,"真正说来一个基于完全不同
的理性运用(实践的运用)之上的最高存在者的理念先天地在我们里面
奠基着根基,它驱动着我们把一个自然目的论关于自然中诸目的的原始
根据的有缺陷的表象补充为一个神的概念"①。自然神学除了作为神学
(道德神学)的准备或"入门"之外,没有别的用处。

　　道德神学的原则存在于人心中,但它既不是人的认识能力,也不是
人的幸福,因为这些都不足以使人看到自身的价值,从而也不足以使人
看到自然界的终极目的和价值。只有一种东西能达到这一点,此即善良
意志。康德说:

　　　　人惟一能够给予他自己的那种价值,并且是在他所做的事中,
　　在他不是作为自然的成员,而是以自己的欲求能力的**自由**怎样及根
　　据什么原则来行动中的那种价值,也就是善良意志,才是人的存有
　　惟一能借以具有某种绝对价值、而世界的存有能据以拥有某种**终极
　　目的**的欲求能力……人只有作为道德的存在者才可能是创造的一
　　个终极目的。②

只是由于善良意志的原理即道德律,我们才必须把一个有理性的世界原
因即上帝看做使整个自然界与人的道德世界统一在一个目的系统中的
最高存在,于是道德目的论就补充了自然目的论的不足并首次建立了一
种神学。

　　自然目的论(自然神学)从时间(历史)上来说虽然发生在道德目的

---

① 康德:《判断力批判》,邓晓芒译,杨祖陶校,第295页,人民出版社,2004。
② 同上书,第299—300页。

论(道德神学)之前,但从逻辑上来说,后者却被视为前者的先天原理和前提。道德目的论并非由自然目的论的论证而来,相反,正由于道德目的论的先天原理,才"促使人们注意到自然目的并去研究隐藏在自然目的形式后面的不可捉摸的伟大艺术,以便给纯粹实践理性所取得的那些理念在自然目的上提供附带的证实"①。一切自然目的论、自然神学的观念,都是由于背后有道德目的论在起作用的结果;不仅如此,当我们回顾作为自然目的论的基础和条件的审美判断力时,还会发现在道德目的论阶段上,目的论判断力反过来又成了审美判断力的基础,而对自然目的的研究同时又成为对自然美的感受了。因为"很有可能,首先激起对自然界的美和目的的注意的也是这种道德的兴趣……因为甚至研究自然目的也只有在与终极目的的关系中才能获得这样一种直接的兴趣,它如此大规模地在对自然界的惊叹中表现出来,而不考虑从中可以获取的任何好处"②。这就证实了我们前面说的,目的论判断力在其终点上与审美判断力融合,并一道过渡到超验的道德本体世界。

道德目的论作为自然目的论的先天原理从自身推出了自由的形式条件——道德律,以及保证这道德律可行的先天条件——上帝,因此道德目的论通过自然目的和美的启发,使在鉴赏中已意识到自己的自由的感性的人,进一步意识到这自由的道德必然性,从而成为了连结自然人和道德人的最后中介。这样,我们就可以把康德对"人是什么?"这一问题的第二个(补充的)回答表述为,人(在自然目的中)意识到自己身上作为终极目的的道德律的存在。

如果我们把"目的论判断力批判"与"审美判断力批判"作一个比较,便会发现一个区别。在审美中,人意识到自己由于主体的内在可能性而与自由相关;在目的论里,通过对终极目的的追寻,人进一步意识到自己作为世界的终极目的只能是服从道德律的人,因而在本体上与道德律相

① 康德:《判断力批判》,邓晓芒译,杨祖陶校,第301页,人民出版社,2004。
② 同上书,第317页。

关。康德认为,自由和道德律是互为前提的。只有出于自由的道德才是真正的道德,也只有服从道德律的自由才是真正的自由;道德律是我们之所以可能意识到自己的自由的先天条件,自由是道德律之所以可能存在于人自身之中的先天条件。[①] 从人的普遍抽象理性来看,道德律比自由更高、更重要;反之,从个人的具体行动来看,自由却是一个更现实、更直接的基础。一般说这两者是分不出一个绝对的高下来的。

　　然而康德历来也认为,一切形而上学最终都是为了解决人的尘世生活的问题。作为现象的感性的人固然不能成为论证的可靠根据,但作为本体的超验的人也是抽象的、无从认识的,而只有介于两者之间并联系着它们的那个中介,才真正是康德整个先验人类学研究的核心,这就是"自由"的理念。审美判断力批判解决了自由与认识的必然性的统一问题,目的论判断力批判解决了自由与道德的必然性的统一问题,因而这两种自由与必然的统一都在人的尘世生活中找到了经验的表现,而人的自由也就成为一种"事实"(Tatsache,拉丁文为 res facti),只有通过它,现象的人才显出背后超验的人的本体,同时也为道德神学、上帝提供了唯一可能的"实践上的认其为真"。"但非常奇怪的是,这样一来在事实中甚至就会有一个理性的理念……这就是**自由**的理念"[②],它的实在性作为一种特殊的原因性"是可以通过纯粹理性的实践法则、并按照这一法则在现实的行动中、因而在经验中加以阐明的。——这是在纯粹理性的一切理念中惟一的一个,其对象是事实并且必须被算到 scibilia(可认识的东西)之列的"[③]。

　　抽象的道德律给人提出的终极目的"就是通过自由而得以可能的、**这个世界中最高的善**"[④],正是为了调和"这个世界中"有限的人与无限的"最高的善"之间的矛盾,才有必要假设上帝和灵魂不朽而建立起宗教。因此这矛盾双方的中介"自由"便是宗教的基础:宗教信仰必须是自由的信仰,而不能是外部强加的信仰;信仰本身是人的"自由"这一事实所建

① 参见康德《实践理性批判》,邓晓芒译,杨祖陶校,第 2 页注释①,人民出版社,2003。
②③ 康德:《判断力批判》,邓晓芒译,杨祖陶校,第 328 页,人民出版社,2004。
④ 同上书,第 307 页。

立、证明的;信仰只是一种"悬设",只有自由才是一个事实,是这个推论的可信赖的根据,只有"自由的概念(作为一切无条件的实践法则的基本概念)可以把理性扩展到超出那样一种边界,在这个边界之内每个自然概念(理论性的概念)必定会仍然是毫无希望地被限制着的"①,因此只有用自由这个理念来建立和联系其他两个理念(灵魂不朽和上帝),才能形成真正的宗教。康德批判理性神学对上帝存有的三种证明(本体论的、宇宙论的和目的论的),正是因为它们抛弃了人的自由这个事实,因而"永远也不可能超出学院范围之外而转入到日常生活中去,并对单纯的健全知性发生丝毫影响"②。但"目的论的证明"有一点是"值得尊重的",就是它诉诸人的常识,并且所根据的实际上是道德的证据。道德目的论则揭发出了这一隐藏的根据,指出即使没有自然目的性,理性还是能从自身的自由概念和以之为基础的道德观念中找到终极目的的先天条件,这条件就是个人的价值。"因为理性预设了惟有人才能给予自己的人格价值,作为人及其存有惟一能够是终极目的的条件。当缺乏这一人格价值(惟有它才能有一个确定的概念)时,那些自然目的是不能满足终极目的的追问的"③。在另外的地方,康德也明确指出过,人的个人价值就在于他的自由。"只有通过他不考虑到享受而在完全的自由中、甚至不依赖于自然有可能带来让他领受的东西所做的事,他才能赋予他的存有作为一个人格的生存以某种绝对的价值。"④

由此可见,整个《判断力批判》乃至于作为先验人类学的整个康德哲学的最后归结点实际上在于,整个世界的最高目的是人或人的价值,人的价值首先是个人的价值(人格),个人的价值就在于自由。

① 康德:《判断力批判》,邓晓芒译,杨祖陶校,第334页,人民出版社,2004。
② 同上书,第336页。
③ 同上书,第337—338页。
④ 同上书,第43页。

第五章　政治哲学

人们一般把康德哲学分为理论哲学和实践哲学,而实践哲学又分为道德哲学、法哲学和政治哲学。不能说这种划分是错误的,或者说是没有意义的。但是,显而易见的是,这种划分会产生出这样一个问题:这些被分割了的各个部分是否有联系呢,还是它们只是康德在不同领域提出的各自独立的学说——就像他早期的星云说与他的政治哲学没有关系一样? 如果不能或没有对这些部分如何有机地构成康德的整体思想作出说明,也就是不对被分割了的诸部分的内在联系作出说明,那么,这种划分本身就是成问题的。它将不可避免地导致对康德哲学的误解与遮蔽。任何一个彻底的哲学家,都将自觉地坚持"道一以贯之"的彻底性和绝对性。第一哲学或所谓"纯粹哲学"并非远离现实而与实践问题无关,相反,只有在讨论和回答最基本的问题时所确立起来的原则真正构成了一切实践学说的最后根据,它才能真正被称为第一哲学或纯粹哲学。在这个意义上,真正的第一哲学必定具有实践品格和实践维度。这在康德哲学那里同样如此。因此,阐明康德理论哲学的实践维度是讨论其实践哲学特别是政治哲学首先要面对的任务。

第一节　为知识奠基与为自由辩护

康德在哲学上试图完成一个伟大的使命:不仅为一切知识奠定基础,而且为一切人类个体的绝对权利、绝对尊严与绝对责任奠定基础,从而为一切可能的人文科学,首先是伦理学和法学-政治学奠定基础。他的著名的"三大批判"以及其他主要著作都是围绕着这一使命展开的。

我们人类拥有诸如数学、物理学等提供出来的各种知识,这些知识是否具有普遍必然性呢? 如果没有,那么它们就不能被称为知识,因为知识的一个最基本的品格就是对它所关联的对象要具有普遍而必然的效应,否则,就不成其为知识。但是,这种普遍必然性来自什么地方呢? 追问这个问题也就是追问使知识成为知识的根据问题,对这个问题的解决就是为一切可能的知识奠定基础。

康德在《纯粹理性批判》里的一个核心工作就是要解决知识的普遍必然性的根据问题。在康德之前,以培根、洛克和休谟为代表的经验主义试图从经验出发寻找知识的普遍必然性根据,他们或者以归纳逻辑,或者以心理学上的心理联想来说明知识的普遍必然性。归纳逻辑总是以这样一条规则为前提:从一种被经验到的部分事物跨越到同一种未被经验到的所有事物。但是,归纳逻辑本身无法对这条规则作出说明。这也就是说,归纳逻辑本身的根据还是个问题。所以,休谟转而从心理联想来为知识的普遍必然性寻找根据。休谟的意思是,来自经验的知识之所以具有普遍性,是因为经验现象及其联系的一再重现,使心理重复联想,从而形成一种联想习惯,这种联想习惯使经验知识具有了普遍性。但是,任何习惯只具有主观有效性,而没有客观有效性,因而不具有客观普遍性。更为严重的是,正如人的一切习惯一样,心理联想的习惯完全可能发生变化,而这意味着,其普遍性建立在联想习惯基础上的一切科学知识都将随着这种习惯的变化而瓦解。

诉诸归纳逻辑和心理学联想习惯的失败表明,我们既不能从感性经验中找到知识的普遍必然性的根据,也不可能从知识的对象那里寻求这一根据。任何知识的对象都必定是能在经验中给予我们的对象,但是,能在经验中给予我们的对象总是有限的,而非全体的。这促使康德进行了一次"哥白尼式革命":不再从对象,而是转而从人的先验存在中寻求知识之普遍必然性的根据,这就是由先验主体本身提供出来的一种特殊知识,即"先验综合知识"。由于这种知识是综合的,因而必定关联到通过感性经验给予我们的对象,而不是与任何经验对象无关的形式概念及其之间的分析性关系;同时由于这种知识是先于经验的,因而它又必定是在对象通过经验给予我们之前就关联到对象。因此,这种先验综合知识对所有经验对象都具有普遍必然性,并且是使一切经验知识成为具有普遍必然性知识的全部根据。也就是说,一切科学不断提供出来的可靠知识之所以具有普遍必然性,就在于它们以先验综合知识为基础。

因此,一切知识的普遍必然性的根据问题,也即一切知识之基础的问题,在康德这里也就成了"先验(先天)综合知识(判断)是如何可能的"这样一个问题。《纯粹理性批判》主要就是为了回答这个问题。简单说,这类先验综合知识的核心就是一系列纯粹知性概念,即 12 个先验范畴。它们是由人类的知性(给出规则的一种理性能力)通过对感性提供出来的"先验杂多"(也即把时空形式显现为诸部分的纯粹直观)的"纯粹综合"而给出来的。[①] 由于它们来自知性,而不是主观的心理联想,因此,具有普遍必然性:对所有主体来说不仅是共同的,而且是非如此不可的;同时由于它们包含着对感性的纯粹直观的综合,所以,它们能够关联到、也必定关联到由经验直观给予的对象——因为经验直观只有以纯粹直观为基础才是可能的,因此,对一切经验直观给予的对象,先验综合知识具有使它们"只有这样存在,而不可能是别样存在"这种客观必然性。也就是说,先验综合知识首先构成了在经验直观中的一切对象的存在方式,是它们成为一切具体科学知识的对象的前提,从而是一切科学知识具有

---

① 参见康德《纯粹理性批判》,A77—78,B104。

普遍必然性的前提。

但是,由于先验综合知识是由知性这种理性能力通过对纯粹时空直观的综合而产生的,因此,这种知识也只是对能在感性时空中给予我们的对象是普遍有效的,因而只能被运用于感性时空中出现的事物。这意味着,以先验综合知识为基础的一切科学知识都是也只能是关于能在感性时空中存在或显现的事物的知识。因此,作为有限的理性存在者,我们不可能拥有关于感性时空之外的事物的知识。在这个意义上,康德为知识奠定基础的工作,同时也是给知识和知性划界限的工作。所以,他在《纯粹理性批判》的"第 2 版序"里说:"我要终止知识,以便为信仰留下位置。"①

实际上,康德限制知识既为信仰留下了位置,同时也为人的自在-自由留下了位置。因为正如上帝、灵魂不在感性时空里给予我们一样,作为理性存在者,人本身并非仅是他在感性时空显现的那样子,否则,人就是完全透明的,处在可由知识彻底把握的必然性链条当中;相反,人在本质上恰恰存在于不可在感性时空中显现的自由理性当中,因而不可被任何知识把握为在某种必然性链条中的存在。就其在理性当中才得以维持自己的本质而言,人守护在理性当中,也就是守护在自己的位置上而自在地存在;而就这种自在的存在不在知识所把握的必然性链条当中而言,人的自在存在也就是他的自由存在。因此,当康德完成了为知识奠基的工作,从而把知识限制在经验领域时,他也就为人的自在-自由的存在赢得了位置。在这个意义上,康德为知识奠定基础的工作,同时也是为人的自由辩护的工作。正是这个合二为一的工作使康德的"理论哲学"指向了实践维度,使他很自然地从《纯粹理性批判》过渡到《实践理性批判》。

如果说《纯粹理性批判》通过回答"先验综合知识是如何可能的"这个问题来为一切可能的知识奠定基础,同时通过限制知识来为自由辩

---

① 康德:《纯粹理性批判》,BXXX。

护,那么,在《实践理性批判》里,康德通过讨论"自由是如何使一切道德法则成为可能的"来确认和论证人的自由的绝对性与不容置疑的确实性。人类拥有道德法则,这是一个无可置疑的事实,但是,这些道德法则是如何可能的呢?它们的根据是什么?是人的自由理性。人的自由理性是一切道德法则的根据,它使一切道德法则成为可能。如果人没有自由理性,因而没有自由,那么,一切道德法则以及一切法律都将瓦解而变得毫无意义,人类的整个社会生活也将因此而崩溃。道德法则的存在及其不容置疑的现实有效性反证了自由的绝对性与确实性。也就是说,道德法则——不管它本身合理与否——的存在表明,人是自由的,他完全能够只听从自己的理性的决断行事。

而作为自由的存在者,人不仅发现自己就是目的本身,因而具有不可剥夺的绝对尊严与绝对权利,而且将发现,他所遭遇到的万事万物作为整体看是一个和谐美妙的无主观目的的合目的性世界,因而是一个无功利而美丽的神秘世界,而他置身其中的作为整体看的历史则是一个无主观目的的合目的性历史,因此,世界公民的身份与永久和平的结局是每个人能为自己打开的希望,或者说是人类能够真实指望的未来。这是《判断力批判》与康德的历史-政治哲学所讨论的核心思想。而它们都系于自由这个问题。

第二节 自由与权利

实际上,自由问题是康德哲学最核心的问题。人的自由-自在的存在既是使现象界成为一个完整而可靠的法则世界的前提,更是一切道德法则的根据,而最后则是每个个人之绝对尊严与不可让渡的绝对权利的基础。人是自由的,因而每个人自己就是他的存在的目的本身,而作为目的本身存在,这是人的全部尊严的源泉;同时,因人是自由的,他赋有这样一个不可侵犯、不可让渡的权利属性:每个人都必须被允许按自己的意志行动。这一权利属性是每个人的其他一切权利的基础。因此,当康德在为自由辩护的时候,他也就在为每个人的绝对权利与绝对尊严奠定基础。这是康德哲学之所以在推动欧洲乃至全世界的人权观念与人权实践的深化方面具有持久力量的原因所在,当然也是它对近现代政治学说具有持久影响的原因所在。

政治学说要解决的一个基本问题就是国家的制度安排,而这个问题又取决于立国的基本原则,即根据什么最高原则来进行制度安排,以便建立一个正当的国家。就近代以来的政治学说而言,国家的制度安排问题涉及两个基本方面:国家权力(Staatsgewalt)与公民权利(Bürgerrecht)。对于近代政治学理论来说,一个国家的正当性不仅与国家权力的来源问题相关,更与国家权力同公民权利的关系相关:一个正当的国家——即便它不能够是最好的,至少也能够不是最坏的——的一切权力都必须来自组成这个共同体的全体公民让渡和委托出来的权力,即"强制权力"(Befugnis zu zwingen),而且这个来自公民委托的权力除了必须担当起维持与保障每个公民没有让渡出来的权利外,还不能反过来损害乃至剥夺每个公民不可让渡的权利。近代政治学有关国家权力的分权理论,其根本目的就在于探讨如何防止来自公民委托的国家权力反过来损害公民的权利。在这个意义上,对于近代政治学来说,国家的制度安排问题在根本上就是如何保障与维护属于每个公民个人的普遍权利。因此,我们也可以说,个人的权利法则即个人不可让渡的权利神圣不可侵犯,实际上构成了近代主流政治学的一条立国原则。不管是主张民主政体还是共和政体,个人的权利法则都是人们所主张的政体的唯一合法性源泉。

但是,个人的这种权利来自什么地方?为什么每个人作为公民个体都拥有同样不可侵犯、同样必须得到尊重与维护的绝对权利呢?这种公民个体在权利上的平等的根据是什么?政治学可以把个人具有平等的、不可让渡的绝对权利这个观念预设为前提而不加追问,但是,这样一来,政治学以这个观念为前提作出的有关制度安排的理论就无法说明自己最后的合理性根据,因此它也就没理由要求获得普适性。换言之,人们有理由只把这种政治学的制度安排当做一种可能的权宜之计而拒绝它。但是，政治学的目的就在于提供出具有普适性的制度安排理论。在这个意义上，政治学无法离开对自己前提的追问。而对政治学前提的追问首先就是所谓政治哲学。

实际上，在康德这里，并没有政治学与政治哲学的区分。那些由今天所谓的政治哲学与政治学分别加以讨论的主要内容，在康德那里，被统一在"权利学说"（die Rechtslehre）之下。① 而权利学说又分为"公共权利"和"私人权利"，前者大致相当于今天狭义的"政治学"。但是不管是前者还是后者，它们都以普遍的权利原则为基础。而普遍的权利原则又以自由为基础。

因此，这里我们首先要从权利学说的角度阐释康德的"自由"概念，进而阐释普遍的权利原则。在此基础上，我们将阐释康德政治哲学的一个基本思想：为什么一切正当的政治学说都必须建立在"自由"概念基础之上，因而也就是说，必须建立在普遍的权利原则之上？

通过《实践理性批判》，自由被确证为包括道德法则在内的一切法则的前提。所以，在《道德形而上学》里，"自由"概念是被作为"权利学说"和"德行学说"的预备概念（Vorbegriffe）放在"总论"里进行讨论的。在这里，康德说：

> 自由概念是一个纯粹的理性概念。因此，对于理论哲学来说，它是超验的，也就是说，它是这样一种概念：在任何可能的经验里都不可能给出与它相应的事例。所以，自由不可能构成我们的任何一种可能的理论知识的对象，而且对于思辨理性来说，它无论如何都不是一种构造的原则，而只是一种范导的、消极的原则。但是，在理性的实践运用中，自由（概念）却可以通过实践原则来证明自己的实

---

① "权利学说"又与"德行学说"（die Tugendlehre）共同构成了"道德形而上学"（die Metaphysik der Sitten）。这意味着，权利学说与德行学说如何共同构成道德形而上学理应构成有关康德政治哲学研究的一个问题。限于篇幅，笔者将在另处讨论。

在性。作为纯粹理性的一种因果性法则,这些实践原则在决定意志行为时完全独立于一切经验性条件(即一般的感性事物),并因而证明了我们身上的纯粹意志,而道德(伦理)概念和道德(伦理)法则就来源于我们身上的这种纯粹意志。[①]

一切经验概念,比如"杯子""光""电波"等,都可以在时空中找到相应的经验对象或者事例来说明;至于诸如"量""质""关系"等先验概念,由于它们是使一切现象事物成为可规定、可把握的概念事物的前提,所以,它们通过图式也可以在感性时空中找到相应的对象来说明。或者也可以说,先验概念可以通过构造出可认识的经验对象来显明自己对经验事物的客观有效性。但是,我们在任何可能的经验中都给不出一个与"自由"这个概念相一致的对象或事例来说明自由,因为任何经验中的事物都是在感性时空中给出来的,而在感性时空中,能给出的任何事物都不是自由的,或者说,都可以且只能从非自由的因果关系去理解、认识一切经验事物。在这个意义上,我们说,不可能在任何经验中给出与"自由"概念相一致的事例。因此,自由没有经验对象,它当然也就不能成为任何知识的对象。这意味着,对于理性的思辨运用(也即通过使用概念来获取知识的运用)来说,"自由"概念不具有量、质、关系这类先验概念那样的功能,能在感性时空领域构造出对象,所以,对于理性的这种运用来说,"自由"概念不是一种构造的原则。在这个意义上,"自由"概念不像先验概念那样对经验事物具有客观有效性。

但是,作为理性存在者,我们的理性不仅仅具有运用概念进行认识的功能,还有通过决定意志而给出行动的功能(这甚至是一种更重要的功能),这也就是康德所说的理性的实践运用。作为理性存在者,我们知道,在我们的生活、行动中,有一系列要求我们必须遵守的道德法则。我

---

① 康德:《道德形而上学》,载《康德著作集》第 7 卷,第 21 页。中译本可参见沈叔平从英译本转译的《法的形而上学原理》,第 23 页,商务印书馆,1997。中译本此处译文与德文原著多有出入。

们的生活与整个社会文明都建立在这些法则基础之上。如果没有这些法则,我们的生活共同体就会立即瓦解,我们的生活将不再是人的生活。而这些法则的存在及其在感性时空中的现实生活里的实际效应表明,给出这些法则的理性是自由的,因而作为理性存在者的我们是自由的。如果理性不是自由的,因而人不是自由的,那么,那些构成我们生活之基础的一系列法则就是不可能的,也是毫无意义的,因为如果理性不是自由的,那么也就意味着,那些构成人类生活之基础的基本法则不可能由理性从自身中给出来,而只能从理性之外的地方给出来。但是,这是不可能的,因为理性从自身以外的任何地方都不可能引出那些法则。退一步说,即便理性能从自身之外引出那些法则,但是,由于理性不是自由的,因而人的生活与行动也不是自由的,那些法则对于人来说也是毫无意义的。一切法则都来自自由,也只有对于自由存在者才是有效的。

实际上,理性在自己的实践运用中,就是通过从自身给出的这些法则来规定、决断我们的意志,从而规定我们的行动的。这些实践法则也可以被看做一种特殊的因果性法则:它们从理性出发直接决定了行为的发生,但是理性本身不再有原因。在这个意义上,我们可以把理性的实践法则看做一种自由因法则。也就是说,这些法则在决定意志行动时,完全独立于一切经验性条件或感性事物,不受任何经验事物的影响。

因此,一方面,实践法则的存在证明了我们身上的自由理性也即自己决定行动的自由意志的绝对性,而这些法则具有的使人类生活成为可能的那种客观效应则证明了"自由"概念的经验实在性。在这个意义上,我们是从实践法则那里认识到我们的自由。但是,另一方面,一切实践法则都建立在我们的自由基础之上,以我们的自由为前提。所以,康德接着说:

> 从实践的角度看,被称为道德法则的那些无条件的实践法则都
> 建立在积极的自由概念上。由于我们的行动意志受到感性刺激,因
> 而与纯粹意志本身不一致,甚至经常与之冲突,因此,那些无条件的

实践法则对于我们来说就是命令(戒律或禁令),而且是绝对的无条件命令。它们由此也与技术性命令(工艺规程)区别开来。①

所谓"积极的自由"概念,也就是指能直接从自身作出决断而给出行动的意志自由或理性自由,它与"消极的自由"概念的区别在于,后者作为现象界的最后原因的自由因,是自由理性为了确保现象界的整个因果关系的可靠性而给出来的一个理念,它只是现象世界的整体可靠性的担保,并不能给出对象或行动。或者也可以说,"消极的自由"概念是从理性的思辨运用角度理解理性自由的概念,而"积极的自由"概念则是从理性的实践运用角度理解理性自由的概念。

康德这里是要说,作为道德法则,一切无条件的实践法则都建立在这样一种积极的自由之上,即能直接从自身给出行动的理性自由之上;但是,人并不仅仅是理性存在者,他同时还是感性存在者,他的各种行动意志往往受到感性事物的刺激和诱惑,而并不与自由理性(自由意志)相一致,甚至经常冲突。因此,对于拥有与自由意志不一致的各种意愿的我们来说,那些无条件的实践法则就是一种命令,而且是一种绝对命令,即没有任何灵活余地的命令。不管我们身处何地,也不管我们受制于什么样的感性条件或受什么样的感性事物的诱惑,自由理性都会置之不理而只从自身法则出发来规定我们的意志和行动。这并非说,人会完全按理性依其法则所规定的意志去行动;相反,人也可能拒绝听从理性所规定的意志去行动,而听从由感性事物激起而与理性法则相违背的欲望去行动。正因为人也可能听从受外在事物支配的感性欲望去行动,那些理性法则对人才是一种"命令":应当这样(符合理性法则)行动,而不应当那样(违背理性法则)行动。如果人像神那样是纯粹的理性存在者,他的一切行动都自动符合理性法则,那么,这些法则对他来说也就失去了命令的意义。

这也就是说,道德法则对于我们来说之所以是一种命令,是因为我

---

① 《康德著作集》第 7 卷,第 22 页。

们有可能并不如理性所要求的那样行动,而是听从感性事物的支配或诱惑;而这种命令之所以是绝对的命令,则是因为它们是理性独立于一切感性条件而给出的实践法则,换句话说,是理性无视一切感性条件而颁布的法则。因此,不管人们处于什么样的感性条件,理性都要求遵循那些理性法则;或者说,人们从感性世界找不到任何理由来为自己不遵循那些理性法则辩护。这就是道德法则的绝对性与坚定性所在。作为绝对命令,一切道德法则既是劝令,也是戒令:一方面劝告应当怎样行动,另一方面禁止违背劝令的行动。因此,根据这类命令,一些行为被规定为允许的或不允许的,而其中有些行为甚至在道德上是必须的,也就是说是强制性的(verbindlich),是一种约束。道德命令所规定的这类使人人受其约束的"必须的行动"也就是本源意义上的义务(die Pflicht)。[①]而接受这种强制或约束就成了原初性责任(Verbindlichkeit)。

所以,我们也可以说,作为绝对命令,道德法则直接就是一种义务指令或义务法则。这也是为什么道德学说通常也被称为关于义务的学说的原因。不过,道德法则并不仅仅是一种义务法则,它们同时也是一种权利法则。这意味着可以从最高的道德法则那里来追问人们拥有什么样的最普遍的权利。为此,首先要问的是,自由理性给出了什么样的最高法则?

我们的一切道德法则都来自我们的自由,以我们的自由为前提。但是,我们的自由是一种自由理性的自由。这种自由理性在行使自己的自由时,也能把他人当做自己的同类而意识到他人的自由。在这个意义上,人的自由是一种包含着承认他人自由的自由,而不是可以旁若无人地为所欲为的自由。也就是说,每个人的自由理性在独立地规定他的行动意志时,他也能明确地知道,任何他人也有同样的理性能力能够独立地规定自己的行动意志,从而给出同样的行动。这意味着,每个人所能

[①] 康德在《道德形而上学》中写道:"义务就是使任何人都受其约束的那类行动。"(《康德著作集》第7卷,第23页。)

具有的自由是一种不能与他人的自由相矛盾的自由。所以，从人的自由给出的必定首先是这样一条法则：必须这样行动，当你的行动普遍化时不会自相矛盾。用康德自己的话说就是"绝对命令（它只是一般地表达什么是责任）可以表述为：要依照一条能够同时被当做普遍法则的准则行动"①。也就是说，最高命令就是要人这样行动：规定你行动的准则必须能够成为普遍法则，即能够成为所有人据以规定自己行动的准则。而这要以所有人依此准则行动时并不陷于相互反对为前提；如果所有人依此准则行动而陷于相互反对，那么表明此准则不能成为普遍法则，因此，不是出于人的理性自由，因而不可能是道德法则，甚至是违背道德法则的。所以，康德接着说："因此，道德学说（die Sittenlehre）的最高原则是，要按同时能够成为普遍法则的准则去行动。凡是不符合这一条件的准则都是违背道德的。"②

我们可以从劝令形式和禁令形式来进一步分析和表述这条最高的道德原则。以劝令形式来表达，这条最高的原则是说：应当按能普遍化为法则的准则行动；或者说，你应当这样行动，即你的一切行动准则都必须能成为普遍法则。这在《圣经》中被表述为这样一条劝令：你要别人怎样待你，你就要怎样待人。从禁令形式来理解，最高的道德原则是说：不能自相矛盾地行动；也就是说，你不能这样行动，即当你的行动普遍化为所有人的行动时陷入了相互反对。简单地说，你不能做你自己所不愿意的事情。这在《论语》里被表述为这样一条禁令：己所不欲，勿施于人。

显而易见，不管是从劝令的角度理解，还是从禁令的角度理解，最高的道德原则即最高的绝对命令都内在地包含着对他人的自由的确认与维护。就它作为劝令而言，当它要求你按能普遍化为法则的准则行动时，也就意味着它要求允许所有他人也可以如你那样行动。而就作为禁令来说，当它要求你不能自相矛盾地行动，因而也就是说你不能做你不

---

① 《康德著作集》第 7 卷，第 25 页。
② 同上书，第 26 页。

愿意别人对你做的事情时,实际上也就意味着它不允许把任何一个人自己所不愿意的事情强加给他自己。换句话说,它要求允许每个人按自己的意志行动,只要他不妨碍别人同样的行动。

因此,这条最高的绝对命令实际上是要求允许每个人按他自己的意志去作出一切能普遍化的行动。在这个意义上,这一绝对命令既来源于我们的自由,也确认和维护我们的自由。它一方面表达了人的义务——应当做出一切能普遍化的行动;另一方面则表达了人的权利——它要求允许每个人按自己的意志(也即自由地)作出一切能普遍化的行动。所以,最高的绝对命令既是一条义务法则,同时也是一条权利法则。用我们的话来说,它表达了人的这样一种绝对的权利属性,即每个人必得被允许按他自己的意志行动、生活,只要他不妨碍别人依同样的准则行动。

如果说人有自然的权利或者说天赋的权利(即每个人作为理性存在者天生就有的权利)与获得的权利(即通过法律契约得到的权利),那么,所有这些权利实际上都必须以上面所说的权利属性为前提。作为绝对命令的道德法则的绝对性不仅表明人的义务的绝对性,同时也表明人的权利属性的绝对性,因而表明每个人所拥有的普遍权利的绝对性。而道德法则的绝对性则来自人的理性自由的绝对性即无条件性。因此,从根本上说,人的一切权利及其绝对性——不可损害、不可剥夺、不可替代——都来源于自由。

在谈到道德学说为什么通常被称为义务的学说而不是权利的学说时,康德说:

> 我们只有通过道德命令(它是义务的直接指令),才认识到我们自己的自由,而一切道德法则,因而一切权利和义务,都来源于我们的自由;但把责任加于他人的能力,也即权利的概念,是后来从道德命令展开出来的。[1]

---

[1]《康德著作集》第7卷,第41页。

康德的意思是说，我们的一切道德法则、权利和义务都来自我们的自由，都以我们的自由为前提，但是，我们却是从道德法则那里认识到我们的自由，并且也是从道德法则那里认识到我们的权利的。所以，在"权利学说"里，康德是根据最高的道德法则来展开他的权利概念与权利原则的。

什么是权利？这个问题实际上是问：一个人有什么样的权利？对于法学家来说，这是一个既熟悉又突兀的问题。法学家终日与之打交道的所有法律都与人的权利相关。因此，对于法学家来说，指出一个国家在一定时期内法律是怎么说的，而在相应情况下一个当事人具有什么样的权利，并不困难。但是，法律的规定是否是公正的？人们据以认识公正与不公正（iustum et iniustum）的普遍标准是什么？如果法学家仅仅停留于各种具体的法律知识与经验性原则，而不进一步去追究这些具体的法律知识在经验之外的根据，那么，这类问题就会使法学家陷入困境，因为这类问题取决于对"什么是权利"与"人具有什么样的普遍权利"这些问题的回答。而这些问题不可能在具体的法律知识中找到答案，相反，一切正当的法律都必须以对这些问题的回答为基础。如果一种法学或权利学说只满足于探讨具体的经验性法律知识，那么它就无法保证自己所提供的法律知识的公正性。康德把这种止步于经验性法律知识而无视它们的公正性根据的法学称为没有脑子的法学。[1] 同样，我们也可以把那种拒绝为自己的制度安排提供形而上学根据的政治学视为没有脑子的政治学，虽然它试图充当人类的脑袋。

这意味着，虽然"权利"是一个涉及与他人的外在关系的概念，但是，我们不可能在外在的经验因素中寻找这一概念的规定与根据。也就是说，我们无法从经验中给出这个概念。这从反面表明，我们只能从经验之外，也即从内在的自由理性中寻找"权利"这个概念的规定。更进一步说，就是只能从来源于自由理性的最高的道德法则那里演绎出"权利"概

---

① 《康德著作集》第 7 卷，第 31 页。

念。根据这一个最高的法则,康德给出了这样一个"权利"概念:"权利就是所有这样的条件的总和:在此类条件下,一个人的行动意志与他人的以一条自由的普遍法则为根据的行动意志之间能够协调并存。"①

这也就是说,所谓权利,或者说,所谓每个人具有的普遍权利,就是在不妨碍任何他人以一条自由的普遍法则为根据的行动意志这一前提下,人能够在任何条件下行一切他愿意行的事。实际上这等于说,所谓人的权利也就是他必须被允许在任何条件下都能只根据自己的意志行动,只要这个行动能够与他人以自由的普遍法则为根据的行动意志并存。因此,所谓"权利"概念所表达的实际上也就是我们上面所说的人的绝对的权利属性。

这里需要说明的是,所谓"他人以一条自由的普遍法则为根据的行动意志",是说他人的行动意志是受自由的普遍法则规定的意志,即能普遍化而不自相矛盾的意志。能够与他人的这种意志协调并存,也就是说不妨害他人的这种能普遍化而不自相矛盾的意志。所以,在这里,"权利"概念强调的是被允许的广度,也即自由的广度:只要不妨碍他人能普遍化的行动意志,一切都是被允许的。

根据这一"权利"概念,或者说,根据我们每个人因自由而具有的那种绝对的权利属性,我们可以进一步推论说,如果一个行动并不妨碍他人能普遍化的行动意志,那么,这一行动就是被允许的,因而是正当的。也就是说,作出这样的行动是一个人的权利。康德说:

> 所以,如果我的行动或者我的状态能够与任何一个人的符合普遍法则的自由并存,那么,任何人妨碍我完成这种行动或者妨碍我保持这种状态,他对我就是不公正的,因为这种妨碍无法与符合普遍法则的自由并存。②

我的权利就是根据我的意志作出一切我愿意作出的行动,简单地说

---

① 参见《康德著作集》第 7 卷,第 31 页。
② 同上书,第 32 页。

就是行使我的自由。但是,权利是一个涉及与他人的外在关系的概念。所以,我的这种权利显然是有限度的,这就是必须承认他人的自由并能与他人的自由并存。不过,这种我要与之并存的他人的自由并不是为所欲为的自由,而是符合普遍法则的自由,也就是能普遍化而不自相矛盾的自由。因此,只要我的行动或生活能够与他人符合普遍法则的自由并存,那么,我的行动或生活就是正当的,就属于我的权利范围内;任何他人妨碍我的这种行动或生活,都意味着损害或剥夺我的这种权利,因而是对我的不公正,因为既然我的行动或生活与他人那种符合普遍法则的自由并存,那么他人妨碍我的这种行动或生活的行动一定是一种不可普遍化的行动,也即一定是出自不符合普遍法则的意志的行动,它本身就是不正当的。

就权利是一个关于自由体之间外在的行动关系的概念而言,我们可以从权利行动的主体与权利行动的受体两个角度来进一步讨论权利问题。从权利行动的主体角度说,权利就是一个人相对于一切他人而具有的权利属性,这就是他必须被允许的一切可能行动。在这个意义上,关于"权利"概念,我们可以表述为这样一条普遍的权利法则:每个人都必须被允许根据他自己的意志行动、生活,只要他不妨碍他人可普遍化的意志。这一法则强调的是权利主体的自由空间。而如果从权利行动的受体角度看,权利则是一个人对一切他人所具有的一种强制性责任,这就是他必须承认他人具有符合自由的普遍法则的意志并且能够与他人的这种意志并存。正是在这个意义上,康德说:"所以,普遍的权利法则是,要这样外在地行动,你的意志的自由使用要能够与每个人符合普遍法则的自由并存。"①它强调的是权利主体的自由的限度,而实际上则是加给权利行动的主体一种对权利行动的受体的责任,这就是要尊重和维护他人符合普遍法则的自由。

因此,"权利"概念既是一条确立权利主体的自由空间的法则,也是

---

① 《康德著作集》第 7 卷,第 32 页。

一条规定权利主体的自由界限的法则。但是,不管是作为确立自由空间的法则,还是作为规定自由界限的法则,它都具有强制性。作为确立自由空间的法则而言,"权利"概念说的是每个人都必须被允许根据他自己的意志决断一切不妨碍他人符合普遍法则的自由的行动,因此,每个人都有理由强制要求尊重他行使自己并不妨碍他人自由的自由。换言之,每个人的权利使他拥有这样一种职权,即有理由强行制止对符合普遍法则的自由的妨碍。康德把这种职权称为"强制的权力"(die Befugnis zu zwingen):根据"权利"概念,"如果对自由的这一种行使本身是对符合普遍法则的自由的妨碍,因而是不正当(不公正)的,那么,反对对自由的这种行使的强制就是正当(公正)的,这种强制作为对妨碍自由的制止与符合普遍法则的自由相一致。因此,根据矛盾律,权利同时总是与对损害权利的人实施强制的权力联系在一起"①。

因此,从根本上说,权利本身内在地包含着强制的权力。从"权利"概念作为规定自由界限的法则而言,我们同样可以分析出这个结论。这意味着,作为权利的自由,也即自由体们在外在关系中的自由,总是包含着普遍的相互强制。只要自由体是多,而不是一,那么从自由获得的普遍权利就总是与相应的普遍强制相联系。所以,"严格的权利也可以被理解为这样一种可能性:一种普遍的相互强制与遵循普遍法则的每个人的自由相一致"②。在这个意义上,甚至可以说:"权利与强制的权力是一回事"③。

从权利主体的角度说,每个人从自由获得的绝对权利不仅使他拥有一个不可剥夺、不可替代、不可损害的自由空间——根据自己的意志行动、生活(只要他不妨碍他人的普遍自由),而且使他拥有一种实施强制的权力,这就是强制他人尊重和维护每个人的普遍自由的权力。这种强制的权力同样是不可剥夺、不可损害的,却是可替代的。如果说在绝对

①《康德著作集》第 7 卷,第 32—33 页。
②③ 同上书,第 33 页。

权利当中，"根据不妨碍他人的普遍自由的自身意志行动、生活"这一自由空间是不可让渡的，那么，"强制他人尊重与维护每个人的普遍自由的权力"则是可以让渡的，即可以委托出去。正是通过对"强制的权力"的让渡和委托而形成了接受和承载这种委托的共同体，也即国家。不过，权利中的这两个方面并不是两个可以分离的组成要素，而是永远联系在一起的两个方面。失去了"自由空间"，"强制的权力"也随之消失；而如果"强制的权力"被剥夺或被取消，"自由空间"也同样会被剥夺。不管是哪种情况，都意味着权利的被损害和被剥夺。虽然人们建立国家本是为了借助一个公共机构来维护自己的"自由空间"，从而维护自己的安全，但是，人们的权利是否真正能得到维护和保障，最终取决于人们所建立的国家是否忠诚于人们达成的公共意志，根据康德的看法，也就是取决于这个国家是否保持为"共和体制"。出于权利原则，康德主张共和制是所有政治制度中最好的体制。

第三节　一种最好的政体：共和制

在康德看来，国家就产生于一定范围内的人们走出了自由状态后而形成的共同体。而人们之所以要走出自然状态，就是为了安全起见和免于自我毁灭。与卢梭不同，在关于人类原初的自然状态问题上，康德接受了霍布斯的观点，主张自然状态并非一种和平与自由的状态，相反，它是一种残酷而无序的战争状态。[①] 在这种自然状态下，每个人的安全，首先是每个人的自由权利的安全得不到保障。这促使有理性的人类不得不放弃战争并相互提供和平的保证，由此进入一种契约的文明状态。在这个契约过程中，人们自觉或不自觉地把捍卫自己的自由权利之安全的那种"强制的权力"让渡给了一个由大家信赖的人组成的机构，由这个机

---

① 参见康德《论永久和平》，载《康德著作集》第 6 卷，第 433 页，E. 卡西尔编辑出版，柏林，1916（以下所引此书均为此版本）。中译文参见康德《历史理性批判文集》，何兆武编译，第 104页，商务印书馆，1991。

构来执行这种"强制的权力",以维护每个人的自由权利。由于每个人从自由那里获得的"强制的权力"是绝对的、一样的因而是普遍的,因此,人们委托出去的是一种公共的权利,实质上也就是一种公共的意志。承担起这个公共意志的机构就是一个公共机构,也就是人们通常说的国家。从自然状态走向契约的文明状态也就是由无政府状态走向国家。

　　显然,在人类的这种最初的契约行为中隐含着这样的契约理念:首先是确认组成共同体的每个成员都是自由的,因而都有上面所说的那种"自由空间"的权利——这种权利在近现代政治中被表达为言论自由、出版自由、结社自由、信仰自由、迁徙自由等。其次,就共同体每个成员享有"自由空间"的权利是绝对而普遍的来说,共同体的所有成员都是平等的,任何人都不能声称自己拥有更多这类绝对权利,也没有任何人需要认可自己拥有较少这类权利(如果他的确拥有较少这类权利,那么表明他受到了不公正待遇,他有权要求造成这种不公正的人立即纠正)。最后,服从一个共同的立法,因为人们在订立契约时相互作出对和平的担保也就意味着愿意服从一个能够保障每个立约者之和平与安全的立法,否则就意味着背弃对相互和平的担保。如果把第一方面的内容称为自由权利原则,那么,后两方面则分别可以被称为平等原则与服从原则。这三个方面的内容作为三大原则,构成了原始契约的理念。在康德看来,"一个民族的一切公正的立法都必须以原始契约的理念为根据,而从原始契约的理念得出的唯一体制就是共和制"①。这一方面是说,共和体制作为一种制度安排是建立在原始契约的理念之上的;另一方面是说,共和体制这种制度安排的合法性与必然性来自它所根据的三大原则。

　　如果说国家就是通过契约而产生的,那么,这种产生国家的契约就必定包含着三大原则,而其中最基础的应是自由原则。正是人的自由使立契成为可能;如果人不是自由的,那么,他们之间也就不可能有任何契约,即使有约也毫无意义。自由不仅使人获得"被允许按自己的意志作

---

① 《康德著作集》第 6 卷,第 434 页。

出一切不妨碍他人符合普遍法则之自由的行动"这种"自由空间"的权利,并且使人在绝对权利上是平等的;而正是这种普遍的绝对权利使人们具有相互强制对方确认并维护自己的这种绝对权利的权力,这意味着,当人们把这种强制权力让渡给一个共同体时,也就表明他们愿意服从这个共同体的立法。在这个意义上,平等原则和服从原则都来自自由权利原则。因此,真正构成立国原则的是自由权利原则。这也就是说,人类立国本是以自由权利原则为基础的,自由权利原则是一切国家的制度安排之合法性的唯一源泉。

因此,一个国家制度是否是合法的,其唯一的标准就是看它是否建立在自由权利原则上。具体地说,一个国家制度的合法性可从两个方面来考察,一方面是看它的宪法是否确认公民诸如言论自由、出版自由、结社自由、信仰自由、迁徙自由等这些直接来自自由的基本权利,另一方面是看它的权力系统是否真正能够维护和捍卫公民的这些基本权利。如果一个国家虽然在宪法上确认了公民的那些来自自由的基本权利,但是,它的权力系统或权力体制却不能维护和捍卫公民的这些权利,那么,这样的国家同样是不合法的,因为它的权力系统已经背离了它获得这些权力的宪法,当然也就背弃了自由权利原则。这种国家的一个典型特征就是宪法被虚置于无形之中。

国家产生于原始的契约行为,而原始的契约行为实际上隐含着三大原则,从这三大原则理应得出的唯一体制就是共和制,因而也是唯一合法的体制。这是康德的一个基本看法。但是,显然,人类在最初订立契约时,并不一定自觉到这种契约行为实际上以三大原则为前提。因此,即使最初建立起来的国家就是共和制,公民也同样不会自觉地维护它的共和性质,使之保持为共和制;相反,在三大原则没有成为公民普遍自觉的理念的情况下,来自公民让渡出去了的"强制的权力"的国家权力也就不会被自觉地要求加以限制,而且国家权力即便由于没有限制而损害了公民的基本权利,也很有可能不会被要求加以纠正,反而可能被认可。于是,对公民权利的损害甚至成了国家权力的一部分内容。换句话说,由于背弃了构成其合法性根据的原则,国家的权力发生了变化:不再是保障和捍卫每个公民的基本权利,而只是维护和捍卫一部分人的权利。这样的国家当然也不再是一个共和体制的国家。所以,在三大原则没有成为人类普遍自觉的理念的情况下,即便最初的国家是共和体制,也很难避免它会演化为其他体制。

当然,历史上最初的国家是否为共和制,或者是否出现过共和制,并不重要,在康德看来,重要的是这种体制是能从原始契约理念推出的唯一合法的政治制度,因而是我们要努力去建立的一种制度——即便从没有过,我们也要去建立它。能从原始契约推出的唯一体制是共和制,但是,人类是否在现实中建立过共和制是另一回事。人们不能因现实中从未出现过共和制而否定共和制的现实性,它只是表明,人类没有走他本应走的道路。启蒙的任务就在于使人类普遍自觉到自己的自由,从而自觉到原始契约所隐含的三大原则,以便让人类自觉走上共和之路,使建立一种真正能维护和捍卫公民那些来自其自由的一切权利的政治制度成为不可阻挡的追求。那么,这种能真正维护与捍卫公民普遍权利的共和制是一种什么样的制度呢?

康德认为,共和制之所以是所有政治制度中最好的制度①,首先是因为它在起源上的纯粹性,也即上面所说的,它是原始契约理念所隐含的唯一制度;而这一理念使共和制获得了两个相互联系的基本规定,即它是代议制的(präsentativ)和分权制的。原始契约理念的服从原则规定了一个契约国家是由一些公民信赖并推举出来的代表组成的公共机构来代行公民让渡和委托出来的普遍的相互强制的权力,以维护和捍卫每个公民的自由权利。因此,真正遵循契约理念的国家必定是代议制的。同时,这个代议制的国家的行政权与立法权必须是分离的,否则,公民委托

---

① 也许应当说是最不坏的制度,因为即使一个制度的确优于所有其他制度,它也不可能是一个完善的制度。在现实中,我们能做到的只能是尽可能向理性所能设定出来的关于完善的制度的理念接近,在这个意义上,只能更恰当地说,我们在现实中能建立起来的永远只是最不坏的制度,以避免人类因忘却仍须改善自己的现实制度的努力而自高自大和自我封闭。

出去的公共权力就可能被代理者置于他们的私人意志之下而被滥用,从而导致公民让渡出去的权力反过来损害了他们自己不可让渡的绝对权利,而这完全违背了立约建国的三大原则。这意味着,如果说忠于原始契约理念的国家制度一定是共和制,那么可以进一步说,共和制一定是分权制。分权与否是共和体制与专制体制的一个根本区别。康德明确说:

> 共和主义是把行政权与立法权分离开来的国家原则;而专制主义则是国家独断地实施它自己所制定的法律的那种国家原则,因而也就是公众意志被统治者当做他的私人意志来处理的那种国家原则。①

代议制虽然出自契约理念,但单凭代议制并不能担保国家制度忠于契约理念,从而保持为共和体制。必须把行政权与立法权分离,才能够保证代议制国家保持为共和体制,也即保持为唯一具有合法性的国家。一个国家不管是否为代议制,只要它的行政权与立法权不加分离,就一定是专制的。在这种情况下,康德认为,根据掌握最高国家权力的人类的不同,国家在形式上可以分为君主独裁政体(Autokratie)——一人掌握统治权,贵族政体(Aristokratie)——一些人联合在一起掌握统治权,民主政体(Demokratie)——构成共同体的所有公民一起掌握统治权。从分权角度看,它们都是专制政体,而其中最坏的专制政体不是别的,恰恰是民主政体,因为它离共和制最远,比其他专制政体都更难以转变为共和政体。

这里首先要问,为什么民主政体是一种专制体制?康德说:

> 民主政体就这个词的真正意义来说必定是一种专制主义,因为它确立了这样一种行政权:在这里,所有人可以对一个人作出决定,有时甚至是决定反对一个人(所以,这个人是不会同意的),因而也

---

① 《康德著作集》第 6 卷,第 437 页。

就是并非所有人的所有人作出决定。这是公共意志与其自身相矛盾，也与自由相矛盾。[①]

与共和主义相反，专制主义是这样一种设计国家权力的原则，即把行政权与立法权合为一体的原则。君主独裁政体与贵族政体虽然有代议制形式——独裁君主与掌权贵族也总是声称自己代表全体人民，但是，由于它们遵循的是行政权与立法权合一的原则，所以，它们必定是专制的。在国家最高权力不可分离的情况下，将不可避免地鼓励掌权者把国家权力置于私人意志之下来处理和运用，使任何形式的代议制都失去了原来的意义和功能，完全成了掌权者欺骗、愚弄公民的方便道具。如果说人类在政治领域里有什么最大的谎言的话，那么，这个最大的谎言就是拒绝对国家最高权力进行分离的那种所谓代议制。在这个意义上，我们可以说，在国家最高权力没有分离的情况下，也就不存在真正的代议制，而只有真正的专制。这一点对于全体公民都被视为国家最高权力的直接主人的民主体制同样有效。我们可以把康德所讨论的这种所谓全民主人的民主制称为"直接民主制"。

如果说没有分权的代议制是政治领域里的最大谎言，那么，直接民主制则是政治领域里的最大悖谬。在这种民主体制里，没有代议成员与代议机构，全体公民都是国家最高权力的直接主人。因此，没有必要也不允许对国家最高权力进行分离，因为既然全体公民都是国家权力的直接主人，那么，他们每个人就应既直接拥有行政权，又直接拥有立法权与司法权；而一旦对国家最高权力进行分离（不管是分为三权还是分为两权），也就意味着削减了国家权力的直接主人的权力——不是削减其行政权，就是削减其立法权与司法权，从而表明他们不再是国家权力的直接主人。这显然与民主体制关于"每个公民都是国家最高权力的直接主人"这一原则相违背。

因此，那种全体公民都被视为国家最高权力的直接主人的民主体制

① 《康德著作集》第6卷，第437页。"共和主义"与"专制主义"在康德原文中用的都是英文词。

必定是一种对国家最高权力不加分离的政治制度,因而它必定是一种专制制度。在这种民主体制下,所有公民既然是国家最高权力的直接主人,他们的共同意志直接就是法律,并且他们可以据此直接采取行政措施。但是,这种权力在实际运行中只有遵循少数服从多数的原则才能落实,否则这种民主制将寸步难行。而这实际上等于说,所有人可以对一个人或一些人作出规定,而不管后者同意与否。这意味着,允许并非所有人的"所有人"对所有人作出决定,也就是说,允许把并非所有人的共同意志当做所有人的共同意志。于是,以所有人的公共意志为原则的民主体制在运行中却不可避免地背离了所有人的公共意志。这也就是康德所说的在民主体制下公共意志与自身相矛盾。不仅如此,当民主体制允许并非所有人的所有人对一个人或一些人作出决定时,也就等于它无视后者自己的意志而剥夺了后者的自由。这显然是与自由本身相矛盾的。所以,民主体制虽然把自由与公共意志作为自己的原则,但是,它在实践中却不可避免地违背了自由与公共意志。就此而言,直接民主制甚至是最具欺骗性的一种政治制度。

与君主制和贵族制相比,直接民主制甚至是最难以改良的一种专制制度。在康德看来,虽然君主制和贵族制不是分权下的代议制,因而不是真正的代议制,但是,它们却为代议制留有余地,因而通过改良还有可能采取符合代议制精神的政权形式。"相反,民主政体则使这一点都成为不可能的,因为这里所有人都要成为主人。"①所以,它甚至要通过暴力革命才能转变为共和政体。

这里要特别强调的是,康德这里所说的民主制是一种狭义的民主制度,也即直接民主。它在法国大革命期间的实践给康德提供了反思这种政治体制的现实材料。人们今天所说的"民主",特别是中国人在五四运动中所倡导的"民主",恰恰是符合康德所说的那种共和主义的民主,即共和式的民主。它组建权力的基本原则就是代议原则与分权原

①《康德著作集》第 6 卷,第 437、438 页。

则。所以,康德反对的民主不是今天人们通常所说的民主政体,相反,他所倡导的共和主义恰恰构成了体现今天主流的民主政体的原则。

上面我们只是从起源上讨论了共和制的合法性与优越性,即它是能从原始契约理念得出的唯一合法的国家制度。但康德认为,共和制的合法性与优越性不仅在于它的起源上,还在于它拥有人类的愿望,即永久和平。[1] 也就是说,只有借助共和制,人类才能通向永久和平,打开一个真实、可靠的未来。这并非说,只要是共和体制,人类就不会发生战争,而只是说,进入共和体制是人类走向永久和平的一个必要条件。

与其他政治制度相比,共和体制是最不容易发动战争的一种政治制度。康德分析说:

> 如果国家公民要求对是否进行战争作出决定(在共和体制下不可能是别样的),那么,最自然的事莫过于他们必须对事关自己的战争的全部艰难作出决定(其中包括自己直接参战、从自己财富中支付战争费用、艰苦地改善战后的荒芜,最后,除了各种灾难外,还得担负起战争带来的永难清偿而致使和平都变得痛苦的沉重债务),他们必须深思熟虑地开始一场如此糟糕的游戏。相反,在那种其臣民并不是国家公民的体制下,因而也即在非共和制的那种国家体制下,战争则是世界中最不假思索的事情,因为领袖并不是国家同胞,而是国家所有者,他的筵席、狩猎、行宫诸如此类一点也不受战争的影响。因此,他也就可以像决定一次游宴那样出于微不足道的原因决定战争。[2]

在非共和体制下,由于国家的领袖就是国家的所有者,对于是否进行战争无须征得国民的同意,而完全取决于统治者的意志。因此,只要战争不影响统治者的生活与幸福,甚至反而可能给他带来荣耀和财富,那么,对统治者来说,发动战争就会像举行一次游宴那样随便,甚至只是

---

①②《康德著作集》第 6 卷,第 436 页。

兴之所至。而在共和体制下,国家的领袖只是全体国民的共同意志的受托者和代理者,因而,对于涉及全体公民福祉的重大事情,特别是战争这样的事情,必须征得公民的同意。而战争的残酷性与对战后生活的严重影响使战争成为公民在最迫不得已的情况下才会作出的选择。这意味着,共和体制将使人类把战争的可能性降到最小。因此,如果人类普遍进入共和体制,那么,这将使人类最远离战争。换句话说,共和体制最有可能把人类带向和平。所以,康德试图建立起来的那种永久和平的第一正式条款就是,"每个国家的公民体制都应当是共和制"①。

因此,如果说永久和平是人类一个合理而必然的未来,那么这也就是说,共和体制是人类必定要选择的一种政治制度。所以,不仅从起源上说,共和体制是能从原始契约理念中得出的唯一合法的体制,而且从人类未来的维度来说,共和体制也是合理的和必然的。

第四节　一个哲学的千年王国:永久和平

为什么永久和平(der ewige Frieden)是合理的与必然的? 如果说它是合理的,那么也就是说,永久和平是人类的自由理性所要求的;如果说它是必然的,那么也就是说,作为人类的未来,永久和平是人类历史的必然归宿。

所谓"永久和平",也就是终结国际间的自然状态,即终结国际间无序的战争状态,进入法治的国际联盟。这种永久和平在《世界公民观点下的普遍历史理念》("Idee zu einer allgemeinen Geschichte in weltbürgerlicher Absicht")一文中也被称为"普遍法治的公民社会"(cinc allgemein das Recht verwaltende bürgerleche Gesellschaft)②或"普遍的世界公民状态"(ein allgemeiner weltbürgerlicher Zustand)。③

---

① 《康德著作集》第 6 卷,第 134 页。
② 参见康德《什么是启蒙?》,第 45 页。
③ 参见同上书,第 51 页。

在这种"普遍法治的公民社会"里，每个国家不论大小，都不必靠自己的力量和法令，而只须靠已进入普遍法治状态的国际共同体的权力与意志就可以获得自己的安全与权利。也就是说，在这里，每一个国家不仅在国内实现了完全的法治状态，而且对外也建立起了完全法治的国际关系，使一切分歧与争执都可以且必须通过公正的法律契约来加以解决。而不管是国内的法治状态，还是国际的法治状态，按康德的看法，都是大自然通过人的本性来推动和实现的。

在康德看来，人身上有一种相反的本性。他说：

> 人类有一种要把自己社会化的倾向，因为它在社会状态中感受到了比人更多的东西，也就是说，他感觉到自己的自然禀赋得到了发展。但他同时也有一种要把自己单一化或孤立化的强大爱好，因为他同时在自己身上发觉有一种非社会性的本性，即只按他自己的意愿来摆布一切，并因而处处会遇到反抗(阻力)，就如他从自己身上就能知道，在他那方面来说，他也倾向于成为别人的阻力。[①]

简单地说，人既有社会化倾向，又有非社会化倾向。通过社会化，也即通过与他人相处和交往，个人才能突破自己现有的局限而展开自己、发展自己，并在这种自我展开中感受和展现自己的存在对自己和他人的意义。因此，每个人都有与他人交往和相处的需要。但是，另一方面，每个人又强烈地倾向于只按自己的意愿安排一切，而不顾及他人的意愿。而当人们都只按自己的欲望而不顾及他人意愿去行事时，每个人都会遭到以同样方式行事的他人的反抗和阻碍，因为不受任何法则规范的意愿必定陷于相互冲突当中。

正是人的这种非社会性的本性使人类的自然状态呈现出一种混乱无法(序)的战争状态，因为他们只按自己的欲望行事而不顾自己的行为是否危害他人，以致他人为了不受危害，为了保卫自己的安全，也只能奋

[①] 康德：《什么是启蒙?》，第44页。

起反抗,或者以同样的行为还治其身。这种战争状态使每个人的生活与安全随时都受到威胁,并且因而使每个人与他人相处和交往的需要无法得到满足。我们前面曾讨论过,正是这种战争状态促使有理性的人类意识到,必须终止战争状态,并且缔结妥协性的契约,相互提供安全与安宁。由此便产生了一个依照契约(法则)组建起来的共同体,即国家。

在这个意义上,人们可以说,正是人身上那种非社会性的本性推动了在个人与个人之间确立起了作为有法则秩序的共同体的国家。但是,就如个人之外有其他个人一样,一个国家之外还有其他国家。因此,单凭个人之间通过契约组成一个有法则的国家并不能完全保障个人的安全和安宁,因为在一个国家内虽然人们达成了和平而免于相互残杀,但是,如果国家间仍处在我行我素的无契约法则状态,那么,整个人类实际上就仍处在战争状态。只不过这种战争更多的是体现为不同民族或不同国家的人们之间的战争。在康德看来,正如个人之间的战争促使了有法则的国家共同体的产生一样,国家之间的战争也必定会促使作为理性存在者的我们建立一个有法则的国际联盟,像国家共同体向全体公民提供权利与生命安全保障那样,它向所有国家的公民也即全人类个体的生命与普遍权利提供保障,由此达成人类的永久和平。在这个意义上,人们同样也可以说,是人的非社会性本性推动了人类向永久和平的接近。康德自己是这样说明的:

> 那迫使人们进入有法则的公民宪法社会的同一种非社会性也是使每个共同体在对外关系上,也就是作为一个国家在对其他国家的关系上,处于不受约束的自由状态中的原因。每个国家从其他国家那里也必定遭遇到那种压迫个人并迫使他们进入有法则的公民宪法状态的同样灾难。所以,大自然再度利用人们乃至大社会和国家这类被造物的不合群性作为手段,以便从不可避免的对抗中求得一种安宁和安全的状态。这也就是说,大自然是通过战争、通过极度紧张而决不松弛的备战活动、通过每个国家即使在和平时期最终

也必定会内在地感受到的那种匮乏,来推动人们进行起初并不完美的种种尝试,而在经过了许多次的破坏、倾覆甚至于其内部彻底的精疲力竭之后,最终达到理性即使没有那么多痛苦经历也会告诉他们的东西:摆脱野蛮人的那种无法则的状态而进入一种各民族的联盟。在这种联盟里,每个国家,哪怕是最小的国家,都不必靠自己的力量或自己的法令,而只须靠这个伟大的民族联盟,只须靠联合的力量和联合意志的合法决议,就可以指望自己的安全和权利了。①

被大自然所利用的那种"不合群性"(Unvertragsamkeit)也就是"非社会性"。在康德看来,每个人身上的那种非社会性并没有因为他们进入了有法则的国家而消失;相反,他们在创立国家的同时把自己的非社会性国家化,使国家具有了非社会性,即每个国家只按自己的意愿行事,而不顾及其他国家的意愿。其不可避免的结局就是各国陷入混战之中。

不过,上面的论述只是表明,人的非社会性是国家和国家联合体这两级共同体建立的动力因,而不是它们的充分条件。实际上,上面的讨论同时表明,不管是国家的建立还是国家联合体的形成,都离不开一个更为重要的条件,那就是人的自由理性。如果人类没有理性,那么他们就不可能从混乱无序的战争状态认识到通过立约通达和平的出路;而如果人类的理性不是自由的,也就是说理性没有能力决定人的意志和行动,那么,即使他们认识到可以通过立约来达到和平,这种立约也是毫无意义的。既然人没有自由理性,因而人不是自由的,那么人根本就没有能力决定自己是否遵循契约,因而也就没有理由加给他遵守约定的责任。于是,如果人不是自由理性存在者,那么,任何契约都是不可能的,当然也就不会有任何共同体产生。

因此,一方面,人的非社会性存在不可避免地使人类陷于战争状态;另一方面,人的自然理性又必然要求人类自己走出战争状态,进入有法则的共同体。正如人的非社会性既使个人之间陷于战争状态,也使国家

① 康德:《什么是启蒙?》,第47页。

之间陷于战争状态一样，人类的自由理性要求个人之间摆脱战争状态而进入相互提供安全保障的国家共同体，要求各民族国家之间结束纷争不已的自然状态而走向完全法治的国际联合体。也就是说，国家间的永久和平是人这种存在者的自由理性的必然要求，因而是合理的——合乎自由理性的法则。实际上，正如个人之间据以创建国家的原始契约包含着自由权利原则、平等原则和服从原则一样，国家之间创建全人类范围内的国家联合体也一样是以自由理性的这三大原则为前提的，因为既然每个合法的国家建立在三大原则（首先是自由权利原则）之上，因而也就是说，它的全部权力来自它的所有公民转让出去的公共意志，那么每个合法国家也就获得这样一种人格权（Personsrecht），即它必须被允许按它所接受和承担的公共意志行事，只要它不妨碍其他具有同样人格权的国家行同样的事。

国家的这种自由的人格权也就是它的主权，它是独立的和不可侵犯的，就如国家的每个公民的自由权利是独立的和不可侵犯的一样。侵犯一个国家主权也就意味着侵犯了这个国家的所有公民的自由权利，也即普遍人权，因为一个合法国家的主权直接来源于它的所有公民让渡出来的那部分自由权利。不管是可让渡出去的还是不可让渡出去的，个人的自由权利都具有绝对性。正是个人的自由权利的绝对性使国家的主权不可侵犯。在这个意义上，人的普遍的自由权利高于国家的主权。就每个合法国家的人格权是独立的和不可侵犯的而言，每个国家都是平等的。任何国际联合体都必须以自由权利原则与平等原则为前提才能确保自己的合法性，并且必须服从以这两大原则为根据的立法才能够维持下去。

因此，作为一种普遍法治的公民社会，永久和平必定建立在上面的三大原则上，因而也就是建立在人的普遍权利上。人的普遍权利原则是永久和平最基本的前提。当康德主张永久和平是合理的和必然的时候，也就意味着他在声明，人的普遍权利在任何时候都是高于国家主权的。

实际上，康德在《世界公民观点下的普遍历史理念》一文中还从历史的合目的性与合规律性角度讨论了永久和平的必然性。不过,永久和平的这种必然性并非是受人之外的某种规律支配的、与人的意志无关的那种必然性,而是自由理性通过哲学思考而必然给出的一个理念,是自由意志的一种未来。在这个意义上,康德也把永久和平看做哲学上的千年王国。"但是,却是这样一种千年王国学说,即仅凭它的理念本身(尽管它还非常遥远)就可以促使它的来临,因而也就决不只是虚幻的。"①

　　不管是否同意,人们都必须面对康德的思想,因为他不是站在一国一族的立场上,而是站在全人类立场上,更确切地说,是站在普遍主义立场上思想。康德为知识奠基的工作既为科学确立了根据,也揭示了科学的内在有限性,迄今警醒着人类既要尊重科学,又要避免陷入科学至上的盲目与狂妄。而康德为自由的辩护,不仅为一切公正法则奠定了基础,而且确立了每个人类个体不可让渡的基本权利,从而一直召唤并仍将召唤人类个体对配享幸福的权利与尊严的觉悟与追求。

---

① 康德:《什么是启蒙?》,第50页。

第三篇

费希特

第一章　生平与著作[①]

　　约翰·戈特利布·费希特(Johann Gottlieb Fichte)是德国市民阶级在其迅猛发展阶段中最杰出的思想家之一。在哲学上，他作为德国古典哲学的主要代表之一，在继承康德先验哲学的基础上，创造出以"自我"为核心的、充满辩证法思想的唯心主义哲学，为德国近代哲学后来的发展奠定了坚实的基础。在政治上，他热情讴歌法国革命，强烈抨击封建专制和反动教会，坚决捍卫新兴资产阶级提出的自由和人权理念，在德国哲学发展史上写下了极其辉煌的一章。用黑格尔的话来说，在当时，"在康德、费希特以及谢林的哲学之外，没有别的哲学"[②]。

　　费希特的一生是为哲学事业奋斗的一生，是为自由奋斗的一生。

　　费希特出生于1762年5月19日，卢梭的《契约论》恰好也在这年出版。这是历史的偶然，但费希特的一生却因此命中注定似的与法国革命联系在一起。费希特的故乡是德国普鲁士萨克森州一个名叫拉梅诺(Rammenao)的乡村。其父是一个手工业者，一共有九个子女，费希特在众兄弟姊妹中居长。家境贫寒，再加上人口多，为了维持生计，费希特从

[①] 本篇参考和吸收了中国社会科学院哲学所"费希特课题组"的翻译和研究成果。

[②] 黑格尔：《哲学史讲演录》第4卷，贺麟、王太庆译，第308页，商务印书馆，1981。

小就为家里养鹅。费希特最初接受的教育来自父亲和家乡的牧师,最先接触的书籍是《圣经》及相关的教义解答。他天资聪颖,在听牧师布道以后第二天还能准确地背诵布道的内容。附近的一位贵族米尔提茨(Ernst Haubold von Miltitz)在得知和证实此事以后,决定资助这个天才的孩子上学。从1770年开始,费希特先后在尼得劳(Niederao)和迈森(Meissen)上学。1774年,费希特进入普佛尔塔(Pforta)贵族学校。这个学校是大学的预备科,学校里的生活如同修道院一般,不仅管理严格,而且高低贵贱的界线划得很清楚。费希特出身低贱,常常受到纨绔子弟的欺辱。性格倔强的他决定逃跑,去过鲁滨孙式的生活。在半路上,他想起父母的期望,想起自己的经济状况,又不得不放弃逃跑。回到学校后,他向校长坦率地说明了自己的想法,得到校长的原谅,处境也得到一些改善。

1780年,费希特进入耶拿大学,学习神学和法学,此外,他还经常去听古典文学课。可能是希望早点取得文凭,他在第二年转学到莱比锡大学,继续学习神学。对于费希特大学时代的经历,至今人们知道的仍然不多。从费希特的早期作品来看,对他影响比较大的老师是佩佐尔德(C. F. Pezold),费希特从他那里主要是学到了捍卫意志自由、反对普遍因果性的理论。此外,莱布尼茨和著名教育家佩斯塔洛齐(Pestalozzi)的著作对费希特也有影响。

然而,费希特并没有如其所愿地尽快拿到文凭。1784年,由于资金赞助人米尔提茨去世,费希特的助学金断绝,为了糊口,他不得不为私人补课。收入低,又没有保障,使他不可能完成学业。这样,他实际上就此从大学辍学了,只是个挂名学生而已。1788年,走投无路的费希特决定弃学回家。恰好在此时,诗人、《儿童之友》杂志的编辑魏瑟(C. F. Weisse)推荐他到苏黎世一个家庭当教师。在苏黎世任职不久,他发现,自己在如何教育孩子问题上与这家主人有矛盾。他一面教育孩子,一面观察、记录主人在教育孩子时的错误,每周拿出来请主人看,让主人改正。费希特因此写出《错误教育目睹记》,受到主人的敬重。他在苏黎世结识了许多朋友,其中就有后来成为他的妻子的玛丽·约翰娜(Marie Johanna)。玛丽是车辆制造商的女儿,虽说玛丽并不是费希特最理想的恋人,但她认可和欣赏费希特。玛丽后来对费希特的事业帮助很大,无论费希特遇到多大坎坷,她都始终如一地支持自己的丈夫。

1790年,费希特回到莱比锡,继续给人当家庭教师。由于一个偶然的原因,他开始接触康德哲学。这是费希特一生中最大的转折点。他在几个月内就读完了"三大批判",研究速度简直令人惊奇。他不仅因此彻底放弃了原有的决定论思想,而且发现了一个全新的世界——理性的自由,这对他创立知识学体系具有决定性的作用。费希特原本打算写一些关于康德哲学的论著,但因为家中发生变故,他不得不改变计划,在1791年去了华沙,担任一位公爵夫人的家庭教师。由于双方合作不愉快,他离开华沙前往哥尼斯堡(Königsberg)。同年7月4日,他拜访了康德,而康德并没有特别接待他。为了能进一步认识这位思想界的巨擘,他用了一个多月的时间赶写了《试评一切天启》(*Versuch einer Critik aller Offenbarung*),于8月18日寄给康德审阅。康德阅后发现这篇论著表述的正是自己的观点,而文笔之流畅又是自己所缺少的,感到非常满意,于是热情地接待了费希特。在康德的推荐下,这篇论著出版了。不知什么原因,当初出版的这批书上没有刊印作者的名字,这使不少读者误以为这部按照批判哲学精神研究宗教问题的著作出自康德之手。康德在得知此事后在《耶拿文汇报》上发表更正声明,说明这部书的作者是费希特。伴随着这个声明,原来默默无闻的费希特一下子声名大振,成为德国学术界的一颗新星。

1793年,费希特再次来到苏黎世。针对当时欧洲反动势力对法国革命的攻击,费希特撰写了《向欧洲各国君主索回他们迄今压制的思想自由》(*Zurückforderung der Denkfreiheit*)和《纠正公众对于法国革命的评论》(*Beitrag zur Berichtigung der Urtheile des Publikums über die französische Revolution*),这是全部德国古典哲学中对法国革命进行最直接评价的两部论著,是对欧洲君主最强烈的抨击,在当时激起巨大的反响。左派知识分子因此把费希特看做捍卫自由的斗士,但保守的势力从此也把他视为眼中钉。与此同时,费希特则开始酝酿以"自由的自我"为核心的知识学体系,并在苏黎世多次作哲学演讲。

1794 年,费希特应邀来到耶拿,接任莱因哈德留下的哲学讲座,就职演说就是《论知识学或所谓哲学的概念》(*Über den Begriff der Wissenschaftslehre*)。此后的五年,他集中精力构建自己的知识学体系,先后发表了《全部知识学的基础》(*Grundlage der gesammten Wissenschaftslehre*)、《略论知识学的特征》(*Grundriß des Eigenthümlichen der Wissenschaftslehre*)、《以知识学为原则的自然法权基础》(*Grundlage des Naturrechts*)和《以知识学为原则的伦理学体系》(*Das System der Sittenlehre*)等,并与其他人合办了《哲学通讯》(*Philosophisches Journal*)杂志。根据费希特自己的划分,他把研究非我规定自我的关系的知识学定为理论知识学,把研究自我规定非我的关系的知识学定为实践知识学,其中包括宗教哲学、法权哲学与道德哲学。以后,费希特对自己的体系又作了进一步的划分。① 费希特的讲课在学校也获得极大成功,几乎是场场爆满,得到普遍赞赏。此外,他还结识了当时德国知识界的许多精英,如歌德、维兰特(Wieland)、席勒、洪堡兄弟、荷尔德林等人。正如荷尔德林所说,"费希特现在是耶拿的灵魂"②。费希特捍卫人权、争取自由的激进民主思想,在得到耶拿大学师生欢迎的同时,却遭到教会和封建权势的仇恨。他们频频制造事端,屡屡诬陷费希特,最后以"无神论"的罪名迫害费希特。虽然费希特据理力争,写出《向公众呼吁》(*Appellation an das Publikum*)和《法律辩护书》(*Fichtes Verteidigung*),说明自己的无辜,但他仍然在 1799 年被解职,被迫离开了耶拿大学,前往柏林。

---

① 参见梁志学《费希特耶拿时期的思想体系》,第 4 页,中国社会科学出版社,1995。
② 舒尔特:《费希特》,第 63 页,慕尼黑,迪特里希出版社,1996。

到柏林以后,费希特撰写了《人的使命》(*Die Bestimmung des Menschen*),完成了他在耶拿时已经写了大部分的《锁闭的商业国》(*Der geschloßne Handelsstaat*)。从 1802 年起,费希特多次修改他的知识学体系。但他的工作重点不是写作,而是演讲,因为在他看来,当时世风不好,很少有人认真读书,与其著书立说,不如用生动直接的演讲去阐释思想,唤醒人心。他的听众不只是青年学生,还有很多学者、官员和社会名流。1805 年,他应聘在普鲁士的艾尔朗根(Erlangen)大学任教,冬季在艾尔朗根讲课,夏季仍回柏林演讲。他在这段时间先后演讲了《现时代的根本特点》(*Die Grundzüge des gegenwärtigen Zeitalters*)、《论学者的本质》(*Über das Wesen des Gelehrten*)、《极乐生活指南》(*Die Anweisung zum seligen Leben*)等。

1806 年,普法战争爆发,费希特对原来寄予很大希望的拿破仑感到很失望。战争伊始,他就申请做随军演讲员参战,被国王委婉拒绝。普鲁士战败后,他随国王流亡到哥尼斯堡,后又流亡到丹麦的哥本哈根。直到 1807 年 6 月普法媾和后,他才回到柏林。面对德意志民族的沉沦,费希特不只是耽于痛心疾首,而是决心用实际行动唤醒人们的觉醒。他一方面发表公开演讲,另一方面参与筹建柏林大学。在费希特看来,大学不只是进行职业教育,而且旨在介绍和扩大科学知识,所以,大学应当是科学地运用理智的场所,大学生在学习期间应该学会科学的判断能力,而哲学系由于其对科学进行自由的反思则应当在大学的所有专业之上。1807 年底至 1808 年 3 月,在法国占领军的刺刀下,费希特将个人安危置之度外,连续 14 次演讲了高扬爱国主义精神的《对德意志国民的演讲》(*Reden an die deutsche Nation*),振聋发聩,在德国各社会阶层产生巨大影响。1810 年秋,费希特成为他亲自参加筹建的柏林大学的第一任校长。由于大学生争斗以及他的教学计划与当局意见不合,他在 1812 年任期未满之前就辞去了校长职务。

1813 年夏,德国人民反抗拿破仑的自由战争爆发,在格罗斯贝伦战役中打败法军,保卫了柏林。当时,柏林全城因为挤满了受伤将士而流行伤寒病。费希特的夫人满怀热情地参加伤员护理工作,但不幸的是在1814年1月感染上伤寒,随后又传染给费希特。1814年1月29日,费希特因病逝世,留下他未竟的哲学和自由事业。

第二章　知识学及其演变

在德国古典哲学的发展中,费希特是康德哲学的继承者,同时他又不同意康德哲学中的二元论思想,而是想在康德哲学的基础上继续前进,创造一个新的哲学体系。知识学就是费希特整个哲学体系的基石,他的政治哲学、法哲学、伦理学、宗教哲学等都是建立在这个基石之上的。

根据费希特一些密友的回忆,特别是他本人给巴格森(J. I. Baggesen,1764—1826)的信,我们可以确信,费希特的知识学思想孕育在 1793 年。这年的 11 月至 12 月间,费希特天天站在温暖的壁炉旁冥思苦想。有一天,他突然被一个思想所震撼,并为此而欣喜万分。这个思想就是,自我意识捕捉自身、把握自身的活动就是一种认识。认识的自我与被认识的自我、认识和认识对象都是一回事,一切认识都以这个统一性为出发点。知识学的雏形就这样产生了,从此以后,费希特一生都没有离开这个思想。可以说,费希特为建立和完善自己的知识学体系殚精竭虑。从 1794 年发表《论知识学或所谓哲学的概念》到 1814 年去世,费希特一生多次思考、阐释和修改他的知识学,其中最主要的是 1794 年的《全部知识学的基础》,1800 年、1804 年关于知识学的表述和 1810 年的《知识学一般概论》(*Die Wissenschaftslehre in ihrem allgemeinen*

Umrisse）。尽管费希特在其生命的最后 10 年里很少发表关于知识学的论述，但他多次作关于知识学的演讲，这些演讲的手稿后来被保存下来。如果我们以 1800 年发生的知识学转向划界，那 1793 年至 1800 年是知识学的早期，而在此以后的知识学直至 1814 年费希特去世，则是知识学的晚期。

当然，对于费希特知识学的演变历来都有不同的看法，从 19 世纪中期的勒韦（J. H. Löwe）、费舍尔（K. Fischer），到 19 世纪末、20 世纪初的文德尔班（W. Windelband）、冯特（M. Wundt），再到当今的扬克（W. Janke）、劳特（R. Laute）等学者，他们始终围绕着这个问题争论不休。[①] 出现这种情况，一是因为费希特本人对此不自洽的说法。比如，他在 1804 年的报告中说，知识学从一开始就已经是一个完善的体系，1794年以后的文本不过是对以前的思想加以补充和完善，但在 1806 年的《极乐生活指南》中他又说，在 13 年前形成的哲学观点在 1801 年"在一些小的地方发生变化"。二是因为费希特的思想深刻、复杂，容易造成他人的误解。但是，最主要的原因是费希特的一些手稿没有出版，研究者无法把握其全部思想发展的脉络。科学研究在很大程度上是随着原著出版而深化并逐渐完善的。《费希特全集》（巴伐利亚科学院版）已经出版了费希特的部分遗稿，使得这项研究比以前有所进步，但费希特晚年有关知识学的论述尚未全部发表，因此在这方面还很难作出定论。本书的研究是在目前状况下进行的，所提出的划分是根据目前研究成果而作出的，所以只具有当下的总括意义。

第一节　知识学的基本原理

尽管费希特是在《论知识学或所谓哲学的概念》中第一次提出自己的哲学思想就是知识学，然而，他在以前的《评"埃奈西德穆"》

---

① 关于学者们围绕费希特的知识学争辩的历史和现实，以及由此展开的不同观点，参见布吕根《费希特的知识学——1801—1802 年以后版本的体系》，第 2—5 页，汉堡，1979。

（"Rezension des Aenesidemus"）已经表达了这个崭新的思想，只是没有说出"知识学"这个名称。在这个书评中，费希特一方面表明，他与康德哲学的杰出宣传者莱因哈德一样，坚持康德开创的批判哲学的方向；另一方面，他不同意莱因哈德把理论原则当做批判哲学的第一原理，而是第一次提出了本原行动（Tathandlung）的原则，并把它看做统一理论理性和实践理性的基础。在费希特的眼中，自我依靠本原行动认识自己，从而有自我意识；自我依靠本原行动创造自己所欲求的东西，从而有对象。这样，本原行动既是人类知识的始基，也是客观实在的根本。由此来看，费希特这时已经把本原行动定为自己哲学的最高原理，并且以此为建立知识学奠定了基础。

1794 年，费希特在耶拿大学就职，并且发表了自己的哲学纲领《论知识学或所谓哲学的概念》，第一次提出建立一个完全建立在自我基础上的知识学主张。"知识学"（die Wissenschaftslehre）的德文意思是"关于科学的学说"。费希特之所以把自己的哲学叫做知识学，就是因为他与莱因哈德一样接受了学院派的科学体系概念，把科学看做一门严格的系统知识，它必须在一个唯一的不证自明的原理上推导和表达出一个完整的命题系统。① 费希特认为，哲学就是这样一门科学，它只能建立在一个像几何学那样必定具有自明性的最基本的原理上，并由此扩展为一门完整的科学。② 所以，哲学是系统的科学，哲学是由它的系统形式和可以被人们认识的内容所构成的。

在这里，我们很容易看到，费希特并不满意康德的先验唯心论，在他

---

① 有些哲学史家认为，费希特使用"知识学"这个名称是因为受到莱因哈德的启发，后者在宣传康德哲学的同时，认为康德的哲学思想虽然讨论知识，却并没有形成关于知识的科学体系。费希特同意康德的观点，并用"知识学"这个名称来标识自己的哲学体系，以表示自己的哲学是对康德的发展。当然，这只是一家之说，从康德和费希特的先验哲学来看，把哲学看做人类最基本、最严格的"知识"，应该是费希特使用这个名称的根本原因。（参见阿尔森·古留加《谢林传》，贾泽林、苏国勋、周国平、王炳文译，第 19 页，商务印书馆，1990；A. B. 古雷加：《德国古典哲学新论》，沈真、侯鸿勋译，第 138 页，中国社会科学出版社，1993。）
② 参见《费希特全集》（巴伐利亚科学院版）第 1 辑第 1 卷，第 96—97 页。

看来,尽管康德宣传过认识的能动性,但康德也设置了认识无法问津的"物自体",从而限制了认识。康德的不幸就在于,他虽然发现了那个作为整个科学之基础的纯粹自我,但他在这个基础上却什么也没有做,康德的哲学缺乏系统和严格的科学性。费希特认为,自己的知识学则不然,虽然它的出发点与康德一样,也是那个纯粹的自我意识,但它却因为把自我当做整个体系的最高原理,并以此进行逻辑推演,从而克服了康德的这个缺点。具体地讲,费希特的知识学不仅找到了那个可以为整个体系奠基的本原行动,而且由本原行动展开两种关系:一种是自我与自身的关系,它表明自我的绝对同一性和能动性;另一种是自我与其设定的非我的关系,它表明自我的相对的同一性和普遍性。自我在这里因为其本原行动而成为统摄一切知识的原则。对此,费希特自豪地说:"一个将会发现这门科学的民族也许值得以自己的语言赋予它一个名称,这时它就完全可以称为**科学**或**知识学**。由此可见,迄今所谓的哲学应该是**关于一般科学的科学**"。[①]《论知识学或所谓哲学的概念》只是费希特的一个就职演说,其中有不少东西还未展开,有关知识学的论述也有不少假设性的东西,但是,这篇著作的意义就在于,费希特"已经发现哲学上升为一门明白无误的科学所必经的道路"[②]。

真正系统论述知识学的著作,应当是随后不久发表的《全部知识学的基础》,它是费希特学说体系的基础,"它在费希特的体系里的地位与亚里士多德的《形而上学》和黑格尔的《逻辑学》在他们各自的体系里的地位是完全一样的"[③]。虽然费希特后来多次重新阐述和改写知识学体系,但是,在他生前亲自发表过的知识学著作中,只有《全部知识学的基础》最完整、最系统,所以,这本书始终是研究费希特先验哲学的最主要的依据。

全书分为"全部知识学之诸原理""理论知识学的基础"和"实践知识

---

① 梁志学主编:《费希特著作选集》第 1 卷,第 456 页,商务印书馆,1990。
② 同上书,第 495 页。
③ 梁志学:《费希特耶拿时期的思想体系》,第 16 页,中国社会科学出版社,1995。

学的基础"三个部分。在第一部分,费希特从本原行动出发,详细论述了由本原行动展开的知识学三条基本原理;在第二和第三部分,费希特论证了由知识学三条原理推演出来的八条定理及其各个步骤,并且由此建构起他的知识学体系。

正如费希特在"前言"开宗明义说的那样,他之所以要建立一门崭新的知识学体系,是因为他已经发现了哲学上升为一门明白无误的科学所必经的道路。在他的眼中,这条道路就是,本原行动是一切思维与存在的本原,是绝对能动的自我,因而也是主客统一体,而把握这样的本原行动只能是人的理智直观。因此,建立知识学体系必须是经过理智直观到达普遍性,然后经过逻辑推演到达特殊性。可以说,这样的理路是费希特全部知识学的基本方法。

这样的理路也说明了费希特对康德哲学的继承和发展。费希特不仅像康德那样把认识论当做哲学的中心问题,还进一步把认识论当做哲学本身。费希特认为,康德哲学在解决认识论问题方面作过重要工作并获得重大贡献,但还有两个缺点:一是作为认识来源的各种感性形式和知性范畴平铺并列,相互间缺少必然的关联。二是假设了一个不可认识的物自体。这样,康德哲学虽然提出了一切知识的绝对原理的问题,但"他从没把它建立为基本原理"[1],而费希特的知识学就是要将理性主义的唯理论贯彻到底,解决康德不可能解决的问题。

基于这样的理路,费希特在这本书的第一部分首先提出:"我们必须**找出**人类一切知识的绝对第一的、无条件的原理。如果它真是绝对第一的原理,它就是不可证明的,或者说是不可**规定**的。"[2]这就是说,费希特的知识学体系首先要求有一个最基础的、明确无误的出发点,知识学可以凭借它的独特性质而被逐步推导出来。这个出发点就是费希特引以为自豪的重要发现——本原行动。"本原行动"是费希特生造的一个术

---

① 费希特:《全部知识学的基础》,王玖兴译,第15页,商务印书馆,1986。
② 同上书,第6页。

语,从德语构词来看,它是由 Tat(行为、事迹、事实)和 Handlung(行动、行为)组合在一起而形成的,两者都有行为的意思,后者的行动意义更强烈一些。在费希特看来,这个本原行动是一切意识的基础,是一切意识所唯一赖以成为可能的东西。既然这个本原行动是纯粹的一般意识,又是规定其他意识的原始行动,而且不是他物所给予的,不受其他东西的规定,那么,这个本原行动就必定是自己设定自己的纯粹意识活动。这样,我们就进入费希特知识学的基本原理。

在费希特的心目中,"自我设定自己"是本原行动的第一个阶段,也是知识学的第一条原理,它是绝对无条件和不证自明的。费希特之所以这么说,是他认为这条原理就相当于最简单的逻辑规则"A＝A"的表达式,这个表达式对任何有正常理智的人来说都是明确无疑的。它对我们之所以具有效准性,并不在于 A 是什么,而在于 A 与 A 之间的逻辑关联。这个关联是由自我设定的,对此进行判断的也是我,所以,在这个表达式之中有某种东西永远是自身统一的。这种自身统一的东西说到底就是自我。在我的直观之下,"A＝A"就是"我是我",而且"我是我"还是绝对无条件的,因为自我设定自己是以自己本身为根据的一种直接的设定,只要自我存在,它就会作出这样的设定,反过来,它存在着,是因为它设定自己。因此,"我是我"与设定着的自我和存在着的自我是完全相同的、统一的东西。我们在这里看到,费希特的"自我"既是行动者,也是行动的产物,它比一切存在和事实在先,是最原始的、预先设定的东西,是无意识的意识,是早于一切经验的先验。为了避免误会,费希特后来反复强调说,他所说的自我不是个体,也不是个人的意识,而是纯粹的一般意识活动,因此也叫绝对自我、纯粹自我等。在费希特的知识学演绎过程中,"自我设定自己"这个行动是古典公理化方法中的正题,强调的是同一性,所以,它是同一命题。由于"它建立了一个绝对无条件的和不能由任何更高的东西规定的绝对自我"①,知识学才能作为一个体系而

---

① 费希特:《全部知识学的基础》,王玖兴译,第 37 页,商务印书馆,1986。

成立。

知识学的第二条原理是"自我设定非我",这是本原行动的第二个阶段。费希特认为,与第一条原理一样,第二条原理同样是自我的一个无条件的行动,它既不能被证明也不能被推演。从逻辑上来看,这条原理就是"－A≠A"这个表达式,它出现于经验意识的诸事实之间,相当于三角形内角之和等于180°这样的真正认识,不容有丝毫质疑。从"自我设定自己"到"自我设定非我"之所以可能,是自我具有同一性,换言之,在这里进行设定的自我是同一个自我,相对于第一个设定而言,第二个设定是自我的一种对设(Entgegensetzen),"而这种对设,就其单纯**形式**来说,是一种全然可能的、不须任何条件为前提的、不以任何更高的根据为基础的行动"①。但是,当我们换一个角度来观察"－A≠A"的表达式的时候,就不难发现,由于－A是对设的产物,它在本质上是被A规定的,我们想知道－A到底是什么,首先就必须认识A是什么,又由于自我原初是直接被设定的,与自我相反或相对立的东西就只能是非我,这样,知识学的第二个原理在形式上是无条件的,但在实质上则是有条件的。在费希特知识学的演绎中,第二条原理是反题,在自我设立其对立面非我的同时,这个原理一方面是个矛盾命题,另一方面它又强调非我等于自我的同一性,从而为绝对的统一提供了对象。很显然,辩证法的对立统一在这里已经显露端倪。虽然后来哲学史家们对第二条原理有许多不同的解释,但我们从费希特自己的阐述中看到,这条原理的实质就是要从作为万事万物的本原的绝对自我去推演外部世界,即使外部世界不完全是由自我创造的。第二条原理在整个知识学中是最重要的,这不仅在于它是费希特建立先验唯心论体系必经的一个阶段,而且它是对由笛卡尔"我思故我在"所确立的近代哲学主体原则的最为关键的发展,在笛卡尔和康德那里的主体自身同一的原则恰恰是通过费希特提出的自我自由创造这个原理而被改造和进展到主客统一,哲学史上无法克服的主客

---

① 费希特:《全部知识学的基础》,王玖兴译,第19页。

分裂由此得到解决。

知识学的第三条原理是**"自我在自我之中对设一个可分割的非我以与可分割的自我相对立"**①,简单地说,就是"自我与非我的统一",它是本原行动的第三阶段。按照费希特的逻辑,这个原理就是"-A+A=X",而 X"必定是自我的一种原始行动的产物"②。在费希特看来,第一条和第二条原理在形式上都是无条件的,而第三条原理则不同,它是由前两个命题所规定的,几乎是完全可以被证明的,所以,它在形式上是有条件的。但是,第三条原理所要解决的问题则直接听从理性的命令,所以,从内容而言,它就是无条件的。之所以这样说,是因为前两个原理是在同一个意识或绝对自我中既设定了自我又设定了非我,从同一律来说,是自我就不能是非我,是非我就不能是自我,前两个行动已经造成了矛盾。为了解决这个矛盾,保证意识的同一性,就要采取第三个行动,即对设定起来的自我和非我加以限制,使它们并不互相取消和互相扬弃。在费希特看来,限制不是否定,不是扬弃某个东西的全部实在性,而只是对其进行部分的扬弃。"因此,在限制的概念里,除实在性和否定性的概念之外,还含有**可分割性**的概念"③。通过对自我和非我加以分割,自我和非我就可以统一在那个绝对自我之中,同时又无损于意识的统一性。从逻辑上讲,这个原理是一个根据命题。在费希特的知识学演绎过程中,第三条原理就是把作为正题的第一条原理和作为反题的第二条原理综合起来的合题,是对前两个原理的统一,是设定与否定、自我与非我的综合,主体与客体的同一。这样,费希特就以"任何知识都是综合"的原理回答了康德提出的"先天综合判断如何可能"的问题。

在这种"正题—反题—合题"的公式中,前两个行动都是下降,因为它们设定的是可分割的自我和非我,离开了原来的绝对自我,第三个行动则是上升,因为它是本原行动的自我返回的过程。此外,就它们的关

---

① 费希特:《全部知识学的基础》,王玖兴译,第 27 页,商务印书馆,1986。
② 同上书,第 24 页。
③ 同上书,第 25 页。

系而言,如果没有树立对立面的对设行动,把对立面结合起来的行动就是不可能的,反过来,如果没有结合的行动,树立对立面的行动也是矛盾的,这两个行动在事实上是结合在一起的,所以,没有反题就不可能有合题,没有合题也不可能有反题。但是,它们的根据都是本原行动的第一阶段,即作为第一个原理的正题,没有主体对自身的直接意识,就不可能有主体对客体的设定,更谈不上对主客的综合,正是正题为全部体系提供了稳定性和完满性。在费希特看来,任何一门彻底的哲学都必须认识这三条原理,而知识学因为达到这样的认识,才是一门彻底的哲学。

显而易见,费希特所建构的知识学颠倒了存在与行动的关系,在他那里,自我的纯粹活动在一切存在之前,是最原初的行动,先于一切经验,自我不是以存在为根据,反而是存在的生产者,这就完全不同于人们的日常认识,所以,它是彻头彻尾的主观唯心主义。但是,如果我们从另一个角度来看,这却是费希特克服康德二元论思想的一个卓有成效的思路。费希特通过理性的自由立法,从自我设定自己和自我设定非我的主客同一原则,确立了自我是万事万物的根据,从而拒绝了康德哲学中理性认识对感性材料的依赖,排除了康德的那个现象之后的"物自体",彻底消除了自古希腊以来就存在的对隐藏在自然现象之后的本质的疑问,主客之间的矛盾因此而得到彻底解决。这样,自我的本原行动既是费希特哲学的基础,也是人类全部知识的唯一来源,费希特就是在这个意义上把自己的著作称为《全部知识学的基础》。黑格尔走的也是这个理路,他正是通过继承费希特的这个思想,才使绝对精神得以自由地漫步于天地万物之间。同时,我们还在知识学的第三条原理中看到,为了克服主客矛盾,费希特对那个由自我设定的主客体分别加以限制,其中包含许多辩证法的思想,如矛盾的对立统一、由下降到上升的渐进发展等,费希特由此展示了思维的辩证运动之范式。在康德的《纯粹理性批判》里,先验逻辑范畴只不过一组一组地被列举出来,而费希特却从对思维运动的认识中获得这些范畴,并且运用对立统一的原则将它们建构为一个完整的体系。费希特的知识学不仅对克服康德先验哲学的不足作出了巨大贡献,而且为后来的谢林和黑格尔的哲学开辟了道路。

《全部知识学的基础》的第二和第三部分,是费希特根据这三条原理尤其是第三条原理推演出的八条定理。第三条原理是一个综合命题,它包含两层意思:其一,"**自我设定非我为受自我限制的**"[①]。其二,"**自我设定自己为受非我限制的**"[②]。第一层含义是实践知识学的基础,第二层含义是理论知识学的基础,从知识学的证明而言,实践能力使理论能力成为可能,但由于实践原理的可思维性是建立在理论原理的可思维性之上的,所以,这方面的考察或反省就必须从理论部分开始。理论部分的阐述构成第二部分,实践部分的阐述则构成第三部分。

费希特制定的知识学第一定理就是"**自我设定自己为受非我所规定的**"[③]。在他看来,这个定理的根本原因还在于自我通过绝对的活动规定自己,但被规定的自己是被动的。这是自我与非我、设定与否定的第一次综合,这里产生限制范畴。这样,在同一个命题中就出现了规定与被规定、活动与受动的矛盾。为了消除这个矛盾,就必须对它们予以扬弃,让自我的一部分实在性让渡给非我,成为否定性,在这里通过严格确定让渡的量,使自我的实在性和非我的否定性达到相互规定,从而实现第二次综合,这次综合产生相互规定范畴。但是,这样做只是在解决困难的方法上立稳了脚跟,矛盾并没有得到消除。在接下来的分析中,费希特发现相互规定是有方向性的,活动的一方是原因,受动的一方是结果,于是,从活动与受动的相互规定中就产生原因与结果的对立。要使因果的对立达到统一,就必须对它们实现第三次综合,即对因果关系进行相互规定,使它们在效用性中达到统一,这乃是一种因果性的综合。费希特由此进展到理论知识学的最后一次综合,即实体与偶性的统一。自我即是实体,同时也具有实体的偶性,或者说,它是实体中的一个偶体,实体与偶体之间的依存关系是十分显然的,因为不和偶体发生关系的实体

---

① 费希特:《全部知识学的基础》,王玖兴译,第 43 页,商务印书馆,1986。
② 同上书,第 44 页。
③ 同上书,第 137 页。

是不可思维的,同样,没有实体,偶体也是不可思维的。费希特用了一个例子来说明自我与非我的情况,即光明与黑暗不是根本对立的,而是只有程度上的差别。"黑暗仅仅是一个非常小量的光明"①。费希特以为,借助实体的概念可以对自我与非我的关系作出完满的回答。第二部分的论证纷繁复杂,但费希特对这里的关键是十分清楚的,他说:"我们的任务曾经是去统一对立物,统一自我与非我。通过想象力,它是统一矛盾双方的东西,自我与非我现在可以完全统一起来了。"②此语可谓是一语中的,它既表明理论自我是如何使自我与世界相统一的,同时还说明,费希特正是彻底利用自己的想象力解决了康德没有解决的二律背反的问题。

在第三部分,费希特以"自我设定非我为受自我限制的"这个知识学的第二定理为出发点,阐述实践知识学的演绎过程。他认为,阐述这个定理,揭示自我的实践能力,就可以说明作为纯粹自我的本原行动是如何返回自身的,从而完成实践知识学。在费希特看来,这个定理中包含着许多矛盾和对立,而其中最主要的对立是自我与非我的对立,只有自我的实践能力可以使对立的自我和非我结合起来。在这里,一方面,非我是由自我设定的,绝对自我是非我的原因,而非我是绝对自我的产物;另一方面,如果只说明非我存在于自我之中,并不会产生处于时间中的现实的和经验的生活,而这样的东西又是先验哲学不可能思维的,"要说这样一种现实生活是可能的,自我就还需要一种特殊的阻力,一种来自非我的阻力"③。一方面,自我是一种努力返回自身的纯粹活动,"这种无限的努力向无限冲去,**是一切客体之所以可能的条件**,没有努力,就没有客体"④;另一方面,自我一旦规定非我,它就是实践自我,并因此使自己成为有限的。费希特在这里充分展示了自己的辩证思想。他认为,自我

---

① 费希特:《全部知识学的基础》,王玖兴译,第64页,商务印书馆,1986。
② 同上书,第136—137页。
③ 同上书,第202页。
④ 同上书,第183页。

与非我是相对立的,它们在某种程度上可以互相转化和让渡,但实现自我与非我的完全一致是不可能的。自我就是在永远不停地规定自我的努力中显示自己的无限性。具体地讲,自我对客体的规定就是从前提、动力和方向三个方面进行的,并由此实现自己的实践能力。

在实践知识学中,知识学的第三至第八定理从属于第二定理,它们主要是从努力与反努力的设定和平衡、对感觉的设定和限制、对冲动的设定和规定及对各种感觉加以对立统一的综合等方面补充第二定理,并以此来完成知识学的阐述。费希特的实践知识学实际上贯穿在理论自我的发展过程中,它是自我创造世界,又从所创造的世界重返自身的过程,用费希特自己的话说,这是有限的存在物所欲求的无限努力,因此,这个过程本身就是无限。它所突出的思想是,尽管实践自我在意识中达不到纯粹的自我理念,但在哲学反思中却被认为应该达到这个理念,这就是努力的目的。虽然其中的基本原理在前面几章都已经讲过,但分析越发机智,思想越发辩证,其中有关有限与无限、观念性与实在性、创造性的想象力、表象、直观、冲动与行动的思想对后来的哲学家都产生过直接或间接的影响。我们在这里应当注意的是,如同列宁所说,这种名为实践知识学的推论在本质上其实是主观目的论的观点。

《全部知识学的基础》原来是费希特在耶拿大学讲授的课程,其中所提出的崭新内容、所表现的独创精神、所进行的寓意深刻的剖析,特别是费希特的滔滔不绝的雄辩口才,使他很快赢得青年学生的热烈欢迎。①许多学者和名人都对费希特的知识学作出高度评价。著名诗人席勒准确地说道:

> 费希特……在哲学中创立了一个新体系,它尽管是建立在康德体系之上的,并且重新证实了康德体系,但是在形式上却具有许多新的、伟大的东西。这个新体系将激起许多轰动和争论;但是费希

---

① 参见福克斯主编《同时代人论费希特》第 1 卷,第 103 页,斯图加特,1975。

特的非凡天才将把一切打翻在地。①

荷尔德林则把费希特称做耶拿的灵魂，他说：

> 我在别处还从未见过这样一位精神如此深刻和能动性如此强烈的人物。他在人类认知最冷僻的领域里探索和规定这种认知的原则，由此而探索和规定法的原则；他以同样的精神力量从这些原则出发思维最冷僻、最大胆的结论；他激昂地、简单地、无视阴险的暴力而把这些结论写出来、讲出来，倘无这个范例，我这个可怜虫也许就会觉得这种激昂和坚定的结合是一个无法解决的难题。②

在哲学界，无论是费希特哲学的追随者，还是其反对者，都对费希特表示了应有的尊重。费希特的对手、著名的信仰哲学家雅可比就把费希特称为"我们时代最伟大的深刻思想家"③。德国古典哲学另外两个主要代表人物谢林和黑格尔虽然后来走的道路不同于费希特，他们是从客观唯心论方面发展了唯心论哲学，但他们同样肯定了费希特对康德哲学中的二元论的克服，欣赏费希特以统一的原则构造思想体系的功绩，他们从费希特那里受到启迪是不言而喻的。

第二节　知识学的转向

《全部知识学的基础》出版以后，它的艰深内容和一些特有的表达，使不少人觉得它晦涩难懂，不仅遭到一些人的抱怨，还引来不少非议。

面对这些批评，费希特表现得相当理智。在坚持知识学基本原理的条件下，费希特坦率地承认知识学中的一些表述有缺点，比如，他所假设的一些不证自明的东西，在别人看来并不是那样清楚明白，理论知识学

---

① 转引自威廉·格·雅柯布斯《费希特》，李秋零、田薇译，第 203 页，中国社会科学出版社，1989（以下所引此书均为此版本）。
② 转引自威廉·格·雅柯布斯《费希特》，第 203 页。
③ 转引自同上书，第 204 页。

和实践知识学的划分与这个学说的本质不相适应,等等。① 他曾寄希望于随后不久发表的《略论知识学的特征》能够帮助人们理解知识学的内容。在这部著作中,费希特主要是以科学的形式具体说明在人的精神中出现的各种特殊事实,从自我去演绎各种特殊的杂多东西。费希特认为,思维中存在着某种具体,这就是无意识的想象力。这种想象力是充分自由的,并不承认界限和规定,各种对立面都包含在它之中。如果说有什么可以对其加以限制的,这就是意识,意识的第一个火花或第一个限制就是感觉。费希特直接从"自我本身的对立""各种对立活动的结合"去推演出感觉的产生,并由此推演出产生感觉的条件——空间和时间。费希特在这里把康德在《纯粹理性批判》里提出的认识能动性推广到感性,这是他的一个功劳。但是,除去讨论感觉这部分是《全部知识学的基础》中所没有的内容以外,《略论知识学的特征》给人们留下的印象却是只从时间和空间去推演理论知识学。费希特并没有达到自己的期望,知识学表述的缺陷使他深感苦恼。

一 转向的缘起

从 1796 年至 1799 年的耶拿后期,费希特继续修改知识学,修改的重点是想改善知识学的表述。《重新表述知识学的尝试》(*Versuch einer neuen Darstellung der Wissenschaftslehre*)、《知识学第一导论》和作为讲课笔记的《知识学新方法》(*Wissenschaftslehre nova methodo*)等著作都表现了他在这方面所作的尝试。但表述问题其实并不是最主要的,真正困扰费希特的难题是他的体系的出发点,即他所说的那个既难以言传又不可理解而只能加以直观的东西。换句话说,费希特难以表达的就是知识学以内在直观为前提的两个原理:"自我设定自己"和"自我设定非我"。这时,费希特对客体的理解已经有所变化,不再像以前那样坚持客体是由主体设定和创造的,而是说,凡是主体意识到的东西都是客体,只

---

① 参见《费希特全集》(巴伐利亚科学院版)第 1 辑第 2 卷,第 187—189 页。

是其特性必须经过自由的精神实体加以规定。但是，仅仅检讨第二原理而不讨论第一原理，这个问题仍然没有得到解决。于是，费希特就开始重新思考第一原理。

为了让读者理解这个非常困难的最基本命题，费希特在这里引入了"理智直观"这个概念。"直观"原是康德所讨论过的一个概念，康德在《判断力批判》里说过，用通常的概念抽象去认识有机体是无济于事的，因此，可以而且必须设想"另外一种知性"，这种知性就是直观。费希特发展了康德的思想，在简单的直观前面加上理智，把它看做对内在行动的一种直接观照，以此阐明自我的直接意识，从而赋予这个概念新的意义。对费希特来说，知识学所依靠的，不是概念思维，而是理智直观；知识学所认识的不是存在，而是行动本身。费希特之所以如此看重理智直观，就在于他认为，理智直观是一种不需要任何概念、推理的直接意识，它意识到自我在行动，意识到自我完成的行动是什么。因为理智直观中所展示的内在行动是一种自我返回自身的活动，当我们发现所意识到的客体同时也是主体的时候，我们就纯粹直观到主客同一体，从而进入自我的直接意识之中，这样的直观就不仅仅是一种认识，而且是一种创造过程。费希特用理智直观对自我概念进行阐释，是对《全部知识学的基础》中用"我是我"这个逻辑同一律解释自我意识的补充和修正，在一定意义上显现和展示了自我进行设定的这个本原行动。

总起来说，费希特在耶拿后期改善知识学的表述的努力可以概括为两点：其一，如果在此之前的知识学推演是从外在的概念反思向内在的理智直观演进，那么，这时的推演过程则正好相反，是从内在的理智直观向外在的概念反思演进。其二，此前由于是从概念反思来说明知识学在思维中的根据，因而表达方式就是从理论知识学向实践知识学过渡，并且把知识学分为理论和实践两个部分，这时由于推演方式不同，就直接从实践来阐释理论，进而把理论与实践结合在一起。

正当费希特在全力构造知识学体系的时候，他所处的环境发生了巨大变化。首先是无神论事件的发生，不仅使我们的哲学家从耶拿搬到柏林,而且让他迫不得已地暂时放弃了知识学的修改和完善事业,去对付封建卫道士的迫害。其次,费希特一生所景仰的康德也误解了知识学,他公开批评费希特:

> 我认为费希特的知识学是一个完全站不住脚的体系,因为纯粹知识学只不过是一种逻辑,这种逻辑连同其原则达不到认识的内容方面,它作为纯逻辑与认识的内容相脱节,企图从这种逻辑中找出现实客体是徒劳的,因而是永远不可能实现的。①

显而易见,康德不反对费希特的思辨进程,也不反对费希特知识学的严密完整的逻辑推理,但康德坚持认为从主体中不可能创造客体,这个思想的根据当然还是他那个二元论。公允地讲,康德并没有意识到费希特哲学正是对他的意志自由思想的彻底发挥,他不能理解知识学的意义,是因为他自身哲学的不彻底。然而,即使费希特对康德的批评表现得非常理智,这也会使他重新考虑自己的体系,尤其是要考虑主客关系的问题。而此时对费希特最有挑战的则是他以前的学生和追随者谢林。1800年,谢林发表《先验唯心论体系》,标志着客观唯心主义的诞生,在此前后谢林还给费希特写信,认为知识学并不是唯一的、包罗万象的哲学,先验哲学与自然哲学就像实践哲学与理论哲学一样,同属一个哲学体系的两个部分。谢林对先验哲学的这个态度实际上就是否定了知识学所确立的最高原则,拒绝承认知识学是第一哲学。费希特反驳谢林,认为谢林与黑格尔一样误解了知识学,哲学的最高原则"不能从存在(Sein)开始,而必须从观照(Sehen)开始"②。费希特和谢林二人由此在"存在""观照""绝对"等问题上产生了深刻分歧,并就此展开激烈的争论。

所有这些外部环境的变化和深刻的意见分歧都要求我们的哲学家不仅要考虑知识学的表述,还要反省知识学的根本立足点。这样,费希特的知识学就开始了从主观唯心论向客观唯心论的转向,这个转向大约

---

① 《耶拿文汇报》"知识界副刊",1799年8月28日。
② 《费希特全集》(巴伐利亚科学院版)第3辑第5卷,第48页。

从 1800 年一直延续到他去世。在这个意义上可以说,费希特毕生都没有完成自己的哲学体系。尽管费希特本人在 1804 年夸口说,知识学在 1804 年已经是完成的体系,"是纯粹自身封闭的、不可改变的和直接清楚明白的体系"①,以后的变化与其说是内容的变化,不如说是论证方式的变化。但是,如果我们仔细阅读和分析他在此之后的著作,就会发现情况并不是像他所说的那样。

正如费希特在 1800 年底写给谢林的信中所说,这个转向开始于 1800 年发表的《人的使命》,"关于这一点的最明显不过的暗示见之于我的《人的使命》第 3 卷"②。虽然按照费希特所说,这部书不是为职业哲学家而是为一般读者所写的,但其中所显现的思想倾向却不能不引起人们的重视。费希特这时一方面认为,"自我是主体与客体的统一,是能意识者与所意识者、能直观者与所直观者、能思维者与所思维者的永恒统一"③;另一方面又认为,"不论在我之外或在我之内,都决没有持久的东西,而只有不绝的变化。不论在什么地方,我都不知道有存在,甚至也不知道有我自己的存在"④。"**直观**是梦;思维,这个一切存在和一切实在的根源,这个我所想象的根源,这个**我的**存在、我的力量和我的目的的根源,则只是关于这场梦的梦。"⑤既然费希特把自己早年深信不疑的自我、存在、直观、思维都当做一场梦,那他就不会再相信自我或本原行动能够创造一切,"我不能把存在同无联结起来,从无总不能生有"⑥。这样,费希特就要为知识学寻找其他东西,"即一种在知识之外存在的、就其本质而言完全不依赖于知识的东西"⑦,"这种东西比一切知识都更加伟大和崇高,并包含着知识本身的最终目的"⑧。对费希特来说,只有这种更加绝对、更加可靠的东西才能成为知识学的坚

---

①《费希特的生平和文学通信》第 2 卷,第 375 页,莱比锡,1930。
②《费希特全集》(巴伐利亚科学院版)第 3 辑第 4 卷,第 584 页。
③ 梁志学主编:《费希特著作选集》第 3 卷,第 597 页,商务印书馆,1997。
④⑤ 同上书,第 593 页。
⑥ 同上书,第 597 页。
⑦⑧ 同上书,第 596 页。

实基础。

　　由此来看,费希特早期知识学中赖以为根据的自我意识或本原行动是他在晚期着重思考的问题。即使要剥离它们,也必须给知识学找到一个更加坚实的基础,因为这里涉及有条件和无条件两方面的问题,而且它们又是联系在一起的。一方面,费希特早年与雅可比一样,认为认识依赖于直观,通过直观而达到对自我的认识是无条件的,这种无条件的自我意识或纯粹直观性就是整个知识学的基础,即费希特所说的不证自明的最高原理。但是,对自我的认识与任何认识一样,有其自己的界限和规定,有界限规定的东西当然不是无条件的。于是,一切认识、包括对自我的认识都是有条件的,都处于认识的前提之下。对费希特来说,无条件的东西并不以认识为前提或条件,承认一个有条件的认识是知识学的最高原理,无论如何是不可接受的。另一方面,费希特从一开始就接受康德的道德哲学,他把康德提出的道德诫命看做一个绝对无条件的东西,无论是在耶拿时期,还是在后来的柏林时期,他都始终如一地认为,一切有条件的东西最终都必须服从这个至高无上的道德诫命。这正像他自己所说:"不仅要认识,而且要按照你的认识而**行动**,这就是你的使命。"①但是,关于道德诫命的思想仍然是思想,它在本质上仍然蕴含在我们的认识自身之中,因而也是有条件的。因此,探讨知识学的根据,追寻无条件的绝对认识与无条件的绝对存在的关系就构成费希特晚期知识学的主题。

二　1801—1802 年的知识学

　　在《1801—1802 年知识学的表述》中,费希特讨论的重点是"绝对知识",而不是"自我意识"。他强调知识学以"绝对知识"为出发点,或者说,全部知识学是建立在"绝对知识"基础之上的。费希特在《1801—1802 年知识学的表述》的一开始就说,所谓"绝对知识"是表象或判断的

---

① 梁志学主编:《费希特著作选集》第 3 卷,第 596 页,商务印书馆,1997。

坚实性、不可动摇性,是关于一切具体知识的"知识"。这种绝对知识具有两个标志:其一,作为一般知识的知识,它本身就是是其所是,这就是说,它以自身为基础,并在自身中完成。其二,因为它是其所是,它才是是其所是的一般知识,它通过自身而得到实现,不接受外在的影响。费希特把前者称做绝对、静止的存在(Sein),把后者称做绝对的变易(Werden)或自由(Freiheit),他认为,两者的相互穿透(Durchdringen)、相互结合才构成绝对知识。[1] 但是,人们如果不仔细分析,很难看出这两者的区别。于是,费希特接下来又与此相应地阐述了绝对知识的两个"要素":一个是存在,它原本就是其所是,是绝对知识的质料,是一种静止的现存状态(Bestehen);另一个是自由,是绝对知识的形式或反思,它以存在为前提,表现为一种存在的知识(das seiende Wissen)。与前面两个标志一样,这两个要素也不能割裂开来,而必须结合在一起。用费希特的话说,绝对知识具有"有机的"特性,它并不是其中某一个要素,只有第一个要素下降,第二个要素对它进行补充,这两个要素互相穿透,才能构成绝对知识的绝对本质。所以,知识学是用"自我性来称呼这种绝对的穿透性"[2]。实际上,费希特这时的全部论述都是通过存在与自由这两个要素的结合而展开的,并且由此衍生出知识学的"反思""摇摆""理智直观""确定性""必然性""可能性"等概念,突出了知识学作为一切知识的基础的可靠性和坚实性。

在这里,费希特对"反思""理智直观"等概念的重新解释相当重要,它反映了费希特知识学的内在变化。关于"反思",费希特认为,它是结合绝对知识的两个要素的关键,它以存在作为前提,以自由去实现统一,知识学正是由于它才能避免杂多性(Mannigfaltigkeit),达到统一性(Einheit)。反思在这里具有两个停留(Ruhen)和转折的关键点:首先,反思停留在自由那里,只有经过进一步的规定,它才会变为"知识的自由",

---

① 参见费希特《1801—1802 年知识学的表述》,第 3 页,汉堡,1977。
② 同上书,第 25 页。

这次停留以自由为前提,它只注意外在、单纯的行为,这是知识的形式或自由。其次,反思停留在绝对的存在那里,它必须自为地上升为知识,这次停留以存在为前提,它的上升需要预先埋置自身把握的行为。从形式上看,反思得以实现依赖于自由,但是,它能够实现的根本原因还是在于存在或如此存在(Sosein)。因此,知识是在自身中实现的,而不是通过自由实现的,但知识只有通过自由才能展开和被人所把握。费希特后来继续强调这个观点,他有时用"思维"这个概念来代替"反思",但意思都是一样,即绝对知识之所以为一般知识,就在于它是以自身为根据的,对知识而言,并不存在知识以外的东西;但知识的所有存在则通过自由而得到论证,并且被人所观察和把握。

既然知识既不是存在,也不是自由,而是两者的统一,而这种统一是通过反思或思维而实现的,那么,这里的依据是什么? 费希特由此开始对"理智直观"的阐述。在他看来,知识的第二个要素是知识的形式,即自由,它本身是一个"存在的知识",是一种直观的行动。因为自由只存在于行动之中,而存在也仅仅因为自由而得到保存,所以,没有只作为知识而没有自由的停留;同理,也没有只作为反思而没有绝对知识之存在的自由。无论是从自由中推导出存在,还是从存在中推导出自由,它们只是从不同角度而言的,从本质上来看,它们都是在自身中进行推演。在这里发挥作用的是综合,而综合的核心是"理智直观"。

费希特把"理智直观"看做绝对的自我创造,或者说,是绝对的一种自身发生(Selbsterzeugung)。它产生于无,是纯粹的自由,是"自由之光的自我把握,因而是一种业已存在的目光和眼睛"[1]。之所以这样说,是因为自由只是绝对知识的形式,而不是知识的质料,它仅仅表明知识的产生,而没有表明产生什么知识(Was);而知识本身是绝对的存在,绝对

---

① 费希特:《1801—1802年知识学的表述》,第61页,汉堡,1977。

知识不能从自身那里观察"什么",也不可能通过追究自身的根源去观察"什么",不然,它就不是"绝对的"。然而,知识是自我和自为产生的,只有在作为其质料的"什么"之中去观察,知识才是可能的。恰恰是因为绝对知识的这种自为性,才可能产生理智直观。作为纯粹的"观照"行动,理智直观"自为地"直接表露自己的事实(Was),绝对知识正是由于理智直观的行动而得以显现出来。在理智直观的这种纯粹行动中,它关注的焦点既不是存在也不是自由,而是这两者的综合,使其达到绝对统一、不可分割。只有这样,思维才不盲目,自由才不空洞——这就是"理智直观"的作用,而且也因为理智直观的这种纯粹统一的行动,我们才能够捕捉到绝对知识的存在与自由的统一性。

然而,绝对知识的这种统一性的根据是"确定性"(Gewissheit),它来自我们的感觉,是一种信念;另一方面,一切直观都是自由的,一旦它去追问绝对的原因(weil),作为绝对存在物的质料就可能遭到毁灭,所以,自由的直观必须与知识的存在相统一,否则,就不构成绝对知识。从这层意思就会产生"必然性"的概念,它是因为追问绝对知识而过渡出来的,它产生于自由,却是非自由的。绝对知识的真正核心,既不在于作为知识的自身把握(借助于形式自由),也不在于绝对存在的自身毁灭(因为直观的追问),而是在于这两者之间,因为没有其中任何一方,他方就不能成立,两者缺一不可。知识学中原先就有的"摇摆"(Schweben)概念在这里得到进一步的发挥,并以此导向"可能性"与事实的阐述。

我们由此看到,费希特的《1801—1802 年知识学的表述》的转向主要表现为以下三点:第一,绝对知识的质料虽然原本就是其所是,但它只是一种存在,并没有显现出来,只有绝对知识的形式——自由,才能使其得到显现,所以,绝对知识不仅仅是建立在自身之中,它还必须超越自己,它必须扩展、延伸出去,才能成为"存在的知识"。第二,知识学的特性是把杂多综合为统一,要实现这种统一,绝对知识既不能停留在现存状态,也不能仅仅借助于形式自由的自身把握,而是在这两者之间摇摆,因为没有其中的任何一方,他方就不能成立。第三,既然绝对知识是一种综合,所以,就不应当进行主客二分,而应当把主客当做"一",它是主客的相互穿透、相互结合。很显然,费希特虽然在这里还没有完全舍弃"自我""自我意识",还是从主观性来表述绝对知识,但由于他在这时不再把那个本原行动当做知识学的不证自明的基础,而是把绝对知识的存在引入进来,他事实上已经在向客观唯心论迈进。

三　1804 年的知识学

1804 年,费希特在柏林开过三次知识学的课,是对《1801—1802 年知识学的表述》的继续。三次讲课的内容都差不多,但第二次的讲课手稿表达得最完整。费希特本人非常看重 1804 年的讲课,称它是知识学的完成形态。但是,他对当时的社会环境很失望,认为"我们的时代是一切思想绝对荒芜的时代"[1],不愿意将手稿付印,而倾向于口头传授。直到费希特去世后,他的讲课手稿经整理后才得以发表,引起了学术界的重视。

费希特在 1804 年的讲课中把 1801 年提出的绝对知识的思想当做他的哲学论证的出发点。从费希特整个思想的发展脉络来看,如果说 1801 年以前是从自我意识、本原行动推演出绝对知识,是从杂多推演出一,那么,1804 年以后则是从绝对推演出现象,从一推演出杂多。对费希特来说,"知识的本质就在于,一存在于杂多之中,而杂多产生于一"[2]。"从杂多到一"是知识学的上升过程,被费希特称做真理论或理性论(Vernunftslehre),构成 1804 年知识学讲课的第一部分,也是他着力阐述的重点;"从一到杂多"是知识学的下降过程,被他称做现象学或现象论(Erscheinungslehre),是这次讲课的第二部分。知识学既不在于这个统一的"一",也不在于纷乱的杂多,而是在两者之间的摇摆。

在被称做真理论的第一部分,费希特并不是去具体论述真理的内

---

[1]《费希特全集》(巴伐利亚科学院版)第 3 辑第 5 卷,第 236 页。
[2] 冯特:《费希特研究》,第 175 页,斯图加特,1976。

容,而是着重讨论如何从杂乱纷呈的现象中去认识真理,用费希特的话说,就是在一个绝对的统一性上表达绝对知识。费希特认为,所谓真理乃是"观点的绝对统一性和不可更改性"①。统一性是真正在自身中完成的绝对,是杂多的原则,而杂多作为受到统一性原则支配的现象,通过其存在根据可以被认识。在纷乱的现象中,唯一能够照亮哲学家的就是统一性的真理之光。所以,哲学的本质就在于,从现象的杂多中探究和表达这种统一性。

但是,不同的哲学对这种绝对有不同的表象。康德以前的哲学把绝对设定为一个静止不动的存在。康德的先验哲学打破了这种独断论,他从理性的不同意义上去认识被分裂在各个范畴中的绝对,尽管这些范畴依赖于绝对的真理意义,但绝对却因此降低为对各个环节的规定。费希特不仅不同意以前的独断论,而且想克服康德的二元论。他说:"包括康德在内的所有哲学家们都显然得出了一个结论,即绝对被设定在存在之中,被设定在僵死的物之中,这个物据说是物自体。"②费希特的知识学发展了康德的先验哲学,在费希特看来,绝对既不在与意识相对立的存在之中,也不在受到限制的、与存在相对立的意识之中,而是应当从绝对的原始统一性去认识绝对,从绝对中推演各个环节,此后再去推演各种各样的实在形式。这里的关键在于发现这个绝对的统一性,它是一切知识的前提,没有这个绝对统一性的"一",就不可能产生知识。

我们注意到,费希特在这时有关绝对和绝对知识的表述不同于1801年。他在彼时说,绝对知识是存在和自由的结合,而此时则改变为,一切知识都是统一性和杂多性,一切杂多都可追溯到绝对的统一性,而统一性是有机的,所有杂多都可以从中分离出来。一切包含着真理的知识都有运动的意识和非运动的存在,一切真正的知识同时还都是发生的、构造的,因此只能在运动中去理解和认识这样的知识。不过,人们是通过

① 费希特:《1804年知识学阐述》,第7页,汉堡,1975。
② 同上书,第10页。

概念理解知识的,概念本身是变化的,它在思维运动中才成立;而人们所要理解的知识却是非运动的"一",它是静止的、非变化的存在,这样的存在具有不可理解性。绝对知识所包含的这种变化与非变化、可理解的概念与不可理解的存在,表面上看来是互相对立的,但在本质上却是统一的。绝对知识的不可理解性是对概念的否定,其根本原因就在于它的自明性原则,但是,不可理解性本身却来自概念,作为对概念的否定,它只是从概念过渡出来的一个标志而已。费希特说:

> 所以,所有绝对的质产生于知识。绝对本身并不是不可理解的,因为这样是没有意义的;只有在概念试图贴附于它的时候,绝对才是不可理解的,这种不可理解性是概念的唯一的质。[1]

> 如果抽去概念所产生的东西,在绝对那里剩下的只有纯粹的自为现存或实体性。[2]

由此来看,绝对超越一切概念,概念在这里只能意味着毁灭(Vernichten);反过来说,绝对恰恰是在概念的毁灭中才能被认识。正如许多哲学史家所说的,费希特关于绝对的可理解性和不可理解性的表述,达到了其知识学的辩证思维的高峰。

为了使人们理解他关于绝对知识的论述,费希特在这里引入了"光"这个概念。"光"不只像在 1801 年时那样是存在的原则,而且是直接由自身、在自身中、通过自身的存在,"存在与光是同一个东西"[3]。光在事实上是一个真正的本质,但其此在(Dasein)却是双重的:一方面是直接的,是内在的存在,由自身和通过自身而表现纯粹统一性;另一方面是间接的,是外在的形式,通过概念的间接映现(图像和映像)而表现存在和思维的分裂。由于光具有直接自明的原创性(Genesis),所以,在表达光

---

① 费希特:《1804 年知识学阐述》,第 35 页,汉堡,1975。
② 同上书,第 36 页。
③ 同上书,第 200 页。

的时候就必须设定和消除概念。光不仅与概念相联系，而且因为等同于存在，它也因此与生活联系在一起。费希特以前只是把生活作为知识的对立面而提出的，而现在生活则被直接当做原始实在，成为一切知识的来源。费希特之所以发生这个变化，就在于他认为存在是活生生的生活，而不是完全客观的实体，存在与生活是互相穿透、完全融合的，它们是一回事。"存在与生活的这种一致性不可能外在于自己，也不能在自身之外去寻找，在它以外就是无。"①费希特在这里强调，这样的存在根本不是作为客观的实体之存在，而是一个纯粹动词性的，因为只有"存在"才是活着，直接生活着就是"Esse"（存在），所以，只有动态的存在才与活着是绝对不可分隔的统一。② 更具体地讲，我们生活在生命行为中，我们因此就是一个不可分隔的、统一的"存在"，而且我们是由自身、通过自身和在自身中而存在的。

对费希特来说，这里所说的存在是绝对的，它不同于那种与意识相对立的客观的实体存在。在把生活概念扩展到原始实在时，必须对实在的形式加以区分。一种实在是一切知识的基础，是原始的、纯粹自身规定的绝对生活，这样的实在就是前面所说的纯粹存在；另一种实在是由前者推演出来的，它是多种多样的现象生活，它来自绝对生活，并且是绝对生活的展开。这样，费希特的知识学就转变为生活学问（Lebenslehre）。不过，这门生活学问并不是回答具体的生活问题，而是从原初的生活去认识一切现象。费希特认为，"知识是原创的，它自在自为地具有自明性。知识的最高级现象并不是其内在本质，而只是表现为

---

① 费希特：《1804 年知识学阐述》，第 152 页，汉堡，1975。
② "Sein"在德文中有"存在"和"是"两种含义。如果强调的是本体论的意义，一般译为"存在"；反之，在强调逻辑认识论的意义时，则译为"是"。费希特在这里用这个词，两个意义兼而有之，我们在这里把它译为"存在"，并不表示排斥其他译法。与此相关的是，下文的"Leben"也有"生活"和"生命"两种意义，我们把"Leben"译为"生活"，同样不认为把它译为"生命"就是错误的，这只是表达了笔者对费希特思想的理解。（参见李文堂《真理之光——费希特与海德格尔论 SEL 》，第 110—132 页，江苏人民出版社，2002。）

其外部的此在——这就是事实"①。所以,单纯事实的存在只能在其发生中被认识,显现的是其自明性原理,而知识学由此获得的见识(Einsicht)也是发生的和原创的,知识学引入的是原创自明性,推演的也是自明性,它因此具有先验的意义。

与此密切相关的是知识与生活的关系。1801年以前,费希特把它们看做对立的,知识是人的理智证明,属于理论范围,而生活是人的具体活动,属于实践范围。1801年以后,费希特的思想发生变化,他把生活视为知识的来源和根据,生活作为绝对自身而显现,而知识则是一个不可或缺的阶段。作为绝对存在的生活映现出各种图像,而知识在图像之间摆动,由此,知识可以洞察诸图像,并进入到真正的绝对。

费希特以为,现在关于知识学的推演和表述是最清楚和最完整的。知识学一方面通过概念发现自身的界限,另一方面能够因为绝对存在的自明性而见识自身。知识学在确切地承认这种界限的同时,认识到界限的那边就是绝对的"一",即纯粹生动的真理之光。知识学由此潜入那种显现真理的绝对生活之中,并且指明我们的超过一切反思形式的此在生活。

在被称做现象论的第二部分,费希特试图阐发的是他在1801年讨论感性世界和道德世界的结合时已经表达过的思想,这部分也可以被称做具体的知识学。费希特在这里纠缠于如何可能从绝对中推演出现象的知识(das erscheinende Wissen)以及与之相关的基本概念,以致他没有时间讨论下去,只能在第28讲匆匆结束,这部分实际上并没有完成。

我们现在只能根据费希特的提示,从方法论上提出值得我们注意的东西。

首先,关于观念论与实在论的关系问题。费希特在第一部分已经提到观念论与实在论的对立,并想予以逐步解决。在这里,费希特看到观念论与实在论交织在一起,两者的运动同时受到事实知识和原理知识的

---

① 费希特:《1804年知识学阐述》,第120—121页,汉堡,1975。

限制。在观念论中作为确定的事实而表现出来的东西,在实在论中就会涉及根据,并且因它的发生而被见识。通过对这两种不同立场的比较,人们就会发现,因为矛盾而产生了从一个立场到另一个立场的过渡,并且推动概念的运动。费希特的哲学从一开始就包括矛盾的要素,但是,在此以前并没有这样重要,直到这时,矛盾才显现为运动的原则。"我们在这里会遇到一个其自身处在矛盾中的立场,它会导致一种分离,因此它的事实原理就是原创的,更高层次的观念论和实在论的原理或许就是'一'。"①虽然费希特在此推演出来的属于现象知识的东西与他先前在真理论中提出的思想并没有本质的区别,但他毕竟看到在现象中知与行的矛盾和矛盾的主要作用。②

其次,关于理性的原创性问题。费希特依据第一部分的论述提出,绝对理性之统一性的见识直接在自身中引起绝对的此在,它表明,理性既是一切知识的根据,同时在自身中还是原创的。这里有两方面的意思:一方面,这种原创性是指理性外化时才是生动的和能动的,仅仅从外在观察而言,理性本身是内在的、被遮蔽的,但这并不是说,理性的原创生活是理性的原始和绝对的此在,而只是说,由原创引起的现象是通过自由而实现的理性见识,其根据只可能是理性自身,在这里,随意性(Willkür)或自由是理性实现的关键;另一方面,此在是由理性所建立的一个纯粹的、绝对的事实,尽管人们总是想给予它客观的、外在的形式,但由于产生于绝对理性,它依然是理性的表达,而不可能是其他东西。综合这两方面来看,知识学的辩证法在这里就表现为,绝对知识的原创性不是被客观化的东西,而是在直接的客观化自身那里;理性的见识只可能出现在原创性所显现的此在之中,而且只有通过自由才是可能的,理性是自由地显示自身;但与此同时,作为现象的理性见识

---

① 费希特:《1804 年知识学阐述》,第 277 页,汉堡,1975。
② 有些学者对此有不同的理解,他们认为,费希特所说的观念论与实在论的关系是建立在观念论的背景上的,它表现了知识学的"观念"之特性。(参见布吕根《费希特的知识学——1801—1802 年以后版本的体系》,第 70—71 页,汉堡,1979。)

必定受到限制,因为这样的现象原本就在理性之中,它必须服从理性的法则。

通过对理性之原创性极富思辨的讨论,我们就可以知道费希特得出的结论,这就是,当我们在现象世界中有各种各样的认识时,如感性认识、自然崇拜、物质主义、道德行为的意识,就必须设定一个与它们相反的绝对统一的理性意识,因为前者是变化不定的杂多,只有后者才是我们可以依据的永恒不变的绝对真理。由此来看,费希特在现象学部分所说的东西并没有超出真理论部分,而且也没有将真理论具体化。

四　知识学的具体化

从 1801 年开始,费希特就一直试图从抽象的知识学原理中发展出与现实存在相关的"现象的知识",即所谓的"具体化的知识学"。然而,在 1804 年的知识学表述中,他也没有完成这个任务,只是把它改称为"真理论的具体化"。

这个任务费希特是在 1806 年以后的所谓通俗学说中才完成的。按照费希特自己所说,这些通俗学说是指他在柏林科学院所作的《极乐生活指南》的演讲和稍后的《现时代的根本特点》及《论学者的本质》。费希特本人对这几部著作非常满意,他甚至认为,它们都是知识学的结果,"它们一道构成了一个通俗学说的整体,而演讲则是这个整体的顶峰和最明亮的光点"①。

从知识学的发展来说,《极乐生活指南》在这里具有极其重要的意义,因为"《极乐生活指南》清楚地表明了我的思想体系的结果"②。或者换句话说,《极乐生活指南》是把知识学的理论思考应用到具体的生活观上。

这里值得注意下述两方面内容:首先是费希特关于存在与生活关系

---

① 费希特:《极乐生活指南》,第 3 页,汉堡,1983。
②《费希特全集》(巴伐利亚科学院版)第 3 辑第 3 卷,第 354 页。

的论述。他在这时的论述比 1801 年具体详细得多,他仍然认为,"生活与存在是一回事和同一个东西。只有生活能够独立地、从自身和通过自身而存在;同样,只有生活如此确定,以致生活能够在自身中引起此在"①。但是,费希特并不把五花八门、林林总总的生活现象看做是真实的生活,它们只是生活的假象。费希特以为,他所说的与存在是一回事的真实生活具有如下的特征:第一,真实生活是单一的,而不是杂多的,它不接受外在的影响。第二,真实生活因为是绝对的"一",所以就不是不停的变化,而是永恒常在的。第三,真实生活热爱永恒存在的、唯一的对象,它就是"我们所认为的上帝,或者至少是我们所应该认为的上帝"②。第四,真实生活爱上帝,而上帝无处不在,无时不在,上帝也会把恩泽赐给真实生活,真正的幸福就在于爱的主体与被爱的对象完全融为一体,真实生活因此可以达到极乐。

其次是费希特关于生活与思想关系的论述。在费希特看来,由于人的本性是分散性和个体性,所以生活呈现在我们面前的是纷繁复杂的现象,但真实生活是永恒不变的"一",因此,只有思想才能认识这种真实生活,并引导我们趋向这个绝对的统一性和极乐。同时,极乐是自我愉悦和自我享受,达到这点也完全依赖思想,极乐的生活就蕴含在思想之中。由此来看,思想就意味着生命或生活,"一切生活都是以自我意识为前提的,只有自我意识才能把握生活,并能把生活变成一种愉悦的对象"③;反之,没有思想则意味着死亡,或者说,"没有思想可能就是死亡的来源"④。费希特认为,对生活思考的关键在于对上帝的认知,"纯粹的思维本身就是上帝的此在;反过来说,上帝的此在,从其直接性来讲,无非是纯粹的思维而已"⑤。

---

① 费希特:《极乐生活指南》,第 12 页,汉堡,1983。
② 同上书,第 15 页。
③ 同上书,第 19—20 页。
④ 同上书,第 42 页。
⑤ 同上书,第 59 页。

分析上述两方面内容,我们可以清楚地看到,在费希特知识学的最终点,思想与信仰是联系在一起的,知识不再是空洞的抽象,而是原本就包含着上帝存在的内容。费希特在这里已经表明,尽管在现实生活中上帝存在是无形的,但上帝存在就其意义而言必定是知识,只有在这种知识中才能形成世界上的一切存在物,我们生活的意义就在于信仰上帝。从此以后,知识学蒙上一层浓厚的宗教色彩。在《1810 年的知识学》中,费希特着重思考的就是绝对,他根据《圣经》中的"约翰福音"和"逻各斯"来探讨这个问题,并且提出知识从属于绝对、绝对等于上帝的观点。知识学已经不是从人的主观意识出发去考察主体创造万事万物的能动性,而是越来越具有宗教的说教性。对此,著名诗人海涅讽刺说:

> 不料在一天的清晨,我们发现费希特哲学发生了巨大的变化。它开始舞文弄墨,哼哼唧唧,变得温和而拘谨起来了。他从一个唯心主义的巨人,一个借着思想的天梯攀登到天界,用大胆的手在天界的空旷屋宇中东摸西摸的巨人,竟变成了一个弯腰曲背,类似基督徒那样,不断地为了爱而长吁短叹的人。[1]

通过回顾费希特知识学的演变过程,我们可以看到,费希特一生多次修改知识学,从总的倾向来看,知识学是从主观唯心论向客观唯心论的转向,但他常常又不能割舍由自我来设定一切的主体性思想。所以,在知识学的发展过程中,费希特的哲学方向有时就显得比较模糊,甚至飘忽不定,使人们感到很难把握。我们在认识这点的同时,应当实事求是地承认,哲学与任何一门科学一样,要想获得任何一点进步都不是容易做到的,更何况费希特是把康德哲学大大地向前推进了一步。费希特不囿于前人的思想,在继承康德先验哲学的基础上,大胆创新,勇于探索,勤于思考,知识学中所蕴涵的智慧之光,如从主体设定客体的方面来

---

[1] 海涅:《论德国宗教和哲学的历史》,海安译,第 329 页,商务印书馆,1974。

消除康德先验唯心论的二元论,根据概念的矛盾推演出的发展观、对立统一观、主客统一观等,为德国古典哲学乃至整个近代哲学的发展作出了巨大贡献。

第三章　呼唤自由的社会政治学说

　　费希特自己曾经明确地说,"我的体系是第一个自由体系"①。考察费希特的全部学说,我们就会发现,如果说他的知识学的晦涩难懂掩盖了其自由的本质,那么,在他的社会政治学说中,追求公正、呼唤自由的精神则得到充分显现。在德国哲学革命中,费希特的社会政治思想的形成和表达,既不像康德那样,是在法国革命以前,也不像谢林和黑格尔那样,是在拿破仑帝国建立时期,而是在法国革命的疾风暴雨年代,所以,唯有费希特最直接、最持久地受到法国革命的影响,唯有他最坚定、最激烈地为法国革命的原则——自由和公正作辩护。在耶拿和柏林时期,费希特把知识学与对社会政治生活的关心结合在一起,把知识学原理应用到自然法权和国家理论之中,建构了他的独具特色的政治学说。费希特晚年恰逢拿破仑入侵德国,为了维护民族的独立,他四方奔走,大声疾呼,号召德意志人民起来赶走侵略者。为此,他的晚年政治思想常常遭人误解,被当做狭隘的民族主义。正确理解费希特晚年的政治和社会思想,准确区分其中所表现的爱国主义与民族主义,也是本章所要完成的任务。

---

① 《费希特全集》(巴伐利亚科学院版)第 1 辑第 6 卷,第 78 页。

第一节　索回思想自由与捍卫法国革命

费希特一生都以极大的热情关注和参与社会政治生活。青年时期，他就接受了卢梭为法国革命准备的理论，并在其影响下写出《不眠之夜偶想》("Zufällige Gedanken in einer schlaflosen Nacht")。在这篇还稍显稚嫩的论文里，费希特义愤填膺地揭露了封建贵族依靠特权残酷剥削人民的黑暗现实，呼吁人们改变道德败坏的现状。

法国革命爆发以后，费希特以浓厚的政治兴趣关注法国革命的进程，大量阅读有关法国革命的材料。当普鲁士国王弗里德里希二世压制思想自由，连续颁布禁止宣传启蒙思想的"宗教信仰敕令"和"书报检查敕令"后，年轻的费希特对比莱茵河彼岸如火如荼的大革命景象，返观德国的黑暗现实，再也按捺不住心中的义愤，奋笔书写了战斗檄文《向欧洲各国君主索回他们迄今压制的思想自由》，于1793年复活节匿名发表。在这篇论著的一开始，费希特就向德国人民大声疾呼："不，民众，一切的一切都可献出，**只有思想自由不能**。"[1]对君主他则说："不，君主，你不是我们的上帝。从上帝那里我们期待的是幸福，从你那里我们期待的是对我们权利的保护。你不必对我们发慈悲，你应当公正。"[2]费希特如此呼吁的依据，就是康德哲学中的意志自由、道德法则的观点与法国革命所倡导的天赋人权和社会契约论。费希特竭力宣传说，野蛮时代已经过去，民众应当意识到，民众不是君主的奴隶，每个人都不是其他人的财产，而只能是自己的所有；每个人都是自由的，他只能自由地服从良心，而不受任何外在的强制。这是人之所以为人的唯一规律，其他任何规律都不能约束这个规律。根据这个规律，自由与我们的人格甚至与人性都是同样至关重要的，是我们决不能放弃的、不可出让的权利。对于君主限制人民的思想自由，费希特尖锐地说，根据社会契约，自由是民众本身

---

[1] 梁志学主编：《费希特著作选集》第1卷，第141页，商务印书馆，1990。
[2] 同上书，第143页。

都不可以出让的权利,君主当然也无权占有。君主在无法阻止我们自由思考的情况时,禁止我们传播思想的自由,也同样是违法地占有我们思想自由的权利。因此,人民理应索回原本就属于自己的思想自由和言论自由,而欧洲君主应当立即进行政治改革,把属于民众的权利还给人民。

对于封建君主及其卫道士的各种限制自由的说法,费希特予以针锋相对的反驳。有一种说法是,"可以自由思考,但不能传播"。费希特则反驳说,在精神领域里,人们要想得到充分、平等的发展,思想交流是必不可少的条件,自由传播和获取思想成果都是人民的不可出让的权利。费希特说:

> 我们的教育和教养的最丰富的源泉之一是精神与精神的相互沟通。从这个源泉汲取教养的权利我们不能放弃,除非放弃我们的精神,放弃我们的自由和人格;因此,我们**不可**放弃这一权利;因此,其他人也不可放弃**他**那允许我们从中汲取教养的权利。[1]

另外一种说法是,"可以传播真理,但不可传播谬误"。对此,费希特首先说明,凡是正直的人都愿意传播真理,而不想故意传播谬误。这里的关键问题在于鉴别真理与谬误的准绳是什么。费希特为此区分了主观真理和客观真理、感性世界的真理和道德真理。在他看来,一种无限高的意义上的真理"应该通过最纯粹、最自由的自我活动,按照原始的正义与非正义概念自己**产生出来**"[2],"人和上帝的永恒真理就在于,有不可出让的人的权利,思想自由也属于这类权利"[3]。而君主也是凡人,君主也会犯错误,因此,君主的意志并不是真理的源泉,君主的言论也不是真理的标准。费希特以此不仅捍卫了人民的思想自由和言论自由的权利,而且剥夺了封建君主君临一切的特权。对于民众在法国革命和其他地方起义中出现的一些过火行为,费希特作了具体的分析,他认为,"这不

---

[1] 梁志学主编:《费希特著作选集》第 1 卷,第 151 页,商务印书馆,1990。
[2][3] 同上书,第 154 页。

是思想自由的成果,而是以往长期的精神奴役的结果"①。所以,封建卫
道士不应当把这些过火行为归咎于思想自由,而应当从专制主义那里找
原因。费希特相信,人的理性本质可以克服感性冲动,人的自律原则可
以减少和避免过激行为。"只有思想自由,只有不受阻碍、不受限制的思
想自由,才能够建立和巩固国家的幸福。"②费希特这时对统治者还抱有
希望,他奉劝他们:"绝不要充当统治者,而要充当自由的合作者,绝不要
充当精神的主宰者,而要充当精神成果的愉快的同享者。"③费希特以为,
只有这样,统治者才能重新获得人们的尊敬。

由此来看,虽然费希特强烈地主张自由和公正,但他在政治上还是
比较温和的改良主义者,他并不主张采用暴力推翻封建统治,而是希望
在德国进行自上而下的政治改革;他赞同法国革命,但并没有对法国革
命的原则作充分的辩护和阐发;在思想上他所依据的是康德的意志自由
和道德法则的理论,但他没有对这个理论进行深刻的反思和必要的
发展。

此后不久,费希特发表了《纠正公众对于法国革命的评论》,其政治
立场和哲学思想有了明显进步。促使费希特撰写这部著作的外在原因
是,法国民主主义者废除君主立宪制及其一系列革命措施吓倒了曾经同
情过法国革命的德国庸人们,不仅德国的封建主义者,而且许多知识分
子都开始攻击法国革命,歪曲和诽谤法国革命在德国一时甚嚣尘上。面
对这种反对法国革命的情绪和言论,费希特坚持自己的信念,对这场革
命始终采取肯定的态度。他公开地说:"在我看来,法国革命对于全人类
都是重要的"④,"法国革命正是一幅关于人的权利和人的价值这个伟大
课题的瑰丽画卷"⑤。他把纠正公众对法国革命的看法,论证革命的合
法性,看做自己义不容辞的责任。他从康德哲学的理性主义出发,吸收

---

① 梁志学主编:《费希特著作选集》第 1 卷,第 161 页,商务印书馆,1990。
② 同上书,第 163 页。
③ 同上书,第 169—170 页。
④⑤ 同上书,第 173 页。

社会契约论的观点,对欧洲各国从封建主义过渡到资本主义的一些带有根本性的问题作了深刻而令人反思的阐述。

（一）评判法国革命的基本原理

康德曾经指出,尽善尽美的国家制度虽然是一个绝对无法实现的理念,但它却是必要的,因为它可以使人类的法律制度日益趋于最大程度的完善。康德严厉批评那些把这个理念当做无聊幻想而诉诸经验主义的思想家,强调在立法时必须把这个理念当做范式。康德的这个思想构成了费希特评判法国革命的哲学前提。费希特认为,法国革命是人类为创造和建立一个美好的国家制度而进行的伟大创举,在人类历史上没有现存经验可以借鉴,因此,评判法国革命只有以理性主义为出发点才能得出正确的结论,而以经验主义为出发点则是错误的。其论证主要有三点:

第一,费希特认为,经验主义之所以不可取,是由于经验原则会有意或无意地影响我们的判断,使我们无法得出正确的结论。就无意识的影响而言,一般民众往往出于对自己的父辈和师长的尊敬,把他们传授的一些命题不经证明就接受为评判是非的标准。但是,这些命题的真理性依赖于它们能否从更高的理性原理中推导出来。如果不能,我们就会在评判时代的变化和进步时缺乏普遍有效的原则,而只会得到莫衷一是的答案。就有意识的影响而言,经验原则导致的矛盾极为明显。这有两种情况:一种情况是作为物质利益的经验原则对评判法国革命造成的尖锐对立。比如,一个因革命而穷困潦倒的贵族与一个因此而获得解放的农奴对法国革命的看法就会截然相反。这两种彼此对立的看法都是从经验原则出发造成的,如果不以先于经验和普遍有效的理性原理加以评判,它们的矛盾就不可能得到克服。另一种情况是作为历史证明的经验原则导致的自相矛盾。这条经验原则的要求是从业已发生的事情推演出应该发生的事情。按照这个原则,人除了利用所积累的经验以外,就没有任何普遍有效的规律可以作为自己行动的根据。然而,人们的经验总是有限的,必然会达到自己以经验无法证明新事物的地步。于是,用经验回答问题的人们就不得不给每一个时代确定一个行动规则。这样做的结果只能是,在将来发生剧烈变革的时候,他们自己"就会咒骂他们现在称之为正确的东西,而将他们现在咒骂的东西称为正确的"①。

第二,费希特把先验主体即他在知识学中所说的"纯粹自我"确定为评判事实的基点,把先验主体所固有的规律确定为检验事实的根据。在费希特看来,每个人都是纯粹自我与感性自我的统一。感性自我是指构成人的躯体的那部分物质实体,而纯粹自我则是指不依赖于经验而普遍有效的精神实体,它在我们身上常常表现为道德命令、道德法则和道德良心等。纯粹自我不仅自相一致,而且抑制和陶冶感性自我,从而使人成为理性存者。费希特撇开一切感性因素而抽象出来的自我规定,就是他推演人的一切天赋权利的最高原理。依据这一原理,费希特继续阐述说,人注定是过社会生活的,这样就有权利和义务的问题与正义和非正义的问题。既然道德法则作为原始形式的表现是普遍有效的,它就必定支配一切生活领域。所以,费希特断言:"凡是向我们要求这一规律的,一般称做**正义**、**合乎义务**;凡是向我们禁止这一规律的,一般称做**非正义**、**违背义务**。"②"凡是这一规律不禁止的事情,我们都可以做。对于我们可以做的事情,我们都有**权利**,因为这个'**可以**'**是合法的**。"③应当指出的是,费希特如同英国古典经济学家一样,把一种孤立的、理想的个人当做生活的起点,而没有认识到这样的个人乃是封建制度解体和新兴生产力发展的结果。

第三,费希特以理性主义的先验原理为向导,吸收了社会契约论的成果,制定了他自己的社会概念。在他的视野里,社会系统有四个领域:良心领域、天赋权利领域、一般契约领域和特殊契约领域。组成社会系统的元素是生活在精神世界中的先验自我或道德实体。这种先验自我是"孤立的,仅仅同自己的良心,同自己的道德格言的最高执行官在一

① 梁志学主编:《费希特著作选集》第 1 卷,第 191 页,商务印书馆,1990。
② 同上书,第 194 页。
③ 同上书,第 195 页。

起。这是他的最高法庭,他的一切其他方面都从属于良心"①。他同时也作为感性自我从良心领域进入作为现象世界的社会生活,他在这时与其他人就生活在天赋权利的领域里。他们共同遵守的法律是道德法则,它规定现象世界,并被称为天赋人权。随后,人们在处理财产、劳务等经济关系时缔结了各种一般契约,因而都共同生活在这种契约里。为保障一般契约中的双方利益不受损害,监督双方履行自己承担的义务,在一个人与全体之间又缔结了特殊契约,即国家宪法。这种契约的一方是人民,另一方是由一个人代表的国家。在这个特殊契约领域里,道德法则依然有效,它要求国家组织必须促进每个人的完善,以利于终极目的的实现。费希特由此就得出一些具有重大意义的结论。他在天赋权利领域里得出结论,人具有不可转让、不可剥夺的权利;他在一般契约里得出结论,人通过劳动把自己的形式赋予对象,从而成为自己的劳动产物的真正所有者,所以"不劳动者不得食";他在特殊契约里得出结论,君主的权力来源于人民,人民有修改宪法的权利。很显然,费希特在这时关于社会契约的论述比在《向欧洲各国君主索回他们迄今压制的思想自由》中精细、完善得多,他以此回答他那个时代的根本问题时就显得理直气壮。

(二)修改宪法是人民的权利

法国革命提出的一个极为重要的问题是,人民是否有权修改自己国家的宪法。费希特依据上述社会契约论的观点明确提出,修改宪法是人民不可转让的权利。他详细分析说,在市民社会中占支配地位的是许多具有同等权利和义务的人们所缔结的一般契约,他们根据自己的意愿参加这类契约,互相交换自己的劳动所得。根据契约,他们享有对方给予自己的权利,同时也必须履行自己向对方承担的义务。只要有一方不愿守信,改变主意,契约就会被取消。因此,一般契约是在社会成员自愿的基础上形成或解体的。费希特在这里还对市民社会与国家组织加以区

---

① 梁志学主编:《费希特著作选集》第1卷,第268页,商务印书馆,1990。

分。他认为,尽管市民社会和国家组织都属于契约领域,都以法律和权利构成其特征,但是,前者涉及的是人与人在经济关系中的可以转让的权利,而后者涉及的是人与人在政治关系中的不可以转让的权利。宪法是契约领域的一部分,支配契约领域的自由意志不仅对一般契约有效,而且对宪法有效。这里的情况依然是,"社会契约的约束力仅仅产生于缔约者的意志,而这种意志是能够改变的"[①];"所有缔约者都必须意见一致,谁都不能被迫加入契约"[②]。费希特在这里强调,天赋权利贯穿在一般契约和特殊契约里,它在国家政治生活中是同样不可剥夺的,这就是说,宪法也要服从于缔约者的意志。

在费希特看来,这里的根本问题在于,任何一个不可改变的国家组织或任何一部不可修改的宪法都是矛盾的和不可思议的。其原因主要有三:第一,以往的人类历史并不能证明人类获得了走向完全自由的进步,相反,人类通向自由的教化总是受到封建专制主义的限制和扼杀。第二,一切君主都是对内实行肆无忌惮的独裁,对外实行一统天下的扩张,其结果是全体社会成员都必须以君主的意志为自己的意志,人们的思想都必须以外在的权威为依据,人竟然变成了纯粹被动的机器。第三,人类应该并且能够选中一部着意于实现自己的终极目的的宪法,建立一种以这类宪法为蓝本的国家组织,因此,符合人类必然进程的宪法将会变得越来越简单易行,以致最后废弃自身而让位于理性的普遍有效规律的治理。这样,费希特就合乎逻辑地得出这个观点:"没有一部国家宪法是不可修改的,一切宪法都可修改,这是由宪法的本质决定的。一部坏的宪法违背一切国家组织的必然终极目的,它必须加以修改;一部好的宪法促进这一目的,它自身就能修改。"[③]

费希特因此向人民大声疾呼:改变国家宪法是人们不可转让、不可剥夺的权利,规定国家宪法不得修改是完全与人类的理性精神相违背

---

① 梁志学主编:《费希特著作选集》第 1 卷,第 221 页,商务印书馆,1990。
② 同上书,第 222 页。
③ 同上书,第 239 页。

的。在君主违背契约、实行专制的社会里,人民有权进行革命,废除坏的旧法统,建立好的新法统;在此之后,人民依然有权修改自己国家的宪法,使之符合越来越接近的终极目的。因此,任何无视或剥夺人民修改国家宪法的权利的理论和实践都是荒谬的。

（三）废除贵族特权的必要性

在封建社会,贵族把他们享有的种种特殊权利视为天经地义的,他们依仗这些特权妨碍和破坏自由平等的原则。费希特清楚地认识到,如果不在理论上阐述废除贵族特权的必要性,那么,在实践上就不可能真正实现自由和公正。费希特逐个审查了贵族向国家要求享有的政治特权、经济特权和军事特权,揭露了他们已经造成的危害,论证了国家为什么必须取消这些特权。

在政治上,贵族享有的特权主要表现为,独占国家政权机构中的高级职位,或者是承担一份可以影响国家政治生活的宫廷职务。有时为了满足贵族的政治特权,国家甚至不得不因人设岗,结果必然导致机构重叠,人浮于事,官僚习气、腐化堕落之风盛行。费希特认为,这种提拔官吏、设置机构的做法是极不公正的。国家中的一切职务都应当是实际的职务,是国家交给一个公民的重任,而不是虚设的点缀和赐予公民的优待。一切公民都有直接的或间接的选举权,应该从公民中选举德才兼备的人担任国家的公职,不能靠血统来任命和提拔官吏。"把那些被挑选出来的、可以胜任国家最重要职务的公民纳入这一范围,不能根据别的,只能根据他们以往用较小的政绩向国家确实表现出来的才干和忠诚"[1],也就是说,提拔官吏必须根据这一准则,"每一较高的职位都必须依靠以往对较低职位的忠实可靠和精明强干的执掌来取得"[2]。

在经济上,贵族享有的特权有三:一是世袭祖辈的地产以及束缚在这些地产上的农奴。二是担任教会执事,占有教会财产。三是垄断贵族地产的买卖。关于第一个经济特权,费希特强调说,不仅现今毫无功绩

---

[1][2] 梁志学主编:《费希特著作选集》第 1 卷,第 367 页,商务印书馆,1990。

的贵族继承祖先因功受封的采邑是不合理的,而且奴役农奴严重侵犯了人人都拥有的不可转让的人身权利,因此,无论在什么国家都应该取消贵族世袭地产和占有农奴人身的封建特权。关于第二个经济特权,费希特认为,教会财产是全体公民的财产,它的真正用途在于支持教育事业,赞助科学研究。贵族独占教会财产,不仅违法,而且暴露了这个阶层贪婪可耻的本性。至于第三个经济特权,费希特认为,它不仅悖理,而且很荒唐。"一个贵族拥有的一千塔勒与一块田地是等价的,但这一千塔勒为市民所拥有,则与那块田地不等价了。"①显然,费希特拥护的是符合资本主义发展方向的自由买卖地产的原则。

在军事上,贵族为了垄断军队,享有独占一切高级军职的特权,而一般民众根本没有上升到更高军职的机会。对于这种现象,费希特愤愤不平地说:"在一种要求作出牺牲而只能用荣誉加以报答的情况下,已经达到自己最高目标的市民还会感觉到有什么要求,要作出这种牺牲呢?"②费希特在这里不仅对专制主义者歧视、压迫和贬低平民军人感到愤怒,而且对这些军人盲目服从命令甚至在付出生命代价的时候仍然没有醒悟而感到失望。

通过对特权的审查,费希特清楚地看到,贵族享有的特权加剧了社会矛盾,造成了国家的分裂。一方面是贵族阶层因其特权而凌驾于广大民众之上,形成国中之国;另一方面是民众被取消了自己理应享有的公民权,生活在被奴役、压迫的国家之中。这种情况压制了公民在各个社会领域作出贡献的积极性,损害了推动国家繁荣昌盛的自由、公平竞争的原则,其最终结果必然是导致国家的毁灭、民族的衰败。费希特因而强烈地提出,要废除这些特权,就必须废除贵族本身。他说:

> 贵族作为贵族,也就是说,作为当前这个由出身决定的阶层,根本就不能提出**对于权利的要求**,因为甚至它的存在也有赖于国家的

①　梁志学主编:《费希特著作选集》第 1 卷,第 361 页,商务印书馆,1990。
②　同上书,第 371 页。

意志。国家有什么必要长期考虑他的要求呢？如果贵族因此使国家感到麻烦，那么，国家就应当取消贵族本身，这样一来，国家也就摆脱了贵族的一切要求；因为不存在的人，是不能提出要求的。①

《纠正公众对于法国革命的评论》发表以后，立即在德国引起巨大反响，当时欧洲著名学术刊物《耶拿文汇报》把它誉为"德国第一流思想家的杰作"，著名诗人席勒和维兰德对它称赞不已。后来的马克思主义者梅林在读到这本书以后说，费希特从头到脚是个革命者，他毫不掩饰地宣扬革命的权利。今天，我们在看到这部著作所带有的那个时代的局限性的同时，应当承认它提供给我们的一些值得借鉴的合理成分。首先，费希特在这里不是人云亦云，而是以高瞻远瞩的态度否定了那种没有理想、暗中摸索的经验主义原则，依据理性主义所具有的扭转乾坤的力量，合乎逻辑地回答了法国革命提出的一些根本问题，阐发了充满时代精神、闪烁思想火花的精辟见解，批驳了当时反对法国革命的言论。其次，费希特作为德国市民阶级的民主主义者，无情地鞭挞了封建主义，坚定地捍卫人民主权，强调人在任何时候都不能失去做人的权利。这种高扬人的价值和尊严的呐喊，在现在仍然具有震撼人心的力量。

第二节 "自然法权"和"锁闭的商业国"

费希特在《纠正公众对于法国革命的评论》以后，一直在思考如何把知识学的原理应用到社会政治学说中去的问题。既然法国革命的重要根据是天赋人权的理论，那么，追问人权的最终来源及其法理，即自然法权的问题，就是费希特必须考虑的课题。按照费希特自己所说：

> 在当时的所有著作中都缺乏对法权概念的实在性的演绎，对这个概念的一切解释都仅仅是形式的、字面的，这些著作把法权概念在我们之内的存在已经假定为一种事实，并且也假定了这个概念所

---

① 梁志学主编：《费希特著作选集》第 1 卷，第 375 页，商务印书馆，1990。

表示的东西。[①]

费希特自 1794 年至 1797 年间将主要精力用于自然法权的研究,在 1796 年和 1797 年分两次出版了他在这个领域的研究成果《以知识学为原则的自然法权基础》。

这部著作分为三编和两个附录,其推演非常详细和复杂,我们在此摘其要点加以评述。在该书的导论部分,费希特就明确地说,"法权"概念就是"每个社会成员都用内在自由限制他自己的外在自由,使他旁边的所有其他成员也能有外在自由"[②]。这清楚地表明,在费希特的视野中,法权问题在本质上就是对自由问题的探讨,它既涉及个人自由,也关系整个共同体的自由。在第 1 编中,费希特是从知识学原理来详细演绎"法权"概念的,他以绝对自我为出发点推演出理性存在者,并由此设定和规定了其他理性存在者以及他们共同生活的外在的感性世界,强调各个理性存在者只有根据法权规律才能建立他们的共同体。对费希特来说,这里的关键在于,"由于自我的直观活动和意志活动之间的这种相互作用,自我本身才成为可能的,一切为自我(理性)而存在的事物,即一切真正存在的事物,才成为可能"[③]。这实际上是说,正是因为自我的活动才设定了自我、非我和外在感性世界,这是知识学的另一种表述。第 2 编是对"法权"概念的适用性的研究,费希特主要是从理性存在者的相互关系方面阐述了作为法权领域的共同体的外在条件和内在条件。就外在条件而言,理性存在者不仅具有直观活动和意志活动,还具有从事这两种活动的身体,这是参与相互作用的理性存在者的物质性状,在这里,"对人来说,人的形态必定是神圣的"[④];就内在条件而言,由于各个理性存在者是自由的,任何人都不能仅仅依靠自己的意志去建立一个与其他人一起生存的共同体,所以,建立这样一个共同体的前提是参与者必须

---

① 《费希特全集》(巴伐利亚科学院版)第 3 辑第 2 卷,第 385 页。
② 梁志学主编:《费希特著作选集》第 2 卷,第 265 页,商务印书馆,1994。
③ 同上书,第 278 页。
④ 同上书,第 345 页。

对此有共同的认识和相同的意志。正因为如此,支配这个共同体的规律是,"你要这样限制你的自由,那就是除了你以外,他人也会是自由的"①。只有共同体的每个成员自由地、持续地服从这个规律,"法权"概念的适用性才能得到保证。很显然,在外在条件方面,费希特强调的是人的尊严和人的价值的不可侵犯性,高扬了人道主义的理念;在内在条件方面,费希特突出了人与人之间互相尊重的伦理原则,继承了卢梭的社会契约论的精神。

如果说该书的第 1 编和第 2 编主要从理论上对"法权"概念进行推演和规定,那么,第 3 编则是讨论"法权"概念在现实社会中的系统运用,它构成"法权"概念在感性世界里的实现方式,其中包括原始法权、强制法权和国家法,而国家法包括公民契约、民法和宪法,"法权"概念由此得到进一步的规定。关于原始法权,费希特是这样对它加以规定的:"每个人都要依据关于其他人的自由的概念,限制自己的自由,限制自己的自由行动的范围(使其他人作为完全自由的人也能同时存在)。"②即使这里所说的自由观念只有形式上的意义,它也给出了"原始法权"的概念,而原始法权是每个人都应该享有的。对费希特来说,原始法权的本质意义有两点:第一是完整性,它表明人的身体不可侵犯的权利和人影响感性世界的权利。第二是实在性,它是指"法权"概念通过自由意志在感性世界变成现实。正是在此意义上,原始法权是一种人们自己论证、确立自身权利的法权。但是,在自然法权领域,原始法权的实现是以人与人之间的相互忠诚和相互信任为条件的,它们不是可以强求的,也不存在这样的法律。一旦失去人与人的相互忠诚和相互信任,就可能出现人伤害人的情况,法律平衡就会被打破,这时为了维持共同生存,就需要强制法权。费希特通过分析破坏法权平衡的原因,提出应该建立一种侵犯者无法抗拒的、强制性的惩罚力量。他认为,这种力量是为了维护人们之间

① 梁志学主编:《费希特著作选集》第 2 卷,第 350 页,商务印书馆,1994。
② 同上书,第 374 页。

的安全而设立的,为了实现这个目的,就必须在人们之间缔结一项建立强制法权和强制力量的契约。这种强制力量既不能是受害者,也不能是侵犯者,他们中的任何一方充当这种力量都不可能是公正的,而只能是作为解决争端的仲裁者和共同意志的执行者的第三者。这个第三者就是国家权力,它被赋予足够强大的力量,能够对侵犯行为进行强制和惩戒。但是,费希特在这里认为,国家仍然属于自然状态,他说:"国家本身会成为人的自然状态,国家的各项法律不可能是任何别的东西,而只能是已经实现的自然法。"①尽管费希特是以此来说明国家与自然法权之间的关系的,但把国家这个在人类文明发展到一定程度上才出现的制度还置于自然状态,毕竟是费希特自己的主观想象,所以,不少学者对此予以了批评。

国家法是第 3 编的重点,费希特把国家法又表述为共同体的法权。在他看来,探讨国家法"就在于**发现这样一种意志,这种意志完全不可能是不同于共同意志的意志**"②。这句话还可以这样来表达,"**发现这样一种意志,在这种意志中个人意志和共同意志得到了综合统一**"③。费希特这里是要对在"导论"中所探讨的自由问题加以深化和具体化,他所强调的重点在于,个人的自由在共同体中如何与公共的利益相一致。费希特在这里继承和发展了卢梭的思想,他所说的共同意志其实就是卢梭的公意(volonté général),他所说的个人意志就是卢梭的众意(volonté de tous)。费希特清楚地看到,共同意志是任何一个共同体赖以存在的不可或缺的条件,它保护共同体所有成员的权利;而个人意志乃是自由的本质所在,属于个人的权利。当人们生活在一个共同体的时候,就必须使这两种意志综合统一起来,明确规定每个成员所享有的具体法权。而要做到这点,就应当根据社会契约论的精神建立一个完备的法制体系,它由国家公民契约、民法(包括民事契约、财产契约、刑法等)和宪法组成,

---

① 梁志学主编:《费希特著作选集》第 2 卷,第 412 页,商务印书馆,1994。
②③ 同上书,第 413 页。

确保个人的自由和公共的利益。

关于国家公民契约，费希特非常明确地说，它是个人与国家签署的契约，个人由此使自己的一部分权利与国家这个整体结合在一起，并因此而获得了公民享有的权利。它的目的就是用有形权力的强制手段来保护财产契约或民事契约所规定的个人独有的自由，在这个领域人们不可能、也不应当单纯信赖善良意志。但是，签署这个契约是以双方自愿加入契约的自由意志为前提的，具体地讲，"在一方面是以一定的财产为目的，在另一方面则是以放弃所有其他财产、对保卫力量作出一定贡献为目的"①。因此，国家公民契约由财产契约、保护契约和结合契约三个部分组成。费希特认为，这三个部分构成一个整体，把个人意志与共同意志结合起来，使各个理性存在者在相互作用中彼此发生法律关系。这样，这种契约根本不是为某个人而存在的，也不是对某个人具有约束力，凡是加入这种契约的人，都必须完全履行契约的规定。对于个人在加入这种契约以后所享有的自由，费希特是这样来看的：一个人如果完全履行公民义务，不逾越法律赋予的自由界限，那么，就其公共本质特征而言，他就是主权的参与者，就其私人本质特征而言，他仍然是自由的个人。只有个人不履行义务，受到法律的限制，他才是不自由的"臣民"。费希特坚信，只有经过国家阶段，人类才能达到绝对自由的道德阶段。

关于民法，费希特认为，民法与其他法权一样，它们的基础就是国家公民契约中的财产契约。费希特对民法的界定不同于我们现在所理解的民法，他对民法的阐述分为两个部分：一是讨论用法律语言所表述的、由共同意志所规定的公民可以享有的权利，即民事权和财产权。二是讨论这种共同意志对破坏法律关系的人的惩罚，即刑法。在第一部分，尽管费希特的讨论范围十分宽泛，但他表达的基本精神则是自由意志在感性世界的具体应用。用他自己的话说：

> 全部原始法权是在个人与其自身之外的感性世界之间的一种

---

① 梁志学主编:《费希特著作选集》第 2 卷，第 467 页，商务印书馆，1994。

持续的、仅仅依赖于个人的意志的相互作用。在财产契约中,每个人都拥有感性世界的一个特定部分,作为他独有的这种相互作用的范围,而这有两个条件作保证:他不得妨碍所有其他个人的自由范围;其他个人如果遭到第三者的侵犯,他能借助他所作出的贡献去帮助保护他们。[①]

由这种精神所确定的权利与义务相结合的原则贯穿于民法的各个领域,如各式各样的财产权利、财产的获取和放弃之规定、公民财产的确定方式及公民人身权利等。这里突出的有两点:一是共同体的成员各得其所,但每个人首先必须承认他人的权利。二是每个人都必须依靠自己的劳动生活,不劳动者就没有生存的权利。在一个封建社会里敢于提出人人享有生存权、财产权、劳动权,显然是挑战封建专制者,这当然是法国革命在德国的反映。在第二部分,费希特肯定了刑法的必要性。他认为,对于邪恶意志觊觎和侵犯他人财产与因为漫不经心、办事草率而造成损失的行为都必须进行惩罚,而且要为此建立一种抗衡的力量;但另一方面,他又强调指出,惩罚不是最终目的,惩罚只是为了实现和保障国家安全的一种手段,它的意图在于防范违法行为的发生。为此,刑法的执行就应当是公开的,让每个人都确切地知道,不论你是出于私利或因为没有思考而损害别人的法权,你都必须受到同等程度的惩罚,任何人对此都不应抱有侥幸逃脱的心理。

关于宪法,费希特是把它与"共同体"概念一道来阐述的。费希特在这里坚持贯彻契约论精神,他非常明确地说,当全体成员达成共同意志,建立一个共同体或国家以后,权力就不可能保持在全体人民手中,而必须把公共管理权让渡给由他们选举出来的一个或几个特定的人。这些人组成的最高政府对人民负责,它的责任就是让法律和正义统治国家。但是,这个政府的权力合法性在于人民的不受限制的选举,其权力来源于人民,人民实际上是最高的权力。当政府违背人民的共同意志的时

---

① 梁志学主编:《费希特著作选集》第 2 卷,第 470 页,商务印书馆,1994。

候,一旦人民集合起来表达自己的意志,政府就失去其权力,这是从否定方面来维护人民的主权。所以,"符合法权和理性的国家宪法的原则是:**用一个绝对否定的权力克制一个绝对肯定的权力**"①。

为了让这个原则得以实现,费希特接着讨论了国家政体问题。在他看来,建立什么样的政体是与一个民族的文明发展程度有着密切关系的。如果一个民族尚未达到这种文明,选举只能在民众中造成分裂,那宪法就必须对此加以制止,而这个民族就应该采取君主制。费希特也不赞同广义的民主政体,他认为,最广泛的民主容易带来两个相互联系在一起的危险,即无政府主义和极权主义。费希特视野中最好的政体是共和政体,他所设计的这个政体的基本特征是,人民把政权交给一个对公共管理绝对负责的团体,而行政权的行使与行政权的监督又是分开的,后者属于全体人民,他们是由全体公民选举出来的,专门对行政权行使监察,这个机构被称做民选监察院。监察院虽然无权干预和审判政府,但有权调查政府事务,一旦它发现政府违背共同意志,就可以发布禁令,停止政府的一切权力。应当说,费希特设想的这个民选监察院虽然有些不同于三权分立的思想,但其本质仍然是要对绝对统治权加以限制,这在当时实行君主制的德国就是对君主专制权力的一种绝对否定,其进步意义是显然的。

费希特通过阐述"法权"概念在现实社会中的系统运用,基本上回答了如何建立资产阶级共和国的问题,但这毕竟不涉及国家内部的家庭问题与国家和国家之间的问题。为此,费希特专门用两个附录讨论家庭中的丈夫和妻子、父母和子女之间的法权关系以及国家之间和各国公民之间的法权关系。费希特在这里的表述轻视妇女,这说明他也没有超出根深蒂固的庸俗观念。

《以知识学为原则的自然法权基础》发表以后,不仅在当时引起巨大反响,而且对后世也产生重要影响。马克思恩格斯就多次指出,费希特

---

① 梁志学主编:《费希特著作选集》第 2 卷,第 434 页,商务印书馆,1994。

法权哲学的核心就是要建立以人人平等为基础的、真正的法律王国,从而使德国工人在理论方面比法国人先进了 50 年。① 这是对费希特政治理论的一个极高评价。

从西方哲学史的发展来看,我们在这里应当注意以下几点:

首先,由于费希特把法权哲学的应用范围确定为感性世界,所以,"自我"这个纯粹哲学概念第一次成为个体概念,而且是诸多个体中的一员,按照费希特自己所说,"因为如果一个理性存在者不设定它自己为**一个个体**,不设定它自己为许多理性存在物中的一员……它就不能把自己设定为这样一个具有自我意识的理性存在物"②。这是费希特知识学在实践范围的具体应用,初步解决了他本人在撰写《全部知识学的基础》时所遇到的困惑。

其次,由于自我是诸多个体中的一员,他必然地会涉及自我与他我、自我与社会的关系,用费希特的术语来说,这是"人际间性"(Interpersonalität)的问题。费希特在这方面的认识非常深刻,他说:"一个有限理性存在物不认为其他有限理性存在物有一种自由的效用性,因而也不假定在自身之外有其他理性存在物,就不能认为自身在感性世界中有自由的效用性。"③这就是说,主体对自我的自由意识只有通过对另一个自我的自由意识才能实现,这个思想克服了康德哲学中所说的不能在客体中认识自由的观点,为理性哲学开辟了新的领域和维度。可以说,费希特对人际间性的演绎是他最有意义的哲学成就之一,现代著名哲学家胡塞尔所研究的主体之间的现象学就是这个思想的继续。哈贝马斯正是在这个意义上才说,费希特早在 100 年前就已经讨论胡塞尔在《笛卡尔第五沉思录》中所提出的问题了。④

---

① 参见《马克思恩格斯全集》第 18 卷,第 259 页,人民出版社,1964;《马克思恩格斯全集》第 44 卷,第 595 页,人民出版社,1972。
② 梁志学主编:《费希特著作选集》第 2 卷,第 264 页,商务印书馆,1994。译文有改动。
③ 同上书,第 287 页。
④ 参见哈贝马斯《后形而上学思想》,曹卫东、付德根译,第 182 页,译林出版社,2001。

　　最后,有些哲学史家认为,费希特的学说过于空洞,尤其是其道德哲学缺乏具体的内容,只具有"超自然、超社会的"说教性质。如果仔细阅读《以知识学为原则的自然法权基础》,认真研究费希特的全部思想体系,我们就不难发现,费希特对自己哲学体系的各个部分是加以严格区分的。在他看来,道德哲学不可能解答适用于法权领域的东西,反之,用法律手段去解决道德哲学领域的问题同样是不适宜的,所以,不能混淆适用于不同领域的学说,而只能对不同的对象进行分门别类的讨论。由此来看,对费希特的这种批评是不恰当的,它缺少对费希特整个体系的充分认识。

　　1800 年,费希特发表了《锁闭的商业国》,这是一部关于国民经济学的专著。费希特本人非常看重这部著作,把它献给普鲁士王国财政与贸易大臣冯·施特吕恩塞。他在写给出版商的一封信中明确提到:

　　　　刚好促成我写此书的动机是要实现我自从研究自然法权以来一直抱有的一个想法,即提出一个完全合乎法理的国家必当建立的贸易体制,表明现存的国家如何才能上升到这种体制。尤其是,这件事情对于长期寻求限制贸易的正确制度、目前讨论采用纸币的普鲁士国家来说,对于巴伐利亚之类的其他各邦来说,是有现实利害关系的。[1]

　　这段话不仅说明,《锁闭的商业国》是《以知识学为原则的自然法权基础》的继续,两部著作从思想内容上来看,完全可以称得上是姊妹篇,而且它还充分表明,费希特从事学术研究绝不是为学术而学术,而是把学术研究与现实关怀结合在一起。这正像他自己所说:"然而一位哲学家,只要他不把自己的科学当做一种空洞的游戏,而是当做某种严肃的事情,就从来都不会承认、也不会假定自己的建议**绝对**无法实行。"[2]不过,作为一个抱有远大志向的哲学家,费希特反对把学术研究与具体的

----

[1]《费希特全集》(巴伐利亚科学院版)第 3 辑第 4 卷,第 285 页。
[2] 梁志学主编:《费希特著作选集》第 4 卷,第 4 页,商务印书馆,2000。

实践活动混为一谈,反对理论完全从现实存在的国家出发,而是坚持追求自由、公正的理想,坚持理想与实践的统一。他认为,即便是政治学,只要它确实是科学,而不是单纯的实践,就必须具有普遍性,因此,探讨国家学说的立足点应当是欧洲共同体在这个时代共同确立的原则——法权和正义,而不是其他任何东西。正是在这种思想指导下,他才描绘了一个建立在法权基础上、实现普遍富裕的"锁闭的商业国"。

《锁闭的商业国》分为三卷。第 1 卷是"哲学卷"。费希特在这卷中是从哲学角度去探讨"什么样的贸易在理性国家中是合理的"这个问题。根据自然法权所确立的原则,费希特认为,当时欧洲各国彼此分离,政治体制、法律体系各不相同,理性的法治国家必须与所有其他国家分离开来。他说:

> 法治国家是由人们组成的一个锁闭的群体构成的,他们都服从国家的各种法律和国家的最高强制权力。这个由人们组成的群体应该被限定于他们在自己中间和为了自己而彼此进行贸易和从事工作,任何一个不服从同样的立法和强制权力的人都不得参与这种交往。这个群体就像现在构成一个锁闭的法治国家一样,会构成一个**商业国**,更确切地说,构成一个**锁闭的**商业国。①

在这样的国家中,人与人订立的契约是划分各个人自由活动领域及其财产的原则,国家的使命是给予每个人属于他自己的那份东西。依据这个原则,社会分为农业、工业、商业和公务四个领域,社会成员也相应地分为农民、工人、商人和公务人员四个阶层。农、工、商是这个国家的基本组成部分,公务人员(其中包括政府成员、教师、军人)都是为其他三个阶层而存在的。为了使社会全体成员都能得到他所应得的份额,国家就必须限定每一个阶层成员的数量,必须确定和保持所有物品彼此对比的价值和它们换算为货币的价格,必须禁止公民个人与国外的任何直接

---

① 梁志学主编:《费希特著作选集》第 4 卷,第 2 页,商务印书馆,2000。

贸易。出于对全体公民福利的考虑,国家还要尽可能精确地计算劳动分工、赋税、农业与工业和手工业产品的比例、公职人员的薪金等方方面面。

费希特所设计的这种由政府精确计算和严格监督管理的计划经济模式体现了一种社会主义思想倾向,它的出发点和最终目的都是要求消除贫富差别,追求社会的公平分配,实现全体人民的共同富裕。用费希特自己的话说:

> 个人的极端富裕往往是国家病入膏肓的明显特征和真正原因。国家的福利差不多应当以同等程度遍及所有的人。①

> 在这种国家里,所有的人都是为整体效劳的仆人,他们为此而在整体的财富中占有自己的公平合理的份额。谁也不能特别富有,但同时谁也不会受穷。每一个人都有能维持他的状况的保障,因而整体也有能维持它的安定与和谐的保障。②

从费希特的这种国家经济观来看,他不愧为第一个社会主义著作家,后来的马克思和其他社会主义者从中受到启发和影响就是理所当然的事情。

第2卷是"现代史卷"。费希特在这里考察了近代形成的欧洲各国互不相同、彼此分立的政治体制的历史和现状,分析了在这些国家之间开展的自由贸易所带来的危害。他认为,欧洲各国政治制度、经济体制各不相同,所谓自由贸易实际上是在被分割的不同国家和区域之间进行的不平衡的商业活动。这种贸易有可能带来三种情况:一是某些国家进出口商品基本平衡,对外贸易对这些国家的经济没有影响。二是某些国家利用其技术、加工及其他方面的优势,大量出口商品换取货币,以牺牲其他国家的利益来实现本国的经济富有。三是一些穷国在这种贸易中

---

① 梁志学主编:《费希特著作选集》第4卷,第35页,商务印书馆,2000。
② 同上书,第30—31页。

处于劣势,年年贸易逆差,不仅国民财产和人口不断减少,而且必将丧失国家的独立,使自己沦落为其他国家的一个行省。但是,任何一个政府都不愿意自己国家出现第三种情况,而是要利用各种手段削弱、排挤其他国家,在这种商业共同体中给自己和国民谋取独特的利益。这种贸易自由本质上就包含着普遍、隐秘的贸易战,并且会因此转化为一些不光彩的行动,如贸易欺诈、走私、破坏资源,直至发动血腥的战争。对于这种不以法权和公正为基础的贸易活动,费希特得出的结论就是,这种关系是绝不可能持久的,当务之急就是锁闭国外贸易。

第3卷是"政治学卷"。由于费希特在《以知识学为原则的自然法权基础》里已经讨论了理性国家的政治制度和法理体系,所以,他在这里所说的"政治"实际上是指国家的宏观经济管理,更确切地说,是讨论锁闭的商业国如何实现理性的要求。费希特在这里提出:"一个准备锁闭商业国的政府,必定首先推广和完成了它的公民所需要的一切产品在国内的生产,其次也推广和完成了所有以往习以为常的或工场加工必需的、地道的或代用的产物的生产。"[1]为了满足这个要求,锁闭的商业国还必须占有地球表面足够的份额,使其广阔的疆土能够容纳一个完备的和锁闭的必要生产体系。在这个商业国锁闭以后,政府将竭尽所能使每个公民得到他应得到的财产,在这方面首先要采取这些措施:只允许使用本国货币,禁止一切外国货币,废弃金银作为商品的等价物;政府直接掌握对外贸易,并且逐步停止外贸;个人不能与外国人交往,如果为了发展生产的目的需要引进外国人才,这也是政府行为。

费希特相信,这样的国家既不想进行任何掠夺战争,而且因为它已经拒绝参与其他国家的政治关系而不必担心遭到进攻,所以它不需要常备军,也没有义务兵役制,而只需要少数维持内部安全和秩序的警察。又由于所有事情都按照确定的计划去办,政府就不需要大量公务人员;同时政府及其公务人员没有必要为自己致富,所以他们就不会有增加自

---

[1] 梁志学主编:《费希特著作选集》第4卷,第90页,商务印书馆,2000。

己财富的打算和手段。因此,这样的国家不仅赋税很少,更不会产生任何提税方式。国家所做的一切,都是旨在发展生产,提高人民的富裕程度。另一方面,这个国家的公民只要劳动,就会过上普通的生活,谁也不会陷入贫困。"臣民安居乐业,生活幸福,政府是他们的造福者。"①所以,这样的国家只能是前所未有、其乐融融的新秩序、新景象。

对于费希特描述的这种乌托邦景象,我们今天或许会感到不以为然。但是,如果我们历史地考察当时德国在欧洲所处的具体环境,就会很容易判断出,费希特在这部著作中所表述的观点是有针对性的。在当时的欧洲,荷兰、英国利用自己在航海和科学技术上的优势,不仅在海外拥有大量殖民地,而且在对外贸易中占有绝对统治地位,它们恰恰是利用贸易自由而使本国富裕、他国贫困。而德国的情况与此相反,生产技术落后,境内诸侯林立,到处都是贸易壁垒。由此来看,费希特提出的"锁闭的商业国"的主张对限制和消除德国境内贸易壁垒、保护德国经济,不啻是一个另辟蹊径的思路,这是其一。其二,费希特不同意亚当·斯密把土地当做财产权来源的思想,认为财产权的基础绝不是对于客体的独占,构成一切财产权的真正基础"是把别人排除到某种唯独给我们保留的自由活动之外的权利"②。从强调人的活动是一切财产的来源这个思想而言,它已经接近财富的真正来源,具有极其重要的理论价值。费希特的这个思想在当时就受到德国思想界的高度重视,可以说,它对后来马克思创立剩余价值学说具有相当重要的启迪意义。当然,我们在这里毋庸讳言,费希特在谈到这样的锁闭国家时只强调它应当具有广阔的疆土,却没有承认开疆扩土必然会引起战争。费希特的这个观点在后来招致许多批评。

《锁闭的商业国》与《以知识学为原则的自然法权基础》具体表现了费希特的社会政治理想,这两部著作在费希特思想体系中占有重要地

---

① 梁志学主编:《费希特著作选集》第4卷,第118页,商务印书馆,2000。
② 同上书,第56页。

位。在此以后,费希特关于社会、政治和经济的思想有所变化,但其基本倾向没有变,仍然是要求加强国家的规章制度。他始终都在强调,一个国家不仅在政治组织上要统一,而且其生产、贸易也都应该掌握在政府手中,任何人的经济活动都要置于政府的管辖之下。费希特的这种思想与当时德国四分五裂的状况是有一定关系的,他的宗旨是把国强与民富紧紧结合在一起。后来的哲学史家们对此评论说,费希特的政治哲学和历史哲学表明,这位德意志思想家对整体的关怀甚于对个体的关心,人类的问题已经使个体问题处于次要地位。[1]

在谈到费希特的社会政治思想时,人们就不得不讨论费希特著名的《对德意志国民的演讲》,迄今为止,这本书仍然是引起争论最多的著作之一。有些人根据这本书把费希特称做狭隘的民族主义者,有些人则称他为爱国主义者。对此,我们作些简单的评述。

从费希特思想的发展来说,《对德意志国民的演讲》是对《现时代的根本特点》中所表述的历史哲学思想的继续。但是,此时拿破仑大军占领德国,救亡图存是德意志民族的主旋律,因此,费希特在这个系列演讲中就把自己的历史哲学与时代的内容结合在一起。在费希特看来,他原先认为他生活的时代属于第三个时期,但现在这种说法已经不能成立[2],此时的德国已经失去独立性,不可能自由地去"寻求自身"。因此,自由在这里必须具有新内容,也就是说,必须在超越自身的东西之中去追寻,这个东西就是理性。德意志民族在"自身"崩溃以后,就必须从这个时刻起培养整个民族对理性的认识,在道德上寻求本质性的东西。抱有这种追求的民族必定会获得新生,这个民族现在缺乏的力量和庄严必定会产生出来,任何力量都不可能阻挡这个民族前进的步伐。对于拿破仑的入侵,费希特悲愤地说,自由曾经赋予法国革命划时代的历史意义,为全世界指明了方向,但拿破仑背叛了法国革命,压制法国革命中产生的自由

---

[1] 参见威廉·格·雅柯布斯《费希特》,第174页。
[2] 关于时代的划分,参见费希特《现时代的根本特点》,沈真、梁志学译,辽宁教育出版社,1998。

思想,压制其他国家的人民,这是拿破仑的最大罪过。正因为拿破仑的背信弃义,德国人民起来反抗侵略者的行动就绝不是粗鲁的民族主义,而是捍卫自由的举动。虽然费希特的演讲中有些言辞过于激烈,也有一些民族情绪的东西,但我们从德国当时的处境出发,历史地考察费希特的演讲,就不能把费希特简单地斥为民族主义者。

第四章　道德宗教与人性尊严

在欧洲,经过文艺复兴和启蒙运动的洗礼,走出中世纪的思想家们已经不再满足于传统神学对上帝存在的证明,那种以为上帝就是创造者和救世主,人的一切情感、愿望、理智、行动都需要上帝支持的"启示神学"遭到史无前例的极大冲击。但另一方面,有着悠久深厚的基督教传统的人们在面对纷繁复杂、变化多端的大千世界时既渴望建立人性尊严,同时又须臾离不开宗教信仰。于是,在这个张扬理性、高扬人道主义的时代,"理性神学"和"道德神学"就应运而生,其核心观点是,在神的光照之下,人通过自身的理性活动可以认识世界及其必然性,人通过自身的道德修养可以提高德性而达到永恒的幸福。

费希特是近代宣传道德宗教的主要代表人物之一。他发表的第一部论著并且因此而蜚声学术界的,就是用先验哲学的立场来阐述理性主义宗教观的《试评一切天启》。在耶拿时期,费希特先后发表了《关于我们信仰上帝统治世界的根据》(*Über den Grund unseres Glaubens an eine göttliche Weltregierung*)、《向公众呼吁》、《法律辩护书》,集中阐述他的"道德等于宗教、道德世界秩序等于上帝"的人本主义和理性主义宗教观。虽然受到教会和有关部门的误解,被认为是无神论,费希特不得不离开耶拿校园,但他的这个思想却产生了深刻和广泛的影响。以后,费希特又在其所发表的《人的使命》和《极乐生活指南》中继续探索。在理论上,他把知识学和基督教的某些神学教义结合起来,试图以此来解决他的绝对自我与上帝的关系问题,完成他的学说中的精神世界的综合;在实践上,他追求的是道德与宗教相统一的理想,把纯粹道德理想的追求与对上帝的信仰结合起来,主张人们在现实生活中冲破感性世界的束缚,努力履行道德使命,最终进入无限永恒的"上帝天国"。这一切充分说明,费希特阐述的是在理性主义指引下的道德宗教之理念,他所维护的是人在上帝的光照下所应当具有的尊严。

第一节　先验哲学与宗教

我们知道,在西方近代史上较早批判基督教神学的是霍布斯和斯宾诺莎,而在德国,由于其历史发展的独特性,思想家们对神学的讨论是曲折和复杂的。莱辛曾经用历史的观点来考察天启和其他一些神学概念的来源,反对用教义和圣典来禁锢人们对真理的追求和探索。然而,莱辛的思想却在当时掀起轩然大波,以后又引起了门德尔松、雅可比等人在这方面的争辩。因此,有关宗教的讨论在当时成为引人注目的焦点。

康德是当时德国最有影响的思想家,他在《纯粹理性批判》里批判了经院神学对上帝存在的传统证明,在《实践理性批判》和《判断力批判》里先后阐述了道德完善必然导致宗教和上帝存在的道德目的论证明以后,人们期待着他的宗教哲学专著的发表,然而,他在这个领域却迟迟没有完成这样的著作。

费希特是康德哲学的直接继承者。年轻的费希特就是在读完"三大批判"以后,摆脱了独断论和决定论的影响,以批判哲学的精神撰写了《试评一切天启》而一举成名的。在这部著作里,费希特根据自己初步确立的先验哲学原理,以康德的道德法则为出发点,试图对天启信仰作出合乎理性、增进道德目的的解释。在这里,他着重研究了"天启"概念的起源、"天启"概念的必要性和可能性及评判"天启"概念的标准等三个问题。

在费希特看来,"天启"概念的起源是与宗教相关的,更确切地说,应当从比"天启"概念更高的概念——上帝那里推演出天启。于是,费希特通过发挥康德关于上帝存在的道德证明和理性公设,不仅把上帝的法则直接确定为理性的法则,把上帝看做道德法则的执行官,还揭示出上帝观念乃是我们的主观东西转化为我们之外的存在物的秘密。这样,费希特对"天启"概念下的定义就必然是,"天启"概念就是关于上帝的超自然原因在感性世界里引起结果的概念,通过这类结果上帝将其自身宣示为道德立法者。换言之,作为立法者的上帝把自己的意志宣示给我们这些有限的理性存在物,要通过一种作为感性渠道的天启现象,"上帝必须在感性世界里将他自身和他的意志向一切道德存在物宣示为对他们具有法律效力的"[1],因为"上帝为道德规律所决定,用一切合乎道德的手段去促进一切理性存在物有尽可能高的道德"[2]。显而易见的是,费希特实际上是在阐述康德的实践理性的基本原理,从要求一切理性存在物无条件地服从道德法则的关联中,假设一个作为统一自然规律和道德法则的力量——上帝,然后又从"上帝"概念及其规定中推演出"天启"概念。

对于"天启"概念的必要性和可能性,费希特是从天启宗教的道德感召力来予以说明的。他认为,从普遍意义而言,人们通常都是有道德感的,但是,由于人同时也是受自然规律所支配的感性存在物,人的理性本质常常会被感性本质所压倒,出现道德败坏的情况。在这种情况下,建立以道德为核心的天启宗教就可以与一切非道德的欲望、爱好相抗衡。之所以这样,是因为天启宗教是直接建立在上帝的无所不能和无限伟大之上,建立在人们对上帝之神圣性的尊敬之上的。对于"天启"概念的必要性,费希特准确而简洁地概括如下:

　　　人类能这样深入地陷于道德败坏境地,以致它除了通过宗教,

---

[1] 梁志学主编:《费希特著作选集》第 1 卷,第 42 页,商务印书馆,1990。
[2] 同上书,第 43 页。

就无法复归于伦理,除了通过感性,就无法复归于宗教;一种对这样一些人有影响的宗教,只能直接建立在神圣的权威之上,而不能建立在任何其他东西之上;上帝不能期望某一道德存在物臆造这样一种权威,因此,赋予这样一种宗教以这样一种权威的,必定正是上帝本身。①

关于"天启"概念的可能性,即如何设想在自然界之外的天启具有自然界之内的一种原因,费希特认为这是一个实践理性的问题,换句话说,这是一个要使合乎自然规律的必然性与合乎道德法则的自由相适应的问题。费希特在这里发挥了康德在《判断力批判》中所作的自然目的论和道德目的论的证明,把自然规律的因果性和道德法则的因果性看做两种完全独立的因果性,并且认为要使这两种因果性在感性世界里会合而且不发生矛盾,我们作为有限的理性存在物是无能为力的,只能假设这两种因果性来自一个最高的、我们无法从理论方面探究的立法者——上帝,它们只有依赖于上帝对感性世界的超自然影响才能达到一致,用费希特的话说:"确实可以设想,上帝从一开始……就把某种符合于他的道德目的的现象的最初自然原因编织到整体的计划中去了。"②费希特的这种发挥与康德一样,都是借助无所不能的上帝使自然规律和道德法则的因果性的结合成为可能,其目的是通过确立对作为道德立法者的上帝的信仰,证明道德神学的感人力量。

对于评判"天启"概念的标准,费希特的论述充满了哲学家的思辨。他一方面围绕上帝是道德立法者这个基本命题,强调上帝绝不可能向我们提供不同于理性规律的其他原则,并由此确立了评判天启内容是否具有神圣性的标准——这种天启是否建立起一条符合实践理性原理的道德原则,是否建立起由这条道德原则加以推演的道德准则;另一方面,他又主张自由是天启宗教的前提,认为天启宗教的最终目的是增进纯粹道

---

① 梁志学主编:《费希特著作选集》第 1 卷,第 61 页,商务印书馆,1990。
② 同上书,第 73 页。

德,而纯粹道德只有通过自由才可能获得,强制反而与纯粹道德相矛盾,上帝不会利用任何违反道德目的的手段,也不允许人们把这样的手段用于他自己的目的。所以,费希特得出的结论是:

> 天启必须呈现出理性理念,即自由、上帝和不朽。每个人的自我意识都直接教导他,人是自由的。对于这个事实,他越不用诡辩的方法歪曲自己的自然而然的感受,他就越不表示怀疑。一切宗教、一切天启的可能性都以自由为前提。[①]

显而易见的是,费希特在此时所说的天启宗教不同于传统宗教,他想用先验哲学改造宗教,或者说用康德哲学去研究天启问题。尽管费希特在这时还没有形成自己的宗教哲学,但书中所洋溢的构建道德宗教、捍卫思想自由的激情却为他以后形成自己的道德宗教哲学奠定了坚实的基础。

第二节 道德理想与上帝概念

到了耶拿时期,费希特的哲学思想已经成熟,他所面临的任务就是根据自己的知识学原理来研究和表述自己的宗教观,也就是说,他担负着发展康德开创的、建立在理性主义基础之上的道德宗教哲学的任务。

恰在此时,曾经是谢林的一名学生的弗尔贝格发表了论文《宗教概念的发展》("Entwicklung des Begriffs der Religion")。这篇论文虽然是以康德对上帝存在的传统证明的批判为出发点的,却给人造成一种印象,好像先验哲学在宗教观方面一定包含着无神论的观点。针对此文,费希特撰写了《关于我们信仰上帝统治世界的根据》,从两个方面纠正弗尔贝格的观点:一是强调上帝的存在是最确实的,不能对此有任何怀疑。二是认为弗尔贝格没有完全弄懂康德的实践哲学,忽视了宗教信仰的必要性。用费希特的话来说:"我们决不想把我们的推理看做对无信仰者

[①] 梁志学主编:《费希特著作选集》第 1 卷,第 96 页,商务印书馆,1990。

的罪过的一种证明,而是看做对信仰者的信念的一种推演。"①这句话明确无误地表明,费希特主张的是,先验哲学是从在意识事实中得以证明的事实出发,是从必定会产生的一种直观出发,通过反思去承认上帝这个超感性的存在者,而不是不信仰上帝,或者去随便假设或证明上帝的存在。这正如费希特所说:"有人说上帝是否存在是可以怀疑的,这是一种误解。"②"这一切是完全没有疑问的,而是本来就有的最确实的情况,甚至是所有其他确实性的根据,是唯一的、绝对有效的和客观的根据。"③同时,费希特与康德一样,看到了宗教信仰比空洞的道德说教更有说服力,它有一种使人不计较利益得失、超尘脱俗的力量,所以,对费希特来说,无神论无论如何是不能接受的,必须坚持上帝存在的实践理性的公设。

但是,费希特在这里所说的"上帝"不同于人们通常所认为的那个"上帝"概念。费希特曾经对宗教哲学与一般宗教学说作了明确的区分。他认为,宗教哲学不会代替宗教意识,而只是关于宗教意识的理论。"这种理论必须指明,宗教意识是如何在人的心灵中产生、形成和发展的,人类在此以后怎样受到这方面的教化。"④所以,费希特在这里主要是从知识的关联中解答信仰上帝的起源和探讨宗教信仰的一般知识,它不同于一般的宗教学说,而这点恰恰被人们所忽视。

与康德一样,费希特的论述也开始于道德法则,他把对意志的道德规定看做回答这个问题的不证自明的出发点。在他看来,无论单纯的理性认识,还是在感性直观中给出的外在事实,都不能说明宗教信仰的真正起因,只有道德规定所要求的直接确定性才能满足这种要求。换句话说,根据道德法则对意志所作的规定是最重要的,通过对道德法则和道德意志的反思,就可以解释宗教信仰。这样,在费希特的视野中,在意志的道德规定与宗教信仰之间就存在一种直接而内在的关系,对他而言,

---

① 梁志学主编:《费希特著作选集》第 3 卷,第 384 页,商务印书馆,1997。
②③ 同上书,第 393 页。
④ H. J. 费希特主编:《费希特全集》第 5 卷,第 345 页,柏林,1845—1846。

信仰产生于道德规定,一个人一旦意识到自己所承担的道德义务,就必定会在内心确立一种对道德秩序的信念。很显然,建立和实现一种道德秩序是费希特孜孜追求的道德理想。

对费希特来说,这种道德秩序具有两方面的意义:一方面,它是保证道德存在物的存在和道德法则之实现的主管机构,道德法则及其对意志的道德规定只有在它的监视和仲裁之下才能发挥效力,道德行为只有在它的范围以内才是实在的和有意义的;另一方面,它不属于感性世界,而是属于超感性世界。由于我们的知识范畴从整体上说是关于我们经验世界的学问,所以,知识不可能理解这个超感性世界,唯有信仰才可能到达这个世界,在信仰指引下的行动,则是到达这个世界的具体条件。这样,"道德与宗教绝对是一回事;两者都是对超感性东西的把握,前者是通过行动,后者是通过信仰"①。

对于这个与道德意志相适应的道德秩序,费希特解释说,其结构既不应该被视为静态的,也不应该被视为封闭的。不然,作为具有自我本质特征的意志就会受到外在事物的约束,人的行动就会因此而不自由。因此,这个道德秩序必定是自由的因而也是能动的行动。费希特在《法律辩护书》中进一步说:"从纯粹哲学方面来说,大家应该这样谈上帝:他不是(逻辑系词)什么存在,而是一种纯粹的行动。"②费希特还认为,这种道德秩序构成的超感性世界绝不是现实世界的翻版;相反,我们的感性世界是现象,是超感性世界在现实中的映现,而这个超感性世界才是现象世界的绝对基础,是我们的诞生地,是我们唯一可靠、坚实的立足点。由于费希特认为现实世界的万事万物都产生于这种能动的秩序(ordo ordinans),而知识却不能理解这种秩序,只有信仰才能到达它,所以,信仰就比知识更确切。我们看到,费希特在这里对康德的信仰高于知识的观点作了进一步发挥,但他所说的信仰并不是传统的宗教信仰,而是对

① 梁志学主编:《费希特著作选集》第 3 卷,第 415 页,商务印书馆,1997。
② 同上书,第 469 页。

道德秩序的一种执著追求。

正因为费希特把道德理想提高到与宗教相统一的高度,他才说"那种生动的和发挥作用的道德秩序本身就是上帝"①,并且在作出这种断言的同时,他既反对给上帝附加人格和意识的谓词,也反对把上帝当做一种实体。关于前一种看法,费希特认为,人格和意识来自人的范畴,即来自有限知识的范畴,如果人们附加这类谓词,就会把上帝降低为可认识的,因而也是可以受到限制的有限存在物。关于后一种观点,费希特认为,如果人们把这种哲学意义上的秩序当做一种实体,上帝就会被有限知性所把握,并且会被当做在空间和时间中受到规定的一种物质东西。这样的设想还会带来另一个后果,就是人们因此可以通过对"实体"概念的转义引申、穿凿附会而把任意的假想用在上帝那里,这不但不会增加对上帝的尊敬,而且会带来相反的结果。

费希特确信,先验哲学所信仰的道德世界秩序乃是宗教的本质所在。他说:"这是真正的信仰;这种道德秩序是我们所假定的**神圣的**事物"②,"那种生动的和发挥作用的道德秩序本身就是上帝;我们不需要任何其他的上帝,也不可能理解任何其他的上帝"③。如果人们企图用一个有限存在物或"实体"概念来概括世界秩序,其结果必然导致幸福论和自然神论。与此相反,先验哲学所主张的信仰是一种纯粹的道德信念,它要求人们履行自己的道德义务,而不计较个人的利害得失;它主张人们追求一个完善的道德秩序,而不考虑来世的幸福。由此来看,先验哲学所强调的宗教本质就在于它是人们在此世的道德行动,先验哲学所承认的信仰就在于它是一种道德的召唤,是人们一种内在的义务和职责感,现实世界只是人们履行道德义务的感性质料,人们的道德行为则属于道德世界秩序,而这个道德秩序是神圣的。正是由于费希特坚信实践理性高于理论理性,把立足点放在道德法则的实现性和对人们意志的规

①③ 梁志学主编:《费希特著作选集》第3卷,第391页,商务印书馆,1997。
② 同上书,第390—391页。

定上，所以，他在断言"道德秩序本身就是上帝"的时候，突出了他所构造的"上帝"概念的以下几个特征：

第一，当费希特认为道德规定具有直接的确实性，而把上帝与道德秩序等量齐观的时候，他的这个上帝就与道德法则密不可分。费希特认为，"上帝与我们这种道德存在物的**关系**是直接给定的关系"①，"我的全部存在、一切道德存在物的存在和作为我们的公共活动场所的感性世界，现在都与道德性有关，并且出现了一种崭新的秩序，感性世界及其一切内在规律都由此具有了宁静的基础"②。这就是说，一方面，道德法则是一个关键原则，只有通过这个原则，上帝的存在对有限的然而又是理性的和道德的存在物才是确实的；另一方面，在道德法则的意识中，包含着可以实现这个原则的意识，从"你应当"的道德命令中必定会直接产生"你能够"和"道德法则能够实现"的实在性，道德法则本身就是对自己的证明。因此，根据不证自明的道德规定的原则推演上帝才是最确实的，承认道德法则的最终目的——道德世界秩序才是最实在的。任何根据其他原理推演出的"上帝"概念都是不确实的，信仰任何不同于道德秩序的上帝都是不实在的。正是在这个意义上，费希特说："这种道德秩序是我们所假定的**神圣的事物**"③。他因此坚决反对那种以为上帝可以与道德秩序相分开的观点，在他看来，如果那样，不仅道德与宗教的关系是外在的，而且上帝的原初性和独立性都会受到损害，因为这样一来，从逻辑推理来看，对上帝的信仰似乎是在从道德秩序中推演出秩序的创始人之后才形成的。

第二，上帝是永恒、无限的存在者，不能把"人格""意识"等概念附加给上帝，因为"人格""意识"等来自人的范畴，人是暂时、有限的存在物，用修饰有限存在物的概念来修饰无限存在者，实际上是把无限存在者降低为有限存在物。根据同样的理由，费希特认为"实体"概念同样不适用

---

① 梁志学主编：《费希特著作选集》第3卷，第420页，商务印书馆，1997。
② 同上书，第389页。
③ 同上书，第391页。

于上帝。在他看来,任何实体在空间上和时间上都有有限性,而上帝是一种道德秩序,在时空方面不受任何限制。费希特反对那种把实体视为"物自体""偶性事物的本体"的观点。他认为,"实体"概念已经逐渐感性化,失去了反思的内涵,那种把上帝当做一种实体的观念,是根据客观存在的事物的图式来设想这个绝对者的观念,是用感性世界的事物来推演超感性世界的统治者。这样的观念不仅不可能成立和自相矛盾,而且是用感性的东西来否定理性和自由。对此,费希特强调说:"从感性世界的存在证明上帝的存在是不可能成立的和自相矛盾的。因此,无论怎样,我都否定**一个作为实体存在的、可以从感性世界推演出来的**上帝。"①费希特在这里坚持哲学上可以无限思辨的可能性和伦理学上的道德论,反对在"实体"概念掩盖下的伦理方面的幸福论和思辨方面的独断论。

　　第三,上帝是一种行动,不能用简单的"存在"概念来表示。费希特在谈到上帝或道德秩序时是避免使用"存在"概念的,正如我们在前面所提到的那样,他甚至说:"从纯粹哲学方面来说,大家应该这样谈上帝:他不是(逻辑系词)什么存在,而是一种纯粹的行动。"②费希特说这番话的意图,就是要突出作为道德世界秩序的上帝所特有的无限性和能动性。当他断言道德秩序是永恒常在的规律,是现象世界的超感性的基础时,他实际上已经承认了道德秩序的存在之特征。这就是说,如果道德秩序本身是不存在的,那么,他在这方面的论证都是毫无意义的。对此,费希特是有清醒认识的,所以,他又认为,"存在"概念来自我们的感性知识,它不适宜于表达这个超感性的秩序,用感性的字眼表达超感性的事物,就会把感性世界与超感性世界混淆起来。他因此说道:"我认为,上帝是一个完全摆脱一切感性和感性附加物的存在者,因此,我从来都不会把那种唯独对我能适用的**感性**存在的概念赋予上帝。"③从表面上看,费希特是在利用中世纪经院神学的一个著名论点——"不能在完全同等的意

① 梁志学主编:《费希特著作选集》第3卷,第423页,商务印书馆,1997。
② 同上书,第469页。
③ 同上书,第426页。

义上说造物主与创造物是同等存在的"，来强调上帝的绝对无上的尊严。但是，如果我们结合费希特的"上帝"概念的道德秩序的内涵来观察他的这些表述，那么，显而易见，他一方面是在突出上帝至高无上的地位，另一方面是用这个观点来切除上帝的一切感性内容，使之只剩下纯粹而抽象的道德，从而否定了对任何一种有限神灵的信仰。

通过上述特征，我们不难看出，费希特既不是讨论一般的宗教学说，也不是用传统哲学中的"存在""人格""意识""实体"等概念来考虑这个绝对者；相反，他是在理性的先验建构原理的指导下，通过对道德法则及其内涵的反思，在有限存在物的伦理的自明性中揭示了上帝、伦理的善和人们的行为准则之间的统一性。所以，费希特的"上帝"概念是对道德法则及其内涵进行反思的结果，是他所追求的一种纯粹的道德理想。

此外，从纯粹哲学层面而言，费希特的"上帝"概念比康德的"上帝"概念前进了一步。在康德的哲学中，上帝是实践理性的公设，也就是说，为了创造一种道德秩序，不得不假设和承认最高存在者的存在，但是，对有限理性存在物而言，上帝与道德秩序是相互异质的，这个秩序并不是最高存在者的秩序。而在费希特的思想中，道德世界秩序是绝对第一的，上帝就是这个秩序，因此，上帝与道德秩序是完全统一的。费希特在这里超过了康德，他不仅在先验建构原理的指导下假设上帝，而且把这种反思进行到底，使上帝不再单纯处在理性彼岸，而是成为一个完全道德化的上帝，对有限的理性存在物的实践理性发挥着更大的影响。这样，费希特就把康德的"道德必然导致宗教"直接发展为"道德就等于宗教"，宗教哲学与伦理学合二为一，所以，费希特的这种宗教观就被称为"道德神学"（Ethik-Theologie）。①

① 参见鲍姆加特纳《先验思维与无神论》，载德国《高原》杂志，1963 年 10 月。

第三节　超凡世界与极乐生活

尽管费希特一再强调,他反对无神论,然而,他的"道德神学"仍然被人误解为"无神论",最后他因此而被有关当局逐出耶拿校园。对费希特来说,耶拿的这场所谓"无神论事件"既是学术研究与封建权威的抗争,同时也迫使他考虑如何准确地表达自己的道德宗教观,以易于为广大读者所接受。

费希特到柏林以后,对自己的宗教哲学予以重新审视,在《人的使命》尤其是在《极乐生活指南》中再次系统地表达了自己的宗教观。总的来说,他在这两部著作中更加注重宗教信仰,开始从主观唯心主义向信仰世界过渡。这正如他在写《人的使命》时给他的妻子写信时所说:"我在写手头这部著作时,比以往任何时候都更加注重宗教。"①

这时的费希特不再把作为一切意识之基础的绝对自我当做推演一切知识的前提和世界的起源,而是寻找一个更高的精神实体当做所有存在的最终根据。信仰不仅高于知识,是一切知识的起点,而且是知识的终结,是对知识的否定。知识只有依赖于信仰,才能令人信服。如果说,宗教以前只是作为从属于道德法则的学说而在人们中间发挥作用,那么,这时费希特已经开始降低道德法则的价值,只是把它当做拓展自己宗教观的一个环节,让道德诫命仅仅停留在反思意识之中,只有宗教在现实世界和未来世界中才是一种直观真理,是通往彼岸幸福的必经之路。

费希特此时的宗教观是与其知识学的变化联系在一起的,我们在前面讨论知识学的演变时对此已经有所涉及,这里着重探讨以下几点:

首先,感性世界与超凡世界相联系的观点。与以往一样,费希特仍然坚持划分感性世界与超感性世界的观点,但他这时不再说超感性世

---

①《费希特全集》(巴伐利亚科学院版)第 3 辑第 4 卷,第 142 页。

界,而是说超凡世界。他虽然承认感性世界的存在,但认为感性世界是变化无常的,只有一个更高的超凡世界才是永恒、无限的,具有真正的实在性。他以前曾经把在地球上建立理性王国和道德世界秩序当做人的最高使命,现在却把这项使命当做尘世目的,主张通过道德行为和信仰走向超凡世界,从而实现人的最高使命。

但是,费希特是一名哲学家,尽管把超凡世界说成是"上帝的天国",但他并不像基督教教义所说的那样,认为每个活着的人都无法进入那个远离尘世的天国,而是认为人们通过现世的道德行为就可以属于那个永恒的超凡世界,对自由的、道德的存在物来说,超凡世界不是远在天涯海角,而是近在咫尺。费希特在这里强调了感性世界与超凡世界的联系性。他认为,产生于道德责任的任何行动都有双重结果:一种结果是在尘世的,通过自然秩序的作用而获得;另一种结果是在超凡世界的,由于道德秩序的影响而发生。第一种结果无论怎么样,都是无关紧要的,因为第二种结果才是最重要的。这就是说,人们的道德行为并非必须与尘世目的发生联系,因为在感性世界中,"重要的问题决不在于**用什么方式、抱什么目的和信念**从事一种行动,而仅仅在于**这种行动是什么**"①。人们行善的最大价值,在于自由地服从道德法则,而不是为了在尘世中获得结果。在超凡世界中,道德行为虽不与事实相联系,却与无限的意志直接发生联系。尽管我们眼前不会感到这种结果,但无限的意志就使我们在感性世界中与超凡世界联系起来。正是在这个意义上,费希特说:

> 我并不是在从凡俗世界的联系中得救以后,才得到进入超凡世界的门径;我现在就在超凡世界里存在和生活,比在那凡俗世界中更为真实;超凡世界现在就是我唯一的牢固立脚点,我早已拥有的永恒生命就是我还能继续过尘世生活的唯一根据。②

① 费希特:《论学者的使命　人的使命》,梁志学、沈真译,第180页,商务印书馆,1984。
② 同上书,第181页。

其次,"上帝"概念的演变。费希特在这时把上帝看做不可名状的无限者,它通过精神纽带支配着人们的一切活动,因而它既是人类生存和行动的本原,又是人类信仰的永恒目标。与以往一样,费希特仍然反对对这个无限精神作人格化的解释。他认为,如果人们把上帝理解为一个伟大的人,这不仅无助于理解上帝的本质,还树立了一个自相矛盾的形象,使得智慧、善良的人感到滑稽可笑。上帝是至高无上、不可度量的无限存在者,他与一切有限存在物的差别,"不在于程度,而在于种类"①。无论人们怎么把他变成一个伟大的人,都是把他贬低为一个有限的存在物,所以,费希特感叹地说:"在人格概念中包含着各种限制,我怎么能把这个概念推广到你身上,而不带有这些限制呢。"②

但是,与在耶拿时期的"上帝"概念相比,费希特所理解的这个无限者与道德秩序有了另一种关系,这个无限者是一个操纵一切、支配一切的精神实体,人们听从道德法则的呼声,不再只是出于纯粹的善良意志,不再只是为了建立道德世界秩序,而是为了进入超凡世界。只有信仰无限、永恒的上帝,道德法则才具有无上的价值。很显然,费希特在这里已经悄悄地改变了康德的实践理性的原则,为它附加了先决条件。此外,为了从哲学上解释上帝这个无限者与作为有限存在物的人们的关系,费希特还采用了教父哲学尤其是新柏拉图主义的一些说法。在他看来,上帝这个绝对者虽然至高无上,但他的"绝对的行动之光"可以被自我所感知,自我是上帝之光的不可分割的投射。用费希特的话说,上帝的此在(Dasein)就在我们身上,上帝的出世行为(Existetial Akt)在我们身上得到映现,我们是上帝的图像。这就是说,上帝是与有限存在物联系在一起的,上帝的出世行为是作为纯粹的思想而设定在我们身上的。这样,对费希特来说,既可以解释绝对与有限存在物的绝对统一性,还可以不使绝对者与有限存在物等同起来,不会使绝对有限化。正是在这样的思

① 费希特:《论学者的使命 人的使命》,梁志学、沈真译,第 203 页,商务印书馆,1984。
② 同上书,第 203—204 页。

想指导下,费希特认为感性世界没有实在性,这个世界的真实内容仅仅在于对无限意志的信仰和向往。人的真正极乐生活不在感性世界之中,而在于超越一切时空,在于对上帝的信仰。

最后,人与世界的关系,即人如何去面对我们的生活场所。这里首先涉及生活与存在的关系。对费希特来说,存在是纷繁复杂的生活现象的基础,存在才是"真正的生活",无论生活现象如何千变万化,真正的生活只有一个,其本质就是去爱那唯一、永恒的上帝。真正的生活是爱上帝,而上帝又无时不在、无处不在,上帝也存在于我们身上,因此,真正的生活可以通过自身对上帝的信仰而达到极乐。在这样的哲学思想指导下,费希特排列出五种不同的世界观。第一种是感性世界观,它以感性的方式去认识世界,把外在感性的东西当做最真实的存在。费希特认为这是"最低级、最蒙昧和最肤浅的观点"[1],因为它只注意表面现象,不深究事物的本质,与一切真正的理性追求是相抵牾的。第二种是法律世界观,它把世界理解为通过人人平等的法律来管理的理性存在者的秩序体系,人在这时是以相对于上帝而独立存在的身份出现的,还没有放弃自己的意志。这种世界观体现了费希特早年所追求的公正社会的政治理想,但它被安排在如此低的地位,反映了费希特此时已经用宗教信仰代替了政治理想。第三种是道德世界观,按照费希特所说,就是要通过道德神学的教诲,使人类意识到自己只是"神性内在本质的影像、摹本和启示"[2],人应当通过自己的道德行为与上帝统一起来。第四种是宗教世界观。在费希特看来,如果顺着第三种世界观思考下去,我们就决不会把善良、美和神圣视为我们思想的产物,而是会把它们当做上帝内在本质在我们身上的直接映现,具有如此澄明认识的人就是与上帝结合为一体的人,也是达到第四种世界观的人。第五种就是知识世界观。它不仅把杂多归结为一,还能直观到一变为杂多,能够洞见这两者的全部关联和

---

[1] 费希特:《极乐生活指南》,第 75 页,汉堡,1983。
[2] 同上书,第 80 页。

演变过程,因此,被宗教世界观视为至高无上的崇拜偶像,在知识世界观那里就是直观、明白的东西。换句话说,虽然知识世界观不对宗教增加新东西,却通过思想的形式使人们更容易把握宗教的内容。

费希特所说的这种知识世界观实际上是把知识学与基督教信仰结合在一起,它不仅把知识学当做通向宗教信仰的途径,而且认为它就是一切真正信仰的基础。所以,与一般宗教教条不同的是,费希特并不希望人们把追求极乐生活的希望放在生活的彼岸,而是把着眼点立足于现世。他说,任何有限存在者只要不想陷入非存在状态或死亡,就会渴望得到永恒。那么,为什么有些人达到永恒,有些人却不能,这里的关键在于是否爱那个无限永恒的绝对存在——上帝。"永恒无时不在我们周围,无时不呈现在我们面前,而我们应当做的,不过是理解永恒。一旦理解,就永远不会忘记。"[1]有些人之所以达到永恒,就是他们在生活的每时每刻都在爱上帝这个永恒者,从而在与被爱的对象结合中升华到一个新的境界,克服了一切烦恼、忧愁和恐惧,体会到享受生活的至乐,从一般存在到达绝对存在,从有限到达无限。

现在,我们在费希特晚期宗教哲学中清楚地看到,他是以联系的观点来看待尘世与超凡、短暂与永恒、有限与无限、现在与未来的,其中闪耀着辩证法的思想火花。同时,在他的笔下,存在不再是一场虚妄的梦,而是一切生活现象的基础;上帝不仅是道德世界秩序,而且是指引我们到达这个世界的最高根据;知识不再是自我的反思意识,而是上帝在我们身上的映现。费希特正是通过这种在理性主义指引下的道德宗教之理念的阐述,维护了在神的光照下人所应当具有的尊严。

由于费希特的宗教哲学涉及宗教和神学中的一些根本性问题,对它的评价历来是仁者见仁、智者见智。我们认为,如果说费希特的《试评一切天启》还稍显稚嫩,那么,耶拿时期的费希特宗教观则是对康德的道德宗教哲学的发展。费希特把上帝看做道德世界秩序,而这种秩序可以通

---

[1] 费希特:《极乐生活指南》,第 17 页,汉堡,1983。

过人的道德行为和信仰被我们所认识,这就等于说,这种道德化的上帝弥漫于整个世界,所以,我们把他的这种观点称为以道德为核心的泛神论宗教观。费希特的这种宗教观是近代德意志宗教哲学理性主义化的一个重要步骤。费希特在这里一方面试图在康德宗教哲学的基础上进一步宣扬道德哲学,另一方面又看到简单的无神论不仅不会被大多数人所认同和接受,还忽视了宗教信仰所特有的宗教情感和力量。正是出于这样的考虑,费希特才提出了更加理性主义的、以实现道德法则为目的的泛神论宗教观。尽管当时很多人不能理解或误解他的观点,但理性主义哲学家却看到其中的奥妙。年轻的谢林就不同意康德关于上帝存在的理性公设,而在一定程度上赞同费希特的观点,并把费希特的知识学原理应用到自己的宗教哲学之中,他说:"上帝在理论意义上是等于非我的自我,在实践意义上是毁灭一切非我的绝对自我。"[1]青年黑格尔在这方面受到费希特的影响也是显而易见的,他赞同费希特划分感性世界和超感性世界、主观宗教和客观宗教的主张,并且在此基础上进一步提出,"那打破一切限制的纯粹理性就是上帝本身"[2]。

晚期的费希特看到自己建立在自我道德意识基础上的宗教学说与康德的实践理性公设一样空泛,缺少宗教信仰的热情、执著和坚定,于是试图把知识与信仰、道德与宗教结合起来,提出"爱上帝"这个命题,并且企图在此命题指引下阐释现在与未来、尘世与天国、短暂与永恒、生活与存在、有限与无限的关系,从而揭示人生的最高目标和根本意义。在费希特的这种宗教观中,既有生动的辩证法道理,也有热诚的宗教激情,对后世产生了一定影响。如果我们翻开现代神学家、哲学家保罗·蒂里希的《系统神学》中关于存在主义和反思的论述,仿佛就看到费希特当年论述的翻版。当然,费希特宗教哲学涉及的是神学里的根本问题,人们对此争论已经很久,尽管他本人一生中多次修改自己的观点,但正像这些

---

[1] 卡尔·谢林主编:《谢林全集》第1卷,第20页。
[2] 《黑格尔早期神学著作》,贺麟译,第79页,商务印书馆,1988。

问题本身一样,人们也会对他的观点继续争论下去。

费希特去世已经快 200 年了,但他却留下一笔宝贵的精神财富。他的知识学彻底地发挥了人的主观能动性的思想,充分显示了理性的无穷创造力,构成了近代欧洲理性主义哲学发展的一座里程碑。他孜孜追求的自由和公正不仅在当时起到振聋发聩的作用,而且至今还对我们产生着积极影响。浪漫派的著名代表弗·施莱格尔曾经激昂地说:

> 法国大革命、费希特的知识学和歌德的迈斯特是这个时代的三个最伟大的事件。对这个概括表示异议的人,觉得任何并非喧闹的、并非物质性的革命都毫不重要的人,就是还没有把自己提高到人类历史的高瞻远瞩的立场的人。①

就让我们牢牢记住这句话来纪念这位为哲学事业、为自由奋斗一生的哲学家吧!

---

① 转引自威廉·格·雅柯布斯《费希特》,第 204 页。

第四篇

谢林

第一章　生平与著作

弗里德里希·威廉·约瑟夫·谢林（Friedrich Wilhelm Joseph von Schelling）是德国古典哲学发展过程中一位极其重要的思想家，他在自然哲学、同一哲学、美学、宗教哲学和神话哲学等领域的研究成果不仅在当时占有重要地位，而且对现代西方哲学也产生了深刻影响。海德格尔在讨论谢林的"自由论"时曾经这样评价谢林：

> 在这条道路上从其推动力量我们会达到对整个德国唯心论哲学的一种理解，因为谢林是德国哲学这一整个时代真正创造性的和跨越最宽的思想家。在这点上他是如此有成，以致他从内部来推动德国唯心论超出其固有的基本态势。①

但是，由于各种原因，这样一位重要的思想家长期以来在我国学术界一直没有获得足够的重视，他的多数著作没有被翻译为中文，他的思想没有得到认真研究。

谢林于 1775 年 1 月 27 日出生在距离维腾堡公国首府斯图加特只有几十公里的小城莱昂贝格（Leonberg）。其父约瑟夫·谢林是当地教会

---

① 马丁·海德格（即海德格尔）：《谢林论人类自由本质》，薛华译，第 5 页，辽宁教育出版社，1999。

的执事,神学硕士,通晓多种古代语言,以研究东方文化而著称,由于才干出众,后来成为维腾堡新教教会的主教。他用新教精神教育自己的孩子,对谢林的成长产生了十分重要的影响,谢林后来对神话、启示的兴趣与这种影响有很大关系。

谢林从小就聪颖过人,6岁入学,8岁开始学古代语言,10岁进拉丁语学校,学习成绩特别优异。一年后学校的老师就认为他在这个学校里已经没有可学的东西了,没有必要继续待下去。谢林只得回到父亲所在的教会学校,与比他年岁要大的学生一起学习。1790年10月,谢林在父亲的帮助下破例进入图宾根神学院。在大学里,谢林学习勤奋,才华出众,兴趣广泛。尤其值得一提的是,他与两位高年级学生住在同一个寝室,一个是未来的哲学家黑格尔,一个是诗人荷尔德林。三个天才同住一屋,他们之间不只有友谊,更多的是互相影响和激励。当时,对这群大学生影响最大的事情莫过于1789年爆发的法国大革命。据说,黑格尔和谢林曾经效仿法国人的做法,在图宾根郊外的草地上种植自由之树。他们参加了大学生自己组织的俱乐部,在俱乐部里朗读违禁读物,讨论政治时事,高唱《马赛曲》。人们当时都认为,把《马赛曲》译为德文的就是谢林。面对公爵本人的亲自盘问和严厉训斥,年轻的谢林无所畏惧。只是因为谢林父亲的朋友、院长施努列尔(C. F. Schnurrer)的帮助,谢林才没有被开除出校。

虽然这个神学院并不重视哲学课,但大学生们自发地组成读书小组,在一起阅读和讨论最新的哲学、政治和其他学科书籍。年仅17岁的谢林就在这时阅读了莱布尼茨的《单子论》、康德的《纯粹理性批判》等哲学著作。就在同一年,也就是谢林入学两年后,他按照学院的规定写出第一篇哲学硕士答辩论文《根据创世纪第三章对人类罪恶起源的古代传说的哲学批判阐释》,此文不仅熟知古代文献,还用莱辛、康德等人的哲学观点去解释有关原罪的故事。主持论文答辩的施努列尔教授给予论文很高评价。此后,谢林不仅有兴趣对《旧约》《新约》和早期基督教精神作历史研究,而且更加积极地参与当时的哲学讨论。他比较了莱因哈德、迈蒙(S. Maimon)和贝克(J. S. Beck)等人的哲学论著,但最让他仰慕的是费希特的知识学。1793 年 6 月和 1794 年 5 月,谢林两次见过费希特,他对费希特所创造的新的哲学体系心领神会,并很快把握其本质。谢林在 1794 年撰写了《关于一般哲学形式的可能性》("Über die Möglichkeit einer Form der Philosophie überhaupt"),1795 年撰写了《论自我是哲学的原理或人类知识的无条件东西》("Vom Ich als Prinzip der Philosophie oder Über das Unbedingte im menschlichen Wissen")和《关于独断主义和批判主义的哲学通信》("Philosophische Briefe über Dogmatismus und Kriticismus"),这些论文使用的都是费希特常用的"自我""非我"等术语,体现的也是费希特所强调的"自由"精神。然而,在一些细微之处他还是不同于费希特的。比如,他驳斥独断主义,是因为它轻视主体;他批评批判主义,是因为它过于突出主体。谢林看到的是由非我制约的自我和由自我制约的非我,他感兴趣的是客观本原,而不是纯粹主观的东西。对此,他本人并没有察觉,直到 1797 年他在《哲学评论杂志》(Kritisches Journal der Philosophie)上发表了题为《对近期哲学作品的一般看法》的文章,还把费希特称为新潮流的首领,说费希特哲学是比康德哲学更高的哲学,因为康德哲学存在着二元论,只是在道德哲学中才宣布意志是自主的,而费希特从一开始就把这个原则应用于整个哲学。对谢林与费希特的差异,直到后来黑格尔在一篇专门论著里予以明确指出,才使谢林和整个哲学界得以认识。

　　1795 年 6 月,谢林以论文《论马尔西翁对保罗书信的校订》顺利通过答辩,结束了自己在图宾根校园的学习。谢林因为缺少宗教热情,没有去当神父,而是像其学长黑格尔和荷尔德林一样给人当家庭教师。1795 年 11 月,谢林在斯图加特给两个贵族子弟当老师。由于这两个学生要报考法律系,谢林也不得不跟着研究法学问题,并且就此写了一篇论著《自然法权的新演绎》。谢林在这里关心的问题是,个人的意志如何与通过社会机构表现出来的"普遍意志"协调起来。他给出的答案是,普遍意志是受个人意志决定的,而不是个人意志受普遍意志的决定。显而易见,谢林是不同于费希特的,他思考得更多的是个人权利,而费希特思考的则是共同体的利益。1796 年,谢林的两个学生进入莱比锡大学,谢林随着他们来到莱比锡。在这里,谢林到大学里听自然科学和医学的课,努力去钻研当时新出版的自然科学著作,了解自然科学的最新成果,关注哲学与自然科学的关系,尤其是注意康德哲学中"物自体"所包含的自然问题。谢林对自然科学的兴趣和研究很快就产生了成果。他于 1797 年出版了《自然哲学的观念》(*Ideen zu einer Philosophie der Natur*),1798 年发表了《论世界精神》(*Von der Weltseele*),1799 年完成了《自然哲学体系初步纲要》(*Erster Entwurf eines Systems der Naturphilosophie*)和《自然哲学体系初步纲要导论》(*Einleitung zu dem Entwurf eines Systems der Naturphilosophie*),系统地阐述了"绝对"从客观到主观的演变过程,初步形成了他的自然哲学思想。

年轻的谢林不愿意做神职人员,但对当家庭教师也感到厌烦,而更大的问题是,他不想按部就班地先在大学里当助教,经过教授资格答辩成为副教授,然后再成为教授。他想一下子就当教授。然而,即使谢林已经学有所成,要想如愿也并不容易。哥廷根大学有空缺,却没有聘请他,他的父亲希望他回到家乡任教,一直在为他谋求图宾根大学的教授职位。他的同乡保罗斯、费希特、尼特哈默尔和著名诗人席勒,都在耶拿大学为他谋求教授职位。席勒还请枢密顾问歌德为他帮忙,但歌德在读了谢林的《自然哲学的观念》以后对作者并没有特别的好感。直到 1798 年 5 月 28 日,谢林在席勒家与歌德相遇,歌德才改变自己原来的看法,积极推荐谢林出任耶拿大学教授。他在写给萨克森大臣弗格特(C. G. von Voigt)的信中说:"我相信,他将会为我们带来光荣,并对大学起到有益作用。"①在诸位学者尤其是歌德的帮助下,年仅 23 岁的谢林成为耶拿大学的编外教授。

1798 年 8 月,谢林在去耶拿之前到德累斯顿游览,其间不仅再次与

---

① 梯雷特主编:《同时代人看谢林》,第 19 页,都灵,1974。

费希特会晤,还结识了浪漫派重要人物施莱格尔兄弟和诺瓦利斯。同年10 月,谢林在耶拿大学经过试讲,开始讲授自然哲学和先验哲学。与费希特的思路相反,谢林强调探索要从自然界走向精神,要从同一性的观点去认识自然。虽然谢林十分年轻,但他思想新、口才好,他的讲课受到学校师生的极大欢迎。当时的一位学生这样描写谢林的讲课:"教室不大但挤满听众,谢林外表朝气蓬勃,引人注意,他站在讲台上,讲得优雅流畅,使人印象深刻。他面前点着两盏灯,教室其他地方为黑暗所笼罩,听众聚精会神,鸦雀无声。这个人有某种神奇的魔力。"①一颗哲学新星正在耶拿大学升起。

从 1798 年到 1803 年的耶拿时期,是谢林一生哲学创造活动最有成果的时期。他在从事自然哲学研究的同时,于 1799 年冬天写出长诗《维德普斯滕的伊壁鸠鲁之信仰》。1800 年 4 月,谢林出版了《先验唯心论体系》(*System des tranzendentalen Idealismus*),这部著作不仅标志着他的哲学体系的真正确立,而且使他"成为黑格尔《精神现象学》的先行者"②。此后不久,谢林主编的《思辨物理学杂志》第 1 卷第 1 期出版了,他对刊物的名称解释说,思辨的物理学就是自然哲学,这个杂志的目的就是要推进新知识领域的发展。他本人在这个杂志上发表了《论耶拿文汇报》和《动力学过程的一般演绎》两篇文章。1801 年,谢林在这个杂志第 2 卷第 1 期上发表《论真正的自然哲学概念》("Über den wahren Begriff der Naturphilosophie"),在第 2 卷第 2 期上发表《我的哲学体系的阐释》("Darstellung meines Systems der Philosophie"),这是他本人第一次对自己的哲学体系作出解释。1801 年 6 月,鉴于谢林丰富的自然科学知识和医学知识,兰茨胡特(Lands-hut)大学授予谢林医学博士学位。

与此同时,很久未与谢林联系的老同学黑格尔从法兰克福写信给他,表示不想继续当家庭教师,而准备从事已经开始的学术研究,希望昔

---

① 梯雷特主编:《同时代人看谢林》,第 37 页,都灵,1974。
② 马丁·海德格:《谢林论人类自由的本质》,薛华译,第 4 页,辽宁教育出版社,1999。

日的同学帮助他在学术界建立联系,并设法替他谋一个职位。谢林向黑格尔伸出热情的援助之手,安置他在耶拿住下,并担任他教授资格答辩的第一评论人。在谢林的帮助下,黑格尔顺利通过答辩,作为讲师在耶拿讲课。黑格尔在此时发表的第一部哲学著作《费希特与谢林哲学体系的差别》显然是站在谢林一边的。对谢林来说,黑格尔的沉稳性格正是他所缺少的,他称赞黑格尔是"内心散文和外在散文的纯粹典范"①。经过他与黑格尔的共同努力,《哲学评论杂志》第1期终于在1802年1月出版,此前他一直想与费希特筹办这个杂志,但因为各种原因都没有成功。《哲学评论杂志》上刊登的文章都不署名,也不请其他人写稿,谢林和黑格尔既是编者,也是作者。至今人们也没有完全搞清,这个刊物上的某些文章究竟是他俩谁写的。从这个刊物发表的文章内容和文笔来看,《论绝对同一体系》《论自然哲学与哲学的关系》《论哲学的构造》《从哲学上看但丁》等都是谢林所写,而《论哲学批判的实质》是他与黑格尔合写的。谢林在这段时间的哲学创作是惊人的,他还在《新思辨物理学杂志》上发表《对我的哲学体系的进一步阐释》("Fernere Darstellung aus dem System der Philosophie"),出版单行本《布鲁诺》(Bruno)等。在上述论著中,谢林对自己的哲学体系作了进一步探索,试图把自然哲学和先验哲学结合起来。

在这段时间里,谢林在取得巨大哲学成就的同时,个人生活也发生一些变化。在1798年与浪漫派的一些代表人物友好往来以后,谢林结识了奥古斯丁·施莱格尔的妻子卡罗琳娜(Caroline Schlegel)。他们从相识很快就发展到相知和相爱,谢林因此与施莱格尔兄弟产生了不快。当1800年5月谢林陪同卡罗琳娜去班贝格(Bamberg)疗养的时候,耶拿的浪漫派小组已经分崩离析。尤其是1800年10月,弗·施莱格尔在耶拿大学以编外副教授的身份讲授先验哲学,他缺少真正的哲学知识,不求甚解,在讲课中公开攻击费希特和谢林的哲学体系。对此,谢林在自

---

① 富尔曼主编:《谢林:通信和文献》第2卷,第610页,波恩,1962—1975。

己的讲座中予以还击。谢林的讲座受到普遍的欢迎,原先报名听弗施莱格尔讲课的人都跑到谢林这里。这样,谢林与弗·施莱格尔的矛盾完全公之于众,谢林与浪漫派彻底断绝了关系。1803 年 5 月,在歌德的努力下,奥古斯丁·施莱格尔与卡罗琳娜终于解除婚约,6 月,谢林与卡罗琳娜结婚。谢林这时在耶拿已经没有任何牵挂,他决定离开耶拿,前往维尔茨堡大学任教,重新开始自己的学术生涯。

1803 年 11 月,谢林成为维尔茨堡大学编内教授,他开始讲授《科学研究的方法》(*Vorlesung über die Methode des akademischen Studiums*),其基本思想是他在耶拿时期已经思考成熟的。在他看来,一切科学的共同之处都在于创新和创造,在这里科学与艺术发生联系,所以,科学与艺术密不可分。创造的任务在于看到一般与特殊的互相渗透,从简单的事实中看到规律,而理智直觉是洞察这个秘密的手段。在这段时间,谢林一直在撰写教程《艺术哲学》(*Philosophie der Kunst*),但直到去世他也没有完成这本书的写作,而只是形成了自己的美学思想,所以他生前并没有出版这本书,而且在离开维尔茨堡大学以后也没有讲授过这本书的内容,他去世后才由其子将这个教程编入《谢林全集》。1804 年,谢林发表小册子《哲学与宗教》(*Philosophie und Religion*)。对谢林这位天才哲学家来说,在这几年之内除了写作一些教程以外,真正发表的只有这本小册子,这毕竟太少了。出现这种情况有两个原因:一是谢林的哲学兴趣已经改变,他以前主要是关注自然界,而现在则着重思考生活,按照他自己的话说,宗教、信仰、国家生活是万事万物的中心,力量理应放在这里;但另一方面,他又不能割舍他所钟爱的艺术,他把"科学、宗教和艺术"看做共生的,而艺术处在主导地位。[1] 二是谢林在维尔茨堡过得并不愉快,不仅社交界对他和卡罗琳娜的结合进行诽谤,而且当地的教会、舆论界和自由主义者攻击他的学说,说他散布无神论、泛

---

[1] 参见阿尔森·古留加《谢林传》,贾泽林、苏国勋、周国平、王炳文译,第 142 页,商务印书馆,1990。

神论、非道德论、唯物论等,谢林予以申辩,却遭到政府的申斥,甚至在中学里都不准接触他的哲学。谢林吸取了费希特的教训,没有意气用事,而是在报刊上发表文章,据理力争。事情总算平息下来,但谢林却为此花去很多精力。

1805 年春,谢林以笔名伯纳文图拉(Bonaventura)发表小说《彻夜不眠》(*Nachtwachen*),他在三年前也曾用这个笔名发表过诗歌。谢林在小说中借用主人公之口尖锐地批评了人类的一些自以为是的举动,表达了自己对上帝的信仰;但另一方面,他又不满意那些享有特权的宗教崇拜的喧嚣,他仍然相信在人身上所蕴含的永恒不朽的价值。由此来看,谢林并没有崇尚虚无主义,但小说中所充斥的忧郁、悲观的色彩已经显现了谢林后期哲学重视神话、宗教的倾向。这篇小说在德国文坛曾经掀起不小的风波,它有某些与浪漫主义的共同之处,但又批评浪漫主义,其意义比浪漫主义深刻得多。与此同时,谢林开始编辑《医学科学年鉴》,1805 年 10 月该杂志第 1 卷第 1 期出版,他在这期杂志上发表了《自然哲学导论的箴言》一文。

然而,就在谢林一心一意从事自己的哲学事业的时候,拿破仑的入侵改变了欧洲的政治版图,谢林所在的维尔茨堡被划归奥地利王朝。谢林已经预感到,他必须离开这里,因为他是新教徒,而笃信天主教的新政府不会像前政府那样开明,可能会解雇所有新教徒教师。1806 年 3 月 24 日,谢林在维尔茨堡大学讲完最后一课就离开了这座城市,前往慕尼黑寻求新的职位。150 余名学生因为谢林的离开也不再在这所大学学习。在慕尼黑最初的一段日子,谢林并非一帆风顺,直到 10 月,巴伐利亚国王才下达诏书认可谢林担任巴伐利亚科学院院士。这个职位在当时就相当于现在在科学院工作的专职研究人员,待遇和地位都不如大学教授。针对费希特在柏林所写的《现时代的根本特点》和《极乐生活指南》,谢林发表了《对自然哲学与费希特修正过的学说的真正关系的阐述》("Darlegung des wahren Verhältnisses der Naturphilosophie zu der verbesserten Fichteschen Lehre")。在该文中,谢林批评费希特并没有弄懂宗教与现实生活的关系,不能给人们指出真正通往极乐生活的道路。1807 年春,随着德国在抗击拿破仑战争中的节节败退,谢林越来越关心国家的政治生活和民族命运,他原来打算写一部论著讨论理性与民族的关系,以唤醒被打败的德意志人民的民族自豪感,但写出来的却是《论德国科学的本质》(*Über das Wesen deutscher Wissenschaft*),讨论的是德国对科学、哲学和宗教的认识。很显然,从政治立场和社会活动而言,与此时在柏林奋不顾身公开反抗侵略者的费希特相比,谢林的言行要温和和软弱得多。

　1807 年 10 月,谢林受委托在慕尼黑作公开演讲,题目是《论造型艺术与自然的关系》(*Über das Verhältnis der bildenden Künste zu der Natur*)。他在演讲中提出,自然是向我们提供养料的土壤,艺术则是人的心灵与自然的中间环节。艺术通过精神的棱镜来观察自然,艺术还可以消除时间的流逝,它在表现一种现象的同时就把它塑造在纯粹、永恒的存在之中。谢林相信,德国人是近代欧洲智力革命的推动力,必将把艺术推向新的高峰。谢林的演讲受到巴伐利亚王太子路德维希的欣赏,他委托谢林组织艺术院,并于 1808 年 5 月赐他贵族封号,任命他为科学院秘书长,这个职位的等级与院长相当。谢林在这个职位上度过 15 年,他不仅认真地履行自己的职责,而且以极大的兴趣关注艺术,尤其是古代艺术及与之相关的神话所包含的哲学意义。

　就在谢林关注艺术哲学的这段时间,黑格尔已经形成自己的思想体系,他于 1807 年夏天把新出版的《精神现象学》寄给谢林。这部著作清楚地表现了他们之间明显的分歧。黑格尔在该书的"序言"中明确地说,能够容纳真理的唯一形式是科学,把哲学提高到科学的时刻已经到来;而谢林仍然坚持哲学与艺术密不可分,艺术处在主导地位。谢林回信给黑格尔,不同意他把概念与直观对立起来的看法。但是,谢林并未对《精神现象学》作直接批评,他的真正回应是在 1809 年春天发表的《对人类的自由本质即与之相联系的对象的哲学研究》(*Philosophische Untersuchungen über das Wesen der menschlichen Freiheit und die damit zusammenhängende Gegenstände*,以下简称《自由论》)。这部论著并不长,却受到极大的重视,海德格尔说:"它是谢林最大的成绩,它同时是德国哲学最深刻的著作之一,因而也是西方哲学最深刻的著作之一。"①

1809 年 9 月卡罗琳娜因病去世,谢林遭到巨大打击。他这时既失去了祖国,又失去了爱情。卡罗琳娜不只是他的妻子和生活伴侣,还是激励他创作的因素。"她走了,他身上某种东西也死了。"②为了躲避在慕尼黑家中的孤独和感伤,谢林在 1810 年初请了长假,来到斯图加特,一直到 10 月。应朋友之约,他在斯图加特的一个私人沙龙里讲述他对不同哲学派别的看法和他自己的同一哲学,后来这个讲座记录经他本人同意发表,使人们比较清楚地知道他在这个时期的哲学观。1812 年 6 月,谢林与鲍琳娜·哥特尔(Pauline Gotter)结婚。鲍琳娜是卡罗琳娜密友的女儿,年轻、健康,与卡罗琳娜非常要好,把她称做自己的"第二母亲"。他们结婚后生活幸福,生有三男三女。谢林对家庭生活非常满意,说"我找到了我梦寐以求的东西",而鲍琳娜也很爱谢林,称谢林是世界上最善良、最好的人。

谢林从 1810 年 10 月就开始写作《世界时代》(*Die Weltalter*)。按照谢林的设想,这部著作应当是用简洁明快的语言所撰写的"通俗哲学"。全书的基本原则是,不是实在根据科学的概念而发展,而是实在根据自身规律在发展,因此,全书理应是历史主义与辩证思想的结合,它包括三册,即理解过去、研究现在和预感将来。最初,谢林写得很快,1811 年春天第 1 册就发排并出了清样,但他本人不满意,提出修改的建议。以后,他在这方面的思想不断变化,直到 1823 年他还给出版商科塔写信,认为这本书不仅要有以前所说的内容,还应向读者展现他的哲学体系的完整概念,其中包括对神话、宗教、启示的研究。然而,谢林总是对自己的东

---

① 马丁·海德格:《谢林论人类自由的本质》,薛华译,第 3 页,辽宁教育出版社,1999。
② 阿尔森·古留加:《谢林传》,贾泽林、苏国勋、周国平、王炳文译,第 198 页,商务印书馆,1990。

西不满意,在过去的十几年里,书稿三次排版,但三次都由于他的不满意而没有出版,直到他去世后,根据第3版付排的《世界时代》才收入他的全集。为了集中精力撰写自己的著作,谢林于1820年底离开慕尼黑,来到气候适宜的埃尔兰根,并于1823年辞去艺术科学院秘书长职务。在埃尔兰根,他一边写作,一边给埃尔兰根大学讲课。就在这个时候,他对神话产生兴趣,开始了神话哲学的研究。1825年,巴伐利亚王太子路德维希即位,新国王竭力提倡文化和科学,决定在慕尼黑建立大学,他邀请谢林到慕尼黑,主管文化事业。为完成自己的写作,谢林请求国王准他一年假。请假获得批准,他却没有完成自己的写作计划。1827年5月,谢林被任命为王家学术档案馆的总监,同年8月担任巴伐利亚科学院院长,他在职位上已经登上学术生涯的顶峰,却一直为自己长时间未写出像样的著作而苦恼。从1821年到1831年的10年间,谢林多次在埃尔兰根和慕尼黑讲授"神话哲学",讲稿也分别在1821、1824和1830年三次排版,但也是因为他本人的原因而没有发行。到了19世纪30年代,谢林又转入对启示问题的研究,并且已经确定,他在这几十年间的努力就是要建立一个新的哲学体系,它不同于黑格尔的以概念为中心的"否定哲学"(die negative Philosophie),而是试图建立将经验与理性结合为一体的"实定哲学"(die positive Philosophie)。这个体系应当包括三个部分:哲学导论、神话哲学和启示哲学。然而,他在这时还不能说清楚这三个部分之间的界限及联系,更没有找到表达这个思想的新形式。

1833年3月,谢林在巴伐利亚科学院作《关于法拉第的新发现》的演讲,这个演讲的意义在于,晚年的谢林仍然如同青年时期一样关注科学技术的新发明和新创造,而不是像有些人批评的那样陷入神秘主义的泥潭之中。同年9月,谢林获得法国荣誉军团骑士勋章,并成为巴黎科学院通讯院士。1841年10月,谢林不顾66岁的高龄,接受了普鲁士国王威廉四世的邀请,前往柏林主持柏林大学的哲学讲座,并任普鲁士政府的枢密顾问。他在柏林依然讲授神话哲学和启示哲学,听他讲课的人很多,其中不少人后来都成为著名人士,如革命导师恩格斯、社会民主党人拉萨尔、存在哲学的先驱者克尔凯郭尔、法哲学专家萨维尼等。1843 年，谢林的老对手保罗斯获得谢林 1841—1842 年在柏林的讲课笔记，在谢林毫不知晓的情况下就予以发表。谢林向法院起诉，但法院却没有给保罗斯定罪。1846 年谢林抗议普鲁士没有保护他的版权，并因为健康的原因，不再在大学讲课，而只在科学院工作。

　　谢林在生命的后几十年一直在思考和写作，书稿几乎把他的写字台压塌，却始终没有出版。他的思想总是在不断变化，他还没有用适当的语言把所思的东西记下来，新的思想又产生了。他在不断地追求，却始终没有达到目标。1853 年 2 月，耄耋之年的谢林已经意识到自己在世的时间不多了，他开始写遗嘱，并在作最后的探索。他在遗嘱中坚信，哲学应该教会人超出"存在物"，超出事情的必然过程，使之朝着真、善、美的方向发展自由意志。在哲学观方面，他仍然坚持年轻时候的同一哲学，他援引莱辛的话说，世界上万事万物都是同一的，我找不到还有比这句话更好的表述。

　　1854 年 8 月 20 日，谢林长眠于瑞士疗养地拉加茨。曾经做过他的学生的巴伐利亚国王马克西米利安二世为他在那里立了墓碑，上面镌刻着铭文"德国第一思想家"，以后又为他在慕尼黑建立纪念碑。两年后，谢林的次子卡尔·谢林开始编辑出版 14 卷的《谢林全集》，其中一半作品都是谢林生前没有出版过的。

第二章　自然与精神

　　在整个德国古典哲学中,谢林是思想跨度最大的哲学家。从年轻时追随康德和费希特的先验哲学,到晚年试图建立包括自由哲学和启示哲学在内的实定哲学的体系,谢林始终都以极大的热情关注科学技术的进步,关注精神领域的新事物。他不断突破,不断创新,思考焦点不断地从一个领域转向另一个领域。因此,如何对谢林哲学的发展阶段进行划分,一直众说纷纭,难有定论。从谢林本人探讨的问题而言,主要涉及先验哲学、自然哲学、同一哲学、艺术哲学、自由哲学、宗教哲学、神话哲学等领域,但这并不是像有些哲学史家所认为的那样,谢林只是在某个阶段关注某个领域,他实际上一直想扩大、修正和完善自己的学说,并试图建立一个庞大的哲学体系。比如,不少人都认为,谢林在 1797—1799 年完成了自然哲学的研究,以后就不再进行这个领域的研究,但实际情况是,谢林在此之后一直都关注自然哲学的问题,并且不断发表一些新见解。1804 年他讨论"自然哲学体系"的问题,1833 年在巴伐利亚科学院作《关于法拉第的新发现》的演说,1844 年在柏林科学院作《自然过程的表述》的演讲。谢林在这时强调说,他青年时期在自然哲学方面的著作并没有因为晚年的研究而贬值,晚年是要在以前开辟的道路上继续下去。① 所以,我们考察谢林哲学,不是根据其生活年代,而是依据他对这些问题的研究成果。

第一节 绝对的自我与经验的自我

谢林最初是作为康德和费希特的先验哲学的追随者而进入哲学领域的,但他从一开始就不是简单地重复康德和费希特的思想,而是试图加入自己的东西,只是这时还是不自觉的,我们从他最早时期的论著就可以看出这个特点。谢林发表的第一篇纯粹哲学论文是 1794 年的《关于一般哲学形式的可能性》,接着是《论自我是哲学的原理或人类知识的无条件东西》和《关于独断主义和批判主义的哲学通信》。

《关于一般哲学形式的可能性》主要是从纯粹形式方面考察哲学体系的概念,并且着重强调批判哲学的成果就是使人们注意一切知识的最终原则。这里值得我们注意的是,谢林在肯定康德哲学的功绩的同时也指出,康德虽然在第三批判中试图用审美判断力和目的论来统一理论哲学和实践哲学,但他对批判哲学的最高原则认识不足,他只有统一"三个批判"的意向,却没有形成统一无二的体系哲学。谢林对费希特在 1794年出版的《全部知识学的基础》大加赞赏,不仅完全同意费希特把知识学当做"一切科学的科学"的思想,还把知识学的三条基本原理扩展为原初给定的知识内容。年轻的谢林借用费希特的概念,把自我解释为绝对的实体,并且满怀信心地写到,哲学通过自我、非我和自我对非我的限定就可以达到形式与内容的结合,从而构成一切知识尤其是哲学的最根本的原则。②

《论自我是哲学的原理或人类知识的无条件东西》是谢林在这个时期最重要的著作,他在这篇著作中对"自我"这个概念加以深化,并且详细地分析自我的本质,以此为立足点去勾画一个体系哲学的轮廓。他对

---

① 参见泽特纳《谢林》,第 49 页,斯图加特,弗洛曼出版社,1954。
② 参见卡尔·谢林主编《谢林全集》第 1 卷,第 265 页。

自我所具有的绝对性的论述主要包括三个方面：

首先，自我作为绝对，既是一切知识的最终同一根据，也是所有存在的最终原因。知识就其是知识而言，必须具有对象性，没有对象的实在性就没有知识，因此，知识必须在一个相互交叉、相互限制的层面上给出最后立足点，进一步说，这是一切知识的实在性的最终根据。由此来看，绝对自我的首要特征就是纯粹的自身同一。作为绝对的自我只有在自身中并且通过自身才能给出，它被设想为"某些只有通过自身、通过其存在才是可以想像的东西，就此而言，它被设想为是交汇在存在和思维的原则那里的东西"①。对绝对自我的这种推演及其结论只可能包含在绝对自我本身之中，人们不能证明它的实在性，而只有通过复归它本身才可能观照它的显现。不仅如此，作为绝对的自我也是一切实在性的原因，"这样的自我具有绝对的因果性"②。它既是所有事物发生变化的起始，也是创造这些事物的起因。与这种绝对自我相对立的东西在根本上是不存在的，所以，从这个意义上讲，绝对自我又是无条件的和无限的。

其次，由于绝对自我是无条件的，它的另一个本质特征就必定是绝对自由，"自我的本质就是自由"③。自我是一切知识尤其是作为一切知识之本原的哲学的根据，它在本质上受到自由的规定，"一切哲学的开始与结束都是自由的"④。同时，因为谢林所设想的这种哲学是一切事物的实在根据，所以，人们还可以设想，人类的本质，包括人的意愿和行动也都是绝对自由的。

最后，绝对自我的这些本质特征必须是在理智直观中给定出来的。谢林在这里依据康德关于先验意识必定伴随自我的所有表象的观点，指出在自身意识中就包含着杂多这样一个因素。在谢林看来，自身意识作为直接涉及自身的意识就是意识主体；当自身意识把自己视为某种对象

---

① 卡尔·谢林主编：《谢林全集》第 1 卷，第 163 页。
② 同上书，第 186 页。
③ 同上书，第 179 页。
④ 同上书，第 177 页。

的时候,其自身就是客体。自身意识是包含各种表象的意识,它本身并不是同一的,它只有在理智直观中才涉及和具有这种同一性,所以理智直观是真正的哲学思维。谢林通过把理智直观解释为是自我给出的唯一形式,试图指出自我作为绝对不只是实体,还是可以认识的。

谢林对绝对自我的论述与费希特基本相同,但他并不止于此。谢林强调自我是可以经过自身意识而被认识的,所以,对他来说,绝对的自我又与经验的自我相互关联,这样,他就把自我区分为绝对的自我和经验的自我,并由此揭示了自我的秘密。对谢林来说,绝对的自我与经验的自我是以完全不同的方式而存在的,经验的自我并不具有本真的意义,所以,经验的自我也是有限的自我、个体的自我,它只能被理解为是对绝对自我的限制。经验的自我包含着各个自我的多样性,这些经验的自我是互在互为的。这样,在绝对的自我与经验的自我之间就存在一种紧张关系:经验的自我是有限的,它作为个人只能使自身的发展趋向无限,趋向终极目标,而绝对的自我本身就是无限的和永恒的;经验的自我需要完成的无限任务就是使自身上升到绝对的和纯粹的自我那里,而绝对自我只需要表现出囊括所有实在性的范围;经验的自我努力使自身与非我相同一,对经验自我生效的是法则,而绝对的自我只受它自身同一性的规定。但是,尽管经验的自我是有限的经验客体,但它的本质特性依然来自绝对自我的因果性,在这点上它们是相同的,所以,"经验的自我的自由只有通过其与绝对自我的同一性才是可以理解的"①。换句话说,经验的自我之所以可能是自由的,就在于存在着凌驾于绝对因果性之上的绝对自我。

由此来看,在费希特那里很长时间一直纠缠不清的理论理性与实践理性二元论的问题,在年轻的谢林这里并没有成为问题,因为对他来说,自我与世界的关系就在于自我本身的确定性。为了让人们超越一切非哲学的、日常经验的范围,为了摆脱所有表面的客观性,谢林在这里关心

---

① 卡尔·谢林主编:《谢林全集》第 1 卷,第 236 页。

的是自我与绝对者的关系问题，即如何让人们真正理解这种绝对的自我。尽管谢林不同意斯宾诺莎的决定论思想，但他仍然像斯宾诺莎一样努力使自我与绝对者结合起来。这时，谢林眼中的上帝并不是神学里的神，而是一种对绝对的唯一存在制造麻烦的客观性，对他的畏惧不啻为对世界的畏惧。谢林相信，只有自我与这样的绝对者同一起来，自我本身才是同一的，它既不会把自己当做认识的主体，也不会把自己看做被认识的客体，由此，自我的认识才会是自发的、能动的，并且没有主动与被动之分。

　　在《关于独断主义和批判主义的哲学通信》中，谢林对自我的表述有所改变，他对费希特关于自我和本原行动的表述作出自己的解释。尽管他也说自我是纯粹的行动，是自我本身的行为，这个行动就是他自己，但是他又认为，如果说这样的自我是自为的，那它就不是自在的。因为自我的行为同时也是这样的行为，世界通过这个行为而发生，但这个世界只是对它而言的，所以，这个世界就是有限认识的世界，是处在时间和因果性的规定性之下的世界。这样的自我当然不是绝对的自我，而只是有限的自我。① 在谢林看来，这样的自我是在理念之外的自我，因而也是不完善的自我，只有那绝对的自我才是我们精神世界的根据。

　　谢林对自我的阐述来自费希特，他接受了费希特的思想，只是他比费希特更大胆，对绝对自我和经验自我予以了更加充分的发挥。对年轻的谢林来说，揭开自我的哲学之谜不过是毫不费力、无忧无虑的一条坦途。

第二节　生生不息的自然

　　在谢林看来，存在分为两个部分：一部分是精神世界，这是先验哲学必须探讨的内容；另一部分是自然界，这是自然哲学应当考察的范围。

① 参见卡尔·谢林主编《谢林全集》第 4 卷，第 26、43 页。

这两个部分的绝对同一是由那冥冥之中的绝对来实现的。年轻的谢林正是通过对自然哲学的研究才开创了属于他自己的哲学时代,并由此登上他个人荣誉的高峰。

谢林对自然的热爱和在自然哲学方面取得的成果并非偶然,这与他生活的年代和所处的环境是有密切联系的。18、19 世纪的欧洲,自然科学和技术获得了空前的发展。远的不说,仅在谢林出生前后的几十年间,自然科学所取得的成就就非常丰富。1773 年,普利斯特列发现了氧气;1777 年,拉瓦锡提出新的燃烧理论,推翻了旧的燃素说,四年后他又合成冰;1781 年,赫歇尔观察到天王星;1783 年,蒙高尔夫耶兄弟的气球升空;1784 年,瓦特发明蒸汽机,为工业革命拉开了序幕;1785 年,库仑(de Coulomb)提出电荷相互作用律,此后哈尔瓦尼和沃尔塔证明"生物电"的存在,并由此发现电流,为人类开发和利用电流提供了科学基础。自然科学的进步尤其是磁力学、电学和化学的新成果,在一定程度上改变了当时纯粹机械论的自然观,加深了人们对自然的认识。

年轻的谢林不仅熟知这些最新的科学成果,而且由于受到浪漫派的影响,始终对大自然抱有崇敬之心,对自然科学抱有尊敬之意。对他最有影响的科学家是布鲁诺、开普勒和牛顿。作为一个哲学家,谢林思考的问题是,哲学家能否从这些成果得到启发,并对自然科学有所贡献。他从哈尔瓦尼和沃尔塔所证明的"生物电"现象中得到启发,提出了当时的哲学和自然科学都不曾注意的问题:人在自然界整体中的地位和如何理解人与自然在全部存在中的关系。谢林认为,这乃是自然哲学所面临的核心问题。我们在这里应当注意的是,当时的自然哲学一般都局限于对各门自然科学进行方法论和科学理论的反思,而谢林对这个问题的重新思考,尤其是他把自然当做一个统一体,并由此提出关于自然的绝对有效的哲学知识,就使得自然哲学回到古希腊整体、思辨的自然观那里,这与文艺复兴时期的布鲁诺思想相一致。

从 1797 年至 1799 年,谢林集中研究自然哲学的问题,并且发表了一系列研究成果,所以,有些哲学史家把这段时间称做谢林的自然哲学时期。但正如我们在前面所说,谢林在此后也一直关注自然科学的新发现,并且时有这方面的论著问世。据此,西方哲学界很多人都认为,仅仅把 1797—1799 年划为谢林的自然哲学时期是不恰当的,而是应当根据其著作和其中表达的自然哲学观提出新的划分。他们认为,自然哲学是谢林毕生都在关心和研究的领域,他在这方面的著作分为两类,一类是具有导论性质的著作,另一类是专门探讨某一门学科中的自然哲学问题。从谢林哲学体系自身发展的轨迹来看,其自然哲学分为早期和晚期,这个划分的分界线就是谢林在 1801 年发表的《我的哲学体系的阐释》。无论是从谢林全部哲学思想来看,还是从他的自然哲学而言,这篇文章都具有至关重要的意义。就前者而言,这篇文章是谢林第一次从方法上讨论自然现象中的观念与实在的普遍同一性原则;就后者而言,虽然谢林直到 1806 年还在用宇宙学、天文学、地质学、地理学的成果来补充自己的自然哲学,但他本人在 1809 年就非常明确地说,1801 年的著述已经在方法论和认识论上确立了自己有关自然哲学的基本思想,并且是第一次科学地表达了这个思想。由此来看,谢林在 1801 年以后发表的自然哲学著作主要是利用各门自然科学的最新成果来补充他的自然观。

对谢林早期的自然哲学思想,我们在总体上可以提出这样的理路:他在《自然哲学的观念》(以下简称《观念》)和《论世界精神》中是把各门自然科学的现象当做考察对象,并由此展开自己的哲学思想。比如,在《观念》中首先探讨的是一般动力学过程,以及与之有关的物理学和化学现象,并由此去关注物质及其形态的哲学问题,在方法论上采用的是从个别到一般的归纳法。稍后发表的《自然哲学体系初步纲要》(以下简称《初步纲要》)和《自然哲学体系初步纲要导论》(以下简称《纲要导论》)则是从总体自然观出发,企图建构一个真正的自然哲学体系的纲领,把"绝对"的思想赋予自然,在方法论上是采用一般到个别的推演法,并试图以此展开一个完整的体系。

在谢林早期自然哲学中,《观念》是谢林自然哲学的纲领。这时,谢林的自然哲学的出发点基本上还是康德和费希特的思想,同时加入了斯宾诺莎有关绝对实体的思想和莱布尼茨的单子论关于个体原则的论述。

在考虑哲学认识与科学技术的关系时,谢林无法回避康德提出的物自体问题。谢林明确提出:"康德主义者现在对周围发生的事情置若罔闻,仍然围着物自体的奇想喋喋不休,具有真正哲学精神的学者不是跟着嚷嚷,而是要在这门科学中作出发现,而健全的哲学很快就会直接利用这些发现。"①在谢林看来,人们不应拘泥于康德的词句,而是要把握康德哲学的精神。如果我们因为承认物自体不可认识而对自然科学的成果不闻不问,那我们怎样才能对它们进行思考和讨论呢? 康德提出的"物自体"概念包含着自然哲学的问题,我们认识和研究自然,实际上就是在逐步认识物自体本身,因为知性就是通过对感性材料的加工才得以继续前进的,所以,从哲学层面去考察自然科学问题是符合康德哲学精神的。在《观念》中,谢林根据康德把哲学划分为理论哲学和实践哲学的原则,把哲学分为纯粹哲学和实用哲学两个部分。他说:

> **纯粹**的理论哲学只是研究我们的**一般**知识的实在性;而实用哲学的任务则是在自然哲学的名称下,从诸原理中推演出我们知识的一个**特定的**体系(这是指全部经验的体系)。对理论哲学是**物理学**的东西,对实践哲学则是**历史**,这样,从哲学的两个主要部分发展出我们知识的两个主要分支。我希望,对**自然哲学和人的哲学的**研究可以概括全部实用哲学。自然学说应当通过前者获得科学的基础,历史应当通过后者获得科学的基础。②

同时,通过康德哲学中的自然合目的论,谢林还在自然界(主要是有机自然界)中看到精神的本原,并且由此确立自然哲学在全部哲学体系中的地位。

费希特在这方面对谢林的启发同样不可忽略。谢林本人也承认,他

---

① 卡尔·谢林主编:《谢林全集》第 1 卷,第 348 页。
② 同上书,第 4 页。

的早期哲学是从费希特的主观哲学出发去发现一条通往客观的道路。[①]
在费希特那里，一切都是通过自我和为了自我而存在的，客观世界在这
个前提下才是可以理解的。费希特这个思想的典型特征是，在主体性的
原则下实现主客的绝对统一。谢林也以这种绝对统一的形而上学的思
想为根据，但他强调的是自然与精神的同一、实在与观念的本质同一，这
种思想提供了认识自然、认识独立于知识的外部世界的可能性，从而实
现了通往客观的转向，这是其一。其二，想象力在费希特学说里具有重
要意义，自我作为纯粹能动性可以创造一切。谢林从中得到了启示，也
让自然哲学以一个无限者为出发点，这就是无意识的精神。它作为一个
没有始基的纯粹的力，并不依赖于某一个实体，而实体却因为它而存在。
这并不是说，从精神中必然推演出有关自然的必然表象，而是说，"事物
本身同时以其在精神中的序列而变化和发生"[②]。这就意味着，应当从我
们的精神中推演出我们经验的全部系列，按照我们的精神本质去规定自
然现象的级次（Stufenfolge）。

　　谢林深受康德和费希特的影响，同时又超越了他们的思想，确立了
实在与观念、自然与精神的绝对同一的原则。对谢林来说，自然哲学的
任务就是从实在去解释观念，而先验哲学的任务则是从观念去解释实
在，并且把实在归之于观念。这里需要补充的是，莱布尼茨单子论强调
表象力的内在创造性思想对谢林实现从观念转向实在也有一定的启发。
但是，谢林在这个方面从一开始就不同于费希特。还是在年轻的时候，
谢林就批判地吸收了斯宾诺莎的哲学成果，他认为，斯宾诺莎的缺点是
没有考察精神如何认识物质，只强调必然性而忽视自由，但斯宾诺莎的
"实体"概念给我们的启示却在于，实体作为绝对既有从主观到客观的观
念过程，也有从客观到主观的实在变化过程，所以，斯宾诺莎是注重物质
与精神相统一的第一人。受斯宾诺莎的启发，谢林后来在《论真正的自

---

① 参见卡尔·谢林主编《谢林全集》第 10 卷，第 95 页。
② 同上书，第 2 卷，第 35 页。

然哲学概念》中很清晰地表达了自己的哲学观:主观性并不具有完全独立自在的意义,"应该从纯粹的主客同一体中推演出意识的主体和客体"①。这样,一方面,谢林承认,费希特把哲学建立在人的本质之上确实推动了哲学的进步;但另一方面,谢林又认为,费希特用主体创造客体的思想虽然解决了主客统一的问题,但他因此也忽视了绝对中的客观方面,他没有回答下面两个根本问题:(1)自然界是如何演变和进化的?(2)"形而上的世界"如何显现给我们? 我们由此看到,谢林对费希特的批评集中在这点上,即费希特通过其纯粹的主观唯心论把客体变成了某种主观的东西,却没有扬弃这种主观性,因此,费希特的哲学体系不能在绝对直观上把握绝对物的原始统一性。但年轻的谢林这时还没有意识到这点,只是后来黑格尔才指出:"同一性的原则是谢林的全部体系的绝对原则。哲学和体系同时发生,而且同一性在各部分中没有丧失,在结果中更是如此。"②恰恰是黑格尔才使谢林明确认识到自己的思想与费希特的不同。

正如我们在前面所说,由于受康德的影响,谢林在《观念》中不是把知识的实在性置于核心地位,而是首先关心知识的可能性;不是注意各门自然科学中的哲学问题,而是把自然看做一个整体,人和人的表象都是自然的一个部分。在谢林的视野中,作为追求普遍有效的真理的一门学问,哲学知识的可能性不仅以表象和对象、精神和真实是否相符为尺度,表象既是原型也是复制,无限的世界不过是精神在进行永不停息的创造(Produktion)和再创造(Reproduktion)活动。这样,谢林通过对表象和对象的解释,就从原先的"自我"转向"精神"。对谢林来说,精神不只是知识和认识的绝对根据,它还存在于自然和具体的认识主体(自我)之中。谢林通过引入"精神"概念开启了既能认识自然又能认识人类精神的可能性,而且精神作为能动的、原生的直观,其作用和意义得到很大

① 卡尔·谢林主编:《谢林全集》第4卷,第87页。
② 黑格尔:《费希特与谢林哲学体系的差别》,宋祖良、程志民译,杨一之校,第66页,商务印书馆,1994。

提高。虽然精神在这时还包含先验哲学的意义,但谢林还是赋予精神在自然中一种创造的力量。他说:"自然理应是有形的精神,而精神理应是无形的自然。"①于是,主体的意识被设想为客观的生成(das objektive Werden),精神被设想为自然的创造性(Produktivität)。

　　谢林把自然看做一个整体不是偶然的,自然科学尤其是物理学在文艺复兴以后所取得的成果对那个时代的哲学家的影响是显而易见的。谢林与康德一样,首先注意的是一般动力学,这门科学对引力和斥力的相互作用以及它们之间消除阻碍、达到平衡的过程进行考察,把它们当做自然所具有的原始力量,并由此产生以此为模本的自然结构说。康德就是以这门动力学为出发点去揭示宇宙的生成和自然的奥秘的。谢林也注意引力和斥力对自然界的作用,但与康德有所不同,他更关注当时自然科学界所取得的最新成果。化学中关于氧气和其他气体的学说、对燃烧过程的新理解、物理学中的光和光的运动理论、电流的证明、电和磁场的关系,都给予谢林一些新的启发,促使他以新的视野去观察自然,而不是把这个世界简单地看做由引力和斥力相互作用和相互平衡所构成的结构。谢林在这里更加关注物质的质和自然的级次,而对物质的构造、有机界和无机界、自然的创造性等,并没有像康德那样加以详细的解说。对谢林来说,《观念》就是要说明,自然哲学不是把哲学应用到自然学说中,而是在解读各门自然科学学科以后,再去对这些自然科学予以新的解释,从而使人们能够真正理解自然。由此来看,谢林重视当时化学、物理学的成果,就是要从这些具体的自然科学上升到对自然界的整体把握。

第三节　自然的创造与级次

　　如果说《观念》的主旨是解决自然观问题,那么谢林在此之后发表的

---

① 卡尔・谢林主编:《谢林全集》第 2 卷,第 56 页。

《论世界精神》所讨论的基本问题则是有机界与无机界的关联,它要说明的是自然界的这两个部分应当建立在同一个原则上,这就是所谓自然界的灵魂或精神。

在谢林看来,无机界是机械论的世界,它表现为氧化、电流、磁性等现象,受到物理学中的力学定律的规定;有机界在自身中包含这些机械的现象,却不限于这种现象之中。对谢林来说,我们既不能按照机械论的观点来解释生命,也不能根据传统的活力论的假设赋予有机界一种特殊的生命力。他认为,有机界与无机界是互相适应、互相规定的,只有用同一的观点去说明有机界与无机界的相互关系,才能解释作为整体的自然。这里的关键是要发现这两个部分的共同性,找到为它们奠基的共同原则。

从多种多样的自然现象中,谢林看到自然界中普遍存在的二元性,即力的原始分裂。对谢林来说,无论是个别的、具体的自然现象,还是作为整体的自然界,都只能被理解为同时存在于同一体和矛盾之中的各种力量的对立,一切现实都是以一种对立为条件的。谢林说:

> 在现象存在的地方,都已经存在相互对立的诸力量。这种自然学说把一种普遍的异质设定为直接的原则,而为了把握这种异质,一种普遍的物质之同质就被当做前提条件。但是,绝对的异质原则和绝对的同质原则都不是真正的原则;真理就在这两者的统一之中。①

谢林又把这种异质和同质分别称为二元性和同一性,而统一这两者的概念被他称为"极化性"(Polarität)。极化性的典型范例就是磁体,它有紧密相关的两极二元性,磁性的本质就在两极相互排斥的张力与相互吸引的引力之中。在自然中到处可以见到这种极化性现象,比如正电荷和负电荷、酸和碱、氧气和氮气、地球的北极和南极,所以,谢林把在自然

---

① 卡尔·谢林主编:《谢林全集》第 2 卷,第 390 页。

中显而易见的极化性规律当做"一个普遍的宇宙规律,它就如同在我们的行星系中对地球生效一样,在所有行星系中对所有的星球都生效"①。

谢林在把极化性当做普遍规律的同时,也从不断变化的自然现象中看到自然界持续不断的变易性。很显然,在这里只从力的作用来解释有机界是行不通的,哪怕把生命看做不同力量的自由作用,并且承认外在的无机界保持了生命的持续存在,也无法说明自然本身的变化。谢林在这里强调自然天生的生生不息的力量(natura naturans)。他认为,自然是一种自由活动,本身就蕴涵着构造欲求,这种欲求迫使自然的构造力量去创造一定的有机形态。作为整体的自然本身就是活生生的,是一个巨大的有机体,而自然中的各个部分则显现了各个元素的矛盾和对抗。这种同一性与差异性同时存在的现象说明,自然就是在创造和阻碍的相互作用中发展的,从而实现不断回归自身的无限运动。从这个意义来看,生命"并不是存在的原因,而只是存在的一种特定的形式"②,更确切地说,生命是一种持续回归到自身的循环过程。谢林把自然界的这个规律称为"上升"(Poten-zierung)③。这个规律说明,自然不仅仅是一种存在,而且是无限的生成,自然本身具有无限的生命力。

这种无限生成的原因是自然的原创行动,但由于自然的创造不是同等的,分为各个不同阶段,所以,自然的产物就表现为不同的级次。虽然自然在努力创造一个理想产物,自然产物的级次也在不断接近这个理想,却始终不能实现这个理想。对此,我们毋宁说,"自然的创造性是一种绝对的持续"④。我们在这里已经看到,当谢林把上升当做解释自然的一个规律时,他的这个解释就充满了历史的和辩证的思想,并且还有一

---

① 卡尔·谢林主编:《谢林全集》第 2 卷,第 489 页。

② 同上书,第 566 页。

③ "Potenzierung"是一个很难翻译的术语,过去学术界曾经把它译为"幂""乘方""级次",但我们在阅读谢林这部著作的时候,注意到他也用"Steigerung"这个词来代替这个术语。这表明,"Potenzierung"在这里主要是表达自然本身所具有的不断提高、扩大的能力。据此,我们把它译为"上升"。

④ 卡尔·谢林主编:《谢林全集》第 3 卷,第 53 页。

种努力向上的冲力。与此同时,谢林在这里不能回避个体生命与整个自然的关系的问题。谢林在这方面接受了赫尔德和基尔迈耶尔(K. F. Kielmeyer)的影响,强调生命的根据就在于有机体的被动的接受性和特有的主动性的共同作用,它们对构成不同的生命现象具有重要意义。感受性(Sensibilität)、应激性(Irritabilität)和再创造力(Reprodutionskraft)这三种生命现象在本质上是同一种力,但它们在个体中出现的时候却表现为不同的作用,其中应激性的地位在生命与外界的相互作用中比较特殊,当明显地出现在有机体的主动性和接受性的关系之中时,它在三者中就具有核心意义。谢林在这里并没有对它们予以详细的论述,直到在《初步纲要》中才把它们解释为生命的功能。

《初步纲要》是谢林在耶拿大学第一次讲座的讲稿,严格来讲,它是由许多材料集合而成的。这个讲稿的一开始,谢林就把无限物确定为自然哲学的出发点。他认为,这个无限物是纯粹的创造性,或者是无限的、永恒持续的能动性,它是"决不会出现在有限产物之中的存在自身,一切个别事物只是它的一种特殊的表达"①。虽然这个无限物本身并不是客体,我们甚至都不能用存在来言说它,但它却是一切客体的原则。因此,自然哲学对所有自然现象的推演都以这个无限物作为绝对的前提条件。自然就是无限的创造,自然哲学理应从自然整体中对自然产物进行发生学的推演。谢林就是在这个前提下对下面几个问题予以解释的。

首先,谢林详细表达了关于自然级次的观点。这种级次由无定形物直到有机体,包括许多不同的形态,它们是同一个有机物的发生和发展,而有机体是它的最高形式。虽然这些形态五花八门,但贯穿它们的却是一个统一的原则,就是这个原则使有限的知性与诸多形态结合在一起。原始的二元性在有机体中是作为类的差别同时也作为创造性和再创性而显现出来的。有限的个体通过生育而获得无限的同类,因而也使自己的生命得到延续。

---

① 卡尔·谢林主编:《谢林全集》第 3 卷,第 11 页。

其次,谢林对《论世界精神》中提出的生命条件问题继续予以思考。他把外界对有机体的刺激看做生命的"被动"(negative)条件,它引起一种化学反应过程,有机体通过这个过程可以维持自身。但是,有机体本身所有的感受性就包含着兴奋性,它是生命的"主动"(positive)条件。生命受到有机的内在东西和无机的外在东西的关系之规定。这里的重点是要把宇宙中万事万物联系的可能性当做生命的条件加以考察,由此必然会引申出有机物与无机物的交互关系的问题。正如谢林在《论世界精神》中所说,有机物与无机物的结合点是应激性,它又与感受性现象相联系。同时因为由内在物质和外在物质所产生的运动还不是生命,这里还必须考虑营养和再创造的作用,所以,前面所说的感受性、应激性和再创造力才是生命的三重结构(Triplizitätsstruktur)。而这三者内部的关系也是在不断变化的,因为有机体越复杂,个体生命的意义就越明显,而种类的作用就越不重要,高级生物的个体在刺激性、敏捷性、反应能力和独立性等方面都是不同的,应激性和感受性的关系在这时就会出现倒转。最后,感官能动性在生命高级形式中居于支配地位,并最终通往人的意识——这是有机体的终点。

最后,谢林认为有机界与无机界的关系并不是相互对立的,而是相互映现的,只是它们表现为不同的级次,有机界的级次比无机界的高。从范畴图式来说,无机界中的磁、电和化学过程等基本现象是与有机界中的感受性、应激性和再创造力相适应的。而人则是世界有机体的最终目的。这样,谢林就把整个自然界的统一发展过程划分为不同级次的自然范畴。结合谢林此后不久发表的《先验唯心论体系》中的相关思想,我们可以清楚地看到谢林自然哲学的基本框架:宇宙中最基本的物质是引力、斥力和重力,然后是无机界的磁、电和化学过程,再后就是有机界的感受性、应激性和再创造力,人则站在这个范畴的顶点。

谢林把上面这种从整体自然观来解释各种自然产物的方法称为"构造"(Konstruktion)。他强调,对自然产物的构造应当先于对各个具体元素或环节的构造。后者是把自然当做原因而对具体产物进行推演,其基础就是实验,所以,这样的方法也是"物理学的构造"。对构造进行验证是必要的,在这方面实验可以证明我们预先的构想是否与事实相符。"任何实验都是对自然的一种提问,自然被迫对此作出回答。但是,所有提问都包含着一种隐藏的先验判断;任何实验就其是实验而言,都是某种预示;实验活动本身是一种创造现象的活动。"①谢林由此提出他自己关于知识的基本思想:任何客观的知识或科学,其第一步都是主观创造。精神与自然、整体与部分都是在此基础上结合起来,并达到真正的绝对统一。谢林相信,对上面几个问题的阐述及由此获得的结论,加深了他在《观念》中提出的"自然是有形的精神"的观点。在他看来,自然中的精神是有创造力的,"自然产物的不同级次就是精神努力趋向自身意识所经过的历程"②。自然哲学因为描述了自然界这种动态的典型特征,就可以被称为"动态原子论"。在稍后的《纲要导论》中,谢林又把自然哲学称为"思辨物理学"。他认为,这个名称一方面可以与经验科学所说的显而易见的知识相区分,说明并不是可以经过日常意识就可以到达思辨物理学;另一方面,这也表明自然哲学作为实在的或客观的知识在整个哲学体系中占有重要地位,它是哲学体系中的一门基本学科。

上面所述的不同著作已经表现了谢林早期的自然哲学思想,只是不同的著作表达的重点不同而已。1801 年的《我的哲学体系的阐释》总结了这些思想,并且使之明确化。这些思想的要点就是:自然界是一个在自身中创造、生成和完成的自然现象的关联整体,它包括最简单的物质和最高级、最复杂的自然存在形式(理性的生物载体),有机界和无机界并不是被分为两个截然不同的世界,而是一个统一的整体;人是自然发展的最终目的,也是自然与精神的联系纽带和中心;自然哲学既观察自然界的内在组织的形成,也注意其现象的动态级次,并根据观念与实在的绝对同一的原则把自然的合目的性原则当做无意识的(或无形的)精

---

① 卡尔·谢林主编:《谢林全集》第 3 卷,第 276 页。
② 鲍姆加特纳、科滕:《谢林》,第 66 页,慕尼黑,贝克出版社,1996。

神的显现。

第四节　人与自然

　　1801 年以后,谢林对自然哲学仍然感兴趣,并且时有一些论著发表。总的来看,后来的论著基本上延续了早期已经确立的自然哲学观,只是注意当时新出现的科学成果,对原来的思想予以充实和发展。比如,他在 1810 年的《斯图加特私人讲座》(*Stuttgarter Privatvorlesungen*)中就说,以往大多数哲学把自然界排除在外,而他的体系则充分注意自然科学中的哲学问题,他的哲学"在这个意义上可以部分地被称为自然哲学"①。他还认为,土、气、火和水四种元素在古代就被看做世界的始基,近代科学特别是化学又将它们复活了。同时,谢林还用自己关于光的矛盾的命题对动力过程进行解释,认为把光理解为纯粹机械现象的假说是不符合事实的,"光是积极的物质矛盾,它在此意义上是精神的物质"②。谢林还积极吸收进化论学说,把有机界分为植物、动物和人三个部分,强调这三个部分的三种不同姿势(垂直姿势、水平姿势和万能姿势)表明生物的逐渐复杂化的进程,世界整体的一般趋势就是这种由自然的东西转向精神的东西的过程。

　　但是,值得注意的是,谢林后来的自然哲学也有一些不同于早期的地方,而且很重要,主要表现在以下几点:首先,他以前一直强调人是自然的目的,现在又补充说,作为万物之灵的人是精神与自然联系的纽带,但人的行为却常常有辱自己的使命。人的欲望无限膨胀,人肆无忌惮地作恶,不是使自然服从精神,而是相反地使物质支配人。人的作恶最终会导致自然界的完整生命的毁灭,从而导致人类自身因为自然界与精神的不和谐而死亡。③ 谢林的这番话带有很强的唯心论假想成分,但是,如

---

① 谢林:《斯图加特私人讲座》,第 103 页,都灵,1973。
② 同上书,第 155 页。
③ 参见同上书,第 160 页。

果今天来看这个观点,我们不得不说,谢林是有远见卓识的。科学技术也是一把双刃剑,人类如果不顾一切地掠夺和征服自然,必定会遭到自然的报复,这就是霍克海默和阿多诺所说的"启蒙辩证法"的基本道理。

其次,虽然谢林后来也把自然看做一个整体,但他在论述无机界发展为有机界的时候,强调这方面有一个裂变(Umwandlung)过程,否则,"自然原则中的意义变化就是不可理解的"①。他解释说,在所有有机物的形成中,模糊原则(das blinde Prinzip)与合目的性都是结合在一起的,以前人们只是注意自然中的合目的性,却忽视了模糊原则,但是,只要这个客体是自然客体,我们就必须承认这种模糊的、无意识的发生行动,这就同我们承认自然中的合目的性一样。谢林在这里是不同于康德的。在谢林看来,我们所感受到的自然形成中的合目的性就来自物质内部,它与模糊性是共同发生的,实际上模糊性在这里已经上升为可以被理解的原则。所以,从无机界到有机界并不是一个渐进的过程,而是一个新的开端,这里包含一种突变或飞跃。"在有机自然界的开始,模糊原则已经是可以把握的,并且存在于自由之中。"②

最后,谢林在把"自由"概念引入自然哲学的时候,就必然会带来一个完全不同于早期的自然哲学观。谢林在《先验唯心论体系》里明确说,自然界不能产生自由,"在自然界里自由无论如何总是假想的"③。因此,从表面上看,自然界是合目的的,但实际上,自然的演化是直线型的,是那种要么进要么退的机械方式。然而,在把自由引入到自然界后,谢林的思想发生了变化,在他的视野里,自然界特别是有机界中存在着自由,自然的演化也是自由的、非线性的,自然可以中断自己的运动,甚至可以从已经到达的地方倒退回去。这种情况在有机界表现得尤其明显,这也是为什么有机物往往与一般的自然进程相对立,常常被当做偶然现象的原因。谢林因此对作为客体的自然形式与有机物作了区分。他认为,我

---

① 卡尔·谢林主编:《谢林全集》第10卷,第366页。
② 同上书,第375页。
③ 谢林:《先验唯心论体系》,梁志学、石泉译,第280页,商务印书馆,1983。

们在客体形式中看见一种必然的作用方式,关于它们我们完全有理由说,我们把握了客体的此在,因为我们认识它们的原因及其发生作用的规律。谢林甚至很有远见地说,我们据此可以制造金刚石一类东西。但是,有机物在这个意义上并不是必然的,它们是自由和自愿创造的自然的见证。所以,在这个意义上说,自然也是自由的自然。

谢林晚期的自然哲学思想是有重要意义的。他避免了那种单纯相信自然现象中的合目的论并因此而走向物活论的倾向,同时也彻底改变了康德提出的自然完全受因果性所决定的观点。他提出的自然演变过程中的裂变、模糊原则和自然运动的自由的、非线性的观点,不仅在纯粹哲学意义上指出了事物在发生和发展过程中存在质的飞跃的辩证法思想,而且天才地预见了自然科学在100多年以后才出现的模糊理论和非线性理论。他反对人类无限度地征服和掠夺自然的思想,对当今人类保护自己的生存环境更有借鉴意义。由此看来,现在西方学术界高度重视谢林的自然哲学就决不是偶然的了。

第三章　《先验唯心论体系》

　　谢林在研究自然哲学的同时,也以很大的热情继续研究先验哲学的问题。他认为,虽然自然哲学与先验哲学研究的对象不同,但它们却是相关的。自然哲学的出发点是客观性,它要回答的问题是,人们如何获得关于客观东西的知识;先验哲学则把主观性看做第一位和绝对的,并且以此去解释主体如何到达意识,并进而使知识具有客观性。谢林的这个思想构成一种既对立又平衡的图式,如果说自然哲学考察的是自然的历史,那先验哲学就是探索自我意识的历史。1800 年发表的《先验唯心论体系》就是这个思想的体现,按照谢林自己所说,"关于这种实在性的令人信服的证明可以在先验哲学中、特别是在眼前这部作品的有关阐述中找到,所以这部作品应看成是作者有关自然哲学的著作的一部必要的姊妹篇"①。而在我们看来,这部著作的出版标志着谢林哲学体系的确立。

　　这部著作有一个简短的"前言",下面有"导论"和六个章节,分别论述这本书的写作目的、先验哲学的概念、基本原理、一般演绎、理论哲学体系、实践哲学体系与以先验论为基础的目的论及艺术哲学的原理,结

---

① 谢林:《先验唯心论体系》,梁志学、石泉译,第 3 页,商务印书馆,1983。

构非常紧凑。从内容上看,谢林认为,先验哲学的全部联系都是探讨自我意识的发展,并且仅仅以自我直观的提高过程为依据,所以,这本书"是从自我意识中最初级的、最简单的直观开始,而到最高级的,即美感的直观为止"[1]。具体地讲,这个过程包括单纯的质料和有机体,再从有机体开始,经过理性和随意性,到达艺术里的自由与必然的最高统一,也就是说,艺术最终构成自然和精神的穹顶。

第一节 基本原理

在这部著作一开始,谢林就说:

> 我们眼下这部著作的目的正是要把先验唯心论扩展成它实际上应当是的东西,即扩展成一个关于全部知识的体系,因而不是仅仅一般地证明这个体系,而是用事实本身证明这个体系,就是说,真正将其原理推广到关于主要知识对象的一切可能的问题上,无论这些问题是先前已经提出而没有解决的,还是通过这一体系本身才能构成和新出现的。[2]

谢林在这里已经暗示,他与费希特一样,提出的也是关于知识的来源、形成、对象、体系以及与此相关的问题,但是,他对这些问题的解答并不与费希特完全一样。

在谢林看来,这里的关键在于,要把哲学的各个部分视为一个连续的序列,把全部哲学表述为自我意识不断发展的历史;不仅要精确地划分这个历史的各个时期,还要表现出它们是一个前后相继的过程,从而赋予整个历史一种内在联系。直观的诸阶段就表现了自我意识的这种持续不断的历史,它从最初级的自然中的自我直到最高级的人的意识,从理论哲学直到实践哲学,从自然的合目的论直到艺术哲学。谢林很清

---

① 谢林:《先验唯心论体系》,梁志学、石泉译,第 278 页,商务印书馆,1983。
② 同上书,第 2 页。

楚地看到,这样一门哲学涵盖了自然和理智两个领域,仅仅依靠自然哲学或先验哲学都不可能完整地表达它,只有这两门科学共同努力,才能完成这个课题。谢林之所以提出这种两门科学相互补充、进而完成哲学体系的思想,其根据就是他始终关心的一个问题:什么才是真正的知识?换句话说,知识中的真理根据是什么?

在"先验哲学的概念"中,谢林对这个问题予以明确的回答。他认为,"一切知识都以客观东西和主观东西的一致为基础。因为人们**认识**的只是真实的东西;而真理普遍认定是在于表象同其对象一致"①。对知识中的客观东西和主观东西,谢林具体解释说,我们知识中的所有单纯客观东西的总体,可以被称为自然;所有主观东西的总体,可以被称为自我或理智。这两个概念本来是互相对立的,自然被认为是仅仅可以予以表象的东西,是无意识的,而理智则被认为是仅仅作表象的东西,是有意识的。但是,本身无意识的东西和有意识的东西在任何知识中都必然有某种彼此会合的活动。"哲学的课题就在于说明这种会合的活动。"② 显而易见,谢林的这个思想既不同于康德的主客分裂的二元论,也不同于费希特的绝对的主观唯心论原则,而是企图在主客同一的基础上解决知识中的真理问题。

但是,谢林毕竟是客观唯心论者。一方面他强调,在这种真正的知识中,主观东西与客观东西是同一的,严格地讲,我们不能说它们中的谁是第一位的,就是说,我们不能说主观东西或客观东西谁享有优先性,它们是同时的,是绝对的一回事;另一方面,他又说,在进行哲学解释时,人们必然会把主观东西(理智)或客观东西(自然)设定为这种知识同一性中的先决条件。因此,在解释这种理智与自然的会合或者知识同一性时就可能出现两种情况:"或者使客观的东西成为第一位的,这样问题就在于:与它一致的主观的东西何以会归附于它"③;"或者使主观的东西成为

①② 谢林:《先验唯心论体系》,梁志学、石泉译,第6页,商务印书馆,1983。
③ 同上书,第6—7页。

第一位的东西,这样课题就是:与它一致的客观的东西何以会归附于它"①。把客观东西设定为第一位而产生的疑问是自然科学从而最终也是自然哲学的核心问题;客观东西原本与主观东西相一致,现在让它归附于主观东西而产生的疑问,就是先验哲学的独立问题。谢林相信,对这两个不同问题的解答就会产生两门彼此独立的哲学学科,分别代表两个不同的哲学方向。

谢林相信,这两个哲学方向表现了精神的两个系列,一个是自然产物的系列,另一个就是自我直观的系列。谢林在这里接受和改造了莱布尼茨的思想。谢林认为,如果说创造客观世界的能动性最初与表现在意愿和认识中的能动性是同一的,那么,在自然与理智、实在世界与观念世界之间就有一种预定和谐,这种能动性就是这两个系列能够实现和谐的根据。所以说,"如果在观念世界和现实世界这两个世界之间没有存在着一种**预定和谐**,客观世界怎么与我们心里的表象适应,同时我们心里的表象又怎么与客观世界适应,便是不可理解的"②。但是,在后来的发展中,这种能动性受到不同的规定,它在自然哲学中表现为绝对的创造,而在先验哲学中表现为意识或"直观的历史"。但是,仅仅考察前者或后者都是不够的,因为真正的知识是以主观和客观这两个对立面的会合为前提的,并且是一种经过中介而实现的活动,这个中介也是知识的唯一根据。哲学的任务就是去发现和阐释这个根据。

对谢林来说,自我意识就是这种连结主观和客观的中介,它具有主观和客观的直接同一性,所以既是先验哲学的原理,也是知识的最高原理。对此,谢林说得非常明确:"至于说自我意识是个坚固的立脚点,**对我们来说**一切都系于这个点,这是无需证明的。"③他同时还认为,自我意识是·种同时创造自己的对象的认识活动,是一种总在进行创造的理智直观,创造者和被创造者在这种直观中是同一个东西。因此,"理智直观

---

① 谢林:《先验唯心论体系》,梁志学、石泉译,第 8 页,商务印书馆,1983。
② 同上书,第 14 页。
③ 同上书,第 21 页。

是一切先验思维的官能"①。在这种主客同一的双重性活动中,意识表现为直观的行动,自我通过这种直观在一切规定之前就了解自身,并且进行创造活动。在从自我的无限直观能动性过渡到自我的自身关照中,自我实现自身的主客二分,知识的全部结构由此得以产生。直观这个元素对于我们一切知识都是奠基性的,原始的主客同一由于直观而区分为两种能动性,一种是观念的、无限的能动性,另一种是有限的、实在的能动性。观念的能动性始终在上升,出现在意识的一切形态中。

这样看来,谢林所设计的先验唯心论体系实际上就是意识自身由同一到分裂、再由分裂到同一的发展史,是意识的一种不断提高自我级次的活动,它的全部方法就是把自我从原始直观引导到理智直观,再由理智直观引导到艺术直观。同时谢林又认为,这种在意识中被确立为观念东西与现实东西的绝对同一性,在哲学中只能设想为是连续出现的,所以,意识的分裂往往不是那么明显。对意识的发生和演变的过程,谢林是在以先验论为原则的理论哲学体系和实践哲学体系中予以具体和详细地展开的。

第二节 理论哲学体系

谢林认为,意识在理论哲学体系中经历三个时期。第一个时期是"从原始感觉到创造性直观",它旨在说明自我是怎样直观它自身受到限制和怎样直观它自身进行感觉的,即自我对自身的直观。我们的出发点依然是自我的概念,这是涵盖主体和客体、观念与实在两方面的统一体概念。尽管自我意识在其本原上是纯粹观念的,但自我对我们来说是通过意识并且是作为纯粹现实的东西而出现的,自我通过直观活动得到直接的限定。因此,被直观与存在是同一回事,"自我意识的活动是观念的,同时又全然是现实的"②。但是,需要注意的是,在自我意识中表现出

---

① 谢林:《先验唯心论体系》,梁志学、石泉译,第35页,商务印书馆,1983。
② 同上书,第53页。

来的这种主客同一性与观念和实在的同一性并不是原初就有的,而是经过第三者——中介被创造出来的东西,因为自我意识本身就包含着对立的主体和客体,而我们意识到的最高东西则是主客同一性,所以,这里的中介"**必定是摆动于对立方向之间的一种活动**"①。这个中介就是感觉,观念的能动性与实在的能动性都在第三者——感觉这儿得到统一,感觉的主体由于自身能动的本质而成为理智,所以说,"认识的所有实在性都维系于感觉,一种哲学如不能解释感觉,就足以因此而一败涂地"②。但是,感觉的产生并不能解释为单纯的接受性,即对外在的印象,因为感觉受因果律的规定,而因果律只在同类事物之间才是生效的。所以,谢林又认为,我们可以把这种表象称为存在的一种方式,当我们把(物质性的)存在看做创造性的东西时,这种存在就是一种知识活动;反过来说,当我们把知识活动视为创造的产物时,这种知识活动就是存在。这样,在创造性直观这个阶段,由于对感觉的直观,内在与外在才开始得到区分。

理论哲学体系中的第二个时期是"从创造性直观到反思",它旨在说明自我是如何直观它自身为创造性的。解决这个问题的难点在于,"因为自我是在进行直观,它也就完全被束缚在创造活动里,不能同时既是直观者又是被直观者"③。谢林在这里对第一时期的思想继续进行了推演,他清楚地看到,一切意识都是从自我感觉开始的,当自我把对象与自己对立起来时,它已经有了自我感觉。而使自我变成自己的对象的唯一方法,就是自我对时间的意识。在谢林看来,这不是从外面附加给直观的时间,而是作为单纯的点、作为单纯的自我与外在对象之界限的时间。正是在这个意义上,谢林说:"时间并不是某种不依赖于自我而流逝的东西,恰恰相反,从活动上来看,**自我本身**就是时间。"④时间在这里是使自

---

① 谢林:《先验唯心论体系》,梁志学、石泉译,第 57 页,商务印书馆,1983。

② 同上书,第 72 页。

③ 同上书,第 116 页。

④ 同上书,第 128 页。

我成为自己的对象的内在方面。在外在方面,当自我在这种行动中使自己与对象对立起来时,那对象就成为对任何内涵的否定,也就是说,对象必然会表现为纯粹的外延。这时就出现了空间。时间与空间是同时产生的,两者互不分离,但又彼此限制和规定,所以,"只有通过空间,时间才成为有限的,只有通过时间,空间才成为有限的"[①]。谢林正是借助于时间的内涵性和空间的外延性,把直观区分为内在直观和外在直观两种形式,并以此推演出直观的内在职能和外在职能、偶性和实体等形式和范畴。这些区分不仅使自我直观到自身与对象的区别,还使一般创造活动过渡到自由的反思活动。如果说在第一时期主客开始区分,那么在第二时期,这种区分的交互作用就已经被直观到,自我既是观念的又是现实的。再从自然界的发展对先验唯心论的证明来看,意识的起点是存在与直观的原始同一性,而在理论哲学体系的第二时期,观念的自我与现实的自我的交互作用则是通过有机体来实现的,因此,有机体的演变在这里也是对自然界建构的平衡。

理论哲学体系的第三个时期是"从反思到绝对意志活动"。谢林在这里必须回答的问题是:为什么我们觉得整个外部世界不是像我们的有机体这样?换句话说,我们的对象为什么可能被设定为是在我们之外的东西?对此,谢林的解答非常明确:"对象似乎离开灵魂而进入我们之外的空间,这一般只有通过概念和产物、即主观的东西和客观的东西的分离,才是可能的。"[②]理论哲学在这里就进入反思阶段,抽象、范式、范畴等概念是必不可少的,而谢林特别看重抽象尤其是先验抽象。他认为,经验抽象是判断的条件,而先验抽象是经验抽象的条件,它表明理智是怎样把对象和概念分开的,"因此先验抽象是每一判断(包括最普通的判断)的基础"[③]。设定和关联的条件都存在于抽象的判断之中,理智又通过范式化使对象和概念联系起来。作为理智的自我就是通过抽象而摆

---

① 谢林:《先验唯心论体系》,梁志学、石泉译,第 129 页,商务印书馆,1983。
② 同上书,第 165 页。
③ 同上书,第 179 页。

脱直观,并因此作出进一步的设定,绝对的抽象就是意识的开端。

关于理论哲学体系所经过的这些历程,谢林又用理智反思的三种情形予以概括:一是反思对象,它产生的就是"直观范畴"或"关系范畴"。二是反思自身,它产生的就是"量的范畴",量与范式结合就是"数",然后再由数进入"质的范畴"。三是反思对象和自身,这是最高的反思活动,因为它既是观念的又是现实的,所以,这里产生的就是可能性、现实性和必然性的概念,它们构成理论哲学的穹顶。

第三节 实践哲学体系

在有限自我的直观结束的同时,就是有意识的反思的开始。这就是说,自我由于意识到先验抽象,才可能使自己自为地超越于一切对象之上,才可能把自身认做理智。然而,这种把自身当做理智的行动是绝对的,自我从此就不可能再用理智行动进行解释,理论哲学的锁链因此而中断。在理论哲学超越自己界限的时候,我们就进入实践哲学的领域,因为实践哲学仅仅是用自由意志、无上命令等公设来确立自身的。这样,由自然建构和意识形成的两个序列也都归入自我意识的精神中,进入自由意志的序列里。

正如谢林自己所说,他在这里阐述的实践哲学体系并不是一种道德哲学,而是"一般道德概念的可思议性与可解释性的先验演绎"①。他把这个部分归结为以下几条原理:第一条原理是,绝对的抽象即意识的开端,只能从理智的自我决定得到解释,这个原理着重解答理论哲学与实践哲学的共同原则。第二条原理是,理智的自我决定的活动,只能由这种理智之外的一种理智的特定行动得到解释,它要对意志活动、对自我何以会成为客观的问题作出说明。第三条原理是,意志活动必然是以外在对象为目标,这条原理给出了实践哲学的基本规定,如道德法则、自

---

① 谢林:《先验唯心论体系》,梁志学、石泉译,第 188 页,商务印书馆,1983。

由、随意性、无上命令等,这里的主要内容是历史哲学。

在谢林看来,意识的开端来源于理智涉及自身的一个行动,这是理智的自我决定或理智自己对自己的行动,这里的关键在于,这时的自我自为地进行创造活动,具有提出理想和实现理想的二重性,这是实践哲学的依据。虽然自我在理论哲学阶段也提出理想,但那只是一种下意识的创造,而"在实践哲学里概念与实践、提出理想与实现理想完全是一回事"①。理智的决定是最广义的意志活动,它作为意志活动就必定有意向,即指向一定的对象,所以,它虽然是自由的,但它又表现为一种欲求(Trieb)或意愿(Wollen)。一旦自我把这种欲求或意愿指向某个特定对象,那么,理智的活动就会因此受限制,因为如果我能希求一切东西,我就决不能希求某种确定的东西。这样,通过自由而成为可能的行动就是现实的。进一步讲,自我的这种行动本身是自由的和有意识的,既然它受到限制,那这种限制就不是在它自身之中,而是来自自我之外的其他理智的行动。这就意味着,在自我以外存在着诸多理智,而自我作为有意愿的、自由的存在者,首先必须是客观的和现实的。谢林认为,自我的自由在涉及对象方面受到限制,这并不意味着自由被取消,而只能说自我在对象中遇到阻力,需要自我作出自我限制;反过来说,这同样意味着,自我需要作出自我决断。就后者而言,自我在涉及特定对象时仍然是自由的。

不过,全部意志活动不只是这种客观的、现实的活动,它还包括既是观念的又是现实的活动。意志中的这种主观或纯粹观念的东西并不指向任何外在事物,而是仅仅指向那种包含在意志活动本身中的客观东西,这种东西无非是自我决定本身。自我决定本身是一种纯粹的意志活动,是有意识的自由或"随意性",如果它想具有客观和现实的意义,它就必须由一条公设来规定,这就是"你只应该希求一切理智所能希求的东

---

① 谢林:《先验唯心论体系》,梁志学、石泉译,第 191 页,商务印书馆,1983。

西"①。这就是说,作为纯粹意志的道德也必须通过理智的判断和选择才能在客观世界中具有现实性。进一步说,这种道德只有通过外部世界才能成为客观的,于是,道德法则就进入自我意识之中,并作为自我意识的条件而演绎。

谢林与康德和费希特不同,康德和费希特是用专著来讨论实践哲学所遇到的国家制度和法律规则,而谢林对此仅仅在这一章的附论中予以简单的讨论。关于法律,谢林非常明确地说,其本质就是强制作用,它保证个人自由在一切存在者的相互作用中不被取消,它只是"针对那种从个人出发、又返回到个人的私欲"②。由这种法律建立起来的法律制度仿佛就是更高级的"第二种自然界",在这里没有私人感情,而只有正义与非正义,任何干预他人自由的私欲都会受到法律的惩戒。谢林在这里还看到,仅仅一个国家的法律制度的完善还不够,为了使各国摆脱相互对立的自然状态,还必须使法治原则得到普遍传播,并建立一种超越各个国家组织、保证各国制度的国家联盟,"它可以调度一切其他国家的力量,去制裁任何一个图谋不轨的国家"③。

但是,对谢林来说,实践哲学最终要解决的是自由与必然相统一的问题,而谢林对这个问题的解答,则显然不同于康德那种把自由与必然作为无法解决的二律背反而悬搁起来的二元论,谢林把这个命题演变为历史哲学的建构,变成绝对进行启示的历史。而谢林的历史观也不像后来的黑格尔那样,认为人可以把握历史发展的规律。一方面,谢林承认,历史是一个包含着无限进步的概念,但人并不一定能认识和估计历史的进步,"理论和历史是完全对立的东西。人之所以有历史,仅仅是因为他要做的事情无法按照任何理论预先估计出来。就此而言,任性是历史的女神"④。但另一方面,谢林又认为,完全没有规律的事情或无目标、无

---

① 谢林:《先验唯心论体系》,梁志学、石泉译,第 226 页,商务印书馆,1983。
② 同上书,第 234 页。
③ 同上书,第 238 页。
④ 同上书,第 240 页。

计划的事物也不配被称为历史，只有自由与规律的统一，才构成历史的特点。谢林由此看到，一方面是各国的法律制度及其联盟的建立，另一方面则是社会的持续发展，它们都是自由与必然统一的体现。人发挥自由能动性，人建立和完善各种制度的行动都发生在历史中，同时也与历史必然性结合在一起。不过，在这样的历史中，自我意识到自身是自由和行动着的个体，却不能把自己理解为自由和必然的统一，这就是说，"人虽然在行动本身是自由的，但在其行动的最后结局方面却取决于一种必然性，这种必然性凌驾于人之上，甚至于操纵着人的自由表演"①。

这里显然存在着矛盾：虽然人是自由的行动者，并且是有意识地在创造，但发生的结果却是无意识的。谢林对此解释说，个人在实现最终目的方面是有限的，只有整个族类才能实现这个目的。同时从更深刻的意义上讲，自由与合乎规律的统一只有借助于某种更高的东西才是可思议的，这种更高的东西既不是主体、意识或理智，也不是客体、规律或必然，而只能是绝对的同一性。这种绝对同一性是绝对单纯的东西，一般是不能称谓的，它"仿佛是精神王国中永恒的太阳，以自己固有的夺目光辉把自己掩盖起来，它虽然从未变成客体，但在一切自由行动上标出了自己的同一性，同时对于一切理智都是同一个东西，是一切理智由以分为各种级次的看不见的根源，是我们心中自我决定的主观事物与客观事物（直观者）的永恒中介，同时是自由中包含的规律性与客观事物的规律性中包含的自由的根据"②。这种纯而又纯、完全不能称谓的东西当然不会是我们知识的对象，而只能是绝对，是上帝，是我们所假定的信仰对象。世界历史由此变为绝对不断启示的过程，人只是在这个过程里扮演自己的角色。谢林最终走的还是康德和费希特的理路，在知识不够的地方，就把它推给信仰。只是他没有明确说出这一点，从而给自己增添了

---

① 谢林：《先验唯心论体系》，梁志学、石泉译，第245页，商务印书馆，1983。
② 同上书，第250页。

神秘主义的色彩。①

正是基于上述思想,谢林才把世界历史的发展划分为三个时期:第一个时期是命运,支配这个时期的是完全盲目的力量。第二个时期的特点则是隐蔽的命运呈现为自然规律,人的一切作为从这个规律来讲都是必然会发生的事情。第三个时期是指对未来的预见,因为历史发展无规律可循,未来在上帝那里,所以未来就是"天意"显现的时期。这种历史观显然有一种神秘主义的宿命论的色彩,它与谢林的哲学倾向多少有某些相吻合的地方,尽管他始终说自己是一个先验唯心论哲学家。

但是,谢林又不是一个完全的宿命论者,他在解释我们的有意识活动并不能得到合乎目的的结果却能与无意识活动相会合的现象时说,这种会合表现了原始的和谐,并为合乎目的的产物所证实,所以,我们只有认识自然的合目的性,认识业已表现为和谐的艺术作品,才能完整地理解历史概念。这样,谢林就进入先验唯心论的最后阶段——对目的论和艺术哲学的探讨。

第四节 目的论与艺术哲学

在"目的论"这一章中,谢林试图说明自由与必然是如何在自然产物中、在自然有机体中统一起来的,并进而去说明,这是有意识的能动性与无意识的能动性的同一。谢林在这里的解说很简单。他认为,人自身摇摆于自由与必然性之间,所以,人就是一种永远残缺不全的存在者。而康德关于自然合目的性的论述却告诉我们,有机自然界则不同,唯独它"向我们提供了自由与必然的统一在外部世界的完整表现"②。自然界虽然从其本身创造和生产过程来讲是盲目的,是没有任何意图的,但其产物却表现为合乎目的的,这种既是盲目的同时又合乎目的的矛盾恰恰表

---

① 谢林后来对这里讨论的自由与必然的统一问题也不满意,特意撰写《自由论》去阐释这个问题,我们将在下面一节里对谢林的有关理论予以专门的讨论。

② 谢林:《先验唯心论体系》,梁志学、石泉译,第 258 页,商务印书馆,1983。

明，在没有任何意图、没有任何目的的地方，表现出来的却是最高的合目的性。谢林这个思想的根源还是莱布尼茨的先定和谐说，他只是比莱布尼茨更进一步，努力去解释这种和谐的最后根据是如何被自我所认识的。谢林相信，理智直观可以使我们认识自然界的这种有意识活动与无意识活动的同一性。

但是，对谢林来说，理智直观对自然界的这种认识并不能把这种同一性还原为自我本身的同一性，也就是说，我们要想直观自身，只能依赖于对自身产物之中的同一性的直观，而这样的直观只能是艺术直观。[1]意识的发展或者说理智的发展由此表现为一个圆圈，它发端于理智自身，最终以直观自身产物之中的同一性——美感直观而结束。在谢林看来，自由与必然、有意识的能动性与无意识的能动性的同一只能在艺术中被自我、自身意识所认识，并且由此成为哲学的公设，整个唯心论体系也只能在对艺术的讨论中完成。谢林之所以这样认为，就在于他对艺术的无限推崇。对他来说，艺术家的创作冲动仅仅在于自由行动中有意识事物与无意识事物之间的矛盾，因为在艺术家身上既有某种不由自主的天赋恩赐，也有对无限和谐的感受，艺术就是由这两种完全不同的活动完成的，所以，只有艺术能解决这种貌似不可解决的矛盾。艺术作品的根本特点就是自然与自由、有意识与无意识的综合，完美无暇的艺术作品只有具有天赋恩赐的天才才能创造出来。在天才的艺术活动中，在美感直观中，这种同一性是客观的，并且就蕴含在自我之中。美感直观是作为创造活动的直观的最高形式，并具有一种普遍有效性。因此，"理智直观的这种普遍承认的、无可否认的客观性，就是艺术本身。因为美感直观正是业已变得客观的理智直观"[2]。

与艺术相比，哲学就不具有这种普遍性，根本不会出现在一般意识之中。"哲学虽然可以企及最崇高的事物，但仿佛仅仅是引导一小部分

---

[1] 参见谢林《先验唯心论体系》，梁志学、石泉译，第 273 页，商务印书馆，1983。
[2] 同上书，第 273—274 页。

人达到这一点；艺术则按照人的本来面貌引导**全部的人**到达这一境地，即认识最崇高的事物。"①所以，艺术是"哲学的证书"，哲学通过艺术的认证才能回到它最初只是公设的自我意识原则那里；艺术还是"哲学的工具"，哲学通过艺术的途径才能把原始和谐理解为客观和谐。更进一步讲，哲学家只能通过艺术把主观上表现的东西变成客观的东西。于是，艺术对哲学家成为最崇高的东西，因为艺术不断地确认哲学从外部无法打开的东西——无意识事物与有意识事物的原始同一性，从而为哲学家打开了至圣之所。先验唯心论体系由此就回到自己的出发点——主观事物与客观事物完全和谐的原始根据，终点又变为起点，所有演绎因此而结束。

由此来看，谢林的先验哲学开始于单纯的直观，经过非感官的理智直观，最终融入到艺术哲学之中，思维与存在的绝对同一性在艺术中被提高为美感直观，理智、精神在艺术这里达到完全的观照自身。同时，艺术作品从其本质而言，既是精神的产物，也是无意识的自然的产物，它们共同构成精神和自然双重性的穹顶。应当说，谢林在这时还受到浪漫派的影响，他对大自然抱有敬畏之心，对艺术抱有尊重之意，对他来说，自然是意识发展的开始，自然是精神创造的素材，精神在艺术中到达最高阶段后又返归自然，于是，终点回归到起点。

第五节 评价

《先验唯心论体系》在整个德国古典哲学中占有重要地位，从它出版一直到今天，人们始终在对它作出各种各样的评价。费希特在它出版不久后就发现它所表达的思想与自己的知识学并不完全一致，他为此批评谢林，并由此导致二人展开激烈的争论。② 当代著名哲学家劳特曾为费

---

① 参见谢林《先验唯心论体系》，梁志学、石泉译，第 278 页，商务印书馆，1983。
② 有关费希特与谢林的争论，参见李文堂《真理之光——费希特与海德格尔论 SEIN》，第 83—87 页，江苏人民出版社，2002。

希特作辩护,说谢林在强调主客同一性的时候,实际上是用主观意识去代替客观对象,把本来没有意识的自然像变戏法一样转变为精神,这无论如何都是站不住脚的。[1] 更有甚者,卢卡奇在20世纪50年代所写的名著《理性的毁灭》中更是把谢林当做现代非理性主义思潮的鼻祖而加以鞭挞,他不仅认为晚期谢林思想是倒退和反动的,还认为在青年谢林"真诚的思想"中也隐含着一种似是而非的东西。在卢卡奇的视野中,谢林在《先验唯心论体系》中夸大了直觉的作用,把美感直观与理智直观等同起来,把真理的获得归结于"天才",这不仅在哲学上缺少黑格尔哲学的那种辩证力量,还有认识论上的"贵族化倾向"。[2]

当然,不少哲学史家并不同意这些评价。苏联哲学家古留加就对《先验唯心论体系》褒奖有加,并针对卢卡奇的批评提出了相反的观点。古留加认为,谢林借用康德在第三批判中的艺术克服了自然与自由之间的割裂,把艺术当做一个兼有两者性质的中间领域,因为在谢林这里艺术作为一种创造形式把意识的成分和无意识的成分结合在一起。在这方面,美感直观是创造性直观的最高形式,而理智直观只服务于"精神这个特定的方向",只有艺术才能提供普遍接受性。古留加还认为,这部著作超过《精神现象学》的地方就在于,它对"精神奥德赛"的发挥比后者宏伟,哲学范畴在这里第一次进入了运动状态,哲学体系被看做意识发展的历史,它不断上升为越来越完备的形态。意识的发展开始于自然,最后在艺术中到达最高阶段,挣脱自然的束缚,使自然变为精神创造的素材。而对黑格尔来说,绝对真理只能在他本人的哲学中得到揭示,而作为"思想家-诗人"的谢林,则把这种殊荣奉献给了艺术。[3]

如果说古留加的评论多少有些偏激,那德国哲学家冯克(G. Funke)对谢林的评说则比较客观,对我们理解这本著作十分有益。冯克认为,

---

[1] 参见劳特《在与费希特的知识学论战中产生的谢林的同一哲学》,弗赖堡/慕尼黑,1975。

[2] 参见卢卡奇《理性的毁灭》,王玖兴等译,第129—132页,山东人民出版社,1997。

[3] 参见阿尔森·古留加《谢林传》,贾泽林、苏国勋、周国平、王炳文译,第101页,商务印书馆,1990。

谢林不同于费希特,他的《先验唯心论体系》企图表达人类精神发展史。具体地讲,谢林远离了费希特从道德根据对自我的演绎,而满怀着出自知识学的审美兴趣。在谢林那里,对艺术的可能性和真实性的演绎构成其哲学的唯一和真正的官能,达到其思考的高峰。对谢林来说,自然是精神之唯一的伟大诗篇,理智直观构成哲学的工具,哲学体系就是由自然哲学和先验哲学两个部分组成的。自然哲学提出和试图解答的问题是,自然如何成为理智?理性如何成为现象?先验哲学的问题则是,自我、理智如何成为自然?自我意识的发展进程回答了这些问题。处在中心的自我是充满预感和情感的自我,自然在自我面前是以崇高、直观和鬼魅方式显现的。这是自然情节和自然困扰的自我,是自然与活生生的感觉的关系,自我这时还是依附和屈从于自然。这种情况在艺术中则恰恰相反,自我挣脱自然的束缚,而自然则成为艺术品的素材,成为精神的客体。这样,谢林就能够对费希特消解自然界的主观唯心论思想予以扬弃,在艺术创作中把自然转变为精神,并当做意识发展的一个阶段。在谢林那里,自我或许是斯宾诺莎的泛神论的自我,承担起把自然转变为精神的使命,它与费希特的自我是不同的。① 著名谢林哲学专家鲍姆加特纳的评论也十分中肯,他认为,谢林的《先验唯心论体系》开始于费希特,但谢林创造了一种全新的方法论结构,它对黑格尔的《精神现象学》具有范式的意义。②

无论这些评价有多么不同,我们都认为,在德国古典哲学的发展进程中,谢林的《先验唯心论体系》具有十分重要的意义,他在这里提出的绝对同一性的主张,对消除康德的主客分裂、理论哲学和实践哲学的对立,对克服费希特的以自我为核心的主观唯心论等,都发挥了至关重要的作用。正是谢林迈出的客观唯心论这一步,才使黑格尔能够把德国古典哲学推向高峰。

---

① 参见格·冯克《德国唯心主义哲学与浪漫主义的关系》,载《德国哲学》第5辑,北京大学出版社,1988。
② 参见鲍姆加特纳、科滕《谢林》,第76页,慕尼黑,贝克出版社,1996。

第四章　绝对与人类自由

　　追究自由的本质，探讨与之相关的问题，在全部西方哲学中尤其是在近现代西方哲学中，始终是一个核心命题，同时也是最容易引起争议的问题。谢林在 1809 年发表的《自由论》着重讨论了自由与体系的关系、泛神论的自由观、善和恶与上帝的人格化对整个世界的意义等问题，是迄今为止从纯粹哲学方面研究自由及与之相关问题的最深刻、最重要的著作之一，在西方哲学史上占有特殊地位。后来的许多哲学家都对此书作出评价，费舍尔曾经说，谢林这部著作"在这个最困难问题上所作的规定和探讨，在清晰性和深刻性方面都不愧是大师之作"①。

　　按照谢林自己所说，这本著作是对康德所提出的自由与必然这个二律背反问题的回答，他以前只在《哲学与宗教》中提过这个问题，但由于阐释不当，容易引起误解，所以，尽管他本人当时还没有形成这方面完整的思想体系，但仍然坚持必须对自由的本质及与之有关的问题作一个比较明确的阐述。这样，谢林给自己规定的任务就是：首先，发现和找到在哲学探讨中可以展示人的自由的正确概念；其次，由此去说明这个概念与一种科学世界观的联系。全部著作分为两个部分：第一部分主要是探

---

① 费舍尔：《谢林的生平、著作和理论》，第 633 页，海德堡，1902。

讨自由与体系的关系,评价哲学史上尤其是泛神论和当时占主导地位的唯心论对自由的看法,这个部分被谢林本人称为导论;第二部分是阐述他自己在这个方面的观点。

第一节　自由与体系

谢林清楚地看到,像自由这样既具有一般实在性,又具有至关重要意义的概念,肯定不是单纯从属性的或次要的,"而必定是一个体系的主导性的中心"①。这样,对自由问题的探讨就不能个别地加以规定,而只能通过证明它与整体的联系才能在科学上达到最终的完成。但是,很久以来一直流传着一种说法,即自由的概念与一般体系的概念是不相容的,而且这种说法迄今还在发挥作用。在许多人看来,任何哲学如果提倡统一性和整体性,就必须放弃自由。谢林并没有对这种流行说法加以盲从,而是提出两个相互联系在一起的值得我们思考的问题:这样的说法是深刻的,还是肤浅的? 它是经过我们思想的检验的,还是我们人云亦云地盲目附和以往的说法的? 如果答案是否定的,那我们就必须在哲学上彻底地去考察,自由概念是否确实与一般体系的概念相矛盾。

谢林认为,不论人们在这些问题上有多大分歧,每一个人都会承认,个人的自由是与世界整体相联系的,因为人就生活在由许多人组成的社会中。我们由此在逻辑上完全可以说,肯定存在着某种与自由相融洽的体系,即使我们人类的知识不认识这样的体系,它也是作为一个整体存在于这个世界上,而且至少是被上帝的理智所了解的。谢林的这个思考引起我们注意的地方是,它有一个前提:世界必定会联系为一个体系,而这个体系所依赖的根据就是上帝,所以,神明必定知道这个体系。在谢林把自由与体系的关系交付给上帝的时候,他很清楚地知道,人们因此必定会提出这样的反证:在确定人类是否能够认识这种体系之前,我们

---

① 转引自马丁·海德格《谢林论人类自由的本质》,薛华译,第 258 页,辽宁教育出版社,1999（以下所引此书均为此版本）。

首先必须考察人的认识能力。这样,这个问题就回到康德那里。

我们已经知道,在康德的理论哲学中,这个问题是作为二律背反而没有得到解决的。康德在实践哲学中提出,必然性统治着现象界尤其是自然界,而人在世界上却拥有选择的自由,即人的任务在于选择善或恶,康德正是把自由概念引入道德领域才使近代的道德哲学具有本质上的进步。但是,这样的自由没有任何经验内容,虽然它很纯粹,但却只是形式上的。道德哲学在根本上是属于实践哲学范围的,人在这里应当服从道德法则,遵循具体的道德规范,就此而言,人仍然服从必然,是不自由的。谢林并不同意康德这种割裂理论哲学和实践哲学的解决办法。他认为,以康德为代表的唯心论虽然提出了关于形式自由的完善概念,但自由是生动的、现实的东西,而在唯心论这里只有形式自由,没有实在自由。谢林感到奇怪的是:

> 康德在首先只是否定地通过独立于时间这点把自在之物和现象加以区分之后,并进而在其实践理性批判的形而上学讨论中把独立于时间和自由事实上当做相关概念处理之后,并未继续进而想到把这一唯一可能肯定的关于自在性的概念也传输到那些他自己由以才直接上升到更高考察观点并超出否定性的事情上去。[①]

谢林在这里明确反对康德以否定的观念去看待自由概念,强调自由应当是肯定性的概念,这既是自由作为自在之物的本质,也是我们人类自由的特性。不以这种观点去认识自由,就不可能从根本上澄清自由概念及与之相关的问题。

对于费希特的建立在主观唯心论基础之上的道德世界秩序,谢林也予以了分析。他认为,在涉及人的认识的可能性和广度方面,我们只能确定几种情况:或者是理性要求统一性,或者是自由与个人意志和情感相联系,或者是权力拒斥以统一性为目标的理性与以个人意志和情感为

[①] 转引自马丁·海德格《谢林论人类自由的本质》,第272页。

基础的自由。虽然是要建立一种脆弱的道德世界秩序，但费希特不能确证对统一性的承认，更不能认真对待个人的情感，所以，他想要实现的道德世界秩序过于强调人的道德使命，实际上是"排除自由"的体系，即使这种秩序的目的是合理的，它也只是在当下是正确的，或者说，它只是从历史发展的眼光来看是正确的。由于费希特并没有给出真正的自由概念，所以从根本上说，他没有给出人类理性的根据。

　　鉴于哲学史上的这些事实，尤其是康德和费希特所代表的唯心论哲学并没有解决自由问题，谢林相信，"自由概念与世界观整体的联系看来自然地一直保持其为一个必然课题的对象，不解决这一课题，自由的概念本身就将是摇摆的，而哲学就将是完全没有价值的"①。我们在这里可以清楚地看到，对谢林来说，无论是康德的自由与必然的二律背反，还是费希特的道德世界秩序，都是不可接受的，它们的根本问题就是在涉及自由概念的实在和有生命的部分——善与恶的时候束手无策，所以，用谢林自己的话来说，"自由的概念所包含的那些最深刻的困难就其自身来看将同样不可能通过唯心论来加以解决"②。谢林本人坚持主张，自由与体系的真正结合就在于通过己内之神去认识己外之神，这里的根据就是"绝对者"。他着重指出，我们在说这个体系为神明所知道的时候，并不意味着人在这里是完全无所作为的；恰恰相反，"哲学家之所以坚持这样一种（神的）认识，是因为他在把理智与恶纯然不昧地分开时，只有他才是通过己内之神把握己外之神"③。谢林在这里是套用古希腊哲学家恩培多克勒的话，为自己把自由问题与上帝结合在一起进行辩护。这样，在谢林这里，体系与自由、理性与自由的矛盾就表现为涉及上帝的泛神论问题，或者换句话说，理性唯一可能的体系是泛神论。谢林因此就被当做一个泛神论者，而如何看待泛神论就是谢林必须回答的问题。

　　谢林首先对当时被当做泛神论的不同观点进行了具体分析。他认

①③ 转引自马丁·海德格《谢林论人类自由的本质》，第 259 页。
② 转引自同上书，第 273 页。

为,下面这几种泛神论观点都是靠不住的:(1)上帝就等于万事万物。(2)任何个别事物就是上帝。(3)世上的事物实际上都是虚无。这些观点的错误就在于,它们混淆了造物者和被造物者的区别,对上帝和具体的有限事物进行完全的同一化。而发生这些错误的根本原因是"对同一律的普遍误解,或者说对判断中系词意义的误解"①。谢林由此从逻辑上对此作出具体分析。他认为,在我们说 A＝B 这个命题时,虽然意味着 A 是 B,但"ist"作为判断系词包含动态的因素,它强调的是重复意义上的同一性。更进一步讲,这里存在着逻辑主词与宾词的区分,前者是先行的东西(Antecedents),而后者是随后的东西(Consequences)。我们在这种情形下说"物体是物体"这句话,主词和宾词显然是不同的东西,前者是指物体的同一性,后者则是指物体概念中所包含的一些个别属性。依据这种解释,主词是内涵的东西,而宾词则是外展的东西,主词与宾词并不完全一样,混淆它们之间的区别显然是不对的。同样,如果人们说世上的事物是虚无,那岂不是在说上帝之外一无存在,既然这样,上帝又何以能够是一切呢? 这样的说法显然会使整个概念解体,它对精神的创造活动显得是过于粗拙了。

在谢林看来,与上面这几种经不住推敲的泛神论观点相比,作为泛神论的经典作家,斯宾诺莎的泛神论思想则明显包括两层含义:首先,他的思想是表示事物内在于神;其次,一般事物与上帝有完全的区分。所以,当我们在这个意义上说人是上帝的创造物时,并不是说人与上帝是一回事,而是从重复意义上的同一性来理解上帝与人的关系,人不是在上帝之外而是在上帝之内,并且人的活动本身也属于上帝。之所以这样说,就是因为人作为有限存在者必然是依据那个无限存在者(上帝)而存在,有限事物的概念只能是一个被推导出来的概念,只有上帝的概念才是原初的、唯一肯定自己本身的概念。当我们在明确了人既内在于神又不同于神这个道理后,我们就可以知道,泛神论并不一定导致宿命论,也

---

① 转引自马丁·海德格《谢林论人类自由的本质》,第 262 页。

就是说，泛神论并非与否定自由必然地联系在一起；相反，我们通过对泛神论仔细探究倒是可以达到这种认识："个体自由几乎是同一种最高存在物的一切特性一起，在矛盾中显现于他们的，例如同其全能力量。"①而上帝只能在与他相类似的东西中显示自身，只能在存在者的自由行动中显示自身，这些存在者虽然是以上帝为自身的存在根据，但他们自身也像上帝一样存在着。谢林由此得出结论说，人们之所以认为在斯宾诺莎体系中缺少真正自由的概念，绝非是他把事物置于神之内，而是在于他把一切事物都归于那些事物之中，所以，他的错误"是完全决定论的，而绝非泛神论的"②。

　　斯宾诺莎的学说因缺少精神而导致决定论，而唯心论因为过于抽象而变得空洞无物，这就是说，并非某一个体系而是迄今所有的体系在认识自由概念及其相关问题上都有困难，那么，谢林在"导论"部分就必定会得出这个结论：这方面的讨论如果不超出唯心论和泛神论的范围，就不可能获得正确的认识。如何去获得这种认识呢？谢林非常明确地说出了自己的观点，他认为"唯心论是哲学的灵魂，实在论是哲学的肉体，只有两者一起，才构成一个活的整体"③。更直接地说，只有通过对唯心论和泛神论加以扬弃，对实在论和唯心论进行互相贯通，才能形成一个统一的、活生生的自由概念。这样，谢林就给自己提出了一个重要任务：为了解决迄今所有的体系未能解决的难题——自由，他本人必须努力去发现一个全新的思想体系，既要超越唯心论那种自我是一切和一切是自我的形式自由，也要克服斯宾诺莎泛神论不能正确看待人类自由（作为善与恶的能力）的决定论。

---

① 转引自马丁·海德格《谢林论人类自由的本质》，第 260—261 页。
② 转引自同上书，第 270 页。
③ 转引自同上书，第 276 页。

第二节 自由与上帝

按照谢林的设想,在新体系中他打算着重从以下几个方面来探讨自由概念和与此有关的问题:自由的同一性和内在性的问题、自由的双重性、自由与神的关系即流溢说的问题等,与此同时还要对哲学史上许多不同的哲学流派的观点加以梳理,把它们融入自己的认识之中。谢林后来试图建立的"世界时代的体系"和"实定哲学的体系"都与这个宗旨有关。对于这几个方面的关系,谢林后来在一封信中是这样解释的:

> 真正的东西就蕴含在这三者内部,并且具有这三者有机结合在一起的各个部分。流溢说的表象(只有)在一个要点上可以应用,在另外一个(也是唯一的)要点上则可以应用双重性,最后一个要点则可以应用中立的泛神论。我相信,我的论文将会以从未有过的清晰去表述这三个要点。①

谢林强调,这里的关键是要把上帝设想为生动的爱,设想为活生生的自由之根据,这就意味着,自由之所以为自由,它不只是单纯意义上的自身意愿(sich-wollen),因为自身意愿只意味着形式上的自由,自由同时还应当是实在的和现实的,它必然与世界生活的各个方面相关,其中就包含着恶的根源。我们在这里不能把恶的根源视为上帝本身,而是要把它视为与上帝相对立图像中的东西,并且从中发掘出自由的本质。

这样,谢林在《自由论》的后半部分就从上帝的启示、善与恶、人类历史的演变等方面来规定自由的概念和本质。对于谢林的论证方式,就连思辨哲学大师黑格尔也承认,谢林的这部书具有"较深刻的思辨方式",虽然"这部书只是单独孤立地在那里,而在哲学里是没有单独孤立的东西可以被发展出来的"②。黑格尔的评价显然是依据他自己对同一哲学

---

① 富尔曼主编:《谢林:通信和文献》第 3 卷,第 604 页,波恩,1962—1975。
② 黑格尔:《哲学史讲演录》第 4 卷,贺麟、王太庆译,第 371 页,商务印书馆,1981。

的理解,现在看起来并不中肯贴切。

　　谢林在这里首先主张,如果我们确实要把自由纳入哲学世界观的意义之中,那么,我们的出发点就应该是一种真正的自然哲学的原则,因为"我们时代的自然哲学曾首先在科学中提出本质存在物就其是实存着的和就其单纯是实存的根据之间作出区分"①。对谢林来说,这种区分在这里具有重要的意义,它不仅可以以此对上帝本身和上帝的创造物进行区分,而且还可以对作为单纯概念的根据与作为实在和现存东西的根据进行区分。以这种逻辑推演下去,谢林自然就可以这样说:

　　　　上帝在自身内具有的他的实存根据,绝对地看来,亦即就他实存着而言,并不是上帝,因为它也只是他的实存的根据而已。它是**自然**,存在于上帝之内的自然,是一种诚然与上帝不可分离的本质,但还是与他相异的本质。②

这样,自然在上帝那里仿佛是一种蒙昧的根据,是一种无意识的东西,上帝本身不断地超越这种根据,去显现自身的本质——这就是上帝的启示。与此同时,从这种蒙昧的根据中激起和产生了一种向往启蒙的渴望,它所追求的目标就是豁然顿开的澄明,是上帝映像(Ebenbild)中的启示,这是一种知性,更是一种意志。渴望所进行的抵抗对于完善的诞生是不可或缺的,各种力量正是在抵抗中释放出自己的能量,显示出不同存在物的区别。

　　谢林正是在这里看到自然哲学的意义。他认为,指明这个过程如何能够更接近自然的本质,通过区分存在物去展现最内在的东西,虽然是一门完备的自然科学的课题,但它对理解同一本质物在自身内部具有双重原则却具有本质性意义,换句话说,自然哲学所应用的区分原则对认识上帝何以进行启示是十分重要的。为了说明这个问题,谢林用重力与光的关系来比喻和说明这个启示过程,称它为摆脱遮蔽和蒙昧的过程,

───────────────

① 转引自马丁·海德格《谢林论人类自由的本质》,第 277 页。
② 转引自同上书,第 277—278 页。

是晦暗通往光明的过程。

这里需要注意的是,谢林所说的自然、蒙昧的根据及由此产生的渴望和意志都发生在上帝之内。它是上帝此在的最初激奋,与此相应的是,在上帝之内还产生一种内在的反映性表象,上帝通过这个表象看到自身。在这里,渴望所进行的抵抗对于完善的诞生是不可或缺的,各种力量正是在抵抗中释放出自己的能量,谢林这里想表达的意思是,从蒙昧、晦暗的根据到可以预感的豁然顿开的澄明,从混沌不清的自然状态到上帝自身的显现,恰恰说明上帝自由创造和全能意志的可理解性和可直观性。在原始根据中包含一切没有规则、没有秩序、蒙昧不清的东西,通过上帝的启示,这些东西得到区分、纳入秩序并获得发展,混沌状态的原始统一性由此达到和谐的必然统一性。这种情况"正如在人之内创造某种东西时,通过思想在所有思想互相联系而又每种思想都阻碍另一种思想呈现的混沌堆中区分自己,光明就出现于晦暗的渴望之中,而隐蔽地存在于根据的、把一切都统含于自己之内的统一性也就自行举呈出来"①。而且进一步讲,上帝的这种全能统一性(All-Einheit)需要经过各个阶段的发展,通过不断提高的区分而展开不同级次,所以,上帝的启示是一个过程,它"以一种内在的转变或始初晦暗的原则升华为光明作为目标"②,不断克服抵抗的、晦暗的意志,直至制服自身之内的自然。

作为上帝的创造物,自然与上帝既有相同的本质,也有相异的特质,这样,任何一个自然存在物由于这个起源在自身中就必然有一个双重原则——神的原则和自然原则。两种原则建构起一种渐次的统一性,它从原始统一性到绝对统一性,从不完善到完善。与此相应,这里就有两种意志:一种意志是上帝无所不在、无所不能的意志,它是照亮一切的光明,是最高级次的统一性,体现着尽善尽美;另一种意志则是与上帝意志相对立的意志,它是被造物的私意(Eigenwille),尽管它也来源于上帝自

---

① 转引自马丁·海德格《谢林论人类自由的本质》,第281页。
② 转引自同上书,第282页。译文有改动。

身,但就其还没有提高到与造物主相同的完善性的程度而言,它就是单纯的渴求或欲望,是盲目的意志。在上帝启示开始的时候,由于万事万物都包含在混沌的原始统一性之中,这时盲目的意志就是统治者,直到上帝启示完成,全能的意志主宰一切,盲目的意志才不作抵抗而归于结束。

人作为存在者产生于自然这个级次,但人也是上帝的创造物,所以,在人身上既有神的根据,也有自然的属性。对此,谢林这样说:"在人身上存在着黑暗原则的全部能力,而正是在人身上同时也存在着光明的全部力量。在人身上有最深的深渊和最高的天穹,或者说是有两个中心。"①这就意味着,人来源于上帝的根据,但人却具有相对独立于上帝的原则。恰恰因为这个缘故,人既有行善的愿望,也有作恶的可能,在上帝那里不可分离的统一性,在人这里就必然是可以分离的,而这点恰恰就是善与恶的可能性。不过,谢林确信,人是不同于自然中其他种类的,只有在人的意志中还存在着上帝的种子,只有在人那里还有封闭于深处的神的闪光,只有在人之内上帝爱过世界。因此,人是不会停留在自然级次那里的,在人这里会涌现出一种更高的东西——精神,从而使人自身不再从根本上停止在晦暗的原则那里。如果说上帝在启示之初还存在万物混沌的状况,那么,正是人才区分了私意与全能意志,揭开了黑暗与光明的分别,从而使晦暗变得澄明。正是在这里存在着自由,并且显示出自由的必要性和重要性。由此来看,人产生于自然,又超越了自然。

应当说,如果谢林对人与神的关系的论述仅仅到此为止,那他的论述就没有什么独到之处,不过是对中世纪神学思想尤其是泛神论思想的进一步发挥而已。但是,谢林并没有在此停顿下来,他接下来的阐述十分重要,充分表现了他对自由的独特理解,并且由此阐发了他的哲学思想。

首先,谢林认为,人作为个体是利己的,这是不言而喻的事实,但人

---

① 转引自马丁·海德格《谢林论人类自由的本质》,第 283 页。译文有改动。

却又因为具有精神——即使精神是作为上帝的存在而宣示出来——而是自知和自为的，因此，人性的本质就是精神的自我性(Ichheit)，用谢林的话来说，"真正的自我性是精神，或者说，人是那种作为一种自我性的、特殊的(与上帝区分开的)存在物的精神"①。这个观点几乎就是谢林关于人类学的主导性的规定，也是谢林在这个问题上的独特贡献。具体地讲，在谢林看来，由于人具有自知和自为的意识，人的利己性才能上升到理智，人性的本质因此而得到彰显；同时，又因为人的自然属性与意识的统一，精神的本质才得到体现。这样的人性已经决定了，人是与上帝相分离并且不依赖于那种全能意志的存在者，而且人还是可以进行自我决断的自由和自为的存在者。谢林正是在这个意义上才说，人是自由的，行善和作恶在人自身这里都有其行动源泉。"人站在这个分界点：无论他想选择什么，都将是他的行动，但他不能停留在无决定状态，因为上帝必定会启示自己，并且在创造中一般也没有什么东西能保持为两可的。"②

其次，谢林在承认人是自在自为的存在者的同时，并不认为恶在人类这里就一定会从可能性变成现实性。只有在人身上的内在神性被割裂，与上帝相统一的联系纽带被割断时，恶作为私意超过原始意志，才可能超越并统治上帝的全能意志。由此来看，在自然结构中只有恶的可能性，而没有恶的现实性，人的感性、有限性、不完善性也不是恶的来源，而是人的此在之自然基础。这样，曾经被很多哲学家否定的人的自然属性，在谢林这里就被颠倒过来。

最后，谢林在强调人相对独立于上帝的自由的同时，并不否认人作为上帝的创造物与上帝的联系，而是由此看到对立统一原则的普遍适用性。对谢林来说，上帝的启示和人的能动性都是必不可少的，缺少其中任何一方，上帝的普遍意志都不可能成为现实。之所以这样说，其原因

---

① 转引自马丁·海德格《谢林论人类自由的本质》，第 284 页。
② 转引自同上书，第 292—293 页。译文有改动。

就在于,善和恶这两个原则在上帝之内是不可分离的,这种原始统一性在人这里才可能分裂出来,因为"如若统一性在人类中和在上帝内一样是不可解除的,则人就将全然与上帝是没有区别的;人将会化为神,于是也就没有爱的启示和爱的感动"①。就是因为人冲破了原始统一性,具有从善或作恶的可能性,上帝的至善全能才能得到显示,所以说,任何存在物都是在其对立面启示自身,上帝在这点上也不例外。没有恨就不能显示爱;没有对立就不能表现统一;没有原始原则在人类身上的分裂,上帝的绝对统一性就不能显示它的全能。一句话,上帝的至善至爱只有在人这里才可能变为现实。谢林由此不仅使纯粹哲学意义上的对立统一的原则从理论变为现实,而且还让它弥漫于整个宇宙,其思想之深刻、胸怀之广阔于此得到充分表现。

现在,谢林不仅是一个泛神论者,而且还把泛神论与一神教结合起来,并敢于对基督教的上帝评头论足。在谢林的眼中,在上帝——主要是上帝的创造物——那里还有某些非上帝的东西,它们是混沌初始的元素,还未有善与恶之间的区分。不过,谢林并不同意当时流行的把恶看做感性情欲、动物性或"地上原则"的观点,而是清楚地看到恶对上帝启示的必要性。他明确指出,恶在这里是否定的条件,它与上帝的统一性在事实上是可以分离的,这样,恶在现实中就是无处不在的,上帝必须去克服它们,上帝的全部启示就与这种否定的条件结合在一起。此外,这里还要设定出一种反抗上帝的统一意志的抵抗,上帝通过克服和消除这种抵抗而显示自身,这是一方面;另一方面,人作为被造物天生就具有企图回到混沌状态的自然倾向,"因为仅仅在被造物中才能是以不可分割的方式结合了光明与黑暗或结合了这两种原则"②。所以,在自然本身的创造活动中就存在着欲望和祈求,它们以一种特殊的此在方式保持自身。正是在这个意义上才可以讲,人的意志只可能是一种盲目的或晦暗

---

① 转引自马丁·海德格《谢林论人类自由的本质》,第292页。
② 转引自同上书,第293页。

的意志,是一种抵抗的意志,是一种反抗上帝意志的私意。但是,人因为自身的精神本质,注定要超越这种自然状态。谢林因此认为,人们在解释恶这个无处不在的事实时就必须指出,恶并不是由人创造的,人也不是被迫去作恶。人无论作恶或从善,都是人自己的选择,所以,恶与善都是人的自由决断的产物。

在对人的自然属性和精神本质确定之后,谢林开始讨论历史王国。在他的视野里,"精神的诞生是历史领域,正如光明的诞生是自然领域"①。而且历史领域与自然领域具有很大的相同性,它们相互比喻和说明。对谢林来说,真正的历史演变,是指上帝的启示开始克服作为私意的恶,自然的意图在人的意识中得到改变和升华,尽管善与恶还处在对立之中,但上帝的爱通过人的统治已经在调和这种对立。与《先验唯心论体系》里的看法一样,谢林在这里仍然坚持这个观点,即在上帝启示和罪孽时代之前存在过"黄金时代"和"诸神和英雄时代",这当然是指基督教之前的欧洲历史。所谓"黄金时代"是指人类远古时期,那时的人们还不会有关于道德与罪孽的意识,所以,"这是一个有幸无决定的时代,在那时既无善,也无恶"②。此后兴起的"诸神和英雄时代"则是自然全能的时代,神的自然力量通过神谕指引和塑造人们的生活,并且表明人们可以自为地做什么。在这个时期,诸神都统治过地球,享有过王侯的地位,并且建立了一个庞大的世界帝国——罗马帝国。但是,完善的统一性不可能来自自然的根据,所以,这个帝国终究归于灭亡,诸神体系分崩离析,恶又重新出现,并采取了决定性的姿态去反抗上帝。"这又犹如恰正是地球第二次变成洪荒空虚的时刻才成了精神的光明诞生的时刻。"③这时,上帝的力量与魔鬼的力量针锋相对,统一性与力的分裂针锋相对,为了拯救人类,上帝的启示通过在人身上的映像而实现,因为只有人格的东西才能拯救人格的东西,上帝变为人是为了让人回到自身。所以,这

---

① 转引自马丁·海德格《谢林论人类自由的本质》,第 296 页。
② 转引自同上书,第 297 页。
③ 转引自同上书,第 298 页。

个阶段又是奇迹和象征的时期,上帝作为精神、作为现实的行动显现自身。

通过回顾历史,谢林确定了下述事实:恶虽然不是原初性的,但它普遍存在的事实说明它具有一种必然性,这正是人把作恶的自然倾向变为自己行动的原因,这样,人在规定自身本质的理智行动中就使自己归入到这种必然性之中。但另一方面,恶是一种独特的、自由的行动,它表现为个人的行动和罪孽。这里的核心问题是在观察人的行为时应该如何解释这种自由与必然之间的统一性。谢林认为,迄今为止的决定论只是强调事物的决定因素,如外在的、内在的、机械的或物理的原因,而唯心论则单纯重视意志或随意性,但他们都只是看到这个问题的某一方面,因而就不可能解答人为什么自由地趋恶的难题。这里的关键是如何理解自由,因为按照通常的理解,自由是一种完全不确定的能力,它没有非此即彼的确定理由,而完全是因为其有所欲求。谢林不同意这种肤浅的认识,在他看来,这种理解虽然在把人类本质理解为自为的理念上具有一定的积极意义,但由于它只是把非规定性应用于个别行动,由此就会引申出一些毫无意义的东西。而且证明这种理解的唯一方法只可能诉诸事实,比如说每个人都有权利伸出胳膊或抽回胳膊。但是,这种证明是无意义的,"因为它是从对特定根据的无知,推论其无在"①。更有甚者,这种理解还把个别行动的一种完全偶然性当做根据,这对谢林来说是绝对不可容忍的,因为偶然违背理性,也违背整体的统一性,所以,谢林在这里斩钉截铁地说:"如果自由不外只是通过行动的完全偶然性才能加以拯救,那么自由一般地也就无可拯救。"②

在谢林看来,自由是与理智联系在一起的,"自由的行动直接产生于人的理智性东西"③,同时因为一切存在者的理智本质都不会被任何先行的东西规定,它本身作为概念的绝对统一性已经先于任何其他东西,以

---

① 转引自马丁·海德格《谢林论人类自由的本质》,第300—301页。
② 转引自同上书,第301页。
③ 转引自同上书,第302页。

便个别行动可以存在于它之内,所以,自由行动又必然是一种确定的行动。这样,自由与必然的统一性就是一种内在的、来源于行动本身的必然性。进一步讲,由于理智本质是个人的自由行动,所以,一切个人行动都是自由的;又由于一切行动都是理智的,所以,一切行动又是必然的。正是基于这样的认识,谢林对自由与必然的统一性作出这样的规定:

> 理智的本质如果确实是完全自由而绝对地行动的,那么它确实也是能够依据它自己的内在自然本性行动,或者说行动只能从它的内在东西按照同一性规律以绝对的必然性而产生,然而这一必然性也是绝对的自由,因为自由是在于依据理智本质自己的各种法则行动,并且不为自己之内的任何其他东西所规定,也不为自己之外的任何其他东西所规定。①

谢林把自由的本质与人的理智结合在一起的思想,是对西方哲学传统中关于自由理论的一个重要发展。如果说奥古斯丁从伦理意义方面阐述自由的重要性给予谢林启发,那霍布斯和康德的自由学说则对谢林具有直接的影响。谢林已经清楚地看到,没有绝对的自由,而只有加以规定的自由。留给谢林的任务,就是回答康德没有解决的自由与必然如何相统一的问题。

第三节 自由与必然

对于自由与必然的统一性,谢林进一步解释说,它们是作为同一本质而交互存在的;它自在地是自由,在形式上却是必然性。当我们从某一个方面去观察时,就会觉得它们非此即彼,不是此一就是彼一。康德虽然已经认识到自由与理智的联系,却没有把这个认识进行到底;而费希特则把自我意识的设定看做人的行动来源,并且想以此解决自由与必然的二律背反问题。但谢林认为,这种意识并不是第一位的东西,它事

---

① 转引自马丁·海德格《谢林论人类自由的本质》,第 302 页。

实上是以存在为前提的。即使最初的存在不可能被认识,它也是一种实在性的自我设定,是一种原始的意志活动,正是它使事物本身成为某种东西,它因此也是一切事物的本质性根据。由此来看,存在者的最初行动不可能出现在意识之中,我们只能感觉到,我们的本质就是这种蕴含于行动中的必然性和自由,并且由这种行动去推演其发生的原因。谢林援引路德的话说,犹大背叛基督,并不是他没有意志自由,而是他命中注定是这样的叛徒。谢林正是在这个意义上说:"自由行动正如先于本质一样也先于意识,它**方才在创立**这种意识,但是它终归并不因此就是人在任何时候都没有意识的行动。"①存在主义者萨特后来就受到谢林这个思想的启发,发展出"存在先于本质"的著名观点。

谢林对自由的本质与自由和必然的统一性的论述并没有就此止步,因为如果这样,从他的这个观点必然会推导出这样的结论:人的行动——无论是向善还是作恶——都是先天规定的,自由则是毫无意义的。为了避免这样的结论,谢林紧接着就说,假如说人是一个天生的作恶者,那也仅仅是从原始的和极端的意义上而言的,人的道德存在的根源,或者更直接地说,人的本质就是理智,所以,"并非激情本身就是恶,也不是我们只与血肉进行斗争才是精神,而是与我们之内和之外的恶进行斗争才是精神"②。正是因为人具有理智的本质,理性才没有被妄想搞糊涂,精神才没有被引入歧途,生活才没有被颠倒。也正是由于这个原因,人在丧失原始自由后,仍然存在向善的可能性,换句话说,人依然享有选择善或恶的自由。所以,以此推演下去,就可以说,在人们思考和权衡恶和善的时候,伦理学的意义与宗教信仰就凸现出来,因为这时一方面私意会诱导人们离开上帝的普遍意志,另一方面上帝的意志还在进行启示,并以此束缚人的意志。在这种状态下,认识神的光明并不是简单讨论神的恩赐或惩罚,而是一种实实在在的实践,这种情况就与认识真

---

① 转引自马丁·海德格《谢林论人类自由的本质》,第304页。译文有改动。
② 转引自同上书,第306页。译文有改动。

理和善良是一样的。

现在,谢林就把这个问题的全部研究又推回到起点,他提出的问题是,既然存在着恶,那上帝作为伦理本质与恶有什么关系? 如果说上帝曾经以启示为意志,而恶又是启示的否定性条件,那他是否并不完全拒绝恶的意志,而且这一意志又何以能同他之内的神圣性与完善性相协调? 谢林对这些问题的解答完全不同于康德、费希特,而是带着一种地地道道的神学口吻。他断言,如果上帝的自身启示是自由的和自身觉悟的行动,那上帝本身就必须是有人格的,这是因为"上帝由于他之内的理想性原则与独立的根据的联系而就是最高的人格"①,或者说,"如果这两者的生命统一性是精神,那么上帝作为两者的绝对纽带,便是优秀和绝对知性中的精神"②。上帝恰恰是通过与自然的联系而证明自己的人格,这是上帝自身启示的唯一内容。以此来看,在上帝之内存在着根据的意志和普遍的意志,前者是同一物诞生自己的渴望,后者则是上帝的爱通过话语表达于自然之内。如果说根据的意志不是随意性的,那普遍的意志或者说爱的意志则是与自由相同一的,而且这种自由从其最内在的本质来说具有伦理的必然性,因为在上帝之内根据的意志与普遍的意志是一致的,在上帝那里不存在恶的可能性,这就是上帝的全能。

但是,上帝的"创造决非成果,而是一种行动"③,在创世中出现的让步、分歧、反抗等都是上帝启示中难以避免的,更确切地说,是上帝的某种安排。为了防止恶的泛滥,拯救人类,耶稣才以身殉道,这就是所谓"为了使恶不存在,上帝本身也必须不存在"④。因此,上帝启示的目标就是善,它决不能被看做一种有条件的随意行动,而是一种伦理上的必然行动。但另一方面,为了实现这个目标,就需要激起一切力量,其中就包括作为善的对立面的恶。恶在这里不是匮乏,而是实现善的条件和因素。从这个观点来看,恶不具有自身独立的能力,并不能真正构成与善

---

① ② 转引自马丁·海德格《谢林论人类自由的本质》,第 312 页。
③ 转引自同上书,第 313 页。译文有改动。
④ 转引自同上书,第 320 页。译文有改动。

的有效对立。在上帝之爱的光照下，启示的终点就是善排除恶，使其成为完全的非实在性；自然中的私意与上帝的普遍意志结合起来，原初性的善与永恒统一性的善结合起来，实存的东西与实存的根据结合起来。一句话，"爱是一切中的一切"①，只有爱才能使一切分离最后到达绝对的同一性。

现在我们已经清楚地看到，在谢林这里，自由与必然的统一性最终归结于上帝的普遍统一性，并且与上帝的存在状态或启示联结在一起。这就是说，人类的自由和必然可以从上帝的存在或启示的过程得到解释，这个过程分为这样几个阶段：从上帝的原始状态到上帝的启示状态，再从启示状态中的各种对立的展开到启示的实现和完成状态。与此相应，这个过程又可以表达为：从无差别的原始统一性，经过克服和解决一切对立，回到超越所有对立的绝对统一性。这样看起来，人类自由的问题已经被谢林化解为"从上帝到上帝的过程"，正是在这里谢林受到很多人的批判，他的这本书也被某些激进的思想家批评为"哲学趋于反动的宣言书"。

我们在承认这种批判的部分合理性的同时，还必须看到谢林《自由论》的积极一面。首先，在基督教占据统治地位的社会里，谢林对泛神论加以改造，并以此来评判至高无上的上帝，说在上帝那里还有某些非上帝的东西，上帝还必须克服它们。敢于说这番话本身就是需要勇气的，而决不是"把哲学的探讨当做神学的宣示"。其次，谢林看到自由绝不是空洞的概念推演，而是一个具有实在性的概念，它是与世界整体相联系的。这就是说，每个存在者本身是自由的，但他们还必须受到其他存在者的制约和规定，从这点来看，人就不是完全自由的，还必须服从命运的安排，即遵循必然性，所以，自由与必然相互存在于对方之中，没有自由就没有必然，没有必然也无所谓自由，真正的自由就是遵守必然。最后，谢林与奥古斯丁一样，把自由与善和恶的选择结合在一起，从而使这个

---

① 转引自马丁·海德格《谢林论人类自由的本质》，第325页。

问题的研究具有道德哲学的性质。谢林已经看到,恶与善都是人的自由的产物。在所有存在物中,只有人在作恶方面得心应手。但恶本身并没有力量,应揭露恶,并把善与恶区分开来,提高人的道德意识,让每个人都必须对自己的行为负责,这样,不仅自由与我们的生活联系在一起,而且作为真正知识的哲学也确定了自身的使命——道德定向。很显然,这个解答比康德把自由与必然作为二律背反悬搁在那里合理得多,也比费希特过于强调道德世界秩序合理得多。

当然,正如黑格尔说的那样,谢林在这本书里单独孤立地突出了自由问题,而对理性与信仰、哲学与宗教这些基本而又是前提性的问题却没有进行解答,这明显是这本书的不足。谢林后来一直想解决这个问题,然而直到去世也没有给出答案。不过,需要指出的是,谢林提出自由以及与之相关的问题本身就具有极大价值,尽管它有种种不足,但这是哲学对上帝、世界和人本身再次进行的关切和思考。在认识真理的过程中,问题的提出并不逊于问题的解答,比如,数学中的"哥德巴赫猜想"曾经并正在激励着几代人去攀登数学王国的顶峰,而谢林提出的自由问题更是关乎人类自身的命运,它远比自然科学中的问题宏伟和深刻。恐怕正是基于这个原因,海德格尔才说,谢林的《自由论》是西方哲学史上最深刻的著作之一。

第五章　宗教与神话

　　在谢林哲学思想的发展过程中,宗教和神话始终是他讨论的一个题目。无论是在他早期的先验哲学和同一哲学中,还是在他的晚年思想中,都有关于宗教、启示和神话的讨论,尤其是在 1810 年以后,对宗教和神话的探讨成为他的哲学思考的主要内容,从 1821 年到 1853 年,谢林在埃尔兰根、慕尼黑和柏林的演讲和讲课几乎都是以宗教、启示和神话为主题。这样,从表面上看起来,在谢林思想中弥漫着强烈的宗教热情,但是,谢林一生研究的主题和内容的跨度很大,思想发生过多次转变,而他的一些表述又不甚清楚,有些观点的表达前后并不一致,这就大大增加了我们认识其宗教思想的难度。通过仔细阅读和研究谢林本人的著作,观察和分析他的思想发展趋向,我们大致可以这样说,谢林的宗教学说总是与他探讨人与上帝、有限者与绝对者的关系联系在一起的,把握这点就可以认识他的宗教观的基本倾向。[①] 而谢林对神话的研究则是与他的宗教研究联系在一起的,他试图通过对神话进行哲学的诠释来指出宗教尤其是基督教的历史意义,并且以此去揭示真理和价值的内涵,从而开创出他想建立的"实定哲学"。

---

① 参见泽特纳《谢林》,第 207 页,斯图加特,弗洛曼出版社,1954。

现在,我们就联系谢林哲学思想的演变和发展,对他的宗教思想作一个比较客观的评说。

第一节 真诚与浪漫

经过文艺复兴和启蒙运动对传统神学的批判,近代西方哲学家的信仰发生了一些变化,他们对上帝的认识常常是不同于单纯的宗教信仰的。作为谢林的前辈,不论是莱布尼茨、斯宾诺莎,还是康德和费希特,他们都是从理性范围来承认和认识宗教的本质和作用,他们的泛神论和理性宗教观都对谢林有直接的影响。与此同时,18 世纪科学技术的突飞猛进和浪漫派的兴起,对热爱自然和诗歌的谢林都是极大的振奋,使他对教会学校所教导的东西产生了莫大的反感。

年轻的谢林最初是以理性的态度甚至是以反宗教的热情来看待宗教的,他把宗教视为一种否定的征兆,鄙夷宗教神学自封的正统性。这时,谢林勇敢地批判人格化的上帝表象、批判作为创世主和最高统治者的上帝,尤其是反对人必须服从上帝的论调。但是,谢林并不拒斥或否认上帝,而是想以自己的方式去理解上帝,即从先验哲学的立场去解释上帝。他认为,"对我们来说,并不存在作为绝对自我之世界的超感性的世界,上帝无非就是绝对的自我"[1]。然而,谢林对这种绝对的自我并没有作出解释。

谢林的这种立场在他驳斥正统神学的超自然主义的论战中表现得尤为明显,他在《启示与大众课程》(*Über Offenbarung und Volks-unterricht*)中说,启蒙在正统神学与哲学之间建立了一个隔离墙,在这个墙之后每个人都可以不妨碍他人而走自己的路。现在的任务是要克服正统神学,让这堵墙倒塌。

假如这堵墙还存在,迷信就可能安心地继续去做自己的事情。

---

[1] 卡尔·谢林主编:《谢林全集》第 1 卷,第 202 页。

如果这堵墙已经倒塌,难道人们还要让它存在下去?人们现在必须关心的是,在通往此岸和彼岸的双重道路中找到一条大道,世界上的万事万物将来都可以漫步在这条大道上。那么,人们为何不应当摘掉这些骗子们的假面具呢?①

年轻的谢林此时信心十足。他认为,人类由于具有理智而必定会在自身中承载一切精神的绝对自由,而不是在自身之外寻找上帝和不朽。人类在未来的最伟大功绩,就是在我们自身中创造一个全新的宗教。这样的宗教将把迄今一切宗教的不同因素统一起来,它是"理性和心灵的一神教,同时还是想象力和艺术的多神教"②。虽然现在人们还没有产生这样的宗教,但我们应当为此作准备,这就是具有理性的观念和创造理性的神话。谢林相信,将来有了这样的"宗教",人民大众和哲学家、开明的和不开明的人们都会永远地团结在一起,普遍的自由和平等就会统治这个星球。

在后来的自然哲学阶段,由于对自然哲学的热爱与和浪漫派的接触,谢林的宗教批判态度更加激烈。他不再把斗争的锋芒指向教会和正统神学,而是着重反对以施莱尔马赫为代表的情感宗教说,反对浪漫派内部的诺瓦利斯皈依天主教的倾向。谢林这个时期的宗教观表现得相当激进,其主要代表作是长诗《维德普斯滕的伊壁鸠鲁之信仰》。谢林在这首诗里淋漓尽致地表达了自己对宗教的厌恶和反感,他说:

> 我拒绝这个世上的一切宗教,
> 因为任何宗教都不让我愉快;
> 我已经解除所有宗教的束缚,
> 既不去教堂,也不去作礼拜。③

但是,此时的谢林并不是一个彻底的"观念的无神论者",而只是反

---

① 卡尔·谢林主编:《谢林全集》第1卷,第478页。
② 同上书,第480页。
③ 谢林:《穿过大地的中心》,第24页,瓦门布洛恩,乌尔利希·凯歇出版社,1998。

对宗教对人的束缚,表现了一个追求真理的哲学家理应具备的桀骜不驯、自由洒脱的独立性。作为一个生活在 18 世纪的西方思想家,谢林并不能完全不受时代和环境的影响,他在骨子里还是怀有宗教情愫的,他在诗里这样吟诵道:

> 唯有一种宗教是合适的,
>
> 它穿越空气,穿越阳光;
>
> 它必定存在于岩石和苔藓中,
>
> 蕴含在鲜花、金属和万物中。①

显而易见,谢林在这里不是按照基督教的创世说来看待这个世界的,他不赞同新天主教所鼓吹的"超尘世的、神性的"东西,而是接受了当时的最新科学成果,崇拜和歌颂他心目中的永恒、崇高的大自然。对于谢林在这里表现出来的自然崇拜观,我们应当有一个恰如其分的分析,而不能像有些哲学史家那样,说这时的谢林具有"物质是首要的地位"的思想,因为如果这样,我们就无法解释谢林在同一首诗里的下面这段话:

> 我现在信奉的唯一宗教,
>
> 是我爱一个漂亮的姑娘,
>
> 她有丰满的双乳和苗条的身材,
>
> 还散发着鲜花的甜蜜芬芳。②

应当说,这首诗完全显示了浪漫派对谢林的影响,年轻的哲学家这时还是以诗人的浪漫来谈宗教,并没有对宗教进行真正的哲学反思。他此时在自然哲学中所讨论的"重力、物质、光明的崇拜"也不是在形而上学意义上对宗教进行考察,这个任务直到后来才在同一哲学中真正得到展开。

---

① 谢林:《穿过大地的中心》,第 25 页,瓦门布洛恩,乌尔利希·凯歇出版社,1998。
② 同上书,第 23 页。

第二节　哲学与宗教

在《先验唯心论体系》中，谢林开始以历史哲学的观点来考察"上帝"概念，使得这个概念第一次出现在与哲学体系的联系之中。但是，真正促使谢林严肃思考宗教问题的是艾辛迈耶尔（C. A. Eschenmeyer），此人在名为"通往非哲学的哲学"一文中讨论了绝对与有限事物的关系，并认为绝对是人类无法认识的东西，因此，要用信仰来弥补哲学的不足。艾辛迈耶尔的这个观点促使谢林认真思考宗教尤其是宗教与哲学的关系问题，他为此专门撰写的《哲学与宗教》一书在一定意义上说，是他的哲学思想的一个转向标志。

这时，谢林仍然信心十足。他坚持认为，宗教信仰问题并不是像康德所以为的那样，是理论哲学唯一不可能解决的课题，只要依据同一哲学的原理就可以解释自然与人类、知识与信仰等问题，而这里的关键是需要解答神人同形同性说（Anthropomorphismus），即神与人的关系问题。谢林在《哲学与宗教》一开始就说："除去民间信仰以外，宗教曾经在一个时代中犹如一把圣火在神秘仪式中保存下来，而哲学与宗教一道享有共同的圣迹。"[1]早期哲学家，如柏拉图等，就是从这样的传说中推演出神圣学说。但是，后来这些神秘仪式与民间宗教的一些因素结合在一起，不再具有最初的神圣性和纯洁性，而哲学为了保持自身的纯洁性就不可能再与宗教在一起，而必定会与宗教分道扬镳并与之相对立。宗教失去哲学也就失去了最初追求真理的自由，反而与原初的本质相反，和现实存在结合在一起，从而使自己获得一种外在的权威，而这样的权威反过来又会使它反对任何趋向真理、追求真理的努力。此后，宗教作出的判断就是观念实在性的，不能接受正确的东西，常常作出错误的决定，而哲学依附在宗教那里就不可能有自己独立的东西。

---

[1]《谢林 1804—1812 年作品集》，第 42 页，柏林，乌尼昂出版社，1982。

　　经过文艺复兴和启蒙运动，哲学得到很大发展。但谢林认为，哲学这时仍然局限在经验对象和有限事物那里，因而在如何看待宗教信仰方面就显得不足，这方面的明显例证就是康德的批判哲学。对谢林来说，康德哲学虽然有助于人们确定知识的能力，有助于确定知识应用的可能性，但是，恰恰因为知识的可能性受到限制，局限在感性和知性之中，它的对立面——信仰就恰恰会因此提高自己的价值。在谢林的视野中，那个时代的哲学家中只有斯宾诺莎悟到古代哲学的真谛，尽管他未能避免独断论，但他对神学的重视说明他想"将哲学回归到其唯一的对象上"①。根据这样的判断，谢林试图以一种合适的方式讨论信仰问题，并主张把哲学与宗教尤其是基督教事实结合在一起。

　　谢林在这里首先不同意把宗教直观看做"先知"的观点，他认为，这个观点忽视了一个基本事实，即宗教是建立在一个比较低的层面上的，虽然在宗教中也存在着主观能动性与客观事实的短暂和谐，但这种和谐是作为幸福、启示而出现的，而且只是很短的一瞬间。一旦人们对这种和谐加以反思，这种表面上的和谐就不复存在，因为"具有如此性状的宗教是上帝在人心灵中的单纯幻象"②，它实际上是主客分裂的结果，消解了自由的理性认识在这方面的作用。因此，所谓先知和信仰只是一知半解，并不是彻底的思考。人的心灵就处在宗教、沉思或分裂的状态之中，而哲学则是与心灵相对立的一种高级的精神活动，哲学始终与绝对在一起，而不会脱离和谐，因为哲学从一开始就已经进入反思的领域。

　　其次，为了能够把哲学与宗教结合在一起，谢林反对用个人的感受去解释宗教信仰。他提出，人们不能从个体的有效性方面对绝对的直观、哲学的真理和宗教的基础加以简单地比较，因为实际上每个人的眼睛对光线的感觉是不一样的。所以，把信仰、先知、普遍的真理仅局限和归结为个体是不合适的，这样的观点"不仅不能认识这些事实的本质，反

① 《谢林 1804—1812 年作品集》，第 43 页，柏林，乌尼昂出版社，1982。
② 同上书，第 45 页。

而会取消它们的本质"①。所以,这里合适的表述应当是,人们可以通过讨论个人的感受去探讨普遍有效的启发,这是人们认识信仰和真理本质的有效途径。谢林认为,这方面的原因在于,绝对真理本身就包含着一种独特的"自明性",用任何人类语言去言说和描写这种自明性都是力不从心的。谢林强调说:"宗教是对绝对观念(Schlechthin-Idealen)的认识,它不与概念联系在一起,而是在概念之前,并且是概念的根据。"②那么,人们凭借什么去认识宗教呢?谢林认为,这种认识的前提就是在宗教中有一种自由与必然的统一性,尽管宗教自觉常常只是在一瞬间才感受到这种统一性。显而易见,谢林在这里是把自己的同一哲学原理应用到对宗教概念的解释之中,并且把这种哲学的同一性转述为下面这段心灵的或宗教的语言:有限的心灵最初局限在有限的必然性之中,所以,它们不是直接来自永恒,心灵在这样的状态中如同自然一样是蒙昧不清的,只有认识上帝那里的绝对同一性,心灵才可能超越有限的必然性而上升到自由与必然相统一的和谐状态。

最后,谢林从这种同一性中看到宗教与哲学重新结成同盟的可能。他说:

> 假如宗教经过这样的安排而完全发挥伦理作用,并且不再具有与实在、感性的东西混淆在一起的危险,不再要求得到与其本质相悖的外在统治和权威,那么,哲学——其爱好者是自然的行家里手——通过这些人就可以与宗教结成永久的联盟。③

谢林在这里想要表达的无非是,消除主客对立的哲学与宗教是一回事,因为后者可以把自由与必然统一于自身,所以,"哲学就是宗教的真理"④。然而,正如谢林本人后来所承认的那样,他在这里有许多问题并

---

① 《谢林 1804—1812 年作品集》,第 52 页,柏林,乌尼昂出版社,1982。
② 同上书,第 76 页。
③ 同上书,第 91 页。
④ 参见泽特纳《谢林》,第 214 页,斯图加特,弗洛曼出版社,1954。

没有说清楚,尤其是自由与必然、理性与宗教如何实现统一的问题,所以,他后来耗费很多精力去研究宗教问题。

第三节　神话与启示

谢林晚年对宗教的研究有一个显著的变化,就是他把对神话的理解与宗教结合在一起,他的手稿《世界时代》和《神话与启示哲学》都表现了这种变化。谢林晚年在慕尼黑和柏林的多次演讲,讨论的也是以神话、启示为中心的宗教问题,并试图把它们与哲学结合在一起。这样,谢林晚年的宗教概念就与他以前所表达和解释的宗教观有所不同。

谢林对神话的关注可以说是一以贯之的。还在图宾根神学院时,他就在毕业论文中把神话称为"人类童年的精神"。在大学毕业论文中,谢林的这个思想有了进一步发展,他试图表现这样一种尝试:通过用哲学的观点去诠释神话,指出宗教尤其是基督教的历史意义,并以此去揭示神话所包含的真理和价值。虽然这时的谢林还没有找到一种合适的方式去表现神话所具有的理论意义和实在意义,但他毕竟以此开启了这个特定的精神世界,并且试图指出它在人类历史发展中的作用。在埃尔兰根期间,谢林对神话的思考有了深化,他不同意把神话只是简单地看做"寓言""诗意"的观点,而是坚持认为,要从人类存在和人类意识那里去寻找神话的起源,也就是说,神话不仅具有宗教意义,而且还有人类学意义。在谢林看来,我们在解释历史方面常常受到历史的秘密的束缚,这个秘密就是总体存在的历史和神的历史。神话是人类发展到一定阶段而创造的意识,它是民众这个整体的意识,而不是某个个人的意识,因为在人类意识中神的产生有一个过程,这也是宗教信仰形成和变化的过程。从这个意义上说,不要只是从人的知识方面,而且也要从人类的历史发展来考察神话。对谢林来说,人的存在与意识相统一的观念在神话中有着惊人的体现,神话不仅是意识的形式,也是表现存在的形式,即使这种存在是虚假的,它也是一种存在。对此,我们可以这样说,谢林"第一个用哲学—历史眼光来看待神话,把它看成是意识发展的一种共同的、合规律的阶段"①。

1830 年以后,谢林更加坚定了上述思想。他认为,宗教史往往是与比喻、象征、概念和想象混合在一起的,只有对这些现象加以仔细地分析,经过探幽辨微地考察,才能认识宗教发展的奥秘,才能说清宗教与神话的关系。在谢林看来,神话虽然现在在哲学研究方面遭到冷遇,但它们逐渐显现的理论价值和科学清晰性是无比重要的。现在,唯心论哲学过于关注概念的推演,而忽视了历史和现实的实在性,它造成的思想与科学性之间的差距如此之大是从未有过的,所以,一门能够真正包括真理和本真(Eigentlichkeit)的哲学必须超越迄今以单纯逻辑方式为主的哲学,必须关注神话和宗教,必须与启示这个特殊的宗教现象结合起来。谢林强调,要把神话和启示理解为"历史的真实",要对这些真实的历史事件予以哲学的分析和哲学的实现(realisieren)。这就是说,神话应当哲学化,而哲学应当具有神话的性质,这样,哲学才能昭示一种普遍的精神自由与平等。谢林正是在这个意义上说:"由于现代是建立在历史的基础之上,所以,神话在规定人类的现代精神状况方面是一个必要的元素,而不是过渡的、可以排除的元素。"②

对于启示的解释,谢林此时的看法与《自由论》中的有关看法也有所不同。在《自由论》中,启示是上帝显现自身至善和全能的方式,而在此时,启示则是促进基督教发展的一个前提,并且是以否定方式出现的。谢林此时特别强调,在历史上,"圣迹"曾经是实在的却又是不可理解的权力,基督教为了证实自己的"救赎"而反对圣迹的外在、盲目的权威,启示最初就是作为反对圣迹而发生的反题(Antithese)。对谢林来说,启示是人类发展进程中的必然现象,只有启示是唯一在一定历史阶段与自然宗教(包括神话宗教)发生关联的宗教。在完全克服圣迹的权威以后,基

---

① 阿尔森·古留加:《谢林传》,第 244 页,贾泽林、苏国勋、周国平、王炳文泽,商务印书馆,1990。
② 卡尔·谢林主编:《谢林全集》第 14 卷,第 19 页。

督教就失去自己主张内在自由、反对圣迹的张力,因此,对教会至关重要的启示在启蒙运动以后也只能是一种缅怀过去的思想纪念碑。可以说,正是基督教自己把意识从启示那里解放出来。然而,奇怪的是,谢林在把宗教尤其是基督教及其启示看做历史进程的一个结果,并由此接近真理的同时,却没有把这个思想贯彻到底,而是仍然坚持肯定宗教的观点,仍然关心终极目标。他与基督教神学家不同的地方只是在于,他相信未来的宗教图景必定会发生变化。

我们可以把谢林的这种观点看做他对黑格尔的批判,也可以视为他往"实定哲学"方向迈出的重要一步。如果说1830年以前谢林把不是建立在启示之上的宗教统统称做"自然宗教",那么,此后谢林则把神话与宗教结合在一起,把神话宗教看做在自然阶段产生的"自然宗教"。① 晚年的谢林就是以这种方式把神话宗教与基督教联结起来的。在他的眼中,基督教"就像自然界一样,从其本质而言具有一种实在性,它因此如同其他任何现象一样有权力保留自己的特性,而不允许被篡改"②。谢林思想的保守性在这里完全显示出来。不过,按照谢林所说,他在这里并不是要宣示基督教神学,他想表达的是,基督教从其内在方面来讲是不同于哲学真理的,基督教突出的思想是强调世界是一种行动、一个决定的结果,就此而言,"基督教是历史的真理"③。谢林并不主张哲学去重复基督教的真理,而是要求从历史哲学的角度对启示真理进行阐释,注重对自由和行动的关系与历史和一切实存(Existenz)关系的理解。

这里引起我们注意的是,谢林关心存在问题,并且从存在去思考宗教问题。他的疑问是:"为什么存在某些事物?为什么又是一无所在?"④这与他以前一直强调的主观与客观相同一、绝对与一般相和谐的观点相去甚远。他已经从历史的支离破碎和存在的遮蔽性中看到同一哲学的

---

① 参见卡尔·谢林主编《谢林全集》第11卷,第244页。
② 同上书第13卷,第144页。
③ 同上书第13卷,第139页。
④ 同上书第13卷,第7页。

不足,并把考察的重点集中在他所说的绝对或根据那里。与以往不同的是,谢林在这时认为,不能像传统的形而上学或斯宾诺莎那样去进行上帝本体论的证明,也就是说,不能把上帝理解为一种"实存",而是要把上帝存在看做上帝的决断(Entschluss)。上帝存在超越一切经验和思维,这是绝对的存在,而不是相对的存在。任何相对都包含着一种潜能,包含着趋向绝对的可能。所以,上帝概念只可能是绝对的超验概念,人们不能从这样的上帝概念去推演上帝的实存。一切传统意义上的超验东西与上帝概念相比都是相对超验的,它们只是在被当做超验物时才是超验的。此外,这里所说的上帝不只是沉思的客体,上帝还是能动的,对世界发挥着效用。没有这样的上帝,就没有宗教。

现在,有这样一个问题:人们如何认识这个超验的上帝? 如果不能认识,难道还要求人们像信仰基督教的上帝那样,只是去信仰这个深奥玄秘的绝对者吗? 谢林对此作出这样的解答:"如果上帝给出启示,这就是一个自由行动的结果,而它作为行动就是纯粹经验的东西,就是纯粹实在的东西,因而是完全可以后验认识的。"[①]这样,谢林好像回答了这个超验的上帝是如何与现实世界联系在一起的问题了,但实际上他并没有作出正面的回答。

晚年谢林的学说中充满了这种不相自洽的矛盾。他一方面说,实定哲学不是启示哲学,不是基督教哲学;另一方面他又说,实定哲学的最高对象就是在启示中获得真实性,并以此作为规定自己的尺度。他一方面辩解道,在实定哲学中启示是自然、历史、艺术等的对象;另一方面他又说,实定哲学是把上帝存在当做自己的绝对根据或始基。说到底,谢林企图建立的实定哲学具有浓厚的宗教色彩,用他自己的话说,这是哲学与宗教的结合,是所谓"哲学的宗教",它已经脱离理性主义的哲学传统。谢林并不认为这个方向有什么不对,反而把这种"哲学的宗教"看做近代哲学在宗教领域迈出的重要一步,因为在他看来,笛卡尔的贡献就在于,

---

[①] 卡尔·谢林主编:《谢林全集》第13卷,第127页。

只有能够被清晰和准确认知的东西,在哲学中才可能被承认是真理,所以,我们不仅从"我思"中引申出"我在",而且还能引申出"精神的存在""上帝的存在",上帝就是按照必然性发挥作用的必然本质。谢林认为,他自己是把这个思想往前推进了一步,他所作的这一切是想达到这样一个结果:自我在思想求索中超越普遍性而洞见个体,在自身中体悟上帝并通过上帝而获得自身的救赎。"这就是正在生成的宗教要求。自我追求的道路以这种要求而归于结束。"①

谢林自己很清楚,这样的宗教与理性没有关系,也不可能建立在理性基础之上,因为在他的眼中,单纯的理性已经穷尽了真实性,哲学理性主义已经在自身中到达终点。所以,尽管他强调这种所谓未来的宗教是他的实定哲学的主题,由此就可以改变自然宗教和启示宗教中一些因素所具有的模糊不清的缺点,从而使它们变得清楚澄明和易于理解,成为未来宗教的重要元素,但是,这样的宗教在本质上与我们所理解的哲学并没有关系,因为它需要做的无非就是认识人的意识与上帝的关系,通过承认这种宗教的地位和内容来确定这样一个命题和方法,即认识和把握那些与理性没有关系的宗教真理及其本真性。很显然,谢林在这里力求克服占据统治地位的理性主义,但他同时也担心重新陷入神秘主义的窠臼,为解决这个矛盾,他企图用绝对同一的理路把哲学与宗教结合起来。但是,哲学与宗教、理性与信仰在本质上是根本对立的东西,硬要把它们结合在一起必然会遇到很多无法解决的矛盾。

晚年的谢林就陷入了这样一种无法摆脱的困境之中。他不断探索,常常有所体会就记录下来,稍加深思和展开,又发现其中还有难题无法解开,于是就放弃已经获得的东西,开始新的思索。他以此往复,不断循环下去,最终没有实现自己所追求的目标——建立实定哲学的体系。谢林的努力失败了,但他的探索并非毫无价值,他在自由与必然的统一性、存在与实存、根据与杂多等领域留下的天才思想,对现代西方哲学尤其

① 卡尔·谢林主编:《谢林全集》第13卷,第568页。

是存在哲学的影响是有目共睹的。从这个意义上说，无论是说谢林思想在现代西方哲学中"复活"了，还是批判谢林是"现代非理性主义哲学的始作俑者"，都是有一定道理的。

第五篇

黑格尔

第一章　生平、著作、讲座及黑格尔研究

第一节　生平

一　求学岁月

　　1770 年 8 月 27 日,格奥尔格·威廉·弗里德里希·黑格尔(Georg Wilhelm Friedrich Hegel)出生在德国西南部的斯图加特市。[1] 他的父亲是税务局的书记官,全家住在一座带阁楼的三层楼房里[2],这是当时典型的社会中层人士的住房,离市中心的市政厅和喧闹的市场都较近。黑格尔的祖辈信奉基督新教,多为手工业者、政府职员、学校教师和神职人员。他的家庭是一个虔诚、勤奋、严格的家庭,经济状况当属社会的第三等级,即中等水平。他的父亲每月有一笔较为可观的固定收入,能保证全家过上虽不奢华但却衣食无虞的有尊严的体面生活,并能为子女提供受教育的机会。黑格尔是这个家庭的长子,他有一弟一妹。弟弟成年后尚未成家,就在 1812 年拿破仑进军俄国的战争中阵亡。妹妹终身未嫁,

---

[1] 有关黑格尔的生平和所引用资料参见张慎《黑格尔传》,河北人民出版社,1997。

[2] 1991 年经社会各界人士努力,这所房子被辟为"黑格尔纪念馆",以纪念这位斯图加特市的"伟大儿子"。

与黑格尔关系较为密切,她在黑格尔去世后的第二年自杀身亡。黑格尔因性格温和、学习勤奋和天资聪颖而受到母亲的喜爱,他和母亲的关系一直比较亲密。

黑格尔在三岁时就被送到城里的一所德语学校,然后在 1775 年或 1776 年的秋季进入正规的人文中学最低班(相当于小学)学习。从最低班到中学毕业总共需要 12 年,上课分为公开授课和私人授课两种形式,学生选择私人授课要向老师交费,以改善老师微薄的收入,但决不强迫参加。黑格尔在日记中对他参加的私人辅导课作了详细记载。学校的课程设置有希腊文、拉丁文、物理、数学、神学、历史和哲学等,既保留了罗马-拉丁语的古文化传统,又体现了启蒙-人道主义的时代精神。学校管理也十分严格。黑格尔始终是一个"模范学生"。1788 年在中学毕业典礼大会上,他被挑选为毕业生代表作演讲,并获公爵奖学金被保送到图宾根神学院学习。

在课余,黑格尔还养成了阅读课外书籍并且写读书札记和记日记的好习惯。最早大概是在 1784 年 4 月 22 日,他开始做读书笔记,这是一篇关于俄国普通学校计划的概况的文章。毕业典礼几天后他又写了中学的最后一篇读书笔记,其关键词是"形而上学与宗教的关系"。据曾看过这些读书笔记的人介绍,它们题材广泛,涉猎当时的各个科学领域,其原文多来自当时欧洲尤其是德国的一些著名思想家和科学家的作品,或摘自一些进步和有广泛影响的报刊。这些读书笔记揭示了这样一个事实:黑格尔不仅精通拉丁文,对历史和古文化感兴趣,他更为关注的是德国乃至欧洲的现代精神状况,包括人文科学和自然科学的最新动态和发现。作为一个城市少年,他受到最进步的启蒙教育的熏陶,他的知识结构是与时代同步的,少有中世纪遗风。他以一个入世不深的少年的目光,努力去追踪和了解他所处的世界所发生的一切,期待自己早日成人以参与社会。通过做读书笔记,黑格尔还培养了自己大胆建构知识的能力:在浩如烟海的资料中尽情遨游,同时又不迷失自己的方向。这种自幼养成的重视资料和驾驭知识的能力,对黑格尔日后踏上德国古典哲学的高峰大有裨益。

1788 年 10 月 27 日,黑格尔在图宾根神学院正式注册入学。这所基督新教神学院创办于 16 世纪,主要为当时的维腾堡公国培养牧师和教员。学院的规模并不大,却培养了许多伟人:天文学家开普勒、哲学家谢林和黑格尔、天才诗人荷尔德林等。18 世纪末,学院规章仍然严厉乃至苛刻,教师和所设课程也比较保守,但是启蒙精神的清风还是吹进了这个正统顽固的堡垒,追求新潮的学生总欢迎那些具有启蒙思想的老师。黑格尔对学院提供的课程从未满意过,对僵化神学表示了明显的批判态度,他大量阅读古代和近代思想家——柏拉图、洛克、休谟、孟德斯鸠、莎夫茨伯利、卢梭、莱布尼茨、康德、雅可比、莱辛、门德尔松、席勒等人——的作品,来提高和丰富自己。他还常和好友们一起讨论所读过的书和当时思想文化界的热门话题,例如关于泛神论的争论,这使他及其青年朋友们日后接受了一种统一性的理论纲领。公允地说,黑格尔当时对纯粹哲学问题毫无兴趣。对他吸引力最大的就是法国大革命这一改变世界历史进程的政治大事件。

在黑格尔上大学的第二年,法国大革命爆发了。学院的学生们大多欢欣鼓舞地观注邻国的动态,城里还成立了一个政治俱乐部,在那里大家可以得到法国传来的最新消息,交流对形势的看法和对本国命运的思考。据说黑格尔是俱乐部的积极分子,他常在那里发表演说,他和同伴们还效仿法国人栽了一棵自由树,并围着树跳舞。这些传说不论真假,它们与青年黑格尔当时的政治态度是非常一致的:痛恨由王权和教会结合而成的封建专制,痛恨自然对人和一部分人对另一部分人的统治,期待自由、平等、正义理念的真正实现,把"一切如一"树为未来社会的理想目标。

图宾根神学院的寄宿生活为黑格尔的成长提供了比少年时代更多的自由和空间。他不再是文科中学里那个循规蹈矩、品学兼优的模范生。他想尽办法充分利用这段美好时光,既无人管教,又衣食无虞。据说他喜欢喝点酒,爱下国际象棋,还爱玩不同方式的纸牌。不过,他始终一如既往地认真读书,1792年还开始写作所谓的《图宾根残篇》。这是一篇关于宗教和道德问题的草稿。在完成两年哲学预科和三年神学本科的课程并顺利通过两次考试后,黑格尔在1793年秋季结束了大学学业。毕业后他毅然放弃了安稳的神职工作,来到瑞士伯尔尼的一个贵族家庭任私人教师。

二 家庭教师

在伯尔尼,黑格尔只有两个学生,讲课任务并不重,他有大量时间供自己支配,唯一不顺心的是时间表常被这个家庭的日常琐事打乱,使他不能集中精力写作和思考。主人家有丰富的藏书,黑格尔主要阅读有关政治哲学和社会哲学的书,然后是关于各国和各地区历史的书,他尤其对瑞士历史感兴趣。瑞士邻近法国,这为他就近观察法国革命提供了便利。他对法国革命的赞许一如既往,但身在近处也看到了它的不少阴暗面,感受到理想与现实的差距。这是他人生旅途的一次宝贵经历。在这段时间里,黑格尔主要思考实践哲学的问题,他最初仍在策划"民众宗教"的纲领,后又写了《耶稣传》,把耶稣描述为道德布道者或伦理教师。最后他开始考察基督教的历史,批判它的实证性。闲暇之余,他也结交了几个朋友,他们彼此精神相通,能就共同感兴趣的话题尽兴畅谈。假期里他还游历了卢梭的故乡日内瓦以及阿尔卑斯山。几年后,远在他乡为异客的他萌生归乡之意,在好友荷尔德林的介绍下,于1797年1月来到法兰克福一个大商人家继续做家庭教师。

从静谧的山城伯尔尼来到莱茵河畔的法兰克福,仿佛从天堂突降人间。法兰克福位于德国的中心,1800年前后,它已发展成为德国乃至欧洲的一个重要的贸易和文化中心,率先处在由封建等级制度社会向现代工业社会转化的前夜。在城市贵族阶层之外,已悄然崛起一个由实业家和知识分子组成的新兴市民阶层,他们以自己的财富和文化,在城市生活中逐步发挥举足轻重的作用。黑格尔的主人不仅富有,而且注重精神生活和家庭幸福。黑格尔教的两个男孩也不用他太费心劳神,报酬也不错,他基本上可以无拘无束地生活。他常参加主人家的聚会,聚会上人们喜欢讨论政治、经济、生意、文化等话题,这有助于黑格尔了解书本之外的现实世界。他还充分享受大城市丰富的文化生活,听歌剧,看话剧,赴各类舞会,这种对艺术的嗜好一直陪伴他终生,也算是对灰色哲学理论的一种平衡与补充吧。最令黑格尔高兴的事,莫过于与荷尔德林等朋友的交往。他们的每次聚会,都是朋友间在思想上毫无拘束地交流畅谈,时事政治、文化潮流、哲学、人生,什么东西能不进入这群年轻人的视野呢?

在这段时间里,黑格尔的理论活动并没有停止。他首先与过去自己在宗教和伦理问题上的康德立场决裂,这反映在一篇被称为《德意志唯心主义的最初的体系纲领》的文章中。他认为应建立一个以人、道德、实践为本的形而上学体系,在这个体系中的最高理念应该是一个能包括一切和统一一切的理念,即在更高一层的柏拉图意义上的"美"的理念。为此,需要一种"理性的神话学"(Mythologie der Vernunft)。他仍一如既往地探讨宗教改革问题,考察基督教的历史,批判基督教的实证性。他在宗教中区分了"道德""爱""生命"三个不同阶段,生命是一个发展过程,它从一种没有发展的统一性出发,通过教育最后发展为一个完全终结的统一性圆圈。由此,黑格尔初步获得一种历史的视野。后来他的研究重心转向实践哲学,1798 年,他匿名翻译出版了一个小册子——《关于瓦特邦和伯尔尼城先前国法关系的密信》,这些信件对贵族寡头政治作了尖锐揭露和批判。有谁会想到这些反抗封建秩序、要求人民有权决定自己事务的信件的译者,竟会是后来被称为普鲁士的"官方哲学家"的黑格尔呢? 这个秘密直到 1907 年才被发现。黑格尔还不甘寂寞,参与了故乡维腾堡公国关于立宪的讨论。他写了一份传单,原标题是"维腾堡议会必须由民众选举",其中的立场比较激进,后来经朋友们劝阻这份传单才被放到卓稿堆中,传单在他去世后被发现,这令后人对他青年时代的政治态度惊诧不已。其间,他读了康德在 1797 年出版的《道德形而上学》、英国古典经济学家斯图亚特的《国民经济原理研究》,还分别写了两篇内容较多的评论。1800 年前后,黑格尔加紧工作,当时宗教与哲学的关系问题仍困惑着他,他对时局的变化和实践哲学又有了新见解,对自然科学的新发现也不放过,所以他在这段时间所写的作品不仅篇幅大,而且涉及范围广。其中一篇后来被叫做《1800 年体系残篇》的作品,似乎集中了他当时所关注的主要问题和基本思想,是一篇反映黑格尔在建立哲学体系前的早期思想的重要文献,可被视为"耶拿体系"的诞生地。黑格尔从 1792 年至 1800 年底的各类作品(手稿和修改稿)共 102 件,其中绝大部分未发表,它们更多的是供他澄清思想之用。[1]

　　1800 年秋,黑格尔作出了人生的一个重大决定:"我不能满足于开始于人类低级需要的科学教养,我必须攀登科学的高峰。我必须把青年时代的理想转变为反思的形式,也就是化为一个体系。"[2]他的目标是在大学里谋求一个教职,围绕哲学和科学从事学术活动。他父亲去世后留给他一点遗产,使他能过一段不靠薪金生活的日子。他想去耶拿,他的同学谢林这时已是耶拿大学的哲学教授,是哲坛上一颗耀眼的新星。

三　初登讲坛

　　1800 年左右,耶拿因席勒、费希特、谢林、施莱格尔兄弟等文化名人的打造而处在文化鼎盛期。1801 年 1 月,黑格尔从法兰克福来到耶拿,一下子就从学术边缘地带闯进新思潮的旋涡。他必须在不同的哲学思潮中把握住自己的方向,他还必须在旋涡中拍打出自己的水花,否则,有谁会注意到一个外来者呢? 为此,他写了《费希特与谢林哲学体系的差别》(*Differenz des Fichteschen und Schellingschen Systems der Philosophie*),此书于 1801 年 7 月正式出版,算是他的第一部公开发表的作品。它与那些早期作品相比,从内容到形式都不可同日而语,因此其意义不可低估。随后,黑格尔匆忙进行了申请教授资格的答辩,后来

----

[1] 参见舒勒《关于黑格尔早期作品年表》,载《黑格尔研究》第 2 卷,波恩,波菲亚出版社,1974。
[2] 苗力田译编:《黑格尔通信百封》,第 58 页,上海人民出版社,1981。译文有改动。

又补交了教授资格论文《论行星轨道》("Über die Planetenbahnen"),终于在 1801 年秋季,作为编外讲师登上了哲学讲坛。1805 年,在歌德的过问下,黑格尔成为哲学副教授。

黑格尔讲课认真,内容深邃,但不那么流畅,有些"木讷"。讲课之余,他把大量精力用来从事"第二职业",即创办一份报纸或杂志,进行哲学批评,这也更符合他原本想当个自由撰稿人的初衷。恰巧谢林也有类似想法,于是他们共同创办了《哲学评论杂志》,两人有分有合地写了不少有创见的文章,而且都不署名。他们期待着能在杂志中发扬康德革命的成果,清算当时哲学中的糟粕,使自己的哲学成为一种与时代、生命相关的科学理论,至于清楚地区分彼此的精神成果倒显得不那么重要了。这份杂志只出了两册共六期,就因谢林离开耶拿而停办了,两人的合作和友谊也到此止步。1807 年,因黑格尔对谢林的"绝对的同一"的批评致使两人断绝通信来往,同窗之谊彻底终结。

结束杂志工作,黑格尔又全身心地开始创建自己的哲学体系。这是一段艰难的思维之旅,经历了三个阶段。最初他的体系分为逻辑学、自然哲学、精神哲学和形而上学四个部分。1804—1805 年前后,他虽然分开了逻辑学和形而上学,但已意识到两者处理的问题有交叉,要把它们截然分开是很困难的。一年后,他明确指出,逻辑学和形而上学实际上是一门科学,它们的任务是介绍"绝对",而自然哲学和精神哲学是"绝对"的两种显现形式。这样,黑格尔就将自己的哲学体系最终建立在逻辑学的基础上,它共由三大块组成。过去人们过多地重视了黑格尔的成熟体系,忽略了他创建体系的过程,其实,过程有时比结果更重要。

在体系的轮廓大致定下来后,1805 年冬,黑格尔开始筹划写《精神现象学》(Phänomenologie des Geistes)这部巨著。他原打算把它作为未来哲学体系的第一部分,后来又改为体系的入门,再后来认为它是一本关于意识的理想发展和现实发展史的著作,体现了逻辑的历史发展过程,付印时又加上"精神现象学的科学"这个副标题。1807 年 4 月,该书正式出版。此时,黑格尔已离开耶拿,来到了班堡。他离开的原因多种多样,有耶拿大学日渐衰落、住所在大火中遭抢、经济状况不佳、私生活遇到麻烦等。总之，初来乍到时的喜悦此时已荡然无存，走为上策。

四　编辑与校长

在班堡，黑格尔任《班堡报》的编辑和撰稿人，这使他旧梦重温，他喜欢公开的思想交锋，在与对手的论战中使自己的思想深化。他还能在舆论方面对公众施加点政治影响，这也是他的爱好之一。此外他还能有闲暇继续哲学的写作。老板答应把收入的一半分给他，他这就有了稳定的生活来源。黑格尔对办报有自己的设想，他努力接近法国的轻快文风，又不放弃德国人的学究气，报纸销路见长。但好景不长，他过于轻信当局许诺的新闻自由，在几篇报道上惹上了政治麻烦，最后招致报纸被查封。于是，他只得辞去编辑工作，选择离开。

1808 年 11 月，在朋友的帮助下，黑格尔来到纽伦堡任一所文科中学的校长。尽管学校的待遇和物质状况并不太令人满意，但他对科学和教育一贯热情有加，因此很认真地对待这项工作，再加上他有多年家教和在耶拿大学任教的经历，胜任此职当不在话下。在教学方针上，他强调在当代社会要想使科学与艺术重新繁荣，就必须尊重和学习古典文化，尤其是古希腊文化。在教学中，他注重发挥学生的积极性和自发性。除担任校长公职外，他还承担哲学和宗教课的教学，有时还代讲文学、希腊文、拉丁文、高等数学等课。经过几年实践，黑格尔终于能驾驭自己的思想，摸索出一套独特的讲课方法，使深奥的理论具有学生易懂的形式。几年下来，学校的教学质量、学生的行为品德和学习成绩都有提高，黑格尔在当地也开始小有名气。

1811 年，黑格尔结婚了，从此有了一个幸福的家庭和稳定的生活。后来妻子给他生了一女两儿，女儿早夭，儿子们都长大成人，并事业有成。黑格尔在《法哲学原理》中表述的家庭观就是其家庭生活的真实写照。丈夫扮演家庭首长的角色，在外劳作，献身国家和科学，还亲自掌管家庭的财务开支；妻子在家操持家务，照料孩子，在对家庭的虔敬中获得自己的伦理信念。

　　幸福稳定的家庭生活使黑格尔得以全身心地投入到创建哲学体系的工作中。1812 年,《逻辑科学》(*Wissenschaft der Logik*,俗称"大逻辑")第 1 卷的第 1 册问世,1813 年出了第 2 册,1816 年第 2 卷终于姗姗来迟。这标志着黑格尔哲学体系的初步完成,并确立否定之否定的辩证法作为贯穿全书的基本方法。因为政局的变化,再加上对当局教育改革措施不满,黑格尔又萌生了到大学任教的想法。这次命运向他微笑了,海德堡大学和柏林大学都向他发出了邀请。他选择了前者。

五　重返大学

　　1818 年秋天,黑格尔举家迁往海德堡,他正式受聘任海德堡大学哲学教授。海德堡大学是德国最古老的大学,黑格尔被视为该校继聘请斯宾诺莎未成后第一位来任教的哲学家,这当然令他高兴。在首次讲课的致辞中,他痛心疾首地回顾了哲学在德国的衰落,明确表示要反对目前的浅薄思想,以日耳曼人的严肃性和诚实性来工作,把哲学从它所陷入的孤寂境地中拯救出来。除了开设的课程外,他这段时间最大的学术成就,就是在 1817 年夏天发表的《哲学科学百科全书》(*Enzyklopädie der Philosophie der Wissenschaft inm Grundrisse*)。它意味着黑格尔自1801 年底宣布本书的写作计划后,历时 16 年,其间经历了《精神现象学》的插曲和《逻辑科学》的横空出世,终于拿出了一个完整的哲学体系,由此足见攀登真理与科学的高峰绝非易事。在这期间,他还按捺不住对政治的兴趣,公开以政治撰稿人的身份,参加了家乡维腾堡公国关于制定宪法的讨论。这一次他赞成国王进行的君主立宪改革,批评贵族和市民代表为维护既得利益而阻碍改革。

　　1815 年前后欧洲政治时局的变化,为黑格尔个人的发展提供了机遇。他所向往的法国大革命失败了。他曾一度寄予改革希望的奥地利王国放弃了重建帝国的主张。巴伐利亚也从可怜的一点改革措施后退。黑格尔家乡的西南部各邦也起色不大。唯有北边的普鲁士王国在崛起,令黑格尔似乎看到了德意志民族的希望。1817 年底,柏林大学在费希特去世后留下的哲学教授讲席已空缺了三年多,新成立的文教部的新任大臣是力主改革的开明人士,他十分相信黑格尔哲学对国家的重要作用,力促大学重新邀请黑格尔来柏林接任。经过各方面考虑,黑格尔这次慨然应允了柏林的邀请。他于 1818 年秋举家北上,沿途欣赏风光,享受旅行乐趣,最后到达柏林。在这里,他将有更大的活动空间,为神圣的哲学事业和大学教育而工作。

当然,讲课是黑格尔的主业。他面临的任务也不轻,他要重新唤醒在费希特去世后被忽视了的哲学兴趣。尽管对开课已有足够的积累和经验,他仍不敢掉以轻心,认真地作准备。两年后,他已声名大振,他的讲课招来了全校的学生。为了满足时代的兴趣,他把重点投向关于法哲学、哲学史、历史哲学、美学等新学科的讲座,而在理论哲学方面则基本上照本宣科。他培养了不少的学生,他们后来为传播黑格尔哲学作出了重要的贡献,也导致了黑格尔学派的分裂和衰落。

1820 年夏,《法哲学原理》(*Grundlinien der Philosophie des Rechts*)一书出版。这是一本常引起人们非议的著作。有人据此说黑格尔是普鲁士的"官方哲学家"。其实他与普鲁士王国的关系十分复杂,问题的关键是怎么评价普鲁士这个国家。1820 年前后的普鲁士与马克思在 19 世纪 40 年代生活于其中的那个警察国家很不一样,它是当时德意志民族新兴力量的代表,体现出进步、改革的一面。所以黑格尔对它抱有希望,把它当做自己政治理想的化身。再加上黑格尔初到柏林,自然要多说点赞誉之词,以表感激之情。后来黑格尔身临其境,看到了普鲁士保守的另一面,于是他和官方的关系就逐渐冷淡下来。

讲课之余,黑格尔的一个夙愿又涌上心头,那就是办一份杂志,在文坛重新发扬哲学批评的精神。1827 年 1 月,《科学批判年鉴》(*Jahrbücher für wissenschaftliche Kritik*)问世。黑格尔不仅是该杂志编辑工作中最有权威的发言人,还亲自写了不少书评,涉及当时的一些文化名人,例如对哈曼的感性、直觉观点的批评。黑格尔对浪漫派的批评尤为锋利和尖刻,他甚至攻击弗·施莱格尔的每部著作。公正地说,他的书评并非每次都是公允的,常夹杂有个人情感好恶在其中。

工作之余,黑格尔充分享受柏林这个大都市所能提供的丰富多彩的文化生活,在它的艺术殿堂里遨游。他喜欢绘画、诗歌、音乐,常去看歌剧和话剧。人们常看见这位衣着简单的哲学家,坐在马车里匆匆向剧院赶去。他对艺术作品的评价渐渐成为柏林文人圈子里的权威意见,有了新的文化事件,人们就打听黑格尔说了些什么,因为大家知道,他不仅有渊博的理论和历史知识,还有深刻的艺术鉴赏力。黑格尔还积极参与柏林想跻身世界文化艺术中心的工作,当时,柏林城里各类风格的漂亮建筑拔地而起,图书馆、剧院、博物馆应运而生,过去王公贵族才能有的文化享受开始逐步向市民阶层转移。黑格尔高度评价新兴市民阶层的文化需要。

假期里,黑格尔常外出旅行,其首选目标是,向西、向南,那些闻名的世界文化之都。他坐着马车去过维也纳、巴黎等地,欣赏当地著名的油画,听歌剧,沿途寻访那些发生过伟大历史事件的场所,为大自然的鬼斧神工而感叹。他的艺术经历和感想都积淀在《美学讲演录》中。后来身体状况不允许了,他就在柏林附近疗养,常去温泉。

1829 年 10 月,黑格尔被选为柏林大学的校长。德国的大学校长一般从有声望的教授中选举产生,能被遴选担任这一公职,意味着公众对某人成就的认可,既是荣誉也是责任。在新校长就职演说中,黑格尔突出强调了大学的自由。它建立在真理的基础上,并以真理为终极目的。1830 年黑格尔 60 大寿时,学生们还为他订制了一枚纪念章。1831 年 1 月,黑格尔荣获普鲁士国家奖——三级红鹰勋章。黑格尔在柏林生活了13 年,人生和仕途可谓春风得意。

不过,这 13 年里,黑格尔也不总是一帆风顺。1817 年的瓦德堡大会和后来的桑德暗杀事件给他在政治上带来了麻烦,有人幸灾乐祸地看着他的学生被牵连。黑格尔虽然不赞成学生的过激行为,但当学生陷入困境时,他总是能不顾个人安危,提供帮助,为此也遭致当局的不满。柏林还成立一个委员会专门调查他学生中的激进分子。1820 年政治风波过去后,他和王室的关系日渐疏远,转而专注于自己的理论,培养学生。他初来柏林时,当局许诺将来让他当科学院的院士,他也一直很想得到这个荣誉头衔,但这一计划遭到科学院院长施莱尔马赫的强烈反对,因为黑格尔明确反对他的浪漫派情感宗教,而且黑格尔与神学家和教会方面的关系都较紧张。当局也无计可施,最后黑格尔不得不放弃自己的想法。他和洪堡兄弟的关系也有过风波。费尔巴哈曾写信向他求教,他未予作答。尽管叔本华初次和他见面就争论起来,他还是大度地签字同意叔本华来学校任教,但叔本华对此并不领情。总起来说,黑格尔是个性情温和、容易相处的人。

因多年紧张工作,黑格尔的身体状况一直不太好。可能预感到时日不多,他加紧修改和重版他的著作。但这项计划没有完成。1831 年 11 月 14 日,黑格尔因病与世长辞。医生当时诊断他死于霍乱,但现代医学判断这更可能是他多年胃病恶化造成的后果。11 月 15 日,学校为他举行了隆重的葬礼,先在礼堂里开追悼会,校长致悼词,然后他的学生、同事、好友列队一直把他送到市中心的多罗特娅公墓。他和费希特以及其他一些德国文化精英们至今仍长眠在那块绿茵茵的土地下。

第二节　著作

研究黑格尔,有必要对他的著作出版情况有一定了解,这是正确解读黑格尔的重要环节。

黑格尔在世时正式出版的哲学著作有:《费希特与谢林哲学体系的差别》[①](1801)、《精神现象学》[②](1807)、《逻辑科学》[③](1812—1816)、《哲

---

① 中译本参见《费希特与谢林哲学体系的差别》,宋祖良、程志民译,杨一之校,商务印书馆,1994。
② 中译本参见《精神现象学》,贺麟、王玖兴译,商务印书馆,1979。
③ 中译本参见《逻辑学》,杨一之译,商务印书馆,1977—1982。

学科学百科全书》①(1817)、《法哲学原理》②(1820)。

黑格尔去世后由学生们整理出版的著作有:《哲学史讲演录》③
(*Vorlesungen über die Geschichte der Philosophie*)、《历史哲学讲演
录》④(*Vorlesungen über die Philosophie der Weltgeschichte*)、《美学讲
演录》⑤(*Vorlesungen über die Ästhetik*)、《宗教哲学讲演录》⑥
(*Vorlesungen über die Philosophie der Religion*)。后来又陆续有《黑格
尔早期神学著作》⑦(*Hegels theologische Jugendschriften*)、《黑格尔政
治著作选》⑧(*Hegels Schriften zur Politik und Rechtsphilosophie*)等诸
多单行本问世,这多是由后人将黑格尔某一时代或某一专题的作品汇编
成册出版。

《黑格尔全集》德文版有六个版本。⑨(1)"友人版"(Freundes-
verein-Ausgabe,1832—1845),共 19 卷加 1 个补卷"黑格尔生平",在黑
格尔去世后由他的亲传弟子们编辑出版。它在史料方面的价值是无可
替代的,但黑格尔的弟子们使它具有一种终极、封闭的哲学体系的形式,
这有悖黑格尔思想的原貌。(2)格罗克纳本(Glockner-Ausgabe,1927—
1940),这是为纪念黑格尔逝世 100 周年而出,故又称"纪念版",其实它
是"友人版"的翻版,只是对其中的某些错误作了改动。它共有 26 卷,其
中第 21 和第 22 卷是格罗克纳本人补写的专著《黑格尔哲学的困难和前
提》及《黑格尔哲学的发展和命运》,从新黑格尔派的角度评价了黑格尔

---

① 本书的第一部分《逻辑学》有两个译本:《小逻辑》,贺麟译,商务印书馆,1980;《逻辑学》,梁志
　学等译,人民出版社,2002。第二部分《自然哲学》,梁志学等译,商务印书馆,1980。第三部
　分《精神哲学》尚未翻译成中文。
② 中译本参见《法哲学原理》,范扬、张企泰译,商务印书馆,1982。
③ 中译本参见《哲学史讲演录》,贺麟、王太庆译,商务印书馆,1981。
④ 中译本参见《历史哲学》,王造时译,上海书店出版社,1999。
⑤ 中译本参见《美学》,朱光潜译,商务印书馆,1979。
⑥ 中译本参见《宗教哲学》,魏庆征译,社会出版社,2002。
⑦ 中译本参见《黑格尔早期神学著作》,贺麟译,商务印书馆,1988。
⑧ 中译本参见《黑格尔政治著作选》,薛华译,商务印书馆,1981。
⑨ 有关《黑格尔全集》版本的情况参见张世英主编《黑格尔辞典》,第 915—916、922—931 页,吉
　林人民出版社,1991。

哲学。（3）拉松版（Lasson-Ausgabe,1911—1940），共 21 卷。拉松以严肃的学者态度对待黑格尔著作,做了大量文字考据工作,并在这套全集中增加了一些黑格尔留下的未完成手稿,这对后来的研究工作大有好处,但他在文章编排和编辑工作中有点随意,掩盖了黑格尔原有的思想脉络。（4）荷夫迈斯特版（Hoffmeister-Ausgabe,1952—1955）,这是拉松版的继续,但荷夫迈斯特改正了拉松版的一些缺陷。该版计划出 30 卷,后因编辑者的突然去世而中断,实际出版了 8 卷,后 4 卷是《黑格尔书信集》（*Briefe von und an Hegel*）。（5）"理论版"（Theorie-Werk Ausgabe,1969—1971）,共 20 卷,这实际上是"友人版"的重印,但书后加了注释和说明,并根据黑格尔哲学的研究现状纠正了原版中的各种错误。它为广大读者提供了一个经济的普及版本。①

这五个版本各有千秋,但也有一个共同的弊病,那就是把黑格尔本人写的和学生们编辑的作品混在一起,好像它们都出自黑格尔本人。还有,黑格尔的几部主要作品在他生前就出过第 2、第 3 版,很多思想有改动,但全集只用了某一个版本,例如对《哲学科学百科全书》的第 1 版就未加注意,这就体现不出黑格尔思想的变化和发展。另外,近几十年来,黑格尔哲学研究在史料方面也有新突破。所以,编一个新版本,克服以上弊病,反映最新研究成果,就成为迫在眉睫的事,这就导致了第 6 个版本——《黑格尔著作集》（历史评论版,Historisch-kritische Ausgabe）的问世。

该版确立了七条编辑原则:（1）内容上保持完整性,应包括所有黑格尔发表过的作品、留下的手稿等;（2）卷序不按专题而按写作的年代排列;（3）尽可能保持黑格尔的语言特色;（4）注释部分既要求准确,又要摆脱烦琐的文字说明;（5）除了介绍不同版本外,还要有客观性说明,从而有助于理解这些文章;（6）每卷"后记"中要介绍文章的产生过程、各种

---

① 《黑格尔全集》（理论版）,法兰克福/美因,苏尔坎普出版社,1969—1971。我们的德文引证也基本上根据这个版本。

版本情况；(7)每卷后应有人名索引，而专题索引意义不大，故从略。这是一项工作量极大的工程，为此特意成立了黑格尔档案馆。经过专家们自 1961 年以来的不懈努力，目前这套全集(共 22 卷)中的 18 卷已经出版①，各卷书名如下：第 1 卷，《早期作品Ⅰ》；第 3 卷，《早期摘录(1785—1800)》；第 4 卷，《耶拿评论作品集》；第 5 卷，《作品与纲要(1799—1808)》；第 6 卷，《耶拿体系草稿Ⅰ》；第 7 卷，《耶拿体系草稿Ⅱ》；第 8 卷，《耶拿体系草稿Ⅲ》；第 9 卷，《精神现象学》；第 11 卷，《逻辑科学·第 1 卷：客观逻辑(1812—1813)》；第 12 卷，《逻辑科学·第 2 卷：主观逻辑(1816)》；第 13 卷，《哲学科学百科全书(1817)》；第 15 卷，《作品与纲要Ⅰ(1817—1825)》；第 16 卷，《作品与纲要Ⅱ(1826—1831)》；第 17 卷，《讲课手稿Ⅰ(1816—1831)》；第 18 卷，《讲课手稿Ⅱ(1816—1831)》；第 19 卷，《哲学科学百科全书(1827)》；第 20 卷，《哲学科学百科全书(1830)》；第 21 卷，《逻辑科学·第 1 卷：客观逻辑·第 1 册：存在论(1832)》。这些新版本为黑格尔哲学研究提供了可靠的科学保证。已经作出计划但尚未出版的几卷是：第 2 卷，《早期作品Ⅱ》；第 10 卷，《纽伦堡纲要和讲演(1808—1816)》；第 14 卷，《法哲学原理》；第 22 卷，《纲要(1816—1831)》。

在"历史-评论版"和以前的"哲学文库"的基础上，迈纳出版社在 1999 年又出版了一套《黑格尔主要著作集》(G. W. F. Hegel：Hauptwerke)，共 6 卷，分别是：《耶拿评论作品集》《精神现象学》《逻辑科学·第 1 卷》《逻辑科学·第 2 卷》《法哲学原理》《哲学科学百科全书》。对于广大的非专业研究人员来说，这套读本足以帮助他们了解黑格尔哲学的基本内涵。

第三节　讲座

黑格尔大学毕业后任家庭教师有七年多，1801 年他正式登上大学讲

---

① 根据截至 1999 年 3 月 1 日迈纳出版社的出版情况。

坛，除了在班堡办报时有短暂间断外，后来一直没离开过讲坛，所以他开设的讲座也是组成他思想的重要内容，间接折射出他思想发展的轨迹，不可忽视。

在耶拿的第一个学期里，黑格尔开了两门课："逻辑与形而上学""真正哲学的观念与界限的导言"。在随后的六年里，他开的课有："自然哲学""自然法与公民法""哲学科学百科全书""哲学的普通体系""哲学史""自然哲学与精神哲学""思辨哲学或逻辑"。在纽伦堡任中学校长时，他力主向中学生传授哲学知识。他在低年级讲宗教与义务的理论，在中年级讲授关于心理学或精神的理论，在高年级三个班次讲授"哲学科学百科全书"，其中重点是先验逻辑与主观逻辑。在中学开哲学课在当时的德国并不普遍，黑格尔是想把哲学预科教育作为培养学生优良品质的重要一环，让学生对高深的知识耳熟能详倒在其次。正是中学课堂的八年实践，使黑格尔找到了把严密深奥的思辨理论与清楚易懂的表达方式相结合的方法。据学生回忆，黑格尔总是先讲一些自然科学、历史、艺术和文学的发展，然后借这些实例来解释哲学命题，随后再念几段句子让学生记下来，并让他们自由地讨论这些句子的意义。

在海德堡的两年共四个学期里，黑格尔开设了"哲学科学百科全书""逻辑学与形而上学""美学""哲学史""自然法与国家学""人类学与心理学"等课程。他把"哲学科学百科全书"和"哲学史"作为重点，把"自然哲学"作为其中的一个部分，不再单独开这门课；在"精神哲学"的讲座中，他重点讲心理学；"美学"则是他新开的课，这表明他看到文学艺术在新时代的意义，这与德国当时文学的发展是同步的。由此黑格尔逐渐形成了较为稳定的开课模式：每学期开两门课，每年两个学期，一学期讲理论哲学，即"逻辑学与形而上学"；另一学期讲实践哲学，即"自然法与国家学"。这两门课是哲学的核心，一年重复一次。其他的四门课（"法哲学""精神哲学""哲学史""美学"）是配套，每学期开一门，两年重复一次。后来在柏林他也坚持这个模式，只是从"法哲学"中分出了"世界历史"，从"美学"中分出了"宗教哲学"。

在柏林，黑格尔起初很热情地对待"法哲学"这门课，后来因政治上的失望，就让他的学生来讲这门课，自己把精力投向当时的热门即历史哲学。但当局不允许他的学生甘斯(Gans)在课堂上宣传共和思想，一定要黑格尔本人亲自来讲。讲"美学"课时，黑格尔总是带着一些零散的小纸片，上面可能记着他刚看过的一些东西，与时局、艺术界的新闻或他刚读过的报刊有关。黑格尔开设的"宗教哲学"讲座在当时也不多见，因为宗教问题一直属于神学的势力范围。他在柏林开了四次"宗教哲学"讲座，每次讲座的内容都有很大修改。

现在黑格尔档案馆正在出版《黑格尔讲演录：笔记和草稿选》(*G. W. F. HEGEL*：*Vorlesungen. Ausgewählte Nachschriften und Manuskripte*)[①]，这项工作挺有意思的，因为笔记的类型五花八门，有学生们课堂直接所记并在课后整理过的笔记、为应付考试而从他人处抄来的笔记、不同学年所记等。这些笔记的科学价值在于，它们彻底打破了黑格尔讲演录所具有的完整、成熟的形式，还黑格尔的讲座以本来面目，展示了他当时所遇到的问题，以及他是如何看待和回答这些问题的。目前已出版了 13 卷，它们分别是《关于自然法与国家学的讲座(1817—1818)》《关于艺术哲学的讲座(1823)》《关于宗教哲学的讲座》《关于哲学史的讲座》《关于逻辑的讲座(1831)》《关于逻辑学与形而上学的讲座(1817)》《关于世界历史的哲学的讲座(1822—1823)》《关于精神哲学的讲座(1827—1828)》。[②] 这是一项"胡子工程"，因为还不断有学生笔记在拍卖品和故纸堆中被发现。专家们决定，只要是有科学价值的笔记就都应该出版，这从一个侧面反映了德国人严谨的科学态度，对完美和体系的追求。

[①] 汉堡，迈纳出版社，1983。

[②] 根据截至 1999 年 3 月 1 日迈纳出版社的出版情况。

第四节 黑格尔哲学研究的历史和现状

　　黑格尔哲学因其原创性和实践性，而一再受到不同时代和不同人物的误读，每个人似乎都可以按自己的需要来美化或丑化它，这在任何一个哲学家身上都是不曾发生过的。我们后人其实是在黑格尔哲学的效果史中走近黑格尔哲学的。出自上述两个原因，遂有必要在此简略回顾一下黑格尔哲学研究的历史。总体上看，可以把它分为三个阶段。

　　第一阶段是从黑格尔逝世到 20 世纪初，这是一段或者捍卫黑格尔或者与之战斗的年代。黑格尔的学生们在他去世后整理出版了大批他在世时未能出版的著述，推出了第一套《黑格尔全集》，较系统地介绍了黑格尔的成熟体系，使黑格尔得以在短期内跃居哲学界祖师爷的地位，当然这也埋下了日后他被当做"死狗"的危机。这一阶段较有影响的研究者多为黑格尔的嫡传弟子，如米希勒、甘斯、霍托（Hotho）等，唯一的例外是罗森克朗茨，他与黑格尔素昧平生，后来主动请缨，写了第一本黑格尔生平传记[1]，居然得到大家的认可。这本传记具有不可替代的史料价值，因为罗森克朗茨直接从黑格尔家人手中得到了许多黑格尔的手稿，并在传记中作了摘录，后来这些手稿大部分都失散了。继之而起的就是对黑格尔的猛烈批判，如费尔巴哈、马克思、叔本华等。对黑格尔既有批判又有研究的人当推海姆，其代表作是《黑格尔和他的时代》[2]，当然书中有些观点现在看来是片面的。

　　本阶段研究工作的根本缺陷在于，只对晚年黑格尔的成熟体系和三段论式的方法感兴趣，却忽视了这个体系产生的历史。换言之，他们抓住了黑格尔哲学的"死东西"，放跑了"活东西"。这就为错误解读黑格尔提供了可能，并直接导致黑格尔哲学的衰落。其实马克思当时已经指出了黑格尔哲学的全部秘密在《精神现象学》一书中，这已经走向了对黑格

---

① 参见罗森克朗茨《黑格尔的生平》，柏林，1844。
② 参见海姆《黑格尔和他的时代》，柏林，1857。

尔哲学的历史起源的探讨,但是马克思的目的当然不是写一本黑格尔哲学研究的专著。

第二阶段是从 20 世纪初到 20 世纪 40 年代末。当时受英美新黑格尔主义思潮的影响,黑格尔哲学在德国重新复活。用狄尔泰的话来说,与黑格尔进行战斗的时代已经结束,对他进行历史性认识的时代已经到来。这一阶段的主要成绩是从黑格尔手稿中整理出版了一些著作,如诺尔(Nohl)编辑的《黑格尔早期神学著作》、莫拉特(Molat)整理编辑的《评德意志宪法》和《伦理体系》等。还有一些大部头的专著问世,如狄尔泰的《青年黑格尔的历史》①、克罗纳(Kroner)的《从康德到黑格尔》②、海尔林(Haering)的《黑格尔:他的意愿和著作》③、卢卡奇的《青年黑格尔》④等。他们的目光已经从成熟体系转向黑格尔哲学面临的问题,使研究上升到一个新的高度,但由于所处的特殊年代,他们的研究成果也有较大的局限性,这表现为:(1)方法上的片面性。他们常常不是从黑格尔的本文出发,而是预先确定几个基本概念,认为它们代表了黑格尔的主要思想,然后再在本文中找到一些相应的内容作为佐证。(2)政治上的狭隘性。他们生活在两次世界大战的动乱岁月,不可避免地把个人的政治观点带到正常的学术研究中去,因此很容易对黑格尔各取所需。例如卢卡奇强调青年黑格尔进步的社会政治观,指责他晚年出现的保守和倒退;克罗纳则夸大黑格尔哲学中的非理性因素,因此受到纳粹意识形态的欢迎。

第三阶段是从 20 世纪 50 年代开始,一直延续至今。本阶段的特征可以用伽达默尔的一句话来概括:"回到黑格尔哲学本身,拼读黑格尔。"从 20 世纪 50 年代初开始,法国的阿斯菲尔德(Asveld)⑤、荷兰的佩培尔

---

① 参见狄尔泰《青年黑格尔的历史》,斯图加特/哥廷根,1959。
② 参见克罗纳《从康德到黑格尔》,图宾根,1921—1924。
③ 参见海尔林《黑格尔:他的意愿和著作》,莱比锡/柏林,1929。
④ 参见卢卡奇《青年黑格尔》,苏黎世/维也纳,1948。
⑤ 参见阿斯菲尔德《青年黑格尔的宗教观》,鲁汶,1953。

扎克（Peperzak）①、德国的珀格勒尔（Pöggeler）②等学者的专著陆续问世，他们沿循狄尔泰、卢卡奇等人的方向，既注重黑格尔哲学中的宗教、政治、伦理和经济因素，又设法把狄尔泰和卢卡奇的不同重点有机结合起来，对黑格尔做一番全面考察。亨利希（Henrich）③研究的开创性在于，他考察了黑格尔关于本体论和形而上学的原则，指出它们是通过黑格尔对费希特的批评而形成的。20世纪60年代，人们开始认识到为了正确解读黑格尔，先要有一个可靠的文本，于是，历史-评论版《黑格尔著作集》的出版工作就提上了日程。20世纪70年代又提出对黑格尔进行"中立性研究"，就是说，不受某种先入为主的固定观念支配，不给黑格尔贴一大堆牵强附会的标签，而是用黑格尔所处时代的社会政治、文化背景，用黑格尔自己思想的发展和变化，来解读黑格尔，从各个领域对他作全面研究。与这种要求相适应，研究课题不断细化，大而化之、泛泛而谈的研究路子走到了尽头。这一阶段的重要成果有：1961年，通过笔迹鉴定法，确定了黑格尔早期作品共102篇，并排列出各篇的写作时间；1969年，又确定了黑格尔耶拿时期（1801—1807）的作品共83篇及其完成年月。④ 这就为科学地重构黑格尔哲学体系的产生、变化及最后确立的过程提供了可能。20世纪60年代的研究重点还集中在《精神现象学》，后来就转向黑格尔体系的产生问题。20世纪70年代时人们开始关注早期黑格尔，力图弄清黑格尔如何从一个受启蒙思想影响的青年学生，经过对宗教的批判，然后是对社会政治、历史和经济问题的研究，继而又放弃了早年的政治理想，最终成为一名思辨哲学家。20世纪80年代，关于法哲学的讨论打破了这块长期存在的禁区，学者们根据法国革命给整个欧洲带来的社会变化，以及由此引起的政治力量的重新分化和组合，实事

---

① 参见佩培尔扎克《青年黑格尔和他的道德观》，海牙，1960。
② 参见珀格勒尔《黑格尔的早期著作和精神现象学的理念》（打印稿），海德堡，1966。
③ 参见亨利希《上下文中的黑格尔》，法兰克福/美因，苏尔坎普出版社，1977。
④ 参见基默勒《关于黑格尔的耶拿作品年表》，载《黑格尔研究》第4卷，波恩，波菲亚出版社，1967。

求是地评价黑格尔政治观的理想性、实际倾向性和变化,打破了长期将黑格尔法哲学与"反动保守"画等号的旧模式。20世纪90年代,最受冷落的自然哲学也重新受到关注,人们从科学史的角度去认真对待它。近年来,随着解释学的发展,黑格尔的诗学和艺术哲学也很受重视。

世纪之交,人们又惊愕地发现,关于黑格尔的学术专著林林总总,可是,反映最新研究水平、介绍黑格尔哲学的普通读本却寥寥无几,于是专家们又编了一套三本的小册子,分别是《精神现象学的道路》①《黑格尔的实践哲学》②《黑格尔的〈哲学科学百科全书〉》③,其形式介乎导读和评价之间,正好为迈纳出版社的六卷本《黑格尔主要著作集》作配套。

---

① 参见西普《精神现象学的道路》,法兰克福/美因,苏尔坎普出版社,2000。
② 参见施奈德尔巴赫《黑格尔的实践哲学》,法兰克福/美因,苏尔坎普出版社,2000。
③ 参见德瑞等《黑格尔的〈哲学科学百科全书〉》,法兰克福/美因,苏尔坎普出版社,2000。

第二章 早期思想：批判和改造宗教、注重实践哲学

所谓黑格尔早期思想，是指黑格尔在 1792 年至 1800 年期间所写作品中表达的思想。过去的研究常以《精神现象学》的出版年代画线，把黑格尔 1807 年前的思想统称为"青年黑格尔的哲学思想"。现代的研究不再因袭这种做法，而把它们分为两个阶段，即早期黑格尔和耶拿黑格尔，因为从思想发展史的角度看，黑格尔在这两个时期哲学活动的重心有很大区别。①

有很长一段时间，黑格尔的早期思想一直在他学生们的视野之外。唯一的例外是罗森克朗茨，他在《黑格尔的生平》一书中对黑格尔的早期手稿作了一些转述。这是研究早期黑格尔的难能可贵的资料，因为很多手稿在他看后就失散了。直到 20 世纪初狄尔泰的《青年黑格尔的历史》和诺尔编辑的《黑格尔早期神学著作》问世，才引起人们对早期黑格尔的注意。但是诺尔所生活的年代，不再是宗教占社会主导地位的年代，宗教已退居成为私人的信仰和事务，所以诺尔误解了黑格尔这些与批判和改造宗教有关的作品的重要意义，而用"神学作品"来为它们定位。这样

---

① 有关黑格尔早期思想的年代划分、早期著作的出版和研究状况参见张慎《黑格尔建立哲学体系的过程》，第 22—30 页，波恩，波菲亚出版社，1991。

给人造成的印象是,好像黑格尔有一段不食人间烟火并且沉湎于"神学问题"的时期。其实,黑格尔是完全入世的,他的早期作品探讨的不是神学而是宗教问题。在黑格尔那个年代,如同他自己所说:

> 宗教是我们生活里最重要的事务之一——当儿童时我们已经被教导喃喃对神明作祈祷,我们已经学会合上小手,举起来向最崇高的存在敬礼,我们的记忆里被装进去一大堆当时还不了解的命题,以便将来运用并作为生活中的安慰。

> 当我们变得年长一些的时候,宗教事务充满了我们的大部分生活。甚至在许多人那里,他们整个思想和情意的范围都和宗教联系在一起,就像车轮的外圈与中心联系在一起那样。①

可见,黑格尔对宗教问题的关心就是对社会与人的问题的关心,是对法国大革命后能否建立一个新社会的关心,这是在继承伟大的启蒙运动的传统,应该归属于实践哲学的大范畴。对此,黑格尔本人也有过清楚表述:

> 当我说到宗教时,我总是完全从其中把关于神的一切科学的知识,或者毋宁说形而上学的知识、人与神以及全世界与神的关系等等的知识都抽掉了。这种仅仅为抽象论证的理智所从事寻求的知识,只是神学,而不复是宗教。在这里我只是把属于实践理性所需要的、以及与此有明显联系的那些关于神和灵魂不灭的知识,算在宗教范围之内。②

黑格尔关心的是宗教对人的强迫和压抑,是宗教造成的人的异化,是人性和神性的关系问题。

在大学学习的几年里,对黑格尔思想成长有决定性影响的事情有三件:启蒙运动、法国大革命、康德哲学。黑格尔对法国大革命的正义、平

---

① 《黑格尔早期神学著作》,贺麟译,第1页,商务印书馆,1988。
② 同上书,第7页。

等、自由的理想是始终如一地支持的,这也是他本人终身追求的理想,尽管他对大革命的过程和后来的发展深感失望。他与启蒙运动的关系比较复杂,他的人道主义观念,对教育、道德等因素在人性改善方面的决定作用的重视,还有对宗教问题的关注等,这些和启蒙运动的方向应该是基本一致的,但是他对启蒙运动唯理性独尊的教条主义做法则表示了坚决批判,主张宗教要通过情感对人发生作用,这就带有"浪漫派"的气息了。康德哲学打破了独断论的迷梦,黑格尔和他的青年朋友们对此由衷地欢迎,他们决心把康德开创的哲学革命进行到底,但是各人所走的路不同。谢林从自然哲学的革命走到先验哲学中的绝对同一,黑格尔则更为重视康德留下的实践哲学问题,他当时对形而上学、本体论等哲学基本问题根本没兴趣,他想的是发展康德所创建的实践哲学,批判社会,改造社会,最后建立一个符合人性,以自由、平等、正义为基石的"理想王国"。了解了青年黑格尔的初衷和基本出发点,我们在下面再来解读其中的一些重要作品。

需要说明的是,诺尔编辑的《黑格尔早期神学著作》还有一个错误。所谓黑格尔的早期著作,不过是黑格尔在他当时的理论水平上所写下的他本人对所关心的诸种问题的看法,具有草稿和提纲的性质,只供他本人廓清思想所用,并不是为了发表而写的成熟作品。但是诺尔把写作年代相近和内容相似的作品串在一起,还给它们编了题目,这样就有了该书中《民众宗教和基督教》《耶稣传》《基督教的权威性》《基督教的精神及其命运》等貌似完整的论文。其实,黑格尔的手稿中并没有这些标题,即使同一标题下的各段在手稿中也是互为分散的。为了还黑格尔思想的原貌,新版本的做法是,对于没有标题的手稿,以每篇开头的第一句话作为标题。研究者们在引用原文时,根据专家经笔迹考证得出的作品年表,标上"作品第 N 号"。我们在这里为了中文读者查阅方便,仍沿用诺尔的版本及其相应译本。有能力的专业研究者自会使用新版本。

第一节 客观宗教、主观宗教、民众宗教

1793 年前后,黑格尔在考虑这样一个问题:"有些什么样的措施,使得宗教的教义和力量可以渗透进人的情感的深处,从而成为人的行为的推动力,并表明其自身在他们那里是有生命力的、是有作用的。"[1]为此,他首先批判了客观宗教。所谓客观宗教,就是大众所信仰的宗教。在黑格尔看来,它们只是注重单纯的神的知识,由理智和记忆在其中起作用,其典型代表就是启蒙运动。他指出,理智曾经产生了辉煌成果,例如莱辛的《智者纳旦》,但是同样由于理智,使得它所宣扬的基本原则没有得到实践。其原因就在于它的理论是干巴巴的,对人的心灵起不了作用,不能直接产生道德行为,发挥实践影响。"因此启蒙总有一种美好的优越性:它能够给予义务以明晰的知识,能够对于实践的真理给予论证或说明理由。但是启蒙却没有本领给予人以道德。"[2]

黑格尔倡导主观宗教,它"是一种令我们的心灵感兴趣,并深深地影响我们的情感,和决定我们意志的东西"[3]。这和施莱尔马赫当时提出的"情感宗教"有点相似。这也显示了赫尔德、雅可比等人的影响。黑格尔认为只有活生生的东西、个体的东西,才能对人的内心起作用,给道德和道德动因以一种新的崇高的振奋,并对感性冲动的势力给予一种新的强烈的阻碍。客观宗教应该成为主观宗教的一部分;主观宗教应该进一步成为民众宗教(Volksreligion),而不是停留在私人宗教的水平。主观宗教能够给整个灵魂力量、热情和精神,而精神是伟大和崇高的德性所绝不能缺少的,但它仍属于私人教化的范围,固然必不可少,但在义务冲突、道德培养和上帝信仰等方面都不如民众宗教。

黑格尔为什么重视宗教的大众性呢?因为宗教构成一个民族的信

---

[1]《黑格尔早期神学著作》,贺麟译,第 8 页,商务印书馆,1988。
[2] 同上书,第 16 页。
[3] 同上书,第 3 页。

仰并影响到一个民族的行为和思想方式。它一方面把神、灵魂不灭等观念教给民众,另一方面使这些观念深入人心,其不仅使人们接受宗教戒律,更使人们考虑较长远的东西,这些东西主要是民族精神的提高和高尚化,从而唤醒那些在灵魂里沉睡的民族情感和尊严,这是最重要的。民众宗教的主要之点就是"整个一大堆的宗教基本原则,及从这些原则中产生出来的情感,特别是这些情感借以影响行为方式的强烈程度"①。黑格尔具体提出了民众宗教的三条原则:教义必须建立在普遍理性的基础上;幻想(Phantasie)、心情(Herz)、感性(Sinnlichkeit)在其中不能空无着落,没有出路;民众宗教必须与生活的一切需要结合起来,必须与公众的政治行为结合起来。②

这三条原则表明:宗教必须被纳入科学的轨道,接受人类理性的改造,信仰、教义和神学知识只有在此基础上才能成立。宗教对道德的促进不应靠外在的权威或绝对命令,而是要深入人的内心之中,使人被打动和易于接受,从而自觉地实践道德行为。这种德行不应只局限在私人的修养和教化方面,它是社会性的,应该在民众中发挥作用,对社会的现实性产生影响。

1795 年在伯尔尼做家庭教师时,黑格尔写了《耶稣传》③,这是他早期作品中唯一写完全文、注明写作日期并完整保留下来的作品。在文中,黑格尔把重点放在耶稣 30 岁后以一个有教养的人和教师的身份出现,去教诲民众和门徒,以唤醒他们心中的上帝的火花。他让耶稣像康德那样说话,"凡是你愿意人人都遵守的普遍规律,你本人也应该按照那样的通则行事"④。耶稣被描述为道德布道者或伦理教师。黑格尔也揭示了耶稣悲剧性命运的必然性。耶稣是一个德行完美的人,但仅有 12 个门徒能理解他,忠实地跟随他。他缺乏与实际生活的联系,常常与社

---

① 《黑格尔早期神学著作》,贺麟译,第 4 页,商务印书馆,1988。
② 参见同上书,第 23 页。
③ 中译文参见同上书,第 79—154 页。
④ 同上书,第 93 页。

会现实发生冲突，所以他的道德律令只对个体适用，在社会总体和民众面前往往无能为力。黑格尔的笔端流露出对耶稣人格精神的赞扬，但他并没有找到办法去缓解耶稣身上体现的各种紧张关系，例如个体与社会、道德与幸福、理性与感性等。

正是这些问题，促使黑格尔在《耶稣传》后又从原有的道德宗教的康德立场后退，转而研究基督教的历史。他写了《基督教的实证性》①，想从中找出基督教堕落的真正原因。基督教团原本是流行于受压迫的民众中的反抗罗马专制暴政的一个宗教团体，但在历史的演化中它逐步改变了自己的初衷，成为一种实证性的宗教。所谓实证性，是自 18 世纪以来流行的一个概念，指国家、法律、宗教等上层建筑领域中那些预先给定的、历史流传下来的、借助权威手段强迫人民接受的东西，它们具有某种外在力量的形式，与自然社会、自然宗教、自然法等自发形成或约定俗成的东西相对立。这正是启蒙运动以来的近代精神所着力批判的东西。在这篇作品中，黑格尔仍然坚持宗教的根本目的是促进道德的发展，指出这种真正的宗教精神在犹太人那里受到了压抑，这时耶稣出现了，他要帮助犹太人摆脱自己的偏见与惰性，要把宗教与德行提高到道德水平，并且使道德恢复它的本质——自由。但是耶稣的努力在犹太人的民族感与和国家势力交织在一起的僧侣集团面前遭到了失败。黑格尔认为基督教产生实证性的原因，一方面在于它的原始形态中就有某种实证性成分，另一方面在于时代精神的变化使它受到误解，慢慢成为一个宗派，后来又变成一种实证性的信仰。黑格尔在文中还分析了国家与教会在信仰、财产、教育等方面的冲突。最后，他强调在新时代的宗教中，要由理性占支配地位，不过理性应转向具有情欲的对象的意志，使意志按理性给予的形式去活动，发挥肉体力量，使理性与感性、幸福与德行和谐一致。

① 中译文参见《黑格尔早期神学著作》，贺麟译，第 155—280 页，商务印书馆，1988。贺麟先生把"实证性"（Positivität）译成"权威性"，从内容上看也无不妥。我们这里将其按字面意思译出。

第二节 "理性的神话学"

"一种伦理学",这是那篇被称为《德意志唯心主义的最初的体系纲领》的作品的开头一句话的后半部分。[1] 1917 年,罗森茨威格(F. Rosenzweig)发现了这个出自黑格尔笔迹的手稿,并且将其出版,引起不小的轰动。但是罗森茨威格认为这只是黑格尔抄写的一份东西,该作品的原创者应该是另一个人。由于觉得当时只有谢林能这么大胆地思想,所以他认为谢林可能是原作者。这个说法当时也为大家所认可。1926 年,波墨(W. Böeh)提出,不是谢林,而是荷尔德林,才是这篇作品的真正作者,因为该作品把诗学提到最高的位置。但是他的看法又遭到大卫·施特劳斯有理由的驳斥。于是,人们达成这样一个共识,谢林是作者,但就其中关于"美"的思想而言,荷尔德林也有创作者的身份。1965 年,这种说法被珀格勒尔打破。他认为,黑格尔才是真正的作者,黑格尔在到达法兰克福的前后在荷尔德林的影响下写下了这个作品。它和黑格尔早期思想的发展是相吻合的,许多用语可以在黑格尔其他的作品中找到[2],尤其是其中关于"理性的神话学"的思想,为黑格尔所独有。它的创作时间应该是 1796 年或 1797 年的最初几个月。虽然至今仍有人否认黑格尔的作者身份,但否认一方却拿不出足够证据。我们在此姑且把它看做一份反映了德国古典哲学某个发展阶段的较为重要的、具有一定普遍意义的文献,予以介绍,并且要指出其中的许多重要观点确实与黑格尔早期的想法是一致的。

《德意志唯心主义的最初的体系纲领》的开头从伦理学的角度,总结

---

[1] 中译文参见刘小枫《德国唯心主义的最初的体系纲领(1796—1797)》,载《德国哲学》第 1 辑,北京大学出版社,1986。此处按原文重译,参见《黑格尔全集》(理论版)第 1 卷,第 234—236 页。

[2] 关于作者权的争论参见《黑格尔全集》(理论版)第 1 卷,第 628 页。与此有关的详细文献参见《黑格尔研究·附卷》第 9 卷,波恩,波菲亚出版社,1973;雅默、施奈德主编《理性的神话学》,法兰克福/美因,苏尔坎普出版社,1984。

由康德所开创的、由费希特所继续进行的哲学革命,这也是黑格尔开始独立思考时的出发点。他说:

> 因为整个形而上学在将来会进入道德的领域内——但在这个问题上康德通过他的两条实践的假设仅仅给出了一个范例,却没有进一步穷究这个问题,所以,我们的这种伦理学不是别的,它只是所有理念的完整的体系,或是所有实践的假设的完整体系。第一个理念理所当然地是关于我自身作为一个绝对自由的本质的表象。与这个自由的、自我意识到的本质一起,整个世界也同时出现了——它从无中而来,这是唯一真正的、可以设想的从无而来的创造。①

这里,黑格尔显然对康德提出了委婉的批评,康德本人虽然没有宣布形而上学的终结,但他之后的形而上学实际上进入了死胡同。黑格尔正是想从实践哲学的角度,把康德哲学革命推向深入,建立一个以人、道德、实践为本的哲学体系。黑格尔认为,康德关于上帝和灵魂不死的两条假设是不够的,因为理论理性和实践理性的对立仍然存在。黑格尔是坚决反对任何形式的对立的,他追求的是所有理念的完整体系。从哲学史上看,柏拉图、斯宾诺莎还有费希特都有过使形而上学与伦理学成为一体的思想。在黑格尔看来,这种新伦理学的基本理念有两个:一是自由,即自我;二是自然,即世界。不过自我与世界是同时出现的,都源自"无",这才是真正的从"无"而来的创造。这也暗含了对费希特自我设定非我的批评。"无"代表了基督教创世说中的那个绝对的虚无。

接着,话题转到了传统形而上学的第一个对象——自然。

> 这里我要下降到物理学的领域,要问的问题是,为了一个道德性的本质,世界必须要有怎样的特性呢?我想给我们那缓慢的、借助试验而艰难行走的物理学再次插上翅膀。如果哲学给出理念,经

---

① 《黑格尔全集》(理论版)第 1 卷,第 234 页。

验给出数据,那么,我们最终就能得到一种大物理学,我期待它会出现在将来的时代。现在的物理学看来似乎不能满足一种创造性的精神,这就是我们的精神或应该成为的那种精神。①

这段话表达了德国学界对经验自然科学的不满,认为它们进步缓慢,这种不满的腔调是我们所熟悉的,黑格尔们所追求的是思辨的物理学,也就是德国独有的自然哲学。

第三段从自然转到人和人的作品,并对国家以及一切违背人的自由的东西表示了愤然的批判。

> 我要从自然走向人的作品,首先是人类的理念。我要指明不存在什么国家的理念,因为国家是某种机械的东西,就像不存在一种关于机器的理念一样。自由的对象只能是理念。因此,我们必须超越国家! 因为任何国家都把自由的人当做机器齿轮来对待。国家不应该是这样,也就是说,它应该到此为止。你们自会看到,从永恒的宁静的角度,这里所有的理念都不过是一个更高理念的从属理念。我马上将在此为了人类的历史而写下诸原理,并把国家、宪法、政府、立法所有这些苦难的人的作品驳斥得体无完肤。最终到来的将是关于道德世界、神性、不朽的理念,通过理性本身来推翻所有迷信、对僧侣的盲从,他们最近假装为理性。精神绝对自由,精神在其自身中拥有着理智的世界,它不能在自身之外去寻找上帝和不朽。②

罗森茨威格先读黑格尔的法哲学,再读黑格尔的这段话,所以他无论如何都不敢把这些革命思想的作者权归于黑格尔。其实这类说法在后来发现的黑格尔早期作品中屡见不鲜。把国家比做机器是启蒙时代流行的比喻,门德尔松、席勒、费希特都用过,至今仍在流行。让国家到此为止的提法和马克思关于国家消亡的思想有点异曲同工。这也是当

---

① 《黑格尔全集》(理论版)第 1 卷,第 234 页。
② 同上书,第 235 页。

时知识界中流行的一种主张废除国家的"空想",历史让知识精英们为这种理想性的空想付出了惨痛的代价。黑格尔和康德一样,把自由解释为每个伦理行为的基础,自由是最高的理念,所有的迷信和新瓶装旧酒的神学都要被推翻,也就是要扬弃一切客观宗教和基督教的实证性。人类历史的最终目标是所有精神的绝对自由,它不在上帝那里,而在我们自身之中。

> 最后是统一一切的理念,即美的理念(die Idee der Schönheit),应在更高的柏拉图意义上理解这个词。我确信,理性的最高行为——它在这个行为中统摄所有的理念——是一种美学的行为,真与善只有在美之中才会亲如姐妹。哲学家必须像文学家那样具有美学的力量。没有美感的人是我们的咬文嚼字的哲学家。精神的哲学是一种美学的哲学。没有美感,人在任何事情上都不可能是聪明的和有才智的,人也不能聪明地就历史说点多余的话。[①]

> 诗学(Poesie)因此获得了更高的尊严,最终它将成为它在起点处的那个东西——人类的教师,因为不再有哲学,不再有历史,唯有诗的艺术要比所有其他的科学和艺术活得长久。[②]

把美学或诗学置于"真"和"善"的学问之上,这是席勒在《审美教育书简》中阐发的思想,它作为狂飙突进运动的成果,被视为对启蒙运动冷酷理性的超越,因而被大家普遍接受,一时间,文学大有取代哲学的趋向。荷尔德林是席勒这一思想的热情追随者,他在1797年发表了小说《许佩里昂》,以古希腊英雄为主人公,宣传了"一切如一"的统一哲学(Vereinigungsphilosophie)和美的最高理念。黑格尔熟悉这些思想,并在此表示了赞同,美的理念被他解释为哲学体系的最高理念,从而超过了他在文章开头把形而上学归于伦理学的想法,也意味着他克服了自己

---

①②《黑格尔全集》(理论版)第1卷,第235页。

以前在宗教和伦理问题上的康德主义立场。① 美与人的绝对自由本质是相符合的,随着哲学在美学里的终结,一切哲学也都被扬弃了。

> 最近我们常听到,大众必须要有一个感性的宗教。不仅是大众,哲学家也需要它。理性和心灵的一神论,幻想力和艺术的多神论,这些就是我们需要的东西。首先我在这里要谈一种理念,就我所知,它还未被人所理解。我们必须有一个新的神话学,但是这个神话学必须为理念服务,它必须成为理性的神话学。②

"理性的神话学"(Mythologie der Vernunft)的思想表达了黑格尔在接受荷尔德林的美的"统一哲学"后的一些想法。这里也显示了赫尔德对他的影响。赫尔德认识到一种新的神话学的必要性,其目的是消除知识分子与民众间的壕沟。启蒙运动以民众教育为己任。席勒和歌德抱怨民众固守传统的社会形式和偶像崇拜的社会秩序,缺乏有生命力的神话和有约束力的艺术传统。黑格尔根据自己在大学里与正统神学家打交道的经历,反复要求哲学的感性化,主张哲学要有感染力。

> 最后一段又回到理论为什么要和民众结合以及如何结合的问题。在我们把理念变成美学的也就是神话学的理念之前,它对于民众没有任何兴趣;同理,在神话学成为理性的神话学之前,哲学家也必须对此感到羞愧。因此,启蒙了的和未启蒙的人最终必须手拉手,神话学必须成为哲学的,民众必须成为理性的,哲学必须成为神话学的,以便使哲学家成为感性的。③

理论与实践相结合是黑格尔多年来反复考虑的问题,理论必须能影响到民众,能深入人心,才具有真正的意义。哲学家必须和民众比肩而行,理论才能变成实践,才能真正改造社会。后来在 1799 年的一篇文章中黑

---

① 不过,黑格尔的这种使哲学美学化的想法并没有持续太久,我们后面再具体分析。
② 《黑格尔全集》(理论版)第 1 卷,第 235—236 页。
③ 同上书,第 236 页。

格尔也谈过哲学家要走出自己的象牙塔而和民众相结合的想法。

结尾的几句话充满了新兴市民阶级的革命性和理想性:

> 然后永恒的统一性将笼罩我们。不再有鄙视的眼光,民众不再在他们的智者和牧师前颤抖。然后一切力量,包括单个人和所有的个体的平等构成在等待我们。不再有任何力量被压制。然后是充满了精神的普遍自由和平等! 一个更高的精神,它来自天堂,必须在我们中间创建这个新宗教,它将是人类的最后一个最伟大作品。①

这篇文献体现了德国古典唯心主义的一个基本特征,就是强调统一性高于分裂("最后是统一一切的理念"),把完整的统一性当做哲学追求的终极目标,使同一性和统一性成为哲学的最高理念。黑格尔对此是始终如一的。但问题的关键是,如何构造这个统一的体系。文献表明,黑格尔当时还具有强烈的实践色彩,还没有一个理论哲学-思辨的纲领。

第三节　"爱""生命""历史命运"

在稍后的 1797 年的一篇作品中,黑格尔仍在宗教的视域内探讨统一性和实践的问题。"只要哪里主体与客体或者自由与自然被设想为结合着的,即是说,自然即是自由,主体与客体不是分离的,那里就有神圣的东西——这样一种理想就是每一宗教的客体。"②这里,黑格尔显然接受了席勒在《审美教育书简》中"让一切充满爱"的主体思想,开始与荷尔德林的诗学立场拉开距离,并第一次把一个能代表这种统一性的最高概念称做"爱"(Liebe)。"只有在爱里面人才是同客体合而为一的,因为爱既不统治,也不被统治。这种爱为想像力加以实体化,就是神。"③"我们可以把那种爱的结合叫做主体和客体、自由和自然、现实的东西和可能

---

① 《黑格尔全集》(理论版)第 1 卷,第 236 页。
② 《黑格尔早期神学著作》,贺麟译,第 438 页,商务印书馆,1988。
③ 同上书,第 439 页。

的东西的结合。"①"爱"原本是基督教教义中的一个中心概念,《约翰福音》中指出了上帝对人的爱,把上帝与人的关系描述为一种爱的和谐关系。自文艺复兴和启蒙运动以来,"爱"更是成为反对封建神权专制和宣传普遍人性的口号。黑格尔在这里也暂时地转向了"爱",他认为,爱的显现形式既不是理智,也不是理性,而是一种情感,一种对生命之物的直观。"爱"意味着消除了对立的统一。

但是,黑格尔又逐渐意识到"爱"的局限性,意识到爱的纲领在现实性面前是那么的苍白和无能为力。爱还停留在主观性的范畴,是一种不完全的自然,它只能直观着或表象着,还缺乏一种客观的表现。于是,在1798年的一篇文章中,黑格尔开始对统一作出历史性的理解。统一被分为三个阶段:道德性、爱、宗教。以前黑格尔曾对道德性和爱的阶段做过大量研究,力图在其中找到统一的途径,但它们都保持着某种对立,只代表了一种不完整的统一。最高的原则是宗教,它不是毁灭客体,而是设法与客体和解,使上帝成为一种完全终结的独立性。在给"爱"降调的同时,黑格尔开始重视"反思"的概念。他认为只有借助反思才能扬弃爱的主观性,重塑客观性,为达到宗教铺平道路。这时,他提出了"生命"(Leben)的概念,以表达一种真正的、有生命力的统一。"生命"被理解为一个发展过程:它从一种没有发展的统一性出发,通过教育最后发展为一个完全终结的圆圈,这就是宗教。这里我们已经看到了黑格尔后来的辩证历史发展观的雏形。②

在宗教问题上的种种困惑,促使黑格尔回过头来考察宗教在人类历史中的实际命运。这也是他的一贯做法:遇到困惑时,从源头去考察这个不合理的东西是如何产生和发展的。在1798年前后由五组短文而形成的作品中③,黑格尔先用寥寥几笔匆匆概述了人与自然和睦相处的原始状态,这样做,不仅是因为原始状态留给我们的痕迹太少,也因为黑格

①《黑格尔早期神学著作》,贺麟译,第439页,商务印书馆,1988。
② 参见同上书,第443—444、456页。
③ 这五组短文被诺尔称为《基督教的精神及其命运》,参见同上书,第281—399页。

尔并不赞成卢梭对人类社会自然状态的崇拜,他宁可观察、分析一个处处充满分裂与争斗的社会。黑格尔认为,犹太民族的历史从亚伯拉罕开始,当亚伯拉罕领导人民向各种暴力作斗争,最后又不得不接受了异己的本质并失去自己的纯洁性后,他就受制于比他更强有力的外在形式,从而开始了分裂和异化的不幸命运。他与整个世界处于无限的对立之中,排斥他人和其他民族还有自然。他的后代有了强大的力量后,就用残酷的暴政统治一切,他们所获得的统一是以死亡和毁灭为代价的。由此犹太人陷于只知道为维持物质生存而奋斗,只知道依赖上帝和法律,不懂追求自由真理的悲剧之中。我们必须指出,黑格尔对犹太民族史和犹太教史的理解常常带有 18 世纪欧洲流行的种种误解和偏见。

黑格尔认为,为了抗争犹太人的不幸命运,耶稣出现了。耶稣反对对主的单纯崇拜和无条件的服从,提出宗教应是人的冲动和人的需要,其中应充满美的精神。耶稣认为人们之所以遵照道德命令行事,不是为了服从纯粹客观命令,而是遵循自己内心的某种主观性东西,是尊重自己的概念和尊重道德意外的后果。耶稣提出神和人的关系应是父亲与子女的关系。在真正的天国里,"爱"这个活生生的纽带把所有信仰者联合起来。这是一种生活一致的感觉,在这种感觉中,一切对立都被扬弃了。

黑格尔认为,耶稣失败的原因在于他所面临的两难境地:如果他认同和承受他的民族的命运,他就必须割断与上帝的联系,牺牲美的东西;如果他把本民族的命运从自身推开,他就得过没有发展和没有快乐的生活。耶稣选择了后一种生活,他使自己的本性同世界分离,并且从世界逃避到天上;他想在理想中恢复那遁入空虚的生活;他在每个反抗的人那里,教导对神的回忆和仰望。最后他和自己的追随者组成小社团,他们有两条原则:一是与世人隔离;二是彼此相爱。黑格尔反对这种逃避现实社会的倾向,认为这样做会导致一些反对自然本性的大伪善者出现。他高度赞扬彼此相爱的原则,它使个人联系扩大到社团。但这种爱是不完善的,它还是一种情感和主观的东西,它必须与观念的东西、普遍的东西融合在一起,才能够赢得一个可以祈祷并值得祈祷的存在形式,也就是成为宗教。"把主观和客观结合起来、把情感和情感对于对象的要求结合起来、通过幻想把理智在一个美里面、在一个神里面结合起来,——这个需要,人类精神的最高需要,就是向往宗教的冲动。"① 这里我们看到黑格尔对自己过去立场的超越:宗教不再是一种纯道德性或爱的完美理想状态,它必须把客观性包括在自身之中;"分裂"是人类生命发展过程的一个必经阶段,"死亡"也归属于生命整体之中。

第四节 "我一向对政治有一种偏爱"

"我一向对政治有一种偏爱"②,这是黑格尔给友人信中的一句话。用这句话来概括黑格尔的一生,尤其是法兰克福时期的言与行,真是太恰当不过了。前面讲过,黑格尔匿名翻译出版的小册子是《关于瓦特邦和伯尔尼城先前国法关系的密信》③,它批判了陈旧的封建专制制度,警告统治者们如果继续坚持一种不平等的政治,就会像伯尔尼寡头政治那样以失败而告终。黑格尔去世前的最后一篇作品《论英国改革法案》④也涉及现实的政治改革问题。

一 "议会必须由民众选举"

1797 年,黑格尔来到法兰克福后,重新燃起了昔日的政治热情,时事政治又一如既往地成为他和朋友们交往时的主要话题。1798 年,不甘寂寞的黑格尔参与了故乡维腾堡公国立宪的讨论。维腾堡 1514 年就制定了一部宪法,其中明确规定了王室与各等级的关系。从字面上看双方应既相互合作又相互牵制,但实际上两种政治力量从未势均力敌过。尤其

---

① 《黑格尔早期神学著作》,贺麟译,第 386 页,商务印书馆,1988。
② 《黑格尔书信集》第 1 卷,第 186 页,汉堡,迈纳出版社,1952—1954。
③ 参见《黑格尔政治著作选》,薛华译,第 1—9 页,商务印书馆,1981。
④ 参见同上书,第 229—262 页。

在奥根大公爵统治期间(1737—1793)，国家完全由政府官员治理，基本上是一种专制统治。1770 年议会还开过一次会，后来就被无限期休会，直到 1796 年为了分摊战争费用，王室才准备召开议会。代表市民阶层的议员们马上意识到这是他们分享权力的好机会，并想借此机会对宪法和行政结构进行改革，增加自己的力量。王室则除了分摊费用外，拒绝任何会削弱自己权力的变革，因此双方陷于僵持和对抗中。直到 1797年 3 月 17 日，大公爵才被迫召开议会大会，会议取得了对民众有利的成果。施瓦本地区的人文化水平高，而且酷爱谈政治，在这一政治事件的进程中，维腾堡公国内出现了 200 多份传单和小册子，其中大部分表达了市民阶层渴求自由、平等、正义的愿望，这是一贯保守的德国市民政治意识开始觉醒的标志。

黑格尔虽然身在异乡，但以他的激情和对政治的偏爱，注定他不会在家乡这场政治波动中保持沉默。他也写了一份传单，传单的原标题是"维腾堡议会必须由民众选举"，后来他把"民众"(Volk)改做"市民"(Bürger)，最后他显然听从了朋友的劝告，如不要太激进，要顾及当局的反应等，又把标题修改为"论维腾堡新近的内在关系，特别是市参议会法的缺陷"。[①]

在这份传单的残存部分，我们看到，黑格尔首先描述了时代的状况：

> 人们从安静地满足于现实，一无所望，忍受顺从一种过于巨大和支配一切的命运，已转而抱有追求另外某种东西的希望、期待和勇气。更美好、更公正时代的图景已跃然活现在人们灵魂内心，对更纯洁、更自由状态的渴望、迷恋，正激励着所有心灵，并与现实分裂为二。[②]

---

① 传单的中译文参见《黑格尔政治著作选》，薛华译，第 10—14 页，商务印书馆，1981。有关传单详情及其背景参见卢卡斯《对更纯洁和更自由的状态的渴望》，载卢卡斯、珀格勒尔主编《法兰克福是这块土地的中心》，第 73—103 页，斯图加特，1983。
② 参见《黑格尔政治著作选》，薛华译，第 10 页，商务印书馆，1981。

接着,他阐述了改革的必要性。国家大厦行将崩溃,在其倒塌时每个人都身受其害;制度、法制和法律与人们的伦理、需求和意见不再相合,精神已从中悄然离去,如果还相信它会长久存在,那就是盲目。黑格尔特别指出,当一种制度已经不为人们所信仰,却有人想用词语的骗局来使人们重新信赖它时,其结局"都不会是仅仅使精明的制造者蒙受耻辱,而是会给一场远为更恐怖的爆发准备下条件,那时改革的需求就会伴随以报复,往往经受蒙蔽的被压迫的人众也将受到叵测的惩罚"①。这既是黑格尔对法国封建君主一直违背民意,最后导致大革命爆发和流血冲突的总结,也是对维腾堡王室的警告。该变不变,必将引发更大的骚乱,统治者受到更大的惩罚。在历史上由于统治者耽误改革时机而导致社会更大骚乱的实例难道还少吗?

在传单中,黑格尔提出正义的基本原则,作为评判国家能否维持的标准。"正义是唯一无二的尺度。实现正义的勇气,是唯一无二的威力,可以光荣而宁静地完全清除那种摇摇欲坠的东西,创造一种稳定状态。"②基于法国大革命并未使预期的理想成为现实,黑格尔开始赞成一种在已有的社会历史基础上进行的具有现实可能性的改革,这就是利用已有的议会形式和宪法条例,根据时代精神进行改革。

改革的一个重要方面就是如何选举议会和选择谁作为民众的代表。作为维腾堡公国首府斯图加特市一个政府官员的儿子,黑格尔对这套由官员控制的政治体制及其内幕不仅了如指掌,而且深恶痛绝。他认为正是那些较高级的官员们把恶扩散到本地区,他们只顾满足一己私利,把国家事务置之度外,还千方百计向宫廷表示忠诚,以博取欢心。因此对官员的权力一定要加以限制。在选举问题上,黑格尔最初赞成一种直接的民主,即由人民直接选举公民大会的代表,但他又看到民众文化水平低下,缺乏政治经历,让他们直接参与恐怕会招致宪法和社会的全面崩溃,于是提出把选举权交给那些独

①②《黑格尔政治著作选》,薛华译,第 11 页,商务印书馆,1981。

立于宫廷、开明正直的人士来掌握。黑格尔在这里暴露了自己政治观上的理想主义,即一个正义的社会只能由与特殊利益无关的、有理性的人来领导,但是这种脱离利益的理想状态在现实政治中是不可能的。德国市民阶层基本上由两大类组成:一类是康德、黑格尔之类的知识分子,他们有理性,无特殊利益,但他们在社会力量对比中过于弱小,一直被排除在政治决策和管理事务之外,歌德在魏玛的工作只是一个幸运的例外;另一类是有经济实力的有产阶级,尽管赞成反封建的改革,但一旦改革触及他们的个人利益,他们就会转而成为改革的障碍。这是一个两难的问题。黑格尔支持当时议会中市民代表的激进派。但他很快对 1797 年议会取得的成就感到失望,新成立的执委会是新瓶装旧酒,他们继续执行王室的旨意,维护自己的特殊利益,民众并没有得到自己期盼的东西。事实证明了黑格尔传单中的说法,由官员们组成的政府机构才是本地区非正义的源泉。知识分子的呐喊于事无补,黑格尔把这份传单放进了自己的手稿堆里,当他去世后家人和朋友们发现它时,黑格尔青年时代的激进态度令他们惊愕不已。

二　研读道德哲学和古典经济学

可能是由于在现实政治问题上以及构思宗教纲领方面遇到的种种困惑,黑格尔感到自己有时激情有余,理论深度不够,于是在 1798 年末,开始研究实践哲学的理论问题。他读了康德在 1797 年刚发表的《道德形而上学》一书,还研究了英国著名经济学家斯图亚特(J. Steuart)的《国民经济原理研究》,并且就这两部著作分别写了两份篇幅不小的评论。黑格尔去世后这两个作品因保管不当而遗失,我们在此只能根据文献记录略作评述。[①]

黑格尔对康德的评论分为三个部分,与《道德形而上学》的"导言"

---

① 参见罗森克朗茨《黑格尔的生平》,第 86 页及以下,柏林,1844。

"法律理论"和"道德理论"三个部分一一对应。他的评论十分详细,几乎一句话都不放过,基本做法是提出自己的概念而与康德的概念相对立。首先,他反对康德把合法性与道德性加以对立的做法,他设法用一个更高的概念,先是"生命",然后是"伦理性",以使两者统一起来。其次,他抗议康德把义务绝对化,从而压抑人的自然本性的做法。他提出人的全面性或整体性,认为感情、自然、幻想都是主体不可缺少的一部分,一种崇高的道德必须是美的和符合人性的。最后,他反对康德要求国家与教会分离的主张,他问道,怎样或在什么程度上才能使它们彼此分离呢? 他从经济关系入手,指出现代国家以私有制财产权为基本原则,它把人当做一个占有财产的人,而不是一个全面的人;教会则恰好相反,它把人看做一个整体,它的目标是使人感觉到自己是一个总体,因此教会的目标和国家的法律是相矛盾的。黑格尔认为,由于私有制的原则,国家与教会的分离在现代社会里已不可能,国家不允许教会成为自己的对立面,必要时甚至不惜使用暴力,它只从自己的权力角度去看待单个的人与人之间的关系。黑格尔希望在国家和教会之间产生一种有生命的紧密联系。由此可见,黑格尔在这里所理解的国家已经不再是古希腊的民主国家,而是处在 18 世纪的近代欧洲国家。他也看到经济关系在这种近代国家中扮演着越来越重要的角色,私有制的基本原则使得平等正义的理想的实现面临重重障碍。可以说,黑格尔是德国古典哲学家中第一个和唯一一个看到并指出经济因素在现代社会中起着重大作用的人。这与他多年的城市生活有关。

正是基于对经济重要性的认识,还有法兰克福繁忙的商业交往的冲击,促使黑格尔去读经济学,以弥补自己知识领域的一个空白点。这在当时的学者中也不多见,因为经济学在当时的德国还远未上升到科学的地位,而只代表一种较低层次的活动,这与最早发生工业革命的英国大相径庭。黑格尔在给自己充电时选择了斯图亚特的《国民经济原理研究》①一书，他在 1799 年 2 月 19 日至 5 月 16 日期间写了一个长篇评论，其内容涉及市民社会的本质、需要与劳动、劳动的分配与各等级的财富、警察、税收等问题。由于原稿已遗失，我们只能根据残存的一点报道来探索一下，斯图亚特的经济学对黑格尔的思想发展可能会产生什么影响。

首先，斯图亚特把经济发展当做一个动态的、与国民精神的变化有关的发展过程，这对黑格尔赢得历史的眼光应该有所裨益。其次，斯图亚特把政治风暴的出现归结为经济的发展与变化，这可能有助于黑格尔在正义、平等、自由、压迫这些抽象的政治名词之后，去思考法国大革命或德国社会变革的真正原因。总之，对经济是近代社会变化的真正动因的认识，使黑格尔在探讨现实社会问题时开始采取一种历史-经济的视野，不再把古希腊公民社会与现代市民社会完全对立起来，并开始承认近代社会是在历史的变化与演进中产生的，具有现实性和一定的合理性，反映了人类社会的一种进步。由此，黑格尔不再把私有财产看做某种完全否定性的东西，而是承认它的出现有必然性。他开始重视个人经济利益在集体生活中的重要性，承认个人追求财产和利益也有一定的必要性，不再把个人与集体、经济行为与伦理行为完全对立起来，并开始在两者间寻求一种新的平衡与和谐。他还看到国家在现代社会中具有不可替代的作用，开始放弃要求"超越国家"之类的空想。

黑格尔在评论中还探讨了由于私有财产的发展而出现的竞争、劳动、交换等问题，看到它们会导致一个自私的市民社会的产生，会使个人丧失自己的整体性，成为一个分裂、不完整的人。因此他十分关心如何拯救人的"心情"（Gemut），也就是拯救人的全部内在世界。在这里，他

---

① 参见斯图亚特《国民经济原理研究》。斯图亚特是英国古典经济学的奠基人之一，他是第一个把当时主要以实践经验为主的经济学研究上升到理论的高度的人。他的著作在 1767 年出版后很受欢迎，又于 1770 年再版。他与德国来往密切，所以他的书在德国也很有影响，1769 年同时出了两个德文译本。亚当·斯密的《国富论》在 1776 年问世，使得斯图亚特这位早期经济学家黯然失色，目前已不太为世人所知。

把"心情"的概念当做一个代表人并具有感性和理性统一性的概念,拯救人的心情就是拯救人的整体性,使人从一个物化或异化的世界中解放出来。

三 扬弃旧制度,呼唤新生活

1799 年,黑格尔还写了一篇政治文章。[1] 他在文章中借助历史和时代事件,特别依据自己对法国大革命的经历,力图从理论上去把握政治变革的可能性、原因、过程及方法,似乎在为德国将要出现的革命找到一条可行的道路。在文章开头,他再次提出民众和知识分子应该互相靠拢和联合起来,民众应该萌发要求自由的意识,知识分子应该走出观念的象牙塔,投入实际生活。黑格尔对他们的实际状况深表遗憾:迄今为止,这两股政治力量都被排斥在社会生活之外,陷在自己的内心世界中,彼此互不往来。他认为变革成功的希望就在于这两股社会新生力量的团结奋斗。

在探讨政治变革的方式时,黑格尔避免使用"革命"这个词,替代"革命"的是"扬弃"这个哲学概念。他还明确表示反对"暴力",认为借助暴力来扬弃否定性——贫穷、旧秩序、颠倒的社会关系,是根本行不通的,"命运仍是其本来的样子"[2]。只有当民众感觉到现存的秩序与人的本性相矛盾时,只有现在的生活变成纯粹的否定时,扬弃才会发生。"对自然本性和现存生活矛盾的感受,是一种要超脱矛盾的需要,当现存社会已经丧失自己的力量,失去它的全部威严,当他已成为纯粹否定的东西,矛盾就开始被超脱了。"[3] 这就是说,革命与社会内在矛盾的发展有关,堕落与痛苦自身就蕴含着治愈它们的良药。黑格尔在此已从内部矛盾发展的辩证角度思考革命的原因,当然他还未使用"辩证法"这个词。

---

[1] 中译文参见《黑格尔政治著作选》,薛华译,第 115—118 页,商务印书馆,1981。有研究表明,它不属于"德国法制"这组短文。有关这篇手稿的详情参见张慎《黑格尔建立哲学体系的过程》,第 127—129 页,波恩,波菲亚出版社,1991。

[2][3] 同上书,第 116 页。

黑格尔已看到市民社会的实质就是私有制，对财产的占有产生恶欲。他指出，宗教为在私有制下遭受痛苦的人们逃避现实提供了避难的场所，"在思想里想升上天堂"①。宗教通过引导人们遁入彼岸世界而与现实和解，通过信仰上帝、自我毁灭、天堂得救等虚幻形象来减轻人们在现世的痛苦。这和马克思关于"宗教是民众的鸦片"的提法确实有类似之处。

黑格尔相信时代在呼唤一种更美好的生活，有伟大性格的人物、全体民众还有文人们都在为此而共同努力。但仅此还不够，宗教与艺术属于过去，现代必须借助形而上学，只有通过形而上学才能显示出旧秩序的局限性和它在整体中的必然性，只有形而上学才能帮助人民意识到革命的必然性，使民众与知识分子联合起来。正是在对"形而上学"的看法上显示了黑格尔与他稍后时代的马克思的根本分歧。黑格尔主张先唤醒民众的意识，意识的改变导致现实的变化；马克思则强调意识的变化只是现实性变化的结果，革命的实践才是根本性的。

"在德意志帝国内，有权势的普遍性作为全部法权的源泉已经消失了。因为它已经分离，使自己成了特殊的东西。因此，普遍性之仍然存在，就只是作为思想存在了，而不再是作为现实。"②为此，黑格尔继续探讨解决的办法。"现在办法之一可以是从那种现存事物也可以承认的真理性开始，然后把包括在整个国家概念中的各局部概念在思想上理解为普遍性的局部概念，将这些概念的普遍性或特殊性与这些概念在现实中并列起来。"③另一个办法是什么，不得而知，因为手稿在此中断了，剩余部分为空白。

---

① 《黑格尔政治著作选》，薛华译，第116页，商务印书馆，1981。
② 同上书，第117页。
③ 同上书，第117—118页。

第五节　"绝对的对立是有效的"

1800 年前后是黑格尔写作的一个高峰期，他写了不少东西，涉及宗教与哲学、几何学、基督教的实证性等问题。"绝对的对立是有效的"[1]就是其中一篇曾被称为"1800 年体系残篇"的手稿的开头一句话。这份手稿比较重要，因为它似乎集中包括了黑格尔当时所关注的主要问题和基本思想，成为早期黑格尔到耶拿黑格尔这一过渡期的代表作。我们详细分析一下它的内容。

这个手稿应该有 45 大张，是黑格尔早期作品中篇幅最大的作品之一，从来没有发表过。在黑格尔去世后人们整理他的遗稿时只发现了其中的两大张，其余的部分可能被黑格尔用在 1800 年后的作品和讲课中，所以在他生前已经失散，这就是手稿被称为"体系残篇"的原因。剩下的两张并不连贯，分别标着"hh"和"yy"的字母，根据黑格尔写作时用拉丁字母来标记手稿顺序的习惯推测（先用单字母 a 至 z，再用双字母 aa 至 zz，其中 j、v、w 三个字母不用），有"hh"标记的应是原文的第 31 张，有"yy"标记的那张的下半部分留有写作日期，无疑是手稿的结尾一张。

一　用"有机体"的观点去看待独立与统一

在"hh"这张手稿的开头，黑格尔谈到要用有机体的观点来看待统一性中对立与联系这对矛盾。他说：

> ……绝对的对立是有效的。这些对立的诸多表现形式之一是有生命的东西的多样性。有生命的东西必须被视为有机体；生命的多样性被对立起来，多样性的一部分（……）可以完全从"关系"的角

---

[1] 中译文及这份手稿的详细情况参见《黑格尔手稿两张》，张慎译，载《德国哲学》第 9 辑，北京大学出版社，1991（以下所引此书均为此版本）。

度来考察,它的本质存在只有通过和第一部分的分裂才有可能。[①]

那种把对立与关系分割开来并使绝对的对立行之有效的观点,是由反思通过"设定"(Setzen)的思维模式造成的,它应该被有机体的新角度所取代。也就是说,生命的多样性不仅是一种关系,它还可以被看做自身有别的东西,被看做一种完全的多样性;同样,那些只有对立存在的东西,不应该被设立为永远相互对立的杂多,必须把它放进与它所排除的东西的联系之中。只有在对立中看到联系,在联系中看到对立,才能消除由反思的人为设定所造成的非此即彼的片面性。

黑格尔曾长期为如何脱离反思模式以达到真正的统一而苦苦探求,现在他通过有机个体的角度为打开反思僵局找到了一条途径。把自然科学中的有机体观点引入对哲学与社会问题的研究,并非是黑格尔的原创,而是18世纪以来在德国广泛流行的一种方法和态度,这与现代生物学的萌芽及哲学家和文学家对生命概念的重视有关。康德就把生命看做表示自我运动的一种能力,它是统治并规划自然、自身永恒和不会毁灭的原则,它自己规定自身。随后在文学中,"生命"被理解为一种原初性,代表着自身发展和实现,以对抗理性主义及知性的统治。这种有机主义态度在谢林1797年的自然哲学中达到了高峰,有机体成为一种自己创造和自己产生的本质。黑格尔显然了解这种新视野,并把它们应用到自己的问题研究之中,从而找到了一条解决对立与关系的相互分离并达到真正统一的道路。

接着,黑格尔用这种有机的视点分析了人的问题。他认为:

> 一个人只有在下述意义上才成其为一个个体的生命,即他一方面是一个另外的东西,有别于其它因素,有别于其它在他之外的无限的个体的生命。另一方面,他之所以是一个个体的生命,在于他和其它因素又是同一的,和在他之外的无限的生命是同一的。只有

---

① 《黑格尔手稿两张》,张慎译,载《德国哲学》第9辑。

> 当生命的总体被分开成为部分，他是其中的一部分，其它剩余的成
> 为另一部分，他才存在。只有当他又不是某一部分，没有什么东西
> 与他能区别开来时，他才存在。①

在这里，黑格尔虽然还没有使用辩证法这个词，但对"个体性"概念已经
作出了辩证的理解。他在既对立又统一的基础上看待个人与他人、个人
与整体的关系，力求达到对人的全面认识。

二　反思、哲学与宗教的关系

"hh"手稿的最重要之处就是黑格尔重新表达了对反思、哲学和宗教
的相互关系的看法。他强调，反思是实现统一的一个必要步骤，每一种
表达方式都是反思的产物，它在认识中设定对立面，并坚持这种对立。
"对上帝的感觉，即有限者对无限者的感觉，只有促使反思也参加进来，
并对感觉进行思考，才能变得完善。"②当然，反思自身也有不可避免的
局限性。它将生命的多样性当做安定的、现存的、不变的东西，当做个体
而固定下来；由于它的设定，那个本来不受限制的生命成为一个受到限
制的自然——一个经过反思处理的、僵化了的生命，尽管反思非常尊敬
地对待自然。只有理性或哲学的劳作才能克服反思的这种片面性。"理
性认识到了这种设定的片面性，这种观察的片面性。"③"哲学应该揭示
一切有限东西的有限性，通过理性要求有限东西趋于完善，特别要通过
它自身的坏的无限来认识知性的假象，从而在它自身之外去设定真的
无限。"④

值得指出的是，这是黑格尔在其早期作品中第一次肯定性地对待理
性、哲学和形而上学。这一变化经过了一个长久的思考过程。我们前面
讲过，黑格尔从出道之日起，就重视实践哲学，"一切如一"，体现这个
"一"的应该是"善"。他认为理论应该有助于社会的变化和人性的改善，

---

① ② ③ ④《黑格尔手稿两张》，张慎译，载《德国哲学》第9辑。

并且对费希特和谢林从事的理论哲学兴趣不大。在 1796 年和 1797 年之交,他虽然有过一个短暂的美学柏拉图主义时期,但纯理论哲学的东西仍在他的视野之外。后来他又用过"爱""生命"等概念,但它们所达到的统一仍然不能让他满意。直到 1798 年左右,他才开始重视哲学的反思,把反思当做统一过程中一个不可放弃的阶段,反思能扬弃"爱",通过设定达到客观性。1799 年后,他提出借助形而上学扬弃现存世界的局限性。这些变化逼得他不得不彻底重新思考哲学的角色和任务。在这里,他把哲学当做从反思的坏的无限到宗教的真的无限的过渡中一种带有批判性的否定力量,它的作用是扬弃知性所设定的僵化对立,为进入宗教作铺垫。这种看法与他在后来的哲学体系中把宗教当做绝对精神的表象,把哲学当做最高知识的代表的做法还相去甚远。可见,任何伟大的思想体系都不是一蹴而就的,一个观点、一条命题的提出,要经过反复的思考和岁月的检验。

在这张手稿中,黑格尔仍把宗教理解为最高的范畴。"人的上升,不是指从有限到无限的上升,而是指从有限的生命到无限的生命的上升,就是宗教。"[①]"一个浑身充满活力的、具有一切力量的、无限的生命,它可以被称为上帝。"[②]"哲学必须在宗教里消失"[③]。这是黑格尔最后一次明确表示宗教在哲学之上。在这张手稿完成一个多月后,他就改变了这个看法。我们留待后面详论。

三　承认客观性的作用

在"yy"这张手稿中,黑格尔探讨了如何克服宗教中客观性与主观性的对立的问题。例如,庙宇、教堂中进行祈祷的地方本来是一种完全的客观性,但通过主体的参与和自身的形体,它也可以回复到主观性中,不必坚持两者间的绝对对立。"在宗教生命中,宗教生命和客体的关系、宗教生命的行为被保持为一种具有活力的关系,或者被表现为使客体具有

---

① ② ③《黑格尔手稿两张》,张慎译,载《德国哲学》第 9 辑。

活力。"[1]在祈祷上帝时,扬弃把上帝作为客体进行直观或思考的办法,使上帝这一客体和有生命的东西的主观性愉悦地融为一体。黑格尔特别指出,光有对上帝的感觉还不够,还要促使反思参加进来,才能使主观性与客观性真正统一起来。他很重视客观性在真正的生命即宗教中的必要作用。生命必须让客观的东西仍作为客观的东西而存在,或者甚至把具有活力的东西创造成为客观的东西。下述情况是可能出现的,即生命创造个体这一过程仅仅是为了瞬间而存在,生命很快地又再次远离客体,脱离客体,并让被压抑者自己面对自己的生命和复活。为此,有一点是十分必要的,即生命必须和客体处于不断的联系之中,并且直到否定完结之时,都使客体仍保留这一客观性。

对客观性的承认又使黑格尔看到许多宗教无法解决的矛盾,例如财产问题。他说:

> 由于对物的占有,使得人不可能满足宗教的诸条件,就是说,人不可能脱离绝对的客观性,不可能超越有限的生命。人在无限的生命的统一面前,是无能为力的,因为他仍要为自己保留某些东西,仍被一种统治关系所笼罩。[2]

人只得在上帝面前无目的地毁灭财产的一部分,或者与团体内的朋友们共同分享财产的另一部分,才能消除客体的客观性。又如历史与命运的问题,黑格尔说:

> 宗教里的完整的统一……不是绝对必要的……从不确定的自然来看,人类的特定的自然本性停留在对立和统一的哪一个阶段上,却是偶然的。那种尽善尽美的完整性,只有在那些幸运的民族那儿才能实现,因为他们尽可能地减少生活中的支离破碎和分裂。不幸的民族不能达到这一步,他们必须在分裂中维持他们的部分,

---

①②《黑格尔手稿两张》,张慎译,载《德国哲学》第9辑。

为自己的独立性而操心。①

在这里黑格尔已经意识到，他几年来所追求的那种完美的宗教纲领，在德国这样一个现实社会里是难以实现的。只有幸运的古希腊人才享有那种尽善尽美的完整性。德意志这个不幸的民族生活在支离破碎和统治的关系之中，只有在分裂中才能维持自己的统一。有可能正是对本时代本民族这种分裂与对立的本性的认识，迫使黑格尔放弃了自己的宗教改造纲领，将其志向从年轻时的改造现实转向对现实的理论说明。

四　使主观宗教与客观宗教统一

黑格尔认为，客观宗教坚持一个陌生的、遥远的、无法达到的客体，使上帝雄踞于一切人和自然之上，人面对上帝时只能产生敬畏和害怕的心理；主观宗教坚持人的独立性，设定自身为纯我，"纯我超越一切肉体的废墟和闪闪发光的太阳，超越无数的天体和无数新发现的太阳系"②，好像越远离外在物体，自己就越显得纯洁和强大。这两者虽然表现形式不同，但它们的共同态度都是坚持分裂，都是用绝对有限的东西反对绝对无限的东西。黑格尔这里对主观宗教的批判是有意而发的，主要是针对和影射费希特在《致公众的上诉书》中最后一部分的内容。费希特在那里提出两种宗教理论供人民选择，一种是压抑人的宗教理论，一种是让人民战胜欲望和害怕、使人民意识到人的伦理特征的理论。费希特把一切崇高的东西——非我，都置于自我的统治之下。对此，黑格尔认为，自我与一切对立，并把一切都踩在自己的脚下，这种宗教可以变得有尊严，甚至令人可畏的尊严，但它却不是美好的，也不符合人性，它和那种依赖于一个陌生和绝对的本质的宗教实际上异曲同工。手稿在批评了费希特抬高人的伦理性和贬低客观性之后就结束了。

黑格尔的儿子在整理父亲的遗稿时，在这份手稿的下方标上"关于

---

①②《黑格尔手稿两张》，张慎译，载《德国哲学》第9辑。

宗教问题"。诺尔看得则更远些,给它加上了"1800 年体系残篇"的标题。其实,这两种看法都不准确。我们的研究表明,它几乎涉及黑格尔 1800 年前所研究的全部问题:建立新宗教的构思及随之而来的对这一构思的时代局限性的批判,对康德和费希特宗教思想的批判,对基督教的产生和发展所进行的历史探讨,对德国 18 世纪社会、经济、法律等问题所作的历史和现状的研究,可能还有对自然哲学和理论哲学问题的一些反思和重新认识,等等。正是基于对社会问题的历史和现状的研究,使黑格尔认识到,仅仅靠建立新宗教和单纯运用新兴的资产阶级实践哲学理论是不能改变社会的,也是不能拯救德意志民族精神的。哲学家的任务在于,对现实性和实践哲学作出系统、理论性的说明。

以上基本上对早期黑格尔的主要思想作了简明的概述。它充满了批判性和实践性,常使人把它和马克思的早期思想相比;它既具有理性的人道主义精神,又强调人的整体性和个体性。我们认为,学习黑格尔哲学应该从它的起点开始,循着它的发展线索,进入到这座理论大厦的深处。如果离开思想的起源,就文本解释文本,很容易望文生义,出现误读。

第三章 耶拿时期:对当代哲学的批评和尝试创建体系

黑格尔来到耶拿后,目的很明确,那就是在大学里得到一个哲学讲师的席位。为此,他必须做两件事:一是向公众显示自己的哲学能力,让人们知道有黑格尔其人,因为迄今为止,他尚未公开发表过什么作品,在哲坛上还是一个陌生人;二是要满足大学规定的申请讲师席位的必备条件,即使自己的毕业证书得到认可,然后提交一份求职论文并参加答辩。这就是《费希特与谢林哲学体系的差别》(以下简称《差别》)和《论行星轨道》两篇作品的由来。

第一节 考察哲学现状、重新定位哲学

《差别》一文是黑格尔第一部公开出版的作品,其意义自然不能低估。黑格尔的本意是借评论当时热门的费希特和谢林哲学,来阐述自己哲学的基本观点,因为他当时既没有成熟的体系,也没有时间写部大作品,所以只有通过评价他人来发出自己的声音,这比一个陌生人骤然拿出一个并不严整的体系要更加稳妥和更吸引公众的注意力。所以《差别》的结构与通常相反,它是先论后评,黑格尔在前半部分先讲他自己对哲学一些基本问题的理解,后半部分才是对费希特和谢林哲学的评价。

一　当前哲学的状况

黑格尔对过去那个产生了大量哲学体系的时代表示了批评态度。首先是不指名地对康德哲学的批评:"当僵化的个性不再敢置身于生命的时候,趋向总体性的愿望还表现为趋向完善认识的愿望……由于它使科学转变成认识,它拒绝了科学所要求的生动的部分。"①接着是对莱因哈德的指名道姓的批判。莱因哈德把哲学研究看做一种手艺,这种手艺通过不断发现的新技巧得到改进,其最终目的是想找到一种普遍有效的最后的技巧,以一劳永逸地解决哲学纷争的问题。这样莱因哈德就表现出探究(Ergründung)和论证(Begründung)的趋向,想把哲学还原为逻辑。黑格尔指出,这是放弃了对真理的热爱和信仰,在哲学大厦前建一个前院,在这个前院中老是与分析、方法化和讲述打交道,直到自己安于对哲学的无能为止。黑格尔认为,独特性、多样性、偶然性都不是哲学,哲学是依靠理性去克服意识的局限性,并在意识中建立绝对的东西,将自身提高到无限,并在其中把握到自己的根据。任何哲学在本身中都是完成了的,其自身具有总体性。②黑格尔已敏锐地意识到,康德哲学引发了哲学中的真理与方法之争。黑格尔主张方法的改进无助于认识真理,关键是对真理本身的正确认识。在这里,哲学被设定为与真理和科学同义的。黑格尔简练地把费希特哲学概括为:"纯粹思维本身,即主体与客体的同一,在自我＝自我的形式下,就是**费希特**体系的原则。"③费希特力求达到绝对,但他使用的是知性的形式和反思,因而陷入有限性和对立之中,体系的绝对物只得由哲学的反思在其现象的形式中予以把握。所以他的主体-客体的同一,实质上是主观的主体-客体的同一。

---

① 黑格尔:《费希特与谢林哲学体系的差别》,宋祖良、程志民译,杨一之校,第5页,商务印书馆,1994。
② 参见同上书,第6—8页。
③ 同上书,第2页。

二　哲学的需要

黑格尔说:"如果进一步地观察哲学具有的特殊形式,那么我们就看到:它一方面出自精神的生动的创造力,精神在这形式中由自己恢复被破坏了的和谐,主动地进行塑造;它另一方面出自分裂具有的特殊形式,从这特殊形式中产生出体系。"[①]哲学的出发点和目的都是和谐或统一,黑格尔称之为"绝对的东西",但在时代的进程中,绝对物的现象与绝对物本身隔离开来,成为独立的东西。但是现象不能否认它的起源,必须把现象的诸多限制的多样性建成为一个整体。知性在勤奋地工作着,它建立了知识的大厦,但其中缺乏绝对物本身;它坚持各种对立,如精神与物质、灵魂与肉体、信仰与理智、自由与必然等,在这些对立物上筋疲力尽。只有理性才能超越知性设立的对立的多样性,到达绝对物;对变得如此坚固的对立物加以扬弃是理性唯一的兴趣。"当联合的力量在人的生命中消失,对立丧失了它们的生动的联系和相互作用,获得独立性时,哲学的需要产生了。"[②]可见,哲学因分裂而生,并扬弃分裂而达到统一,为意识的多样性重建绝对。

黑格尔认为,哲学的需要可以被表述为哲学的前提。从反思来看,这样的前提有两个,一个是绝对物自身;另一个是意识从总体中走出来,分裂为存在与非存在、概念与存在、有限与无限。黑格尔指出:"哲学的任务在于把这些前提结合起来,把存在置入非存在之中作为变,把分裂置入绝对物之中作为绝对物的现象,把有限物置入无限物之中作为生命。"[③]在这里,黑格尔未来哲学的一些核心观点已初见端倪。最高的统一性被表述为"绝对的东西",这种绝对物自身就包含着分裂,但是它把分裂当做自身发展过程中的一种现象,而不是一种异己的本质,两者不

[①] 黑格尔:《费希特与谢林哲学体系的差别》,宋祖良、程志民译,杨一之校,第 9 页,商务印书馆,1994。

[②] 同上书,第 10 页。

[③] 同上书,第 12 页。

再处于一种外在的对抗之中。绝对物只有通过分裂才是真实的和可把握的。分裂成为绝对物的一种必然发展过程和存在方式,或者说,是意识从整体性中的一种退出,意识借此了解自己的局限性,从而上升到新的统一或绝对。正是黑格尔对绝对-分裂的关系所作出的近乎历史-辩证的理解——它们共同构筑哲学的前提,使他得以克服早年在无限生命与有限生命、部分与整体等问题上无法逾越的障碍,进入到一种新的统一。也正是在这种理解中,暗藏着黑格尔后来对谢林的"绝对同一"的批评。

三　哲学的新视野:体系、理性、反思、直观

黑格尔开始从新的视野重新考察哲学的一些基本范畴,如体系、反思、直观、知性、理性等。他认为,哲学要想成为科学,必须以体系的面貌出现,没有体系就不成其为科学。这种认识似乎是当时学界的共识,好像只有一种层次分明、逻辑清楚、前后一致并互有联系的知识总体形式才具备科学的资格。体系把一切都包含在自身之中,它在起点、中间和终点都是以自身为根据,不允许在自身外寻找任何根据。黑格尔之所以看重体系,是因为他觉得唯有在体系中,才能不断克服由知性造成的对立和多样性,使被限制的东西与绝对的东西联系起来。"哲学探讨的目的在于把这种多样性本身置于联系之中。这就必然发生这样的需要:制造知识的总体、科学的体系。"①一种没有体系的哲学活动是在种种限制面前的不断逃亡。下面这段话阐明了"体系"不是一个静态的模式,而是一个由低到高的克服对立达到统一的过程:

> 理性完善客观总体性的能力是通过自己的对立物,并通过两者的综合产生新的同一性。这新的同一性本身又在理性面前是有缺陷的同一性,又这样再补充自己。体系向自己所提供的最纯粹的方

---

① 黑格尔:《费希特与谢林哲学体系的差别》,宋祖良、程志民译,杨一之校,第29页,商务印书馆,1994。

法既不是称为综合的也不是称为分析的，当方法表现为理性自身的发展时，情况就是这样。理性并不一再地把自己现象的流露作为二重性召唤到自身之内（以此理性只是消灭了它），而是自身在流露中构造成经历二重性的受制约的同一性，这相对的同一性又自身对立，以至于体系不断进展到完成的客观的总体性，客观的总体性与对立的主观的整体性统一成为无限的世界观，这个世界观的延伸借此同时自身缔结成最丰富的最简单的同一性。[①]

上面这段引文至少传递了这样三个信息：第一，黑格尔对康德通过区分综合判断与分析判断来为哲学寻找可靠的基础的做法是不赞成的。在黑格尔看来，方法与理性是不可分的，方法表现为理性自身的发展。在本书的后面，黑格尔也谈到，先验革命（经莱因哈德）在某种程度上使"哲学变成了认识形式，成了逻辑"[②]。第二，黑格尔理解的统一是一个由合到分，再由分到合这样一个不断发展的辩证-历史过程，虽然他在这里还未提到"辩证法"这个词作为理性发展的方法，但统一性必须把分裂和发展包括在自身之内的基本想法是已经确定了的。第三，正是对同一性作出的这种辩证理解，显示了黑格尔哲学与费希特和谢林哲学的根本差别。自我与非我都在统一之中，这就消除了对自然（非我）的虐待；统一之中本身包含着区别。

黑格尔转而抬高理性，把理性当做哲学的工具或形式。他说：

哲学作为由反思产生的知识的总体，就成为一个体系，一个概念的有机整体，其最高的法则不是知性，而是理性。知性必须正确指出它的被设置物的诸对立物、它的界限、根据和条件。但理性却统一了这些相矛盾的东西，同时设置两者并扬弃两者。[③]

[①] 黑格尔：《费希特与谢林哲学体系的差别》，宋祖良、程志民译，杨一之校，第30页，商务印书馆，1994。
[②] 同上书，第88页。
[③] 同上书，第21页。

这时的理性被理解为反思与直观的综合。由于理性在此第一次把直观包含在自身之内,它就在以前只具有的指出知性局限性的否定性功能外,获得了一种肯定性的力量,从而显示出自身能够达到对绝对之物的思辨认识。理性与绝对在内容上是一致的,因此能够把握绝对。①

黑格尔还区别了孤立的反思和哲学的反思。前者就是知性的立场;哲学的反思则看到自己的局限性,因此与绝对的东西发生联系。黑格尔说:

> 孤立的反思,作为对立物的设置,是绝对物的扬弃。它是存在与限制的能力。但是,反思作为理性,与绝对物有关系,它只有通过这种关系才是理性,于是,反思消灭了自己本身、一切存在、一切被限制物,因为它把这些与绝对物相联系。②

但是,哲学的反思只能在二律背反中显示绝对,因为哲学本应该中介关于绝对的无限性的知识,但它只能以有限的知识为出发点,因而会陷于二律背反的怪圈中。二律背反是哲学反思的产物,它只是绝对的同一性在对立综合中的一个现象,只要反思清楚地意识到自身的这个局限,它就得到了克服。通过这种思想上的理解与澄清,就达到了绝对无限性的知识。这里,黑格尔认为二律背反的作用就是暴露反思的片面性与界限,反思借助它的否定性力量而走向绝对,它在与绝对直观的综合中扬弃自身。

在《差别》中,黑格尔暂时还十分看重"直观"的作用。"知识除了这否定的方面,还有肯定的方面,即直观。"③这表明,一方面,他还未摆脱早期"浪漫派"的情结,他曾受雅可比思想的影响而重视感性和情感因素;另一方面,他显然也受制于谢林的"机智直观"的思想。黑格尔认为,直

---

① 参见黑格尔《费希特与谢林哲学体系的差别》,宋祖良、程志民译,杨一之校,第 27—28 页,商务印书馆,1994。
② 同上书,第 13 页。
③ 同上书,第 26 页。

观是哲学知识的肯定方面，直观的作用就在于扬弃反思最后出现的二律背反，补充反思的片面性，没有直观的参与，纯粹知识始终只能是一个二律背反。不过黑格尔也一再强调，直观必须先验化，也就是与反思建立联系。只有在先验的直观中，主观与客观的同一性才能出现在意识之中。"先验的知识联合反思与直观两者，它同时是概念与存在。"①

我们可以看到，黑格尔现在把知性、哲学反思和先验直观当做形成绝对知识的三个步骤，它们分别代表了认识的三个不同阶段。但是，他在先验直观与理性的关系问题上有点举棋不定：它们到底是一个东西还是有所区别？直观与反思的综合是靠自身力量还是借助理性这个第三者？为此，他抬出了"逻辑"这个概念："如果逻辑认识能真正进展到理性，它必定被归结到如下结局之上，即它在理性中扬弃自身。它必须认识到二律背反是理性的最高原理。"②这时的"逻辑"大致与"哲学的反思"相当，它只限于发挥一种否定性的作用，与黑格尔在法兰克福时期讲的"否定性理性"类似，是达到真正哲学之前的一步，这与他后来把逻辑等同于绝对精神的做法还有一大段距离。

引入"逻辑"概念的重要意义在于：第一，黑格尔已经在考虑用自己的概念来代替谢林的"直观"概念。例如在"先验直观"的最后一段，黑格尔补充道："这种同一性的意识的产生是思辨，并且由于观念性与实在性在思辨之中是一，思辨就是直观。"③第二，先验哲学具有注重认识论、悬置本体论的倾向，这是黑格尔所反对的。在他看来，从认识形式和逻辑入手研究哲学，只是哲学和文化活动的一个方面。他始终赞成认识论与本体论的同一，哲学应该追求知识与真理。但是，他也不能对已发生的把哲学还原为逻辑的思潮视而不见，因此如何把逻辑也纳入哲学的体系，而不是只让它停留在哲学的前院或与哲学作对，也是他困惑的一个问题。

---

① 黑格尔：《费希特与谢林哲学体系的差别》，宋祖良、程志民译，杨　之校，第 26 页，商务印书馆，1994。
② 同上书，第 89 页。译文有改动。
③ 同上书，第 27 页。

四　对费希特和谢林哲学的评价

《差别》一文对费希特哲学基本上持否定态度。黑格尔指出："费希特体系的基础是理智的直观(intellektuelle Anschauung),纯粹思维本身,纯粹的自我意识:'自我＝自我,自我存在'。"[1]他对费希特知识学的三条原理作了详尽分析,认为其根本局限就在于自我仍然是经验意识,在自我中仍保持着主体与客体的对立,并没有达到先验原则和最高的统一,因此它还是一种独断的唯心主义。他说:

> 独断论的唯心主义这样来保持原则的统一:否认整个客体,把对立物之一——主体,在它的规定性中设置为绝对物,恰好如同独断论在它的纯粹性中的唯物主义,否认主观的东西。当哲学探讨只是以这样一种同一性的需要为基础时(这种同一性据说这样得到完成:即对立物之一被否认,被绝对地弃之不顾),那么,主观的东西与客观的东西,两者之中到底哪一个被否认,便是微不足道的了。[2]

接下来黑格尔还对费希特关于自然与自由的理论、国家观、道德学说、美学理论等,一一加以分析与评说。这里因篇幅关系不再展开。在评论中,黑格尔并不让费希特热情洋溢的语言牵着自己鼻子走,而是用几句话精辟地概括出对方的主旨,然后倾泻自己的批评,间或穿插几句俏皮话。值得指出的是,黑格尔的评论表明他对费希特哲学十分了解,他虽然离开学术界近十年,但从没有放弃过跟踪学术界动向,因为1794年以后正是费希特哲学产生轰动效应的年代。1794年黑格尔在伯尔尼时就研读过费希特哲学,荷尔德林也在信中向他讲过费希特在耶拿的情况。但黑格尔对费希特哲学从未表现出过像对康德哲学那样的尊敬,总有点不以为然的态度。不过,他对费希特哲学的批评却是十分认真和实事求是的,不像对待

---

[1] 黑格尔:《费希特与谢林哲学体系的差别》,宋祖良、程志民译,杨一之校,第34页,商务印书馆,1994。

[2] 同上书,第41页。

一些所谓的"非哲学"那样充满讽刺和不屑一顾。

黑格尔把谢林哲学理解为对费希特哲学缺乏客观性的克服,他指出:"同一性的原则是谢林的全部体系的绝对原则。哲学和体系同时发生,而且同一性在各部分中没有丧失,在结果中更是如此。"①在这里,黑格尔对谢林的那种最初的无差别的绝对物还是赞成的。但他却更看重从这种无差别物中所产生的扬弃和分离,以及从中所产生的主体与客体的对立。他显然也同意谢林的如下观点,即从绝对的同一性中分离出来的主体-客体系列就是先验哲学,分离出来的客体-主体系列就是自然哲学,它们都是从不同方面对同一个绝对物的认识。黑格尔说:"在双方中,主观的东西和客观的东西被设置在实体性的关系之中。在先验哲学里,作为理智的主体是绝对的实体,而自然是客体、偶性;在自然哲学中,自然是绝对的实体,而主体、理智只是偶性。"②但是,他认为这两种科学都不能自称为唯一的科学,或者简单地混合起来,它们应该互相融合,达到一个无差别的绝对物。

黑格尔还引用康德哲学和其他的一些成果来说明谢林同一哲学的合理性。鉴于他当时与谢林的特殊关系,他在文中未对谢林提出任何批评,但全书中也没有一句献媚之词。不过在近结尾处,黑格尔审慎地表达了自己不同的哲学态度:

> 哲学的绝对原则、唯一实在的根据和坚定立场,不仅在费希特哲学中而且在谢林哲学中都是理智直观,如果为反思表达一下的话,那就是主体和客体的同一性。在科学中,这种理智直观成了反思的对象,因此,哲学反思本身是先验的直观。哲学的反思把自身变成客体并和客体合而为一,因此它是思辨。③

---

① 黑格尔:《费希特与谢林哲学体系的差别》,宋祖良、程志民译,杨一之校,第66页,商务印书馆,1994。
② 同上书,第72页。
③ 同上书,第83页。

正是在"思辨"的问题上潜藏着日后黑格尔和谢林分道扬镳的危机。

　　如何客观地评价黑格尔和谢林在耶拿期间的关系,这涉及如何看待德国古典哲学的发展。当黑格尔初到耶拿时,两人一个是求职者,另一个已身居大学要职,所以黑格尔对谢林表现了足够的尊敬和谨慎的赞扬。但是,黑格尔当时没发表过作品不等于没有自己的独立思想,他不仅对宗教、实践哲学领域诸问题有过多年的深思,还携带自己的自然哲学研究手稿来到耶拿。资料表明,黑格尔在 1800 年秋曾研读过欧几里得几何学,在研究中,他注重的是揭露欧氏证明程序中所存在的方法论缺陷。他还研究过天体运行轨道的问题,对康德的力学与天文学、开普勒和牛顿的力学都做过详细的笔记。[①] 他匆忙完成的求职论文《论行星轨道》也以自然哲学为主题,这说明他事先就有积累,是有备而来的。而且从内容上看,他的自然哲学也不能归到谢林的门下。同样,他们俩之间也绝不是那种学生先抄袭老师然后再独立发展并翻脸不认人的关系,从 1802 年初到 1803 年 5 月,他们在主编《哲学评论杂志》时,有过一段愉快的共同工作时期。后来谢林离开了耶拿,也暂时地离开了哲学,黑格尔则在创建哲学体系上努力工作并取得突破,这时,友谊的藩篱当然不能禁锢思想的发展。谢林后来走上了另一条发展道路,离开了古典哲学的轨迹,他们两人当然不再有相交的可能性。所以,谢林和黑格尔是从共同的起点出发——发展康德哲学,瞄着不同的目标,并行地向前发展。成名的时间有先后,但绝没有前后继承的关系,不存在由康德经费希特、谢林再到黑格尔这样一条直线式的进展。

　　与黑格尔以往作品相比,《差别》一文无论在内容和形式上都给人全然一新的感觉。我们在此较详细地解读它,是因为可以把它作为一篇了解德国古典哲学基本立场的范文来读,尤其对初学者开卷有益。黑格尔作为古典哲学的集大成者,在此简练地概括了他对康德、费希特先验哲学的看法,概述了自己哲学的基本态度。它既帮助初读者了解黑格尔如

[①] 参见罗森克朗茨《黑格尔的生平》,第 151 页及以下,柏林,1844。

何评价前人,又有助于他们由浅入深地去理解《精神现象学》及日后黑格尔那庞大复杂的哲学体系。知道了黑格尔主要哲学问题的由来,许多读书时的困惑就可以迎刃而解了。

第二节 重新定位哲学与宗教的关系

在黑格尔思想发展史上值得一提的还有《信仰与知识》("Glauben und Wissen")①一文。黑格尔在"主观性的反思哲学"的题目下,再次分析了康德、雅可比和费希特的哲学的得与失,并探讨了哲学与实证宗教、理性与信仰的关系。如果仔细读一下黑格尔在 1801 年前的作品,再看一下这篇文章,就会发现它似乎是黑格尔对自己早期思想的反思与总结。康德、雅可比和费希特三人都主张信仰优先于知识,宗教因其在道德、情感方面的作用而高过哲学。黑格尔本人以前也讲过宗教是一种情感,还努力去创建一种新宗教,说过哲学必须在宗教里终止之类的话。他也曾一度是斯宾诺莎、莱辛和雅可比的崇拜者。但是,他现在已彻底改变了立场,认为科学应居首位,哲学高于宗教,知识优于信仰,上帝已经死亡的感觉固然令人痛心,但纯粹的概念或无限性能够指出这种伤痛感只是最高理念的一个环节,它还赋予经验的伦理性或纯形式抽象的概念一种哲学的存在,使哲学获得绝对自由的理念。所以黑格尔这里特意把雅可比拉进来鞭挞一下。

许多专家指出,正是黑格尔对哲学与宗教关系的重新定位,才使他有可能在古典哲学发展史上构成思辨唯心主义的新阶段。虽然古典哲学的早期阶段已显露思辨思想的萌芽,甚至在青年黑格尔、荷尔德林、谢林的作品中也不乏这些因素,但他们都把对绝对与神性的东西的把握放在哲学认识之外,把这个任务的完成交给宗教与艺术,因而并没有把思辨知识的概念形式与论证方式的形成作为哲学的纲领。直至黑格尔来

---

① 参见《黑格尔全集》(理论版)第 2 卷,第 287—433 页。

到耶拿并在与谢林合作的时期(1801—1803),两人都倾向于在关于绝对的知识中建造思辨唯心主义,并采取与近代哲学不同的立场,即通过思维并以一种思辨的概念形式去认识和解释绝对的东西,这个绝对的东西在宗教中就是上帝。在这种共同认识的基础之上,谢林发掘了"机智的直观"在哲学中的意义,黑格尔则发现了后来被称为"辩证法"的东西作为这种思辨与认识的方法。他们俩还共同筹划了一种绝对的一元论体系,这种绝对的东西再发展外化为自然与精神。这就是思辨唯心主义的本来意义。[1]

第三节　创建一个科学的哲学体系

20 世纪 70 年代,专家们通过对黑格尔耶拿时期的文稿进行笔迹鉴定和思想比较,终于比较准确地确定了这些文稿的写作日期,随后在准确的史料基础上,发表了一批值得称道的专著[2],它们揭示了黑格尔哲学体系产生的"秘密",纠正了以前关于黑格尔体系形成的许多错误看法。

不算《精神现象学》,黑格尔在耶拿创建哲学体系的过程基本上可分为三个阶段,这三个阶段的代表文献分别是:(1) 1801—1802 年冬季的"逻辑学"讲课手稿[3],被称为《伦理性体系》("System der Sittlichkeit")的一篇作品[4](1802—1803),还有写于 1803—1804 年的《耶拿体系草稿

---

[1] 关于思辨唯心主义的创立与黑格尔和谢林的合作,参见杜辛《黑格尔在耶拿》,载《黑格尔研究·附卷》第 20 卷,波恩,波菲亚出版社,1980。

[2] 这些作品有:基默勒《思想的封闭性问题——黑格尔在 1801—1804 年间的"哲学体系"》,载《黑格尔研究·附卷》第 8 卷,波恩,波菲亚出版社,1970;罗斯特曼《黑格尔耶拿体系纲领的变化问题》,载《哲学评论》第 19 期,图宾根,1972;特雷德《黑格尔的早期逻辑》,载《黑格尔研究》第 7 卷,波恩,波菲亚出版社,1972;杜辛《黑格尔逻辑中的主体性问题——对唯心主义的原则和辩证法的系统性和发展史的研究》,载《黑格尔研究·附卷》第 15 卷,波恩,波菲亚出版社,1976(以下所引此书均为此版本)。

[3] 这个手稿是在 20 世纪 70 年代被发现的,现在被收进《黑格尔著作集》(历史评论版)第 5 卷,第 269—275 页。它们对重构黑格尔的耶拿发展历程有重大意义。参见鲍姆、迈斯特《通过哲学学习生活》,载《黑格尔研究》第 12 卷,波恩,波菲亚出版社,1972。

[4] 原文见拉松主编《黑格尔政治与法哲学著作集》,莱比锡,1913。

Ⅰ:思辨哲学体系》①。(2)1804—1805 年的《耶拿体系草稿Ⅱ:逻辑、形而上学、自然哲学》②。(3)1805—1806 年的《耶拿体系草稿Ⅲ:自然哲学和精神哲学》③。

一　第一阶段:逻辑、自然哲学、精神哲学、形而上学

在 1801—1802 年的冬季讲课中,黑格尔首先在思辨理念的发展过程中,然后在宇宙中展示那个绝对的本质:绝对的东西首先在理念中筹划它的图像,然后在自然中使自己现实化,随后它又作为精神扼要概述自身,最后通过认识自己而返回到自身。按照这个过程,首先是哲学的简单理念被认识,从这个简单理念中推演出哲学的入门,然后是自然哲学和精神哲学作为理念的实在性的科学,最后认识返回到宗教哲学和艺术哲学的纯粹理念之中。我们可以看到,这时黑格尔的哲学体系由四个部分组成,"逻辑学"被当做哲学体系的入门,然后是自然哲学,再次是精神哲学,最后是作为真正哲学的"形而上学"。形而上学作为真理的科学以无限的认识或关于绝对之物的认识为对象。

导致黑格尔把逻辑和形而上学暂时分开的原因,在于他面对哲学是否需要一个导言或入门(Einleitung)这个问题时举棋不定。哲学作为科学,其自身应该不需要一个导言,也不能忍受其他东西作为自己的导言,但在实践中一个类似的导言或入门又是很有必要的,因为哲学总是从多样性、主观的立场出发的,导言可以澄清这些不同的主观立场,与客观性和绝对的东西进行交流。导言应该教育主观性,"通过它的受限制的诸形式在更广阔和更普遍的立场上去把握自己的任务,并在哲学的对象中"④认识自己。所以导言成为沟通哲学的主观形式和哲学的客观内容之间的桥梁。

---

① 参见杜辛、基默勒主编《耶拿体系草稿Ⅰ:思辨哲学体系》,汉堡,迈纳出版社,1986。
② 参见罗斯特曼主编《耶拿体系草稿Ⅱ:逻辑、形而上学、自然哲学》,汉堡,迈纳出版社,1982。
③ 参见罗斯特曼主编《耶拿体系草稿Ⅲ:自然哲学和精神哲学》,汉堡,迈纳出版社,1987。
④《黑格尔著作集》(历史评论版)第 5 卷,第 272 页。

黑格尔把导言的任务交给了逻辑。他把逻辑定义为关于有限之物的认识,它局限在有限性的思维范围内,而只有形而上学才是对绝对或无限之物的认识。逻辑通过展示和扬弃有限性的知识而使哲学达到真正的关于绝对的知识。具体来说,逻辑有三个任务:它首先列出有限性的诸形式;然后展示知性的追求,知性在同一性的生产中模仿理性,但只能达到一种形式的同一性;最后它通过理性来扬弃知性的形式,指出这些有限的形式对于理性具有什么意义和内容。① 当理性在这个意义上属于逻辑时,它就是一种"否定的认识",它的任务就是研究推理的思辨意义,表示知性形式的扬弃,给出科学认识的基础。在这个意义上,逻辑又在自身内包含了理性的基本原则,即"思辨的否定之物",在这种否定之物中已包含有形而上学的基础。从理性的否定方面出发就可以达到真正的哲学或形而上学。② 可见,逻辑最初被筹划为形而上学的导言,具有科学预科的作用。

1803—1804 年,黑格尔仍坚持上述观点。按照他在学校的课程表上的说法:思辨哲学的体系,包括逻辑和形而上学、自然哲学和灵魂理论。③前两者从思维规定性的领域,后两者从现实性的领域,展示"绝对的同一性"。"思辨"一词在这里不是要强调思维与现实性的区别,而是要强调与反思的区别,因为对于黑格尔来说,最重要的事情在于以什么方式来展示统一性:是把互相分裂的主观与客观规定性外在地统一起来,还是把它们当做一种在其各个部分中自身建造的"绝对的同一性"。从《耶拿体系草稿Ⅰ:思辨哲学体系》来看,其中没有"逻辑"和"形而上学"部分,可能黑格尔当时已经有了这方面的讲稿,不再需要现写现讲。"自然哲学"的讲稿占了大部分,1803 年谢林离开耶拿后,黑格尔花了大量时间研究自然哲学,尤其是物理学,加上他以前的积累,这部分手稿是最详细和

---

① 参见《黑格尔著作集》(历史评论版)第 5 卷,第 272 页。
② 参见同上书,第 274 页。
③ 参见杜辛、基默勒主编《耶拿体系草稿Ⅰ:思辨哲学体系》,"编者序言",第ⅩⅩⅣ页,汉堡,迈纳出版社,1986。

最多的,以后也未作太大改动。"灵魂理论"被黑格尔在 1806 年改为"精神哲学"。精神哲学和他关于"自然法"的讲座在内容上有交叉,所以这部分手稿不完整,没有结尾,篇幅也不多。但这份手稿的重要性在于,它是黑格尔拿出的第一个基本成型的精神哲学,而 1802—1803 年写的自然法不包括精神的理论部分。这份手稿还包含后来对精神的设想,即精神完全地使它本身的它物与它自身发生联系。总体来看,精神哲学这时被筹划为意识的哲学,由此它又成为作为"意识的经验的科学"的《精神现象学》的前奏。①

二　第二阶段:逻辑与形而上学任务的交叉

　　1804—1805 年间,黑格尔构想的体系仍保持四个部分,这期间他写作的《耶拿体系草稿Ⅱ:逻辑、形而上学、自然哲学》清楚地表明了这一点。这份草稿字面整齐干净,可能是黑格尔在对以前的讲稿再加工的基础上写成的,应该是一份准备用于出版的书稿,它将向学生和读者展示黑格尔的整个体系。但这个计划却没有完成,留下来的原稿中只有逻辑、形而上学和自然哲学三个部分,还缺自然哲学中的有机论、精神哲学和自然法。人们有理由认为,黑格尔在写作快完结时,又改变了自己对体系的构想,那么,把这份手稿再写完就没有什么实际意义了。②

　　在这里,逻辑和形而上学分别承担着不同的任务。我们将它们的各节标题试列表如下,以方便读者与黑格尔后来的那个和形而上学合一的逻辑学作对照。

　　　　[逻　辑(Logik)]③

---

① 更详细内容参见杜辛、基默勒主编《耶拿体系草稿Ⅰ:思辨哲学体系》,"编者序言",第ⅩⅩⅣ—ⅩⅩⅩ 页,汉堡,迈纳出版社,1986。
② 参见罗斯特曼主编《耶拿体系草稿Ⅱ:逻辑、形而上学、自然哲学》,"编者序言",第ⅩⅤ 页,汉堡,迈纳出版社,1982。
③ 符号[　]中的内容为编者所加,原稿此处缺损。

［Ⅰ. 简单的关系（Einfache Beziehung）］

　　［A. 质（Qualität）］

　　B. 量（Quantität）

　　　　a. 用数字表示的一（Numerisches Eins）

　　　　b. 用数字表示的一的多样性（Vielheit der numerischen Eins）

　　　　c. 全体（Allheit）

　　［C. 定量（Quantum）］

　　D. 无限性（Unendlichkeit）

Ⅱ. 关系（Das Verhältnis）

　　A. 存在的关系（Verhältnis des Seins）

　　　　AA. 实体-关系（Das Substantialität-Verhältnis）

　　　　BB. 因果关系（Kausalitätsverhältnis）

　　　　CC. 相互作用（Wechselwirkung）

　　B. 思维的关系（Verhältnis des Denkens）

　　　　A. 特定的概念（Bestimmter Begriff）

　　　　B. 判断（Das Urteil）

　　　　　　a. 谓语的自为存在，和主体在自身的反思（Fürsichsein des Prädikats，und Reflexion des Subjekts in sich selbst）

　　　　　　β. 主体的自为存在，和谓语的实在化（Fürsichsein des Subjekts，und Realisierung des Prädikats）

　　　　C. 推理（Der Schluss）

　　　　　　a. 主体实在化为单个物（Die Realisierung des Subjekts als einzeln）

　　　　　　b. 普遍之物的实在化（Realisation des Allgemeinen）

Ⅲ. 比例（Proportion）

　　a. 定义（Definition）

　　b. 分类（Die Einteilung）

　　c. 认识是被设定的（Es ist gesetzt das Erkennen）

形而上学（Metaphysik）

　　Ⅰ. 认识作为基本原理的体系（Das Erkennen als System von Grundsätzen）

　　　　A. 同一律或矛盾律（Satz der Identität oder des Widerspruchs）

　　　　B. 排中律（Grundsatz der Ausschließung eines Drittens）

　　　　C. 理由律（Satz des Grundes）

　　　　B. 客观性的形而上学（Metaphysik des Objektivität）

　　　　　　Ⅰ. 灵魂（Die Seele）

　　　　　　Ⅱ. 世界（Die Welt）

　　　　　　Ⅲ. 最高的本质（Das höchste Wesen）

　　　　C. 主观性的形而上学（Metaphysik der Subjektivität）

　　　　　　Ⅰ. 理论的我，或意识（Theoretisches Ich，oder Bewußtsein）

　　　　　　Ⅱ. 实践的我（Praktisches Ich）

　　　　　　Ⅲ. 绝对的精神（Der absolute Geist）

　　对逻辑和形而上学的这种区分仍带有传统哲学的痕迹：一方面，逻辑仍然处理知性范围的思维的规定性，它的最后一步是"认识"（Erkennen），主观性色彩较浓厚；另一方面，形而上学的对象仍好像只和客观性有关，因为自亚里士多德以来，同一律、矛盾律和排中律一直被认为是事物本身的性质所固有的，属于客观性范畴，莱布尼茨后来又加上了充足理由律。灵魂、世界、最高的本质则是康德哲学中的物自体。但是，黑格尔有时又出现打破这两者界限的情况，例如在"无限性"一节，逻辑作为简单的关系发展到无限性，它自身中有"辩证的东西"（das

Dialektische),有矛盾。然后黑格尔分析了"坏的无限性"和"真的无限性",并提到"双重的否定"就是"肯定"。他还说:"据其概念,无限性就是对立的简单扬弃,不是被扬弃后的存在;后者是空虚的东西,它自己站在对立的对面。无限之物的绝对矛盾在简单的东西中消除了相互对立的东西。"①在"关系"一节中为了真正地扬弃对立而达到统一,黑格尔又谈到了"现实性和可能性的辩证法"。最后"逻辑"在"比例"中又回到自身,反思到自己的局限性,从而过渡到形而上学。所以这时的逻辑有强烈的过渡性色彩,它包含了有限反思的逻辑和思辨逻辑双重因素,一方面它提出了一些在形而上学中才出现的问题,另一方面它又不是真正的形而上学。它的任务也是双重的,一方面通过扬弃知性的规定性成为形而上学的导言,另一方面又因为处理了无限性等思辨的简单关系而成为一种形而上学的基本理论。

三　第三阶段:逻辑与形而上学合一

1805—1806 年,黑格尔的体系构思发生了较大的变化,他消除了逻辑与形而上学之间的区别,使逻辑与形而上学同一起来,逻辑被筹划为思辨的哲学本身,在严格的意义上是整个体系的第一部分。② 在 1805 年夏季的讲座课中黑格尔只讲了"逻辑学",在 1806 年夏季的课程介绍中他把"体系的思辨基础"简单标记为"逻辑"。这样他的哲学体系就由三个部分组成,即逻辑学、自然哲学、精神哲学。但是,这并不意味着体系导言的问题就此得到解决,它反而变得更复杂。黑格尔力求把历史哲学的因素纳入体系中,于是他转向了作为意识经历的科学的"精神现象学",想把它当做体系的第一部分,作为进入体系的历史性导言来取代昔日逻辑的地位。

---

① 罗斯特曼主编:《耶拿体系草稿 Ⅱ:逻辑、形而上学、自然哲学》,第 35 页,汉堡,迈纳出版社,1982。
② 参见杜辛《黑格尔逻辑中的主体性问题——对唯心主义的原则和辩证法的系统性和发展史的研究》,载《黑格尔研究・附卷》第 15 卷。

正是在导言与体系的关系这个问题上踌躇不定,妨碍了黑格尔在逻辑和形而上学方面深入工作,也使他想写一本与此有关的著作作为教科书的计划没有实现,这样他在耶拿最终没能拿出一个完整的哲学体系,代表体系完成的著作《逻辑科学》在 1812—1816 年间才陆续问世。但是体系的建立也并没有把导言的问题从黑格尔的脑海中排除出去,对他来说,不经过一个预备过程直接进入哲学的思维似乎总显得太突兀,于是他在 1809 年给中学生讲课时,曾想把现象学与心理学合在一起变成一个"哲学的初步知识",直到 1817 年《哲学科学百科全书》问世,他才宣布现象学作为导言所承担的任务可以由体系自身来承担。但在 1831 年修改《逻辑科学》时,他对现象学又表示了双重态度,一方面它仅仅是体系中主观精神的一个部分,另一方面它又是科学体系在历史中的表现。回顾一下黑格尔在体系与导言关系问题上的思想变化,有助于现代的读者了解关于逻辑与历史的一致性、哲学的起点即终点、认识论与本体论的合一、逻辑即哲学等命题的由来和原本意义。

代表第三阶段的重要文献《耶拿体系草稿Ⅲ:自然哲学和精神哲学》是黑格尔在 1805—1806 年间为"实在哲学"的讲座课而写的,后来又在 1806 年重新修改过,只有自然哲学和精神哲学这两个部分。他在耶拿时的自然哲学尽管手稿众多,且每次对决定自然过程的理论假设都有不同的说法或重点,并在不断吸取当时自然科学的新发现,但其中的根本立场从未发生过大的改变。所有的自然现象及其发展变化都被归结到"以太"(Äther)和"质料"(Materie)这两个基本要素上。"以太"是绝对之物在现实化的过程中出现的,表示一种物质化了的绝对的东西,一种在非形而上学现实性中表达出来和得到发展的原则。自然哲学的任务就是解释从天体系统直到动物有机体的疾病等一切自然现象,它们都是绝对质料的不同表现形式。自然是一个有特定秩序的整体,是一个有目的的被规定的过程,其中每一种自然现象都是有秩序的自然显现系列中的一个必要要素。黑格尔最初把天体力学和普通力学区分开来,让力学、化学和物理学在"地球的体系"之下混在一起,1806 年前后才把天体力学与普通力学合并,形成力学、化学、有机学三大块。这个结构与 1817 年《哲学科学百科全书》中自然哲学的结构十分相近,这表明黑格尔哲学体系的这一部分在耶拿已经基本成型。

黑格尔对自然与精神的关系的理解也是在耶拿时期形成的。早期他理解的自然就是人化的自然,即通常所说的第二自然,它包括人的生存环境、人的产品和处于自然法状态下的人的社会。有了自然哲学后,黑格尔把精神也包括在自然中,前者是自然的自然(natürliche Natur),属于自然哲学范围,后者是伦理的自然(sittliche Natur),归属于精神哲学的范围,所以当时的精神哲学还被叫做“伦理性的哲学”(Philosophie der Sittlichkeit),在 1803—1804 年时又被叫做“意识的哲学”,直到 1806 年前后他才明确把伦理的自然称做“精神”。从此,现实哲学的这两个部分才有了确定名称和各自的界线,在体系中有了自己的固定位置。以前黑格尔还把自然法与精神哲学分开来处理,前者与人的实践活动有关,后者主要涉及人的理论部分,如人类学、灵魂、意识等,后来他才将两者合并到一起。总起来看,黑格尔对精神哲学这部分的改动比较大,在它的名称上也颇费心思,这与他对精神哲学内容的看法以及它在体系中应起的作用等多种因素有关。①

黑格尔耗费多年时间来筹划一个哲学体系,其初衷源自他在《差别》一文中对哲学使命的理解:哲学应在主观性与客观性、一与多的分裂中重塑绝对的统一性。他不断探讨着各种方式,以实现这种真正的、内在的统一。我们将看到,把统一性作为最高原则,这一点贯穿着黑格尔今后的全部哲学活动。

---

① 具体原因参见罗斯特曼主编《耶拿体系草稿 Ⅱ:逻辑、形而上学、自然哲学》,“编者序言”,第 ⅩⅤ—ⅩⅦ页,汉堡,迈纳出版社,1982。

第四章 《精神现象学》

1802 年冬,黑格尔就宣布即将拿出一本科学体系的著作,以后在与友人的通信中也多次提到这项计划,在他看来,这似乎是一件指日可待的事。但是最后的事实是,他并没有很快拿出一个完整的哲学体系,而是全力以赴去进行一次酝酿已久的精神思想中的探险,那就是写作《精神现象学》这部作品。

第一节 写作过程和全书结构

黑格尔是在 1805 年冬开始写作《精神现象学》的。当时,他把这本书筹划为未来哲学体系的入门,和逻辑学一起构成体系的第一部分,所以又给它加了一个副标题"意识的经验的科学"(Wissenschaft der Erfahrung des Bewusstseins)。1806 年夏季,该书的第一部分(原文第1—336 页)也就是在这个副标题下被交给出版商付印的。黑格尔对"意识"这个概念的关注与他在此期间将逻辑学和形而上学合为一体的做法有关。既然逻辑就是形而上学本身,不再是哲学的入门,那么,怎样才能将普通的认识引导到哲学认识的入口呢?黑格尔希望意识来承担这项任务。1806 年夏季,他在讲座课上明确说,精神现象学是逻辑学的入门,它由绝对知识的概念(《精神现象学》最后一个部分)直接过渡到存在的概念(《逻辑科学》第一部分)。

黑格尔在写作《精神现象学》时,先写的是"导论"(Einleitung)。在"导论"中,他立足于意识的经验发展,阐述了意识历史发生的形成条件,也就是哲学思维和自然意识相区别的条件,指出自然意识应通过怀疑主义使自己从认识的局限中解放出来,经过辨证运动,最后达到科学认识,即逻辑。在写第 1—5 章(Ⅰ—Ⅴ)时,黑格尔也基本上贯彻了这个意图。但在写到第 6 章"精神"时,他的初衷发生了改变,他领悟到社会历史-现实性的重要性,开始从描述意识的发展史转向描述世界发展史,即社会的真实历史发展。他认为,意识正处于一个新世纪的开端,它要和它已有的实存和表象彻底决裂;但是新世纪是从历史中产生的,所以意识只有通过世界史才能重新掌握新世纪,它必须承担"世界史的巨大劳作"。于是,在第 6—8 章(Ⅵ—Ⅷ)中,黑格尔重点讨论了伦理、道德、法、宗教等问题。这样,最初的"入门"就变成了一个篇幅很大的独立作品。1806年 10 月,黑格尔终于写完了这本书,为了读清样和督促印刷工作,他亲自跑到出版社所在的班堡市,其间因交稿时间的拖延还和出版商发生过摩擦。在最终交付的书稿上,他删去了"意识的经验的科学"的副标题,添加上"精神现象学的科学"作为副标题。在 1807 年 1 月才最后撰写的"序言"(Vorrede)中,黑格尔简述了改变初衷的理由。精神现象学承担着当代科学的任务,它既不再是体系的第一部分,也不再是体系的入门,而是**"一般的科学或知识的这个形成过程"**①,它体现了逻辑的历史发展过程。1807 年 4 月,《精神现象学》一书终于正式出版。

不幸的是,由于出版时麻烦不断,例如因作者分几次才交完全部手稿,印刷工作只能断断续续,装订又分开进行,所以,不是所有的书都添加上了有新副标题的扉页,有的书还将两个不同的副标题并列。这种混乱还表现在段落的划分和目录、标题的处理上。在段落结构方面:先交

---

① 黑格尔:《精神现象学》上卷,贺麟、王玖兴译,第 17 页,商务印书馆,1979。

第一部分稿件时,黑格尔划分的段落是用罗马数字Ⅰ—Ⅷ(中译本第1—8章)来标识的,最后定稿时,他又弄了一个新结构,全文被用拉丁字母分成 A、B、C 三大部分,在 C 中又套了 AA、BB、CC、DD 四部分(中译本分为甲、乙、丙,丙里面再套上甲、乙、丙、丁)。从原来的八章到最后的六个部分,实质的变化是把原来的前三章合并为一个部分,即"A. 意识",后面的结构基本上保持原样。但是字母的标题只体现在目录中,正文中的标题还是旧的。后来出版的《精神现象学》各版本都把这种双重结构保留下来。① 在目录与标题方面:在最初交稿付印时,黑格尔列了一个目录,最后交稿时又给了一个经过修改的更好的目录,但出版社只在目录表上列出了这个有清晰小标题的目录,却没有据此给全部正文加上标题,所以造成目录表的小标题并没有反映在正文的内容中。这些都让初读者一打开该书就感到些许困惑。②

黑格尔为"序言"部分添加的小标题如下:

> 论科学的认识;真实之物的要素是概念,概念的真实形态是科学的体系;精神目前的状况;原则并不是终结,反对形式主义;绝对之物是主体,主体是什么;知识的要素;上升到知识就是精神现象学;已被表象之物和熟知之物转化为思想,它们在概念之中;精神现

---

① 关于《精神现象学》的计划、写作、印刷、出版等问题参见班西本为 1988 年版的《精神现象学》所写的"导言",载黑格尔《精神现象学》,魏塞思、克莱蒙特主编,第Ⅸ—LXⅢ页,汉堡,迈纳出版社,1988(以下所引此书均为此版本)。

② 应该指出的是,《精神现象学》的中译本在小标题的处理上有可以改进之处。第一,译者根据拉松本和参考法、俄译本,在目录和正文中加上了许多带[]的小标题,以帮助读者理解原文,而这些标题是黑格尔的原文中所没有的(参见中译本"译后记")。我们认为,经典原著的翻译应该严格地根据原著进行,任何后人的添加物都不能全面准确地还原原作者的思想,反而会误读原文,因为每一个译者的理解都不可避免地带有时代视域的局限性。第二,中译本的序言小标题没有相应地将黑格尔本人所写的全部序言小标题翻译出来,在后面各章的目录中还有几处本来是黑格尔的原标题,却被标上[],这和译者所参照的荷夫迈斯特 1952 年版本有些许出入。第三,"序言"的原文文本中只有自然段落,并没有穿插小标题,也没有按内容分成几大段,但中译文用带[]的小标题将其划分开来,而且这些带[]的小标题与原文的内容还有几处不太一致,例如"历史的真理与数学的真理"那一段被标识为[历史的认识与数学的认识](参见《精神现象学》上卷,贺麟、王玖兴译,第 26 页,商务印书馆,1979。)

象学在何种程度上是否定的或者包含了错误的东西;历史的真理和数学的真理;哲学真理的本性和它的方法;反对图表化的形式主义;从事哲学研究的要求;在其否定态度中的发怨言的思想;在其肯定态度中的发怨言的思想,它的主体;作为健康人类理智和作为天才的自然的哲学;结束语,作者与读者的关系。①

黑格尔本人是这样说明《精神现象学》与他的哲学体系的关系的。在 1807 年 10 月 28 日《耶拿文汇报》的知识专栏上,他刊登了一份自我介绍:

> 本书描写生成着的知识。精神现象学应该对知识的根据作出心理学的解释或是抽象的讨论。它从如下角度——通过这一角度它就是一个新的、有趣的、哲学的第一科学——看待科学的准备:它把精神的诸形态当做道路的各站包括在自身内,通过这条道路,精神就成为纯粹的知识或绝对的精神。因此在这个科学的诸主要部分中——当然它们又分为若干部分,意识、自我意识、观察着和行动着的理性,精神自身,作为伦理的、有教养的和道德的精神,最终作为宗教的精神,在其有区别的形式中得到考察。那些初看上去混乱无章的精神现象的财富被置入一种科学的秩序中,这种科学秩序根据必然性来描写这些现象,不完善的现象在这种秩序中自身消解,并上升到更高的现象中,后者是紧跟着前者的真理。它首先在宗教中,然后在作为整体的结果的科学中发现最后的真理。

> 在"序言"中,作者说明了从目前哲学的立场来看哲学的需要应该是什么;说明了旧哲学套路的狂妄自大和胡作非为,它们正在贬低哲学;说明了那些在哲学和哲学研究中最重要的东西。

> 第 2 卷将包括作为思辨哲学的逻辑的体系,还有哲学的其余两个部分,自然的科学和精神的科学。②

---

① 《黑格尔全集》(理论版)第 3 卷,第 1 页。
② 同上书,第 593 页。

第二节 "精神"和"现象学"的概念

仅是"精神现象学"这个书名,在当时就充满时代感,有点标新立异。"精神"(Geist)一词,是 18—19 世纪之交流行的一个时髦概念,尤为德国古典哲学和浪漫派文学所看重,也是黑格尔十分钟爱的概念。在早期作品中,他就多次提到"犹太教"或"基督教"的"精神",表示对一个时代或一种宗教的自我理解及其内在发展动力。在《差别》一文中,黑格尔谈到作为两条形而上学原则的"精神与物质"在哲学传统中的对立。自然哲学和理智哲学的任务就是证明这两者之间的同一性,因为自然对这种同一性浑然不知,而它在精神中已回到自身。总起来看,黑格尔当时主要是从"伦理性"(Sittlichkeit)的角度去理解精神,它表示一个时期、一个民族的道德、政治、宗教等东西的总和,代表人的理性中的实践能力和社会性的东西。人的理性被大致分为意识、意志、精神这样三个阶段。[①] 最新的精神属于近代及其宗教。

值得注意的是,当时黑格尔理解的"精神",就有"自我反思的过程"和"它自身的它在的结构"这样两个特征。精神诸形式的特点,就是从所有内容中直接抽象出来,又同时成为特殊的、具体的内容。人可以在其意识中脱离一切特殊内容,并使这种意识性成为对象。人还可以将他独立或脱离特殊兴趣和视域的能力,在行动中表达出来,例如超党派性、自我距离、扩大的视域等。在黑格尔看来,这种自我距离或自我否定的结构适合于个体和社会精神、理论和实践精神的一切形式。这就是精神的每个形式或阶段为什么能超越自身、对自身发问并反思自身的原因。每一次反思都是把它自身的对立面包括在自身中,由此不断达到更广阔的

[①] 有关黑格尔的"精神"概念的变化参见西普《精神现象学的道路》,第 59—62 页,法兰克福/美因,苏尔坎普出版社,2000。

自我认识。①

"现象学"(Phänomenologie)这个名词确切地在什么时候第一次登场,现已无从考证。"现象学"的形容词最早出现在来自黑格尔的家乡施瓦本的神父厄庭格(Oetinger)所作的《古代哲学》(1762)一书中,他首次将现象学定义为从对自然现象的观察中推演出总体规则的一种因果律方法。基本上与此同时,在1764年出版的《新工具》一书中,朗贝特(Lambert)把现象学定义为与关于真理的理论不同的"关于假象的理论"(Lehre vom dem Schein),假象并不完全代表错误,它是真理和错误的混杂,现象学的任务就是系统化假象的种类,以避免错误,认识真理。他们两人已不言自明地使用"现象学"这个概念,所以可以判断,当时这个概念已为人们所熟识。

朗贝特的观点对康德产生了直接影响,但康德比前者要更加积极地估计现象学的意义。康德在早年曾设想在形而上学理论前先搞个现象学,作为一门"预科",以确定感性原则的有效性和限度,使感性原则和关于纯粹理性对象的判断不致混淆起来,但最后他还是以"纯粹理性批判"取代了现象学的地位。不过,在1785年出版的《自然科学的形而上学基础》一书中,康德共写了四章,它们分别是运动学、动力学、机械力学和现象学,现象学在此是指把物质的运动和静止作为外在感官的现象或经验的对象加以研究。赫尔德也提到过要创建一门现象学,他在1774年的《人类最早文献》一文中报怨:"人的最重要理论,如直观的哲学、明证的哲学、符号的哲学、经验的哲学,都还深藏于黑暗和怀疑之中。"②不过他注意到这种状况已被打破,在朗贝特的现象学中出现了新的开端。在1767年发表的《批评的丛林》第4卷中,赫尔德说:"真正讲来,既然可见的美不外是现象,那么也就应该有一个关于美的现象的充实的伟大科

① 有关黑格尔的"精神"概念的变化参见西普《精神现象学的道路》,第61页,法兰克福/美因,苏尔坎普出版社,2000。
② 转引自班西本"导言",载黑格尔《精神现象学》,第Ⅸ—LXⅢ页。

学：一门美的现象学，这门科学有待于第二个朗贝特来完成。"①浪漫派大师诺瓦利斯也说过："现象学可能是最有用的和最广泛的科学"②。

　　黑格尔对上述关于现象学的看法应该是有所了解的。在把现象学作为哲学入门的构思上，黑格尔和康德确实有某种共同之处。但就康德只是在消极的意义上使用"现象学"而言，黑格尔和他就有根本区别了。费希特也有自己对现象学的构想，他认为作为真理和理性理论的知识论需要现象学作为其补充。他的 1804 年的"知识论"体系的第二部分就是现象论，即关于现象或假象的理论。因为知识论把一切事实性（Faktizität）都从意识中排除出去，意识作为一切事实之物的源泉，又可以从中推导出作为其内容的事实之物。现象学就是关于推导出事实东西的理论。现在的研究尚不能肯定黑格尔当时是否已经知道费希特当时仅在口头上表述的现象学思想。③ 此外，歌德在研究光和颜色的理论时也探讨过现象的问题，例如他在 1798 年写的《经验与科学》一文。而黑格尔在这段时间里和歌德有着较密切联系，因此，不能排除歌德也对黑格尔关于现象学的设想产生过影响。

　　对黑格尔使用"现象学"这个概念影响最大的似乎应该是莱因哈德。过去的研究常忽视这一点。1800 年左右，"现象学"已经是一个为人所熟知的哲学概念，它表示研究现象中有多少"本质内容"。莱因哈德在 1802 年发表的文章《现象学的要素或通过将合理性的实在主义应用于现象来讨论它》中，在所谓的基础理论"合理性实在主义"之后，设立了一个现象学，其任务是以合理性的实在主义的原则在现象界的应用为例，来解释合理性的实在主义。这里的现象界与假象是有区别的。由于现象界的经历主要与自然界有关，莱因哈德认为，现象学应将自然现象引到它的本质和根据中，并确定自然理论的一般规划，因此现象学实际等同于自然哲学。黑格尔对莱因哈德的思想是十分了解的，他的《差别》一文曾专

①② 转引自班西本"导言"，载黑格尔《精神现象学》，第Ⅸ—LⅩⅢ 页。
③ 对这个问题的看法参见班西本"导言"，载黑格尔《精神现象学》，第 ⅩⅥ 页。

辟一节批评莱因哈德。此刻他将"现象学"和"精神"两个词联起来作为自己的书名,一方面希望用现象来说明"绝对知识"的产生,使理论与历史相互印证;另一方面通过将精神现象上升到概念,也可能希望与莱因哈德的"自然现象学"唱个对台戏,从而体现出自己理论的标新立异之处。[①]

第三节 内容概述与评论

现在我们先对《精神现象学》一书的全部内容作个大致介绍,然后再谈其中的一些重要思想及其影响。

一 序言

在"序言"中,黑格尔一边列举以往哲学思想的不足,一边在批判中阐明自己对哲学的理解,并指出哲学的任务。费希特的"自我"概念、谢林关于"无差别的同一性"的思想、雅可比的"直观"和"信仰"概念、斯宾诺莎的实体概念,都是黑格尔要批判的对象。其实在批判中,也包括了黑格尔对他们思想的肯定和继承。例如他们都赞成哲学应该建造一个体系,所有科学的基本概念和基本考察方式都要在这个体系中得到说明,哲学应该在这个体系中认识到绝对的、无条件的和完整的东西。黑格尔对康德的评价总是比较委婉,先指出他的功绩,再谈他的不足,例如形式主义、窒息生命等,认为自己的哲学是对康德哲学的提升。另外,康德和费希特对主体性的重视,更是黑格尔改造实体的源泉之一。

在"序言"中,围绕真理、绝对、精神等哲学基本问题,黑格尔表达了如下一些重要思想:(1)真理是一个向前发展的体系,是一个有诸多环节的有机统一体,因此判断正确与错误并不是非此即彼,每个环节都应有

[①] 关于"现象学"的概念史和有关引文参见荷夫迈斯特为《精神现象学》写的"导言"的第一部分,载黑格尔《精神现象学》,第Ⅶ—ⅩⅦ页以及班西本"导言",载黑格尔《精神现象学》,第Ⅸ—ⅩⅥ页。

自己的必然性。(2)哲学应该具有科学的形式,是一个真理的体系,真理
的要素就在概念之中。(3)不仅要把真实的东西或真理理解和表述为实
体,而且要同样理解和表述为主体。实体自身包含了知识和对象这两种
直接性。实体作为主体是纯粹的简单的否定性,它建立对立面,然后又
在自身中重建统一。唯有这种正在重建其自身的同一性或在他物中的
自身反映,才是绝对的真理。(4)绝对之物是一个包含了过程的结果,中
介(Vermittelung)是绝对发展过程中的一个积极环节,中介是向他物的
转化,是纯粹的否定性,是绝对的自身反映等。正是这个反映,使真理成
为发展出来的结果,同时又将结果与其形成过程之间的对立予以扬弃。
(5)"绝对即精神"这句话所要表达的是,真理只有作为体系才是现实的,
或者说实体在本质上即是主体。精神的东西是一个自在而自为的存在,
是在绝对的他在中的纯粹的自我认识。自在即其自身,自为即将自己外
化。换句话说,认识从直接确定性开始,把客观事物理解为与自己的对
立,经过科学的工作,它明白了他物是自身所建立的,从而达到了与他物
的统一,也就是自在而自为的存在。精神的力量在于敢于在否定性那里
停留并把否定性转化为存在。(6)古代的研究从具体存在物和现象开
始,以形成自然意识;现代研究则扬弃这种具体物,抓住已有的各种认识
形式的表象及其"熟知",努力扬弃这些固定的思想,从而使普遍的东西
成为现实有生气的东西。(7)否定性是意识中主体与客体的区别的灵魂
或推动者。否定的东西就是其自身,否定的行动就是实体自身的行动。
(8)哲学只考察本质的规定,它的要素和内容不是抽象的或非现实的东
西,而是现实的东西,自己建立自己的东西,在自身中生活的东西,在其
概念中实际存在的东西。哲学的要素是那种产生自身的环节并经历这
些环节的运动过程,这全部的运动就构成肯定的东西及其真理,肯定的
东西的真理本身也包含着否定的东西。(9)科学研究是概念的思维,它
要我们注意概念本身,注意单纯的规定,注意类似自在的存在、自为的存
在、自身同一性等规定,用思辨的思维克服表象的思维、天才的灵感与健
康的常识等。

　　值得指出的是,第一,"实体""绝对"都是传统哲学的概念,黑格尔通过将它们改造为"主体""精神""体系",使它们获得新的规定性,具有自我运动和说明自身的能力,"活"了起来。第二,黑格尔始终是在和实体的联系中考察真理问题,它不单纯是一个认识论的问题,更具有形而上学的意义。这就是本体论与认识论的统一。相对于康德划分两者的做法而言,这是进步还是倒退,要具体分析。第三,"自我产生""反思""自为存在"和"关于自身的知识"等新说法是黑格尔对主体性概念作出的新规定,是原创性的。第四,"否定性""中介"等概念是使实体或认识得以双重化从而回到或认识自身的关键。第五,黑格尔反复强调的是,绝对、实体的各种特性不仅是思想的规定性,也符合现实性,现实性也是一个由简单到复杂的有机发展的整体。理论和实践、思维与存在是统一的。

二　导言

　　"导言"部分寥寥数页,主要谈认识论问题,这和黑格尔原计划的"意识"主题相当。黑格尔首先对康德主张在认识开始前先对认识本身进行一番研究的立场提出了委婉的批评,并且激烈地批评了把认识当做一种把握绝对的"工具"的自然立场。他指出,这种害怕犯错误的顾虑是不必要的。认识与绝对的真理是相关联的,在认识展开的过程中,它会不断调整自身,变成实在,成为科学。黑格尔的主旨是反对把认识形式与内容分离开来。自然的意识或"灵魂"总认为"自在"(An Sich)和"自为"(Für Sich)之间的鸿沟无法逾越,为此,黑格尔说:"灵魂在这个道路上穿过它自己的本性给它预定下来的一连串的过站,即经历它自己的一系列的形态,从而纯化了自己,变成为精神;因为灵魂充分地或完全地经验了它自己以后,就认识到它自己的自在。"[①]黑格尔谈到了如何看待自然意识所代表的"怀疑主义"问题。怀疑主义想确保认识的基础是可靠的,但它却永远只看到结果是纯粹的虚无,完全没有看到这种虚无乃是特定的

[①] 黑格尔:《精神现象学》上卷,贺麟、王玖兴译,第54—55页,商务印书馆,1979。

虚无,是对于结果所自出的那种东西的虚无,作为特定的虚无它就是真实的结果,具有一种内容。否定变成了过渡,新的形式立即出现了。认识的目标就是发现了它自身和到达概念符合对象、对象也符合概念之处。认识的尺度不应该在事物之外预先地被确定,它应该在认识自身中被寻找,并随着认识的发展而调整自身。

最后,黑格尔把认识中的诸种矛盾的产生都归结到意识的根本特征上,那就是"意识是把自己跟某种东西区别开来,而同时又与它相关联着的;或者像这样来表达:意识就是为了它自己的某物;而这种关联或某种东西的为一个意识的存在,这个特定的方面,就是知识"①。这样,被看做具有客观性的对象或知识,一方面对于意识具有一种独立的存在,即它的自在;另一方面,它作为这个自在又是为意识的存在,又与意识处在关联之中。同理,意识一方面是个自在的存在;另一方面,它不断地把某物从自身区别出去,从而也是一个自为的存在,并且与他物相关联。这样,意识和对象,通过分为自为的存在和自在的存在这两个环节,都被包括在知识之内,不会再有意识无法企及的对象,当然意识也要根据对象来调整自身。由此,黑格尔通过对意识的辩证理解,尤其是把意识的对象双重化为自在的存在和自在的为意识的存在(后者是对前者的否定和关于前者的经验),解决了认识与真理相分离的问题,指出"我们就能按照事物**自在的**和**自为的**样子来考察它"②,这样知识或真理就完全是可能的。意识的经验就是指把意识的对象经验为一个为意识的存在,从而将其包括在意识自身之中。意识不断地产生结果,并不断否定着产生结果的东西,这种积极的否定把以前所产生的知识或真理都包括在内,由此成为一条达到科学的道路,它能够完全包括整个的精神真理的王国于自身内。这里,我们对"意识的经验"和"精神的现象"两个概念作一区别。严格地说,它们要表达的思想观点是一致的,这就是黑格尔在"导言"中

---

① 黑格尔:《精神现象学》上卷,贺麟、王玖兴译,第58页,商务印书馆,1979。译文有改动。
② 同上书,第59页。

反复阐述的主旨;"意识的经验"是就这一主旨尚在发生时、尚未被人意识到时而说的,而"精神的现象"是在揭示了这一主旨后,是在意识经过发展成为精神后而说的,指意识的这个发展过程就是精神现象的不同形态。

三　意识

　　第 1 章"感性确定性"从认识的发生谈认识的普遍性。认识总是从一个当下确定的东西开始,表面看来这种认识丰富具体,但它所提供的真理就是意识到有事情存在着,所以这种真理是最抽象和贫乏的。当我们说到"这一个"或"那一个"东西时,它已成为过去而不复存在了,也就是说,我们看到的是一个具体的东西,但我们说出的永远是一个普遍的东西,这是认识论中一个永恒的问题。语言仅仅表达共相,而不能说出我们当下所意指的那个感性存在。但是,坚持这一个对象或坚持共相才是感性唯一的真理的态度都是不对的,感性确定性的本质在于它们的整体,而不只是其中的某一个环节,经过对直接存在和共相的两次否定,就达到了"**一个回复到自身**的或者在它的对方中保持着它自己的**简单的东西**了"①。感性的原则是直接的确定性,它是一个"一",但包含了许多"一"在自身内。

　　第 2 章讲"知觉"。知觉是诸多感觉的复合体,它的原则是普遍性,但它这个普遍性由否定感觉的直接性而来,所以是一个间接的普遍性。知觉高于感觉之处在于,只有知觉才包含着否定性、差别性、多样性的本质。否定是特定的无,它把被否定之物的直接性包含在自身内,所以"扬弃是**否定**并且同时又是**保存**"②。差别性使事物彼此互不相关,但又互相关联着。每一个特质都是对另一个特质的否定,它们组成一个互相贯穿又漠不相关的集合体。知觉问题是一个经典的哲学问题,黑格尔在此主

① 黑格尔:《精神现象学》上卷,贺麟、王玖兴译,第 70 页,商务印书馆,1979。
② 同上书,第 75 页。

要是批判传统的知觉观始终用孤立片面的观点看待对象,他的有些议论是直接针对休谟而发的。意识在知觉活动中不是被动的,"意识不再仅仅知觉[对象],而它又意识到它自己回返到自身,亦即意识到它自己的反思,而且把这种反思和单纯的认识本身区别开"①。

第 3 章"力和知性"是全书中最复杂和难读的章节之一。当时的莱布尼茨和洛克等人都倾向于把"力"作为物质实体的最根本特性,黑格尔也把物质的特性看做力的外化,这样力就代表了客观的对象,知性则代表知识,"力和知性"一节的重点就是要克服知识与对象的二元化。黑格尔力图显示,概念和物质实体之间的区别不是绝对的,被我们视为物的真正存在的东西,其实具有主体性的结构。可以把意识在"知性"中的经历分为三个小阶段:首先是关于力的概念和现实性的关系。力的自在与外化属于概念,这两个环节本来是有别的,由于力的相互作用,它们就又表现为力的现实性。现实性又要认识其自身,即回到概念。经过概念—现实化—回到概念自身的"游戏",遂发现力的概念和现实性就像力的自在和外化一样,也是不可分开的两个环节。第二阶段是进一步柏拉图式地把概念理解为力的不安定游戏的内在东西;为了使现实性具体化,知性必须在概念中接纳诸如量、比例等的区别,并在"规律"的概念中使那些简单、永恒不变的概念与现象世界的不安定并变化着的东西统一起来。最后进入到"超感官世界"与感官世界的关系。现象是把知性和事物的内在东西结合起来的中项,在其之外有一个超感官的彼岸。但是两者不是决然对立和各自为政的。本来规律的世界一度被理解为感觉世界的"模本",但为了用不同的规律来解释自然界与道德世界进程的关系,超感觉世界又被理解为"颠倒了的感觉世界",尽管后者是前者的本质和真理,但现象界的作用决不能低估。"无限性"被理解为一个不断建立差别然后又扬弃差别回到自身的统一过程,"纯粹的自身运动的绝对

① 黑格尔:《精神现象学》上卷,贺麟、王玖兴译,第 80 页,商务印书馆,1979。

的非静止性"①。

结尾时意识达到自我意识:我是我自己的对象,但我不仅是个对象,更是主体,我使我自己对象化,其目的是要把我当做主体来把握。这一章多处涉及 17、18 世纪的哲学和自然科学问题,黑格尔利用了新出现的电子论、化学、磁力学和布朗(J. Brown)的医学理论,影射了洛克、牛顿、莱布尼茨、康德和浪漫派的观点,例如关于"力""规律"的概念,以及"现象"的世界和规律的"王国"等。② 以上三章都归属在"意识"的大标题下。

四 自我意识

第 4 章"意识自身确定性的真理性"又被标为"自我意识",它超出了认识论和本体论问题的领域,实际上探讨了传统的实践哲学即政治、道德和宗教诸问题。按照黑格尔的说法,到了自我意识,我们就进入了真理的王国,因为它是关于自己本身的知识,而此前的"意识"是以一个它物为对象的。不过,自我意识是从对感性和知觉世界的存在的反思而来的,就意识返回自身而言,对象就是"生命"。但生命不能满足这种直接性,它又要产生对象,并要扬弃对方,这就是"欲望"。"精神是这样的绝对的实体,它在它的对立面之充分的自由和独立中,亦即在互相差异、各个独立存在的自我意识中,作为它们的统一而存在:**我**就是**我们**,而**我们**就是**我**。"③

从对自我意识的思辨理解出发,黑格尔谈到了主人与奴隶关系(Herrschaft-Knechtschaft-Verhältnis)的辩证法。在自我意识中,有两个正相反对的环节,一个是独立的意识,它的本质是自在存在,这就是主人;另一个表现为依赖的意识,它的本质是为对方而生活或为对方而存在,这就是奴隶。但是,主人通过独立存在间接地使自身与奴隶相关联,

① 黑格尔:《精神现象学》上卷,贺麟、王玖兴译,第 112 页,商务印书馆,1979。
② 本章的解读参见西普《精神现象学的道路》,第 91—97 页,法兰克福/美因,苏尔坎普出版社,2000。
③ 黑格尔:《精神现象学》上卷,第 122 页。

主人又通过奴隶间接地与物发生关系,于是,他的本质成为他所意愿的反面;同理,奴隶在完成主人命令的过程中也过渡到他直接地位的反面,迫使自己返回到自己的意识,使自身转化为具有真实的独立性的存在。奴隶的转化是通过劳动而实现的,"劳动**陶冶事物**"①。

通过对主奴关系的辩证考察,自我意识就达到了一种新形态,即一个能思维的或自由的自我意识。自由的思维以概念的方式把握对象,也就是说,对象是以一个异于意识的自在存在的身份直接地作为意识的对象,但又与意识没有差别。在思维中,我是自由的,那客观存在的对象也是为我而存在,与我有不可分割的统一。它在历史上的第一个表现形态就是斯多葛主义,它的原则是,意识是能思维的东西,只有思维才是意识的本质,不论什么东西,只有意识把它们作为思维的存在去对待时,它们对于意识才是重要的或者才是真的和善的。但是,这种能思维的意识只具有抽象的自由,是对外在存在的不完全的否定,它仅仅是脱离有限存在而退回到自身之中,所以仍有局限性。这时怀疑主义出场了,它是否定性的思维,否定了那多方面的有规定性的世界,使自由的自我意识的否定性在生活的多样性形态中成为真实的否定性。黑格尔高度评价怀疑主义在思想自由中所起的作用:怀疑主义体现了辩证法的否定运动,通过自觉的否定,它使自我意识获得自由的确定性,并使这种经验上升到真理。但是,怀疑主义又是对所有事物和差别的全盘否定,因而使自身又退回到偶然性和紊乱之中,成为摇摆不定的东西、自身矛盾的意识,这就是不幸的意识(unglückliches Bewusstsein)②。它是一种始终分裂为二的意识,总是意识到自身中有一个对立面的存在,它希望达到两者的统一,但没有实现。经过两者的斗争,它认识到不变的意识也具有个

---

① 黑格尔:《精神现象学》上卷,贺麟、王玖兴译,第 130 页,商务印书馆,1979。

② 《精神现象学》的中译本将德文词"unglückliches Bewusstsein"译做"苦恼的意识",我们认为不太贴切。"unglücklich"是"glücklich"(幸运的、成功的)的反义词,据瓦日希(Wahrig)德文词典,在修饰人时,它表示"悲伤的""受到打击的";在修饰事情时,它表示"带来不幸的""不利的"。这里的"unglücklich"是形容词,修饰人的意识,所以我们将其译为"不幸的意识"。

别性的形态,这是通过欲望、劳动、放弃等形式实现的,最后它认识到自身就是绝对自在的存在和行动,于是,意识的不幸就消除了,对立面和解了,达到了"理性"的观念。黑格尔将这一过程概括为三个环节:作为纯粹的意识、作为个别的存在和作为对它自己的自为存在的意识。

第4章把实践的意识(欲望、恐惧)、人的社会关系、宗教和历史等问题纳入"先验哲学"的范围,即知识与对象的关系中加以讨论,其中还涉及人与人、人与自然的关系,这在当时和现在都是绝无仅有的,是黑格尔的独创。而且黑格尔在谈政治问题时,不是抽象地讲理论,而是直接通过分析历史上出现的政治形态,来阐明自我意识的进展,这也是难能可贵的,是对社会现实性的重视。第4章被视为《精神现象学》一书中十分重要的一章,因为黑格尔在其中关于欲望(Begierde)、恐惧(Furcht)、怀疑主义(Skeptizismus)、为"承认"而进行的战斗(Kampf um Anerkennung)、主奴关系的辩证法等的论述,不仅在当时有革命意义,后来还引起马克思主义和存在主义为此产生激烈纷争,并且至今仍是哲学界的热门话题。①

五　理性

第5章"理性的确定性与真理性"就是要表明"理性就是意识确知它自己即是一切实在这个确定性"②。在这里,意识自身把它的对立面即个别的现实的意识或他物,当做它自己的否定物,并看做由它自身产生出来的,从而与他物形成了统一。这种统一的实现是由"中项"(die Mitte)这个东西完成的。黑格尔说:

> 意识的真理性即是在具有绝对分立的两极端的推论过程里表现为中项的那个东西,它对不变的意识表示个别的意识已经否定了

---

① 有关第4章的重要性参见西普《精神现象学的道路》,第97—98页,法兰克福/美因,苏尔坎普出版社,2000。
② 黑格尔:《精神现象学》上卷,贺麟、王玖兴译,第155页,商务印书馆,1979。

自己,而对个别的意识则表示不变的意识已不再是它的一个极端,而已与它和解为一。这个中项就是直接认知两极端并联系两极端的统一。①

接下来,黑格尔详细但不指名地分析并批评了康德、费希特、谢林唯心主义的缺陷。"在过去,自我意识一向所关涉的仅是它的独立和自由,为了拯救和保持其自身,曾不惜以牺牲**世界**或它自己的实在性为代价,将这两者都当做它自己的本质的否定物。"②虽然他们都在寻求一种统一性,但是康德的物自体与现象、费希特那条常被人误解为"由无中创造"的"自我设定非我"的原则,还有谢林的"自然与精神的无差别",都在意识与实在性之间留下了壕沟。在他们那里,意识是空虚的,实在性与意识只有外在、表面的统一,从而没能把唯心主义开创的哲学原则进行到底。

接下来黑格尔尝试着描述自我意识与实在性(自然、社会、人的精神)是如何和解的。"观察的理性"一节主要谈哲学在自然科学中的经历,因为理性要认真地对待意识的否定物,理性对世界感兴趣,所以自然科学的问题在此获得一席之地。当然理性是用概念的方式对待在知觉、意谓中出现的东西,不过,当理性开始工作时,它还未认识到自身的真理,所以它必须从感性出发,首先是对自然的观察,包括作为一个有机整体的无机物、有机物、自然界,其中涉及当时科学家有关如何看待力的本质、有机界有哪些特性等争论。其次是对自我意识自身以及它与外在现实关系的观察,有思维的规律、心理学的规律、个体性的规律等。黑格尔强调的是这些形式规律一定要有具体内容,切不可流于空泛。最后是对自我意识与其直接现实关系的观察,也就是对个体的人本身的考察,涉及的内容有拉瓦特尔(Lavaterl)的面相学和加尔(Gall)的头盖骨相学,这是在当时医学-心理学学科中流行的理论,可被视为人类学的前奏,黑格尔对它们了如指掌,但其内容在今天只具有为科学发展史提供资料的意义。

---

①② 黑格尔:《精神现象学》上卷,贺麟、王玖兴译,第 154 页,商务印书馆,1979。

"理性的自我意识通过其自身的活动而实现"一节又转向实践哲学领域,阐述自我意识在现实社会中的目标,尤其是作为个体的人与民族精神这一整体之间的关系。在此,自我意识进行双重运动,它意识到自己仅是一个个体,它必须在别的个体中要求并产生它的现实性,然后它又认识到这些现实也只是本原的发展的环节,就是它自身,由此,它获得自己的真理性和普遍性。黑格尔把这样一个代表现实性的世界称做"伦理性的王国"(Reich der Sittlichkeit),它类似我们今天所说的日常生活世界,是客观存在着并不以人们意志为转移的。首先是个体为了满足生命需要而进行的劳动,通过劳动他也满足了他人的需要,个体就在社会化的过程中使自己的现实性得到实现,在"伦理性"中使自己的生命具有意义,所以整体性和普遍性是伦理世界的原则,这个普遍的实体通过礼俗伦常和法律表述自己的语言。由此可见,一个民族的"善"和"正义"被黑格尔看做其社会整体性的体现,经济关系也被包含在其中,但处在次要层次。社会团体首先被理解为一个伦理的社团,这是黑格尔多年崇尚古希腊民主政治和研究基督教历史的思想结果。

本节在谈完一般理论问题后,又分为"快乐与必然性""心的规律和自大狂""德行和世界进程"三小段,在这里黑格尔主要是对 18 世纪后期由晚期启蒙运动、狂飙突进运动、感伤主义所代表的文学和政治"世界观"进行剖析,并讨论如何平衡欲望与理智、个人与历史、个人与社会的关系。"德行"(Tugend)就是要把规律性和普遍性认做本质的东西,并且扬弃个体性。"在德行的意识那里,各人私有的个体性必须接受普遍、自在的真与善的训练约束。"[1]"世界进程"(Weltlauf)则正好与德行相反,个体性把自己当做本质而使自在的善和真屈服于自己之下,世界进程成为被个体性颠倒了的普遍秩序。但是,黑格尔在此充分肯定了个体性在社会和历史发展中的作用:它使意识中的潜在的善成为现实,它的运动就是普遍东西的实现。

---

[1] 黑格尔:《精神现象学》上卷,贺麟、王玖兴译,第 252 页,商务印书馆,1979。

最后一节是"自在自为地实在的个体性",在这个阶段,"意识摆脱了所有的对立和一切限制其行动的条件以后,就轻松愉快地**从自身**开始做起,不再骛心于**他物**,而专诚**致力于自己**"①。在"精神动物的王国"里,个体首先通过行动,然后在行动的产品即艺术作品中发展和实现自身,使他的特别能力、天赋、特点现实化,最后在事情本身(die Sache selbst)中,个别的目的成为普遍的目的,事情本身就意味着现实性与个体性的互相渗透。本段的背景是歌德和洪堡兄弟之间关于艺术家和科学家理想的争论。② 后两节"立法的理性"和"审核法律的理性"又回到康德的实践哲学问题,其中所举的例子明显来自康德在 1785 年发表的《道德形而上学》和 1797 年出版的《道德形而上学原理》。对象性的东西在此成为"**绝对的事情**,它不再受确定性及其真理性、普遍与个别、目的及其现实等等的对立所困惑,它的实际存在就是自我意识的**现实和行动**"③。这个绝对的事情就是伦理的实体,所以它的对象也是真实的东西,它把意识和存在统一在一起。至于道德诚命,它们是得到承认的,不能追问它们的起源和理由,因此健康的理性直接知道什么是"好"或"善",例如"每个人都要说真话""爱邻人如爱你自己"。但是这些诚命因其内在矛盾,最后必须抽掉内容,只剩下一种形式的普遍性或普遍性的纯粹形式。于是,创立法律的理性下降成为只能根据是否自相矛盾来审核法律的理性。这是黑格尔对康德绝对的道德诚命思想的批判。后一节则是针对康德要求把绝对命令作为检验个人行为的最高准则而发的,黑格尔指出绝对命令是同语反复,只涉及被审核律令内容的偶然性,违反矛盾律,并举出私有财产的问题作为例证。黑格尔还谈到如果为道德伦理立法,就会使一些人任意妄为,而另一些人成为俯首听从的奴仆。

"理性"一章分为三大节,所涉及的问题跨越理论哲学、实践哲学、艺术和宗教哲学领域,其结构有点像一部"小哲学科学百科全书",这种划

① 黑格尔:《精神现象学》上卷,贺麟、王玖兴译,第 261 页,商务印书馆,1979。

② 参见西普《精神现象学的道路》,第 161 页,法兰克福/美因,苏尔坎普出版社,2000。

③ 黑格尔:《精神现象学》上卷,第 279 页。

分也类似康德的"三大批判"的结构,理论哲学、实践哲学,然后是设法使两者统一的"判断力批判",从美学入手,最后进到目的论。按理说,意识发展到理性,所有领域都被打开,精神的发展就应该到此止步了。但是黑格尔的问题在"理性"中并没有完全解决,他又转向"精神",掀开了一个更广阔和更深刻的思想领域。

六　精神

第6章"精神"是全书篇幅最大的章节,因其内容庞杂,黑格尔还加了不少小标题进行划分。研究者们对本章的解读虽然有分歧,如黑格尔在此使用的方法是否前后一致等,但他们有一点看法是相同的,即黑格尔的思想在"精神"一章中出现了重大的转折,并借此而达到了《精神现象学》的最高峰。[①] 在这一章里,不是"意识的种种形态",而是"世界的种种形态"成为考察的对象,前几章中对认识论中主体(意识)和客体(对象)关系的探讨以及对实践哲学问题的思辨-理论性阐述,在此发展为对作为个体(Individuum)的主体与作为社会现实性(soziale Wirklichkeit)的客体之间的现实关系的研究,世界历史的真实发展在此成为黑格尔的参照物,现实性、历史性、社会性的概念在此获得重要地位,当然黑格尔一如既往地要在个体和社会两者间寻找内在的统一。

本章前面几段是一个大致的导言。首先,黑格尔区分了理性与精神,理性只达到一种抽象、形式的统一性,而精神则是那个"既认识到自己即是一个现实的意识同时又将其自身呈现于自己之前[意识到了其自身]的那种**自在和自为地存在着的**本质"[②]。精神是伦理的现实性(sittliche Wirklichkeit),当它处于直接的真理性状态时,它就是一个民族的伦理生活。在与个人的关系上,"它就是一切个人的行动的不可动摇和不可消除的**根据地**和**出发点**,——而且是一切个人的**目的**和**目标**,

---

① 参见西普《精神现象学的道路》,第173—174页,法兰克福/美因,苏尔坎普出版社,2000。
② 参见黑格尔《精神现象学》下卷,贺麟、王玖兴译,第2页,商务印书馆,1979。

因为它是一切自我意识所思维的**自在物**。——这个实体又是一切个人和每一个人通过他们的**行动**而创造出来作为他们的同一性和统一性的那种普遍**业绩**或作品,因为它是**自为存在**,它是自我,它是行动"①。由此,我们可以看到精神的这样三个特征:第一,精神是一个民族的社会历史文化生活的总括,和康德、费希特等人一样,黑格尔首先从伦理性的角度来理解精神,这是德国古典哲学的一个共同特征,即把伦理道德的概念作为判断社会历史发展程度的标准,经济、政治的要素被归在伦理的范围内;第二,民族国家的普遍性和整体性要高于个体性,个人的目的和事业必须投身于整体之中,这在黑格尔看来并不是整体对个体的压迫,而是体现了辩证的和谐:个体在整体中实现自身,整体通过个体的行动得到发展;第三,精神的实现在于个体的"行动",行动是社会现实性中起决定作用的力量。

然后,黑格尔简略地概述了精神的辩证发展:精神起初表现为一个活的伦理世界,随后伦理在法律的形式普遍性中沉沦;于是精神自身分裂为二,一方面是现实中的一个文化的世界或教化的王国,另一方面是思想元素中的信仰世界或本质王国;最后这个分裂的世界经过识见和启蒙,又重新返回自我意识,它在道德中将自己理解为本质性,不再把世界置于自身之外,而是消解于自身内,作为良心,就是对自己有了确信的精神。与此相应,"精神"这一章被分为"真实的精神""自身异化了的精神""对其自身具有确定性的精神"三大段,它们本身既反映了精神的内在逻辑发展,又与世界历史的三大阶段即古希腊文明、中世纪和封建制度、近代社会相对应。黑格尔对世界历史的了解和解读,基本上是以文学、戏剧的情节与人物为蓝本。他多次引用了索福克勒斯的著名希腊悲剧《安提戈涅》,以展示伦理性本质与社会普遍性的必然冲突。安提戈涅为了葬兄而不得不违抗国王的命令,最后被判死刑并自杀身亡,国王最后也因坚持国家利益而导致家庭悲剧。黑格尔还多次引用狄德罗的《拉摩的

---

① 黑格尔:《精神现象学》下卷,贺麟、王玖兴译,第 2 页,商务印书馆,1979。

侄儿》，以批判封建时代的荒谬和展现启蒙精神的觉醒。从总体上看，"精神"一章与后来《哲学科学百科全书》中的"客观精神"的内容基本上重合，它的对象是社会性的世界、伦理的行为和道德的意识的诸形态。黑格尔在其中对家庭与城邦、善与恶、国家权力与财富、高贵意识与卑贱意识、启蒙与信仰、绝对自由与恐怖等问题都有独到和精辟的辩证论述。

七　宗教

从"精神"到第 7 章"宗教"，并不意味着精神从此岸世界上升到彼岸世界，而是表示精神从对自己的确定性上升到精神确知自己为精神，换句话说，前一章是描述精神的现实性及其发展，这一章则是对精神本质的知识，是精神知晓其自身，两者是意识（精神仍作为对象）和自我意识的关系。**现实的精神和自己知道自己是精神的精神之间，或者作为意识的精神和作为自我意识的精神之间前此的差别，就在那真正知道自己的精神中被扬弃了**[①]。宗教是精神发展过程的完成，意识、自我意识、理性、精神最后必须回归到作为它们根据的宗教。这里要指出的是，黑格尔理解的宗教概念是广义的，它包括所有民族的全部文化中所涉及的绝对真理和绝对之物，是伦理、社会、法律、科学、文化等东西的总括，因为他一直认为，欧洲近代文明是在基督教的基础上成长起来的，了解欧洲精神的历史离不开基督教的历史，康德、费希特等人所讨论的最后的哲学问题——道德哲学最终都归于宗教问题。[②] 因此，可以说，黑格尔的宗教视域首先是历史性-现实性的，神学的理解基本上被他排除在视域之外。所以，他在"宗教"章节中讨论善、个人与教团、财产与教义的冲突等此岸的问题，对神学信条和宗教奇迹基本上不提，这和他早期研究宗教的意图和出发点是一致的。

[①] 黑格尔：《精神现象学》下卷，贺麟、王玖兴译，第 184—185 页，商务印书馆，1979。

[②] 有关黑格尔"宗教"概念的详细论述参见西普《精神现象学的道路》，第 216—218 页，法兰克福/美因，苏尔坎普出版社，2000。

黑格尔从世界宗教的历史发展去理解和解释宗教的本质或概念。他把它们分为三个阶段:首先是直接的或自然的宗教;然后精神出现在一种被扬弃了的自然性形态中,自己成为对象,这就是艺术宗教;最后两者达到统一,精神具有自在和自为存在的形态,这就是启示的宗教。"自然宗教"指的依次是波斯教对光的崇拜、印度原始教对植物和动物的崇拜、古埃及宗教中建造金字塔等物体的工匠劳作。"艺术宗教"指的是古希腊的多神教,在这里,精神把它在其中为意识而存在着的形态提升到意识的形式中,并把这种意识形式放到自己面前。工匠也不再企图把思想和自然的异样形式混合在一起。在艺术宗教里意识到它的绝对本质的现实精神就是伦理的或者真实的精神,它不仅是一切个体的普遍实体,而且这实体是个体化了的,它被那些个体看做它们固有的本质和自己的成就。黑格尔列举了古希腊的各种艺术形式,从塑神像、赞美歌崇拜、建庙宇,到祭神仪式的狂欢,例如酒神崇拜,再到通过语言实现的精神艺术品,如史诗、悲剧、喜剧等,来说明在伦理实体中,自我与绝对、个体与国家、神与人是融合为一的,当然还是一种初级的统一。启示宗教指的是基督教,它有绝对宗教的形式,精神在此从实体的形式进入主体。"神的本质变成为人,或者说,神的本质从根本上或直接地具有自我意识的形态,这就是绝对宗教的简单内容。"①换句话说,精神在神的本质中看到了它自己,认识到神的本质就是自己的外在化,它在这种外在化过程中保持着并认识到自身。我们看到,这个思想和后来费尔巴哈关于"神的本质是人创造的"无神论命题已经极其相似。

八 绝对知识

第 8 章"绝对知识"的对象仍是绝对之物,那么,它与宗教又有什么区别呢? 我们看一段黑格尔的话:

---

① 黑格尔:《精神现象学》下卷,贺麟、王玖兴译,第 235 页,商务印书馆,1979。译文有改动。

　　　　虽说精神在这里(启示宗教——引者)诚然达到了它的真实**形态**,不过这个**形态**本身和它的**表象**形式还是一个没有被克服的方面,精神还须从这一方面过渡到概念,以便在概念中完全消除对象性的形式,而概念是同样包含它的对方在它自身内的。①

同是面对绝对之物,宗教把握它们的方式是表象的,仍带有对象性的局限,所以必须扬弃这种单纯性形式,上升到概念,这就是哲学的领域。在这一章里,黑格尔简略概述了精神在哲学概念的形态中所达到的认识。例如意识的辩证运动,首先是意识外在化自身,然后扬弃这种外在化和对象性,并把它们收归于自身。关于绝对知识,黑格尔认为,它是概念式的知识,但它只有经过一系列发展,经过否定、树立对立面的过程,才能实现,意识在概念要素中产生出来的精神,就是科学。关于精神的外在化问题,黑格尔认为,精神必须外在化才能发展自身,才能有内容和生命,精神要表现在时间中,历史是精神的一个不可缺的方面,"回忆"的历史与概念一起才构成真正的精神。按照黑格尔当时的理解,绝对知识应该是关于包括科学、法、道德、宗教、历史等诸领域的基本概念和原理的科学,这些概念和原理本身应构成一个和谐而有内在联系的体系。

　　本章涉及黑格尔哲学的核心内容,但却只有寥寥数节,这使得后人对此有各种解释。② 惠普里特(J. Hyppolite)称这一章是《精神现象学》全书中最晦暗的一章。③ 其他的一些作者认为这正表明了《精神现象学》力图为达到思辨知识而提供一条证明道路的做法的失败。本章与前几章的区别在于,它缺乏意识经历的历史。我们觉得,也许是因为时间的压力和时局的动荡,也许是因为黑格尔当时对哲学体系的构想并不成熟,所以他在谈了哲学使宗教和道德发生和解,还有哲学优于宗教之后,就很快收笔了。

---

① 黑格尔:《精神现象学》下卷,贺麟、王玖兴译,第 186 页,商务印书馆,1979。译文有改动。
② 参见西普《精神现象学的道路》,第 244 页,法兰克福/美因,苏尔坎普出版社,2000。
③ 参见惠普里特《黑格尔〈精神现象学〉的起源和结构》,第 553 页,巴黎,1946。

第四节 效果史

《精神现象学》现在成为黑格尔哲学中最受重视的作品,因为它对后人影响最大,且引起不同的解读也最多。关于《精神现象学》的"效果史"可以再写上几本专著。但历史状况绝非一直如此。黑格尔在世时,尤其在海德堡、柏林大学任教期间,他本人似乎忘记了这本书,不仅很少提它,而且没有开设过类似的讲座,当时他的重心是《哲学科学百科全书》和《法哲学原理》,"精神现象学"被浓缩为《哲学科学百科全书》中"主观精神"的一个环节。不过,耐人寻味的是,黑格尔在1831年又开始着手修改这本书,准备出第2版,但他只改了三十多页就去世了。在他去世后,他的学生们视之为弃儿,一是认为它是黑格尔不成熟时期的作品,例如米希勒就认为它偏重历史经验描写,缺乏逻辑范畴;二是不清楚它在黑格尔哲学体系中到底应该占据什么地位。[①]《精神现象学》当时面临着尴尬的局面,后来它之所以受重视,与马克思有关。

马克思在《1844经济学哲学手稿》中,就对《精神现象学》进行了详细的解读和批判,称它是"黑格尔哲学的真正诞生地和秘密"[②],并认为新的批判哲学应以此为出发点。当然马克思也指出,这其中也包括了晚期黑格尔哲学中那些颠倒的、实证的、意识形态之类的糟粕。但是,马克思对《精神现象学》的重视在20世纪30年代才为世人所知,真正的"现象学热"就是在这个时候开始的。科耶夫(Kojève)是流亡巴黎的俄国人,他在1933—1939年间在巴黎开设关于《精神现象学》的讲座,从而对萨特、梅洛-庞蒂、魏尔(Weil)、惠普里特直至福柯和德里达等法国的"三H"一代,尤其是他们所代表的存在主义和新马克思主义运动,产生了决定性

[①] 有关黑格尔《精神现象学》的"效果史"的详细内容参见珀格勒尔《黑格尔的精神现象学的理念》,第172—195页,弗赖堡/慕尼黑,卡尔·阿尔伯出版社,1993。

[②] 《马克思恩格斯全集》第3卷,第316页,人民出版社,2002。

的影响。科耶夫是从人类学和历史哲学的角度来解读黑格尔的,他认为第4章"自我意识"是全书最重要的章节,他说:"随着'承认'概念的发现,黑格尔就具有了他的全部哲学的核心概念。对这个基本概念的分析引导着对黑格尔辩证法的不同观点和环节之间的理解,以及对他的哲学作品之间相互关系的理解。"①他高度评价黑格尔在书中对人的问题和历史问题的重视和所表达的革命性思想,例如人通过改造自然的劳动进行自我生产,奴隶们进行历史战斗以获得解放,等等。与马克思相比,科耶夫更注重单个的人,更注重为了获得"承认"所产生的特殊形式,如"爱""战斗""死亡经历"等。可能是受海德格尔的影响,科耶夫甚至把黑格尔理解为具有人类有限性和死亡性意识的哲学家。现代研究普遍认为,这种人类学-历史哲学的理解只是黑格尔思想的一个方面,带有时代的局限性。②

海德格尔是反传统哲学的,但他在20世纪30年代开设的许多讲座却以康德、谢林、黑格尔为内容,这说明任何新思想的产生都不可完全割断与历史的联系。海德格尔感兴趣的就是黑格尔的《精神现象学》,他在1930—1931年冬季开设了关于《精神现象学》的讲座,后来又将讲课稿整理成文发表。③ 当然海德格尔的主旨是借解读《精神现象学》的"自我意识"章节,来阐发自己的思想。他赞赏黑格尔注重现象界并在现象中坚持着哲学自身的做法。"绝对"通过"现象"来发展、展现并认识自身的思想,应该也和海德格尔关于"存在"就在"存在者"之中的想法相契合。不过,海德格尔与黑格尔的分歧根本上是无法调和的。例如,在黑格尔那里,时间是存在发展的外在化形式;而在海德格尔看来,时间才是存在的

① 科耶夫:《黑格尔:他的思想的当下化——〈精神现象学〉评论》,第284页,法兰克福/美因,苏尔坎普出版社,1984。
② 参见西普《精神现象学的道路》,第259页,法兰克福/美因,苏尔坎普出版社,2000。
③ 参见海德格尔《黑格尔的〈精神现象学〉》,载《海德格尔全集》第32卷,法兰克福/美因,1980。还可参见海德格尔的另一篇文章《黑格尔的经历的概念》,载《海德格尔全集》第5卷,法兰克福/美因,1977。

原初性本质。① 海德格尔在多处地方也误读了黑格尔的思想。②

马克思在列《精神现象学》的提纲时,直接从自我意识开始,并把"意识"归在"自我意识"门下。③ 科耶夫更是视"自我意识"为全书灵魂。海德格尔甚至说过,现象学真正地是从"自我意识"开始的。④ 由此以来,《精神现象学》的"自我意识"及其以后的各章一直极受重视,而"意识"的前三章则备受冷落。其实"自我意识"的前几段还是谈如何克服意识与对象的分裂的。近几十年来,这种现象有很大改观,过去被忽视的黑格尔关于意识与对象、主观与客观统一的认识论理解,主要是《精神现象学》前三章中关于意识的辩证法的思想,也受到学界高度重视,这就为欧洲大陆哲学与英、美哲学在认识论、语言哲学层面上的对话开通了渠道,从而实现了对《精神现象学》的全面解读。

20 世纪 60 年代,随着对黑格尔早期思想和耶拿时期作品研究的深入,一批相关的成果陆续问世,这就为从思想的源头上去解读《精神现象学》并廓清其中的某些难点和疑点提供了保证。⑤

《精神现象学》绝不是上述寥寥数言就能管中窥豹的。在结束时,我们想着重谈以下几个问题。

第一,《精神现象学》的副标题从"意识的经验的科学"变为"精神现象学的科学",这一更改绝不是偶然的,它表明,黑格尔在写作过程中,关注问题的重心发生了偏移,即从纯粹理论哲学的问题偏移到实践哲学的

---

① 参见叶秀山《"哲学"须得把握住"自己"》,载《哲学作为创造性的智慧——叶秀山西方哲学论集(1998—2002)》,江苏人民出版社,2003。
② 珀格勒尔就海德格尔对黑格尔的误读,例如自我意识、历史、痛苦、否定的劳作等都有详细论述,可参见,珀格勒尔《黑格尔的精神现象学的理念》(弗赖堡/慕尼黑,卡尔·阿尔伯出版社,1981)一书中的有关章节。
③ 参见《马克思恩格斯全集》第 3 卷,第 316 页,人民出版社,2002。
④ 转引自珀格勒尔《黑格尔的精神现象学的理念》,第 410 页,弗赖堡/慕尼黑,卡尔·阿尔伯出版社,1993(以下所引此书均为此版本)。
⑤ 与此相关的有影响的参考著作还有:分兑《黑格尔〈精神现象学〉的现象学解释》,载宫尔达亨利希主编《黑格尔〈精神现象学〉资料集》,法兰克福/美因,苏尔坎普出版社,1973;科勒尔、珀格勒尔主编《黑格尔:精神现象学》,柏林,1998。西普在《精神现象学的道路》(法兰克福/美因,苏尔坎普出版社,2000)一书中给出了详细的参考资料目录。

问题,再次将哲学的目光投向社会现实性。这一方面与黑格尔早期的志向相吻合,即对政治有一股按捺不住的关心,尽管他后来立志要登上科学的高峰,但对代表"人类较低需要"的"科学教养"的兴趣,从未在他的视域里完全消失;另一方面,这也反映了黑格尔当时在理论哲学方面还没有足够的积累,在前三章用一定篇幅讨论了纯粹哲学的问题后,很快就转到实践哲学,他在这块领域里得心应手,昔日的研究和大量积累此刻涌向笔端,挥洒自如,欲罢不能。

第二,在《精神现象学》一书中,黑格尔关于"承认"和"主奴关系"的辩证思想只是其中的许多重要观点之一,但是,由于科耶夫、卢卡奇等人对它的革命性-超原意的解读,再加上马克思主义的理论影响,它似乎成为该书一个最重要的理论观点,并且决定了其他章节的命运,这当然超出了黑格尔的本意。但它又确实是黑格尔哲学中一个对现代政治学思想产生了重大影响的命题,"交往行为理论""商谈政治""制定共同游戏规则"等新观念,应该是基于下述认识而提出的:共处在一个交往团体的双方,因劳动等经济活动而产生紧密的社会联系,他们之间这种有主有从的社会地位随着人的活动而在发生改变,离开其中的任何一方另一方就不能生存。这里显然有"主奴辩证法"思想的折射。在全球化时代的今天,人们之间的相互依存关系就更加是不言而喻的事情。在"民主、自由、平等"的外衣下,虽然不再有主人和奴隶的人身依附关系,但是由于各种因素造成的各国经济实力在实际上的不平等,各人在社会中所处的不同地位,使得自原始社会解体以来形成的这种主奴关系不但没有消失,反而愈演愈烈。富国与穷国、富人与穷人,既有利益冲突又必然地组成一个利益共同体,没有谁能游离于它之外而生存,每个人既是"自在"的,又是"为他"的,为此,人们必须学会相互依存,避免冲突,这样才能共同发展,尽量获得"双赢"的结局。这就是"主奴辩证法"对现代社会的启示。

第三,对于"实体在本质上即主体"这个命题,过去我们常常从本体论角度理解,认为这是黑格尔对近代哲学中僵化的"实体"概念的改造,从而赋予实体能动性。其实,它还有更深层次的意思。黑格尔在书中曾试图证明,只有其"自为存在"(Fürsichsein)被看做"为它的存在"(Füranderessein)时,实体(主要是客体)才是可以思考的。这就暗含着,客体只有在与主体的联系中才能被思维,也才有意义。这既是对康德的先验论的继承,又是对"物自体"不可知论思想的克服,其中隐含着现代哲学中"客体是由主体建构的"思想的萌芽。

第四,"历史"的概念也是贯穿《精神现象学》的一个重要概念。在全书结尾,黑格尔认为,真实的历史和显现着的知识的科学合在一起就是一部"被理解了的历史",它构成绝对精神的回忆和墓地,构成绝对精神的王冠的现实性、真理性和确定性。没有它,绝对精神将是孤寂和缺乏生命的。[①] 黑格尔为什么在作为体系的第一部分或体系入门的《精神现象学》中如此重视历史?这是因为他当时在构造"绝对"的哲学知识体系时,还需要意识的经历,需要真实的历史,来证明他的理论的合法性,并通过理论与历史的一致性来证明"绝对"的真理性。在当时,体系与历史、哲学与历史乃至形而上学与历史的一致性,对他来说,都还不是不言自明的事情,还需要证明,需要常识也即意识的经历的证明。这和后来《哲学科学百科全书》的理路就完全不同,在那里,一切都是从"绝对"出发的,"绝对"自身中就蕴含着这种一致性,只不过需要一步步把它们展示出来。历史只是"绝对"的一个方面或一个环节而已。[②]

但是,黑格尔当时对历史的理解和我们今天的理解也有很大不同。荷夫迈斯特从哲学史考据的角度指出,18世纪时对"历史是什么"这个问题有三种理解,即心理学的、历史哲学的和宗教哲学的,并且人们常把心理学作为历史哲学的基础,把人的心灵能力当做人和社会发展的动力。[③] 这就是黑格尔为什么在《精神现象学》中常用一些表示心理现象的概念,例如"欲望""恐惧"等,来说明历史和社会的真实现象。人的意识状况折

---

① 参见黑格尔《精神现象学》下卷,贺麟、王玖兴译,第275页,商务印书馆,1979。
② 对这个问题的详细论证参见珀格勒《黑格尔的精神现象学的理念》,第160—169页。
③ 参见荷夫迈斯特"导言",载黑格尔《精神现象学》,第 XVII — XXVIII 页。

射出社会历史的状况。所以说，对历史的这三种理解都在黑格尔的历史概念中结合在一起并反映出来。与同时代人相比，黑格尔在理解历史时已经十分看重其中的经济、政治要素，活动、劳动、外化、异化等概念都得到讨论。但是，当时的经济学和政治学都还未发展为独立的学科，所以在黑格尔那里，它们也常被置入心理、宗教的外衣下，或与之混杂在一起。所以马克思要揭开这层"神秘"的外衣，直接从生产的角度，揭示社会发展的动力，从生产力的发展和生产关系的变化来理解社会历史。

第五章　《哲学科学百科全书》及逻辑学

第一节　体系的前奏:《逻辑科学》

前面谈到,黑格尔在 1801 年就试图创建一个哲学体系,但是,替代体系而问世的是《精神现象学》。这说明当时他在逻辑和形而上学领域的积累还不够充分,许多问题困扰着他,使他不能得心应手一气呵成地完成夙愿。他需要时间。1811 年底,黑格尔明确地告诉友人,他在逻辑学方面的工作有望于下一年复活节与读者见面。但是,事情并非像他想像的那样一帆风顺,《逻辑科学》一书的出版延续了四年:1812 年 4 月底或 5 月初第 1 卷"客观逻辑"的第 1 册"存在论"出版,第 2 册"本质论"的印刷装订工作持续了一年,1813 年才问世;而第 2 卷"主观逻辑"直到 1816 年秋季才姗姗来迟。造成这种拖延的局面既有外部的原因,也有黑格尔本人在构思逻辑问题时思想上所发生的一些变化,如逻辑在哲学体系中的地位和作用、逻辑与形而上学的关系、哲学应如何开端,等。此外,他当时对逻辑的具体结构和内容也缺乏缜密的思考。[①]

[①] 有关《逻辑科学》的写作经过和黑格尔在此期间的思想变迁,参见霍格曼和耶西克写的"编者导言",载黑格尔《逻辑科学·第 1 卷:客观逻辑·第 1 册:存在论(1812)》,霍格曼、耶西克主编,汉堡,迈纳出版社,1986。

《逻辑科学》从《精神现象学》所达到的最终结果——绝对知识开始，用概念的方式考察绝对知识本身。在"序言"里，黑格尔指出，旧的形而上学已经从科学的行列里消失，逻辑的命运虽然相对较好，但其形态与内容也在流传中日益淡薄，在科学和现实中成长起来的新精神，还没有在逻辑中显露出来。哲学必须成为一门科学，它不能从低级科学，如数学那里借取方法，也不能听凭内在直观的断言，或使用基于外在反思的推理。哲学只能是在科学的认识中自己运动着的内容的本性，正是内容的这种自身的反思，才建立并产生内容的规定。① 在"导论"里，黑格尔强调逻辑科学必须从问题的实质本身开始，无须任何先行的反思。逻辑不能先说出它是什么，只有对逻辑进行全部研究后才能揭示知识逻辑本身是什么。②

《逻辑科学》被分为"客观逻辑"和"主观逻辑"两大部分，共有三大册，显现出一种非三段式的结构。客观逻辑的内容相当于康德的先验逻辑，也就是传统哲学中的形而上学部分，它有"存在论"和"本质论"两章。黑格尔认为，最初的东西是一种最简单和最纯粹的直接性，是主观性与客观性的统一，它就是"存在"。"存在"是自身规定和自我发展的，它把一切元素和规定性都包括在自身之内，但在概念运动开始时，它又只是一种最直接、最模糊的东西，对它的任何规定有赖于它自身的逐步发展，在开始时，人们对它不能予以任何言说和界定。

"存在论"包括规定性（质）、大小（量）和度三个环节。黑格尔认为康德把质放在量之后是没有道理的，因为只有质作为规定性才能说明事物到底是什么，量的变化并不涉及事物的本质，所以量是一个被扬弃的质。度代表质与量之间的一种关系，也可把它看做一种样式，因为它不是内容的规定性，只表达内容与思维的关系。一个事物的度变化了，这个事物也就变了。逻辑从一个范畴到另一个范畴或一个环节到另一个环节

---

① 参见黑格尔《逻辑学》上卷，杨一之译，第 1—5 页，商务印书馆，1977。
② 参见同上书，第 23 页。

的发展,都是辩证运动的一种特定方式,它在存在论中表现为"过渡"(Übergehen)。

"本质论"中的范畴都是成对出现的,它们彼此间具有密切的内在联系,其中的一个没有另一个就不能生存。本质首先在自身中映现自己,它的这种形态就是"反思"。然后,它表现为"实存"(Existenz),即实存着的东西或物,这首先是一种直接性的东西,随后它要进一步规定自身,这时反思作为它的根据,会扬弃这种直接性,使实存证明自己是一个被设定的存在,只是一种现象(Erscheinung)。最后,本质与现象实现了统一,从而进入"现实性"(Wirklichkeit),本质的毫无规定性的存在与现象的不能持久的多样性都在现实性中找到了自己的真理。

客观逻辑的发生与完成无非就是概念的生成或说明,这就进入了"主观逻辑"。主观逻辑分为主观性、客观性和理念三个部分:"主观性"部分探讨传统的形式逻辑中关于概念、判断、推理等问题;"客观性"考察近代自然科学对世界的新认识,如力学、化学和目的性;"理念"经生命、认识的理念而达到其最高峰"绝对理念",它是思辨思维的唯一对象。黑格尔把概念的逻辑运动称为"发展"(Entwicklung),在"发展"这种运动形式中产生了普遍性,它把特殊性与单一性都包括在自身内。

《逻辑科学》一书和后来的《小逻辑》不同,它不是黑格尔哲学体系中自身独立的第一部分,而是他全部哲学体系的概念性基础,或是一种基本性的理论,它说明了体系的独特内容、体系间各部分的联系以及概念在具体科学中的发展。由于《逻辑科学》的篇幅大,内容庞杂,今天已是读者寥寥,有关它的新文献不多,在德国之外只有一些英语国家和荷兰、西班牙的学者还在研究它。[1] 其实我们不妨把它和《小逻辑》对照起来读,后者确实行文较流畅,言简意赅,但唯其简练,有时难免使人不明就里,这时不妨参照《逻辑科学》的有关章节,其中不仅叙述详尽,而且是结

---

[1] 重要的参考文献有:富尔达《黑格尔逻辑科学中的导言问题》,法兰克福/美因,苏尔坎普出版社,1968;艾雷《黑格尔的逻辑科学》,慕尼黑,1976;陶尼森《存在与假象:黑格尔逻辑的批判功能》,法兰克福/美因,苏尔坎普出版社,1980。

合着哲学史上的问题和人物说的,结构严整,为《小逻辑》的原理提供了问题史的注解。

第二节　辩证法的确立

《逻辑科学》一书的最大功绩之一,就是明确地将否定之否定的辩证法作为哲学体系的基本方法,而且指出这种方法是理念自身所具有的、内在的。以后黑格尔在其他著作中再谈到辩证法问题时,基本上都延续了这里的说法。

一　辩证法的概念发展史

黑格尔主要在《逻辑科学》的"引言"和结尾一章"绝对理念"中,用专门篇幅论述了辩证法问题。他首先回顾了辩证法的概念发展史,赞扬了柏拉图、康德对辩证法的贡献,然后提出了自己对辩证法的理解。他说:

> 概念借以自己向前的,就是前述的**否定的东西**,它是概念自身所具有的;这个否定的东西构成了真正**辩证的东西**。**辩证法**,从它作为逻辑中一个特殊的部分以及从它的目的和立场来看,可以说,它是完全被误解了,因此它有了一个完全不同的地位。即使是**柏拉图**的辩证法,在《巴门尼德篇》里——在其他地方还更为直接,也一则只是企图使有局限性的主张自己取消自己,自己驳斥自己,再则就是干脆以"无"为结局。人们通常把辩证法看成一种外在的、否定的行动,不属于事情本身;这种行动,以单纯的虚荣心,即以想要动摇和取消坚实的东西和真的东西的主观欲望为根据;或者,这种行动至少是除了把辩证地研讨的对象化为空虚而外,只会一事无成。
>
> 康德曾经把辩证法提得比较高——而且这方面是他的功绩中最伟大的方面之一,他从辩证法那里把随意性的假象拿掉了,因为按照普通的想法,辩证法具有这种随意性的假象,辩证法被表述为

理性的必然行动……这个结果，**从它的肯定方面来把握**，不是别的，正是这些思维规定的内在**否定性**、它的自身运动着的灵魂、一切自然与精神的生命性的原则。但是，假如只是停留在辩证法的抽象－否定方面，那么其结果便只是大家所熟知的东西，即理性不能认识无限的东西——一个奇怪的结果，既然无限的东西就是理性的东西，那就等于在说，理性不能认识理性的东西了。

思辨的东西（das Spekulative）就存在于这里所了解的辩证的东西之中，因而存在于从对立面的统一中去把握对立面，或者说，在否定的东西中去把握肯定的东西。这是最重要的方面，但对于尚未经训练的、不自由的思维力量来说，也是最困难的方面。①

黑格尔对辩证法概念的哲学史考察，实际上也反映了他对辩证法看法的变化。从哲学史上看，"辩证法"这个词源自古希腊，芝诺被视为"辩证法之父"，他通过一系列悖论来揭露思维中的矛盾。后来人们把论证或分析命题中的矛盾，以及在谈话中揭露对方论断中的矛盾以求得真理的方法称为辩证法。以后智者把辩证法弄成玩弄概念、混淆是非、抹杀真理和谬误间界限的同义语。后来亚里士多德开始把辩证法与逻辑学联系起来，视之为形成概念、下定义和检验定义是否正确的方法。所以在近代哲学以前，辩证法只具有工具论的意义，并未得到普遍重视。直到康德，他为了揭示理性自身的矛盾，引进了辩证法的概念。

二　黑格尔辩证法思想的起源

黑格尔本人最初也是在批判、否定的意义上使用辩证法这个词的。在他早期作品中，从未提到过辩证法，但在《1800 年体系残篇》中开始有了类似辩证思维的表述，例如"连结与非连结的连结""正题与反题的连

---

① 《黑格尔全集》（理论版）第 5 卷，第 51—52 页；黑格尔：《逻辑学》上卷，杨一之译，第 38—39 页，商务印书馆，1977。译文有改动。

结"等。① 据专家考证②,在黑格尔 1802 年前后的文章中开始出现"辩证法"的字样,他在《自然法》一文中说:"关系还不是自在的,这一方面已由辩证法得到证明,另一方面也在于前此对它的介绍太简短。"③在此,黑格尔把"关系"理解为相互对立和有限的规定性中那种相对的同一性,辩证法(die Dialektik)的作用就是揭露绝对的东西在伦理关系这个层面上所具有的不完善性,扬弃其中所包含的对立,并且从无区别与关系的统一性出发达到一种绝对的统一性。在《伦理的体系》中,黑格尔把"辩证的"(das dialektische)这个形容词完全看做一种否定性的力量,一种毁灭性的存在,它与对立面的存在和毁灭的统一性有关,"这种毁灭性存在或者是纯粹否定的,它就是辩证的,就是同一性的知识,就是对规定性的真正扬弃"④。在此,"辩证的"东西应该扬弃传统思维在规定性中执着地坚持非此即彼的做法,从而中介关于同一性的知识。

在 1804—1805 年左右,在涉及哲学的认识方法时,黑格尔开始较频繁地使用"辩证法"这个词,它的作用是扬弃概念的规定性,使概念转化为自己的对立面,这仍是否定意义上的。直到在《精神现象学》一书中,黑格尔才对辩证法有了足够的思考,这时主体性成为最高原则,精神成为自己产生、发展然后又回到自身的绝对之物,辩证法作为一种否定性运动就是概念自身的运动,它包括两次否定,即对矛盾的否定和对这种特定否定的否定。在这里,黑格尔开始不太熟练地使用否定之否定的方法,不过,他并未明确称之为"辩证法",也没有指出这就是体系的普遍方法。这项工作是在《逻辑科学》一书中最终完成的。由此可见,黑格尔最初开始辩证地思维,是利用它的否定性力量,来扬弃社会实践中的矛盾。后来他转向理论哲学,尤其是认识论批判中出现的问题,例如如何对待

---

① 参见《德国哲学》第 9 辑,第 240 页,北京大学出版社,1991。
② 关于黑格尔辩证法起源的研究资料有:康迪利思:《辩证法的产生——关于荷尔德林、谢林和黑格尔 1802 年前精神发展的分析》,斯图加特,1979;鲍姆:《黑格尔辩证法的产生》,波恩,1986。
③《黑格尔著作集》(历史评论版)第 4 卷,第 446 页。
④ 拉松主编:《黑格尔政治与法哲学著作集》,第 450 页,莱比锡,1913。

知性规定性中的僵化对立观，还有如何看待理性必然产生的矛盾等，这时他开始重视辩证法，想以此突破传统思维的局限性，为实现统一性这个最高目标作准备。这里他既受到康德认识论思想的启发，又通过把辩证法转化成为一种积极成果而超越了康德。

三 否定之否定的辩证法

在《逻辑科学》"第 1 版序言"中，黑格尔指出："**知性作出规定**并坚持规定；**理性**是否定的和**辩证的**，因为它将知性的规定消融为无；它又是**肯定的**，因为它产生**一般**，并将**特殊**包括在内。"①这是黑格尔辩证法的基调，他以后的著作中都沿袭了这一说法。

那么，黑格尔理解的辩证法的核心和实质是什么呢？我们先来看看他自己是怎么说的。黑格尔认为，首先要摈弃对辩证法的成见，好像它只产生一个否定的结果。其实不论在主观的意义上——认为认识是有缺憾的，还是在客观的意义上——认为对象自身具有如此多的矛盾，矛盾都是会真实发生的。矛盾不应该是不可思议的，矛盾的思维应该是概念的本质要素。② 辩证法的核心在于否定性。否定性"构成概念运动的**转折点**。这个否定性是自身的**否定关系的单纯之点**，是一切活动——生命的和精神的自身运动——**最内在的**源泉，是辩证法的灵魂，一切真的东西本身都具有它，并且唯有通过它才是真的"③。

在黑格尔看来，第一个东西或开端本身是直接的、普遍的，但这个普遍的东西就其是自在和自为的来考察，便显露其本身就是作为自己的他物。这样，这个最初是直接的东西，便成为有中介的东西，并与一个他物相关，由此，普遍的东西就成为特殊的东西了。这第二个东西是对第一个的否定，但它并不是空虚的否定的东西，而是把第一个的规定包含于

---

① 黑格尔：《逻辑学》上卷，杨一之译，第 4 页，商务印书馆，1977。类似论述还可参见黑格尔《小逻辑》，贺麟译，第 81 节，商务印书馆，1980。
②③ 参见黑格尔《逻辑学》下卷，杨一之译，第 543 页，商务印书馆，1982。

自身之中,使得第一个基本上在他物中保留了下来。① "把肯定的东西在**它的**否定的东西中,即前提的内容中,在结果中坚持下来,这是理性认识中最重要之点。"② 但仅此还不够,还需要对第一次否定产生的矛盾再加以否定,这就是第二次否定,否定之否定,它产生第三个东西。这第三个东西是十分重要的,因为它作为自身扬弃的矛盾,又恢复了第一个直接性,即单纯的普遍性,它就是一个肯定、同一、普遍的东西,作为结果,它是个别的东西、具体的东西、主体。③ 它意味着辩证法的积极成果,表示一个否定过程的完成,由此开始下一圈否定。这第三个东西有时又被黑格尔称为"**思辨的或肯定理性的**方面"④。

严格地说,黑格尔的辩证法最初是概念的辩证法,说的是绝对理念在发展中否定自身,树立对立面,然后又扬弃这种对立,最后返回到自身的过程。通俗地说,首先是直接观念一分为二,然后它又合二为一,在它一分为二时,它的对立面并不是它的异在,而是与它相关或为它的。"否定性"是这种概念辩证法的主要特征。黑格尔运用辩证法的目的,最初是要解决认识论中的问题,即扬弃知性的对立,承认矛盾,使认识产生积极的成果,但因为认识论和本体论在他那里是同一的,所以辩证法后来又发生了本体论的"突破"。这种突破是在后来的《哲学科学百科全书》中发生的,黑格尔在强调思维中辩证法无处不在时,进一步说:

> 无论知性如何常常竭力去反对辩证法,我们却不可以为只限于在哲学意识内才有辩证法或矛盾进展原则。相反,它是一种普遍存在于其他各级意识和普通经验里的法则。举凡环绕着我们的一切事物,都可以认作是辩证法的例证……此外,自然世界和精神世界里的一切特殊领域和特殊形态,也莫不受辩证法的支配。⑤

① ② 参见黑格尔《逻辑学》下卷,杨一之译,第541页,商务印书馆,1982。
③ 参见同上书,第543—545页。
④ 黑格尔:《小逻辑》,贺麟译,第79节,商务印书馆,1980。
⑤ 同上书,第81节。

这里的辩证法,演化成为一种客观存在的辩证法,它更多地与产生、发展、变化的矛盾法则有关,更多地强调事物内部具有的"矛盾力量",即任何事物都要消逝变化的那种普遍性。

这种"突破"是一把双刃剑,一方面,它使旧形而上学乃至康德哲学中未达到的主体与客体、普遍与具体、多样性与同一性等对立范畴统一起来,使黑格尔因创建了大一统的哲学体系而超越了康德哲学;但另一方面,它也因为要求成为"客观的"和"普遍的"而使自己走到尽头。值得指出的是,尽管黑格尔重视辩证法的作用,但他并没有在自己的哲学体系中把辩证法放在首要和独尊的地位,也没有在讲课或其他作品中用过多笔墨渲染辩证法,因为辩证法是绝对理念自身所具有的,两者是一体的,因而不可分开处理它们,它随着理念的发展在体系内运动,体系的发展就是辩证法的体现。

四 辩证法的效果史、意义和局限

辩证法理论所产生的效果史是它的创立者所始料不及的。马克思指出黑格尔哲学的合理内核就在于其辩证法思想,经过改造后的唯物辩证法成为马克思主义的主要理论之一,并出现了"辩证唯物主义""历史唯物主义""自然辩证法""辩证逻辑"等学科。后来经过苏联学界对辩证法的改造,辩证法一度成为三条定律加五对范畴的教条化了的形式,好像自然、精神乃至思维领域的一切发展,都可以用辩证法的公式予以说明。因为辩证法被打上浓厚的意识形态烙印,所以现代西方哲学的趋势是远离辩证法,哲学大家们都对"辩证法"这个词避让三舍,尽管他们的许多观点其实都可以回溯到黑格尔的"辩证法思想"。随着马克思主义在中国的传播,黑格尔的辩证法对中国也产生了巨大影响。曾经有一段时间,辩证法被狭隘地归结为"对立统一规律"或"斗争"哲学,人们被要求时时处处用辩证法指导自己的思想和行动。

应该如何评价黑格尔辩证法的历史意义和局限? 我们认为,首先,它打破了传统形而上学设立的种种对立和界线,使一切东西处在联系之中,使一切都流动起来,使最高的统一性成为可能。这帮助黑格尔克服了现象与物自体、自我与非我等曾经是不可逾越的对立,从而达到了古典哲学的顶峰。

其次,辩证法强调的是"扬弃",即把否定的东西在后面的肯定中保存下来,这样,每一个后来者都是前者历史的积淀,这就把"历史"的视野引入了哲学和逻辑的范围,提醒人们不要再以虚无主义的态度去对待传统和历史,历史也能为理论的合法性提供论证。

再次,黑格尔强调辩证法为理念所内在固有,"否定"不是外在的反思行动,而是生命、精神的最内在、最客观的环节,由于它,主体、个人和自由才得以存在。这为以后的哲学重视主体和个人,强调自由和自因,以及马克思、叔本华、尼采等人哲学中的反叛精神埋下了伏笔。

还有,尽管辩证法在黑格尔那里被置入"绝对理念"之内,但辩证法本身潜藏着从"绝对"向"相对"过渡的可能性。因为它自身具有否定性的力量,是流动的,因而有时是模糊的,因此它否定"绝对"的思维体系,走向相对的思维只是时间的问题。这种"相对主义"色彩有双重性,一方面,它为现代哲学向多元化发展提供了可能;另一方面,它的标准和尺度都难以把握,难免会使辩证法流入"诡辩"的窠臼。现代语言学派就常抓住这一点攻击辩证法,认为它的内容无法界定,因而等于什么也没说。

此外,"否定之否定"是一个很好的体现发展的"范式",在近代哲学发展中,黑格尔首先敏锐地提出了这个思想中的范式转换,确实有许多事物的发展可以用它来概括。但是,这个范式只具有一定的普遍意义。如果把它无限地夸大,把所有东西都放进它的模式中,削足适履,它就会成为让人耻笑的东西。如果把它从它的母体中剥离出来,再无限夸大其作用,它就会成为荒谬的东西,从而丧失生命力。

最后,辩证法超出了它本身的理论范围,对社会实践产生了巨大的影响,这恐怕是黑格尔未曾想到的。辩证法的"效果史"自然源于它自身所具有的"对立""矛盾""扬弃"等否定性因素,它们一旦为人所利用,就会产生革命性力量。对辩证法的"效果史"要从两方面看:一方面,矛盾的观点、发展的观点、在扬弃中保留被扬弃之物的观点,对指导社会实践确实能起一定的作用;但是,另一方面,如果把纯学术理论不加选择地应用于一切社会实践,就会使其庸俗化,使其走向死亡。

"辩证法"曾经是哲学史上颇有影响的理论,现今它仿佛是一块用旧的抹布,在到处擦洗后被丢弃一旁。目前除了马克思主义哲学外,西方哲学的其他流派对它基本上不提。人们的普遍态度是,对概念的辩证法还能认可,对存在的辩证法则趋向基本否定。那么,它现在还具有哪些理论意义和实践意义呢? 它还会"复兴"吗? 这是一个值得我们思考的问题。

第三节 哲学的基本性质

有了《逻辑科学》作为基础,再加上构造体系的方法也已经明确,黑格尔创立一个成熟的哲学体系就指日可待了。

1817 年夏天,《哲学科学百科全书》(《以下简称《哲学全书》)终于出版发行,它标志着黑格尔哲学体系的正式成立。从 1801 年黑格尔宣布要建立一个体系,到 1817 年体系真正问世,历时 16 年,可见攀登科学与真理的高峰绝非朝夕之事。《哲学全书》的写作,考虑到了学生听课的需要,所以有明显的纲要和定理的色彩。1817 年第 1 版的篇幅不大,尤其是结尾的"绝对理念"一章只有寥寥数节。1827 年秋经过修改后的第 2 版问世,篇幅几乎增加了一倍,原有的 477 节被扩充为 577 节,"导言"部分增加了很多,内容和标题也有调整。第 2 版在问世后受到普遍欢迎,很快销售一空,于是 1830 年又发行了经过作者亲自修改的第 3 版。第 3 版的内容与第 2 版出入不是太大,但修改近千处之多,被视为黑格尔哲学体系的最成熟代表作,后来各种版本的《哲学全书》基本上都以它为蓝本。可以这么说,第 3 版是帮助读者阅读和理解黑格尔哲学的,第 1、2 版是供专业人士研究黑格尔思想的发展之用的。黑格尔亲自出版的《哲学全书》文本只有正文和说明(Anmerkung),他去世后,他的学生在出版

"友人版"全集时,又在正文和说明后加上了附释(Zusatz),使全书篇幅大量增加,有的章节中附释的内容比正文和说明还多。附释是由学生们的课堂笔记拼凑而成的,它的好处是能解释正文中的一些难点,缺点是学生们力图用成熟、规范的模式来"整理""美化"黑格尔,有时违背了老师的本意。后来又有人把附释当做黑格尔的原话引用,给解读黑格尔造成了一定的混乱。现在的德文研究版本去掉了附释,普及版本仍保留它,以给一般读者阅读提供便利。①

《哲学全书》的前 18 节概述了哲学的基本性质,黑格尔通过对以前哲学的回顾和批判,表达了自己对哲学的理解。

(1)哲学用概念把握对象。黑格尔开篇就明确指出,哲学和宗教一样,研究真理,研究有限事物的世界,研究自然界和人的精神,以及它们相互之间的关系。哲学不是熟知它们,而是指出其必然性,并对它们的规定进行证明。②"概括来讲,哲学可以定义为对于对象的**思维着的考察**。"③人之有别于禽兽,在于人有思想,但不是所有的思想都是哲学。哲学是一种特殊的思维方式,在这种方式中,思维成为认识,成为把握对象的概念式认识。这是哲学与艺术靠直观、宗教靠表象把握对象的不同之处。这里黑格尔特别谈了思想与情绪、直观、欲望、意志等的关系。它们应该是相同的,都是人的活动或规定性,都应该是意识的内容。但后者还属于用表象的方式表现思想活动,而哲学则是用概念去代替表象,要比表象更深刻,更具普遍性和必然性。

我们看到,这里哲学的对象其实有两重:一是思维本身;二是思维的对立面即自然界和精神世界。研究真理,就是以思想自身为对象,所以说,哲学是"概念的概念"。这是后来逻辑学的任务。这个要求是由康德

---

① 有关《哲学全书》的参考书非常多,外文著作有:德瑞等《黑格尔的〈哲学科学百科全书〉》,法兰克福/美因,苏尔坎普出版社,2000;赫斯勒《黑格尔的体系》,汉堡,1988。中文著作有:张世英《论黑格尔的逻辑学》,上海人民出版社,1981;张世英编著《黑格尔〈小逻辑〉译注》,吉林人民出版社,1982;姜丕之编著《黑格尔"小逻辑"浅释》,上海人民出版社,1980。
② 参见黑格尔《小逻辑》,贺麟译,第 1 节,商务印书馆,1980。
③ 同上书,第 2 节。译文有改动。

哲学引发的,但又不局限于康德哲学。在黑格尔那里,真理问题一方面与认识论问题有关,另一方面又涉及外在的客观世界,因为它们都是哲学绝对理念的发展。

值得注意的是,黑格尔并不否定情感、意志等因素在人的精神活动中的地位和作用,他年轻时曾一度是一个"浪漫主义者"。但仅此并不够,情感与意志要受理性的支配,要上升到概念。这是近代哲学的理性主义在黑格尔那里的回声和改变:理性不是唯一的,但仍是最高的。后来哲学的发展就超越了理性的束缚,人的自然性、意志、审美经历、生存体验都可以成为哲学活动的载体。

(2)哲学是理性与现实性的统一。黑格尔说:

> 就另一方面看来,同样也须注重的,即应将哲学的内容理解为属于活生生的精神的范围,属于原始创造的和自身产生的精神所形成的**世界**,亦即属于意识所形成的外在和内心的世界。简言之,哲学的内容就是**现实**(Wirklichkeit)。[1]

这段话很重要,因为它能纠正对"唯心主义"的某种误解,唯心主义并不贬低现实性的意义和作用,但仅有现实性还不够。黑格尔更明确说:"哲学与经验的一致至少可以看成是考验哲学真理的外在的试金石。同样也可以说,哲学的最高目的就在于确认思想与经验的一致,并达到自觉的理性与**存在**于事物中的理性的和解,亦即达到理性与现实的和解。"[2]正是在这里,黑格尔重复了那句常被人引用也常遭人误解的名言:"**凡是合乎理性的东西都是现实的,凡是现实的东西都是合乎理性的。**"[3]我们认为问题的关键是怎么看待"现实性"。按黑格尔的理解,那些飘忽即逝、只有偶然性的东西虽然存在着,但只是现象,而不是现实性。现实性体现了理性,而具有理性的东西一定会成为现实。

---

[1][2] 黑格尔:《小逻辑》,贺麟译,第6节,商务印书馆,1980。根据德文原文,这里的"现实"译为"现实性"似乎更为妥当。

[3] 同上书。

（3）哲学应是一个科学的体系。"关于理念或绝对的科学,本质上应是一个**体系**,因为真理作为**具体**的,它必定是在自身中展开其自身,而且必定是联系在一起和保持在一起的统一体,换言之,真理就是**全体**。"①黑格尔的哲学明确以"科学"作为自己的参照系,但他理解的科学不是某个自然科学的类型,而是一座百科全书式的知识大厦。这座大厦内的知识不是已经完成并分门别类排列好的,它自身有待发展,有待自身认识自身,最后回到自身,这样它才是具体的。在黑格尔的时代,人们把体系视为"科学"的保证,似乎只有体系才具有普遍性、必然性和整体性,所以黑格尔说:"哲学若**没有体系**,就不能成为科学。没有体系的哲学理论,只能表示个人主观的特殊心情,它的内容必定是带偶然性的……真正的哲学是以包括一切特殊原则于自身之内为原则。"②

为了描述体系的发展,黑格尔用了"圆圈"的形象性比喻。他说:

> 哲学的每一部分都是一个哲学全体,一个自身完整的圆圈。但哲学的理念在每一部分里只表达出一个特殊的规定性或因素。每个单一的圆圈因它自身也是整体,就要打破它的特殊因素所给它的限制,从而建立一个较大的圆圈。因此全体便有如许多圆圈所构成的大圆圈。这里面每一圆圈都是一个必然的环节,这些特殊因素的体系构成了整个理念,理念也同样表现在每一个别环节之中。③

"圆圈式"发展的比喻常令后人困惑,有"渐进式""螺旋式上升""封闭的"等多种解释。我们认为,对这个比喻不应作完全字面式的解读,要联系上下文看其隐含的意义。黑格尔这句话有三个要点:首先,每个部分都是自身完整和封闭的,形成一个圆圈,否则,它就不具备真理性。其次,它又必须看到自己的局限性,打破这种限制,进入更高的真理中。最后,许多真理构成真理的全体,其中的每一个都体现了绝对理念。黑格尔的哲学体系就是这样构造的,他从最基础的概念开始,把它们当做绝对理

---

①② 黑格尔:《小逻辑》,贺麟译,第 14 节,商务印书馆,1980。
③ 同上书,第 15 节。

念的必然性环节,详尽分析它们的真理性,然后再指出它们的局限性,说明它们还是局部的真理,从而进入下一个更高的概念,由此直至"绝对理念"。

(4)哲学的开端。《精神现象学》为黑格尔铺平了从意识现象到概念的道路,解决了哲学的"入门"问题,由此开始了哲学的劳作。那么,哲学或概念的运动应该以什么为开端呢?黑格尔在多处反复阐述开端的问题,足见他对这个问题的重视。他认为,哲学不能从一个主观的假定开始,哲学是独立自为的,它自己给自己提供对象。严格地说,哲学不需要一个如同别的科学那样的起点,但是为了研究的方便,又要有一个起点。哲学的起点是一个直接的观点,而且这个观点要在过程中得到证明,最后成为结论。黑格尔说:

> 科学的概念,我们据以开始的概念,即因其为这一科学的出发点,所以它包含作为对象的思维与一个(似乎外在的)哲学思考的主体间的分离,必须由科学本身加以把握。简言之,达到概念的概念,自己返回自己,自己满足自己,就是哲学这一科学唯一的目的、工作和目标。①

因为黑格尔追求的是一种绝对的真理体系,所以"开端"的问题令他颇费精力。现代哲学基本上抛弃了对"绝对真理"的追求,哲学家们的共识是承认自己立足点的局限,承认自己视域的局限,认可自己的理论只是对某一问题、某一领域的阐发,只具有相对主义的意义,在"普遍""绝对"之外总有无法囊括的东西。因此他们不再受哲学以什么为起点的困扰,生活中一种常见的基本现象、历史积淀中仍有生命力的某个概念,或者逻辑推演中一个方便的出发点,都可以作为哲学理论的起点,关键在于对自己起点的局限性要心中有数。伽达默尔曾经要求过解释学的普遍性(Universalität),而很多哲学家都不同意这一点,认为解释学的范围

---

① 黑格尔:《小逻辑》,贺麟译,第 17 节,商务印书馆,1980。

也是有限的。

（5）哲学可划分为逻辑、自然哲学、精神哲学三个部分。①

黑格尔对哲学的基本性质的理解集中体现了德国古典哲学的两大特征：系统性和实践性。哲学应该是入世的，应该关注人和社会问题，应该是时代精神的折射，这是德国哲学的传统，经康德加以扩展，费希特身体力行，最后在黑格尔那里达到极致。在黑格尔去世后，他哲学中的历史性、现实性和实践性因素使他遭到后人的无情指责，如"反动的""保守的""辩护的"等。到了 20 世纪 70 年代，随着逻辑从哲学主导地位的引退，随着意识形态对峙的弱化，人们发现，正是黑格尔哲学的实践性是其哲学中的活东西，是当代思想可以与之对话并有所借鉴的东西，是人们了解历史和政治的一面镜子。它能从理论上使统治者变得聪明和理性，学会在尊重民众的自由和民主权利与治理国家和保持社会稳定间维持平衡，做一个顺乎民心的统治者。它也能使民众懂得，既不能放弃自由，也要做守法和有德行的好公民。

系统性的要求给黑格尔哲学带来了致命的打击。科学性靠体系来保证，这固然不错，但黑格尔哲学的命运并不取决于这个体系是封闭的还是开放的，系统性要求本身就会使它窒息而亡，因为体系的容量是有限的，即使是开放性的体系，东西装多了，也就不是它自身，而是个大杂烩了。何况辩证法的本质要求不断发展，不断否定。一个无限思辨的体系在理论上可能是可行的，但实际上是不存在的，因为语言首先是有限的。

第四节　逻辑学

一　逻辑与形而上学的统一

我们国内的图书馆编中文目录时，把黑格尔的《逻辑科学》和《小逻

---

① 参见黑格尔《小逻辑》，贺麟译，第 18 节，商务印书馆，1980。下面我们将详细论述这三个方面。

辑》都放在哲学类"逻辑"的子栏目下,这是对黑格尔逻辑学的误解。逻辑学本是关于思维规律的科学,而在黑格尔那里,思维规律不应该是纯形式的,而应该是有内容的,换句话说,它不应该是纯主观的,而应该与客观世界有关,逻辑学作为研究纯粹理念自在自为的科学,它的"存在论"和"本质论"等已经是本体论的范畴。此外,逻辑学还被黑格尔当做自然哲学和精神哲学的"灵魂",是一切事物的自在自为地存在着的根据,所以这种逻辑学既不是传统意义上的形式逻辑,也不是所谓的"辩证逻辑",而同时就是形而上学和本体论。黑格尔说:

> 思想,按照这样的规定,可以叫做**客观**的思想,甚至那些最初在普通形式逻辑里惯于只当做**被意识了**的思维形式,也可以算作客观的形式。因此**逻辑学**便与**形而上学**合流了。形而上学是研究**思想**所把握住的**事物**的科学,而思想是能够表达**事物的本质性**的。①

二 思想对客观性的三种态度

《哲学全书》再版时,黑格尔在"逻辑学"的开头增加了很大篇幅(第26—78节),专门来谈思想对客观性的三种态度。这其实是他对自己以前的哲学所作的一次总清算,以达到"推陈出新"的目的。我们可以通过他的分析和批判,对德国古典哲学论战的焦点问题有一深刻了解。

黑格尔把第一种态度称为"形而上学",它实际上指的是康德以前的唯理论哲学,尤其以沃尔夫学派为代表,又可称为"独断论"。它没有意识到思想自身所包含的矛盾,却相信依靠反思可以认识真理,使客体的真实性质呈现在意识面前。它还相信思维的规定即是事物的基本规定。黑格尔指出,它的错误就在于坚持思维的有限性,始终停留在有限的规定里,并把这些有限规定当做至极的东西。它是用外在的限制去规定对象,不让客体自由地从自己本身来规定本身。它还企图用有限的名言来

---

① 黑格尔:《小逻辑》,贺麟译,第 24 节,商务印书馆,1980。

规定理性的对象。黑格尔主张,在思维进行规定的同时,又要扬弃这些规定性,从而进到无限的或思辨的思维;要让对象自己规定自己,这样客体才是自由的;理性的斗争即在于努力将知性所坚持的分别,加以克服。旧形而上学理论有四个部分:本体论、理性心理学或灵魂学、宇宙论、自然的或理性的神学,黑格尔都一一作了批判。①

第三种态度指的是雅可比的直接知识说。② 雅可比提出真理只能为精神所理解,关于上帝的知识只能出自直接知识或信仰,因为间接知识只和有限的事物有关,所以在他那里,知识、思维与信仰是绝对对立的。黑格尔指出:

> 雅可比这里所谓信仰或直接知识,其实也就与别处叫做灵感,内心的启示,天赋予人的真理,特别更与所谓人们的健康理智、**常识**、普通意见是同样的东西。所有这些形式,都同样以一个直接呈现于意识内的内容或事实作为基本原则。③

直接知识说的另一个错误就在于坚持自己是唯一正确的立场,完全排斥中介的东西,认为这样它才能以真理为自己的内容,从而又倒退到非此即彼的立场。黑格尔认为,直接知识应该和间接知识结合起来,前者实际是后者的产物和结果。即使是宗教、法律和道德方面的直接知识,也是经过发展、教育和教化的中介过程,才成为信仰或先天观念的。黑格尔还分析了笛卡尔的"我思故我在"与雅可比信仰说的同与异。

第二种态度指的是经验主义尤其是休谟的怀疑论,重点则是康德的批判哲学。④ 黑格尔认为,"批判哲学与经验主义相同,把经验当做知识的**唯一**基础,不过不以基于经验的知识为真理,而仅把它看成对于现象的知识"⑤。我们主要关注黑格尔对康德的批评,因为这一批评集中了德

---

① 黑格尔对旧形而上学的批判参见黑格尔《小逻辑》,贺麟译,第 26—36 节,商务印书馆,1980。
② 黑格尔对直接知识说的批判参见同上书,第 61—78 节。
③ 同上书,第 63 节。
④ 黑格尔对经验主义的批判参见同上书,第 37—60 节。
⑤ 同上书,第 40 节。

国古典哲学论战的焦点问题。

（1）对康德哲学的理解。黑格尔高度评价康德的哲学革命，他说："康德哲学主要在于指出，思维应该自己考察自己认识能力的限度。现今我们已超出康德哲学，每个人都想推进他的哲学。"①针对康德关于在认识之前先考察认识能力的主张，黑格尔认为，应该在认识的过程中将思维形式的活动和对于思维形式的批判结合在一起。

（2）关于知性范畴。批判哲学首次考察了认识活动中的知性范畴，这是哲学发展的一大进步，黑格尔认可这一点。但黑格尔随即指出，这种批判工作并未进入这些思想范畴的内容和彼此相互间的关系，而只是从主观性与客观性的一般对立关系去考察它们，并且最终把除物自体之外的客观性都消融在主观性之中。黑格尔认为，康德的范畴表是从形式逻辑的判断而来的，是一种表面的排列。费希特的功绩就是使人们注意到，要揭示出思维范畴的必然性。但是费希特的范畴推演仍然需要外力的刺激，自我永远需要一个非我与之对立。

黑格尔和康德意见相左的焦点在于，思维的规定性究竟是主观的，还是为事物所自身具有。黑格尔认为正是在这个问题上体现了康德的主观唯心论和自己的绝对唯心论的区别："但照康德的看法，范畴却只是属于我们的，而不是对象的规定，所以，他的哲学就是**主观唯心论**。"②黑格尔主张：

> 思想的真正客观性应该是：思想不仅是我们的思想，同时又是事物的**自身**（an sich），或对象性的东西的本质。③

> 我们直接认识的事物并不只是就**我们**来说是现象，而且即就其**本身**而言，也只是现象。而且这些有限事物自己特有的命运、它

---

① 黑格尔对经验主义的批判参见黑格尔《小逻辑》，贺麟译，第 41 节，商务印书馆，1980。
② 同上书，第 42 节。
③ 同上书，第 41 节。

们存在的根据不是在它们自己本身内，而是在一个普遍神圣的理念里。这种对于事物的看法，同样也是唯心论，但有别于批判哲学那种的主观唯心论，而应称为**绝对唯心论**。[1]

在这里，黑格尔出现了某种程度的向旧形而上学的倒退：思维的规定也就是事物本身的规定。

（3）关于物自体。康德认为，知性范畴以有限的和有条件的事物为对象，因此不能认识物自体这个绝对的东西。黑格尔指出，物自体是思维极端抽象的产物，是一个完全空虚的东西。物自体应该是可知的，理性就是认识无条件的事物的能力。针对康德关于灵魂、世界、上帝不可知的论证，黑格尔逐一进行了反驳。康德认为，以前关于灵魂的论证，是混淆了经验中的规定和逻辑中的范畴，用范畴取代了经验中对灵魂的规定，陷入一种背理的论证（Paralogismus）。黑格尔指出，康德一方面将对灵魂的哲学研究从实体、单纯性、复合性、物质性等拙劣的知性范畴中解放出来；但另一方面，他仍认定范畴具有普遍性与必然性，是与经验事实所不同的，他还忽视了思想内容本身。

康德认为，理性在试图认识世界时，会陷入一种"二律背反"，就是对同一个对象持两个相反的命题，而且这两个命题都有同样的必然性。产生矛盾的原因不在于世界自身，而在于理性的"超越"，即用知性的有限范畴去认识绝对之物。黑格尔指出，认为知性的范畴必然要引起理性世界的矛盾，这是近代哲学的一个最深刻和最重要的进步，但是，康德又否认了世界本身会具有矛盾，而把矛盾完全归之于思维着的理性。此外，理性的矛盾也远不止康德从宇宙论中提出的四个。否认矛盾是一种"温情主义"的观点。在一切表象、概念和理念中都可以发现矛盾，"认识矛盾并且认识对象的这种矛盾特性就是哲学思考的本质"[2]。

康德认为，对上帝的存在只能设想，而不能有所规定和说明。黑格

---

[1] 黑格尔：《小逻辑》，贺麟译，第45节，商务印书馆，1980。
[2] 同上书，第48节。

尔批评康德割裂了有限与无限、同一性与存在,把上帝看成一个单纯的抽象物。黑格尔指出,理性的理想就是要达到抽象的同一性和存在的统一,为此,有两条路可走,或者从存在过渡到思维的抽象物,或者从思维出发回归到存在。康德反对思维从经验的世界观念上升到上帝的观念。黑格尔认为,思维超出感官世界,从有限到无限是必然发生的,这是思维自身造成的,只有人才能异于禽兽出现这种思维的提升。康德还认为在经验事物中找不出普遍概念,在普遍概念中也不包含特定事物,所以从上帝的概念中不能推出上帝的存在,并据此批判以前的上帝存在的本体论证明。黑格尔对康德的批判不以为然,认为这一方面是重复常识,另一方面仍然是在坚持思维与存在的对立。

(4)关于实践理性。康德的实践理性主要指人根据道德的普遍原则为自己立法,并如此去行动。人因此在实践领域是自由的。康德在实践领域论证人的自由的主张,被视为时代的巨大进步。黑格尔赞同康德以普遍性的意志原则,去反对当时道德哲学中流行的快乐主义,但他认为康德的实践理性仍未超出形式主义的局限,因为康德对实践理性的内容、对善和意志的内容的规定性等问题,都没有加以解答。黑格尔的实践哲学显然要比康德的实践理性宽泛,它以道德问题为起步,然后深入到社会的历史、政治、经济等方面。前面提到过,黑格尔深刻意识到纯道德教化和意志自律在社会现实性面前是多么软弱无力。①

(5)关于判断力批判。黑格尔对《判断力批判》的评价比较高,认为康德在那里寻求普遍性和具体性的结合、必然性与自由的和谐,达到了一种思辨的高度。但是,康德并没有承认普遍性与特殊性的统一是真正的关系,他认为它们只是存在于有限事物或现象中。在目的性这个问题上也如此,康德视目的为一个能动的概念,一种自身决定又能决定他物的普遍东西,但他又把目的局限于现象界的范围内,视其为主观的东西,

---

① 参见黑格尔《小逻辑》,贺麟译,第153—154节,商务印书馆,1980。

使它下降为知性的原则。①

最后,黑格尔又一次回顾康德哲学,指出所有二元论哲学的要害是由于没有能力将两种思想联系在一起,看不到在有限的东西中即包含着对无限的证明。②

毫无疑问,康德开创了一种全新的哲学视野,黑格尔把自己的哲学理解为对康德批判哲学的继承和提高。但是面对这笔巨大的精神财富,后人因个人爱好和价值取向不同,常常面临两难的选择:要康德还是要黑格尔? 换句话说,康德和黑格尔谁更伟大? 常人总爱为这类的问题苦恼,因为他们更愿意择伟大者而随之。康德与黑格尔之间的区别确实是巨大的,许多大哲学家也常毫不掩饰对他们的好恶。我们认为,对这两个伟大的思想家不能作出谁更优秀的简单判断。

首先,他们两人哲学的出发点不同,康德是要澄清旧形而上学留下的混乱,通过经验的、步步为营的证明,来肯定一些东西,限制一些东西,从而为哲学打下可靠的基础。黑格尔面临的是康德哲学革命造成的意见纷呈的局面,是哲学因"杂多"而日渐沉沦的局面,他要挽救哲学和形而上学,而且要用"科学"的形式,这就必须建造一个无所不包的哲学体系,以统一性为原则。

其次,在语言和文本方面,康德的问题和分析多,是"提问式"的;黑格尔的论述和结论多,是"陈述式"的。"提问式"给读者留下了更多的思考空间,可以提出更多的问题,使对话更深入;"陈述式"因为把话说得太满和太肯定,容易很快被否定,也鲜有再思考的余地。但是黑格尔为人们了解他那个时代的哲学提供了一种"样板式的学习",一个全面的历史的范例。一般来说,现代的英美语言哲学很容易和康德对上话,想了解欧洲文化历史的人更愿意去读黑格尔。

最后,他们两人对同一个概念有完全不同的理解,例如主观性与客

---

① 参见黑格尔《小逻辑》,贺麟译,第 56—58 节,商务印书馆,1980。
② 参见同上书,第 60 节。

观性,这样,虽然黑格尔对康德的批评除了几处较牵强外,大部分是言之有理的。但是,这些批评并不等于说就驳倒了康德。各人的说法在自己的视域内都是成立的,换一个立足点来看就不是无懈可击的了。相比较而言,康德的理论哲学更"相对"和"开放",容易被现代思维接受,但他的实践哲学则是"超验的",他早期过于注重道德层面的问题,晚年才开始补充政治与历史的维度,但"最高的善""道德的绝对律令""世界公民""永久和平"等提法都带有浓厚的理想色彩和超前性,难以入世。而黑格尔的实践哲学现实性更强,它根植于历史之中,对现代社会更有启迪。

总之,康德和黑格尔都是对人类产生了巨大影响的思想家,两人各有千秋,谁也无法取代谁,现代哲学至今仍在他们的智慧宝库中寻找自己的思维定向。1981 年是一个令哲学界兴奋的年份,因为终于可以联手纪念康德《纯粹理性批判》发表 200 周年和黑格尔逝世 150 周年,并且不再为两人的优劣问题而庸人自扰。

三 存在论、本质论、概念论

"逻辑学"被分为存在论、本质论、概念论三部分。存在论是关于思想的直接性——自在或潜在的概念的学说,本质论是关于思想的反思性或间接性——自为存在和假象的概念的学说,概念论是关于思想返回到本身和思想的发展了的自身持存——自在自为的学说。三者之间的关系是,存在只是直接的东西,本质最初只是间接的东西,如果它们始终坚持自己的孤立状态,就都不是真理。只有作为两者统一的概念,才是它们的真理。黑格尔的本意是要强调真理必须自己证实自身是真理,所以不能从直接性开始,而要经过中介,在逻辑学范围内,就是要证明概念是自己通过自己、自己与自己相联系的中介性,从而同时是真正的直接性。这是黑格尔那个时代对真理的理解,真理必须运行在逻辑的框架内,必须是普遍的和必然的,必须是无所不包和唯一的,还必须以自身为根据。

存在论比较简单,分为"质""量""尺度"三部分。"质"是与存在同一的直接的规定性,它决定着物的性质。这里,黑格尔谈到了有限与无限的辩证关系,无限不是在有限之外的某个地方,它把有限包含在自身之中,它就存在于有限之内。"量"被看做事物的外部规定性,这里黑格尔谈了一些数学问题,如数和量的关系、连续量与非连续量、外延的量与内涵的量、限量等。数学问题在《小逻辑》中占的篇幅要比《逻辑科学》少得多,其原因可能有二:一是黑格尔自己觉得数学问题太专业,所以在讲课提纲中做了限制;二是在19世纪的前20年内,随着旧形而上学的衰落,数学在哲学中的重要性日益减少。其中有意义的是黑格尔对所谓的"极端数学观点"的批评,他指的是17、18世纪以来自然科学中用力学和数学的观点来解释一切的倾向,即只承认可以计量的东西是科学的,认为力学才是最严密的科学。19世纪后半叶的实证主义、20世纪初胡塞尔要把哲学建成"严格科学"的主张,都是受这种观念的影响。"尺度"是质和量的统一,是有质的定量。这里黑格尔谈了质量互变的辩证法,当量的变化积累到一定程度超出限度时,就会引起质的改变。尺度的发展会扬弃直接性,因而潜在地包含着本质,即出现了简单的自身联系,于是进入本质论。

本质论是"逻辑学"中最困难的部分。所谓本质,就是事物中永久的东西,它隐藏在事物现象的背后,但决定着事物的性质和发展。本质不能直接出现,它通过他物映现(反射)自身,所以是一种间接性,但这个他物是它自身的异在,所以本质首先强调的是同一性,它在自身内具有与他物的联系,具有自身的中介作用,它的他物是它自身设定的。本质论第一部分还是思想在自身内映现他物,涉及一些知性思维的规定性。"现象"则是本质走出自身,因为它必定要表现出来;现象与假象有别,本质就在现象之中。"现实性"是本质和实存的统一,达到了必然性。必然性还不是自由,但自由以必然性为前提,并包含必然性在自身内,所以必然性的真理是自由,这就进入了"概念"。"本质论"涉及的许多问题是旧形而上学和知性面临的问题,其中有许多经典哲学话题,例如对同一、差别、矛盾、根据等形式逻辑的规律和范畴的分析与批评,在"现象"部分关于形式与内容、现象与规律、全体与部分、内与外的辩证论述,在"现实性"部分对可能性、偶然性、必然与自由、因果关系、相互作用等重要范畴的论述。

"概念论"这一部分似乎又自成一个小哲学体系:"主观概念"与逻辑自身有关,"客体"涉及自然哲学的问题,"理念"与精神哲学有关,概念达到了对自身的认识,返回到自身,成为理念。但它们并不是哲学体系的重复,后者是讲概念经过存在发展到理念,然后外化为自然,再返回到作为精神的自身,最后认识自己就是绝对精神。"概念论"部分是讲概念在自身中对自己的认识,它还没有经过外在化的发展,即缺乏自然与精神这两个现实性的环节,它们还是潜在地在概念之中。用海德格尔的话来说,就是"存在"还没有在"时间"中开启自身。黑格尔对概念的评价非常高,认为"概念是**自由**的原则,是**独立存在着的实体性力量**"①,"概念才是一切生命的原则,因而同时也是完全具体的东西"②。

"概念论"的第三部分"理念"先在"生命"中讲人的自然过程,然后在"认识"中谈到人的理论活动(理论认识)和实践活动(意志),最后到达"绝对理念",这时逻辑科学就把握住了它自身,认识到理念就是全体。绝对理念作为自身与自己的统一,就是直观(Anschauen),而直观着的理念(die anschauende Idee)就是自然,这样就从逻辑过渡到哲学体系的第二部分即自然哲学。③ 从逻辑到自然界的过渡一定不能从本体论或物理学时间的角度来理解,那样会荒唐无比,好像黑格尔在无中生有,他讲的更应该是一种逻辑、认识方面的进展,思维先澄清、认识了自身,然后向外看,它不能对伟大的自然界熟视无睹,自然界是绝对精神发展的必然阶段,否则体系就不圆满。

因篇幅关系,我们不能将黑格尔的逻辑学一一展开论述。在此,我们将黑格尔的逻辑体系列出一个范畴表,帮助读者一目了然地明了黑格尔在逻辑学中到底涉及了哪些范畴,因为这些范畴有的至今仍是哲学的

①② 黑格尔:《小逻辑》,贺麟译,第 160 节,商务印书馆,1980。
③ 参见同上书,第 244 节。

基本概念,有的则已隐退。当然我们十分清楚,黑格尔本人肯定是不太赞成把他深刻丰富的思想体系用干巴巴的图表形式表示出来的。

存在论
质　存在　　有

　　　　　　　　无

　　　　　　　　变

　　　　定在

　　　　自为存在

量　纯量

　　　定量

　　　程度

尺度

本质论

本质作为实存的根据　　纯反思规定　同一

　　　　　　　　　　　　　　　　　　差别

　　　　　　　　　　　　　　　　　　根据

　　　　　　　　　　　　实存

　　　　　　　　　　　　物

现象　现象界

　　　　内容与形式

　　　　关系

现实性　实体关系

　　　　　因果关系

　　　　　相互作用

概念论

主观概念　概念本身

判断　质的判断

反思的判断

必然的判断

概念的判断

推论　质的推论

反思的推论

必然的推论

客体　机械性

化学性

目的性

理念　生命

认识　认识

意志

绝对理念

　　自亚里士多德以来，哲学就围绕"逻各斯"旋转，逻辑规律被看做检验哲学是否为真的试金石。近代哲学有打破逻辑一统天下的趋向，开始把数学的方法引入哲学，用自然科学来改造哲学，以拓宽哲学的视域。这种尝试不为德国古典哲学所接受，康德要限制逻辑和经验科学的范围，黑格尔则再次继承亚里士多德以来的传统，在逻辑学的框架内，用逻辑的语言，并通过对逻辑的辩证性改造，来重振哲学的大一统地位。黑格尔无疑是最后一位让哲学在逻辑的范围内运行的哲学家，用现代的话来说，就是主张逻辑在哲学中的"话语霸权"。哲学发展的历史证明，这条路是行不通的。黑格尔的逻辑学在 19 世纪 30 年代左右还很受欢迎，他的学生们把它从《哲学全书》中抽出来，加上附释，成为独立的一本书，当时他的作品中只有《小逻辑》一版再版，似乎成为他的思想的代表作。

但是,后人很快就各寻其道,要把哲学从逻辑的重围中解救出来。马克思主义强调"实践"在哲学中的首要地位,这就有了后来的"实践学派"。分析学派让哲学发生"语言学转向",用对语言意义的探讨来取代哲学的基本问题。胡塞尔悬置本体,专注于对经验-心理事实的分析,以明证性来求得哲学的真理性。海德格尔让真理在"时间"中开启,让存在自己说话。还有一些流派从人生(Leben)、价值(Wert)、艺术(Kunst)、文本(Text)、德行(Ethos)的角度接近哲学的最高问题。凡此种种,都是要突破传统哲学的障碍,让思想不受任何限制,得到自由发展。但是它们之中的某些流派,也曾要求过自己的独尊地位,因而重蹈黑格尔哲学的覆辙。真理问题不应该只与逻辑有关,任何一门学科都没有权利要求在哲学中的"唯一"话语霸权,这是现代哲学的共识。

自黑格尔哲学衰落后,他的逻辑学也一蹶不振,今天看来,其中除了逻辑与语言的关系值得研究外,其余的大部分内容只具有哲学史的价值。现在的逻辑学也因此而"缩水",它研究思维规律,当然还有语言问题,但仅此而已,不再要求更多的东西。

第六章　自然哲学

在《哲学全书》的第二部分《自然哲学》中,黑格尔并没有对理念从逻辑向自然界的过渡再作详细解释,因为他前面已经多次阐明,理念要转化为他在的形式,要获得现实性;在自然界里,理念是作为其自身的否定性而存在的。对于这种过渡,黑格尔当然没有提供任何经验性的例证,因为在他看来,这是一件只有用思辨才能把握的事情,是前此逻辑学理念发展的必然结果。

第一节　自然哲学的必要性及其与物理学的关系

《自然哲学》开篇,黑格尔就提出三个问题:如何看待自然? 如何考察自然? 如何划分自然? 黑格尔十分强调"自然哲学"这门学科的必要性。前面我们讲过,自然哲学是自然科学在德国科学发展史上的一个特殊阶段,当时自然科学还归属在哲学的门下。哲学界的共识是,仅有经验科学还不能揭示自然界的奥秘,经验科学需要思想的引导,才能超脱经验的局限,上升到普遍性的高度,成为自由的;他们还主张用有机整体的观点来描述自然界与世界图像,用哲学概念来反映自然界的生成、发展和运动。这是自莱布尼茨以来形成的传统,康德的《纯粹理性批判》

《判断力批判》和《自然科学的形而上学基础》可以说又为自然科学提供了形而上学的基础,再加上谢林自然哲学所取得的辉煌成就,自然哲学在德国是很有市场的。黑格尔是这种传统的倡导者和拥护者,除此之外,他还强烈意识到当时自然哲学正遭遇巨大危机,他认为,这种现象是由谢林及其拥护者在获得自然哲学成果的同时,又草率地对待它所造成的。因此,黑格尔要做的事首先是正本清源,即对自然哲学的概念作更精确的规定。①

黑格尔认为,"自然哲学本身就是物理学,不过是理性物理学"②。两者有许多相通之处,自然哲学在古希腊的发生时间甚至比物理学更早,它们之间的区别并不像经验科学想象的那么大,它们都是对自然界的思维和认识,仅仅在思维的方式和方法上有不同。自然哲学的特征在于:

> 一方面这种考察并不是从外在于自然的规定出发,如从那些目的的规定出发;另一方面它是以认识自然界里的**普遍东西**为目标,即以认识力、规律和类属为目标,所以这种普遍的东西同时在自身也就能得到**规定**;其次,这样的内容也不应该是一种单纯的集合体,而是必须分为纲目,呈现为一种有机体。既然自然哲学是**概念的**考

---

① 有关黑格尔自然哲学的研究资料参见梁志学《论黑格尔的自然哲学》,上海人民出版社,1986;诺伊塞《自然哲学》,载德瑞等《黑格尔的〈哲学科学百科全书〉》,法兰克福/美因,苏尔坎普出版社,2000(以下所引此书均为此版本);佩梯主编《黑格尔和自然科学》,斯图加特-巴德·坎恩斯塔特,弗洛曼-霍茨伯格出版社,1987;茨谢《谢林和黑格尔哲学中的数学与自然科学模式》,斯图加特,1996。
② 黑格尔:《自然哲学》,梁志学、薛华、钱广华、沈真译,第246节,商务印书馆,1980。值得商榷的是:(1)据译者说,中译本的目录"是译者按照原著正文中的标题编的"(同上书,第1页)。我们经过逐一对照,发现它与黑格尔《自然哲学》原书的目录不太一致,第3篇"有机物理学"中有些小标题是译者根据正文内容自行添加的,黑格尔本人在正文中并没有用过这些小标题。尤其是其中的第3章与原文出入较大,"性别关系"和"类属和物种"颠倒了原文的标题顺序,"个体的疾病"和"个体的自行死亡"在原文中与"性别关系"和"类属和物种"是同一层次标题的关系。(2)中译文有三节与原文顺序不符,译文第368节应是德文第369节,且只译了正文的后半段,译文第369节应是德文第370节,译文第370节应是德文第368节。(参见《黑格尔全集》(理论版)第9卷;黑格尔《哲学科学百科全书》,尼可林、珀格勒尔主编,汉堡,迈纳出版社,1958。)经与译者商量,发现是当时翻译时所参照的米希勒本有误,它颠倒了上面三段的顺序,后来的理论版对此作了修正。

察，所以它就以同一**普遍的东西**为对象，但它是**自为地**这样做的，并依照概念的自我规定。在普遍的东西**固有的内在必然性中**来考察这种东西。①

自然哲学接受物理学从经验中给它准备的材料，但并不把这些经验作为最后的证明，当做基础，而是对之加以改造，使之上升到普遍性和必然联系。物理学必须帮助哲学工作，以便哲学能把它提供的知性知识加工成概念。物理学的思维方式的不足之处有二：其一，它的普遍东西是抽象的，或者说仅仅是形式的，它不从它本身取得自己的规定，也不向特殊性过渡；其二，它的特定内容因此在这种普遍东西之外，彼此间没有自身的必然联系，所以只是有限的内容。超越物理学知性思维的道路有两条：一是素朴的精神；二是对直观也必须进行思维。②

　　当黑格尔还在大力倡导自然哲学时，自然科学已经有了初步的发展，古典物理学尤其是牛顿的力学，在法国和德国都得到广泛传播，力学中的数学系统基本上趋于完善。与 20 世纪的物理学相比，当时所缺乏的是电学、热力学、电磁学和流体动力学等学科。在天文学中，虽然仍在用力学的规律来描述行星的运动和恒星数据，赫歇尔（Herschel）已经认识到第一个"星系"就是由星星组成的旋涡状星云，但是当时还没有分光镜，而现代天文学的成就主要取决于它。19 世纪晚期，基尔霍夫（Kirchhoff）和本生（Bunsen）才发明了光谱分析，这对太阳光和恒星的分析有决定性意义，由此奠定了天文学研究的基础。地质学已处在初步发展之中，当时讨论的主要问题是地球是通过火山爆发还是在水中沉积而形成的。在化学领域，已经开始从燃素说向拉瓦锡的化学转换，但并不彻底。有机化学基本上还没有登场。在"生命科学"领域，占上风的还是林奈（K. Linne）所使用的叙述性方法（deskriptive Methode）。在细胞生理学中，直到黑格尔去世后，施莱登才开始使用由物理学引进的分析方

---

① 黑格尔：《自然哲学》，梁志学、薛华、钱广华、沈真译，第 246 节，商务印书馆，1980。
② 参见同上书。

法。达尔文的进化论当时还未问世。古典物理学是在 19 世纪末才因赫兹的发现而完善起来的。至于在现代意义的生物和化学方面，当时虽然已经发现了许多现代的研究方法，但这些新理论萌芽还远未到在所有领域都被人接受的地步。① 它们代表了现代自然科学的开端，却又不能与现代科学成果同日而语。

还有一个事实是，虽然当时的自然科学还没有从哲学中独立出来，但科学家们的普遍倾向是拒绝对自然进行一种形而上学-思辨式的考察。黑格尔坚持"逆"潮流而动的理由并不复杂，他要用德国人理解的"科学"（Wissenschaft）概念来改造哲学，这是一座无所不包的知识大厦，自然科学当然不能缺席，但是，又不能原封不动地将自然科学纳入体系，而需要对它进行概念的改造，使它成为体系的有机部分，成为绝对理念发展的一个环节。这就是说，对自然科学，不仅要知其然，更要知其所以然。《自然哲学》一书就是逻辑概念与科学知识的混合体。一方面，黑格尔一步步揭示理念在自然界的发展，即如何从最外在的、相互分裂的自身之外的存在，上升到逐步认识和建立相互联系和统一，最后克服他在的形式，到达精神；另一方面，他又使自然科学领域与理念发展相适应，在思辨的论述中，常常笔锋一转，详细讲述各门自然科学理论的历史、现状、争论和问题。他的思想深度和广博的科学知识令人赞叹，两者大部分天衣无缝，偶尔也牵强附会地结合在一起。所以读《自然哲学》要比读《小逻辑》有趣和轻松得多。

黑格尔的立场也决定了他的工作方式和对他人的态度。他往往是先从当时认可的自然科学文献中找出核心片段，向学生解释，然后把这些科学的东西纳入他的哲学-逻辑体系中加以分析，以论证理念在自然界的进展。他在《自然哲学》中多处指责牛顿和谢林，认为前者是经验-自然科学的立场，肤浅、外在，他努力证明开普勒的定理要优于牛顿的力

---

① 参见德瑞等《黑格尔的〈哲学科学百科全书〉》，第 139—140 页。有关当时的科学发展状况读者还可参见梁志学《黑格尔〈自然哲学〉简评》，载黑格尔《自然哲学》，梁志学、薛华、钱广华、沈真译，商务印书馆，1980（以下所引此书均为此版本）。

学定理。但他与牛顿的争论并不是要否认牛顿力学的科学性,而是不同意"第一推动力"的说法,反对用力学来说明一切运动形式。他觉得谢林虽然有思辨倾向,但思想深度不够,流于空泛。其实,黑格尔与谢林对自然哲学必要性的理解基本上还是相同的,谢林也认为自然哲学是"思辨的物理学",他们也都利用当时最新的科学成果,崇尚有机体、目的论等。但在黑格尔看来,自然界只是一个有限的目的,是理念的他在形式,它需要概念的劳作,才能上升到精神。对于谢林来说,自然界就是潜在的精神,自然哲学的真理通过直观就能获得。

过去有种看法,认为谢林的自然哲学问世在先,黑格尔再搞自然哲学,似乎有谢林的后继者和仿效名人之嫌。其实不然。同是自然哲学,同是面对自然科学的材料,但贯穿两人自然哲学的基本理念不同,自然哲学著作的结构也完全不相同,对一些科学问题的看法也不同,所以是名同实不同。这一点只要看一下他们两人的著作就一目了然。例如谢林 1797 年写的《自然哲学的观念的导论》,全文只有两大章,第 1 章他直接从物体的燃烧开始论述,然后是光、空气、电、磁;第 2 章论述物质的力学原则和结构,还有化学问题。在 1799 年的《自然哲学体系初步纲要》中,谢林的首要问题是证明自然在其最原初的产品中是有机的,然后是对有机自然的条件作推论。所以黑格尔自然哲学的原创性应该是毋庸置疑的。

黑格尔赞扬歌德的颜色理论,因为歌德在努力把握现象之后的东西,但这还是一种"素朴"的态度,因为歌德是想总体直观自然,而不是用概念去把握自然。黑格尔对古希腊的科学成就基本上持肯定态度,他对逻辑与自然哲学和自然科学的关系的看法,很多源自柏拉图的思想,尤其是《蒂迈欧篇》;他也因袭了许多亚里士多德的科学观。黑格尔对近代的一些最新科学发现则十分审慎,其中有一些被他怀疑的东西后来成为最令人信服的科学常识。例如他在物质组成的学说中,赞成自古希腊以来流行的物理"四元素说",反对当时尚在萌芽阶段的"化学元素说",即物质由一些最基本的单纯元素组成。后来化学分子论和物理原子论成为科学。

黑格尔本人又是一位自然科学家,他在数学、天文学、地质学等方面都有研究,也积累了不少的资料,并与一些自然科学家保持着良好的私人关系。他尊重科学,努力在讲课和著作中反映当时的科学成果,当然是他认可的。他也改正和收回了一些过时的提法。例如,在《自然哲学》第1版(1817)中,他划分的三个段落是数学、非有机体物理学、有机体物理学。1827年再版时作了很大调整,分成力学、物理学、有机学三个部分,数学被取消,"空间和时间"直接归在"力学"一章下,"物理学"增加了"重力、内聚性、声音和热"的专门段落。[1] 总体来说,黑格尔的自然哲学基本上还是代表了当时的科学水平,只是当时的科学发展太快,几年时间就把它抛在后面。至于黑格尔在书中与他人的论战,有的言之有理,有的则是因当时的研究成果不够成熟而显得黑格尔固执己见。总之,自然科学领域不是黑格尔的强项,所以他在这里留下的问题也最多,《自然哲学》也是他在这个领域出版的唯一著作,也许他对此有自知之明。

第二节 何为自然?

黑格尔是在他的哲学体系的框架内去理解自然的,所以,在他看来,第一,自然是外在的。自然从理念异化而来,是他在形式的理念,只因这种外在性自然才作为自然而存在。在这个意义上,逻辑先于自然。但自然最终要扬弃这种异化,上升为精神,精神潜藏于自然之中。"对自然的思维考察,必须考察自然在其本身何以是这种变成精神,扬弃他在的过程,考察在自然本身的每一阶段何以都存在着理念。"[2]第二,在自然的外在性中,概念的规定具有互不相干的持续存在的外观,互相孤立的外观。所以在自然中没有表现出任何自由,只有必然性和偶然性。第三,要把自然看做一个由各阶段组成的体系,其中一个阶段是从另一个阶段必然

---

[1] 参见班西本《黑格尔自然哲学讲座》,载《黑格尔研究》第26卷,波恩,波菲亚出版社,1991。
[2] 黑格尔:《自然哲学》,第247节附释。

地产生的,并且是它所得以产生的那个阶段的最近的真理,它不是自然地被生成的,而是源自内在的、构成自然根据的理念。自然界自在地是一个活生生的整体。①

在黑格尔时代,有三种典型的自然观。启蒙学者把自然看做"规律的总和",认为自然界是一个有规则的客观世界,自然科学家就是探索它的规律性,从而据其规律来展现自然。按康德的说法,是理性为自然立法。浪漫派否认可以通过规律来把握自然,在他们那里,自然是一个神秘之物,只能倾听和诉说。亚历山大·洪堡(A. Humboldt)就认为,自然是一个不能完全认识的"事件世界"(Ereigniswelt),它最终仍是令人捉摸不透的。火山爆发就是其典型例证。对自然的描述高于自然的规律,因为后者只能解释自然的部分领域。②

黑格尔的自然观走的是"第三条道路",是启蒙思潮和浪漫派观点的结合,但启蒙的特征更多些。当他从认识论的角度去规定自然的本质时,自然是一个与精神相对立的东西。如果想描写现实世界,我们将发现两种类型的对象,一种包括所有那些在精神中有其起源的对象,如历史、国家、艺术、宗教、哲学等;另一种纯是自然对象。两者的区别在于,这些对象所遵循的规律是否依赖于思想。自然的规律是外在的规律,是不容修改的;而精神的规律则是定向的,它规定某物能是什么和应该是什么。在思维中,概念与对象是同一的,它们都是精神;而在自然对象中,概念是由精神创造的,是用来把握对象的,对象是一个令精神感到陌生的东西,因此,自然与精神是对立的。③ 但是黑格尔并没有让自然在此止步,他继续要求自然与精神的和谐与统一,他在 1819—1820 年的"自然哲学"讲座结束时说:"自然以精神为前提;精神是自然的目的。自然哲学的结果是:精神在自然中认识了理念,即他自身在自我意识的形式

---

① 参见黑格尔《自然哲学》,第 247—251 节。
② 参见诺伊塞《自然哲学》,载德瑞等《黑格尔的〈哲学科学百科全书〉》。
③ 参见同上书,载德瑞等《黑格尔的〈哲学科学百科全书〉》,第 142—143 页。

中到底是什么,从而使精神与自然和解。"①

从认为自然只有外在性和必然性,没有自由,只是一个有限的目的这个角度看,黑格尔与启蒙学者的看法是一致的。他们的相同之处还有,都认为用理性或概念就能穷尽自然,而浪漫派始终视自然为只能直观的神秘之物。但是当黑格尔认为自然是理念的他在形式,其中潜在地存在着精神,自然最终要扬弃自己的异化并与精神统一时,他又有点浪漫派的色彩了。比如在谈到人与自然的关系时,黑格尔指出,人以实践的态度对待自然,这种态度是由人的利己欲望所决定的,人为了自己的利益而利用自然,最终会毁灭它。但是,不管人用什么手段,这种利用只是征服自然的个别事物,而不能征服自然本身和其中的普遍东西。真正的目的论考察在于把自然看做在其特有的生命活动内是自由的。②

不幸的是,近代启蒙的自然观与近代自然科学的发展相合拍,这导致了在工业革命时代,人类把自然当做一个纯粹的客体,人是自然的主人,人类利用科学,对自然进行掠夺式的开采,好像科学有无穷无尽的魔力,好像自然能提供无穷无尽的资源,其后果是最终破坏了人类自身生存的环境,破坏了人与自然的平衡关系,使人类陷入新的环境危机之中。人类为自己的无知和对自然的不尊重已经付出了巨大代价。今天提倡的可持续发展战略应该是对这种错误的自然观的纠正,人必须善待自然,否则自然会惩罚人类。

正因为如此,所以人们现在积极评价德国古典哲学,尤其是黑格尔的自然观,因为它要求自然与精神的统一,要求自然与人类的和平共处。1985年,图宾根大学专门开了一个"黑格尔与自然科学"的专题讨论课。主持者认为,当代环境危机使人们意识到自然与人的关系出了问题,我们面临增长的极限,由于自然资源的枯竭使人的生存面临威胁,生物学界再造生命的计划也使得人的道德发展与科学发展的步调不再一致。

---

① 转引自佩梯主编《黑格尔和自然科学》,第30页,斯图加特-巴德·坎恩斯塔特,费洛曼-霍茨伯格出版社,1987(以下所引此书均为此版本)。
② 参见黑格尔《自然哲学》,第245节。

危机产生的原因就在于，人一直把自然当做客体和质料，当做剥削的对象来认识和处理，而忘记了自己也是自然的一部分，没有想到对自然的技术官僚压迫最终会压迫到人本身。现代敌视形而上学的世界观往往把自然界视为必然性和物质性的领域，把人类社会及其政治、经济、社会性的利益当做自由的领域，这放纵了对自然的掠夺。因此我们是否能从对德国唯心主义的自然观的重新理解中，找到克服当前环境危机的思想指南呢？答案应该是肯定的。黑格尔与柏拉图都一致认为，可见的自然是精神的、理想的现实性的表述，在外在的自然中，应该由那些在认识着的思想和社会性的生活中都相同的力和规律来起作用。①

第三节　自然哲学及其所涉及的自然科学问题②

黑格尔认为，从逻辑理念角度看，自然哲学在纷繁复杂的自然现象中不断寻找和认识统一性。首先只看到单一、外在的要素，它们彼此间没有任何统一性，这就是"单一性"（Vereinzelung）阶段。本阶段类似逻辑学的"存在论"。然后把单一要素都看做一个统一体，其他的要素都与之相关，这就是"个体性"（Individualität）阶段。本阶段类似逻辑学的"本质论"。最后思考单一要素与统一性的关系，这种统一性存在于多样性之中，这时的个体要服从整体，这是"主体性"（Subjektivität）阶段。本阶段类似逻辑学的"概念论"。

与这种逻辑的概念规定性相符，黑格尔把自然哲学由低到高分成力学、物理学、有机学三大类。"力学"基本上是古典物理学的范围。"物理学"虽然用了一些非常思辨-哲学学究式的标题，但实际处理的是近代物理学中一些刚获得发展的学科，它们当时还没有确定的名称。所有非有

---

① 参见佩梯主编《黑格尔和自然科学》，第8—9页。因篇幅关系，我们只能作个概述。
② 本节基本上根据诺伊塞的《自然哲学》写成，请有兴趣的读者参见德瑞等《黑格尔的〈哲学科学百科全书〉》。诺伊塞是研究黑格尔自然哲学的专家，他从18—19世纪的科学发展状况评价黑格尔，发表了许多作品，得到学界认可。我们这里只是概述他的看法，因为这些看法代表了这方面的研究动态。

机的东西,所有不能完全用力学规则描述的东西,当时都被归在"物理学"名下。"有机学"是一门比较新兴的学科,也是德国学界自视高于欧洲其他国家科学水准的一个学科。我们略谈一下黑格尔为学科划分和学科间过渡所列举的思辨-辩证理由,着重考察其中所涉及的自然科学内容,希冀从科学史角度评价黑格尔自然哲学的"合理内核"。

一 力学

"力学"的第 1 章就是"空间和时间"。"空间"问题与几何学有关,这是人类科学史上最早发源的一门学科。但是,18—19 世纪的物理教科书却并不是从空间开始,而是以"物体"开篇的,它讨论物体的诸特征,如广延、地点、不可入性、可分性、运动、惯性以及承受和施加"力"的能力。物理学家们首先从物质的质量出发,再进入量的问题。量是当时经验科学的中心,只有在量上可被计算的东西,才被视为真正科学的,否则就只是一种假说。他们把物质和空间基本上等同起来。这种空间观可上溯到柏拉图和亚里士多德,又经过笛卡尔而在近代受到追捧。但莱布尼茨开始把空间当做一个纯知性概念,注重它的认识论意义,牛顿也倾向于一个抽象的空间概念,这对康德和黑格尔都有影响。黑格尔以牛顿的绝对抽象空间观为定向,不同意康德的先天时空观,认为空间是属于现实世界的,是自然外在存在的最抽象概念。空间既是连续的又是不连续的。"时间"也是最抽象的相互分离的存在,但它现在对此进行反思,因而被相互联系起来。黑格尔的时间观基本上是传统的,受亚里士多德尤其是奥古斯丁时间概念的影响,时空是人类认识世界的两个基本维度,人与外界交往的起点。它们的统一就是"位置与运动"(Ort und Bewegung)。

最早是柏拉图提出了 CHORA 的概念,表示在"此地和此时"的事件的世界,以针对表示三维空间的 TOPOS 概念。它主张世界的元素是几何的形态,质料与空间是等同的。与柏拉图相反,亚里士多德把概念 CHORA 定义为物质的广延,空间和充满空间的物质是同一的,空间因物体与物体周围介质的区分而更加稳固。这样就使得物体或物质成为

自然的最原初的质的规定性。空间成为物体的一个特性,即它可以在
"任何一处"停留。后来就把"任何一处"叫做"位置"(Ort),因为它同时
意味着物体在空间上和时间上的事件。值得一提的是,黑格尔当时和后
来的闵科夫斯基(Minkowski,1864—1909,德国数学家,他的四维空间观
念奠定了爱因斯坦广义相对论的数学基础)一样,都把空间和位置看做
不同的物理实体。位置是在空间中时间性地发生的东西。时间上所发
生的空间变动,即从一个位置到另一个位置的移动就是"运动",运动的
出现取决于预先有自身运动的某物存在,这就是物质(Materie)。黑格尔
说:"人们常常从物质开始,然后把空间和时间视为物质的形式。此中的
正确之处在于,物质是空间与时间中实在的东西。"①物质是被设定在一
起的,是不可入的,有阻力,有质量,通过力来表现自身。黑格尔的物质
观与他所处时代的物质观基本一致。他的空间、时间、位置、运动、物质
等概念就是当时物理学所处理的基本概念。

　　第 2 章"物质和运动"与物质的运动规律有关,所谓的有限力学是指
地球上物体的运动规律,不包括天体力学。与当时的物理教科书一致,
黑格尔在此讨论物质的三种物理特性,即质量的惯性、碰撞和自由落体。
惯性是与时间和空间无关的运动形式,碰撞在与空间的关系中得到规
定,自由落体则在与时间的关系中被理解。黑格尔的这些想法来自当时
自然科学的一个基本问题:物质怎样构建自身? 也就是说,当人们思考
物质时,它有什么样的逻辑规定性? 回答是:物质由原子或部分构成,它
通过力而被建构起来。黑格尔赞成由牛顿、康德代表的原子论观点,但
他不同意康德关于引力和斥力的说法,认为它们局限于经验(自由落体
运动)。黑格尔把引力看做物质与自身的同一性,斥力则是物质的抽象
的单一化,从统一性中的分裂。原子论的思想在现代物理学中仍有重要
地位。与引力相反的是"重力",它是物质"向外"的特性,它的作用在于
对其他物质产生影响。黑格尔时代的人把物质与力联系起来,以埋解物

---

① 黑格尔:《自然哲学》,第 26 节附释。

体的稳定性。"惯性"原理自牛顿始就是力学的公理,伽利略和牛顿对惯性的解释不同,黑格尔的看法接近牛顿,即物体在没有外力的作用下保持自己的直线或同一类型的运动形式不变,但黑格尔所谓惯性与时空无关的观点又是伽利略式的。"碰撞"涉及笛卡尔、莱布尼茨、牛顿等人对"力"和"冲量"的不同理解。自由落体运动定理是伽利略对物理学的贡献,牛顿从物质对物质的作用来解释自由落体运动。

第3章"绝对力学"是在统一性中考察自然的抽象的相互分裂的存在,它的对象实际上是太阳和行星,一个以太阳为中心的统一体,黑格尔称之为"普遍的万有引力"的理念,这属于天体力学的范围。万有引力是牛顿的发现,指宇宙中所有质量能相互吸引。牛顿用万有引力定理将以前由伽利略、笛卡尔发现的有限力学定理和伽利略发现的天体运动定理统一起来。黑格尔支持牛顿的立场,认为地球和天体的物体运动都服从一条统一的规律。黑格尔还在太阳系中看到了一个由单个的部分所组成的持续存在和相互影响的体系,它们的统一就在于相互关联之中,这与他的逻辑理念十分契合。在当时对运动的源泉即"力"的研究中,科学家们的看法很不一致,对不同的力也还未作出明确的区分,外力、惯性、离心力、向心力常被混淆,这和达朗贝尔(D'Alembert)提出的多部分体系有关,它允许将一个运动体系展示为其中所有的力都是平衡的。当时的文献都受这种看法的影响,黑格尔私人图书馆的藏书和他的老师也同样如此,所以他的著作中也常出现混淆不同力的错误。这与其说是黑格尔物理学知识的错误,还不如说是牛顿力学发展中出现的困惑。但是,黑格尔认为离心力和向心力是一样的力,不同意把离心力等同于惯性,这又符合现代物理学的看法。

二 物理学

从逻辑发展来说,"物理学"是对自然作为他在的抽象性进行反思,"个体性"表示那些相互分裂而存在的东西,现在反思自身并且并列存在着,因此没有思考到每个个体与其他个体的关系。黑格尔在《逻辑学》中说过这就类似于莱布尼茨的"单子",是作为自身反思或个体性的原则。它的逻辑发展阶段是普遍个体性、特殊个体性、完全自由的个体性,与之相对应的是"有限的物体性"的三个阶段:光、聚合状态、大气现象,特殊重力、内聚力、声音和热,磁学、电学和化学过程。

在第1章中,"光"最重要。黑格尔时代的精确科学对光有许多不同理解。歌德认为光是永远和到处存在于空间中的东西,就像物质一样。光是与物质对立的另一极,它四处扩散。谢林也把光看做与物质对立的另一极。黑格尔是赞成歌德的看法的。歌德和谢林后来遭到科学家的批评。牛顿主张光由微粒组成,有颜色的物体反射这些微粒,光以固定速度在空间中传播。惠更斯(Huygens)在部分接受微粒说的基础上,提出光的波动说,认为光的传播是由微粒碰撞了其他微粒,从而在这些微粒的介质中产生了干扰而实现的。这样在以太微粒中产生了波,它围绕干扰的位置作圆圈式传播。后人围绕光的微粒说和波动说进行了许多观察和计算,如欧拉(L. Euler)、马吕(Malus)、扬(T. Young)等人的研究,两者不断交替证明自己的真理性,但都没有得到一致认可。直到现代量子力学才证明了光具有波粒两重性。当时流传的还有德·卢克(J. A. de Luc)的光理论,在谈到光对物质的影响时,他把光称做"非物质的物质"。黑格尔接受了这个概念,谢林更是赞成这一说法。

黑格尔就是在这一理论背景下力图对"光"作出自己的理解。他认为光是不可分的,像物质一样在空间中传播,空间的每个部分都有光,光没有多样性。光的产生源于地球上的化学过程,当然也有磷光现象,它不是由火而来,太阳光和星星的光就是这样。太阳是"光的物体",不是自身消耗着的火。赫歇尔的太阳结构模式证明了这一观点。黑格尔称光有"绝对的光速",但这并不是指速度的最高界限,而是一种不确定的速度,它表示光的快速和不断地出现。光就代表着世界,没有光,我们根本不能知觉物质。黑格尔把彗星、月亮和行星作为黑暗的东西放在太阳的对立面,太阳发光,彗星和月亮反光,行星吸收光。我们认为,黑格尔把光提到与物质同等重要的高度,一是光比物质更具能动性,更活跃,从而更符合他的逻辑理念;二是"光"本身又是基督教文化的重要概念,它与精神有联系,这样光在自然哲学和精神哲学中都有自己的立足点。

黑格尔理解的元素还是受古代科学观影响的四种自然聚合状态,即水、火、气、土。它们不是物质的组成成分,而是物质的特性。在亚里士多德那里,自然的过程就是这四大元素相互不断转化的循环过程。柏拉图从几何形态来解释元素。中世纪也很重视元素问题,以"最小的自然"(minima Naturalia)的名称讨论元素的基本结构,这涉及元素的同质性和异质性。黑格尔认为化学的元素是不连续的物体,这和当时化学不够发达有关,黑格尔拒绝了一些不完善的化学表。我们知道,直到19世纪末,门捷列夫的化学元素周期表才问世,并沿用至今。在"空气"一节,黑格尔提到了盖–吕萨克(J. L. Gay-Lussac)和比欧特(J. B. Biot)的气体定理,他们描述了在恒定的压力下气体的膨胀。黑格尔认为帕拉切尔苏斯的下述设想也很重要,即整个世界和世界上所有的形式都由三种元素组成,它们是水银、盐、硫。

气象学是在1840年后才得到系统性研究的一门科学,当时人们还没有区分大气层的层次结构,直到第一次世界大战前不久人类发明了飞行器,平流层才被发现,而气象变化主要在平流层发生。20世纪50年代威尔逊(C. T. R. Wilson)的理论,才为气象学的革命提供了基本方程式。黑格尔时代还在亚里士多德的意义上研究气象,它的对象是所有在月亮之下发生的现象,彗星和陨石也包括在内,火山现象也被看做气象学的现象。当时的气象学以观察为主,只有温度、压力、湿度等数据,还缺乏精确的工具,以清楚地标志气象数据。总之,气象学从借助肉眼的观察和积累的经验,再到成为一门精确的现代科学,走过了漫长的道路。所以我们在这里读到黑格尔的一些奇谈怪论,也就不足为奇了。

第2章"特殊个体性的物理学"从逻辑上说是思考相互外在的物质的统一性,但还未发现它。在黑格尔时代有两种关于物质密度的理论,一种是"以太说",认为物质是由非常小的圆球构成,这些圆球互相连在一起,圆球之间是空虚的空间和微孔,物质的强度与密度有关;另一种依据牛顿的理论,认为物质由力组成,力通过动态的平衡来控制物质的膨胀。康德、艾辛迈耶尔和谢林都赞成对物质的动态解释。黑格尔对"内聚力"的看法主要来自施特芬斯(Steffens)和艾辛迈耶尔,确切地说,他是通过谢林接受了两位自然科学家的观点。施特芬斯区分了总体的内聚力和抽象的内聚力,前者完全有区别地相互联系着,例如磁性,后者在没有设定区别时也能成立。施特芬斯是谢林的学生,他赞成谢林的自然哲学纲领,尤其是谢林关于所有自然对象都因两极的关系而组成的思想,所以他想让重量、内聚力和磁性在一起互相制约。但当时并没有证据来说明这些相互关系的存在。在内聚力与磁性有关的问题上,黑格尔依据艾辛迈耶尔,后者把康德对物质的动力解释扩大到整个现象界,认为通过一种特殊制造的磁可以逐步给两极的强度分级。这种逐步的过渡被看做自然现象呈阶梯状的模式。黑格尔引用了施特芬斯对此的回顾。弹性问题在自然科学关于物质结构的讨论中有着重要地位。"声音"被理解为一种外在位置的改变,它的传播需要媒介。直到黑格尔的时代,还没有突出的声音理论,最后是克拉德尼(Chladni)通过实验第一个表述了声音的理论,声音只有在和物体共振的联系中才能产生。近代的"热"理论经过了三个发展阶段:第一阶段以克劳修斯(R. Clausius)为代表,"热"在原子论的基础上被看做一种微粒的形式;第二阶段把热理解为物体的一种状态;第三阶段理论开始于 20 世纪初,以玻尔兹曼(Boltzman)为代表,这是一种统计学的热理论,它根据物质里的原子的内在运动来解释热。现在不清楚黑格尔时代是第一阶段还是第二阶段的理论占上风,但可以确定的是,现代物理学的热理论是在他去世后才有的。

第 3 章"总体个体性的物理学"在逻辑上意味着,个体性在寻找自己的中心,它的形式规定性已经得到完全的展开。它的对象是在追求自己的关系中心的物质过程,具体地说,就是磁学、电学和化学过程,在这三种状态下,物质彼此之间都相互联系,相互作用。但它们又都还未把这种相互作用看做一个高于个体的统一性。此外,黑格尔还认为看到磁、电和化学作用之间有同一性是科学的一个进步,因为以前是将它们分开研究的。

　　磁学和电学是在 1830 年后才具有现代科学的形式的,首先是法拉第(M. Faraday)发现了电磁感应现象,然后是麦克斯韦(J. C. Maxwell)在 1860 年后提供了支持电磁感应现象的数学理论。在古希腊时期,磁学与磁石的影响有关。文艺复兴时,人们开始研究磁现象。1820 年左右磁学研究才出现新突破,人们把磁与运动着的电负荷联系起来考察,磁成为电流产生的磁场。现在人们只认为铁、钴、镍有磁的特性,不再把其他质料看做可以磁化的。黑格尔时代人们还只能在静电学的框架内研究"电性"。1810 年左右才开始有电动力学的理论。这是一个电研究的伟大时代,富兰克林(B. Franklin)、库仑、伽伐尼(L. Galvani)、伏特(A. Volta)等人的发现都是在这段时间问世的。当时"光"也被解释为电现象的一种形式,诺雷特(Nollet)就把光当做"以太"。这种说法当时还传播得特别广。当然也有人反对,他们把光看做"以太"的收缩状态。这种看法后来被上升为麦克斯韦的电-磁收缩的设想,他在 1860 年后提出场方程式。

　　18 世纪末拉瓦锡就开始发展现代意义上的化学。它的理论先驱是18 世纪关于"亲合性"(Affinität)的设想,认为化学原料之间有不同的亲合性,人们还绘了一张图表来显示不同原料间的亲合性。这种化学观还是受亚里士多德观点的影响,即在实体的均质和异质混合时,均质的尺度决定着反应。在法国大革命时发展的拉瓦锡化学,把化学原料当做化学元素间的结合,而元素在化学反应时必须保持量的平衡。早在 17 世纪,波义耳就认为原子和元素是同一的。道尔顿(Dalton)在 1803 年提出相对原子量,1805 年发表原子论,认为一切元素都是由微小的具有相同原子量的不可分割的粒子组成,这就为 19 世纪时原子论融入化学打下了基础。拉瓦锡是新的化学语言的发明者,而黑格尔在"化学"一节中基本上是站在拉瓦锡的现代化学立场一边的。

　　诺伊塞指出,在"物理学"一章中,黑格尔特别明显地不是从能相互动作的静态客体,而是从物质间的共同行动和物质的行动可能性出发。因此黑格尔的哲学是一种变易的哲学(Philosophie des Werdens),他的自然是 Physis,即变化自身。[①]

三　有机物理学

在"有机物理学"中,作为理念的他在的自然,现在被思考为一个物质的各部分与其发生关联的中心,这个中心和物质的各部分共处在一个整体中。黑格尔把这种主观性的逻辑规定性与自然科学中关于"有机主义"的设想联在一起。在有机体中,各器官之间具有紧密的相互联系,并有共同的中心,它们只能在有机体中存在。有机体就是各器官之间的交换游戏,是各器官的共同作用。它的另一个特点就是具有主体性,应该被看做自我行动的。区分有机体程度的标志,就是看它们的自我行动性在现实中的高低,这就是划分矿物界、植物界和动物界的标准。其实把自然界一分为三,起源于亚里士多德,但黑格尔在这里按照自己的逻辑理念,对它们作了新的解释。矿物界只是生命的普遍图像,是植物和动物赖以生存的根据和土地,其中还没有自然的生命。但是,反过来说,地质岩层又是由已经死亡的植物和动物经过长期的物理过程而形成的。植物的各器官虽然都围绕一个中心,但它们与植物有机体的关系还是外在的。在动物界,有机体的各器官是内在的,它的中心也在自身之内,它能离开环境的束缚,显示一种独特的独立活动。

在黑格尔时代的地质学中,对地球如何产生的问题有两种观点,即"水成论"(Neptunismus)和"火成论"(Vulkanismus)。两种理论都能找到证明。黑格尔指出这两种过程一定是并行发生的,这两条原理都应该被看做本质的,但它们各自又是片面的。黑格尔对有机体的观念来源于奥坦里特(J. H. F. Autenrieth)和基尔迈耶尔。按照基尔迈耶尔的观点,每个有机体的形式都有三个特征,即感受性(Sensibilität)、应激性

[①] 德瑞等:《黑格尔的〈哲学科学百科全书〉》,第 185 页。

(Irritabilität)、再生产(Reproduktion)。感受性与神经系统有关,应激性与血液系统有关,再生产则和消化系统有关。类的发展就是有机体的成果。在"植物学"一章中,黑格尔主要借助特雷维拉努斯的研究,但我们也能看到基尔迈耶尔的有机体概念对他的影响:有机体既是向外的关系,也是向内的关系,是由内向外的关系。黑格尔描述的第一个过程是内在的循环运动,它在生长中找到自己的表达。第二个过程是自身向外特殊化的过程。当一粒种子受外部刺激时,它只能长成为芽。同化作用就属于这一过程。第三个过程就是类属的过程(Gattungsprozess),即再生产。基尔迈耶尔想把力的概念用到有机体中,从而使它的自身相关的结构得到注意,这是有机学与力学相比的优越之处。在"动物有机体"中,黑格尔也以这个模式为定向。黑格尔还明确地借助奥坦里特,后者除了力之外还讨论了这些力在有机组织中的代表,即神经系统、血液系统、消化系统。向外的关系被主题化为同化作用,最后成为内在-外在关系,整个有机体的关系成为一个类属过程。可以说,黑格尔在有机学的每一阶段都靠近基尔迈耶尔的有机组织概念。

黑格尔把疾病理解为在有机体中反对它的主人的有机体。他接受了比沙(M. F. X. Bichat)的生命理论,个体的死亡被看做类的生。这和居维叶(G. Cuvier)与拉马克(J. B. de Lamarck)之间的争论有关。拉马克主张自发的"单子"在不断产生,这就不断制造了新的发展线索,这些单子是经近千万年的发展而成为不同的种并相互区别开来的。居维叶的观点正相反,他认为我们对每一个种都有一个相应的固定定义,只有当我们改变这些描述它们的定义时,种才会发生变化,因此每个种都是稳定的。黑格尔接受了居维叶的论据。基尔迈耶尔通过"力"的概念,认为个体的死亡不是生命的终结,在类属中普遍的东西以普遍性的形式得到保持。个体的死亡是类属的生,类属的保持有赖于个体的死亡,这种观点是德国哲学中一种占主导地位的生死观。这和中国哲学中把生死理解为"薪火相传"的比喻相类似。

18—19世纪生物学讨论的一个重要问题是如何为矿物、植物和动物分类,有两种截然相反的意见:林奈主张一种人工的体系,它以外在形态的特征为基础;居维叶和拉马克则坚持一种自然的体系,它以种属的发展历史为基础,对有生命的东西进行系统的划分。黑格尔赞成后一种主张,认为只有在离开了人工体系后,才能更重视认识动植物的客观本性。黑格尔赞扬居维叶的比较解剖学的进步,不仅有细致的观察材料,还在于其材料的加工符合概念。

18—19世纪生理学还关注生命由什么构成的问题。比沙就认为生命从其内在的原理来看,是一系列功能的总和。布朗则认为,生命要靠外部的因素如环境影响,才能保持。一般来说,生命以自我行动为特征,为此,它需要刺激和刺激通道。这就导致对神经系统和肌肉的研究,而且把对刺激的反应看做一个统一的整体。最后吉塔讷(C. Girtanner)和普法夫(C. H. Pfaff)在刺激理论的基础上提出了一种化学的模式,或者说,伽伐尼模式。

布鲁门巴赫(J. E. Blumbach)在自己的纲领中提出了一种特殊的生命力,即假设在物体中有一种特殊的目的论式的形成本能,这种本能规定了物体的形式和成长。奥坦里特将关于刺激理论的讨论和生命力的讨论联系起来,认为生命力是一种外加到物体中的力,并作为无法预料的因素控制物体的生理过程。黑格尔也对这些讨论发表了自己的意见。

我们觉得,黑格尔对健康和疾病的理解与中国医学有异曲同工之处。他说:

> **健康**就是有机体的自我与其特定存在的**平衡**,就是所有器官都在普遍的东西里流动;健康就在于有机东西同无机东西有平衡的关系,以致对有机体来说并没有自己无法克服的无机东西存在……疾病的**概念**在于有机体的存在同有机体的自我**不平衡**。[①]

"平衡"显然是中医中疾病判断和诊治的重要标准。西方医学在没

---

① 黑格尔:《自然哲学》,第 371 节。

有发展到把人体分成器官、细胞乃至基因进行研究前,也有和中医类似的发展阶段,它重视人体内在的平衡,重视人与环境的协调,看重部分与整体的关系。

在自然哲学的最后阶段,自然已经证明自己是一个有机整体,成为主体性,但它作为主体,还不能对自己的主体活动性进行反思,主体性对它来说还是某种自然给定的东西,还不是自己的创造。因此,理念的"他在"必须过渡到一种"形式的同一性",以成为自我行动的主体。这就是自然哲学向精神哲学的过渡。

第四节 自然哲学的命运①

早在 19 世纪上半叶,就出现了针对黑格尔自然哲学的抗议之声,因为其中的许多理论纲领不再能令人满意。人们一方面不承认黑格尔的认识论,另一方面希望归纳和经验的声音更强烈些,得到发展的科学论证的方法论也对黑格尔不利。这些批评的声音主要来自一批哲学家和科学家,如弗里斯(J. F. Fries)、休厄尔(W. Whewell)、植物学家施莱登、化学家李比希等,他们的态度影响了当时和以后近一个世纪人们对黑格尔自然哲学的态度,人们基本上把自然哲学当做黑格尔哲学体系中最无价值甚至荒唐的东西。

这种局面到了 20 世纪 70 年代开始出现改观,其中一些与体系构成和科学史背景有关的东西开始受到重视,一些学者用认真的研究来代替过去随意的批判。他们的研究成果表明,黑格尔的自然哲学对生物学和医学界的一些作者产生过重要影响,他们是意大利动物学家德·迈斯(de Meis)、生理学家米勒、实验生理学创始人普尔基涅(J. E. Purkinje)和格里斯海门(K. G. Griesheim)等。马克思在自己的博士论文中使用了黑格尔自然哲学的方法,以便对古希腊的自然科学进行研究。恩格斯也

---

① 本节内容主要参考诺伊塞《自然哲学》,载德瑞等《黑格尔的〈哲学科学百科全书〉》。

曾像黑格尔那样在自然中寻找辩证的联系。万德施奈德（Wandschneider）在1982年指出，黑格尔的理论和相对论的时间概念在论据方面有极大的相似性。[①] 吉斯（Gies）1990年指出，黑格尔的论据和量子理论相类似。[②] 此外专家们还指出理解黑格尔的自然哲学离不开对新柏拉图主义的立场的回顾，尤其是部分与整体的关系。因此，黑格尔的自然哲学并不完全是毫无价值的东西，它的某些观点仍在现代科学中扬弃性地存在着，阅读和思考它对我们应该是有益的。

19世纪是科学的"黄金时代"，到了19世纪下半叶，科学就摆脱了哲学的束缚，彻底独立出来。它的经过证明的规律，它在应用方面所取得的成就，还有时代对它的需要，使它的合法性和独立地位得到证明，它不再需要哲学的保护和论证。科学发展直至最终脱离哲学的限制，应该是人类文明史的一大进步。科学解放了生产力，也提高了人的物质和精神生活水平，它对人的自由和解放是有很大促进作用的。

黑格尔的自然哲学作为德国这门传统学科的最后一次尝试，无疑是失败的。它说明科学和哲学是两个不同的领域，各有自己的规律可循，哲学不是"科学之王"，不应该干涉科学，幻想着给科学插上"思辨"的翅膀。这是哲学应该汲取的教训。

但是，现时的状况是，哲学和科学成了两股道上跑的车，基本上互不往来。哲学家们由于科学知识爆炸而受到局限，放弃了对科学发现说三道四，唯一的例外是暂时还能从伦理的角度，呼吁一下科学家的良心，呼吁重视科学新发现给人类造成的种种后果。倒是一些科学家们仍然不忘作一番哲学反思，远有爱因斯坦，近有霍金。霍金的《时间简史》曾让人们相信万有理论的存在，即时间、空间和宇宙最神秘的问题可以用一个最简单的方程式来解释。但是，在一篇名为"戈德尔与物理学的终极"

---

① 参见万德施奈德《空间、时间、相对性——黑格尔自然哲学作的物理学基本规定性》，法兰克福/美因，1982。

② 参见吉斯《黑格尔的物质辩证法和当代的物理学宇宙论》，载《黑格尔国际研究学会年鉴》，柏林，1990。

的文章中,霍金的思想却发生了逆转,他认为戈德尔定理表明万有理论是无法实现的。霍金说:

> 只要有无法证明的数学结论,就有无法预知的物理问题。我们不是能从宇宙之外观察宇宙的天使。相反,我们和我们的模型都是我们所要描述的宇宙的一部分。因此,物理学理论都是描述自我的,正如戈德尔定理一样;一个物理学理论或者自相矛盾,或者无法完成。①

这又再次表明科学的局限性,科学对许多哲学问题无能为力。

难道科学与哲学就该永远分道扬镳,彼此漠不关心吗? 我们认为,科学与哲学在一定程度上应该是能够相互促进的,不应该把它们截然对立起来。从科学的角度看,科学新发现能丰富哲学的知识,开阔哲学的视域。例如,关于宇宙的物质主要由能量组成的发现就能深化哲学的物质概念。由此,是否应该重新评价黑格尔关于"光""以太"充斥宇宙的说法呢? 从哲学的角度看,哲学的假设甚至猜想,有时会是科学探索的动力,因为哲学不受具体科学的局限,有时能在更高的立场看待问题。康德的宇宙爆炸说至今仍为科学家所重视,有些假设甚至得到了相应的证实。此外,哲学还重视对人类终极命运的关怀,它能从人-自然-社会平衡的角度为科学发现"设限",指出并不是所有新东西都是对人类有益的。目前应用伦理学之所以比较流行,就是源于社会和科学对哲学的需要。

---

① 转引自《参考消息》2004 年 4 月 5 日第 7 版转载的英国《星期日泰晤士报》2004 年 2 月 22 日文章《有关霍金的惊人消息》。

第七章　精神哲学

　　黑格尔在精神哲学方面的积累应该是最丰富的,他在法兰克福、耶拿时期有许多这方面的研究,中间因为创建体系的庞大工程而稍有间断,所以 1817 年第 1 版的《哲学全书》第 3 部分《精神哲学》的篇幅要比逻辑和自然哲学都单薄些。[①] 当来到柏林大学任教而置身于当时德国的政治和文化中心后,黑格尔又再次迸发出对《精神哲学》的极大热情。他多次开设"法哲学""历史哲学""宗教哲学""艺术哲学""哲学史"的讲座,作为对《精神哲学》各个理论章节的补充和发挥,而柏林那蓬勃的政治和文化生活则为他的讲座课提供了大量的新元素,开拓了他的视野,他也据此在第 2 版中对《精神哲学》的相关段落作了较大的修改。可以说,如果第 1 版还是从"地方"的角度看问题,那么第 2、3 版则是从"中心"的视域看问题。

　　黑格尔的几本"讲演录"一直受到人们的重视。有人认为它们脱掉

[①]《精神哲学》是目前黑格尔的各部著作中唯一没有中译本的著作。2002 年薛华翻译了黑格尔《哲学科学百科全书纲要》的第 1 版,其中的第 300 节至 477 节是"精神哲学",可供读者参考。有关《精神哲学》的重要参考文献有:张世英《论黑格尔的精神哲学》,上海人民出版社,1986;A. 佩培尔扎克《绝对之物的自我认识》,斯图加特,1987;艾雷《黑格尔的主观精神理论》,斯图加特,1990;赫思佩、图西林《心理学和人类学或者精神哲学》,斯图加特,1991。

了逻辑-思辨的沉重外衣,更接近事物的本来面目。关于《精神哲学》与各讲演录的关系,我们认为,前者重在从哲学体系发展的总体角度讲这些具体学科,重在它们所达到的认识的高度及其统一性程度、历史贡献,当然更要揭露它们的内在矛盾和局限性,以期最后上升到哲学的认识;而后者更重在这些具体学科的特殊性,经常现象学式地描述它们的发展。所以在阅读时两者应该是互相补充的关系。有时后者确实比前者可读性要强,也有趣得多。但任何时候都决不能把这些"讲演录"当做了解黑格尔的政治观、艺术观和宗教观等的唯一渠道。如同我们在前面所指出的,这些"讲演录"是由黑格尔的学生们编撰的,学生们在确定编辑原则和具体处理时,难免带上个人的主观想法,从而违背老师的初衷。专家们把新发现的当时学生们的听课笔记与这些"讲演录"作仔细对照,发现后者与黑格尔的原意有明显的出入,例如《美学讲演录》的编者赫托(Hotho)就用自己发明的一套逻辑概念对黑格尔的艺术观进行加工,矛盾重重,且不能自圆其说,背离了老师的原意。[①]所以说,我们应该将《哲学全书》与"讲演录"对照起来读,它们各有自己的侧重点,不能相互取代。

何为精神哲学? 黑格尔这样说:

> 关于精神的知识是最具体的知识,因为它是最高和最难的知识。**认识你自己**这条绝对命令不论在其自身还是在历史上得到公开表述之处,都不具有根据个体的**特殊**能力、个性、爱好和弱点进行**自我认识**的意思;它的意思是指对人的真理性东西的认识,对自在自为的真理性东西的认识,对**本质**自身作为精神的认识。同样,精神哲学也没有所谓的**人的知识**的意思,有些人致力于通过这种人的知识去研究**特殊性**、偏好、弱点,即所谓的人的心灵的褶痕——这种知识一方面只在**普遍东西**的知识、人的知识因而基本上是精神的知识的前提下才具有意义;另一方面它虽然研究精神性的东西的偶

---

① 参见德瑞等《黑格尔的〈哲学科学百科全书〉》,第373—374页。

然、意义不大和**不真实的**实存,但它给**实质性的东西**,也就是精神自身并不带来什么。①

因此,精神哲学在黑格尔那里就是关于人的学问。

自文艺复兴和宗教改革以来,人的解放问题和人的知识成为时代最紧迫的问题,这在康德那里如此,在黑格尔这里也不例外。黑格尔把精神哲学放在体系的最高位置和最后发展阶段,而人的本质就是精神,可见他对人的问题高度重视,他的精神哲学就是关于人的主观精神、客观精神和绝对精神的学说。与其他也以人为对象的经验科学不同,黑格尔的精神哲学是对人的问题的哲学考察,考察人的经验、现象、特殊性背后真正具有真理性的东西。

第一节　主观精神

第一部分"主观精神"包括当时的人类学、现象学和心理学三个部分,讨论人作为个体从自然界脱离出来,从具有灵魂到产生意识,进而形成感性与理性认识能力,最终进行实践活动,从而产生自由意识的发展过程,涉及人的生理和心理两方面。"主观精神"在全书中占的篇幅最多,有 95 节,"客观精神"有 69 节,而"绝对精神"只有 24 节,可见黑格尔当时对主观精神还是十分重视的,他在 1811 年时还宣布要为"心理学"部分再写一部类似"法哲学"那样的著作,作为对主观精神理论的补充,但这个计划并没有实现。究其原因,可能一是黑格尔当时对主观精神的内容还举棋不定,这从《哲学全书》的第 1 版与第 2 版的对照中就可看出来,第 1 版的三个部分还被叫做"灵魂""意识""精神",比后来的"人类学""现象学""心理学"明显要缺乏科学理论的层次,有更多的经验色彩。二是主观精神虽然换上了时尚的标题,但它的内容仍是陈旧的。"人类学"是 19 世纪以前的经验心理学,即使黑格尔本人对它的态度也更多的

---

① 《黑格尔全集》(理论版)第 10 卷,第 377 页。

是批判性的,这部分一直被看做精神哲学中最无价值的东西。"现象学"虽然内容丰富,但篇幅却最小,因为它的"意识""自我意识""理性"三节在 1807 年的《精神现象学》中已经得到了相应的论述,此处显然没有太多东西可说。后来人们也多引用《精神现象学》的相关章节,对这几段很少提及。"心理学"的对象也不是当时科学意义上的心理学,而是沃尔夫学派理解的心理学,黑格尔对旧的心理学内容非常不满意,认为它们只是事实的堆积,缺乏精神与概念,但他写的内容又与《精神现象学》的"理性"一章在很多地方相类似,主要是从理论上考察人的认识、实践、自由等根本问题。所以在既无法创新又已有著述的情况下,黑格尔只得选择放弃自己的计划。这样做显然是明智的,因为"主观精神"当时正面临蓬勃发展的医学、生物学的挑战,与它们相比,它的内容自然是陈旧和缺少科学成分的,所以它从问世之日起,就未受到过重视,而且与自然哲学的命运不同,它至今也无翻身的迹象。①

第二节　客观精神

"客观精神"是自由意志的现实化。对此,黑格尔说:

> 这种意志的目的活动性就是,使它的概念,即自由,在外在的客观方面得到实现,也就是使自由作为一个由外在客观方面所规定的世界而存在,这样,意志虽然在外在世界中,但仍停留在自身,与自身紧密连结起来,概念藉此已经终结并成为理念。②

"客观精神"所涉及的内容实际上是传统哲学中的"实践哲学"部分。实践哲学的传统可以追溯到亚里士多德,最后在沃尔夫那里基本定型。"客观精神"包括亚里士多德的伦理学、经济学和政治学,还有后来由斯多葛学派创建的自然法理论。自然法理论在近代红极一时,它当时与

---

① 有关"主观精神"的影响史参见德瑞等《黑格尔的〈哲学科学百科全书〉》,第 283—289 页。
② 黑格尔:《精神哲学》,第 484 节。

"哲学的法律理论"或"法哲学"基本上同义,黑格尔把它与"国家科学",也就是我们今天称为"政治科学"的东西连在一起讨论。尽管精神哲学与实践哲学的内容基本吻合,但黑格尔却避免用"实践哲学"来称呼它们。为什么?在黑格尔看来,"实践"是一个与"理论"相对应的概念,它有自己的片面性,仍属于"主观精神"中"心理学"的领域,或者与后面"道德性"中的行为理论有关,必须用更根本的概念来从理论上说明它,这就是精神、意志、自由,所以他独创性地用"精神哲学"来标识体系的这一部分。① 他这样做,也意在与康德、费希特有所区别,因为他对康德的实践哲学也是持批判性的保留态度的。

黑格尔把客观精神也即自由意志的存在分为三个阶段:

A. 自己首先**直接地**,因而是作为**单独的**意志,即**个人**而存在;给予个人以自由的定在,就是**财产私有制**。作为私有制的**法**就是**形式的、抽象的**法。B. 在自身中进行反思,从而在自身中获得自己的定在,并由此同时被规定为**特殊的**意志,这是**主观**意志的法,即**道德性**。C. **实体性的**意志作为符合它的概念的现实性存在于主体与必然性的总体性之中,这就是**伦理性**,存在于家庭、市民社会和国家之中。②

因为客观精神的内容在 1820 年的《法哲学原理》中有详细论述,所以黑格尔在此只是简短、概括性地讲了相关东西。

一　法

"法"这一节离开具体实施的法,从标准的理想状态抽象地来讨论私法和刑法。黑格尔在此的立场基本上就是近代自然法理论所提倡的理性的法。客观精神为什么要从"法"开始?黑格尔是这样说的:

---

① 参见德瑞等《黑格尔的〈哲学科学百科全书〉》,第 289—290 页。
② 黑格尔:《精神哲学》,第 487 节。

　　　　自由是自由意志的**内在**规定性和目的,它与一种**外部**存在的客
　　观性有关,这种客观性分化在特殊需要的人类学东西之中,分化在
　　外部的自然之物中——它们是为意识而存在的,分化在单个意志与
　　单个意志的关系之中,这些单个意志是对自身作为不同的和特殊的
　　意志的自我意识。①

这三种分化是客观精神领域全部矛盾和冲突的来源。按照黑格尔的理
解,意志都是单一的,它在外在事物中寻求自己的特殊性与满足,它要占
有,这就产生了"私有制",从而出现了个人与自己的所有物、与他人的关
系,物成为个人与他人关系的连结点。为了处理主体间的关系,就需要
双方订立"契约",使两人的意志形成一致,一方交出所有权,另一方接受
所有权。但是契约中也包含了偶然性的意志,这是不合法的,因此出现
"法"与"非法"的关系。代表非法的特殊意志会进行犯罪,为了要人们守
法,有时需要强迫。

二　道德性

　　"道德性"是个体由个人(Person)成为主体(Subjekt),意志离开外在
的事物,对自身进行反思。主体意志把它的规定性看做自身内在的,并
且是它自己所意愿的,因此它在道德上是自由的。它通过自由而做的暴
力表达就是行为(Handlung)。黑格尔特别强调,欧洲人理解的自由就是
指主体的自由或道德的自由。通过法律人们应该能自觉地区别善与恶,
人不应该把伦理与宗教的规定当做外在和权威的东西,它们应扎根在人
的良心、情感之中,成为人自觉的行为或自觉遵守的准则。黑格尔特别
指出,道德性不仅区分善恶,更意味着精神的东西、知识的东西,与物理
的东西相对。当它表示意志的规定性时,它就包括"意图"(Vorsatz)、"目
的和幸福"(Absicht und Wohl)、"善与恶"(Gute und Böse)三个环节于

_____

① 黑格尔:《精神哲学》,第 483 节。

自身之中。

　　"道德性"这一节特别短，没有怎么涉及伦理学的善恶标准和义务的原则，也没有怎么谈德行与幸福的关系，它更多的是关于人的意志、动机和行为的理论，所以有人据此认为在黑格尔那里没有传统意义上的伦理学。黑格尔这样做，与他对康德伦理学的批评有关，他认为后者的义务理论是纯形式-抽象的伦理学，在法和道德的层面上，很难对道德的善作具体的规定，所以他在"道德性"中不提义务与责任的问题。但据此而说黑格尔没有伦理学又言之过急了，因为他在后面的"伦理性"一节中讨论了关于义务与责任的问题。这与他处理精神从道德性到伦理性的过渡有关，这也是他的实践哲学中最难的环节之一。[①] 黑格尔理解的道德性始终是自由意志的主观方面，是良心的绝对自治，是近代主体性原则发展的顶峰，但这种纯粹的道德的善自身包含着许多矛盾，它的内容是抽象和空泛的，良心的主体性也是空泛的，所以它要直接地过渡到它的对立面即"恶"，恶是对主观性在自身中反对客观性和普遍之物的最内在的反思。恶自为地反对善，而善又是抽象的，所以它们都是虚无的现象，要进一步发展到具有实体性和主体性的"伦理性"中。[②]

三　伦理性

　　"伦理性"是"客观精神"的最重要章节，因为黑格尔在此系统表述了他的社会学和国家理论，等于是他的政治哲学。**伦理性**是客观精神的终结，是主观精神和客观精神自身的真理。"[③]主观精神的片面性在于，抽象地反对善这个普遍之物，只在精神的内在单一性中有自己的自我规定。客观精神的片面性在于，只能在外在的事物和抽象的普遍的善之中具有自己的自由。伦理性扬弃它们双方的片面性，主观的自由就作为自

---

① 参见德瑞等《黑格尔的〈哲学科学百科全书〉》，第 301 页。
② 参见黑格尔《精神哲学》，第 512 节。
③ 同上书，第 513 节。

在自为的普遍的理性的意志,成为自我意识了的对自然的自由。伦理性代表了民族精神,但它是通过个人意志的活动而实现的,个人作为思维着的理智,知道民族精神的实体就是自己的本质,所以他不用选择就履行自己的义务,不把自己当做实体的附属物,从而在这种必然性中保持自身并获得现实的自由。实体就这样借助个人活动来达到自己的终极目标。

伦理的实体首先是作为直接的或自然的精神而存在的,这就是"家庭";然后是个体的相对的关系的相对的总体性,这时的个体作为独立的个人而相互关联地处在一种形式的普遍性之中,这就是市民社会;最后是自我意识了的实体发展成为一个有机的现实性的精神,这就是国家宪法。

家庭由人的自然区别开始,这就是性关系,但性关系又会上升为精神的规定性,即爱和相互信赖的信念的统一。因婚姻而实现的实体性统一同时又是一种伦理关系,身体的统一是伦理联盟的结果,它的又一结果就是产生个人与特殊利益的共同性。家庭的私有财产通过工作、劳动和预先操心等共同性而获得一种伦理的兴趣。孩子长大成人后离开家庭,他成为自为的,并准备建立一个新的家庭。婚姻的瓦解是随着一方的死亡这一自然环节而到来的。由此,家庭的内在统一性解体,家庭成员作为个人进入相互对立的关系之中,这时就需要法律的规定。

市民社会是许多个人及其独立的极端和特殊利益的集合。它首先是一个满足个人需要的系统,因为个人需要的满足取决于社会的总体联系,人通过劳动制造产品进行交换来满足自己的需要,这就产生了劳动的分工。分工一方面使劳动变得简单轻松,产品增加;另一方面也使劳动受到局限成为一种技巧,从而无条件地依赖于社会的总体联系,机器开始取代人的劳动。分工和需要的满足以及分配财富和精神教化的不同,还导致了在社会群体中等级间的区别。黑格尔划分了这样三个等级:以土地为生的自然等级;反思了的等级,以社会的财富为基础,靠个人的主体能力、技艺、天赋和勤奋为生;思考的等级,以共同利益为己任。

为了平衡各等级利益的冲突,就需要一些通行有效的准则,于是有了司法。法则是被设定和被认可的东西,目的是为了保护私有财产,它是一种人人必须遵守的形式普遍性,不涉及道德和伦理的意志。黑格尔强调:"在市民社会,需要的满足,同时作为人的满足,以一种固定的普遍方式,也就是确保这种满足,就是它的目的。"①为此目的,就有国家警察来保护这种外在的普遍性,还有行会,这是市民作为个人为了自己的特殊利益而建立的组织,它致力于一种相对-普遍的目的。

对于国家,黑格尔是这样说的:"国家是**自我意识了的**伦理实体,家庭和市民社会的原则的统一。"②他把国家的存在分成三个层次:首先它的内在形态作为自己与自己相关的发展,即内在的国家法,或者说宪法;然后国家是一个特殊的个体,处在与其他特殊个体的关系之中,即外在的国家法;最后国家作为特殊的精神只是精神的普遍性理念在其现实性中发展的一个环节,即世界历史。

在国家内部,国家的本质一方面是自在自为的普遍之物,意志的理性之物;另一方面作为自我知晓和活动着的主体性和现实性又是一个个体。它的工作就是处理作为诸多个体的那种单一性的极端之间的关系,一是把个体当做个人来对待,为此要使法律成为必然的现实性,然后推进个体的幸福——他们最初是自己为自己操心,但也有普遍性的一面,即保护家庭,引导市民社会;二是把家庭和国家以及单个人的所有信念和活动——当它们自为地寻求成为中心时,都领回到普遍性的实体的生命之中,并在此意义上作为自由的力量与那些隶属于它之下的领域决裂,在实体性的内在性中保持它。在国家问题上,应该说,黑格尔最关心的是如何调节与结合普遍理性原则与个人意志和利益的关系,以及处理理想性与现实性的关系。

在实际的国家政治中,黑格尔赞成一个君主立宪的国家。它是一个

---

① 黑格尔:《精神哲学》,第 533 节。
② 同上书,第 535 节。

由王权、行政权和立法权三部分组成的政治体系。君王由世袭或继承产生,任务是作最后的决断,对外代表国家,对内有赦免罪犯的权力。行政权包括审判权和警察权。行政权要机构化并有个人参加,行政事务和个人间没有任何直接的天然的联系,个人担任公职,不取决于他本身的自然人格和出身,关键要看他的知识水平和本身才能。好的政治应该为每一市民献身国家事务提供条件。这里黑格尔表达了要打破德国官员世袭的传统、允许知识分子参政的强烈愿望。立法权或议会应由三方面代表组成,即贵族、官员、民众,贵族是此前社会的主体,官员通晓国家事务,而民众则代表社会的大多数,只有这样组成的议会才能体现德国的特殊性,从而保证社会的稳定。当然三方的利益是不同的,所以他们要相互制约。

但是,德国各邦的实际情况是,王权大于立法权和行政权。君王们在某些时候会作出开明改革的姿态,但一旦时局向削弱他们权力的趋势发展时,他们就会阻碍改革,限制议会或行政的权力,使改革夭折。这在黑格尔的故乡维腾堡公国是如此,在他后来曾一度寄予改革厚望的巴伐利亚王国和奥地利也是如此,在他为之服务多年的普鲁士王国更是如此。这对一位知识分子的理想和希望是沉重的伤害,黑格尔所能做的,就是从政治空间抽身出来,在自己力所能及的领域内努力活动。

在国家的对外关系上,黑格尔认为战争使一个国家的独立性受到威胁,但也促使各民族间开始相互承认,双方缔结的和平条约就确定了各民族间的普遍性和彼此之间的特殊权益。这是中世纪以来欧洲各诸侯国、各邦国以及后来的民族国家之间关系的真实写照,当时是依靠战争来解决国与国之间的利益冲突,这种信念一直持续到第二次世界大战,人们终于明白战争的结果是两败俱伤,因而和平的呼声才超过对战争的渴望,欧洲人明白了要用谈判和妥协来处理国与国之间的关系,而不是诉诸武力。

世界历史也是黑格尔极为关注的领域,他认为世界历史才是客观精神的最高阶段,是个体自由意志的实现,是对作为个体的国家的超越。

各国历史与具体的民族精神有关,是特殊的原则,体现了一个民族的自我意识与现实性的发展,但作为有限的精神,它的独立性还是一个低层次的东西,所以要过渡到普遍性的世界历史之中。特殊的民族精神的辩证法,作为世界法庭,展现了普遍性世界历史的事件。它的每一发展阶段都是精神实体的解放,是向"世界精神"的靠近,世界精神高于民族精神。在世界历史中,出现了"思考的"精神,它扬弃各民族精神的局限性,从而过渡到绝对精神的知识。

第三节　绝对精神

在"绝对精神"开篇,黑格尔给绝对精神下定义,并阐明理念的概念与实在的关系。他说:

> 精神的**概念**在精神中有自己的**实在性**。这种实在性之所以能在与精神的概念的同一性中作为绝对理念的知识而存在,是因为它有这一必然的方面,即那个自在的自由的理智能在其现实性中把自己解放成为概念,以便成为概念的尊严形态。主观的精神和客观的精神性都应被看做道路,实在性或实存的这方面就是在这条道路上形成自身的。①

> 绝对精神既是永恒地在自身内存在的同一性,又是不断返回着的和已经返回自身的**同一性**;是作为精神**实体**的那一个和普遍的实体,是在**自身内**和在**一个知识中**的判断。②

"绝对精神"的三个环节即艺术、宗教、哲学是我们在黑格尔的思想历程中所熟识的。黑格尔的哲学活动就是从宗教问题开始的,在对宗教的统一性作用感到怀疑之际,他曾一度寄希望于"美"的理念,但是他很

---

① 黑格尔:《精神哲学》,第 553 节。
② 同上书,第 554 节。

快地又看到时代的发展宣告了艺术的"终结",从此他转向了哲学,认为只有思辨的哲学体系才能担当统一的重任。但是宗教与艺术的重要性始终未从他的视野里消失,它们毕竟是人类精神史上的伟大成果,因而也是构成绝对精神的必然环节。所以在《哲学全书》的范围内,他始终是从精神或理念的内在发展的角度,从客观性和主观性与统一性的关系方面,看待艺术与宗教问题。在《哲学全书》第1版中,他甚至给艺术一节冠上了"艺术宗教"的名称①,显见得他是从艺术为宗教服务的角度考察艺术;在第3版中,他在对绝对精神予以初步规定后,不提艺术,就直接谈宗教与绝对精神的关系,显然还是把艺术归到宗教范围之内,并视宗教为人的精神走向绝对真理的必然一步。他这样解释艺术与宗教的紧密关系:"美的艺术只属于那样一些宗教,在这些宗教中,**具体的**、自身已成为自由的、但还未成为绝对的精神性就是原则。在那些理念还未在其自由的规定性里得到启示的宗教中,艺术的需要就会大出风头,其目的是在直观和幻想中使本质的表象进入意识之中。"②他在其他地方也讲过艺术属于"特定的宗教"。总之,在黑格尔那里,艺术、宗教、哲学都是为了人,是为了人的自由这一最终目的而存在的。

与《哲学全书》的其他部分相比,"绝对精神"的篇幅要少得多,只有短短的25节,与它所要承担的重任似乎不太相称。对此,黑格尔研究专家富尔达(Fulda)是这样解释的:黑格尔在这里不是谈一般的艺术、宗教和哲学,那是《精神现象学》的话题,他在此只谈古典希腊艺术、基督教的宗教,还有近代哲学,因为他视之为真理发展的形态和代表,他把自己理解为这些伟大传统的继承人,乐意让它们汇集到自己的哲学体系中。③我们觉得,除上述原因外,还在于黑格尔此时论述的重心,是要从体系发展的角度谈艺术和宗教的真理性和局限性,然后过渡到作为两者统一的哲学,至于它们本身的具体特征则只需略举一二,不必过多重复,那些东

---

① 黑格尔:《哲学科学全书纲要》,薛华译,第319页,上海人民出版社,2002。
② 黑格尔:《精神哲学》,第562节。
③ 据富尔达2000年11月7日在德国黑格尔档案馆一次报告的发言稿。

西他可以放在讲座课上详细处理,一如他在前面"法哲学"一节所做的那样。

一 艺术

在第 556—557 节中,黑格尔认为,艺术形态的特征是直接性,它一方面作为偶然性体现在个别的作品之中,另一方面又是绝对精神的具体的直观和表象。艺术是从主观精神中诞生的具体形态,在这些形态中自然的直接性就是理念的符号,这就是美的形态。它只是自然和精神的直接统一性,是直观的形式,还没有达到精神的统一性。如果坚持直接性,主体的自由就还是一种伦理习俗,还没有做到对自身的无限反思,没有达到良心的主观内在性,绝对精神也就还没有进到意识之内。这既是对近代艺术活动的肯定,也是对视艺术为最高宗旨者尤其是浪漫派和谢林的批评,直观和表象只能达到直接的统一性,还缺乏宗教的内在性,缺乏思想的深度。

在第 558—559 节中,黑格尔指出,艺术为了制造直观,不仅需要外部给定的材料,而且为了表达精神的内容还需要据其意义所给定的自然形式,艺术必须模仿和占有这些形式。在所有的自然形态中,人是最高和最真的形态,因为只有在人的形态中,精神才有自己的肉体性和可以直观到的表达。在此,黑格尔对艺术界流行的自然模仿说原则进行了批判,他认为不应该从完全的外在性中来模仿自然,而应该选择表现精神的、有特征的、有意义的自然形式。我们可以看到,黑格尔推崇的艺术原则是理想主义和现实主义的,与后来流行的纯崇尚客观的自然主义和纯崇尚主观的表现主义艺术原则有很大距离。

在第 560 节中,黑格尔谈到了艺术家在艺术创作中的地位和作用。针对浪漫派强调天才在艺术创作中起决定作用的观点,黑格尔认为,天才也受到历史和时代的制约,理想是一个由艺术家所制造的东西,艺术作品只有在没有偶然性或主体特殊性参与的情况下,才是上帝的表达。因为自由要前进到思想,所以自由的精神所充满的活动,也就是艺术家的热情,作为不自由的激情就像是一种令艺术家感到陌生的暴力。所以在艺术家那里,创造也具有自然的直接性的形式,它对作为特殊主体的天才是适当的,它是一项研究技术的知性和机械性的外在性的工作。因此艺术作品是自由的任意性的作品,艺术家是上帝的大师。

在第561节中,黑格尔从艺术形态与其所表现的精神或上帝的关系的角度考察艺术史的发展。在古希腊艺术中,"美"(Schönheit)得到了发展和完成,在它的彼岸,崇高(Erhabenheit)的艺术,也就是象征的艺术(die symbolische Kunst)开始出现,但它并没有找到与理念相适应的形态,思想在其中与艺术形态反而是相对立的。我们知道,康德和席勒是十分推崇"崇高"在道德良心培养和美育方面的作用的。浪漫派艺术(die romantische Kunst)不再在外在的形态中寻找上帝或通过美来展示上帝,而是追求内在的东西,与它相适应的形态,在它之内并与它成为一体。与浪漫派艺术相对应的艺术形态有绘画、音乐、诗歌。总之,美的艺术只是"解放"的一个阶梯,还不是最高的"解放",所以美的艺术要在真正的宗教中才有自己的未来,要从直观过渡到启示,艺术的后两节就是谈这个问题。

二　宗教

在第564节中,黑格尔指出,真正的宗教概念的内容就是绝对精神,它应该是被启示的,确切说,是由上帝所启示的。这就是说,宗教是精神的外化,是精神的显现,这种显现构成绝对精神自为存在的前提。符合这个真正宗教概念的,只有作为基督教的宗教,因为只有在它之中,绝对精神不再是抽象的环节,而是显现出自身,换言之,使真正宗教的概念成为现实。黑格尔说,在宗教中,绝对精神自身成为对象性的。这里,黑格尔继承了斯宾诺莎"上帝即实体"的思想,但又用精神性、生命性来改造实体的概念,使上帝等同于绝对精神,而一切有限之物都可以从绝对精神的发展得到说明。

从关于上帝就是精神和上帝要显示自身的说法出发,黑格尔强调关于上帝的认识是一定可能的,它不依赖于信仰的简单表象,而取决于知性和思想,需要彻底的思辨。神学家们否定人可以认识上帝,这是错误的,因为他们把人与上帝对立起来。当时持"上帝不可知论"的有两派思想家,一是以康德和雅可比为代表,坚信人不能认识上帝,为此黑格尔引用柏拉图和亚里士多德的论据,来说明上帝是不会忌妒的,是愿意自身开启的;二是雅可比和弗·施莱格尔,他们坚持神秘主义传统,反对启示的思想。黑格尔坚持宗教或上帝的可启示性,因为上帝的启示就是精神的自我启示,而人的理性是可以认识它的。继康德用道德良心改造神学后,1800 年左右施莱尔马赫用人的主观情感来重塑神学,这里黑格尔又用理性改造神学,这都是对传统神学的教条主义传统的沉重打击,是对启蒙运动的理性传统的进一步扩展。但是这些神学的批判者们又要保护自己免受泛神论和无神论的指责,当时如果被戴上这样的帽子,可不是一件好玩的事。这一节主要是黑格尔对当时的宗教争论表示自己的态度,有些话言之有理,有些未免过激。①

在第 565 节中,黑格尔从绝对精神的概念性角度,提出了自己解释基督教内容的根据。他认为:

> 从内容来看,在扬弃了的知识和形态的直接性和感性中的绝对精神,就是自然和精神的那个自在和自为的精神;从其形式来看,它首先是为**表象**的主观知识而存在。一方面,这个表象给予它内容的诸环节以独立性,使这些环节相互对立地成为前提和**前后相继**的现象,成为根据**有限的反思规定性**而发生**事件**的总体联系。另一方面,这些有限的表象方式的形式也要在对一个精神的信仰和对偶像的祈祷中被扬弃。②

这里黑格尔谈到了表象方式在表现绝对精神时的局限性,它没有达到作为信仰根据的精神的统一性,在宗教的崇拜实践中不能保证这种统

---

① 参见德瑞等《黑格尔的〈哲学科学百科全书〉》,第 425—429 页。
② 黑格尔:《精神哲学》,第 565 节。

一性,因为它还不是概念的认识。黑格尔这是在用逻辑的规定性来审视宗教。

接着,在第566—571节中,黑格尔论述了宗教表象在形式方面的分裂即概念的三个特殊环节,并指出其中的每一个都展现了绝对精神,它们是:第一,作为在绝对精神的显示中仍停留在其自身的、永恒的内容。第二,作为永恒的本质与其显示之间的区别,这些显示通过这种区别而成为现象世界,内容就出现在这一现象世界中。第三,作为无限的返回和外化了的世界与永恒的本质之间的和解,永恒的本质从现象返回到它的完成了的统一性。具体地说,首先是绝对精神作为前提,但它并不是一个自身封闭的东西,而是在因果性的反思规定性中的实体性力量,它是天地的创造者,把自身作为它的儿子降生出来,并与这些区别保持着原始同一。然后是具体的永恒本质作为前提,它的运动就是创造现象,一边是天地自然,一边是与它们有关的精神,因此是一个有限的精神,它与永恒的东西只处在外在的关系之中。最后是普遍的实体脱离其抽象性,现实化为个体的自我意识,而自我意识与永恒本质又是直接同一的,但这只是无限的主观性。还有客观的总体性,它产生一个他物,它需要外化,并在与他物的痛苦交往中认识与本质的统一。通过这次中介,本质就作为内在的在自我意识中起作用,是一个作为普遍之物的自在和自为的精神的真实的当下现在性。黑格尔借用逻辑概念,把这三个环节又分别叫做普遍性、特殊性、个体性。他以此来解释关于基督教的表象的具体形态的运动,指出它们就是启示的全部内容。经过这一发展或启示,绝对精神终于知道永恒的普遍本质与其在时空中的外化是同一个东西,这就进展到真理的形式,即哲学。

在《哲学全书》中,黑格尔只谈了基督教。在其他地方,他把基督教以前的宗教都称为"特定的"宗教,而把基督教叫做"启示的"或"完成了的"宗教。黑格尔之所以这样做,并不是因为他的欧洲中心论思想在作怪,藐视或贬低其他民族的宗教。他在"宗教哲学"讲座中的目光其实是非常全球性的,他把一半时间都用来讲这些特定的宗教。例如随着当时报刊对亚洲报道的增加,黑格尔在 1827 年第三次宗教讲座课上有意识地提到了代表"中国的智慧"和"印度的财富"的宗教,这在当时是不多见的。古希腊晚期的宗教模式是异教、犹太教、基督教三大块,中世纪后期流行的并经过莱辛影响的观点基本上只承认犹太教、伊斯兰教和基督教为世界三大宗教。黑格尔原则上把所有宗教都放在同一阶段,都视为绝对精神在历史上所采取的不同形态,是宗教概念走向完成的必然一步,因此它们的产生都有自己的必然性。他在 1827 年的讲座中把宗教的历史分为四个阶段:(1) 自然宗教,包括魔术阶段(主要取材于对因纽特人以及非洲国家和中国宗教的报道)、佛教、印度教、作为过渡期的伊朗的光的宗教和埃及的谜的宗教。(2) 希腊的宗教和以色列的宗教,它们代表美的宗教和崇高的宗教。(3) 罗马宗教,这是有限的合目的性的宗教。(4) 基督教的宗教,这是启示的宗教,是宗教概念的完成。

此外,黑格尔还有意识地使用"特定的宗教"的说法,来代替以前基督教把它们统称为"异教"的贬低性语言。这些应被视为黑格尔宗教哲学的革命性突破。黑格尔也指出,作为特定的宗教,它们的局限在于,其自身内的概念的规定性太少,太抽象,因而有缺陷。它们还没有以宗教自身为对象,还没有把神或上帝理解为精神,没有达到神与人的和谐统一。在此,黑格尔显然是在用哲学体系的标准来判断宗教,这当然是没有充分理由的。但他在强调宗教不应是神对人的统治的观点上又是革命性的。在黑格尔看来,基督教与其他宗教的根本区别就在于,它以其自身为对象,上帝是充满了精神的,它与自然万物和人的关系就是与其自身的关系。[1]

宗教问题在黑格尔哲学中占有十分重要的地位,这是由时代因素决定的。在黑格尔求学时代,神学与哲学对垒,"宗教"还不是哲学体系内一个不言自明的题材。大约在 18 世纪末,作为文艺复兴、宗教改革和启蒙运动的革命性后果,宗教才成为哲学科学的明确对象。这是以宗教在

---

[1] 关于黑格尔宗教讲座的内容参见德瑞等《黑格尔的〈哲学科学百科全书〉》,第 414—425 页。

四个方面的损失为代价的：第一，宗教解释世界的作用被逐渐形成的自然科学取代。第二，因为基督新教而造成的信仰分裂使宗教丧失了在社会和国家生活中的整合作用。第三，教派分裂也使教会权威的有效性丧失殆尽。第四，由于形成了对《圣经》进行历史-批判性考察的原则，神学理论不再是绝对有效的。至此，哲学与神学处于尖锐的对立之中。康德的《纯粹理性批判》就是明证。康德把哲学限制在经验领域，认为上帝的存在是无法证明的。后来发生的"无神论""泛神论""神的东西"之争，更加剧了这种紧张关系。①

　　黑格尔对这些争论是十分了解的，但他关注的宗教问题与神学无关，而与他自己的思想发展紧密相关。他在早期关于宗教的作品中避而不谈上帝创世、上帝的人格性、灵魂不死、耶稣降生、死亡、复活等神学问题，而是致力于用道德的概念来改造宗教，尤其是基督教，后来他明白这样做是不可能的。在耶拿时期，他与自己以前的浪漫派立场划清界限，开始把宗教从与形而上学、伦理性的哲学、艺术的纠缠中解脱出来，并最终在《精神现象学》中把宗教置于"绝对知识"之先，成为一个独立领域。在海德堡时，他在一份书评中表达出与雅可比更为积极的关系，并推行一个与谢林有共同性的关于上帝的"科学认识"的纲领，当然两人在认识的具体形式上是有根本分歧的，黑格尔把逻辑称为"形而上学的神学"。在柏林，黑格尔更是利用当时的一切资料，来扩展自己的宗教视野。《哲学全书》中的宗教部分和柏林的"宗教哲学"讲座，已经构成了地位独立且内容相当丰富的宗教哲学学科。

　　但是，黑格尔的宗教哲学从他在世时起，就引起了人们的极大争论。对于保守人士来说，他有无神论、泛神论之嫌，有些人还想借此在政治上加害于他。而在自由派人士看来，他似乎又是"教会之父"，要在哲学讲坛上揭示上帝的秘密。1832 年《宗教哲学讲演录》的出版，更是为这场争论提供了丰富养料。黑格尔的学生们认为它是对上帝的思想和宗教的

---

① 参见德瑞等《黑格尔的〈哲学科学百科全书〉》，第 376—382 页。

解释,这些解释与基督教的基本真理完全一致,也是对基督教可信程度的支持。而那些"思辨的有神论"者则认为黑格尔的宗教哲学令人失望,它没有从思想上确定上帝的人格性和灵魂不死。1840年左右,黑格尔的宗教哲学遭受到毁灭性的打击,施特劳斯从宗教问题向黑格尔哲学发难,由此拉开了费尔巴哈、马克思等人批判黑格尔哲学的序幕。黑格尔的哲学首先在宗教问题上溃决。[①]

三 哲学

《哲学全书》通篇都是黑格尔在塑造他的哲学体系,而在体系终结之处,终于要以哲学本身为对象了,这里的哲学可以称之为"哲学的哲学"。但是,黑格尔在此并未如读者所期待的那样,对处于"王者"地位的哲学作一个全面和详细的说明,而是只写了寥寥数段后就封笔了。为什么如此?情况和他前面对艺术与宗教的处理相类似。因为关于"绝对精神"的理论,其重点不在于它的最后结论,而在于它的发展和对诸片面性的扬弃,而这些东西已经在前面的过程中得到了全面和详细的处理,此处无须再过多浪费笔墨。另外,哲学的基本观点已经在前面的"逻辑学"部分得到详细的论述。所以黑格尔在"哲学"这一章基本上只涉及哲学的两大方面,一是通过回顾哲学的知识形式的产生,来看哲学概念的规定性;二是指出哲学内容的自身中介的结构。另外,他在第573节注释中用较大篇幅再次阐述了哲学与宗教的关系,其目的是反击同时代人对他的哲学所作的无神论和泛神论指责。

在第572节中,绝对精神在经历了漫长的发展后,终于回到其自身——哲学。黑格尔说:

> 这门科学因此而是艺术与宗教的统一,因为艺术在形式方面的外在的直观方式,它的主观的创造及其实体性内容在许多独立的形

---

① 参见德瑞等《黑格尔的〈哲学科学百科全书〉》,第382—386页。

态中发生分裂,不仅在宗教的——那种在其表象中自身发展的相互分裂和那些发展之物的彼此中介——**总体性中**,被保持为一个整体,而且也在简单的精神的**直观**中统一起来,然后上升为**自我意识了的思想**。这种知识就是艺术与宗教的思维着的认识了的**概念**,在这个概念中,那个在内容上不同的东西作为必然的、那个必然的东西作为自由的而被认识到。①

这就是说,哲学与艺术和宗教的对象都相同,都是绝对精神,所以它们的区别只体现在认识形式方面,哲学是提升到概念形式中的关于艺术与宗教的知识,是关于必然性的知识,而被认识了的必然之物就是自由。

在第 573 节中,黑格尔进一步从哲学与艺术和宗教的区别,阐述哲学的概念。在他看来,哲学的认识体现在两个方面:一是认识绝对表象的内容的必然性;二是认识如下两种形式的必然性,一方面是直接的直观和它的诗学,还有假设着的表象、客观的和外在的启示,另一方面首先是主观地回到自身(subjektives Insichgehen),然后是主观地向外运动(subjektive Hinbewegung),并且认同信仰和假设是一致的。② 这里黑格尔强调内容的必然性,这是一种包含了必然在场的现实性的必然性,以示与康德的知识的形式必然性相区别,它已涉足形而上学的范围。黑格尔很少用"绝对表象"这个词,在此它不是指基督教作为绝对宗教的表象,而很大可能是指希腊宗教中关于幻想的表象,一种关于幻想的坚定立场。"形式"的一方面不仅包括艺术,还包括了宗教的客观外在方面,这应该是哲学中理论关系的对象;"形式"的另一方面首先显然是指在宗教内发生的主观运动,即黑格尔在第 568 节中提到过的"在自身内存在的有限精神的否定性",然后是指在第 570 节中提到的从"作为他物的自在的真理开始的直观到对普遍性的和个体性的本质性的自在地完成了的统一性的信仰"的运动。哲学要认识这两种形式的必然性,就是说,哲

---

① 黑格尔:《精神哲学》,第 572 节。
② 参见同上书,第 573 节。

学的绝对内容要从其客观和主观的双重结构中得到把握。① 因此黑格尔说：

> 这一认识就是**承认**这个内容和它的形式，就是从形式的片面性中解放出来，使形式上升到绝对的形式，它规定自身为内容，保持自己与内容的同一，因此就是对那个自在和自为存在的必然性的认识。②

在第 574 节中，黑格尔从统观全部哲学体系的角度，对他所理解的哲学概念作了如下界定：

> 哲学的这个概念是**思考自身的**理念，是知晓着的真理，是有如下意义的逻辑东西，即这个逻辑的东西就是在作为其现实性的具体内容中**得到证明的**普遍性。科学以这种方式返回到它的起点，逻辑的东西这样把它的**结果**当做**精神的东西**，即它是从假设着的判断中——概念在其中只是**自在地**存在并且开端只是一个直接的东西，因此是从**现象**中——它在判断中就包含有这些现象，上升到它的纯粹原则同时也是它的要素之中。③

黑格尔的理路是，哲学概念就是逻辑的东西，不是逻辑本身，逻辑的东西通过现实性来证明自己的普遍性，而现实性的发展就是它自身的发展，理论的判断与现实性的现象是一致的，最后逻辑的东西回到了自身，认识到自己是绝对精神，自己的对象就是自己本身，由此哲学的运动终于完成，"因为它在结束时把握了它自己的概念，也就是说，仅仅**回顾了**它的知识"④。

在最后三节中，黑格尔用三个推理来描述现象的发展。值得指出的是，这最后几段因内容少，语句与前面似有不太一致之处，故常使得人们

---

① 参见德瑞等《黑格尔的〈哲学科学百科全书〉》，第 169—470 页。
② 同上书，第 469—470 页。
③ 黑格尔：《精神哲学》，第 574 节。
④ 同上书，第 573 节。

对它作出不同的解读,从文本分歧甚至产生意义分歧。① 第一个现象的推理是,以逻辑的东西作为起点的根据,以自然作为中项,这里的自然包括精神。由此逻辑的东西成为自然,自然再成为精神。黑格尔要强调的是,自然不是一个与理念为敌的对立物,它自在地就是理念,它存在于理念之中,它是理念的过渡点和否定性环节,概念或科学需要这种过渡的外在形式,作为联系一切的概念的自由,只有在自然的极端中才能被设定为与自身一致的。第二个推理扬弃了第一个现象,它自身已经是精神的立场,它是过程的中介者,它以自然为前提,把自然与逻辑的东西联系在一起。它是精神的反思在理念中的推理。科学作为主观认识出现,主观认识的目的是自由,它自身就是产生自由的道路。从全文意义来看,这里的精神还是一个有限的精神。第三个推理就是哲学的理念,"它以**知晓自身**的理性,即绝对-普遍的东西为自己的**中项**,它二分为**精神**和**自然**,它使精神成为理念的**主观**活动这一过程的前提,使自然作为**自在**的、即客观存在的理念的过程,成为普遍的极端。理念在前两个现象中的**自身-判断**规定了现象是**它**(自身知晓的理性)的显示,自身-判断在理性中统一起来,这样,事物的本性,即概念,就是自己向前运动并发展的东西,而这个运动更是认识的活动,它自己永恒地实现、制造并享受那个作为绝对精神而永恒的自在和自为存在的理念"②。这是《哲学全书》的结束语。

第四节 论自由

在精神哲学中,黑格尔把精神的本质界定为自由。精神哲学围绕人旋转,而人之为人,不在于其有语言或思想,而在于他的本质是自由,精神哲学的各阶段,就是揭示自由的根本原则如何在个人、社会的人、社会

---

① 黑格尔在《百科全书》的第 1、3 版提到了这三个推理,而在第 2 版中删掉了它们。详参见德瑞等《黑格尔的〈哲学科学百科全书〉》,第 478—486 页。
② 黑格尔:《精神哲学》,第 577 节。

全体中一步步发展,最后彻底认识并实现自身。

一 精神的本质是自由,自由是一个发展过程

在《精神哲学》"导论"中,黑格尔就明确指出:

> 因此从形式方面看精神的**本质**是**自由**,即作为与自身同一性的概念的绝对否定性。根据这种形式规定性,精神**能**从一切外在的东西和它自己的外在性、它的具体存在中抽象出来;它能忍受它的个体直接性的否定,忍受这无限的**痛苦**,也就是说,在这种否定性中肯定地保持自身,成为自为地同一的。这种可能性就是它自身中的抽象的、自为存在的普遍性。①

这是黑格尔从逻辑方面对精神的自由本性所作的规定,精神能脱离直接性,容忍他在或异在,并把它们看做由其自身而来的,即"在他在中的在自身的存在"(bei-sich-sein-im-Anderssein),这样精神就是自由的。

在"主观精神"的"心理学"最后阶段,终于产生了关于自由精神的意识,黑格尔是这么说的:"真正自由的意志是理论的精神和实践的精神的统一性;由于迄今为止的实践内容的偶然性和限制性都得到自身扬弃,**自由的意志**就**自为地作为自由的意志**而存在。"②他进一步解释:

> 那个知其自身为自由的精神,并且想作为这种自由精神而有自己的对象的精神,也就是以其本质为规定性和目的的精神,**一般**来说,首先是一个理性的意志,或者说,自在地是一个理念,因此仅仅是绝对精神的**概念**。作为**抽象的**理念,它又再次仅存在于**直接的**意志中,它是理性的**定在**的那一面,**单个的**意志作为它的规定性的知识,这个规定性构成它的内容和目的,它因此只是这个规定性的形式的活动性。理念因此只显现在意识中,意志是一个有限的意志,

---

① 黑格尔:《精神哲学》,第 382 节。
② 同上书,第 481 节。

但却是一种**活动**,它要发展理念,把理念自身发展着的内容设定为定在,这个定在作为理念的定在就是**现实性**,这就是**客观**精神。①

黑格尔指出,自由意识的出现是一个漫长的发展过程,它并不是人与生俱来的,世界上有些国家,如非洲和东方的有些国家,根本没有自由的观念,古希腊、罗马的伟大思想家们也没有把握自由的观念,它是较晚时在欧洲出现的,它不是通过思想界而是通过基督教来到世界上的。基督教认为人的个体作为个体具有无限的价值,人作为上帝的对象和目的,自在地被规定为最高的自由。② 自由的精神是主观精神的最高阶段,但精神此时还只是在观念内意识到自己是自由的,它还要为自由理念的实现而奋斗,还需要在法律和伦理的精神中转化成为现实性。自由作为现实性在"客观精神"中的发展,是黑格尔关注的重点。没有现实性的自由精神,对人来说是毫无意义的。理论必须通过实践成为现实的东西。

在"客观精神"中,黑格尔开宗明义地指出:

> 这种意志的目的活动性就是:使它的概念,即自由,在外在的客观方面得到实现,也就是使自由成为一个由客观方面所规定的世界,从而使得意志虽然在客观性中,但仍然停留在自身,并与自身紧密连结起来,概念由此已经终结并成为理念。③

因为自由意志要成为现实,所以就产生出种种限制,这就是法和伦理的世界。黑格尔这样表述了单个意志与普遍意志、自由精神与道德、法律规定的关系:

> 这个理性意志与单个意志——它是理性意志的活动的直接和独特的要素——的统一性构成自由的简单现实性。由于自由及其

---

① 黑格尔:《精神哲学》,第 482 节。
②《精神现象学》一书从"自我意识"到"理性"的各章节对自由意识的产生作了详细描述,读者可以参阅。
③ 黑格尔:《精神哲学》,第 484 节。

内容都归属于思想,并且是一个自身**普遍的东西,**因此它的内容只有在普遍性形式中才有自己真正的规定性。为了智力的意识而被**设定**在这种普遍形式中,并具有作为通行有效的权力这种规定性,内容就是**法律**——它与一切肮脏污垢和偶然性无关,它只在实践的情感和欲望中才会有这些肮脏污垢和偶然性;同样,不再是在形式中,而是在它的普遍性中去想像主观意志,作为主观意志的习惯、气质和特征,内容就作为**伦理习俗**而存在。①

二　世界历史无非是自由意识的进展

在《历史哲学讲演录》中,黑格尔结合历史发展,对自由作了更详细的解释。首先,他用各民族对自由的意识及其所处社会的自由化程度,作为划定世界历史阶段的标准及探讨方式,这样世界历史就被划定为四个阶段:第一阶段是东方世界,那里的人只知道一个人的自由,因而基本上是专制制度。第二阶段是希腊人的世界,"自由"的意识首先出现在希腊人中间,但他们只知道一部分人或少数人的自由,还不知道全体人的自由,这在第三阶段"罗马人的世界"中也同样如此。知道人类之为人类是自由的,知道精神的自由是人类的特殊本性,这种意识是日耳曼各民族在基督教的影响下才取得的。黑格尔说:

> 这种意识首先出现于宗教,出现于"精神"最内在的区域里。但是要把这个原则也推行到现实世界的各种关系上,却是比这个原则简单的培植要广大得多的问题。这一个问题的解决和应用,需要一种艰难的长时期的文化工作。②

可见,黑格尔理解的自由,决不仅是"头脑"中的自由,它包括把自由原则应用于各种政治关系,用它来彻底改造和贯彻于社会机构,这当然是一个长期艰苦的过程,这也就构成世界历史本身,世界历史无非是"自由"

---

① 黑格尔:《精神哲学》,第 485 节。
② 黑格尔:《历史哲学》,王造时译,第 19 页,上海书店出版社,1999。

意识的进展。黑格尔说：

> 自由的主要本性，——其中包含绝对的必然性，——将显得渐渐意识到它自己（因为依照它的概念，它就是自我意识），并且因此实现它的存在。自由本身便是它自己追求的目的和"精神"的唯一的目的。这个最后的目的便是世界历史。①

黑格尔还进一步探讨了实现自由原则的手段问题，因为作为自由原则核心的"理性""公理""法律"都是普遍抽象或内在观念性的东西，它们仅仅存在于人的主观性之中，仅是可能性和潜在性，必须从内在到"生存"，即"实现"或"实行"。② 这就从实践哲学的理论领域进展到它的应用。在黑格尔看来，使自由得以实现的因素就是"意志"，意志是最广义的人类活动，有了意志的活动，抽象的自由原则才得以实现。人类意志活动的原动力是人类的需要、本能、兴趣和热情。人类从自己的私利或主观需要出发进行活动，但他的活动又在客观上促进了更广大和更崇高的目的的实现，这就是"理性的狡计"。热情的特殊利益与一个普遍原则的活泼发展是不可分离的，"观念"与"人类热情"交织成世界历史的经纬线。③ 这是对自由的深刻理解，它超过了启蒙以来从人权、理性角度阐发的抽象自由观，从现实性、人的社会化角度考察自由及其实现问题，把人的私欲、追求利益的经济活动都包括进去，使自由不再是空洞、可望不可即的东西，不再是一种假设。这再次凸现了黑格尔对实践哲学的重视，对理论必须转化为现实的重视。我们读到一段耐人寻味的话：

> 哲学要我们养成这种识见——同那些理想恰好正是相反的——就是知道所谓"现实世界须如它应该的那样"，还有，所谓"真正的善"——"普遍的神圣的理性"，不是一个单纯的抽象观念，

---

① 黑格尔：《历史哲学》，王造时译，第 20 页，上海书店出版社，1999。
② 参见同上书，第 22—23 页。
③ 参见同上书，第 24、34 页。

而是一个强有力的、能够实现它自己的原则。①

三　国家是自由的最后实现

黑格尔认为,世界历史的最后目的就是"道德全体",就是"国家"。在一个组织得法、内部健全的国家中,人民的私利与国家的利益相一致。"国家是现实的一种形式,个人在它当中拥有并且享有他的自由。但是有一个条件,就是他必须承认、相信并且情愿承受那种为'全体'所共同的东西。"②所以在黑格尔看来,个人的自由与一个合理性的国家应该是不矛盾的,个人的活动建立并改善国家,而国家最后保证个人的自由。

正是这个观点,遭到自由主义代表的强烈反对。罗素就把洛克以来的自由主义与黑格尔自由观的分歧概括为:"公民为国家而存在呢? 还是国家为公民而存在呢? 黑格尔抱前一种看法;来源于洛克的自由主义哲学抱后一种看法。"③在罗素看来,黑格尔把自由的最终实现寄托于普鲁士这样一个国家是极其荒谬的,因为 20 世纪初的普鲁士简直就是国家专制的代名词。黑格尔对国家的重视无疑给他的自由立场和观点蒙上了阴影,也导致他被戴上"官方哲学家"的帽子。事情果真如此吗? 还是让我们实事求是地分析一下吧。

首先,黑格尔的自由观与自洛克以来的自由主义在根本方向上是并行不悖的。他们都视自由为人类的最高目标,是近代革命和精神解放的标志,国家应该以促进自由为目的。例如黑格尔说过:"国家的唯一目的就是:凡是在人们的实践的活动上、和在他们的本性上是主要的东西,都应该适当承认。"④"'国家'便是在人类'意志'和它的'自由'的外在表现中的'精神观念'。"⑤所以黑格尔与任何封建专制的违背人类自由的立场

---

① 黑格尔:《历史哲学》,王造时译,第 38 页,上海书店出版社,1999。
② 同上书,第 40 页。
③ 罗素:《西方哲学史》下卷,马元德译,第 292 页,商务印书馆,1981。
④ 黑格尔:《历史哲学》,第 40—41 页。
⑤ 同上书,第 49 页。

是针锋相对的,他理解的自由首先是政治自由,追求反对封建等级制度的人的平等和权利,他的目标是人的解放。这在他早期的政治作品中已经一目了然,他晚年也并没有从这个立场后退,只不过言辞少了些许锋利,思考更加全面和成熟。

其次,英国初期自由主义在"自由"的旗帜下,强调的是一种个人主义,知识上的个人主义、经济上的个人主义,情感和伦理方面则不带个人主张。所以对他们来说,国家是某种限制个人自由的东西。在黑格尔那里,也就是在德国,情况则有点相反。黑格尔认可个人追求私利是历史发展的动力,但也更清楚地意识到,坚持一己私利的个人主义、坚持特殊利益的各分裂邦国,恰好是阻碍自由的绊脚石。德意志民族急需成为整体,成为一个民族国家,这样它才能获得发展,增强国力,从而解放人,使人有真正的自由。这和久已成为民族国家的英、法两国不同。所以黑格尔说:"在世界历史上,只有形成了一个国家的那些民族,才能够引起我们的注意。要知道国家乃是'自由'的实现,也就是绝对的最后目的的实现,而且它是为它自己而存在的。"①

黑格尔之所以重视国家和整体,在理论上显然受到柏拉图和亚里士多德政治思想的影响,即认为个人是社会的一员,社会与国家决定了个人的命运与状况。另外,这也和黑格尔的个人经历分不开。作为国家公职人员的儿子,他从小在一个充满法规并井然有序的社会中长大,无政府主义对他是陌生的东西,所以他认为一个代表"普遍理性"的国家与个人的自由是不矛盾的,两者应该能和谐相处。一个双方关系调整适当的社会,就是最好的社会。他 1800 年前后曾在自己的故乡维腾堡公国寻找这样的政治寄托,1807 年以后希望巴伐利亚能进行政治改革,站在各邦国的前列,后来又希望奥地利能成为德意志民族的领头羊,完成统一的大业,但事实的发展都与他的愿望相悖,最后,他在当时的普鲁士国家中又看到了希望。19 世纪 20 年代左右,普鲁士正处于自己的上升期,显

---

① 黑格尔:《历史哲学》,王造时译,第 41 页,上海书店出版社,1999。

现出改革的意愿,也不乏开明的举措,这当然令崇尚自由的知识分子趋之若鹜,他们从中看到了个人服务于国家与社会的机遇,这是对自由与解放的追求,是爱国民族热情的迸发,与保守王国的卫道士不可同日而语。

最后,在国家与个人的关系上,黑格尔确实认为不能有个人的绝对自由,为此,他批判卢梭的社会契约论,不赞成卢梭所说的人天性是自由的,但在被迫加入社会和国家后,不得不限制部分自由。在黑格尔看来,自由作为原始的和天然的观念是不存在的,要靠知识和意志的无穷训练,才可以找到和获得自由。所以自由不是感官的任意放纵,法律和道德的约束是必不可少的。国家的宪法和法律也不是所有人意志的堆积,人们也不能依照自由的理念来寻找一个最好的宪法,有时必须放弃以自由的选择为依归。黑格尔说:

> 一个民族所采取的宪法是同它的宗教、艺术和哲学,或者,至少是同它的种种观念以及种种思想——它的一般文化,形成一个实体——一个精神。[①]

> 各世界历史民族在极盛时期所采行的宪法,乃是它们特有的东西,所以并不是"一个普遍"的政治基础。[②]

只有个人放弃了部分自由,并自觉地遵守法律、道德约定后,才能有真正的自由,才能从"必然"到"自由",因为他意识到这些约定是来自他自身的意志的。

值得指出的是,黑格尔认为国家是自由的最后实现的观点,与其说是保守的,不如说是明显带有知识分子政治观的理想性和空想性。他看到了新兴民族国家对个人自由的保障和促进,但对国家对于个人自由的限制和压抑则考虑不够,所以就国家的作用说了一些过头的话,对"国

---

① 黑格尔:《历史哲学》,王造时译,第48页,上海书店出版社,1999。
② 同上书,第49页。

家"显得过于乐观和信任。如果撇开他说的国家要实现自由的前提,专门谈他的关于国家的必要性和绝对性,这就很容易成为民族主义和专制主义的意识形态。国家与个人的关系永远是处在紧张的两极之中,当今世界在经济全球化的同时,各民族国家内部对人民的限制可能略有减少,但在国家之上又成立了一些跨地区的政治联盟,如欧盟,它在给予人民更多自由的同时,也使人民受到一些新的限制。现代人所追求的自由,与黑格尔时代已不可同日而语。在一般的人的平等和人权已经有了基本保障的情况下,如何保证个人有更多的行为空间,使之不受全球化的挤压,应该是现代自由理论所考虑的主要问题。总之,自由无疑是人类追求的最高目标,在理论上它是无条件的,但在现实中它又是有条件的,它的实现应该是渐进的,如果在现实中追求绝对的自由,就会迷失方向。

第六篇
德国古典哲学的终结

第一章　黑格尔学派

黑格尔在世时,于 1826 年亲自领导创办了"科学批判协会",1827年,在他的学生甘斯的努力下,创办了《科学批判年鉴》,这样在黑格尔周围,就聚集了一批学生中的忠实追随者,形成了"黑格尔学派"。据考证,约在 19 世纪 20 年代末,"黑格尔学派"这一称呼就在被使用。他们的活动基本上围绕着《科学批判年鉴》进行,主要是对来自各知识领域的新出版物进行评论。尽管这本杂志的编委会由不同渠道的专业人士组成,但它"紧贴黑格尔"的立场是不容怀疑的。它是因黑格尔的倡议成立的,因甘斯的努力才从经济上得到保证,又由黑格尔的另一个学生海宁从 1828 年至最终停刊的 1846 年任主编,该刊物还常发表黑格尔朋友们的文章,也多是传播和捍卫黑格尔的学说。但是,该刊物也绝不是只有一种声音,它也邀请了当时许多有名望的文人学者参加工作,如歌德、巴德(Baader)、卡尔·维廉·洪堡、奥古斯丁·施莱格尔、克罗泽尔(Creuzer)、梯鲍特(Thibaut)等,他们对黑格尔哲学的批评态度是人所共知的。由于该杂志的开放性和较高水准,它在学术界受到人们的尊重。

黑格尔突然去世后,他的学生们出自共同的感激和悲痛,暂时克服了已经暗藏着的思想分裂,他们都认为老师的哲学是当时最深刻、最科学、最有体系的哲学,因此一致决定出版一部老师的著作全集,这就是

1842 年开始陆续问世的"友人版"《黑格尔全集》。后人们就是通过这部全集,来了解黑格尔哲学的,但它与黑格尔哲学的原貌相比已发生了很大偏移。

　　其实,所谓黑格尔学派从来不是一个思想统一的派别。黑格尔在世时,学生们就有意见分歧,包括政治态度和学术立场,但他很注意调和分歧。但现在他人不在了,时局又在激烈变化着,因此,学派的分裂是不可避免的了。过去的文献常将黑格尔学派按政治立场分为批判的左派、保护的中派、调和的右派,或称老年黑格尔派、青年黑格尔派。但这样的划分带来很多问题,首先,"左、中、右"是一种政治标准,黑格尔学派的争论虽然也涉及政治问题,但最初是在理论领域内围绕宗教和宗教哲学问题进行的。其次,关于"学派分裂"的说法很可能使人联想到曾有过一个"一致的学派",但这是不真实的,学派内部的纷争由来已久,只不过在黑格尔去世后才尖锐地爆发出来。再次,即使对某一位思想家,也很难贴上一个一以贯之的合适标签,例如施特劳斯,他在宗教问题上是"左派",但在政治立场上完全可以划在"右翼"之列。此外,1830—1871 年是德国历史上政治激烈变动的年代,几乎没有一个人的政治态度是一成不变的,能从始至终地留在一个阵营中。所以一个标签,并不能代表一个人一生的政治态度。因此,我们在讨论"老年"和"青年"问题时,要注意问题的复杂性。总起来说,老年黑格尔派注重传播和发展老师的学术思想,而青年黑格尔派更以批判黑格尔哲学为己任。

第一节　老年黑格尔派

　　老年黑格尔派的小圈子由黑格尔的一些亲密学生组成,其主要代表人物有加布勒(G. A. Gabler)、格歇尔(C. F. Göschel)、道布(K. Daub)、亨利希(Henrichs)、海宁(L. V. Henning)、埃德曼、甘斯、米希勒、霍托(Hotho)、瓦特克(Watke)、马海内克(Marheineke)等。他们在学术上首先推崇黑格尔的逻辑学和辩证法,认为这是使黑格尔哲学成为科学的基本保证。这里我们引用甘斯的一段话，它代表了学生们对黑格尔哲学在德国古典哲学中所起作用的总体评价：对我们来说，谢林是"在柏拉图和亚里士多德，在笛卡尔和斯宾诺莎，在莱布尼茨、康德和费希特之旁也有一席之地的人。他是近代哲学立场的年轻发现者，他是哥伦布，哥伦布发现了一个世界的岛屿和海岸，却把征服大陆的事留给了他人。像经常发生的事情那样，那些在其精神的直接性中向前迈了一大步的人，却不再占有这些精神的力量，所以不能完成最后的工作。因此，近代哲学在逻辑中的发展和与之相适应的辩证的方法，就过渡到另一个人那里。他（指黑格尔——引者）不像谢林那样轻易地运用自己的天赋，而是在很大程度上具有成年人的基本持久力，具有实体性的力量，从而详细地论述整个世界的财富"①。

这些学生在逻辑、美学、法哲学、历史哲学方面也取得了一些重要成果。例如罗森克朗茨按黑格尔的风格搞了一个思辨的逻辑体系，甘斯的法哲学和历史观也颇有影响，这些东西从原则上说不应该被忽视。但相对于老师的庞大体系而言，他们好像只是在老师的学术大厦里打补丁，缺乏独立性，所以对后人的影响甚微。甘斯曾说过："黑格尔身后留下了一大批才智横溢的学生，但却没有接班人。"②罗森克朗茨说："所有的学生在一起才是黑格尔。每个学生本人只是他的片面性之一。"③当然有些学生也逐渐看到黑格尔体系的局限，例如哲学不能成为实证科学的前提，思辨的自然哲学不再可能，等等，所以他们的"体系意志"是在逐渐减弱的。他们在学术上至今有影响的成果是在哲学史方面，这主要是由埃德曼及其学生完成的。

但是这些学生绝不是不问政治只埋头书斋的书呆子。他们比黑格尔晚一代，他们经历了 1830 年和 1848 年的革命，因此，他们比老师要激

---

① 转引自瓦斯泽克《重读爱德华·甘斯》，载施奈德主编《黑格尔哲学研究》第 1 卷，法兰克福/美因，皮特·朗格出版社，1990（以下所引此书均为此版本）。

②③ 转引自瓦斯泽克《黑格尔学派》，载费策尔、明克勒主编《政治理念手册》第 4 卷，慕尼黑/苏黎世，皮佩尔出版社，1986（以下所引此书均为此版本）。

进得多,许多在上一辈人那里还要努力证明其合法性的东西,在他们看来已经是不言自明的了。他们在政治上并不保守,不是"反动的普鲁士"的鼓吹者或卫道士,除了有些人支持共和制外,大多数人都倾向君主立宪制度下的自由主义,代表了接受过古典主义教育的市民阶层的思想意识。他们的观点更为广大市民阶层所接受,因此在当时社会上的影响要比青年黑格尔派更大。①

1848年革命的结果令黑格尔的学生们十分失望,立法和立宪都没有成功,民族统一也没有完成,他们发现自己被政治欺骗后,就离开政治领域,重新回到自己的学院和书斋中,继续科学-文学的活动。至此,黑格尔学生的高潮就过去了。

一　米希勒

米希勒(K. L. Michelet)和黑格尔的关系最密切,他曾是黑格尔子女的家庭教师,1826年获教授资格,1829年得到教授职位。1843年他和别人一起建立了柏林"哲学协会",并且担任该协会的刊物《思想》的主编,《思想》在1860—1884年间出了九卷,可见黑格尔哲学的传播从来没有停止过。米希勒在19世纪30年代时主要讲伦理学和基督教的道德问题,也研究哲学体系问题与自然哲学和哲学的关系,还有人类学和心理学。在19世纪40年代,当宗教问题的争论愈演愈烈后,他也写了不少论证上帝的人格性的东西。在谢林来柏林任教后,他坚决捍卫黑格尔学派,反对谢林的非理性思想。在大革命的年代里,他的笔触涉及宪法问题、社会问题、高校改革的问题等。在回到学院生活后,他写了《人类的历史》(*Die Geschichte der Menschheit in ihrem Entwicklungsgange von 1775 bis auf die neuesten Zeiten*,1859－1860)。1870年,他又发表《黑格尔：无可否认的世界哲学家》(*Hegel: der unwiderlegte Weltphilosoph*),这是为复兴黑格尔哲学所作的一次努力。晚年,他开始

---

① 参见吕伯主编《黑格尔右派》,第10页,斯图加特,1962。

从实证主义和精确科学的角度,想对黑格尔哲学作出新解释。米希勒的一生体现了从老年黑格尔派向新黑格尔主义的发展。[1]

二　甘斯

甘斯(E. Gans)是犹太人,是柏林一位富有的银行家的儿子,1816 年起在大学读法律,后来转学来到哥廷根和海德堡,在海德堡深受梯鲍特和黑格尔的影响。1819 年,他以论文《关于罗马的义务法》(" Über das römische Obligationenrechte")而获博士学位,随后他跟随黑格尔回到柏林,更进一步理解了黑格尔哲学,并和黑格尔有了较密切的接触。以后他出版了自己的主要法学著作《世界历史发展中的继承法》(*Das Erbrecht in weltgeschichtlicher Entwicklung*),以法学史上的问题为例,具体地解释黑格尔法哲学的基本原理,并揭示萨维尼的所谓"历史法学派"的缺陷,认为他们的历史主义立场还不够彻底,因为他们没有展示全部的世界史,只是再次地使罗马法教条化。甘斯是黑格尔学生中最有才华的一位,黑格尔不讲《法哲学原理》后,就让甘斯代替他讲这门课,当时甘斯已是柏林大学的讲师,在学生中很有声望。甘斯得到大学的职位也是很不容易的,因为他有犹太人背景,当时的社会对犹太人有强烈的偏见,再加上他还得罪了法学界权威萨维尼。但是甘斯的著作有分量,黑格尔支持他,并搬动赞成改革的文化和教育大臣阿尔特斯太恩,终于使保守派的反对落空。甘斯还是"犹太人文化和科学协会"的创办者和领导人,致力于犹太人的解放运动。他在课堂上宣传共和思想,引起当局的不满,于是黑格尔只得再次出山。甘斯是《历史哲学讲演录》的编辑,大家都认为这本书编得不错。甘斯对理论哲学和神学问题不感兴趣,他的研究重点是法哲学和历史哲学。但是他在 1839 年就逝世了,所以没有留下太多的作品,只有一些大众性的讲课稿。他也因此而常被人们忽略,没有得到应有的认可。

---

[1] 参见吕伯主编《黑格尔右派》,第 326 页,斯图加特,1962。

甘斯对黑格尔政治思想的发展和后来对黑格尔的批评有哪些呢？首先是两人对 1830 年法国大革命的态度不同。黑格尔对 1789 年大革命和 1806 年的灾难经历仍记忆犹新，所以对 1830 年 7 月革命充满忧虑；甘斯则对大革命的爆发持同情态度，并确信革命的胜利，当然他也不是完全无原则地站在革命派一边。其次是甘斯发展了黑格尔的某些思想，使其适应日益变化的政治和社会境况。例如关于"制宪"的问题，黑格尔是赞成君主立宪制的，在他看来，现代的国家就应该以普鲁士为样板，普鲁士也确实保证要制定一部宪法，但一直没有兑现；甘斯则以共和制的北美作为现代国家的样板。黑格尔对普鲁士的批评是隐晦的，他暗示普鲁士有一大堆没有实现的改革愿望；甘斯的批评则是直截了当的，他认为普鲁士是一个"监护人"的国家，有别于一个"宪法国家"。这样甘斯就发展了一种全面的"反对派的理论"，并使得关于选举程序的问题具有重要意义。甘斯认为，每个国家都是通向自由之路的一个发展阶段，如果它不能这样做，它就会陷入批评之中。这个观点促使黑格尔让他的法哲学汇入世界历史之中。此外，甘斯还把黑格尔"市民社会"的理论更加具体化，他不仅把亚当·斯密的国民经济理论讲得更清楚，还引用了法国圣西门和傅立叶等人的经济社会纲领，这是当时较新的国民经济理论，黑格尔还不甚了解。与黑格尔一样，甘斯也把穷人和富人间的对抗看做市民社会的中心问题，而他对英国状况的考察使他意识到"社会问题"的紧迫性。黑格尔和甘斯都想消灭贫困的根源，黑格尔提出合作的理论，甘斯的解决方案除了借助合作理论外，还在"合作"一词的定义中加进了法国的结社理论。甘斯的社会理论强调阶级对立，这对马克思产生了强烈影响。他所谈论的立宪政治和社会政治问题，对于黑格尔学派的政治纷争具有重要意义。①

1833 年黑格尔的《法哲学原理》出第 2 版，甘斯作为编者写了"导言"。甘斯认为，这部作品本身的价值与它的认可和传播间出现了背离。在甘斯看来，《法哲学原理》的价值首先在于，黑格尔不仅继承了 18 世纪

---

① 参见瓦斯泽克《重读爱德华·甘斯》，载施奈德主编《黑格尔哲学研究》第 1 卷。

以来的卢梭和康德的理论传统，而且使之更深刻和系统化。德国精神寻求对一切予以说明。其次，《法哲学原理》扬弃了 17—18 世纪以来在国家法和政治的概念之间所造成的区别。国家法，不管是实证的还是自然的，被理解为国家形式的解剖学的骨骼，人们在它的面前让步。政治则被当做运动着的国家科学，它随着生命的功能在单个的部分之上传播，因此似乎能任意地扩张，成为国家的生理学。古代政治并没有在这两者间划出区别，古代政治与自然法、原则以及充满生机的生活是一致的。而在 17—18 世纪时，从中世纪的分封割据中产生的国家，不得不承认政治与法的区别。新的国家就是要把上千年的分离重新融合在一起。所以黑格尔在《法哲学原理》中详细讨论政治问题，而且在市民社会中，国民经济的科学也有一席之地。最后，《法哲学原理》的价值还在于，不仅从起源和基本原理方面说明了自然法，而且让自然法汇入了它之后的理论之中。它从主观精神起步，最后汇入历史的世界潮流之中。单个的国家也像诸多的河流那样，最后要汇入历史的世界潮流之中。

那么，《法哲学原理》又为什么会引起很大的误解，使得热爱自由的人们要和它划清界限呢？甘斯认为，原因就在于黑格尔那句引起广泛争议的名言："凡是合乎理性的东西都是现实的；凡是现实的东西都是合乎理性的。"甘斯认为，这句话的意思无非是说，真正理性的东西，为了符合它的本性，会不断地在世界中自身形成，获得当下的存在；那些在世界上真正存在的东西，也能在世界中证明其自身内的理性是正确的。甘斯指出，黑格尔法哲学的基本精神是自由，但绝不是只发出主观声音的、热情激荡的自由，而是要发展为饱和的和更坚固的自由。根据自由的辩证发展，黑格尔对一些暂时状况所作的评论，会在更高的发展中得到扬弃。所以不能只读书中的一句话，而要深入全书的全部内容。自由与科学应该是黑格尔时代的两大标志。①

---

① 参见甘斯 1833 年为黑格尔《法哲学原理》所写的"导言"，转引自瓦斯泽克《重读爱德华·甘斯》，载施奈德主编《黑格尔哲学研究》第 1 卷。

这里我们想补充一点。黑格尔在 1818—1819 年的"法哲学"讲座中是这样说的:"凡是理性的东西,都将成为现实;凡是现实的东西,都将是理性的。"①而在 1817—1818 年的学生课堂笔记中,黑格尔是这么说的:"凡是理性的东西,一定会实现。"②海涅曾经说过,当他就这句话向黑格尔表达不同意见时,黑格尔微笑着回答道:"这句话也可以说,所有理性的东西,一定会存在。"③鉴于严格的书报检查令,在出版《法哲学原理》时,黑格尔必须使自己的说法平缓些。因此尽管这句话曾引起轩然大波,恩格斯还是从中看到了它的双重含义,恩格斯说:

> 在黑格尔看来,绝不是一切现存的都无条件地也是现实的。在他看来,现实性这种属性仅仅属于那同时是必然的东西……所以他决不认为政府的任何一个措施——黑格尔本人举"某种税制"为例——都已经无条件地是现实的。但是必然的东西归根到底会表明自己也是合乎理性的。因此黑格尔的这个命题应用于当时的普鲁士国家,只是意味着:这个国家只在它是必然的时候是合乎理性的,是同理性相符合的。④

据考证,马克思听过两次甘斯的讲座课,它们分别是 1836—1837 年冬季的"刑法"和 1838 年的"普鲁士国家法"。马克思在其他讲座课的得分一般是"通过"或"勤奋",而在甘斯那里两次都得到了"非常勤奋"的评语,后来马克思在黑格尔的另一名学生加布勒那里上逻辑学课时,又一次得到了相似的评语:"特别勤奋"。一般来说,马克思基本上不错过甘斯的公开讲座,他还参加过学生们因同情和支持甘斯而举行的一次集会,但也没有证据显示两人间有紧密的师生关系,马克思在自己的著作和文章中确实也很少提起甘斯。专家们认为,虽然目前暂时还没有过硬的证据,但还是可以从以下五个方面来进一步研究甘

①②③ 施奈德尔巴赫:《黑格尔的实践哲学》,第 333—334 页,法兰克福/美因,苏尔坎普出版社,2000。
④《马克思恩格斯选集》第 4 卷,第 215 页,人民出版社,1995。

斯对马克思的影响：第一，马克思在柏林的知识圈和社交圈，尤其是他的犹太人背景与"博士俱乐部"成员的交往，都会使他注意到甘斯。第二，马克思的作品虽然没有直接引用甘斯的话语，没有明确地提到甘斯，但仍可以觉察到甘斯的观念和表述的"回音"，这有待作进一步的文本对照研究。第三，马克思与黑格尔法哲学的争论明显受到甘斯的影响，马克思通过甘斯解读法哲学的视角来读黑格尔的本文。马克思对黑格尔的公开批判，据其内容来看，许多东西可以在甘斯那里找到。第四，如果假设马克思与黑格尔法哲学的争论受甘斯影响，甘斯使黑格尔体系的经济内容有了更大的空间，那么，马克思从 1843 年 3 月到 1844 年 1 月对黑格尔哲学的批判性研究，到他在 1844 年初对国民经济的系统性研究，这个转化就是一种必然的结果。马克思在这里走的路正是在他之前甘斯所追求的道路。如果从这个角度看，那么人们在解读马克思在 1859 年写的"回顾"时，就会发现其中的主题转换要比人们所想象的流畅得多。第五，与"政治解放"的概念不同，马克思对"人的解放"的概念的研究对他今后的发展具有重大意义。他由此所达到的立场与其他的青年黑格尔派如卢格和布鲁诺·鲍威尔有明显区别。但"解放"的概念在甘斯那里就受到重视，他一生都为犹太人的法权与政治平等奋斗，在 19 世纪 30 年代初他就谈到社会所有被压迫人民的解放，在 1833—1834 年的"哲学史讲座"结束时他还说："人的概念不断变得普遍化，并且将愈加现实化，直至达到社会的最底层。"因此，马克思关于"人的解放"和"哲学的现实化"的呼喊，都可以在被人遗忘的甘斯那里找到痕迹。① 恩格斯也读过甘斯为《法哲学原理》写的"导言"和《1830 年的巴黎》，他认为甘斯把历史哲学引导到了现时代。②

---

① 参见瓦斯泽克《重读爱德华·甘斯》，载施奈德主编《黑格尔哲学研究》第 1 卷。瓦斯泽克列举了详细的文献，说明这五点可能的影响。

② 参见 B. A. 马列宁、B. H. 申卡鲁克《黑格尔左派分析》，曾盛林译，沈真校，第 23 页，社会科学文献出版社，1987。

三 罗森克朗茨

罗森克朗茨(Rosenkranz)被称为黑格尔圈子中的"黑羊",因为他并不是真正意义上的黑格尔的学生,而是通过朋友的关系进入这个圈子,但他在气质上和百科全书式的教养方面最贴近黑格尔。他在柏林、哈雷、海德堡等地上过大学,深受黑格尔的学生海宁、亨利希、道布等人的影响,因此对黑格尔比较崇敬。在学习中他显示了对多元化历史的兴趣。黑格尔去世后,罗森克朗茨积极参加了"友人版"的编辑工作,但他没有听过黑格尔的讲课,于是编委会就把撰写黑格尔生平的工作交给了他,他因此而看到了大量的未发表的黑格尔手稿。公允而论,《黑格尔的生平》写得很不错,发表了一些以前人们没有见过的资料,特别是致力于探索黑格尔哲学的起源,从而塑造了黑格尔的整体形象,但罗森克朗茨也直接造成了黑格尔珍贵手稿的失散。

1828 年,罗森克朗茨在哈雷大学以一篇关于斯宾诺莎的论文获教授资格,1831 年开始任副教授,1833 年应邀来到哥尼斯堡,接任康德留下的教授讲席。哥尼斯堡是德国三月革命前的自由主义的中心,罗森克朗茨对这里的科学和政治气氛都觉得很适应,他在此写了大量的作品。在政治方面,他站在黑格尔一边,支持普鲁士的改革潮流,如教育体系、城市行政规划、通过考试选拔政府官员等。他也要求普鲁士政府兑现那些曾经应诺的改革诺言,例如立宪、选举民众代表参政、市民在法律面前人人平等、司法的公开化、意见自由等。在 19 世纪 40 年代,他还研究过地区性的"所谓人民大众、雇工和工人"的状况,致力于从福利国家和适当教育的角度,来扬弃他们的悲惨生活状况,例如靠增加税收来资助社会的改革计划。由于弗里德里希·威廉四世拒绝兑现改革诺言,罗森克朗茨甚至赞成 1848 年革命。为此,当时的首相奥斯瓦尔德把他作为顾问请到柏林,他还被选为第一个普鲁士议会的代表。尽管如此,他一如既往地赞成议会制的王国,反对共和制。最后他对政治的发展十分失望,于是转向历史和美学研究,写了《丑恶的东西的美学》(*Ästhetik des*

Häßlichen），对确立现代审美观有不小的影响。

四　埃德曼

埃德曼（J. E. Erdmann）最早学的专业是神学，1826 年大学神学专业毕业后，他来到柏林，听黑格尔的讲课。1828—1832 年他在自己的家乡立陶宛做牧师，1834 年获得了哲学教授的资格，1836 年开始在哈雷大学任教。埃德曼是黑格尔学生中最不参与意识形态之争的人，但他也绝不是自由主义的敌人。他的政治立场相对保守，因为他害怕革命可能带来的暴力。他认为每个人都要尊重现有秩序，这起码会给那些生活在安定秩序中的人带来自由。如果政治自由是国家的产物，那么，任何反对国家并争取自由的革命行动，就是对自由的打击。这种观点隐藏着一种国家形而上学理论的危险，很容易为后来国家和民族的意识形态所利用。埃德曼主要的工作领域是哲学史，当然作为神学家，他也参与了宗教问题的争论，有一些关于灵魂与肉体、信仰与知识关系的作品。1866 年，他发表了两卷本的著作《哲学史纲要》（*Grundriss der Geschichte der Philosophie*），这本书在后来的影响比较大，因为它体现了使哲学历史化的趋势，这是 19 世纪 50 年代的一个新动向。在那些绝对的、思辨的东西被从哲学中排挤出去后，科学向哲学要求经验的证明，哲学处在十分尴尬的境地。哲学中唯一能保留下来并不可被否认的东西，就是几千年思想发展的积淀，哲学在自己的起源和发展中寻找自己合法性的论证。

近代以前都不太看重哲学史。人们固然在大师那里寻找理论支持，但并没有人把它们作为系统研究的对象。康德第一个重视哲学史，但他是用哲学史来证明旧的形而上学缺乏可靠的基础。黑格尔虽然把哲学史看做逻辑概念发展的历史证明，但他第一个将以前意见纷呈的哲学史整理成有内在发展脉络的体系，并强调历史与逻辑的同一性，这就使哲学史实际上已经赢得了一定的独立性。埃德曼进一步发展了黑格尔的历史主义，他说："在所有的时间中，哲学一直都把时代最感兴趣的东西当做自己的对象，例如自然、国家、教义，等等。为什么现在不是哲学史作为对象呢?"①埃德曼认为哲学史也可以是哲学的最重要对象,这就使得逻辑对哲学史的优先性转化成了哲学史对逻辑的优先性,使哲学历史化,让思想在自身的开启中寻找自身的答案,这也为后来的语言转向和解释学潮流打下了基础。

在埃德曼以后,书写哲学史成风,许多大部头著作问世,其中最有价值的,当推他的学生费舍尔的八卷本《近代哲学史》(*Geschichte der neuern Philosophie*,1852—1893)。费舍尔在海德堡大学任过教授,那里有研究哲学史的传统。从思想来源来看,费舍尔既是黑格尔的弟子,又是新康德学派的发起人之一,这一点也不矛盾,因为真理与历史在他那里是相通的。费舍尔提出的核心问题是,哲学史作为科学何以可能?他认为,哲学追求真理,而真理似乎应该是永恒的,与时间上发生的东西应该毫无联系。其实不然,真理是人类思想千年劳作的产物,是一个形成过程。这样的真理有一个伟大的历史。整个人类的科学已经变成历史性的,并且只有通过不断地形成才能成为它所应该是的东西。他进一步指出,这个不断向前发展的形成过程就是人的精神,而这个不断进步的认识过程就是哲学,作为对人的精神的自我认识的哲学。②

新康德主义的重要代表人物文德尔班后来也在海德堡任教,他的《哲学史教程》(1892)被视为这方面的经典教材,至今还有市场。人们在解读哲学史中弄清"哲学是什么",从而确定自己的思想定向。哲学史成为哲学的导言。

第二节　青年黑格尔派

青年黑格尔派是指在19世纪三四十年代黑格尔哲学解体过程中产生的一个思想"左倾"的派别。其成员大多直接或间接的是黑格尔的学生,最初为黑格尔哲学所吸引,继而力图从中得出反教会、宣传无神论和

---

① 转引自埃德曼《黑格尔逝世后的哲学》,第 IX 页。
② 参见费舍尔《近代哲学史》第 1 卷,"导言",第 3—15 页,海德堡,1897。

资产阶级革命的结论，因为对他们来说，对意识形态问题的兴趣，要超过对纯哲学问题的兴趣。于是，他们以哲学的形式对黑格尔的宗教理论和基督教教条进行猛烈批判，从根本上动摇了基督教的基础，这也导致了黑格尔哲学的直接解体。此外，他们从自由知识分子的立场出发，宣传自由主义和无政府主义观点，批判普鲁士的专制统治，在社会上造成了很大的震动和影响。但是，他们并不是一个有统一政治或学术纲领的流派，随着政治时局的动荡，以及个人在理论上的不同取舍，该学派迅速发生了分化。费尔巴哈有一段时间也属于青年黑格尔派。马克思曾经是青年黑格尔派各项活动的积极参加者，后来因政见和理论观点的分歧而与他们分道扬镳，最后又回过头来对他们作了彻底清算。

青年黑格尔派的主要代表人物有大卫·施特劳斯、布鲁诺·鲍威尔、卢格，其他成员还有 E. 鲍威尔（E. Bauer）、科本（Köppen）、施蒂纳（Stirner）、赫斯（Hess）。他们的活动地点主要在柏林和哈雷，柏林的以"博士俱乐部"为中心，马克思曾是其成员；哈雷的以《哈雷年鉴》为中心，后来又扩展到科隆和哥尼斯堡，布鲁诺·鲍威尔、马克思等在科隆活动，罗森克朗茨在哥尼斯堡任教，他们周围有不少赞成其观点的知识分子和青年学生。

1835 年，施特劳斯发表了《耶稣传》（*Das Leben Jesu*），这被公认为青年黑格尔派活动的起点。他所代表的反基督教和无神论倾向，在社会上产生强烈震动，有相同思想倾向的人开始针对类似问题发表意见。1838 年，卢格和艾希特迈尔（Echtemeyer）主编的《哈雷年鉴》开始出版，事实上作为他们的机关刊物，它不仅刊登政论文和哲学文章，也登文学、历史作品。《哈雷年鉴》刚开始办得不错，对社会舆论有较大的影响作用，后来因出现意见分歧，又有激进的反政府倾向，于 1841 年被普鲁士政府查禁。后来他们又出版了《德国科学和艺术年鉴》，该刊也在 1843 年被政府查封。1841 年后，布鲁诺·鲍威尔发表了《复类福音作者的福音史批判》（*Kritik der evangelischen Geschichte der Synoptiker*），也造成很大震动。

1843 年前后，在内部分裂和外部高压的条件下，青年黑格尔派逐渐解体了，因为此时黑格尔左派已遭遇到自己的极限，与体系的决裂已不可避免。布鲁诺·鲍威尔就说过，现在人们必须各走各的路，依靠自己的力量行动。费尔巴哈开始过渡到唯物主义，马克思等人关心"社会问题"和新时代的阶级分化，卢格暂时还跟随马克思走了一段路，施特劳斯一度感到无所适从，布鲁诺·鲍威尔仍坚持研究宗教问题。他们从此走上不同的发展道路。

青年黑格尔派的成员主要是一批青年知识分子，他们对社会政治问题十分敏感，对人类的命运极为关心，他们站在自由主义立场，反对保守的政府，后来大部分人逐渐过渡为革命的民主派。在个人风格上，他们崇尚自我，不愿受任何东西的束缚。在学术上，他们不恪守成见，在脱离黑格尔哲学的束缚后，各有研究的重点。总起来看，他们为市民阶层的民主要求寻找理论基础；借助黑格尔辩证法的批判和革命内容，来反对当时的政治和精神状况；批判宗教，因为宗教和国家结盟；使哲学现实化，从而有意识地创造历史。① 但由于没有共同的理论或活动纲领，也没有一致的方向，所以他们注定是昙花一现的人物，他们的批判活动不可能持久。他们对社会的叛逆也给自己造成了永久的伤害，施特劳斯、布鲁诺·鲍威尔、费尔巴哈都被剥夺了大学讲席，卢格等人被迫流亡国外，这使得他们只能离群索居，经济窘迫，处于与科学隔离的状态，社会影响日益减少。总之，他们对社会的批判要大于积极的建树。其实，哪个民族的历史上没有产生过这样的一些风云人物呢？他们用口号和思想创造历史。

一　大卫·施特劳斯

施特劳斯（D. F. Strauss）是黑格尔的同乡，士瓦本人，最初走的也是

---

① 参见《黑格尔左派——德国三月革命时期的哲学和政治文献》，第 18 页，法兰克福/美因，瑞德贝格出版社，1986。

一条成为神职人员的道路。他先在勃劳贝伦神学校学习，然后进了图宾根神学院，这是谢林、黑格尔的母校。除了神学专业外，他还基本上掌握了古文字学和哲学。在大学里对他影响最大的应该有这样三种"思潮"：《圣经》批判、新的历史科学和黑格尔主义。他在图宾根时就接受了黑格尔哲学，在1831—1832年在柏林逗留期间，他曾拜访过黑格尔，但只听了两节课，黑格尔就去世了。但这并不妨碍他认真地研读并掌握黑格尔哲学。他还去听过施莱尔马赫的宗教讲座，觉得后者想调和宗教与哲学的区别是不对的，就不再和他来往。1832年，他回图宾根神学院任类似助教的职务，开设了逻辑学和伦理学的讲座课。他在课上基本贯彻黑格尔哲学，并且获得成功。或者是出于嫉妒，或者是对讲课内容的排斥，校方竟然禁止他继续讲这些课，这就引发了冲突。他写了《耶稣传》，该书的激进态度给当局剥夺他的教职提供了借口，他的学术生涯就此走到了尽头。1840年，他发表了《基督教教义的历史发展和与现代科学的斗争》（*Die christliche Glaubenslehre in ihrer geschichtlichen Entwicklung und im Kampf mit der modernen Wissenschaft dargestellt*），本书的影响不是很大，因为当时的布鲁诺·鲍威尔和费尔巴哈等人已提出了新的观点并超越了他。1848年，受革命形势的影响，他决定公开表明自己的政治态度，写了《六个对民众的神学-政治讲演》（*Sechs theologisch-politische Volksreden*），并公开竞选法兰克福议会的议员。他的政治主张是在普鲁士的领导下，实现德意志民族的"小统一"，采取君主立宪制，推行一系列社会福利措施。后来施特劳斯被推选为维腾堡公国的议员，代表市民等级。因常与议会的民众派别发生争执，他开始右转，再加上他的影响力也十分有限，最后不得不愤然辞职，从此基本上隐退了。后来他一直以自由作家为业，还在人文中学当过教授。他的其他著作还有《论争文集》（*Streitschriften*）、《为德国人民修订的〈耶稣传〉》（1864）。

在《耶稣传》中，施特劳斯考察了福音书的内容，逐一指出其中的矛盾之处，并对基督教的产生以及耶稣的生平进行了详尽的分析。他认为，福音书的前后叙述并不一致，耶稣是根据神话虚构的人物，神话是在原始基督教团体内部由于不断添枝加叶而逐渐产生的，福音书只是把这些传说记录下来。

二 布鲁诺·鲍威尔

鲍威尔(B. Bauer)出生在德国图林根的爱森伯格，1828 年起就在柏林读神学和哲学，因此深受黑格尔及其学生的影响。他听过黑格尔的宗教哲学和美学的课，黑格尔很器重他，在 1829 年时，曾给他出了个专业论文题目"根据康德哲学论美的原则"，他的论文和结论都受到黑格尔的夸奖。他还在《科学批判年鉴》上发表过文章。黑格尔去世后，鲍威尔参与了霍托编辑《美学讲演录》的工作，主要是进行文字加工，《美学讲演录》因此比其他的讲演录文字更优美，但也更偏离黑格尔的原意。1834年，鲍威尔在神学系获得教授资格，成为私人讲师。在关于施特劳斯的《耶稣传》的争论中，他的思想逐渐成熟。在 1838 年前后，他还是支持思辨的神学，反击施特劳斯对它们的批评，因此曾被别人看做"黑格尔右派"。鲍威尔写的关于施特劳斯的书评，他在自己创办的《思辨神学》杂志上发表的文章，以及他在 1838 年出版的著作《对启示历史的批判》（*Kritik der Geschichte der Offenbarung*），都是他这一阶段思想的见证。但是，他很快地就与正统派发生了决裂。1839 年，鲍威尔来到波恩大学，在那里把施特劳斯的福音书批判彻底激进化。他先是把第四福音书，然后是把所有其他的福音书都解释为艺术作品，认为它们纯粹是作者们的个人创造，耶稣是人的自我意识异化后虚构的产物。但他在耶稣是否是一个与福音书无关的历史人物这个问题上举棋不定，直到十年后，他才彻底否定了耶稣的历史人格性。鲍威尔对福音书的批判受到后人的高度评价，认为它是保存下来的有关耶稣生平的诸种疑难问题的最天才、最完美的汇编。1843 年，他在《基督教的真相》（*Das entdeckte Christentum*）的著作中，发出了彻底的宗教批判的声音，该书因此被当局查禁。他认为基督教是在这样的年代里产生的，即古希腊的自由已经衰落，被黑格尔称做"不幸的意识"的东西来到世界。由此基督教决定了人的不幸,它用法则取代了自由,并欺骗人们说,人据其本质是自由的,人是自己的立法者。这样,鲍威尔的宗教批评就面临着如下任务,即揭示人的自我异化是一种幻想,否定基督教和一切宗教,引导人类回到自由的自我意识。他后来又写了《对马太、马可、路加福音书的批判》,当时正赶上保守的普鲁士王子和反动的文化部长艾希荷恩当政,他由此被剥夺了教席。返回柏林后,他过着贫困的生活,但仍写了大量的世俗作品。①鲍威尔与马克思有私人交往。

鲍威尔的理论成就是他在宗教批判的基础上提出的自我意识理论。他说:

> 我们的时代花了那么大力气来研究一个问题:这个耶稣是否就是历史上的基督? 我们对这个问题已作了回答,我们指出:关于历史说的基督是什么,关于他,人们所说的一切和我们所知道的一切,都属于观念世界,而且是基督教的观念世界,因而同一个属于现实世界的人没有什么关系。②

在批判施特劳斯的信仰理论时,鲍威尔说:"人是历史的产品,不是自然的产品,人是他自身和他的行动的产物。"③这句话是自我意识理论的核心。

鲍威尔的自我意识理论是从黑格尔的对象化辩证法思想出发的。黑格尔认为,劳动的本质就是人树立自己的对象,并通过对象而认识自身,所以人是他自身劳动的结果。鲍威尔高度评价黑格尔的这一思想,因为它使人作为他自己的造物主,这就产生了关于人的解放的理论,它表明要把统治人的一切力量,所有超验的东西和客观性,都理解为人的产品。但是,鲍威尔对黑格尔的自我意识理论并不满意,因为自我意识

---

① 参见瓦斯泽克《黑格尔学派》,载费策尔、明克勒主编《政治理念手册》第4卷。
② 转引自黄楠森、庄福龄主编《马克思主义哲学史教学资料选编》上册,第128页,北京大学出版社,1984(以下所引此书均为此版本)。
③ 转引自《黑格尔左派——德国三月革命时期的哲学和政治文献》,第36页,法兰克福/美因,瑞德贝格出版社,1986。

还只是绝对精神-世界精神的一个环节,还有赖于一个高于它的东西。鲍威尔认为,如果人的自我规定性是绝对的,人的解放是全面的,那么,人就不应该只停留在一种外在于人的关系中,而应该无神地和自然地与自己相关,这就是说,必须放弃那个客观的世界精神。因此,鲍威尔把黑格尔的世界精神归结到人的意识上,认为实体性的关系只是一个环节,是自我意识辩证发展中的一个阶段,这样,自我就获得了普遍性,获得了以前实体所具有的规定性,自我意识成为真正的原因。鲍威尔哲学的最高原则是,只有我生活,创造,起作用,我就是一切。

鲍威尔还进一步解释了自我意识的本质。从其内在本性看,自我意识是行动(Thathandlung);从其结构来看,它是辩证的。具体地说,自我意识在行动中表达出自己的本质力量,使自己外在地成为对象。这种使"自己成为对象"是必要的,因为自我意识只有以这种方式才能创造现实性和客观性。这就产生了一个对象和客体关系的世界,在这个世界中,自我意识一方面使自己现实化,另一方面也失去了自身,因为它把自己的本质力量交给了客体,客体对于自我意识来说,是一个异己的东西,一个与它的制造者相对立的东西。所以说,自我意识的对象化导致了一系列颠倒的异化关系的出现,例如主体与客体。但是,因为自我意识是自由的、创造性的行动,所以它转而反对这种颠倒的异化关系,扬弃那些已经创造出来的对象,在一个新的对象性中重新表达自身。这是一个不断外化和重新占为己有、对象化及其扬弃、生产和摧毁的过程,只有在这个不断向前的过程中,自我意识才能把自身的全部财富发掘出来,也才能借此停留在自身内。

从自我意识的哲学出发,鲍威尔引出了两个重要的成果:一是关于历史发展的纲领;二是认为哲学的任务就是批判。他把历史分为两个大阶段:一是异化的阶段,即人的意识在世界中迷失了自身,它把它的产品看做陌生的力量,从而成为自己创造物的奴隶;二是扬弃异化的阶段,人终于认识到陌生的力量和历史中的客观给定性(包括国家、宪法、法律、道德、宗教)都是他自己的产品,因此从中解放出来,达到自由的自我规定性。鲍威尔认为,这个转机就是我们现在所处的时代。因此,他指出哲学的任务就是批判一切现存的东西,哲学应该毫无畏惧地向一切实体的客观化了的力量宣战,使一切统治人的东西回归到它那原本源于人的源头中。"扬弃异化"和"哲学作为批判的武器"这两个观点,应该对马克思产生了一定的影响,马克思一直认可"人创造历史"的思想。当然鲍威尔主要还是从人的精神和政治领域来分析人的自我意识,物质的生产过程基本上在他的视野之外,这是马克思的任务和贡献。

三　卢格

卢格(Ruger)是青年黑格尔派中的一位重要人物,他在理论上的影响并不是很大,但他是一名积极的活动分子。他在大学时代就参加了学生社团的活动,要求实现君主立宪制,并因此而被判刑和监禁。出狱后他又参加"青年德意志"派活动,后来在哈雷大学成为私人讲师和副教授。1837年,卢格以"研究黑格尔美学思想"为题,进行了论文答辩。后来他被剥夺了大学教职,于是筹集资金,先后创办了《哈雷年鉴》《德意志年鉴》,还和马克思一起在巴黎创办了《德法年鉴》,在宣传青年黑格尔派的政治主张、批判专制社会方面作了大量工作。卢格在理论上没有什么独创性的东西,但在用"批判的批判"精神阐述黑格尔哲学方面有自己的特色,这些著作是《"哲学宣言"及其论敌》(1840)、《宗教许诺什么》(1841)、《理论与实践的统一》(1841)。

与其他人不同,卢格看到了自由原则在黑格尔哲学中的真正地位。他认为是黑格尔才使自由原则成为时代的意识,黑格尔哲学的真正内容是人道主义及其批判方法,哲学进　步的发展方向应该是从思辨的唯心主义转化为实践的唯心主义。卢格也一度赞成黑格尔的国家学说,认为国家是普遍意志的表达者和自由观念的体现者。卢格当时对普鲁士的改革还抱有希望,认为如果国家一直贯彻改革原则的话,就不会有革命发生;应该允许反对派的存在,他们的批评会促使国家改正自己的不足之处,使国家向关心全体公民的普遍福利的方向发展。卢格还弄了一个把普鲁士主义、新教、创作自由这三条原则混合在一起的方案,其核心是自由教会、自由国家、自由个人,所以他被看做市民阶层自由主义的代表。后来卢格逐渐看清了普鲁士政权绝不可能成为自由的推行者,再加上在居留巴黎期间受空想社会主义的影响,他开始"左转",要求把自由主义变为民主主义。他还开始研究劳动人民的状况,研究劳动与资本的相互关系和无产阶级的要求。但是,卢格始终没有脱离他所属的市民阶层,他对 1848 年的革命明显持保留态度,最后甚至赞成俾斯麦由上而下统一德国的政治主张。[①]

第三节　关于宗教问题的争论

青年黑格尔派为什么首先在宗教问题上向黑格尔发难?批判宗教在理论上和实践上的紧迫意义何在?施特劳斯的一番话可能对这些疑问有所启迪,他说:

> 对于神学来说,揭开本世纪四十年代序幕的那些日子是美好的、充满希望的和平日子。现代哲学的鼻祖的旧预言看来不仅要在哲学和一般宗教的原始关系上实现,而且特别要在哲学和基督教的原始关系上实现。哲学和宗教之间的长期不和似乎通过两家的结亲而提出了一个幸福的目的,而黑格尔体系就被宣告为和平和希望的产儿。有了它,一种新的秩序就开始了,在这个新的时代,狼应该住在羔羊旁边,豹应该躺在山羊旁边,哲学,这个骄傲的女英雄,恭顺地接受了洗礼,并按基督教信条立誓忏悔,为此信仰方面毫不犹豫地发给哲学以完全合乎基督教精神的证明,并竭诚地把哲学介绍给教区,希惠予接待。现在神学青年放心大胆地让怀疑这条毒蛇在他的头上和胸前乱爬,他肯定有符咒去驱逐它。甚至在热心的正统

---

① 参见 B. A. 马列宁、B. H. 申卡鲁克《黑格尔左派分析》,曾盛林译,沈真校,第 198—208 页,社会科学文献出版社,1987。

的信仰者中间,人们也看到了从哲学家的训练场和武器库中借用来的用语和武器。当然,殷勤的信仰为了使自己获得更多的安宁而指望哲学更大量地赞同上帝的话的这种奢望是幼稚的。信仰的下述供认也是可疑的,即它在自己的调解活动中经常怀疑自己有没有违反哲学学说的意思和意志而把它引进自己的领域里来;整个关系的勉强性的迹象最后表现为呼吸困难,高谈哲理的信教者在思想的新鲜的山区空气中从来没有完全失去这种感觉。但是,感到更困难的是和信仰一致的知识方面,而不是和知识一致的信仰方面。如果人们真的看到,按照预言,有些绵羊睡在狼身旁,甚至个别所谓的狮子令人惊奇地进化到能吃草的地步,那么另外的只是假装被驯服了的狮子,却张牙舞爪,渴望着寻求更好的食物。在黑格尔原则的基础上不朽的要求被提出来了;福音故事,以及《旧约全书》的比以前大得不可比拟的一部分被当做神话来看待:不管由此在同信仰的谈判中声誉扫地的哲学多么积极地替自己洗刷,说它根本没有干过这种丑事,对它还是不能阻止,所有各方都指出它是它认为必须予以否认的那些孩子的真正母亲。在一定范围内结成的联盟更不可能在一方面是知识,另一方面在信仰的广泛范围内期望得到承认。不仅《福音派教会报》继续坚持其反对最新哲学的做法,并且劝告联合起来的信教者赶紧从一个对灵魂非常危险的联盟中脱身出来,越快越好,而且甚至公正的、深受现代教育熏陶的内安德尔在他的每篇序言中也都要写一封新的摈弃哲学的信。另一方面那些还是从康德和费希特那里接受了哲学教育的人,牢记在这些领导者领导下对教会信仰所进行的斗争,对黑格尔学派单方面取得的和平和让步(通过这些让步买到了这种和平)摇头表示怀疑;与此相反,新慕尼黑学派连同那些自诩为凌驾于黑格尔之上的人,则出于一种当然会使哲学家们感到惊讶的原因而不承认那个和平,因为人们在这里向信仰提出了过于苛刻的条件。因此已发生的事情是必定要发生的。当那些否定性的批判著作刚刚从占统治地位的哲学学派内部出现,早就在期待这个时机的教徒就大声喊叫起来:我们何必再用见证人呢?——紧接着这种对反基督教者进行神的审判的号召及其在《福音派教会报》上的微弱反应之后,从哈雷新教徒方面立即出现了世俗政府反对否认上帝和基督、危害道德和国家的黑格尔帮的公告。但是,这个时期哲学在自己方面也开始反抗了。黑格尔学派分裂为左右两派;当右派同科学和时代的精神发展显然愈来愈失去联系时,从极左派方面很快就传来了好几种声音,说什么黑格尔在哲学和基督教之间倡导的和平从原则上来看是不妥的;所有宗教的思辨都是欺骗和谎言;一种基督教的因而是有局限性的哲学是和作为普遍科学的哲学的概念相矛盾的荒诞不经的东西。超越信仰和知识的对立,在早期黑格尔学派中是不言而喻的事,这种信仰和知识的对立又出现了,好象它从未消失一样。①

青年黑格尔派在宗教问题上的争论围绕三大题目进行,即灵魂不朽(Unsterblichkeit der Seele)、上帝的人格性(Persönlichkeit Gottes)和基督教教会关于耶稣的学说(Christologie)。

1830 年,费尔巴哈匿名发表了《论死与不死》的文章。他认为,个人作为一个感性存在的实体,不可能是超自然的,因此个人的生命是短暂的,是必然要走向死亡的。人的灵魂也不是某种有形体的东西,而是一种非物质的、纯粹的生命活动。人的身体死亡了,人的灵魂也随之被抛弃了,正所谓"人死神灭"。但是,人类作为精神上和道德上的实体,是永恒的、不死的。因此,费尔巴哈主张重视现世的世俗生活。他说:

> 现在的主要问题是如何消除人类由来已久的关于彼岸和此岸的矛盾心理,以使人类能**全心全意地**把注意力集中于自己、现世和现在;因为只有这样专心致志于现实世界才能产生新生活,伟人,产生伟大的思想和事业。"新宗教"应该规定,它所要求的不是不灭的

---

① 转引自黄楠森、庄福龄主编《马克思主义哲学史教学资料选编》上册,第113—115 页。

个性,而是能干的身心健康的人。[1]

在费尔巴哈看来,个人不死的想法代表了自私自利的虚荣心的愿望,人应该通过对死亡必将到来的意识,寻找一种新的、本质的生活。

由于费尔巴哈当时还处在一个较低的反思层面上,因此《论死与不死》没有引起足够的重视,但它对灵魂不死的否定态度,却引起当局的不满,费尔巴哈为此不得不辞去大学的教职。1831年,谢林的学生布拉歇(Blasche)发表了《哲学的不朽理论》,虽然没有什么影响,但显示了这个问题在当时变得多么的紧迫。这场辩论的真正发动者是瑞西特(F. Richter,1802—1848),他在《关于最终的东西的理论》(1833)和经过通俗化加工的《新的不朽理论》(1833)的作品中指出,不论是在黑格尔那里还是在他的追随者那里,都找不到关于个人不死的证明。这引起了黑格尔学生们的愤怒。格歇尔列举了三种不朽性的证明,米希勒和罗森克朗茨也都认为,在永恒的理念的知识中,上帝和人的统一性使自己不断得到实现,彼岸世界不断过渡到此岸世界。论战各方在理论上并没有争个水落石出,但是这个问题后来却演化成了关于行动的世俗哲学,成了世俗社会变革的纲领,政治运动取代了哲学思辨的地位。[2]

上帝的人格性是神学的基础信条,是传统基督教所不容怀疑的。这场争论的中心人物是夏勒(J. Schaller,1810—1868),他回击关于黑格尔把上帝等同于世界过程因而是泛神论者的指责,坚持认为黑格尔把上帝理解为个人,黑格尔的伟大之处就在于,不仅把绝对的东西认识为实体和无差别,而且认识为常胜的主体,同时又克服了空虚的主观性的极端。这场争论的最后结果是,如何理解黑格尔已经并不重要,对于右翼的批评者来说,重要的是和基督教的教条保持一致,而对于左翼批评者来说,使泛神论合法化才是最重要的。

关于耶稣基督的争论也由来已久。在基督教文献中,直至《圣经·

---

[1]《费尔巴哈哲学著作选集》上卷,第227—228页,生活·读书·新知三联书店,1959。
[2] 参见瓦斯泽克《黑格尔学派》,载费策尔、明克勒主编《政治理念手册》第4卷。

新约》的四大福音书才有关于耶稣的记载,按基督教信条的理解,他有从降生到在人间传道、治病、创造奇迹、受难然后重新升天的历史,他既是人,又是神。由于历史文献的混乱,中世纪以来,基督教各教派对耶稣生平及其和上帝的关系的解释并不一致。此外,对耶稣的理解还涉及对"三位一体"这个基督教的核心教义的理解。因此自启蒙运动以来,当宗教的权威开始动摇时,人们也开始对耶稣这个历史人物进行科学研究,当然也包括对四大福音书的内容进行考察。18 世纪,英国的自然神论者和德国的自然神论者赖马鲁斯(H. S. Reimarus,1694—1768)首先对教会的教条主义理解提出了批评。赖马鲁斯认为,耶稣不过是一个满脑子充满了救世主幻想的凡人,所谓耶稣复活之说,是他的门徒所为。总之,赖马鲁斯否认了除创世之外的任何奇迹。后来又有许多"耶稣传"之类的作品问世,作者们根据自己的需要和理解,把耶稣装扮成各种不同的人物,例如黑格尔就写过《耶稣传》,耶稣被塑造成人类道德的教师,像康德那样说话。施特劳斯在他的《耶稣传》中也提到了当时流行的保罗斯、哈斯(Hase)和施莱尔马赫三人研究耶稣的著作。不过,当时还是基本上承认耶稣在历史上确有其人。所以施特劳斯的功绩就在于,他彻底否认了耶稣的历史存在,指出耶稣并不是真实的历史人物,而是《圣经》讲述的神话,它是根据上帝与人的统一性的理念所塑造的。这种统一性的理念不可能在某个个体中,而只能在人类的发展中才能得到实现,添加到耶稣身上的全部"谓词"不过是人的本质的规定性。布鲁诺·鲍威尔则从语言文字方面研究福音书,他超出了施特劳斯认为耶稣是神话传说的立场,指出四大福音书和耶稣都与人的自我意识相关。

综合当时的宗教批判,我们可以看到这样几个鲜明特征:第一,虽然大家政见不太相同,但都把批判宗教作为自己的首要任务。尽管德国由马丁·路德进行了宗教改革,但新教只是用新的教条代替了旧的说教,新教的教会和国家联合起来,仍旧压制人民,反对思想自由,所以它并没有把自己所提倡的自由解释《圣经》、注重个人内心信仰等原则贯彻到底,这引起许多希望"精神自治"的知识分子的不满。另外,虽然经过启蒙运动对宗教的批判和揭露,但在 19 世纪上半叶,教会、教条和宗教传统势力仍统治着人们的世俗生活,基本上可以在宗教与现存的东西间划一个等号。因此,当新兴的市民阶层要求冲破封建社会旧秩序的桎梏时,他们首先会把矛头对准意识形态领域的东西,先有"思想观念"的解放,然后才有行动。

第二,他们都从基督教的历史,进而从人与世界的分裂,从人的本质的异化来寻找宗教产生的原因。施特劳斯对基督教的考察从古希腊开始,认为斯多葛学派只承认美德是善,丑行是恶,其他的东西,不管它们对人的状况影响有多大,都是无所谓的,这和后来的基督教对外界所持的冷漠态度极为相似;斯多葛学派让人听从作为天意的命运的摆布,使自己的意志屈从于上帝的意志,这和基督教的格言如出一辙。伊壁鸠鲁的某些格言,如"行善比让人对自己行善愉快",也像耶稣所言"施舍比领受快乐"。罗马人创建了统一的帝国,从而产生了世界大同的思想,这有助于一神教的产生和广泛传播;罗马帝国使宗教神灵化,神不再是感性的,再加上当时社会动乱给人民造成的现世苦难,使他们把希望寄托在彼岸和来世;罗马人注重实际,对单纯的思辨理论不感兴趣,他们通过通俗的解释调解了各种不同学派的对立,产生了折中主义,这使得基督教日后得以成为人们行为的规范。[1] 布鲁诺·鲍威尔是这样看待宗教的本质的:

> 害怕不自由的恐惧心理,压抑的感情,即不仅几乎不相信人类、类和自我意识,而且连上升为人类思想和自我意识的普遍性的勇气都没有的那种压抑感情,不相信自然规律和历史规律的那种痛苦——这一切构成宗教的本质和起源。[2]

概括来看,从人的类本质在历史-心理方面发生异化的角度,来揭示宗教产生的根源,应该是当时宗教批判的普遍态度。

---

[1] 参见黄楠森、庄福龄主编《马克思主义哲学史教学资料选编》上册,第 119—122 页。
[2] 转引自同上书,第 135 页。

第三,在对待宗教问题以及宗教与哲学的关系上,他们的态度比康德、黑格尔要明确和彻底。康德和黑格尔及其同时代人对神学是否定的,但他们对待宗教的态度还是肯定的,他们认为基督教从产生之日起就带有先天的缺陷,以后又因教会的操纵和神学理论的僵化而堕落,所以要用理性改造宗教,使它在培养民众的伦理道德方面发挥作用。他们都认为(或者表面上)哲学与宗教并行不悖,或者哲学包含宗教,两者都以绝对之物为对象,所以他们没有清楚划分哲学与宗教的界限,这在黑格尔那里尤为明显,这就为他日后的失败埋下了伏笔。施特劳斯和布鲁诺·鲍威尔等人要比康德、黑格尔年轻一两代,他们生活的年代显然要比前人宽松,而且他们精神自由的要求比前人更强烈,所以他们尖锐地批判宗教的虚伪性和欺骗性,不怕公开表明自己的泛神论乃至无神论的立场,主张世俗的东西高于宗教的东西,人的要求高于神的要求。同时,他们还要求把宗教从哲学中驱逐出去,在他们看来,理性和科学与由人虚构的宗教间没有调和的余地。

宗教批判后来逐渐发展为对现存的国家制度的批判,最终导致对所有不合理的社会、政治和意识形态状况的批判,这就超出了宗教批判的本意,革命开始替代改革。

第四节 关于政治问题的争论

1840 年前后,关于宗教问题的争论发展为各派之间的政治论战,这是时局使然。1840 年前,虽然政治改革基本上停滞,王室的许诺没有兑现,但教育改革的成果还得以保持,人们对普鲁士的政治改革还抱有希望。但是,1840 年普鲁士王子弗里德里希·威廉四世上台后,开始使本来就停滞不前的改革局面倒转。他重新让反对改革的保守人士进内阁,这就使改革的力量彻底被抛弃在一边,尤其使享受到教育政策改革好处的人士的处境变得日益艰难。黑格尔学派受到直接打击,有些人虽然保住了自己的职位,但工作环境则变得险恶,如罗森克朗茨和亨利希;有些人甚至被剥夺了讲席,典型例子就是布鲁诺·鲍威尔。1841年,谢林被请到柏林任职也被视为保守派对改革派的报复,众所周知,谢林是站在保皇党一边的。

当时在社会上有影响的政治力量实际有左、中、右三方,右派是支持王室意愿的保守派,他们反对进一步的改革,不惜动用包括书报检查令在内的一切手段,压制民众的自由和参政要求。

左派本是改革的积极推动力量,但在1840年后的尖锐社会对抗面前,他们发出了革命的呼声,与普鲁士王室势不两立,典型的例子当推布鲁诺·鲍威尔。在被剥夺教职前,布鲁诺·鲍威尔还认为普鲁士是一个现代的国家,因为它尽管与教会联盟,但却超然于宗教争论的事件之外,表现出一定的公允。但是,当因无神论言论激怒了当局,不能再继续在大学任教后,布鲁诺·鲍威尔终于认识到弗里德里希·威廉四世统治下的普鲁士国家是一个不自由的体系,根本没有教学自由。1842年以后,他开始猛烈批判普鲁士国家,从而也改变了他与黑格尔哲学的关系。在此之前,他虽然从正统虔敬派的立场批判黑格尔的理论,但又注意保护黑格尔的进步特征,使之不会被归于保守派的行列。这样,他基本上还站在黑格尔主义的基础上。而在这之后,他不再能像黑格尔那样与那个在当代已经实现了的理性发生联系,并使之继续在改革的道路上进一步发展,他用对当代的"纯粹否定"代替了黑格尔对当代的"扬弃"。布鲁诺·鲍威尔还预言国家会逐渐暴露自己的反动真相,从而遭到公众的批评。他指出应该用革命代替改革。这和马克思后来的情况相类似。但是布鲁诺·鲍威尔并不认为社会的希望在于无产阶级,他也意识到市民阶层也不会进行革命,而且他的立场也不为大多数人所认可,所以他感到失望,也看不到希望,最后越来越游离于政治活动之外,过着内在的流放生活。

中派的政治主张实际上代表了社会大多数人的普遍愿望,是1848年革命前市民阶层追求解放的精神表达。他们要求有人人平等的权利,希望得到民众的自我规定性,能自由选举议会代表,决策方面要有民主的公开性,要求取消书报检查令,所有公民都参加国家事务并承担应有的责任,等等。总之,他们的根本目的是要有由宪法保证的公民自由。1848 年的三月革命是德国历史上重要的事件,市民阶层是这次革命的发动者,他们的目的有二:一是立法修宪;二是实现德意志全民族的统一。德意志议会和普鲁士议会同时召开。为此,米希勒就德意志宪法和普鲁士宪法发表了自己的意见。他认为,普鲁士宪法必须以下列 11 点作为基础:新闻自由;确保个人人格自由;有自由结社和集会的权利;司法独立;废除享有特权的法权阶层和世袭的特权阶层;审判程序和刑事陪审法庭要有公开性,允许口头辩论;不同信仰的人具有同等的政治权利;建立国家军队并自由选举其统帅;在立法、税务、借贷和预算等事务中要有民众代表参与制定决议;大臣要承担责任;军队向宪法宣誓。对于德国统一问题,米希勒认为国王应该要求六点,才能使德国由一个国家邦联变成联邦国家,它们是:制定德国军队的普遍法律,有统一的联邦旗帜和统帅;建立德国联邦法院,处理由国家法所产生的各国间和各国内部的立法和政府问题;可以在德国境内各国自由居住和迁移;取消所有的关税限制;统一度量衡和硬币中金银与合金的法定比例;建立一支德国的联邦海军。[1]

对黑格尔学派的研究与黑格尔哲学的命运紧密相连。[2] 19 世纪末,随着新康德主义的上升,黑格尔学派几乎都被遗忘了。当时的哲学史和辞典在提到他们时,往往是把他们作为"过路客"一笔带过,偶尔的研究,也主要是从马克思主义的理论来源的角度考察他们。1945 年以后,随着黑格尔哲学的复兴,黑格尔学派又再次得到关注,其标志是吕伯主编的《黑格尔右派》、略维特主编的《黑格尔左派》[3],这重新引起了人们对该学

---

[1] 参见米希勒《论宪法问题》,载吕伯主编《黑格尔右派》,斯图加特,1962。
[2] 参见瓦斯泽克《黑格尔学派》,载费策尔、明克勒主编《政治理念手册》第 4 卷。
[3] 参见略维特《黑格尔左派》,斯图加特-巴德·坎恩斯塔特出版社,1962。两人选择文献时带有较强的政治倾向,而忽视了理论本身。

派的兴趣。后来有许多文章发表①,它们大多不太赞成编者对该学派人物所作的政治派别的划分,从而打破了延续近一个世纪的僵化分类表。一些新出版的传记清楚地展示了黑格尔学派中一些成员的成长道路②,有人考察了迄今的研究中所用的派别划分标准,试图以新的表述来替代以前简单的"左、右"分类。③ 当时民主德国的佩培勒(Peperle)的研究尽管是纯学术性的,但也有因过分强调黑格尔学派对马克思主义理论的"先驱"作用,从而牺牲他们的独立性的倾向。④

　　不过,黑格尔学派在哲学史上一直处于"边缘"地位,他们又有强烈的时效性,因此总是得不到应有的重视,这种局面在可见的将来也不会有太大的改变。中国这方面的研究也十分薄弱,一是有关的中译本极少,二是他们又被置入德国古典哲学的终结和马克思主义起源的"中间地带",没有自己的独立地位,所以一直是个被遗忘的角落。

---

① 例如瑞德尔《黑格尔和甘斯》,载《自然与历史》,斯图加特,1967。
② 参见瑞思讷《爱德华·甘斯:三月革命时代的人》,图宾根,1965。
③ 参见奥特曼《黑格尔那里的个人和团体》,柏林/纽约,1987。
④ 参见佩培勒《青年黑格尔派的历史哲学和艺术理论》,柏林,1978。

第二章　费尔巴哈

在费尔巴哈之前,对黑格尔哲学的所有批判,都是在思辨-唯心主义的基础上进行的。费尔巴哈的功绩就在于,他改变了以前的立场,从自然-人本主义的角度去批判黑格尔哲学,这使得他能用一种新视野,去分析批判宗教尤其是基督教的本质,并且提出一种新的、唯物主义的哲学原理。

第一节　生平、著作和影响

1804 年,路德维希 · 安德列斯 · 费尔巴哈(Ludwig Andreas Feuerbach)出身于巴伐利亚的一个学者家庭,父亲是一位著名的刑法学家,兄弟也多为大学教授和学者。费尔巴哈在 16 岁时,就受一位教师的影响,虔诚信仰基督教,希望日后做一名神职人员。1823 年,他开始在海德堡大学学习神学,老师是黑格尔的学生道布,还有保罗斯。费尔巴哈十分崇拜道布,称之为"我在这儿的生活中的唯一支柱",他听过道布的"论恶的起源"和"基督新教伦理学"等课,道布使他了解了黑格尔的哲学。此外,他自己还研修了文化史和逻辑学。但 1824 年道布离开了海德堡,费尔巴哈对其他老师的课很不满意,对神学也感到失望,因为神学不能满足他所需要的必不可少的东西,他的心灵向往着辽阔的大世界,想把大自然和人都拥抱在怀中,而神学的疆界太狭小。因此他希望到柏林继续自己的学业,并决心从神学转向哲学。他在给父亲的信中说:

> 在柏林,不像在此地(指海德堡——引者),只有孤零零的一棵树,只能从这唯一的一棵树上采摘认识和科学的果子,在那里,是整个一个大花园,到处是万花繁衍、果实累累的乔木;在柏林,每一种科学,且差不多每一个个别部门,都有杰出的、驰名的代表……在柏林,哲学无疑也与此地不同。①

1824年费尔巴哈来到柏林后,很快为黑格尔哲学所吸引。他这样描述当时的情景:

> 虽然我不过才听了四个星期的课,但收益却已经多得无可估量。听道布讲学时一知半解,感到晦涩,至少觉得是根据太薄弱的地方,我现在听了黑格尔的几次讲演后,都已能了解得很透彻,并且也看得出这道理的必要性;本来在我身上仅仅像火绒一般微微燃烧着的东西,现在却觉得很快就要燃起熊熊的火焰。别以为我弄错了。为求知欲所鼓舞和在受过道布这样人的培养后,已经有了准备和训练了自己的思考能力的人,来到黑格尔这里,在听了几课之后,就感到他的思想的渊博和深邃的强有力的影响,是完全自然的事。而且黑格尔讲学极为明晰易解,不似他写的著作那样佶屈聱牙;因为他极其注意听众的理解力。但最令人敬佩的是他阐述某一观念时,虽然也掺入些普通的概念,不甚严格地遵循哲学的程序,以阐发他的思想,但尽管如此,他还是须臾不离问题的症结处。②

在两年的时间里,除了美学外,费尔巴哈听了黑格尔所有的哲学课,逻辑课甚至听了两遍。他和黑格尔也有私人交往。

---

① 《费尔巴哈哲学著作选集》上卷,第222页,生活·读书·新知三联书店,1959。
② 同上书,第222—223页。

1826 年,按当时巴伐利亚教育当局的规定,费尔巴哈又转学至归属巴伐利亚管辖的埃尔兰根大学,按自己的兴趣学习自然科学,其中包括植物学、解剖学和心理学等。当时正是自然科学急剧膨胀的年代,这些自然科学知识对费尔巴哈日后转向自然-人本主义的唯物主义立场应该具有重要意义。他本想对自然科学作详尽的研究,但王室因内部变故而取消了给他和兄弟们的奖学金,这本是因他父亲对巴伐利亚的贡献而发的。紧张的经济状况迫使费尔巴哈尽快完成学业。1828 年,他以《论统一的、普遍的和无限的理性》的论文获博士学位,并在埃尔兰根大学任哲学私人讲师,讲过近代哲学史、逻辑学和形而上学等课程,讲课基本上浸透了黑格尔哲学的精神。1830 年,费尔巴哈匿名发表了《论死与不死》("Gedanken über Tod und Unsterblichkeit")的文章,其中的无神论倾向得罪了当局,他于 1832 年被迫辞职离开了大学讲坛,从此与德国大学无缘。随后他在法兰克福、安茨巴赫、埃尔兰根、纽伦堡等地辗转,靠自由撰稿为生。在这期间,他也设法想去其他的大学执教,但都未成功。他也曾想过移居法国、瑞士甚至美国,以改变自己的状况,但因经济和个人原因终未能成行。

1837 年,费尔巴哈随妻子定居在一个叫布鲁克堡的偏僻村庄,他妻子在那里继承了一座工厂,从此他过着离群索居的生活,被人称为"德国的斯宾诺莎"。他这样描述自己的处境:

> 曾经在柏林,而现在在乡间! 何其荒诞! 但是不然,我的亲爱的朋友! 你看,我在这里,在大自然的泉源上,又完全洗掉了那些由柏林的国家哲学撒在我脑子里的砂子——撒进脑子里倒是应该的,可惋惜的是,他们把砂子也撒进我眼睛里去了。逻辑学我是在一个德国的大学里学的,但光学——**观看**的艺术——却是在一个德国乡村中学的。①

①《费尔巴哈哲学著作选集》上卷,第 239 页,生活·读书·新知三联书店,1959。

在乡村时,费尔巴哈也应卢格之邀参加了《哈雷年鉴》的工作,他的自由主义思想和卢格有一定的默契,《哈雷年鉴》对施特劳斯的宗教批判应该有不小的影响。1848 年革命期间,费尔巴哈曾应学生的邀请,在海德堡的市政厅里举办过一个学期的公开讲座,题目是"论宗教的本质"。1860年,家庭工厂破产,费尔巴哈全家迁居到纽伦堡附近的雷兴堡村,过着十分贫困的生活。出于个人和家庭的经历——他和几个兄弟都参加过 19世纪 20 年代的秘密学生运动,受到当局的追究,有个兄弟因此精神分裂,费尔巴哈不太愿意与人交往,也时刻与时事政治保持距离,即使在 1848 年革命前夜,当知识分子们都为未来欢欣鼓舞时,他也保持了异常的怀疑和冷静,认为德国这个警察国家糟透了,不相信革命会成功。朋友们曾多次劝他出来到城市生活,参加各种活动,他却宁愿安静地待在乡村,从远处观察社会的变化,并和有相同志向的熟人们保持信件往来。晚年,费尔巴哈阅读了一些有关社会主义的文献,研究过马克思的《资本论》,在 1870 年时还参加了德国社会民主党。但他的思想已远离时代,他既不承认官方的学院哲学,也不赞同马克思主义的思想世界。1872年,费尔巴哈在贫困和孤独中离开人世。[①]

　　尽管费尔巴哈多年来一直远离政治和文化中心,但他始终没有放弃研究和写作。在 1833 年到 1838 年,他发表了三部哲学史著作:《从培根到斯宾诺莎的近代哲学史》(*Geschichte der neuern Philosophie von Bacon von Verulam bis Benedikt Spinoza*,1833)、《对莱布尼茨哲学的叙述、分析和批判》(*Darstellung, Entwicklung und Kritik der Leibnizschen Philosophie*,1837)和《比埃尔·培尔》(*Pierre Bayle*,1838)。[②] 这些著述基本上遵循黑格尔治哲学史的原则,同时也显示了费尔巴哈深厚的哲学史功底,后来他写的《未来哲学原理》(*Grundsätze der*

[①] 参见蒋永福、周贵莲、岳长龄主编《西方哲学》上册,第 544—545 页,中共中央党校出版社,1990;哈利克"生平大事记",载费尔巴哈《黑格尔哲学批判》,柏林,建设出版社,1955;舒芬豪尔"导言",载费尔巴哈《基督教的本质》,柏林,学院出版社,1956。

[②] 参见《费尔巴哈哲学史著作选》,涂纪亮译,商务印书馆,1984。

Philosophie der Zukunft)就是从对哲学史问题的概括入手,来提出自己的新原则的。他对莱布尼茨的研究也被看做是有开创性意义,因为德国的莱布尼茨研究是在1836年左右才开始的。这些著述即使是在黑格尔弟子们的圈子里也受到了高度评价,甘斯就为哲学史能落到像费尔巴哈这样的人手里而感到高兴,他们甚至邀请费尔巴哈参加《科学批判年鉴》的工作,还想帮助他来柏林大学任教。1839年,是费尔巴哈思想发展的关键一年,他在卢格主编的《哈雷年鉴》上发表了名为《黑格尔哲学批判》("Kritik der Hegelschen Philosophie")的文章[①],它被视为费尔巴哈与黑格尔哲学和德国唯心主义彻底决裂的标志,费尔巴哈从此走上了自己独立的发展道路。

1841年,费尔巴哈的主要著作《基督教的本质》(*Das Wesen des Christentums*)出版,本书提出了"上帝是人的本质的异化"的著名命题,它的无神论立场和唯物主义倾向在当时的知识界产生了不小的震动。1842年,费尔巴哈写了《关于哲学改造的临时纲要》(*Vorläufige Thesen zur Reform der Philosophie*),系统阐发了自己的人本学唯物主义,但被禁止发行,他不得已在1843年写了《未来哲学原理》的小册子,留下了前书中当局允许保留的部分。他在1840—1843年写成的作品对马克思和恩格斯产生了巨大的影响。1845年,他的《宗教的本质》(*Das Wesen der Religion*)一书,把对宗教的研究范围扩大到以前的自然宗教,进一步发展了无神论思想。这些是他的几部有较大影响力的著作,他晚期的其他作品较为零散,不太引人注意,如1867—1869年写的《幸福论》手稿片段,宣传"爱"的宗教,阐述自己的伦理学思想,但其中对"我与你"的关系的分析,后来对马丁·布伯的"我与你"的哲学思想是有所启发的。费尔巴哈注重人的感受性,主张人是精神-肉体的统一体,与后来的存在主义和现象主义运动,应该也有某种相类似的思想倾向。费尔巴哈在世时,自己出版了一套十卷本的著作全集(1846—1866)。

---

① 参见费尔巴哈《黑格尔哲学批判》,王太庆、万颐庵译,生活·读书·新知三联书店,1958。

费尔巴哈哲学的出发点是反对一切思辨和概念游戏,反对依据任何假定的前提进行推论,主张完全诉诸感性、自然和直观,使经验先于哲学,直观先于思想,所以他的表达和文字非常浅显易读,要说的命题一目了然,虽然有时未免不太雅。有人就此而认为费尔巴哈始终在哲学的门外徘徊,没有达到黑格尔反思的思维层次。其实不然,以费尔巴哈的家庭熏陶和正规大学教育,他的哲学素养应该是毋庸置疑的,他的哲学史著作显示了他对哲学理论的准确把握,但是他对"哲学的目的"的理解与众不同,他自己说:"真正的哲学不是创作书而是创作人。"[1]"哲学应该把人看成自己的事情,而哲学本身,却应该被否弃。因为只有当它不再是哲学时,它才成为全人类的事。"[2] 所以费尔巴哈是有意地要"改革哲学",以通俗易懂的形式来写作,他的读者是全社会,其目的是与思辨的学院哲学划清界限。这和启蒙时期的通俗哲学有异曲同工之处,都是要批判强权,教育人,唤醒社会,表现出强烈的人道主义色彩。

费尔巴哈虽然是黑格尔的学生,但他从来不是一个正统的黑格尔主义者,他是黑格尔学生中很早就持有个人独立观点的人。他在1827—1828年写的笔记中就表示了对黑格尔体系的怀疑:

> 哲学对宗教是什么关系呢?黑格尔坚决主张哲学与宗教,特别是和基督教的教义一致;虽然如此,他还是把宗教只当做精神的一个阶梯。

> 黑格尔哲学对现代和将来的关系如何呢?它不是人类关于自己过去曾经如何,而今后将不再如此的回忆吗?

> 思维对存在的关系怎么样?是不是如同逻辑对自然的关系呢?凭什么理由可以从逻辑的范围转到自然范围呢?这相互转化的不可避免性和原理又何在呢?在逻辑中,我们看见的……是一些像

---

[1][2]《费尔巴哈哲学著作选集》上卷,第250页,生活·读书·新知三联书店,1959。

有、无、某物、别有、有限、本质、现象这样一些普通概念,它们互相转化,彼此扬弃,但它们自身却是抽象的、片面的、消极的规定。但是综合这一切规定的观念,怎能和它的这些有限规定处在同一范畴之中呢?逻辑进程的不可避性是逻辑规定自己的否定。那么你怎么知道还有其他的本质呢?从逻辑里吗?完全不是。逻辑本身只知道自己,只知道思维。因此逻辑的"别有"不是从逻辑中,不是以逻辑的方式,而是以非逻辑的方式推演出来的:逻辑之所以转变为自然,只是因为能思维的人在逻辑之外还遇上了一个与他直接接触的存在,一个自然界,并且由于他直接的即自然的观点又不得不承认它。假如没有自然,逻辑这个童贞的处女永不能生出它来。[1]

这些怀疑明确显示了费尔巴哈今后拒绝逻辑与思辨,向唯物主义立场转向的趋势。但是直到1838年,费尔巴哈基本上还是一个黑格尔主义者,在1833年,当耶拿大学政治学和伦理学教授巴赫曼(Bachmann)发表《论黑格尔的体系和再次重塑哲学的必然性》文章,从而引发围绕黑格尔哲学的第一次大论战时,是费尔巴哈的《对反黑格尔的批判》,让黑格尔的敌人巴赫曼哑口无言。1838年后,费尔巴哈的立场才缓慢发生变化,他首先怀疑宗教与哲学在内容上是否一致,指出信仰与知识是根本不可调和的。费尔巴哈的怀疑最后积淀在1839年的《黑格尔哲学批判》中,在那里他与唯心主义彻底决裂,并在后来的《基督教的本质》中,强化了自己的唯物主义立场。费尔巴哈把自己的思想发展概括为三个阶段:"我的第一个思想是上帝,第二个是理性,第三个也是最后一个是人。神的主体是理性,而理性的主体是人。"[2]

费尔巴哈哲学在当时的影响并不是很大,当时像他这样站在唯物主义或"素朴的实在主义"(naive Realismus)立场,批判德国唯心主义以精神为唯一定向的还大有人在,如赫尔巴特(J. F. Herbart)、于伯威格

---

[1] 转引自略维特主编《黑格尔左派》,第32—33页,斯图加特-巴德·坎恩斯塔特出版社,1962。
[2] 《费尔巴哈哲学著作选集》上卷,第247页,生活·读书·新知三联书店,1959。

（F. Ueberweg）、克佐伯（H. Czolbe）、洪特（W. Wundt）、科尔施曼（J. H. Kirchmann）、雷门克（J. Rehmke）等。他们面对古典哲学过于沉重的思辨-逻辑色彩，面对把一切东西统辖于精神之下的做法，表示了不满，他们要求恢复素朴的实在主义的地位，要求诉诸感性的确定性。这些思想对辩证唯物主义的产生显然发生过影响，但是他们今天几乎完全被人遗忘了，因为他们的思维方式基本上停留在人类健康理智的水平，缺乏思想的深度。费尔巴哈则是例外。由于马克思主义哲学的强大影响，由于费尔巴哈对马克思确立唯物主义世界观所起的作用，人们在谈论马克思主义的思想来源时，都不能绕过费尔巴哈。这是一把双刃剑，它一方面扩大了费尔巴哈哲学的影响，使得他在后来的名望和影响要大于他当时的实际地位和作用，尤其是在 20 世纪的五六十年代，因意识形态的原因，他在苏联和民主德国极受重视，在中国也基本上如此；但另一方面它又使费尔巴哈哲学失去了自己的独立地位，费尔巴哈被放在黑格尔和马克思中间而成为一个过渡人物，人们只是注意他对黑格尔的批判以及他对马克思的启迪，从黑格尔、马克思的角度来评价他，从而忽略了他自己哲学的独创性、他的独立地位，这不能不说是一个遗憾。1989 年在德国比勒菲尔德召开的题为"费尔巴哈和未来哲学"的年会上，与会者一致认为，要发展费尔巴哈研究，就必须恢复费尔巴哈哲学的独立地位。[①] 2004 年，"费尔巴哈研究者国际联合会"隆重纪念了这位伟大的思想家诞辰 200 周年。

第二节　《黑格尔哲学批判》

《黑格尔哲学批判》一文篇幅不大，结构不是很完整，有点信手而就的性质，它主要针对的是黑格尔的《逻辑科学》和《精神现象学》。我们先看一下费尔巴哈的主要观点，借此了解他与黑格尔思辨哲学的根本

---

① 大会文献参见布劳恩等主编《费尔巴哈和哲学的未来》，柏林，学院出版社，1990。

分歧。

　　首先,费尔巴哈指出,黑格尔的思辨哲学是注意差异的哲学,这在他的历史观中尤为明显,而古老的东方哲学是注重统一的。"黑格尔只注视和陈述各种宗教、哲学、各个时代和民族最突出的差异,并且只是就其处于逐步上升的过程中来加以陈述的;共同的、一致的、同一的东西完全退到背后去了。"①例如黑格尔把基督教当做绝对的宗教,忽略了它与其他宗教的共同本质。黑格尔在体系中只从排他的时间的角度,注意个体的从属和继承,而不是从宽容的空间的角度,注意各个阶段的并列和共存。费尔巴哈认为,每个个体或阶段都有自己的独立存在和意义,绝不仅限于在体系中作为一种历史性的东西、作为宾词而存在。另外,最后的发展阶段要把其他各阶段都纳入自身之内,因此,它本身也是一个一定的时间上的存在,因而也带有特殊的性质,不能声称自己是绝对的。同理,黑格尔哲学也是一种一定的、特殊的、存在于经验中的哲学,因此它是否能宣布自己是绝对的哲学,也是值得怀疑的。费尔巴哈把这里暴露出来的问题,简单概括为"类在一个个体中得到绝对的实现"是否可能的问题。② 按他的理解,类在一个个体中得到完满无遗的体现,乃是一件绝对的奇迹,是世界的毁灭,因为它在成为现实时,要受到时间和空间的限制。黑格尔哲学就是一种时间性的哲学,它现在已经成为一种流传下来的哲学,已经失去了"绝对性"的宾词,"因而要把黑格尔的哲学从理念的绝对现实性这个高位拉回到一种一定的、特殊的现实性这个微末的地位上来"③。

　　费尔巴哈抓住黑格尔哲学在"开端"上的矛盾,批判了它的绝对性要求。费尔巴哈指出,每一种哲学,都要从一个前提出发,它以为自己是不带任何前提的,但后人却总可以从中认识到它也假定了一个前提,一个

---

① 费尔巴哈:《黑格尔哲学批判》,王太庆、万颐庵译,第1—2页,生活·读书·新知三联书店,1958。

② 参见同上书,第4页。

③ 同上书,第6页。

特殊的、本身是偶然的前提。人们一直认为,哲学必须从一个开端出发,这是一种本身是第一性的东西,例如黑格尔哲学从纯存在出发。但是,费尔巴哈问道:

> 为什么一般地要有这样一个开端呢? 难道开端的概念不再是一个批判的对象,难道它是直接真实并且普遍有效的吗? 为什么我就不能在开始的时候抛弃开端的概念,为什么我就不能直接以现实的东西为依据呢? 黑格尔是从存在开始,也就是说,是从存在的概念或抽象的存在开始。为什么我就不能从存在本身,亦即从现实的存在开始呢?[①]

费尔巴哈认为,黑格尔的开端仍秉承了过去关于哲学第一原理的想法,仍是对形式感兴趣,从开端到终点,再从终点回到开端,表面上是通过理念的发展来证明开始时那个未被规定的东西,其实是一种形式上的循环运动,与费希特的知识学异曲同工,要被证明的东西已暗含在前提中。

哲学表达思想,思想的载体是语言,思想必须证明自己的合法性,所以"论证"或"根据"在传统哲学中起着重要作用。费尔巴哈指出,传统的诡辩的三段论是为了证明而证明,是没有意义的。"证明"并不是只与思想自身相关或是思想的一个中介;它通过语言成为我的思维与别人的思维间的中介,它使我的思想为别人所了解,从而在思想的交流中意识到并确认我们事业的真理性。"语言不是别的,就是**类的实现**,'我'与'你'的中介,其目的在于通过扬弃'我'与'你'的个别分离性而表达出类的统一性。"[②]"证明并不是思想者或闭关自守的思维对自身的关系,而是思维者对别人的关系。"[③]同样,"表达"也只是引起人们的认识活动,任何哲学都只是思想家自己的表达,任何一个哲学命题,都只有一种手段的意义,

---

① 费尔巴哈:《黑格尔哲学批判》,王太庆、万颐庵译,第 7 页,生活·读书·新知三联书店,1958。
② 同上书,第 11 页。
③ 同上书,第 13 页。

每一个体系也只是理性的影像,这样一来,一切思想表现、一切体系的原始意义和规定都完全被否定、摒弃了。显然,费尔巴哈在这里是要否认黑格尔哲学体系的绝对真理性,把它看做人类认识活动的一个环节,看做引发他人进一步思维的工具。值得指出的是,费尔巴哈认为思想的正确性本身并不是目的,思想应该是人与人之间相互沟通的工具,思想的形式重要性应该让位于思想在人类社会的实际效应。这与现代哲学的观点是不谋而合的。

费尔巴哈进一步揭示了黑格尔哲学在"开端"问题上,在真理性与科学性、本质性与形式性、思维与写作之间的关系问题上所具有的矛盾。他说:

> **在形式上**并没有假定绝对理念,但是在本质上是假定了。黑格尔把他预先提出来当做中介阶段和环节的东西,已经**设想**成为绝对理念所**规定**的东西。黑格尔没有**放弃**,也并没有**忘记**绝对理念,他**在假定绝对理念**时,已经设想到它的对方,它是应当从这个地方中产生出来的。绝对理念在得到形式上的证明之前,**实质上**已经得到了证明,因此它是永远不能证明的,对于**另外**一个人说来永远是主观的,因为那个人在理念的对方中已经见到一个**前提,**这个前提是理念**自己**预先提出来的。理念的外化,可以说只是一种**伪装**;它只是这样做,但是这对于它说来并不是认真的事;**它只是在表演。**①

在《黑格尔哲学批判》的后半部分,费尔巴哈谈到了《精神现象学》的问题。他认为,黑格尔在"感性确定性"一章中,确实是从一个感性的、个别的存在出发的,但他很快就把它转换为一种普遍的存在,所以黑格尔的出发点不是一个具体的存在物,而是一个存在物的概念。费尔巴哈坚决不赞成一个具体物因为语言的表述而失去自己的实在性的看法,他说:

---

① 费尔巴哈:《黑格尔哲学批判》,王太庆、万颐庵译,第 21—22 页,生活・读书・新知三联书店,1958.

> 对于感性意识来说，一切语词都是名词，都是 Nomina propria（专有名词）；它们对于意识本身是完全无关紧要的，它们对于意识来说只不过是一些符号，是以最简捷的方法来达到意识的目的的。语言在这里根本**无关紧要**。感性的、个别的存在的实在性，对于我们来说，是一个用我们的**鲜血**来打图章担保的真理。[①]

费尔巴哈在这里又看到了黑格尔在《逻辑科学》中出现的矛盾，即作为现象学的对象的存在与作为感性意识的对象的存在之间的分歧。

费尔巴哈指出，黑格尔哲学是从一种绝对的同一性的假定出发的，黑格尔视之为客观真理，但黑格尔的"绝对"理念，就其积极意义来说，仍然只是作为客观性的理念，与康德和费希特的主观性理念相对立。费尔巴哈分析了绝对同一性思想的由来，尤其批判性地剖析了谢林哲学。费尔巴哈认为，谢林的"绝对哲学"是康德和费希特的批判哲学的对立面，他的自然哲学事实上是一种倒转过来的唯心主义，他先肯定了自然的意义，但最后又把曾经给予自然的东西收回到自身内，成为精神所设定的东西，因此他是用经验的办法来证明唯心主义先验地由自己说出的东西。谢林的自然哲学充其量只是关于自然的"绝对"哲学，虽然与唯心主义有区别，但最后是殊途同归。谢林在自然哲学方面是优秀的，但作为哲学家则仍停留在唯心主义立场。[②]

为什么费尔巴哈在此要特别批判谢林？我们认为，一是他要区别自己与谢林对待自然的不同立场，在他看来，谢林比其他人更重视自然，但却未把自然第一性的观点贯彻到底。二是谢林在黑格尔去世后一度重新成为哲坛上的重要人物，1841 年他来到柏林任哲学教授，王室寄希望于他来消除黑格尔哲学的影响。在学术上，谢林代表了一种信仰-实证性的哲学，他重新为信仰留出地盘；在政治上，他显然与保皇派结盟，所

[①] 费尔巴哈：《黑格尔哲学批判》，王太庆、万颐庵译，第 25 页，生活·读书·新知三联书店，1958。
[②] 参见同上书，第 27—32 页。

以他遭到黑格尔学派的共同抵制,在这个问题上"老年派"和"青年派"是一致对外的。费尔巴哈要与黑格尔决裂,是要清算他的思想,但决不意味着要与他的对手联盟。在费尔巴哈看来,谢林在思想上没有达到黑格尔的高度,在政治上也是落后保守的。所以在面对黑格尔和谢林时,他始终是坚决地保护前者,批判后者。

在《黑格尔哲学批判》的最后,费尔巴哈又对黑格尔的"无"的概念进行剖析,揭露了黑格尔颠倒第一性与第二性的东西的关系,这是其陷入唯心主义矛盾的原因。在这里,费尔巴哈提到了一种与黑格尔绝对哲学对立的发生学–批判性的哲学(genetisch-kritische Philosophie)。他说:

> 它对于一个由表象提供的对象——因为黑格尔所讲的无条件地是直接由**自然**提供的、纯粹实在的对象——并不作武断的证明和理解,而是研究其**起源**,怀疑对象究竟是一个真实的对象,还只是一个表象,或者一般地是一种心理现象;因此它是极其严格地区别开了主观的东西和客观的东西。①

这显然预示了费尔巴哈未来哲学的立场,它是从发生学的角度出发的,自然是一切的出发点。

在与黑格尔哲学决裂的同时,费尔巴哈显然已经明确了自己未来的发展方向。他说:

> 哲学是关于真实的、整个的现实界的科学;而现实的总和就是**自然**(普遍意义的自然)。最深奥的秘密就在最简单的自然物里,这些自然物,渴望彼岸的幻想的思辨者是踏在脚底下的。只有回到自然,才是幸福的源泉。②

费尔巴哈批判黑格尔哲学的目的是想从传统的重负中解放出来,使

---

① 费尔巴哈:《黑格尔哲学批判》,王太庆、万颐庵译,第 33 页,生活·读书·新知三联书店,1958。
② 同上书,第 41 页。

哲学获得新的发展。在费尔巴哈看来,后人不能靠先人的遗产度日,而要靠自己赚得的财产生活,继承而来的是不自由的哲学,自己获得的才是自由的哲学。所以在《黑格尔哲学批判》中,费尔巴哈往往从黑格尔哲学之后的角度,评价它的合法性,并指出它的问题之所在。严格来说,费尔巴哈在这里的批判态度还是十分公允的。他客观地、高度地评价了黑格尔哲学,认为黑格尔哲学在严格的科学性、普遍性、无可争辩的思想丰富性方面超过了以前的一切哲学。在讲到思想与语言的关系时,费尔巴哈又认可黑格尔是最完善的哲学艺术家,黑格尔的一些表达至少有一部分是科学的艺术精神的最高典范,更由于它们的严整而成为教育和培养精神的真正手段。① 费尔巴哈始终从黑格尔对康德、费希特、谢林哲学的发展的角度,来积极评价黑格尔哲学。可见,费尔巴哈对黑格尔是认真的,对黑格尔在哲学史上的作用还是肯定的,他视黑格尔为当时思辨哲学的最高峰,他反对的是把黑格尔哲学视为"哲学理念的绝对现实性",因为这就窒息了哲学的发展。一个在时间中产生的东西,一定有自己的局限性,所以必须推翻它的绝对地位,这样新的哲学才有可能发展。

费尔巴哈还意识到,哲学必须从逻辑的桎梏中解放出来,才能有新发展。让哲学在逻辑的范围内运行,是亚里士多德、莱布尼茨以来的传统,康德曾想把主观形式与客观对象分开,黑格尔则又回到思维与存在同一的立场,但黑格尔显然不满意旧形式逻辑的限制,所以又提出逻辑与历史的一致性,力图丰富哲学的内容,跳出旧的思维范式。但在费尔巴哈看来,黑格尔最终仍屈从于形式的要求,牺牲了现实性,所以必须在自然中,在认识的发生之处,寻找那个根本的东西。可以说,对黑格尔"泛逻辑主义"的批判,是黑格尔以后哲学的共同特征,只不过各人的出发点不同,例如费尔巴哈借重人的肉体感受性,叔本华强调人的意志,胡塞尔借助人的心理意识,海德格尔注重人的生存经历,等等。总之,黑格

---

① 参见费尔巴哈《黑格尔哲学批判》,王太庆、万颐庵译,第 15 页,生活·读书·新知三联书店,1958。

尔之后,人们提出了科学的、审美的、生存的、心理的、语言的各种基本要素,以推翻逻辑对哲学的千年统治。费尔巴哈是站在这个潮流前面的思想家之一。

马克思和恩格斯对《黑格尔哲学批判》一书作出了高度评价。马克思说"在他(指费尔巴哈——引者)向**黑格尔**作第一次坚决进攻时以**清醒的哲学**对抗**醉醺醺的思辨**"[1]。恩格斯说:"这部书的解放作用,只有亲自体验过的人才能想象得到。那时大家都很兴奋:我们一时都成为费尔巴哈派了。"[2]

第三节　《基督教的本质》

费尔巴哈批判黑格尔哲学最重要的成果,就是他在明确了自己唯物主义立场的情况下,写了《基督教的本质》一书。这是费尔巴哈最主要的著作,他在 1839 年开始作准备,在 1840 年 6 月就完成了全部写作工作,因为当时他正在争取到弗赖堡大学任教,担心会受影响,所以推迟了该书的出版。考虑到本书可能造成的强烈社会影响,最初费尔巴哈曾想将它匿名出版,但出版商说服了他公开自己的姓名。在书名问题上费尔巴哈也是颇费思量,先后用过"宗教的真理和神学的幻想""非理性的工具论""基督教教义秘密的分析""从思辨的合理性主义立场看宗教哲学""在批判性-发生学意义上的宗教哲学"等名称,最后才正式定名为"基督教的本质"。在费尔巴哈对原有草稿略加修改后,《基督教的本质》于 1841 年 8 月初正式问世。费尔巴哈的朋友卢格设法帮助他顺利通过了书报检查,原稿未作任何删节,保证了全书的完整性。[3]

《基督教的本质》篇幅较大,由"序言""导论"和两个部分正文组成,

---

[1]《马克思恩格斯全集》第 2 卷,第 159 页,人民出版社,1957。
[2]《马克思恩格斯选集》第 4 卷,第 222 页,人民出版社,1995。
[3] 参见舒芬豪尔"导言",载费尔巴哈《基督教的本质》,第 LVI—LVIII 页,柏林,学院出版社,1956。

以后的版本一般再加上 1843 年和 1848 年两次再版的序言。在序言里，费尔巴哈阐述了他写作本书的立场、方法和目的。导论有 2 章(1—2)，费尔巴哈分别概述了人的本质和基督教的本质，这是全书的理论重点。第一部分"宗教之真正的、即人的本质"有 17 章(3—19)，第二部分"宗教之不真的(或神学)本质"有 9 章(20—28)。按费尔巴哈自己的说法，前一部分是对"神学的本质就是人类学"这一命题的直接证明，主要涉及宗教问题；后一部分是对它的间接证明，主要涉及神学问题，当然有时神学与宗教以及思辨神学在费尔巴哈那里是混在一起的，因为在他看来，它们都是人的自我意识异化的产物。

　　在"序言"里，费尔巴哈首先谈到哲学与宗教的关系。一般来说，哲学与宗教是同一的，因为进行思维和信仰的是同一个存在者，所以宗教影像也同时表现思想和事物。人所信仰的东西和他的思维和表象能力不会相矛盾。当然它们之间也有本质区别，宗教是以影像(die Bilder)为基础的，宗教在本质上是戏剧性的，上帝本质上是一个戏剧性的存在者，即一个具有人格的存在者，因此既不把宗教当做思想也不当做事物，而是始终作为影像来讨论。接着，费尔巴哈介绍了他处理全书的方法：完全客观的-分析化学的方法。他还把神学称为精神病理学，在他看来，它们都是人类意识病态或梦幻的产物，所以他的目的是治疗学的或实践的，进一步说，是提倡精神水疗法，教导人运用和利用自然理性之冷水，在思辨哲学的领域内，恢复伊奥利亚(泰勒士)水学，即承认水是一切事物的本质，从而也是一切神灵的本源。[①]

　　在"第 2 版序言"里，为了回击《基督教的本质》出版后遭到的攻击，费尔巴哈进一步阐明了自己的唯物主义立场。他说：

　　　　我跟那些闭目静思的哲学家是天差地别的；为了进行思维，我需要感官，首先就是眼睛，我把我的思想建筑在只有借感官活动才

---

① 参见《费尔巴哈哲学著作选集》下卷，荣振华、王太庆、刘磊译，第 1—6 页，生活·读书·新知三联书店，1962。

> 能经常不断地获得的**材料**上面,我并不是由思想产生出对象,正相反,是由**对象**产生出思想;只是,这里的**对象**,专指**在人脑以外存在着的东西**。只有在**实践**哲学之领域内,我才是**唯心主义者**。就是说,在这个领域内,我并不把现在与过去的界限看做人类之界限、未来之界限;我坚定不移地相信,许多东西,许许多多东西,虽然在今天还被近视和怯懦的实践家们看做幻想,看做决不可能实现的理念,看做纯粹的妄想,但是到了明天,也就是说,到了下一个世纪……就将具有完全的现实性。①

由此可见,费尔巴哈在理论上是和德国古典哲学背道而驰的,他坚持实在论和唯物主义,认为哲学的出发点是感官所接受的对象。这种哲学从思想的对立物也就是物质、实质、感觉中产生思想,并且在思维规定对象以前,就与对象发生感性的也即受动的、领受的关系。但是在社会政治领域,费尔巴哈和德国古典哲学的追求基本上是一致的,即希望一个人道、平等、自由、幸福的社会。他所认同的唯心主义是指对未来理想社会的一种信念,这是就唯心主义的词根"理想"(Ideal)而言的,适用于实践哲学的领域,只具有道德和政治的意义。

马克思恩格斯曾经批评费尔巴哈只注意人和自然,而把社会置于自己的视野之外。费尔巴哈之所以不太注意社会问题,而只揭示宗教产生的心理根源,忽视其社会根源,原因之一就在于,他基本上认可古典哲学的前辈们在实践哲学方面的论述,在继承人道主义和启蒙运动的精神传统方面他们基本上是一致的,即使是他所提倡的"爱"的纲领,也在席勒和荷尔德林那里得到过详细的探讨,所以他可能觉得在社会问题上无须再有所发挥,这是古典哲学的强项。

"导论"是全书的理论核心。在第1章"概论人的本质"中,费尔巴哈认为,人和动物的根本区别是"意识",但这还不够,从严格意义上说,只

---

① 参见《费尔巴哈哲学著作选集》下卷,荣振华、王太庆、刘磊译,第12页,生活·读书·新知三联书店,1962。

有将自己的类(Gattung)、自己的本质性当做对象的那种生物,才具有严格意义上的意识。在费尔巴哈看来,人有内在和外在的双重生活,人与他的类、与他的本质发生关系的生活,就是人的内在生活。他进一步指出,人的理性(Vernunft)、意志(Willen)和心(Herz)就是构成人的本性、形成人的类的东西。他说:

> 一个完善的人,必定具备思维力、意志力和心力。思维力是认识之光,意志力是品性之能量,心力是爱。理性、爱、意志力,这就是**完善性**,这就是**最高的力**,这就是作为人的人底**绝对本质**,这就是人生存的目的。①

费尔巴哈还认为,人是通过对象而认识自己的,所以对于对象的认识,就是人的自我意识。他说:

> 人的本质在对象中**显现出来**:对象是他的**公开的**本质,是他的**真正的、客观的**"我"。不仅对于精神上的对象是这样,而且,即使对于**感性的**对象,情形也是如此。即使是离开人最远的对象,**只要**确是人的对象,就也**因此**而成了人的本质之显示。②

这段话读起来,有点与费希特"自我创造非我"的命题相类似。如果人的对象就是人的本质之显示,那么对象自身是否还有不以人的主观意志为转移的客观东西呢? 按马克思主义的观点,承认这一点,就是唯物主义者,否认它,就是唯心主义者。最后,费尔巴哈指出,人的绝对本质(上帝)其实就是他自己的本质。

在第 2 章"概论宗教的本质"中,费尔巴哈认为,感性对象存在于人之外,而宗教对象存在于人之内,它像人的自我意识、人的良心一样,从来离不开人。所以,"人之对象,不外就是他的**成为对象的本质**。人怎样

---

① 参见《费尔巴哈哲学著作选集》下卷,荣振华、王太庆、刘磊译,第 28 页,生活·读书·新知三联书店,1962。
② 同上书,第 30 页。

思维、怎样主张，他的上帝也就怎样思维和主张；人有多大的价值，他的上帝就也有多大这么大的价值，决不会再多一些。**上帝之意识，就是人之自我意识；上帝之认识，就是人之自我认识**"①。但是，人最初并没有意识到这一点，在人类的童年时代，人在自身之外设立了一个神秘的客观存在，并对这个偶像顶礼膜拜，随着历史的进展，人类才逐渐发现以前被当做神来仰望和敬拜的东西，其实是某种属人的东西，是人自己的本质。所以基督教的对象和内容，完全就是属人的对象和内容。神的东西与人的东西的对立，是一种虚幻的对立，它不过是人的本质与人的个体之间的对立。在举例证明了宗教意识的产生后，费尔巴哈提出了他的著名命题："人使他自己的本质对象化，然后，又使自己成为这个对象化了的、转化成为主体、人格的本质的对象。这就是宗教之秘密。"②

在全书的结尾，费尔巴哈认为不仅要否定宗教，而且要批判宗教，并且用"人对人的爱"来取代宗教，使"爱"成为实践的最高原则。他把人之间的种种关系，归结为道德上的关系，再还原为宗教关系，因此认为可以用倡导"爱"来规范人的冲突和关系。这里，我们看到了人的社会政治关系和经济利益关系的"缺失"。

第四节 《未来哲学原理》

《未来哲学原理》篇幅不长，体裁类似"章节体"，共有 65 个小段落，没有加小标题，可见作者想打破传统哲学著作那种严格的逻辑推理结构的限制。但是，这并不表示作者想到那里就写到那里。全书有严谨的思路，行文流畅简洁，先谈人类历史上宗教和神学的产生，然后指出近代哲学既用理性替代了神学又与它有一致之处，随后分析了近代哲学尤其是黑格尔哲学的功与过，逐一揭示了它们的一些矛盾，并在新旧哲学的对

---

① 参见《费尔巴哈哲学著作选集》下卷，荣振华、王太庆、刘磊译，第 38 页，生活·读书·新知三联书店，1962。
② 同上书，第 56 页。

比中阐明了自己的人本学唯物主义立场。

在"引言"中,费尔巴哈开宗明义:"未来哲学应有的任务,就是将哲学从'僵死的精神'境界重新引导到有血有肉的、活生生的精神境界,使它从美满的神圣的虚幻的精神乐园下降到多灾多难的现实人间。"①在正文中,费尔巴哈首先指出:"近代哲学的任务,是将上帝现实化和人化,就是说:将神学转变为人本学,将神学溶解为人本学。"②他认为,"思辨哲学的本质不是别的东西,只是理性化了的,实在化了的,现实化了的上帝的本质。思辨哲学是真实的,彻底的,理性的神学"③。为了证明神学与思辨哲学的共同性,他先从有神论开始,回顾了关于上帝本质的诸规定,指出它们如何与人的意识息息相关,然后谈到了泛神论,认为泛神论是神学的无神论和唯物论,但它将物质当做神圣的本质,一般来讲,唯物论、经验论、实在论、人文主义都是对神学的否定,代表了近代的本质。泛神论必然要发展到唯心论,唯心论就是直接地将理性神化。费尔巴哈理解的近代哲学主要是指笛卡尔、莱布尼茨、斯宾诺莎、康德、费希特、谢林的哲学。他认为,"近代哲学的完成是黑格尔哲学。因此新哲学的历史必然性及其存在理由,主要是与对黑格尔的批判有联系的"④。即使在这里,费尔巴哈仍把自己的新哲学理解为黑格尔哲学的实现,因而也是以前哲学的实现,但他也明确指出,这种实现同时也是以前哲学的否定,并且是一种无矛盾的否定。

费尔巴哈认为,黑格尔哲学的主要特征,就是既否定神学,而其自身又是神学,如同泛神论。黑格尔给予物质很高的地位,使它成为"精神的外化",把它提高到绝对的地位,但是最后又否定物质,回到"上帝",因此原本被否定的神学又被重新建立起来了。"黑格尔辩证法的秘密,最终

① 费尔巴哈:《未来哲学原理》,洪谦译,第 1 页,生活·读书·新知三联书店,1955。
② 同上书,第 3 页。
③ 同上书,第 4 页。
④ 同上书,第 33 页。

只归结到一点，就是：他用哲学否定了神学，然后又用神学否定了哲学。"①所以思维与存在虽然在黑格尔那里是同一的，但它只是一种上帝概念的必然结论和发挥，因为它把存在的实体包括在上帝的概念或本质中，存在只是作为思维的属性，因此是抽象的存在，这样的同一只是思维与自身的同一。费尔巴哈着重批判了黑格尔对存在的"贬低"：

> 黑格尔逻辑学中的存在，就是旧形而上学中的存在，这个存在被不加区别地用来陈述一切事物，因为依照旧形而上学的说法，一切事物的共同点，就在于都是存在的；但是这个无区别的存在乃是一种抽象的思想，一种没有实在性的思想。②

所以黑格尔哲学并没有超出思维和存在之间的矛盾。

费尔巴哈要强调的是有一种不只是被思想的事物的存在。他理解的现实性不是概念的东西，而是一个个当下存在的现实事物，换句话说，是感性的事物。"真理性，现实性，感性的意义是相同的。只有一个感性的实体，才是一个真正的，现实的实体。只有通过感觉，一个对象才能在真实的意义之下存在"③。从感性实体是第一性的原则出发，费尔巴哈明确宣告了自己的新哲学纲领，主要表现为以下几点：

第一，"新哲学将我们所了解的存在不只是看做思维的实体，而且看做实际存在的实体——因而将存在看做存在的对象——存在于自身的对象。作为存在的对象的那个存在——只有这个存在才配称为存在——就是感性的存在，直观的存在，感觉的存在，爱的存在"④。

第二，"新哲学建立在爱的真理上，感觉的真理上……新哲学是转变为理智的心情。心情不要任何抽象的，任何形而上学的，任何神学的对象和实体，它要实在的，感性的对象和实体"⑤。

---

① 费尔巴哈：《未来哲学原理》，洪谦译，第36页，生活·读书·新知三联书店，1955。
② 同上书，第45页。
③ 同上书，第56页。
④ 同上书，第57页。
⑤ 同上书，第59页。

第三,新哲学只承认"那种不需要任何证明的东西,只有那种直接通过自身而确证的,直接为自己作辩护的,直接根据自身而肯定自己,绝对无可怀疑,绝对明确的东西,才是真实的和神圣的"①。由此,空间和时间的规定性获得重大意义。

第四,新哲学的认识原则和主题不是"自我"或抽象的精神,而是实在的和完整的人的实体。在新哲学中,只有人性的东西才是真实的和实在的东西,思维与存在的统一,只有在将人理解为这个统一的基础时,才有意义,才是真理。②

第五,"新哲学完全地,绝对地,无矛盾地将神学溶化为人本学……而且将它溶化于心情之中,简言之:溶化于完整现象的,人的本质之中"③。一个完整、真正的人,是具有美学的或艺术的、宗教的或道德的、哲学的或科学的功能的人。

第六,"新哲学将人连同作为人的基础的自然当做哲学唯一的,普遍的,最高的对象——因而也将人本学连同生理学当做普遍的科学"④。

第七,"孤立的,个别的人,不管是作为道德实体还是作为思维实体,都未具备人的本质。人的本质只是包含于团体之中,包含人与人的统一之中,但是这个统一只是建立在'自我'和'你'的区别的实在性上面的"⑤。"真正的辩证法并不是寂寞的思想家的独白,而是自我和'你'之间的对话。"⑥

因为上述的立场和观点,费尔巴哈在德国享有"唯物主义之父"的美誉。自古希腊德谟克利特的原子论以来,唯物主义就是一条与唯心主义或观念论相对立的思想路线。在中世纪的长期冷却后,在 17 世纪前后,随着自然科学的再生,唯物主义的世界观开始得到发展,这在英国以霍

---

① 费尔巴哈:《未来哲学原理》,洪谦译,第 61 页,生活·读书·新知三联书店,1955。
② 同上书,第 73 页。
③ 同上书,第 75 页。
④ 同上书,第 77 页。
⑤⑥ 同上书,第 79 页。

布士为代表的经验论那里表现得尤为明显。随后,英国的唯物主义思潮影响到法国,拉美特利和百科全书派是 18 世纪唯物主义思想的优秀代表,他们反对神学对世界的错误解释,揭露神学的谎言,用实验和科学解释自然和人。但是,唯物主义思潮在德国却遭到了强硬抵抗,以莱布尼茨为代表的德国哲学是坚决反对以僵死的物质作为哲学最基本的出发点的,尽管人们常常谈论"单子"与"原子"的某些相似之处。另外,德国人的思维特征是对变幻莫测的自然界保持一种不动心的状态,并且始终追求自然界内在的深刻意义,希望用一系列无穷尽的概念规定性把握它。① 所以在德国支持唯物主义的声音十分微弱。只有在后来的康德哲学中,才有一定的唯物主义因素,例如他的先验论被视为唯物主义的自然哲学,他提高了物质的地位,等等。康德的唯物主义倾向显然直接受到英国经验论的影响。但是康德之后的哲学仍向着唯心主义的方向发展,这以费希特为典型代表。不过,谢林和黑格尔的泛神论思想使唯物主义又有所壮大,他们都提倡自然与精神通过理性得到和解,泛神论成为自然哲学中的主导思维方式。但是直至 19 世纪上半叶,德国流行的思维方式仍是重理想和概念,这在文学和艺术领域尤为突出,歌德、席勒、施莱格尔兄弟等,不论是浪漫派还是古典主义,都是赞成唯心主义的。

但是,到了 19 世纪中叶,德国人开始向注重实在主义的方向变化。究其原因,第一,宗教神学作为世界观,开始遭到人们的抛弃,人们生活在知识爆炸的新时代里,要寻找一种与自然科学发展相符的新思维定向。第二,德国古典哲学或唯心主义尤其是青年黑格尔派猛烈地批判宗教,要求获得精神自由,以及人的异化本质的回归,这就为一种新的世界观即唯物主义的登场铺平了道路。第三,德国人好争辩,喜欢意见分歧,当唯心主义在现实性面前显得苍白时,一种新理论就呼之欲出。朗格就

---

① 关于 18 世纪唯物主义在德国的详细情况参见朗格《唯物主义的历史》,第 406—424 页,法兰克福/美因,苏尔坎普出版社,1974。

认为在德国文化的发展中,始终有一种从注重理想观念向注重现实性靠拢的趋向。例如在文学领域,先有歌德、席勒的理想主义纲领和创作激情,然后是浪漫派的梦幻、神秘之旅,在人类精神的方方面面被发掘尽后,终于在 19 世纪下半叶向自然主义和现实主义的文学创作原则转换。在哲学界也同样如此,以康德为首的德国古典哲学经过几十年的发展由兴而衰后,实证主义的思潮开始占领主导地位。第四,近代自然科学的迅猛发展为唯物主义的再次出现准备了根本性条件。在科学不够发达的年代,假说、设想、推论是扩展人类视野和知识的好手段,但是,一旦实验科学成为主流,它就要求一切理论都要经过实验的检验,要求得到证明,于是实在论的思维方式就必然占上风。况且,德国人把本民族科学状况落后于英法两国的原因,归咎于以往哲学尤其是自然科学的空谈,所以,向自然、自然科学靠拢是不可避免的趋势。但后来又出现了矫枉过正的情况,这就是以毕希纳为代表的“庸俗唯物主义”的出现,它把人的本质完全归于人所赖以生存的物理东西,其名言是“人就是他所吃的东西”。其实,在哲学史上关于本体论问题的争论中,唯物与唯心的斗争从来没有停止过,但每次争论的题材总有不同。这次,以费尔巴哈为代表的唯物主义,从新兴的自然科学中找到武器和材料,借助物理学、化学、生物学,批判唯心主义的过时理论,以恢复自己的权威。

　　今天回过头来看当时的唯物与唯心之争,其实是两种不同思想倾向之争,没有谁高谁低之分。唯物主义强调自然是第一性的,认识是由客体所引发的,认识从感性开始,然后上升到概念;唯心主义并不否认自然的意义,不否认认识从感性开始,但是它认为没有一个不依赖于人的认识而独立存在的物自体,哲学认识由概念开始,感性阶段只是哲学活动的预备阶段。唯物主义强调认识中那“时间上”在先的东西,唯心主义强调的是“逻辑上”在先的东西。两者立场不相同,自然争论也不会终止,有点公说公有理,婆说婆有理的味道。现代哲学对过去历史上的两军大战的态度是,取消关于是否有一个不依赖于人的认识而独立存在的本体论问题。当我们谈论一件事时,它就在我的认识之内,客体和主体是同时发生的。所以谁是本原和派生、谁是第一性和第二性的东西并不重要,关键要看在一个什么维度内讨论问题。重要的不是什么"主义",而是回到"事情本身"。每种认识方法都有自己的局限性,绝对真理的要求已经过时。现代哲学各流派的发展已经不适合用两军对垒的模式来概括。

费尔巴哈哲学的现实意义何在? 我们认为,第一,它使我们再次认真思考人与自然的关系。德国古典哲学基本上是将人放在世界的中心地位,自然是人认识和行动的对象。费尔巴哈在一定程度上恢复了自然的权威。今天,在用现代科学技术对自然进行了掠夺性开采后,人类开始遭受大自然的惩罚,人类终于明白,自然不是可以造福自身的无穷无尽的源泉,自然的资源是有限的,人类要想在地球上生存,就必须与大自然和睦相处。第二,费尔巴哈的宗教理论仍然是今天宗教问题研究的一个理论支点,它说明了宗教现象的一部分原因,是人类认识自身的一种理论。第三,费尔巴哈所设想的未来社会是一个充满"爱"的、"我"与"你"通过对话和谐交往的团体。他深切关注人的感受性和人的相互交往,他怀疑任何的政治变革是否有效,主张以教育改善人性的手段,来实现一个美好的社会。这种自欧洲文艺复兴以来的人道主义原则,应该始终是人类社会的根本原则。①

值得指出的是,过去的研究对费尔巴哈哲学与法国哲学的联系重视不够。费尔巴哈所提倡的无神论思想和自然-人本主义的唯物论,与法国百科全书派的思想有极大的相似性。费尔巴哈的理论创作时期,正好与孔德的实证主义哲学体系的完成时间相吻合,孔德的《实证哲学教程》一书,主张人类智慧的发展经历了神学、形而上学和现代实证三个阶段。费尔巴哈一反德国人从精神伦理方面理解人的传统,强调人首先是感性-肉体的本质,感性是认识的起点和真理的标准,这更贴近自笛卡尔以来的法国哲学传统,与后来柏格森的直觉主义、梅洛-庞蒂的肉体现象学也相近。

---

① 参见布劳恩德主编《费尔巴哈和哲学的未来》,柏林,学院出版社,1990。

第三章　马克思恩格斯论德国古典哲学

德国古典哲学是马克思主义的三个理论来源之一。其中的黑格尔哲学,还有青年黑格尔派和费尔巴哈的批判活动,对马克思恩格斯的思想形成起着非常重要的作用。马克思恩格斯首先接受了当时最具科学形态的黑格尔哲学,这使他们能站在较高的理论层面上开始自己的各种活动。但是他们没有在宗教批判和理论领域止步,而是把目光投向更广阔的社会政治问题,对黑格尔法哲学展开了清算,在此基础上提出了无产阶级革命的理论。与此同时,马克思恩格斯也继承了费尔巴哈的唯物主义哲学立场,改造和发展了黑格尔的辩证法。辩证唯物主义世界观的确立,对马克思恩格斯今后的革命实践产生了重大影响。哲学走出了书斋,马克思主义理论与革命实践相结合,在世界上产生了持久性的影响,并在一定程度上改变了人类社会。即使是当今社会,也并没有停止对马克思主义理论的研究。当然,过去一段时间把它教条化的做法,后来也受到普遍的批判。

第一节　青年马克思的成长历程

马克思于 1818 年出身于德国特利尔的一个律师家庭。资料显示①,马克思的少年时代,深受其父亲和伏尔泰、卢梭、莱辛以及 18 世纪其他一些先进思想家的影响,头脑中充满了启蒙运动的思想,与宗教的保守主义格格不入。在未来岳父的关心和影响下,马克思对古希腊罗马文化和浪漫主义文学也产生了强烈兴趣。他就读的特里尔人文中学有活跃的自由精神,校长维登巴赫讲授历史和哲学,他是康德学说的拥护者,奉行依靠理性而不是宗教信仰的教学原则。所以,少年马克思受到的是启蒙-人文主义的进步教育,集中于自然科学、历史文化、个人道德养成等方面,这和黑格尔在斯图加特人文中学所受的教育和精神熏陶基本上是一致的。

现在保存下来的马克思最早的三篇作品是他的中学作文,它们分别是《根据约翰福音第 15 章第 1 至 14 节论信徒同基督结合为一体,这种结合的原因和实质,它的绝对必要性和作用》《奥古斯都的元首政治应不应当算是罗马国家较幸福的时代?》《青年在选择职业时的考虑》。第一篇主要讨论基督新教的观念和道德观念,它表明宗教问题在马克思当时的精神世界里没有多大的地盘。在第二篇文章中,马克思从道德角度对过去的社会制度表示了强烈的批评。在第三篇文章中,马克思问:生命的意义何在? 他清楚地知道:"我们并不总是能够选择我们自认为适合的职业;我们在社会上的关系,还在我们有能力决定它们以前就已经在某种程度上开始确立了。"②他最后的结论是:

> 在选择职业时,我们应该遵循的主要指针是人类的幸福和我们自身的完美。不应认为,这两种利益会彼此敌对、互相冲突,一种利益必定消灭另一种利益;相反,人的本性是这样的:人只有为同时代人的完美、为他们的幸福而工作,自己才能达到完美。如果一个人只为自己劳动,他也许能够成为著名的学者、伟大的哲人、卓越的诗

---

① 关于青年马克思的史料参见尼·拉宾《马克思的青年时代》,南京大学外文系俄罗斯语言文学教研室翻译组译,生活·读书·新知三联书店,1982;施德福、靳辉明主编《马克思主义哲学史》第 1 卷,第 1、2 章,北京出版社,1991。
② 《马克思恩格斯全集》第 1 卷,第 457 页,人民出版社,1995。

人,然而他永远不能成为完美的、真正伟大的人物。①

这三篇文章的内容与黑格尔的中学论文和札记相比,有极大的相似性。这就是学习优秀的历史文化遗产,推崇人道主义理想,崇尚理性、自由、平等,关心社会和他人的幸福,注重个人道德修养,对现存的东西先思考再接受等,既带有自由主义的倾向,又含有理想主义的色彩,这是当时进步的人文中学教育方针的普遍特征。所以当马克思来到大学开始自己的学业后不久,就能很快接受黑格尔哲学,这绝不是偶然的,因为他们在成年前的教育背景和精神境界方面基本上是相通的。

马克思于 1835 年 10 月开始在波恩大学学习法律,然后在 1836 年转学来到柏林继续法律学业。刚开始他只听一些实践的学科的讲座,有萨维尼的《罗马法全书》和甘斯的刑法、普鲁士法,这两人是德国法学界对立两派理论的杰出代表。甘斯对马克思有较大影响。马克思还听过另一位教授赫弗特尔的课,有教会法、德国普通民事诉讼、普鲁士民事诉讼等,赫弗特尔也属于自由黑格尔派。此外,马克思还修了加布勒的逻辑学、布鲁诺·鲍威尔的《以赛亚书》。②

柏林大学是黑格尔哲学的中心,尽管黑格尔本人已经去世,但他的学生们当时还在努力传播他的哲学。不过,马克思起初对黑格尔哲学的兴趣并不大,认为它似乎是普鲁士国家的官方哲学。他对康德和费希特关于法的看法倒颇为赞许,想遵循他们的路子,写一本法学著作,搞一个先验论的法学体系。康德和费希特发展了关于人的自然法的学说,还继承了卢梭的社会契约论思想。康德赞成卢梭的"主权属于人民"的观点,并承认从专制的君主制向君主立宪制过渡的可能性。费希特甚至证明了革命的合法性。但马克思对他们的观点并没有全盘接受,因为这些东西毕竟离他所生活的时代相去甚远,有些陈旧。马克思希望提出一个人人都重视的、准确的、不依赖于具体经验的先验论的法学概念,然后在实

---

① 《马克思恩格斯全集》第 1 卷,第 459 页,人民出版社,1995。
② 同上书,第 939—940 页。

际的法中研究它的发展。他认为只有古代罗马法符合先验论的原则,现行的法是荒谬的。但是,他也清楚地知道,无论罗马法还是其他任何实际的法都不是先验论原则的体现,它们只是对一定时代的具体关系进行抽象后的复制品。他反复地寻找先验论原则,但这些原则都不能说明实际法,而且与实际法相矛盾。后来他终于开始批判自己的先验论倾向,明白现实的东西与应有的东西的对立是康德-费希特先验哲学本身所固有的,在这个基础上不可能有新发展。"这里首先出现的严重障碍正是现实的东西和应有的东西之间的对立,这种对立是唯心主义所固有的;它又成了拙劣的、错误的划分的根源。开头我搞的是我慨然称为法的形而上学的东西,也就是脱离了任何实际的法和法的任何实际形式的原则、思维、定义,这一切都是按费希特的那一套"①搞的。

在建构法学体系遇到困难后,马克思开始靠近哲学,渴望通过哲学理论的深入,解决自己的精神危机。没有哲学,就不能前进。马克思希望的哲学是,"在这里,我们必须从对象的发展上细心研究对象本身,决不应任意分割它们;事物本身的理性在这里应当做为一种自身矛盾的东西展开,并且在自身求得自己的统一"②。这时,他发现黑格尔哲学可以帮助他解决面临的问题,因为黑格尔哲学最深刻地解决了应有的东西与现实的东西之间的统一。以前马克思并不喜欢黑格尔的思辨理论和所谓官方哲学家的地位,现在他开始在黑格尔哲学中寻找对自己有用的东西。1837年春,马克思在休养期间从头至尾阅读了黑格尔及其弟子的著作。他在给父亲的信中说:"我最后的命题原来是黑格尔体系的开端……这部著作,这个在月光下抚养大的我的可爱的孩子,象欺诈的海妖一样,把我诱入敌人的怀抱。"③从1837年下半年到1841年,马克思花费更多的精力来研究哲学问题,而不是政治问题。

促使马克思走近黑格尔的原因显然与他的老师甘斯和赫弗特尔的

---

① 《马克思恩格斯全集》第40卷,第10页,人民出版社,1982。
② 同上书,第11页。
③ 同上书,第15页。

影响分不开,另外也与他和青年黑格尔派的交往有关。19 世纪 30 年代中期正是青年黑格尔派活动的高峰期。1835 年,格歇尔引发了关于灵魂不朽的争论;同年,施特劳斯发表了《耶稣传》,否认了神学奇迹的存在;1837 年,甘斯编辑的黑格尔的《历史哲学讲演录》出版,使人们开始全面地评价黑格尔的历史观念。柏林出现了由激进的黑格尔主义者组成的"博士俱乐部",他们是志同道合的年轻人,边喝酒边讨论各种激进的问题,如批判宗教、宣传信仰与出版自由等,布鲁诺·鲍威尔是他们的思想领袖。马克思参加了这些思想界精英的活动,尤其与布鲁诺·鲍威尔关系密切,思想较一致。马克思向黑格尔哲学转变的意义是重大的,它使马克思很快掌握了当时的先进哲学理论,使他能站在哲学的高度处理自己关心的问题,避免了个人的盲目摸索,从而缩短了探索新世界观的过程。

1841 年,马克思向耶拿大学提交了学位论文,题目是"德谟克利特的自然哲学和伊壁鸠鲁的自然哲学的差别"[①]。这是一篇从哲学史角度讨论自然哲学有关问题的文章,按说和马克思对政治的兴趣不太相关,那么马克思为什么要选择这个题目呢? 我们认为可能有如下原因:

第一,这是一篇学位论文,所以必须遵守一定的规则,当时的哲学博士论文多以自然哲学、实践哲学、逻辑方面的题材为内容,作者首先要展示自己对有关理论的把握情况,多以某位大师的思想为例,通过历史性地回顾问题来表明自己的观点。

第二,马克思当时还深受黑格尔思想的影响。黑格尔在《精神现象学》中十分重视"自我意识"的产生,认为哲学史上与之相对应的阶段就是伊壁鸠鲁学派、斯多葛学派和怀疑主义,他高度评价了这些亚里士多德之后的哲学。"自我意识"对青年黑格尔派尤为重要,布鲁诺·鲍威尔的基督教批判就建立在人的"自我意识"异化的理论之上,他曾研究过伊壁鸠鲁派、斯多葛学派和怀疑主义与基督教的关系;科本在 1840 年出版

---

① 参见《马克思恩格斯全集》第 1 卷,第 1—102 页,人民出版社,1995。

的献给马克思的著作《弗里德里希大帝和他的反对者》中，也把这三个流派看成反映古代社会内在本质的哲学派别。这些晚期希腊哲学流派，生活在动乱和缺乏民主自由的环境中，作为"不幸的意识"，它们只能借助于抽象的哲学外衣来表达对社会现实的不满。这容易引起青年黑格尔派的共鸣，也可能引起马克思的注意。马克思后来回忆自己对伊壁鸠鲁的研究时也说，自己这么做是出于对政治的兴趣。

第三，马克思对伊壁鸠鲁有较深刻的了解，在1839年里他就写了七本关于伊壁鸠鲁的笔记，摘录了其他人对伊壁鸠鲁的评论，还准备了其他的一些哲学史资料。他原本是想写一部哲学史专著，联系整个希腊思想来分析伊壁鸠鲁学派、斯多葛学派和怀疑主义的相互关系，而他的博士论文应该是这部专著的导论。后来这部著作没能完成，但导论正好用来作申请学位的论文，我们知道，马克思当时正被家里督促尽快地完成学业，以独立生活。面临时间上的压力，以前的积累在这时正好派上用场。

最重要的一点是，马克思的论文绝不是简单地应和哲学史上对伊壁鸠鲁的评价，他在伊壁鸠鲁的哲学中看见了自己理论创新的可能性：他要研究它与整个古希腊哲学的联系，而这种联系以前一直遭到误解。马克思认为，如果说亚里士多德以前的体系在内容方面较有意义的话，那么，伊壁鸠鲁、斯多葛学派和怀疑主义则在主观形式和性质方面较有意义，但这种主观形式因其形而上学特点而几乎被完全遗忘。伊壁鸠鲁的哲学也一直被看做德谟克利特原子学说和亚里斯提卜快乐学说的翻版，似乎缺乏独创性。虽然黑格尔开始提高这些晚期希腊哲学流派的地位，但他没能在细节上做完这件事。马克思要为遭到如此不公待遇的伊壁鸠鲁翻案，所以他选择德谟克利特与伊壁鸠鲁的自然哲学的关系为例，详细探讨两种理论在细微之处的本质差别，从而证明伊壁鸠鲁哲学的历史重要性。

在马克思看来，两者之间有四点本质区别：第一，德谟克利特对人类知识的真理性和可靠性表示怀疑，他的说法有前后矛盾和不确定之处；伊壁鸠鲁确信感觉知识的可靠性，认为客观现象符合感性知觉。第二，德谟克利特把哲学知识和感觉世界区分开,在感觉世界里他是经验论者和实证主义者,但在哲学领域他是不可知论者,因为他认为原则不能进入现象界,始终处于存在之外,所以哲学作为真实的知识是没有内容的;伊壁鸠鲁则对哲学感到幸福和满足,他轻视实证科学,认为它们无助于达到真正的完善,但他努力追求真理,并且无须任何人的帮助。第三,两人在实践活动方面也有差别。第四,在反思形式方面,德谟克利特把必然性看做现实性的反思形式,伊壁鸠鲁则重视偶然性,因此他们在解释个别物理现象的方式上也不相同。

在论文的第二部分,马克思详细考察了德谟克利特和伊壁鸠鲁两人的物理学在原子脱离直线而偏斜、原子的质、不可分的本原和不可分的元素、时间、天体现象等五个方面的细微差别,并在伊壁鸠鲁的物理学思想中看到了自我意识的绝对性和自由,看到了伊壁鸠鲁的自然哲学是为他的伦理人生理想服务的。所以马克思最后得出结论:

> 伊壁鸠鲁是最伟大的希腊启蒙思想家,他是无愧于卢克莱修的称颂的:
>
> 人们眼看尘世的生灵含垢忍辱,
> 在宗教的重压下备受煎熬,
> 而宗教却在天际昂然露出头来,
> 凶相毕露地威逼着人类,
> 这时,有一个希腊人敢于率先抬起凡人的目光
> 面对强暴,奋力抗争。
> 无论是神的传说,还是天上的闪电和滚滚雷鸣,
> 什么都不能使他畏惧……
> …………
> 如今仿佛得到报应,宗教已被彻底战胜,跪倒在我们脚下,
> 而我们,我们则被胜利高举入云。①

---

① 《马克思恩格斯全集》第 1 卷,第 63 页,人民出版社,1995。

这里显现了马克思期望自由、反抗宗教和各种压迫的革命实践意愿。

大学毕业并获得哲学博士学位后，马克思原本打算到布鲁诺·鲍威尔任教的波恩大学工作，但布鲁诺·鲍威尔被解除了副教授职务，马克思的学院求职之路被堵死。这期间，他和卢格、布鲁诺·鲍威尔等人合作，写了一些政论文章，主要是批评政府和现实政治。1842 年 6 月，马克思在《莱茵报》上发表了一组文章，涉及德国政治生活和社会生活的迫切问题。这是一家进步的报刊，创办人原本想只讨论经济问题，但后来逐渐开始讨论德国的统一、出版自由、代议制等时事政治问题，很受读者的欢迎。1842 年 10 月，马克思担任了《莱茵报》的主编，使该报的革命倾向更强烈。

第二节　《黑格尔法哲学批判》

1843 年 3 月，《莱茵报》被查封，随后马克思退出了该报，并在同年 10 月来到巴黎。在停止办报和去巴黎前的半年多时间里，他结合自己的编辑实践和所了解的社会现实状况，对自己的哲学信仰产生了怀疑，他需要廓清自己的思想，也正好有时间，于是就对黑格尔的法哲学进行了系统的研究和批判。在这期间，他写了 10 个印张的手稿，共 39 页，这就是《黑格尔法哲学批判》一书的由来。[1]　同时，他还读了 24 本历史、政治著作，记下了五个笔记本的摘要。

《黑格尔法哲学批判》是马克思对黑格尔的第一次清算。他选择了黑格尔的《法哲学原理》一书的第 3 篇"伦理性"中的第 3 节"国家"为目标。黑格尔原书分为"抽象法""道德""伦理"共三篇，"伦理"有三节，分

---

[1] 1927 年苏联的学者发现了这些手稿，并把它们收入自己编的 1927 年版的《马克思恩格斯全集》第 1 卷。原稿的第一张已经遗失，《黑格尔法哲学批判》的题目是苏联学者加的，有时它又被叫做"1843 年手稿"。中译文参见《马克思恩格斯全集》第 3 卷，第 5—158 页，人民出版社，2002。

别是"家庭""市民社会""国家","国家"又分为三部分,分别是"国家法""国际法""世界历史"。马克思只摘抄和评论了"国家法"中的第一部分"国家内部制度",也就是黑格尔原书的第 261—313 节,而对第二部分"对外主权"没有涉及。马克思这样做,是抓住了黑格尔法哲学关于伦理性问题的精髓,因为黑格尔为了体系的需要和讲课,在法哲学中必须面面俱到,但他实际的重点则放在"国家"问题上,尤其是"国家"的第一部分,这部分内容丰富,篇幅也比其他部分要长得多,它是了解黑格尔政治思想的一个关键。马克思几乎是逐字逐句地摘抄了黑格尔的原文,然后在每段下面写下自己的不同看法和批判性意见。我们看一下马克思所关注的问题。

在《法哲学原理》第 261 节,黑格尔认为国家既是家庭和市民社会的外在必然性和最高权力,又是它们的内在目的。马克思在这里看到的更多的是家庭和市民社会对国家的"从属性"和"依存性"。同时马克思认为黑格尔在这里提出了一个无法解决的二律背反,即国家普遍的最终目的和个人特殊利益的统一,似乎在于个人对国家所尽的义务和国家赋予他们的权利是统一的。

黑格尔在《法哲学原理》第 262 节说:

现实的理念,即精神,把自己分为自己概念的两个理想性的领域,分为家庭和市民社会,即分为自己的有限性的两个领域,目的是要超出这两个领域的理想性而成为自为的无限的现实精神,于是这种精神便把自己这种有限的现实性的材料分配给上述两个领域,把所有的个人当做**群体**来分配,这样,对于单个人来说,这种分配就是以情势、任性和本身使命的亲自选择**为中介**的。①

马克思认为这是黑格尔对现实关系的颠倒,是黑格尔的逻辑泛神论的神秘主义的大暴露:现实的关系被思辨的思维归结为现象,现实的中

---

① 黑格尔:《法哲学原理》,范扬、张企泰译,第 263—264 页,商务印书馆,1982。

介似乎成了只是由现实的理念私自制造出来并在幕后行动的那种中介的现象;理念变成了独立的主体,家庭和市民社会对国家的现实关系变成了理念所具有的想象的内部活动。马克思指出:

> 家庭和市民社会都是国家的前提,它们才是真正活动着的;而在思辨的思维中这一切却是颠倒的。①

> 黑格尔的命题只有像下面这样解释才是**合理的**:家庭和市民社会是国家的构成部分。国家材料是"通过情况、任意和本身使命的亲自选择"而分配给它们的。国家公民是家庭的成员和市民社会的成员。②

总之,在黑格尔看到精神或理念活动的地方,马克思都直接撩开这层神秘外衣,直接指向真实发生的活动,尤其是与经济利益有关的活动。马克思认为这一节集黑格尔法哲学及其全部哲学之大成。

在讨论国家内部制度时,黑格尔把国家政治分为立法权、行政权、王权。黑格尔赞成君主立宪制,认为君主的主权和人民的主权不是对立的。马克思尖锐地指出,这里只能是两者选其一,其中有一个是虚构的。他说:

> 民主制是君主制的真理,君主制却不是民主制的真理……在民主制中,任何一个环节都不具有与它本身的意义不同的意义……民主制是国家制度的类。君主制则只是国家制度的种,并且是坏的种。③

马克思高度赞扬民主制:

> 在一切不同于民主制的国家中,**国家、法律、国家制度**是统治的

---

① 《马克思恩格斯全集》第 3 卷,第 10 页,人民出版社,2002。
② 同上书,第 11 页。
③ 同上书,第 39 页。

东西,却并没有真正在统治,就是说,并没有物质地贯穿于其他非政治领域的内容。在民主制中,国家制度、法律、国家本身,就国家是政治制度来说,都只是人民的自我规定和人民的特定内容。①

在讨论行政权时,马克思赞扬黑格尔使行政、警察、审判三权协调一致,但指出黑格尔并没有揭示出行政权力的本性,因为黑格尔把市民社会的特殊利益看成在国家的自在自为的普遍物之外的利益,所以把行政权推论为一种特殊的、单独的权力。马克思认为黑格尔对行政权的分析不是哲学式的,简直就是普鲁士法的内容,真正的行政管理是最难分析的。马克思详细地分析了国家内部不同管理层间的特殊利益与国家普遍利益的冲突。普鲁士的国家统治主要是通过庞大的官僚机构来实现的,事无巨细,都有专门的官员和机构对此负责。这套官僚体制是德国人对现代政治制度和国家管理的一大贡献,也是官僚主义产生的源泉。黑格尔和马克思都是"政府官员"的后代,他们对这套制度是再熟悉和反感不过了。

在立法权问题上,马克思认为黑格尔也面临二律背反:一方面,立法权是组织普遍物的权力,是确立国家制度的权力,它高于国家制度;另一方面,立法权是按照国家制度确立起来的权力,又从属于国家制度,只有在国家制度的范围内才能立法。为了解决这个矛盾,黑格尔提出,国家制度是立法权的前提,它本身不由立法权直接规定,但是,通过法律的不断完善,通过普遍行政事务所固有的前进运动,国家制度能得到进一步的发展。马克思认为黑格尔在这里并没有解决矛盾,立法权一方面要符合国家制度而发挥作用,另一方面又要履行发展国家制度的使命。马克思强调除非国家自身经过前进运动,使人民成为国家制度的原则,否则国家制度的发展或建立新制度,只有经过真正的革命才能完成。②

立法权是一个复杂的问题,在德国尤甚,因为各邦国之间、各国内部

①《马克思恩格斯全集》第 3 卷,第 41 页,人民出版社,2002。
② 参见同上书,第 70—76 页。

的不同阶层之间存在不同的利益纷争,因不同阶层或等级坚持自己的特殊利益而阻碍立法的事时有发生。黑格尔清楚地了解家乡维滕堡公国的状况,而马克思因在《莱茵报》的实践,对莱茵河流域各等级的状况也十分熟悉。所以马克思比较详细地评论了黑格尔对等级问题的论述。黑格尔认为,立法权是一个由王权、行政权和等级因素组成的整体。"**等级要素**的作用就是要使普遍事务不仅**自在地**而且**自为地**通过它来获得存在,也就是要使主观的**形式的自由**这一环节,即作为**多数人**的观点和思想的**经验普遍性**的公众意识通过它来获得存在。"[1]马克思反驳道:

> **普遍事务**是现成的,然而不会是人民的现实的事务……等级要素是作为人民事务的国家事务的**虚幻存在**……**等级要素是市民社会的政治幻想**。黑格尔之所以把**主观的**自由看成**形式的**自由(当然,重要的是使自由的东西也被自由地实现,使自由不像社会的无意识的自然本能那样来支配一切),正是因为他没有把客观自由看做主观自由的实现,看做主观自由的实际表现。因为黑格尔使自由的假设内容或现实内容有了一种神秘的载体,所以,自由的现实主体在他那里获得形式的意义。

> 使**自在**和**自为**互相分离、使实体和主体互相分离,这是抽象的神秘主义。[2]

马克思从罗马社会、中世纪直至德国当时社会的发展入手,详细地分析了贵族、官僚、市民、农民等等级的状况和要求。他指出:

> **等级**不仅建立在社会内部的**分离**这一主导规律上,而且还使人同自己的普遍本质分离,把人变成直接与其规定性相一致的动物。中世纪是人类史上的**动物时期**,是人类动物学。我们的时代即**文明时代**,却犯了一个相反的错误。它使人的**对象性**本质作为某种仅仅

---

① 黑格尔:《法哲学原理》,范扬、张企泰译,第318—319页,商务印书馆,1982。
②《马克思恩格斯全集》第3卷,第78—79页,人民出版社,2002。

是**外在的**、物质的东西同人分离，它不认为人的内容是人的真正现实。①

黑格尔在分析农民等级时，谈到了长子继承制的矛盾。马克思尖锐地指出，黑格尔这里所指的对立，就是私有制和私有财产之间的对立。马克思强调了私有财产与政治的紧密关系，他说："政治制度就其最高阶段来说，是**私有财产的制度**。最高的**政治信念**就是**私有财产的信念**。"②虽然马克思在这里还没有得出"人的本质是他的一切现实社会关系的总和"的结论，但他在此已经基本上从人的现实的经济关系出发，分析政治伦理的问题。这对马克思今后的发展也是具有决定性意义的。

总起来看，马克思是在剖析黑格尔的基础上，澄清和阐发自己的思想。在黑格尔看到矛盾的两面并且力图调和矛盾的地方，马克思都只认为其中一方面是正确的，另一方面是错误的。马克思否认矛盾可以调和，只承认对抗或革命是不可避免的，因为他认为现代国家的本质与他的民主制的理想是根本冲突的。

苏联学者对《黑格尔法哲学批判》一文评价较高。拉宾认为，它表明马克思已自觉地转向唯物主义。他说：

> 《1843 年手稿》是多方面的、以一定的形式发展起来的整体。起初，马克思用唯物主义分析现实的方法与黑格尔的唯心主义相对照，在批判过程中，他进一步说明并发展了自己的观点，发现了唯物主义比唯心主义有愈来愈多的优越性，并更全面、更准确地阐明了以前他所提出的某些论点的意义，作出新的理论总结。手稿中的内在进程反映出青年马克思观点的发展及新的、真正科学世界观因素的产生。③

---

① 《马克思恩格斯全集》第 3 卷，第 102 页，人民出版社，2002。
② 同上书，第 123 页。
③ 尼·拉宾：《马克思的青年时代》，南京大学外文系俄罗斯语言文学教研室翻译组译，第 156 页，生活·读书·新知三联书店，1982。

在 1844 年的《德法年鉴》上，马克思发表了《〈黑格尔法哲学批判〉导言》。他的本意是把《〈黑格尔法哲学批判〉导言》在报刊发表后，再把《黑格尔法哲学批判》一书付印。但他觉得把单纯对思辨思维的批判与对不同事物本身的批判合在一起，这种做法不太合适，需要对法、伦理和政治分别进行批判，还要对唯心主义的思辨哲学进行一次全面的清算。这是马克思将要进行的工作。在《〈黑格尔法哲学批判〉导言》里，马克思全面回顾了青年黑格尔派的哲学活动，并结合德国的实际政治社会状况，得出了必须进行无产阶级革命的结论。

马克思首先指出："就德国来说，对**宗教的批判**基本上已经结束；而对宗教的批判是其他一切批判的前提。"[1]宗教批判的实际后果就在于：

> **真理的彼岸世界**消逝以后，**历史的任务**就是确立**此岸世界的真理**。人的自我异化的**神圣形象**被揭穿以后，揭露具有**非神圣形象**的自我异化，就成了为历史服务的**哲学的**迫切**任务**。于是，对天国的批判变成对尘世的批判，**对宗教的批判**变成**对法的批判**，对神学的**批判**变成**对政治的批判**。[2]

这就是马克思在德国古典哲学之后，对哲学也是对他自己所应承担的使命的理解。

出于对本民族前途的关心，马克思认为，德国的实际现状并不令人满意，它远远落后于自己的英、法邻邦，社会各阶层相互分裂，统治者压迫人民，人民的生活水平低下。因此，对思辨哲学的批判就格外具有意义。他说：

> 德国的国家哲学和法哲学在黑格尔的著作中得到了最系统、最丰富和最终的表述；对这种哲学的批判既是对现代国家和对同它相联系的现实所作的批判性分析，又是对迄今为止的**德国政治意识和**

---

[1]《马克思恩格斯全集》第 3 卷，第 199 页，人民出版社，2002。
[2] 同上书，第 200 页。

法意识的整个**形式**的坚决否定,而这种意识的最主要、最普遍、上升为**科学**的表现正是**思辨的法哲学**本身。①

对思辨的法哲学的批判并不停留在理论本身,它集中于只有通过"实践"才能解决的那些课题上。在此,马克思提出了那句被后人无数次引用的名言:"批判的武器当然不能代替武器的批判,物质力量只能用物质力量来摧毁;但是理论一经掌握群众,也会变成物质力量。"②在马克思看来,理论要想掌握群众,就必须能说服人,而要想说服人,就必须彻底,所谓彻底,就是抓住事物的根本,人的根本就是人本身。"德国理论是从坚决**积极**废除宗教出发的。对宗教的批判最后归结为**人是人的最高本质**这样一个学说,从而也归结为这样的**绝对命令:必须推翻**那些使人成为被侮辱、被奴役、被遗弃和被蔑视的东西的**一切关系**"③。马克思确立的目标是进行彻底的德国革命,并最终解放全人类。

那么,什么是革命的物质基础呢?马克思分析了德国社会各阶层的状况。德国原有的各阶层都是利己主义者,都坚持自己的私利,诸侯同帝王争斗,官僚同贵族争斗,资产者同所有这些人争斗,他们都是为了自己的利益,都坚持自己的特殊性。只有无产阶级,才能使德国解放具有实际的可能性,因为他们在这场斗争中一无所有,没有什么可失去的。"哲学把无产阶级当做自己的**物质**武器,同样,无产阶级也把哲学当做自己的**精神**武器。"④德国解放的最高目标就是实现"人是人的最高本质"⑤。

《〈黑格尔法哲学批判〉导言》是一份了解马克思早期思想的重要文献,它简明扼要地表述了马克思从德国古典哲学的批判出发,最后呼吁进行革命实践的思想发展过程。马克思是第一个看到无产阶级重要作用的革命理论家。

---

① 《马克思恩格斯全集》第 3 卷,第 206—207 页,人民出版社,2002。
② 同上书,第 207 页。
③ 同上书,第 207—208 页。
④⑤ 《马克思恩格斯全集》第 3 卷,第 214 页,人民出版社,2002。

第三节　《1844 年经济学哲学手稿》

　　《1844 年经济学哲学手稿》(以下简称《手稿》)是马克思主义发展史上一部重要的著作,由三个笔记本组成,1932 年才正式出版,并从此引起一场旷日持久的争论。20 世纪 30 年代,西方想修正马克思主义的学者提出"两个马克思"论,即青年马克思和成熟马克思,认为马克思早期是人道主义的,他以"人的本质的全面实现和发展"作为最终目的。20 世纪 50 年代以来,西方学者不再强调两者之间的区别,而是设法把早期和晚期的马克思都统一于人道主义的立场。20 世纪 60 年代时,阿尔都塞否定《手稿》的意义,认为把马克思人道化会使马克思主义面临严重的危机,马克思的早期著作是人道主义的,后期著作是历史唯物主义的,人道主义是反科学的意识形态,而历史唯物主义才是马克思独创的科学。新黑格尔主义认为《手稿》不论从形式还是内容都继承了黑格尔的传统,马克思通过批判费尔巴哈又回到了黑格尔的传统;作为《手稿》核心范畴的"异化"理论就直接来自黑格尔,黑格尔的义者则认为马克思在《手稿》中把个人的存在作为一切存在的出发点,把人的事实构成当做哲学的直接主题。[①] 苏联学者认为,如果《资本论》是马克思经济理论的顶峰,那么《手稿》就是通向顶峰的真正起点,《手稿》反映了马克思主义的哲学、经济学、科学社会主义理论正在融合和尚未定型的过程。[②] 我国学者认为,异化劳动理论的确立,使马克思的理论探讨获得了一个新的更高的起点。马克思在《手稿》中,以异化劳动为基础,第一次对共产主义作了集中的研究,并取得了重大进展。[③]

　　我们主要探讨一下第三个笔记本中关于哲学的部分。根据中文版

① 参见《西方学者论〈1844 年经济学—哲学手稿〉》,复旦大学哲学系现代西方哲学教研室编译,第 1—14 页,复旦大学出版社,1983。
② 参见尼·拉宾《马克思的青年时代》,南京大学外文系俄罗斯语言文学教研室翻译组译,第 229—230 页,生活·读书·新知三联书店,1982。
③ 参见施德福、靳辉明主编《马克思主义哲学史》第 1 卷,第 333 页,北京出版社,1991。

编者注释,这部分是对第二个笔记本的补充之二,编者加的标题是"对黑格尔的辩证法和整个哲学的批判"。据介绍,开头部分是马克思在论述共产主义这一题目中所写的第六点;接下来是对第六点的一个增补,即对黑格尔辩证法的分析;从这种分析入手,马克思转而批判分析了黑格尔的《精神现象学》,这又是对关于扬弃人的自我异化的进一步补充;由此出发,马克思批判了黑格尔体系。但是,马克思并没有从内容和逻辑上把批判分析进行下去,最后以黑格尔《哲学全书》的两段引文结束。①

马克思在开头说,这里主要想谈两个问题,一是黑格尔在《精神现象学》和《逻辑学》中对辩证法的论述,二是青年黑格尔派的批判运动同黑格尔的关系。马克思此时已经和布鲁诺·鲍威尔、卢格等人决裂,所以他对青年黑格尔派发起的批判运动已经持否定态度。他认为他们对黑格尔的辩证法缺乏认识,仍然处在黑格尔逻辑学的束缚之下。"这种唯心主义甚至一点也没想到现在已经到了同自己的母亲即黑格尔辩证法批判地划清界限的时候,甚至一点也没表明它对费尔巴哈辩证法的批判态度。这是对自身持完全非批判的态度。"②

马克思赞扬了费尔巴哈对旧哲学的批判态度:"**费尔巴哈**是唯一对黑格尔辩证法采取**严肃的、批判的**态度的人;只有他在这个领域内做出了真正的发现,总之,他真正克服了旧哲学。"③马克思列举了费尔巴哈的三点伟大功绩,以及费尔巴哈对黑格尔辩证法的三点解释,认为费尔巴哈那具有感性确定性的、以自身为基础的肯定,跟黑格尔的否定之否定中所包含的肯定,直接地、正面地对立着。黑格尔的否定辩证法把否定之否定后所达到的"肯定",看做真正和唯一有积极意义的东西,单纯的否定只能起到破坏的作用,但"否定"又是一切存在的唯一真正的活动和自我实现的活动,例如意识通过设定对象否定自身从而成为自我意识。马克思认为,黑格尔的否定之否定的辩证法只是为历史的运动找到

---

① 参见《马克思恩格斯全集》第 3 卷,第 665 页,人民出版社,2002。
②③ 同上书,第 314 页。

了抽象的、逻辑的、思辨的表达，马克思要弄清这个在黑格尔那里还是无批判的运动的批判形式。为此，马克思决定看一下黑格尔的体系，这应该从《精神现象学》开始，它是黑格尔哲学的真正诞生地和秘密所在。①

马克思根据《精神现象学》将黑格尔的体系列了一个表，他把黑格尔的体系分成自我意识、精神、宗教、绝对知识共四大部分。值得指出的是，这样做时，马克思并未完全按照黑格尔的原文，他把"意识"和"理性"都放在"自我意识"的名下。而在黑格尔那里，"意识"与人的认识活动有关，讨论理论哲学或认识论问题，它是自成一章的，它在"自我意识"那一章的后半部分才过渡到实践哲学问题；"理性"也是自成一章的，主要讲人的主观精神问题，最后才略微涉及"立法的理性"和"审核法律的理性"等实践哲学问题。马克思这样做，显然出自他对社会实践问题的关心，在他那里，实践是先于理论的，批判的武器不能代替武器的批判。况且在他看来，前此进行的对宗教的批判已经宣告了思辨的理论哲学的终结，没必要在此再费笔墨了。

接下来马克思概括了黑格尔《哲学全书》中逻辑、自然界和精神的相互关系：

> 因为黑格尔的《**哲学全书**》以逻辑学，以**纯粹的思辨的思想**开始，而以**绝对知识**，以自我意识的、理解自身的哲学的或绝对的即超人的抽象精神结束，所以整整一部《哲学全书》不过是哲学精神的**展开的本质**，是哲学精神的自我对象化；而哲学精神不过是在它的自我异化内部通过思考即抽象地理解自身的、异化的宇宙精神。②

马克思指出，黑格尔有两点错误：第一，当他把财富、国家看做与人的本质相异化的东西时，他只是从它们的思想形式来把握它们。马克思说：

---

① 参见《马克思恩格斯全集》第 3 卷，第 316 页，人民出版社，2002。
② 同上书，第 317 页。

因此,全部**外化历史**和外化的全部**消除**,不过是抽象的、绝对的思维的**生产史**,即逻辑的思辨的思维的**生产史**。因此,**异化**——它从而构成这种外化以及这种外化之扬弃的真正意义——是**自在**和**自为**之间、**意识和自我意识**之间、**客体和主体**之间的对立,就是说,是抽象的思维同感性的现实或现实的感性在思想本身范围内的对立。①

在这一看法上,马克思与费尔巴哈都持相同的唯物主义立场,认为黑格尔所把握的东西不是真正的现实的东西,而是这个东西的概念,是在思想中进行活动。

第二,黑格尔对已经成为对象的并且是异己对象的、人的本质力量的占有,首先不过是在思想中的占有。把对象世界返还于人的要求,在黑格尔那里表现为感性、宗教、国家政权等是精神的本质,因为只有精神才是人的真正本质,而精神的真正形式则是能思维的精神,逻辑的、思辨的精神。自然界的人性以及历史所创造的作为人的产物的自然界的人性,就表现在它们是抽象精神的产物,并因而是精神的环节,即思想本质。② 因此,《精神现象学》的批判是一种被神秘化了的批判,里面出现的各种异化形式不过是意识和自我意识的不同形式,所以全部异化的运动不过是在思维内部的运动,是纯思想的辩证法。

但是,马克思对《精神现象学》的积极意义还是充分肯定的,认为它紧紧抓住了"异化"的要素,在它里面就潜藏着一切批判的要素,而且这些要素已经具有远远超过黑格尔观点的完美和成熟的形式,例如"不幸的意识""诚实的意识""高尚的意识和卑鄙的意识"的斗争等内容,涉及宗教、市民社会和国家。马克思指出:"黑格尔把人的自我产生看做一个过程,把对象化看做非对象化,看做外化和这种外化的扬弃;可见,他抓住了**劳动**的本质,把对象性的人、现实的因而是真正的人理解为他**自己**

---

① 《马克思恩格斯全集》第 3 卷,第 318 页,人民出版社,2002。
② 参见同上书,第 318—319 页。

的**劳动**的结果。"①马克思高度赞扬黑格尔对"劳动"的重视,当然也批评他对劳动的片面理解。马克思说:

> 他把**劳动**看做人的**本质**,看做人的自我确证的本质;他只看到劳动的积极的方面,没有看到它的消极的方面。劳动是**人在外化**范围之内的或者作为**外化的人**的**自为的生成**。黑格尔唯一知道并承认的劳动是**抽象的精神的**劳动。②

马克思特别讨论了黑格尔的"绝对知识"这一章。他把其主要的观点概括为:"**意识的对象**无非是**自我意识**;或者说,对象不过是**对象化的自我意识**、作为对象的自我意识。(设定人=自我意识。)"③这确实是黑格尔在《精神现象学》中的一个主要观点。黑格尔认为,意识通过感觉、知觉、知性三个阶段的活动,终于知道它所设定的对象就是它自身,它对对象的认识就是对它自身的认识,因此意识与自我意识产生和解。这种意识的外化和向自己的复归是在"绝对知识"中完成的,至此,精神终于发展和完成了自身,它把一切环节都包括在自身内。此前的自在与自为、主体与客体、思维和存在的对立都被消融了。

马克思认为黑格尔在这里有两个问题,一是如何克服意识的对象,二是把人的本质等同于自我意识。马克思认为,黑格尔把对象看做人的自我意识异化的产物,把人的本质的一切异化都归结为人的自我意识的异化,"因此,对异化了的对象性本质的全部重新占有,都表现为把这种本质合并于自我意识:掌握了自己本质的人,**仅仅**是掌握了对象性本质的自我意识。因此,对象向自我的复归就是对象的重新占有"④。

马克思把黑格尔克服异化的过程分为八个小点,这八个点几乎是逐字逐句从黑格尔的"绝对知识"一章中摘抄的。然后马克思详细论述了其中的第二点"自我意识的外化设定物性"。这是黑格尔的一个重要思

---

①②《马克思恩格斯全集》第 3 卷,第 320 页,人民出版社,2002。
③ 同上书,第 321 页。
④ 同上书,第 322 页。

想,人的对象性的本质即物性,它是人的自我意识为了认识自身所设定的,是自我意识的外化。马克思认为黑格尔的自我意识所设定的物性仍然是抽象的物,而不是现实的物,物性因此不是什么独立的东西,而是自我意识的创造物。随后,马克思尖锐地批判了黑格尔的唯心主义。他认为,自我意识的设定活动并不是主体的,它是对象性的本质力量的主体性,对象性的存在物客观地活动着,它之所以能创造或设定对象,只是因为它本身是被对象所设定的,因为它本身就是自然界。因此并不是意识创造对象,而是对象性的产物证实了意识的对象性活动。① 在这里,马克思借助费尔巴哈的自然主义唯物主义哲学,对黑格尔的唯心主义进行批判。

马克思赞成费尔巴哈的观点,即:一方面,人是能动的自然存在物,人的自然力和生命力作为天赋和才能,作为欲望存在于人身上;另一方面,人作为肉体的感性的东西,又是受动的、受制约和限制的,它的欲望对象是不依赖于它而存在于它之外的,也就是说,在人之外,还有自然界、对象、感觉。马克思说:

> 一个存在物如果在自身之外没有自己的自然界,就不是**自然**存在物,就不能参加自然界的生活。一个存在物如果在自身之外没有对象,就不是对象性的存在物。②

> 因此,人作为对象性的、感性的存在物,是一个**受动的**存在物;因为它感到自己是受动的,所以是一个**有激情的**存在物。激情、热情是人强烈地追求自己的对象的本质力量。③

第三到第六点与对意识的异化的否定和肯定关系的理解有关。黑格尔认为,意识设定对象后,还要否定它,即扬弃对象性,回到其自身,并

---

① 《马克思恩格斯全集》第 3 卷,第 323 页,人民出版社,2002。
② 同上书,第 325 页。
③ 同上书,第 326 页。

知道这个对象就是它自己,因而这种扬弃又是肯定的。意识的这种存在方式,以及对意识说来某个东西的存在方式,就是知识。知识是意识唯一的行动。马克思对这些说法并不赞成。他尤其反对黑格尔的下述说法,即在这种扬弃中,当自我意识在对象中时,它是既在自己的异在本身中,又在自己的身边。马克思认为这段话汇集了思辨的一切幻想。首先,意识在此超越了自身,直接地冒充为异于自身的他物,冒充为感性、现实、生命。其次,自我意识既要扬弃外部世界,又需要外部世界来作为自己存在的确证。同理,对于在黑格尔法哲学中十分重要的"扬弃"概念,马克思认为:

> 这种扬弃是思想上的本质的扬弃,就是说,**思想上的**私有财产在道德的**思想**中的扬弃……另一方面,因为对象对于思维来说现在已成为一个思维环节,所以对象在自己的现实中也被思维看做思维本身的即自我意识的、抽象的自我确证。①

总之,马克思对于黑格尔的思辨哲学的批判,基本上是从费尔巴哈的唯物主义立场进行的,马克思设定了主体与客观世界的严格区别与对立,在现实物与现实物的观念之间划了严格的界限,不允许主体与客体之间的渗透。但是,马克思的本意并非只是批判黑格尔哲学,这是只开花不结果的活动,他所需要的是在黑格尔哲学中发掘对自己的经济学研究和共产主义理论有积极意义的东西。在马克思看来,这需要在黑格尔的辩证法中去发现。所以在《手稿》的最后,马克思从"异化"的角度出发,考察了黑格尔辩证法中的积极环节。

我们知道,《手稿》以经济活动为对象,以"异化"范畴为主调。"异化""劳动"等概念都是黑格尔《精神现象学》和《法哲学原理》中的重要内容,它们对马克思分析经济活动显然大有帮助。马克思首先肯定了"扬弃"的作用:

---

① 《马克思恩格斯全集》第 3 卷,第 330 页,人民出版社,2002。

　　扬弃是**把**外化**收回到**自身的、对象性的运动。——这是在异化之内表现出来的关于通过扬弃对象性本质的异化来**占有**对象性本质的见解；这是异化的见解，它主张人的**现实的对象化**，主张人通过消灭对象世界的**异化的**规定、通过在对象世界的异化存在中扬弃对象世界而现实地占有自己的对象性本质。正像无神论作为神的扬弃就是理论的人道主义的生成，而共产主义作为私有财产的扬弃就是要求归还真正人的生命即人的财产，就是实践的人道主义的生成一样……只有通过扬弃这种中介——但这种中介是一个必要的前提——积极地从自身开始的即**积极的**人道主义才能产生。①

马克思肯定了黑格尔关于自身否定具有积极意义的看法：

　　这样，因为黑格尔理解到——尽管又是通过异化的方式——有关自身的否定具有的**积极**意义，所以同时也把人的自我异化、人的本质的外化、人的非对象化和非现实化理解为自我获得、本质的表现、对象化、现实化。简单地说，他——在抽象的范围内——把劳动理解为人的**自我产生的行动**，把人对自身的关系理解为对异己存在物的关系，把作为异己存在物的自身的实现理解为生成着的**类意识**和**类生活**。②

　　马克思也批判了黑格尔这些辩证法思想中所包含的神秘因素。人的自我产生的行动被看做形式的、抽象的，因而是一个神灵的过程，这个过程的承担者，即主体，首先必须是一个结果，也就是知道自己是绝对自我意识的主体，因此就是神、绝对精神，知道自己并实现自己的观念。所以黑格尔完全颠倒了主词和宾词之间的关系。

　　马克思认为：

　　黑格尔在这里——在他的思辨的逻辑学里——所完成的积极

---

①《马克思恩格斯全集》第 3 卷，第 331 页，人民出版社，2002。
② 同上书，第 332 页。

的东西在于:独立于自然界和精神的**特定概念**、普遍的**固定的思维形式**,是人的本质普遍异化的必然结果,因而也是人的思维普遍异化的必然结果;因此,黑格尔把它们描绘成抽象过程的各个环节并且把它们联贯起来了。①

但是,马克思对黑格尔的《逻辑学》基本上是持否定态度的,因为它是脱离了现实的精神和现实的自然界的抽象形式、思维形式、逻辑范畴,因此是纯粹的虚无,它必须放弃自身,达到自己的对立面,即自然界。自然界在黑格尔那里也只是一个抽象的自然界,是在感性的、外在的形式下重复逻辑的抽象,所以它最终只能证明自己是虚无,只具有应被扬弃的外在性意义。最后,马克思摘录了《逻辑学》中从自然界向精神过渡的段落,但是还未加评论,手稿到此就结束了。所以,据此判断,手稿是一份未完成稿,马克思没有把对黑格尔的批判进行到底,对他来说,更重要的也许是进行经济学分析和阐述共产主义理论。

我们认为,《手稿》的哲学部分至少表明了这样两点:第一,马克思已经明确地站在费尔巴哈的唯物主义立场,批判黑格尔哲学的思辨性和神秘性。在马克思看来,具体的东西,而不是表示东西的概念,才是思维的出发点。但是,把马克思对黑格尔的批判理解为一种理论上的"超越"是不恰当的,两人的分歧更多的是对"何为哲学"的理解不同。黑格尔是要用概念逻辑的体系来说明现实性,人的思想面对的不是一个个具体物,而是物的概念,只有把现实性上升到概念,才是科学;但在马克思看来,思想面对的首先是具体物,自然界和人才是最真实的,哲学的任务就是说明世界和改造世界,所以他才会把黑格尔的东西都说成是"抽象的""思辨的""神秘的""颠倒的""某物的概念""虚幻的反映"等。第二,马克思对黑格尔思维辩证法中的"异化""扬弃""劳动""否定"等概念是比较赞成的,他借用了这些概念,以分析经济发展和劳动过程及分工,并阐述共产主义的必然性,使自己的理论达到一定的深度。

---

① 《马克思恩格斯全集》第 3 卷,第 333 页,人民出版社,2002。

过去我们在读黑格尔哲学时,往往根据马克思的评论,在黑格尔著作中寻找相应的论证,并自以为这就是抓住了黑格尔哲学的真谛,因为"人体是解剖猴体的钥匙",通过马克思可以更好地了解黑格尔。现在我们知道这是两条不同的思想路线,出发点不同,所以思想有分歧是极为正常的。马克思对黑格尔的解读只是一家之言。从哲学史的过程来看,如果读懂了黑格尔,倒是可以更好地读懂马克思,知道马克思为什么要这样说,马克思所针对的是什么,哪些是马克思的原创,哪些是时代的共识。我们不能轻易割断马克思与时代精神状况的联系。

马克思和黑格尔都是那个时代伟大的思想家,他们的影响是国际性的,并延续至今。不同的是,马克思主义在社会实践领域产生了巨大反响,共产主义曾经是许多代人浴血奋斗的理想。黑格尔则在学术领域保持着自己经典大师的地位,人们通过他理解思想的历史,寻找自己的思维定向。

第四节　《路德维希·费尔巴哈和德国古典哲学的终结》

1886 年,恩格斯发表了《路德维希·费尔巴哈和德国古典哲学的终结》,在德国古典哲学实际上已经终结了近 50 年后,回过头来重新回顾了这场哲学运动。

在第一节中,恩格斯高度评价了德国古典哲学的政治意义:"正像在 18 世纪的法国一样,在 19 世纪的德国,哲学革命也作了政治崩溃的前导。"①恩格斯列举了黑格尔关于"凡是现实的都是合理的,凡是合理的都是现实的"这一著名命题,来说明在哲学的晦涩的言辞后面所包含的革命意义:在发展的进程之中,一切现实的东西都会失去自己的必然性,成为不合理的,而一切在人们头脑中合理的东西,都注定要成为现实的,所以,凡是现存的,都是应当灭亡的。

---

①《马克思恩格斯选集》第 4 卷,第 214 页,人民出版社,1995。

恩格斯进一步指出：

> 黑格尔哲学(我们在这里只限于考察这种作为从康德以来的整个运动的完成的哲学)的真实意义和革命性质,正是在于它彻底否定了关于人的思维和行动的一切结果具有最终性质的看法。哲学所应当认识的真理,在黑格尔看来,不再是一堆现成的、一经发现就只要熟读死记的教条了;现在,真理是在认识过程本身中,在科学的长期的历史发展中,而科学从认识的较低阶段向越来越高的阶段上升,但是永远不能通过所谓绝对真理的发现而达到这样一点,在这一点上它再也不能前进一步,除了袖手一旁惊愕地望着这个已经获得的绝对真理,就再也无事可做了。在哲学认识的领域是如此,在任何其他的认识领域以及在实践行动的领域也是如此。历史同认识一样,永远不会在人类的一种完美的理想状态中最终结束;完美的社会、完美的"国家"是只有在幻想中才能存在的东西;相反,一切依次更替的历史状态都只是人类社会由低级到高级的无穷发展进程中的暂时阶段……这种辩证哲学推翻了一切关于最终的绝对真理和与之相应的绝对的人类状态的观念。在它面前,不存在任何最终的东西、绝对的东西、神圣的东西;它指出所有一切事物的暂时性;在它面前,除了生成和灭亡的不断过程、无止境地由低级上升到高级的不断过程,什么都不存在。①

按照恩格斯的看法,黑格尔哲学的成就在于,他的体系包含了以前任何体系所不可比拟的巨大领域,他在这些领域中发展了令人惊奇的丰富思想,并力求指出贯穿于其中的发展线索。辩证的发展观是恩格斯对黑格尔哲学赞赏有加的东西。

恩格斯指出,在黑格尔之后,理论的重心向实践偏转,当时有实践意义的东西只有两个:宗教和政治。政治在当时还是一个荆棘丛生的领

---

① 《马克思恩格斯选集》第4卷,第216—217页,人民出版社,1995。

域,所以主要的斗争就转为反宗教的斗争,从 1840 年起,这也成为间接的政治斗争。这首先是由青年黑格尔派进行的,1835 年的施特劳斯的《耶稣传》是第一个推动力,后来布鲁诺·鲍威尔又把福音神话的产生归于作者的虚构,由此产生的问题是,在世界历史中起决定作用的力量是"实体"还是"自我意识"。最后是施蒂纳,他是现代无政府主义的先知,他用至上的"唯一者"压倒了至上的"自我意识"。

恩格斯认为,这场宗教斗争的另一个积极成果,就是促使大批最坚决的青年黑格尔分子返回到英国和法国的唯物主义。他们面临与自己的学派体系的冲突,因为唯物主义把自然界看做唯一现实的东西,而在黑格尔那里,观念是本原的,自然界是派生的。这时费尔巴哈的《基督教的本质》出版了,它直截了当地使唯物主义重新登上王座。"自然界是不依赖任何哲学而存在的;它是我们人类(本身就是自然界的产物)赖以生长的基础;在自然界和人以外不存在任何东西,我们的宗教幻想所创造出来的那些最高存在物只是我们自己的本质的虚幻反映。"[①]费尔巴哈起到了解放思想的作用。但是,他也有两个致命的弱点,一是用夸张的纯文学笔调赢得读者,二是对"爱"的过度崇拜。费尔巴哈突破了黑格尔的体系,但并没有批判性地"扬弃"它,而是把它抛弃在一旁。应该批判地消灭黑格尔哲学的形式,但是要救出通过这个形式所获得的新内容,这就是马克思主义哲学的任务。1848 年的革命毫不客气地把黑格尔和费尔巴哈哲学都撇在一旁。

这是恩格斯对德国古典哲学的经典论述,在 20 世纪 80 年代以前,我国哲学界基本上根据这一论述来评价德国古典哲学。西方学者除了对恩格斯关于黑格尔体系中的形式与内容或体系与方法能否分开,还是否能把辩证法归结为关于发展的普遍规律等说法存在异议外,也基本上认可恩格斯的这段总结。

在第二、三节中,恩格斯主要是评价费尔巴哈哲学。他认为:

---

① 《马克思恩格斯选集》第 4 卷,第 222 页,人民出版社,1995。

费尔巴哈的发展进程是一个黑格尔主义者(诚然,他从来不是完全正统的黑格尔主义者)走向唯物主义的发展进程,这一发展使他在一定阶段上同自己的这位先驱者的唯心主义体系完全决裂了。他势所必然地终于认识到,黑格尔的"绝对观念"之先于世界的存在,在世界之前就有的"逻辑范畴的预先存在",不外是对世界之外的造物主的信仰的虚幻残余;我们自己所属的物质的、可以感知的世界,是唯一现实的;而我们的意识和思维,不论它看起来是多么超感觉的,总是物质的、肉体的器官即人脑的产物。物质不是精神的产物,而精神只是物质的最高产物。这自然是纯粹的唯物主义。①

当然,由于当时人们对唯物主义的误解,特别是 18 世纪的机械唯物主义和后来庸俗唯物主义的流行,使得费尔巴哈不敢理直气壮地使用唯物主义这个词,并小心翼翼地与其他唯物主义划清界限。

恩格斯指出,在宗教哲学和伦理学领域,费尔巴哈的唯心主义就显露出来了,他不希望废除宗教,而是用"爱"来改善宗教,并且使哲学"溶化"在宗教中。恩格斯说:

在这里,费尔巴哈的唯心主义就在于:他不是抛开对某种在他看来也已成为过去的特殊宗教的回忆,直截了当地按照本来面貌看待人们彼此间以相互倾慕为基础的关系,即性爱、友谊、同情、舍己精神等等,而是断言这些关系只有在用宗教名义使之神圣化以后才会获得自己的完整的意义。②

在人与人的现实关系中,费尔巴哈只看到了道德这一个方面,他的哲学要从人出发,但他理解的人始终是抽象的、毫无差别的人。与黑格尔的伦理学相比,费尔巴哈的道德观严重缺乏现实性。"对己以合理的自我节制,对人以爱(又是爱!),这就是费尔巴哈的道德的基本准则,其他一

---

① 《马克思恩格斯选集》第 4 卷,第 227 页,人民出版社,1995。
② 同上书,第 234 页。

切准则都是从中引申出来的。"①爱的原则是极端抽象的,因而在现实面前是软弱无力的。

　　恩格斯认为,费尔巴哈提出了唯物主义的理论,但这一理论并没有产生积极的成果,原因就在于他"不能找到从他自己所极端憎恶的抽象王国通向活生生的现实世界的道路"②。费尔巴哈没有走完的这一条路,终于由马克思接着走了下去,马克思用现实的人及其历史发展的科学,替代了费尔巴哈对抽象的人的崇拜。这就是马克思 1845 年在《神圣家族》一书中所进行的工作。

　　在第四节,恩格斯阐述了马克思哲学变革的主要成果。他认为,青年黑格尔派成员,包括费尔巴哈,就他们没有离开哲学的基础这一点来说,都是黑格尔哲学的后代。而在黑格尔学派解体的过程中,唯一产生了真实结果的人就是马克思。首先,马克思返回到唯物主义的观点。"这就是说,人们在理解现实世界(自然界和历史)时,按照它本身在每一个不以先入为主的唯心主义怪想来对待它的人面前所呈现的那样来理解;他们决意毫不怜惜地抛弃一切同事实(从事实本身的联系而不是从幻想的联系来把握的事实)不相符合的唯心主义怪想。"③其次,马克思批判性地继承和改造了黑格尔的辩证法,把辩证法归结为关于外部世界和人类思维运动的一般规律的科学,使黑格尔的概念辩证法成为现实世界的辩证运动的自觉的反映。这就恢复了黑格尔哲学的革命方面。世界被看做一个发展过程的集合体,所有东西都处在不断的发展变化之中。

　　恩格斯指出,由于新的发展观的确立,再加上自然科学的巨大进步,人类在自然界和社会历史方面都取得了进一步的成就。自然科学用经验事实取代了以前的自然哲学所作的臆想和预测,自然哲学最终被清除了。在人类社会领域,人们也在努力去发现社会运动的一般规律,探究社会发展的真正动机。在社会领域内,表面上看来是偶然性起作用的地

---

① 《马克思恩格斯选集》第 4 卷,第 238 页,人民出版社,1995。
② 同上书,第 240 页。
③ 同上书,第 242 页。

方,实际也受必然性的支配。在社会领域中活动的是人,人通过有意识的、经过深思熟虑或凭激情而激发的行动,追求实现一定的目的。旧唯物主义以行动的动机来判断一切,把历史人物简单地分为君子和小人,而以黑格尔为代表的历史哲学却从哲学的意识形态里寻找历史的动因。马克思的历史观在群众、民族、阶级的整体行动中,在持久的引起伟大历史变迁的行动中寻找历史的动因。恩格斯指出:

> 一切政治斗争都是阶级斗争,而任何争取解放的阶级斗争,尽管它必然地具有政治的形式(因为一切阶级斗争都是政治斗争),归根到底都是围绕着**经济**解放进行的。因此,至少在这里,国家,政治制度是从属的东西,而市民社会,经济关系的领域是决定性的因素。[①]

但是,国家一旦成了面对社会的独立力量,就会产生新的意识形态,它们与经济的联系消失了。法律成为完全独立的东西。哲学和宗教是更加远离物质基础的意识形态,但它们与自己的物质存在条件的联系却是不容否认的,例如德国的宗教改革和法国的加尔文教少数派被镇压,宗教中传统材料所发生的变化是由造成这种变化的人们的阶级关系即经济关系引起的。

最后,恩格斯认为,由于辩证的自然观和历史观的确立,哲学就被从自然界和历史中驱逐出去,在哲学中只留下一个纯粹思想的领域,就是关于思维过程本身的规律的学说,即逻辑和辩证法。但是,在这 100 多年后的哲学实际上并没有按恩格斯所预测的那样发展。哲学退出了某些领域,但又随着自然科学和人文社会科学的新进展扩充了新的领域;对逻辑和思维问题的研究只是哲学的一个分支或部门;即使在自然界,哲学也不是无事可做,更何况在社会历史领域,哲学为人们的生活提供思维定向或精神导航。

[①]《马克思恩格斯选集》第 4 卷,第 251 页,人民出版社,1995。

　　我们将恩格斯的这篇文章,作为本书的总结,因为它从一个侧面反映了 19 世纪 80 年代前后,世人对德国古典哲学的看法和评价。但是,时代在发展,其中的有些结论已经被时代置于身后。所以我们在解读它时,要联系上下文全面地体会,决不可将其中的个别字句与原文脱离开来,使之成为不可讨论的教条。这样,我们的思想才能有所前进,我们的视域才能更开阔。

　　值得指出的是,在学院内部,德国古典哲学的发展并没有完全停滞。康德、费希特各有自己的追随者,他们在一定范围内继续着先验哲学。弗里斯算得上半个康德主义者;费希特的儿子出版了他的遗著,引起人们对古典哲学早期阶段所讨论的问题的注意;叔本华也在称颂康德。所以新康德主义的兴起也是在多年的理论积累后,才猛然喷发的。此时仍活着的谢林已经转变了自己过去的立场,由于他的同一哲学和否定哲学之间存在一定的沟壑,所以继承他的学说让人颇费思量,面临非此即彼的选择。黑格尔哲学虽然失去至尊地位,但在有些大学里还有听众和市场,他的追随者们仍在寻找其中有用的、经得起时间检验的东西,如他的历史主义观点和对哲学史的理解等,在此基础上才有了 19 世纪 70 年代的"黑格尔哲学复兴",然后在 20 世纪初又产生了新黑格尔主义,但新黑格尔主义把黑格尔研究基本上引向一个错误方向。

　　19 世纪后半叶,出现了许多不同的思想潮流,它们的共同之点,就是想在古典哲学之后,开创哲学的新局面。形而上学的问题退居它们的视野之外,认识论、价值观、生命体验、悲剧意识等东西进入它们的关注范围。于是有了实证主义和经验派的活动,有了叔本华对意志和表象的推崇,有了尼采对形而上学的反叛。当然,也有新康德主义者和新黑格尔主义者力图重新恢复正统哲学权威的活动,他们表面上复古,实际上是在价值观、美学等领域走新路。这些人是古典哲学和现代哲学之间承上启下的一代,狄尔泰应该是其中的标志性人物,一方面,他想继承和发展古典哲学,他的哲学史著作的价值是不可低估的;另一方面,他注重人的生命体验,注重历史对人的影响,想在精神科学中重建历史世界,这就开辟了新的哲学视域。现代哲学的许多思想萌芽是从狄尔泰开始的,所以德国的哲学史往往将狄尔泰哲学作为古典哲学的终结和现代哲学的开篇。

德国古典哲学的发展虽然暂时告一段落,但它的传统是德国民族的伟大精神遗产,从来就没有完全中断过。今天,它仍是大学讲坛、专业杂志、学术研究会的重要话题。2004年,德国人隆重纪念了康德逝世200周年。可以说,德国哲学任何时候都是在保持传统的基础上进行创新,站在巨人的肩膀上要比自己凭空创造思想更重要。

再回首,我们将荷尔德林的这首诗献给这个产生了思想巨匠的年代:

德国人的歌

呵,各族人民的神圣的心脏,呵,祖国!
你象沉默的母亲大地一样忍受一切,
受尽误解,虽然那些异国的人们
已经从你的深处取得最珍贵的宝藏。

他们从你这儿取得了思想和精神的收获,
他们喜爱采摘葡萄,可是他们笑骂你,
说你是奇形怪状的葡萄树,因此你
踌躇而粗野地在大地上徘徊犹豫。

你,崇高的比较严峻的天才的国土!
你,爱之国土!我虽然是你的子民,
可是常常禁不住流泪愤怒,因为你
总是这样怯懦地否定你自己的精神。

可是你并不把你的无数美景秘不示我；
我常常高高地站在巍峨的山峰之上，
站在你的空中瞧着你，眺望着
绵延在辽阔的花园里的一片碧绿。

我沿着你的大河散步，想着你的一切，
就在这时，我听到夜莺在柳荫之中
唱着它的歌儿，水波是那样平静，
好象在朦胧幽暗的谷中流连。

我看到在你的河岸旁有许多繁荣的城市，
高贵的城市，人们在工场里默默地勤劳不息，
那儿的学术空气非常浓厚，你的太阳
温柔地照耀着艺术家们使庄严肃穆。

你可认识密涅尔娃的子民？他们早就
选择橄榄树做自己的爱物，你认识他们？
雅典人的精神，那种圣洁的精神，
到如今依然沉静地存在，影响世人。

尽管柏拉图的虔诚的花园，在沉静的河边，
已经不再繁盛，只剩得一个贫困的男子，
在耕耘着英雄的荒坟，黑夜的鸟儿
停在废墟的圆柱上怯惧地唱着悲歌。

呵，神圣的森林！呵，阿提喀！神是否
也用他那可怕的电光击中了你，这样快？
那种火焰，鼓舞起你的精神的那种火焰，

是否匆促地脱离了你,升入了太空?

可是,你的天才,就像春光一样,漫游着
一处一处的国土。而我们? 我们
那些青年,其中有没有一个能不把
胸中的预感,胸中的哑谜秘而不宣?

请感激德国的妇人们! 她们为我们
保持了神像所具有的亲切的精神,
每天每日,温柔的澄明的和平
给我们把千头万绪的乱麻重新理好。

上帝所赐的、象我们古代诗人那样的
亲切而虔诚的诗人,他们而今安在,
象我们的哲人那样的冷静而勇敢、
不能用金钱收买的哲人又往何处去寻?

如今! 凭着你的高贵,我的祖国,让我给你
起上一个新的名字,最成熟的时代之果!
在所有的诗神之中你是唯一的诗神,
乌拉尼亚! 我向你致敬!

你还在踌躇不语,你在设想一件欢乐的工作,
你在设想一个由你创制的新的创造物,
象你自己一样的独一无二,它也
象你一样,由爱产生,而且善良。

你的提洛斯在哪里,你的奥林匹亚在哪里,

在最欢乐的节日,我们大家往哪儿去聚会?

可是,你给你的不朽的子民早就

准备好的一切,叫你的子民怎样猜中?①

---

① 歌德等:《德国诗选》,钱春绮译,164—167 页,上海译文出版社,1982。

主要参考文献

一　外文著作

1. Albrecht M. , Engel E. und Hinske N. Hrsg. *Moses Mendelssohn und die Kreise seiner Wirksamkeit*. Tübingen, 1994

　　阿尔布莱希特等主编. 门德尔松和他的影响范围. 图宾根, 1994

2. Arendt H. *Lebensgeschichte einer deutschen Jüdin aus der Romantik*. München/Zürich, Serie Piper Nr. 230

　　汉娜·阿伦特. 拉埃尔·瓦恩哈根——一位浪漫派德国犹太妇女的生活史. 皮佩尔系列丛书第 230 号. 慕尼黑/苏黎世

3. Asveld P. *La pensee religieuse du jeune Hegel*. Louvain, 1953

　　阿斯菲尔德. 青年黑格尔的宗教观. 鲁汶, 1953

4. Baumgartner, Korten. *H. Schelling*. München, Verlag C. H. Beck, 1996

　　鲍姆加特纳, 科藤. 谢林. 慕尼黑, 贝克出版社, 1996

5. Baum M. *Die Entstehung der Hegelschen Dialektik*. Bonn, 1986

　　鲍姆. 黑格尔辩证法的产生. 波恩, 1986

6. Braun H J. usw. Hrsg. *Feuerbach und die Philosophie der Zukunft*. Berlin, Akademie Verlag, 1990

　　布劳恩等主编. 费尔巴哈和哲学的未来. 柏林, 学院出版社, 1990

7. Brüggen M. *Fichtes Wissenschaftslehre. die Fassung nach 1801/02*, Hamburg, 1979

　　布吕根. 费希特的知识学——1801—1802 年以后版本的体系. 汉堡, 1979

8. Busse F. Hrsg. *Romantik. Personen-Motive-Werke*. Freiburg, Herder Verlag, 1982

690

布塞主编.浪漫派——人物、题材、著作.弗赖堡,海尔德出版社,1982

9. Ciafardone R. *Die Philosophie der deutschen Aufklärung*. Stuttgart, Reclam Verlag, 1990

齐亚法多纳.德国启蒙的哲学——文本选读与评介.斯图加特,瑞克兰出版社,1990

10. Claudon F. Hrsg. *Lexikon der Romantik*. Köln, Verlag Wissenschaft und Politik, 1980

克劳东主编.浪漫派词典.科隆,科学与政治出版社,1980

11. Dietzsch S *F W. Schelling*. Köln, Paul-Rugenstein Verlag, 1978

迪采.谢林.科隆,保尔-鲁根斯太恩出版社,1978

12. Dilthey W. *Die Jugendgeschichte Hegels*. Stuttgart/Göttingen, 1959

狄尔泰.青年黑格尔的历史.斯图加特/哥廷根,1959

13. Drüe usw. *Hegels 'Enzyklopädie der philosophischen Wissenschaften'* (1830). Frankfurt a. M., Suhrkamp Verlag, 2000

德瑞等.黑格尔的《哲学科学百科全书(1830)》.法兰克福/美因,苏尔坎普出版社,2000

14. Düsing, Kimmerle Hrsg. *Hegel: Jenaer Systementwürfe I: Das System der spekulativen Philosophie*. Hamburg, Meiner Verlag, 1986

杜辛,基默勒主编.黑格尔耶拿体系草稿Ⅰ:思辨哲学体系.汉堡,迈纳出版社,1986

15. Edermann. *Grundriss der Geschichte der Philosophie*. 1866

埃德曼.哲学史纲要,1866

16. Eley L. *Hegels Wissenschaft der Logik*. München, 1976

艾雷.黑格尔的逻辑科学.慕尼黑,1976

17. Eley L. *Heigels Theorie des subjektiven Geistes in der EPW*, Stuttgart, 1990

艾雷.黑格尔的主观精神理论.斯图加特,1990

18. Fetscher I., Münkler H. Hrsg. *Pipers Handbuch der politischen Ideen*. Bd. 4. München/ Zürich, Verlag Piper, 1986

费策尔,明克勒主编.政治理念手册.第 4 卷.慕尼黑/苏黎世.皮佩尔出版社,1986

19. Feuerbach. *das Wesen des Christentums*. Berlin, Akademie Verlag, 1956

费尔巴哈.基督教的本质.柏林,学院出版社,1956

20. Feuerbach. *Kritik der Hegelschen Philosophie*. Berlin, Aufbau Verlag, 1955

费尔巴哈.黑格尔哲学批判.柏林,建设出版社,1955

21. Fichte. *Darstellung der Wissenschaftslehre aus 1801/02*. Hamburg, 1977

费希特.1801—1802 年知识学的表述.汉堡,1977

22. Fichte. *Die Anweisung zum seligen Leben*. Hamburg, 1983

费希特.极乐生活指南.汉堡,1983

23. *Fichte's Leben und literarischer Briefwechsel*. Bd. 2. Leipzig,1930
费希特的生平和文学通信. 第 2 卷. 莱比锡,1930

24. Fichte H J. Hrsg. *Fichte. Sämtliche Werke*. Bd. 5. Berlin,1845 – 46
H. J. 费希特主编. 费希特全集. 第 5 卷. 柏林,1845—1846

25. FichteJ G. *Gesamtausgabe der Bayerischen Akademie der Wissenschaften*. hrsg. v. R. Lauth und H. Jacobs,Stuttgart-Bad Cannstatt, 1965ff
费希特全集(巴伐利亚科学院版). 斯图加特-巴德,1965

26. Fichte. *Wissenschaftslehre. Zweiter Vortrag im Jahre* 1804. Hamburg,1975
费希特. 1804 年知识学阐述. 汉堡,1975

27. Fischer K. *Geschichte der neuern Philosophie*. Bd. 1. Heidelberg,1897
费舍尔. 近代哲学史. 第 1 卷. 海德堡,1897

28. Fischer K. *Schellings Leben,Werke und Lehre*. Heidelberg,1902
费舍尔. 谢林的生平、著作和理论. 海德堡,1902

29. Fuchs Hrsg. *Fichte im Gespräch. Berichte der Zeitgenossen*. Bd. 1. Stuttgart,1975
福克斯主编. 同时代人论费希特. 第 1 卷. 斯图加特,1975

30. Fuhrmans R. Hrsg. *Schelling：Briefe und Dokumente*. Bonn,1962 – 1975
富尔曼主编. 谢林：通信和文献. 波恩,1962—1975

31. Fulda,Henrich Hrsg. *Materialen zu Hegels 'Phänomenologie des Geists'*. Frankfurt a. M. ,Suhrkamp Verlag,1973
富尔达,亨利希主编. 黑格尔《精神现象学》资料集. 法兰克福/美因,苏尔坎普出版社,1973

32. Fulda H F. *Das Probleme einer Einleitung in Hegels Wissenschaft der Logik*. Frankfurt a. M. ,Suhrkamp Verlag,1968
富尔达. 黑格尔逻辑科学中的导言问题. 法兰克福/美因,苏尔坎普出版社,1968

33. Gies M. *Hegels Dialektik der Materie und die physikalische Kosmologie der Gegenwart. Hegel-Jahrbuch der intern*. Hegel-Gesellschaft,Berlin,1990
吉斯. 黑格尔的物质辩证法和当代的物理学宇宙论. 黑格尔国际研究学会年鉴. 柏林,1990

34. Haering T. *Hegel. Sein Wollen und sein Werk*. Leipzig/Berlin,1929
海尔林. 黑格尔：他的意愿和著作. 莱比锡/柏林,1929

35. Haym R. *Hegel und seine Zeit*. Berlin,1857
海姆. 黑格尔和他的时代. 柏林,1857

36. *Hegel G W F. Gesammelte Schriften*, in Verbindung mit der Deutschen Forschungsgemeinschaft,hrsg. v. der Rheinlich-Westfälischen Akademie der Wissenschaften. Hamburg,1968 ff
黑格尔著作集(历史评论版). 汉堡,1968

37. *Hegel G W F. Hegels Hauptwerke*. Hamburg,Meiner Verlag,1999

黑格尔主要著作集.汉堡,1999

38. *Hegel G W F. Vorlesungen*. Ausgewählte Nachschriften und Manuskripte. Hamburg,Meiner Verlag,1983

黑格尔讲演录:笔记和草稿选.汉堡,迈纳出版社,1983

39. *Hegel G W F. Werke* in 20 Bände. Frankfurt a. M. ,Suhrkamp Verlag,1969 – 1971

黑格尔全集(理论版).法兰克福/美因,苏尔坎普出版社,1969—1971

40. Hegel. *Phänomenologie des Geistes*. Hamburg,Meiner Verlag,1988

黑格尔.精神现象学.汉堡,迈纳出版社,1988

41. *Hegel-Studien Beiheft*. Bouvier Verlag,Boon

黑格尔研究·附卷.波恩,波菲亚出版社

42. *Hegel-Studien*. Bouvier Verlag,Boon

黑格尔研究.波恩,波菲亚出版社

43. *Heidegger Gesamtausgabe*. Bd. 5. Frankfurt a. M. ,1977

海德格尔全集.第5卷.法兰克福/美因,1977

44. *Heidegger Gesamtausgabe*. Bd. 32. Frankfurt a. M. ,1980

海德格尔全集.第32卷.法兰克福/美因,1980

45. Henrich D. *Hegel im Kontext*. Frankfurt a. M. ,Suhrkamp Verlag,1977

亨利希.上下文中的黑格尔.法兰克福/美因,苏尔坎普出版社,1977

46. Hespe F. ,Tuschling B. *Psychologie und Anthropologie oder Philosophie des Geistes*. Stuttgart,1991

赫思佩,图西林.心理学和人类学或者精神哲学.斯图加特,1991

47. Hoesle. *Hegels System*. Hamburg,1988

赫斯勒.黑格尔的体系.汉堡,1988

48. Hogmann,Jaeschke Hrsg. *Hegel:Wissenschaft der Logik*. das Sein(1812), Meiner Verlag,Hamburg,1986

霍格曼,耶西克主编.黑格尔:逻辑科学·第1卷:客观逻辑·第1册:存在论 (1812).汉堡,迈纳出版社,1986

49. Horstmann R P. *Probleme der Wandlung in Hegels Jenaer Systemkonzeption*. *Philosophische Rundschau*. Bd. 19. Tübingen,1972

罗斯特曼.黑格尔耶拿体系纲领的变化问题.哲学评论.第19期图宾根.1972

50. Hyppolite J G. *Genese et structure de la phenomenologie de L'Esprit de Hegel*,Paris,1946

惠普里特.黑格尔《精神现象学》的起源和结构.巴黎,1946

51. Ischreyt H. Hrsg. *Zentren der Aufklärung*, Bd. 2. Tübingen,1995

伊希瑞特主编.哥尼斯堡和里加.第2卷.图宾根,1995

52. Jamme Ch. ,Schneider H. Hrsg. *Mythologie der Vernunft*. Frankfurt a. M. , Suhrkamp Verlag,1984

雅默,施奈德主编.理性的神话学.法兰克福/美因,苏尔坎普出版社,1984

53. Jeschke W. Hrsg. *Der Streit um Göttliche Dinge*. Hamburg,Meiner Verlag,1999

耶西克主编.围绕神的东西的论战.汉堡,迈纳出版社,1999

54. *Kant Gesammelte Schriften*,hrsg v. der Königlich Preussischen Akademie der Wissenschaften. Berlin und Leipzig,1910ff

康德全集.(普鲁士国家科学院版).柏林/莱比锡,1910

55. Kant. *Was ist Aufklärung*. Göttingen,1994

康德.什么是启蒙.策伯编辑出版.哥廷根,1994

56. *Kants Werke*. hrsg. von E. Cassirer. Berlin,1912/22

康德著作集.E. 卡西尔编辑出版,柏林,1912—1922

57. Kantzenbach. *Herder*. Hamburg Rowohlt Verlag,1970

康成巴赫.赫尔德.汉堡,罗沃尔特出版社,1970

58. Köhler,Pöggeler Hrsg. *G. W. F. Hegel,Phänomenologie des Geistes*. Berlin,1998

科勒尔,珀格勒尔主编.黑格尔:精神现象学.柏林,1998

59. Kojève A. *Hegel,eine Vergegenwärtigung seines Denkens,Kommentar zur 'Phänomenologie des Geistes'*. Frankfurt a. M. ,Suhrkamp Verlag,1984

科耶夫.黑格尔:他的思想的当下化——《精神现象学》评论.法兰克福/美因.苏尔坎普出版社,1984

60. Kondylis P. *Die Entstehung der Dialektik. Eine Analyse der geistigen Entwicklung von Hölderlin/Schelling und Hegel bis* 1802. Stuttgart,1979

康迪利思.辩证法的产生——关于荷尔德林、谢林和黑格尔1802年前精神发展的分析.斯图加特,1979

61. Kroner R. *Von Kant bis Hegel*. Tübingen,1921 - 24

克罗纳.从康德到黑格尔.图宾根,1921—1924

62. Lange F A. *Geschichte des Materialismus*. Frankfurt a. M. , Suhrkamp Verlag,1974

朗格.唯物主义的历史.法兰克福/美因,苏尔坎普出版社,1974

63. Lasson Hrsg. *Hegel:Schriften von Politik und Rechtsphilosophie*. Leipzig,1913

拉松主编.黑格尔政治与法哲学著作集.莱比锡,1913

64. Lauter. *Die Entstehung von Schellings Identitätsphilosophie in der Auseinandersetzung mit Fichtes Wissenschaftslehre*. Freiburg/München,1975

劳特.在与费希特的知识学论战中产生的谢林的同一哲学.弗赖堡/慕尼黑,1975

65. Löwith K. Hrsg. *Die Hegelsche Linke*. Stuttgart-Bad Cannstatt,1962

略维特主编.黑格尔左派.斯图加特-巴德·坎恩斯塔特,1962

66. Lübbe H. Hrsg. *Die Hegelsche Rechte*. Stuttgart-Bad Cannstatt,1962

吕伯主编.黑格尔右派.斯图加特,1962

67. Lucács G. *Der junge Hegel*. Zürich/Wien,1948

卢卡奇.青年黑格尔.苏黎世/维也纳,1948

68. Lucas C. , Pöggeler Hrsg. *Frankfurt aber ist der Nabel dieser Erde*. Stuttgart,1983

卢卡斯,珀格勒尔主编.法兰克福是这块土地的中心.斯图加特,1983

69. Martini. *Deutsche Literaturgeschichte*. Stuttgart,1978

马梯尼.德国文学史.斯图加特,1978

70. Ottmann H. *Individuum und Gemeinschaft bei Hegel*. Berlin/New York,1987

奥特曼.黑格尔那里的个人和团体.柏林/纽约,1987

71. Peperle I. *Junghegelianische Geschichtsphilosophie und Kunsttheorie*. Berlin,1978

佩沛勒.青年黑格尔派的历史哲学和艺术理论.柏林,1978

72. Peperzak A. *Le jeune Hegel et la vision morale du monde*. La Haye,1960

佩培尔扎克.青年黑格尔和他的道德观.海牙,1960

73. Peperzak A. *Selbsterkenntnis des Absoluten*. Stuttgart,1987

佩培尔扎克.绝对之物的自我认识.斯图加特,1987

74. Petry Hrsg. *Hegel und die Naturwissenschaften*. Stuttgart-Bad Cannstatt, Fromann-Holzberg Verlag,1987

佩梯主编.黑格尔和自然科学.斯图加特-巴德·坎恩斯塔特,弗洛曼-霍茨伯格出版社,1987

75. Pöggeler O. *Hegels Idee einer Phänomenologie des Geistes*. Freiburg/München,Verlag Karl Alber,1993

珀格勒尔.黑格尔的精神现象学的理念.弗赖堡/慕尼黑.卡尔·阿尔伯出版社,1993

76. Pöggeler O. *Hegels Jugendschriften und die Idee einer Phänomenologie des Geistes*. Heidelberg,1966

珀格勒尔.黑格尔的早期著作和精神现象学的理念.打印稿.海德堡,1966

77. Pöggeler O. Hrsg. *Hegel in Berlin*. Berlin/Düsseldorf,1981

珀格勒尔主编.黑格尔在柏林.柏林/杜塞尔多夫,1981

78. Reissner H G. *Eduard Gans. Ein Leben im Vormärz*. Tübingen,1965

瑞思讷.爱德华·甘斯:三月革命时代的人.图宾根,1965

79. Riedel M. *Hegel und Gans. Natur und Geschichte*,Stuttgart,1967

瑞德尔.黑格尔和甘斯.自然与历史.斯图加特,1967

80. Ritter J. ,Gründer. K. Hrsg. *Historisches Wörterbuch der Philosophie*. Basel/Darmstadt,1971

瑞德尔等主编.哲学历史词典.巴塞尔/达姆斯塔特,1971

81. Rorstermann Hrsg. *Hegel:Jenaer Systementwürfe* Ⅱ:*Logik,Metaphysik,*

Naturphilosophie. Hamburg,Meiner Verlag,1982

罗斯特曼主编.黑格尔耶拿体系草稿Ⅱ:逻辑、形而上学、自然哲学.汉堡,迈纳出版社,1982

82. Rorstermann Hrsg. *Hegel: Jenaer Systementwürfe* Ⅲ: *Naturphilosophie und Philosophie des Geistes*. Hamburg,MeinerVerlag,1987

罗斯特曼主编.黑格尔耶拿体系草稿Ⅲ:自然哲学和精神哲学.汉堡,迈纳出版社,1987

83. Rosenkranz F. *Hegels Leben*. Berlin,1844

罗森克朗茨.黑格尔的生平.柏林,1844

84. Schelling F W J. *Durchs Herz der Erde*. Warmbronn,Ulrich Keicher Verlag,1998

谢林.穿过大地的中心.瓦门布洛恩,乌尔利希·凯歇出版社,1998

85. *Schelling. Sämtliche Werke*. hrsg. von K. F. A. Schelling. Stuttgart/ Augsburg,1856 – 61

卡尔·谢林主编.谢林全集.斯图加特/奥格斯堡,1856—1861

86. *Schriften 1804—1812*. Berlin,Union Verlag,1982

谢林1804—1812年作品集.柏林,乌尼昂出版社,1982

87. Schelling. *Stuttgarter Privatvorlesungen*. Turin,1973

谢林.斯图加特私人讲座.都灵,1973

88. Schilpp P A. *Kant's Pre-Critical Ethics*. New York/London, Garland Publishing Inc. ,1977

施尔普.康德的前批判伦理学.纽约/伦敦,加兰德出版社,1977

89. Schnädelbach H. *Hegels praktische Philosophie*. Frankfurt a. M. ,Suhrkamp Verlag,2000

施奈德尔巴赫.黑格尔的实践哲学.法兰克福/美因,苏尔坎普出版社,2000

90. Schnädelbach H. *Philosophie in Deutschlamd 1831 – 1933*. Frankfurt a. M. , Suhrkamp Verlag,1983

施奈德尔巴赫.1831—1933年的德国哲学.法兰克福/美因,苏尔坎普出版社,1983

91. Schneider U J. *Philosophie und Universität*. Hamburg,Meiner Verlag,1999

施奈德.哲学与大学.汉堡,迈纳出版社,1999

92. Schulte G. *Fichte*. München,Dietrichs Verlag,1996

舒尔特.费希特.慕尼黑,迪特里希出版社,1996

93. Siep L. *Der Weg der Phänomenologie des Geistes*. Frankfurt a. M. , Suhrkamp Verlag,2000

西普.精神现象学的道路.法兰克福/美因,苏尔坎普出版社,2000

94. Steuart J. *An Inquiry into the Principles of Political Oeconomy*. Edited and with Introduction by Adtrew S. Skinner. Edingburgh and London,1966

斯图亚特.国民经济原理研究.斯金纳编并作序.爱丁堡/伦敦,1966

95. Tennemann. *Grundriss der Geschichte der Philosophie*. Marburg,1812

特讷曼.哲学史概貌.马堡,1812

96. Tennemann W G. *Geschichte der Philosophie*. Leipzig,1798 - 1819

特讷曼.哲学史.莱比锡,1789—1819

97. Theunissen M. *Sein und Schein. die kritische Funktion der Hegelschen Logik*. Frankfurt a. M. ,1980

陶尼森.存在与假象:黑格尔逻辑的批判功能.法兰克福/美因,1980

98. Tilliette X. Hrsg. *Schelling im Spiegel seiner Zeitgenossen*. Turin,1974

梯雷特主编.同时代人看谢林.都灵,1974

99. Unbekannt Hrsg. *Die Hegelsche Linke. Dokumente zur Philosophie und Politik im deutschen Vormärz*. Frankfurt a. M. ,Röderberg-Verlag,1986

黑格尔左派——德国三月革命时期的哲学和政治文献.法兰克福/美因,瑞德贝格出版社,1986

100. Wandschneider D. *Raum*,*Zeit*,*Relativitaet. Grundbestimmungen der Physik in der Hegelschen Naturphilosophie*. Frankfurt a. M. ,1982

万德施奈德.空间、时间、相对性——黑格尔自然哲学作的物理学基本规定性.法兰克福/美因,1982

101. Windelband R. *Die Geschichte der Neueren Philosophie*. Leibzig,1919

文德尔班.近代哲学史.莱比锡,1919

102. Wundt M. *Fichte Forschungen*. Stuttgart,1976

冯特.费希特研究.斯图加特,1976

103. Zeltner. *Schelling*. Stuttgart,Frommans Verlag,1954

泽特纳.谢林.斯图加特,弗洛曼出版社,1954

104. Zhang Shen. *Hegels Übergang zum System*. Bonn,Bouvier Verlag,1991

张慎.黑格尔建立哲学体系的过程.波恩,波菲亚出版社,1991

105. Ziche P. *Mathematische und naturwissenschaftliche Modelle in der Philosophie Schellings und Hegels*. Stuttgart,1996

茨谢.谢林和黑格尔哲学中的数学与自然科学模式.斯图加特,1996

二　中文译著和著作

1. A. B. 古雷加.德国古典哲学新论.沈真,侯洪勋译.中国社会科学出版社,1993

2. B. A. 马列宁.B. H. 申卡鲁克·黑格尔左派分所.曾盛林译.沈真校.社会科学文献出版社,1987

3. E. 迈尔.生物学思想发展的历史.涂长晟等译.四川教育出版社,1990

4. J. G. 赫尔德.论语言的起源.姚小平译.商务印书馆,1998

5. W. C. 丹皮尔.科学史及其与哲学和宗教的关系.李珩译.张今校.商务印书

馆,1987

6. 阿尔森·古留加.康德传.贾泽林,侯鸿勋,王炳文译.商务印书馆,1981

7. 阿尔森·古留加.谢林传.贾泽林,苏国勋,周国平,王炳文译.商务印书馆,1990

8. 爱克曼辑录.歌德谈话录.吴象婴,潘岳,肖芸译.上海社会科学院出版社,2001

9. 彼德·贝尔纳.歌德.李鹏程译.中国社会科学出版社,1992

10. 陈嘉明.建构与范导——康德哲学的方法论.社会科学文献出版社,1992

11. 德·斯太尔夫人.德国的文学与艺术.丁世中译.人民文学出版社,1981

12. 邓晓芒.思辨的张力——黑格尔辩证法新探.湖南教育出版社,1992

13. 费尔巴哈哲学史著作选.涂纪亮译.商务印书馆,1984

14. 费尔巴哈哲学著作选集.上卷.生活·读书·新知三联书店,1959

15. 费尔巴哈哲学著作选集.下卷.荣振华、王太庆、刘磊译,生活·读书·新知三联书店,1962

16. 费尔巴哈.黑格尔哲学批判.王太庆,万颐庵译.生活·读书·新知三联书店,1958

17. 费尔巴哈.未来哲学原理.洪谦译.生活·读书·新知三联书店,1955

18. 费希特.论学者的使命 人的使命.梁志学,沈真译.商务印书馆,1984

19. 费希特.全部知识学的基础.王玖兴译.商务印书馆,1986

20. 费希特.现时代的根本特点.沈真,梁志学译.辽宁教育出版社,1998

21. 弗里德里希·席勒.审美教育书简.冯至,范大灿译.上海人民出版社,2003

22. 弗·施莱格尔.雅典娜神殿断片集.李伯杰译.生活·读书·新知三联书店,1996

23. 复旦大学哲学系现代西方哲学研究室编译.西方学者论《1844 年经济学哲学手稿》.复旦大学出版社,1983

24. 歌德等.德国诗选.钱春绮译.上海译文出版社,1982

25. 歌德.维廉·麦斯特的学习时代.冯至,姚可昆译.人民文学出版社,1988

26. 格·冯克.德国唯心主义哲学与浪漫主义的关系.德国哲学.第 5 辑,北京大学出版社,1988

27. 哈贝马斯.后形而上学思想.曹卫东,付德根译.译林出版社,2001

28. 海涅.论德国宗教和哲学的历史.海安译.商务印书馆,1974

29. 韩水法.康德传.河北人民出版社,1997

30. 贺麟.黑格尔哲学讲演集.上海人民出版社,1986

31. 黑格尔.法哲学原理.范扬,张企泰译.商务印书馆,1982

32. 黑格尔.费希特与谢林哲学体系的差别.宋祖良,程志民译.杨一之校.商务印书馆,1994

33. 黑格尔手稿两章.张慎译.德国哲学.第 9 辑.北京大学出版社,1991

34. 黑格尔早期神学著作.贺麟译.商务印书馆,1988

35. 黑格尔政治著作选.薛华译.商务印书馆,1981

36. 黑格尔.精神现象学.贺麟,王玖兴译.商务印书馆,1979

37. 黑格尔.历史哲学.王造时译.上海书店出版社,1999

38. 黑格尔.逻辑学.梁志学等译.人民出版社,2002

39. 黑格尔.逻辑学.上卷.杨一之译.商务印书馆,1977

40. 黑格尔.逻辑学.下卷.杨一之译.商务印书馆,1982

41. 黑格尔.美学.朱光潜译.商务印书馆,1979

42. 黑格尔.小逻辑.贺麟译.商务印书馆,1980

43. 黑格尔.哲学科学全书纲要.薛华译.上海人民出版社,2002

44. 黑格尔.哲学史讲演录.贺麟,王太庆译.商务印书馆,1981

45. 黑格尔.自然哲学.梁志学,薛华,钱广华,沈真译.商务印书馆,1980

46. 黑格尔.宗教哲学.魏庆征译.社会出版社,2002

47. 黑格尔(作者权存疑).德国唯心主义的最初的体系纲领(1796—1797).刘小枫译.德国哲学.第1辑.北京大学出版社,1986

48. 黄楠森,庄福龄主编.马克思主义哲学史教学资料选编.上册,北京大学出版社,1984

49. 黄裕生.真理与自由——康德哲学的存在论阐释.江苏人民出版社,2002

50. 姜丕之编著.黑格尔"小逻辑"浅释.上海人民出版社,1980

51. 蒋永福,周贵莲,岳长龄主编.西方哲学.中共中央党校出版社,1990

52. 康德.纯粹理性批判.邓晓芒译.杨祖陶校.人民出版社,2004

53. 康德.纯粹理性批判.李秋零译.中国人民大学出版社,2004

54. 康德.道德形而上学原理.苗力田译.上海人民出版社,2002

55. 康德.康德书信百封.李秋零编译.上海人民出版社,1992

56. 康德.历史理性批判文集.何兆武编译.商务印书馆,1991

57. 康德.逻辑学讲义.许景行译.杨一之校.商务印书馆,1991

58. 康德.判断力批判.邓晓芒译.杨祖陶校.人民出版社,2004

59. 康德.任何一种能够作为科学出现的未来形而上学导论.庞景仁译.商务印书馆,1978

60. 康德.实践理性批判.邓晓芒译.杨祖陶校.人民出版社,2004

61. 康德.实践理性批判.韩水法译.商务印书馆,1999

62. 李文堂.真理之光——费希特与海德格尔论SEIN.江苏人民出版社,2002

63. 梁志学.费希特耶拿时期的思想体系.中国社会科学出版社,1995

64. 梁志学.论黑格尔的自然哲学.上海人民出版社,1986

65. 梁志学主编.费希特著作选集.第1卷.商务印书馆,1994

66. 梁志学主编.费希特著作选集.第2卷.商务印书馆,1994

67. 梁志学主编.费希特著作选集.第3卷.商务印书馆,1997

68. 梁志学主编.费希特著作选集.第4卷.商务印书馆,2000

69. 卢卡奇.理性的毁灭.王玖兴等译.山东人民出版社,1997

70. 罗素.西方哲学史.上卷.何兆武,李约瑟译.商务印书馆,1981

71. 罗素.西方哲学史.下卷.马元德译.商务印书馆,1981

72. 马丁·海德格.谢林论人类自由的本质.薛华译.辽宁教育出版社,1999

73. 马克思,恩格斯.马克思恩格斯全集.第1卷.中共中央马克思恩格斯列宁斯大林著作编译局编译.人民出版社,1995

74. 马克思,恩格斯.马克思恩格斯全集.第3卷.中共中央马克思恩格斯列宁斯大林著作编译局编译.人民出版社,2002

75. 马克思,恩格斯.马克思恩格斯选集.第4卷.中共中央马克思恩格斯列宁斯大林著作编译局编译.人民出版社,1995

76. 梅尔茨.十九世纪欧洲思想史.第1卷.周昌忠译.商务印书馆,1999

77. 苗力田译编.黑格尔通信百封.上海人民出版社,1981

78. 尼·拉宾.马克思的青年时代.南京大学外文系俄罗斯语言文学教研室翻译组译.生活·读书·新知三联书店,1982

79. 施德福,靳辉明主编.马克思主义哲学史.第1卷.北京出版社,1991

80. 施特劳斯.耶稣传.吴永泉译.商务印书馆,1981

81. 斯蒂芬·F.梅森.自然科学史.周煦良等译.上海译文出版社,1980

82. 斯·梅森.自然科学史.周煦良等译.上海译文出版社,1980

83. 王树人.历史的哲学反思——关于《精神现象学》的研究.中国社会科学出版社,1988

84. 王树人.思辨哲学新探.人民出版社,1985

85. 威廉·格·雅柯布斯.费希特.李秋零,田薇译.中国社会科学出版社,1989

86. 谢地坤.费希特的宗教哲学.中国社会科学出版社,1993

87. 谢林.先验唯心论体系.梁志学,石泉译.商务印书馆,1983

88. 薛华.自由意识的发展.中国社会科学出版社,1983

89. 杨河,邓安庆.康德黑格尔哲学在中国.首都师范大学出版社,2002

90. 杨祖陶.康德黑格尔研究.武汉大学出版社,2001

91. 叶秀山.哲学作为创造性的智慧——叶秀山西方哲学论集(1998—2002).江苏人民出版社,2003

92. 伊曼努尔·康德.目科学的形而上学基础.邓晓芝译.上海人民出版社,2003

93. 伊曼努尔·康德.自然科学的形而上学基础.邓晓芒译.上海人民出版社,2003

94. 张慎.黑格尔传.河北人民出版社,1997

95. 张世英编著.黑格尔《小逻辑》译注.吉林人民出版社,1982

96. 张世英.论黑格尔的精神哲学.上海人民出版社,1986

97. 张世英.论黑格尔的逻辑学.上海人民出版社,1981

98. 张世英主编.黑格尔辞典.吉林人民出版社,1991

人名索引

703

后 记

思想是没有国界的,今天,当"全球化""地球村"等词语日益频繁地出现在我们的媒体上时,理解西方的思想文化和价值观就变得更加重要和必要,因为这是中西文化交流的基础之一。在此要深深感谢叶秀山、王树人两位先生策划了这套八卷本的《西方哲学史》,并邀请我们参加此项工作。本书希望为中国的西方哲学研究贡献微薄之力,这是西学东渐以来几代人为之奋斗的事业。

我们极为有幸地邀请到了陈嘉明、韩水法、邓晓芒、黄裕生、谢地坤等同志参加本书的撰写工作。陈嘉明撰写了第二篇第一、二章,韩水法撰写了第二篇第三章,邓晓芒撰写了第二篇第四章,黄裕生撰写了第二篇第五章。谢地坤撰写了第三、四篇。张慎撰写了绪论和第一、五、六篇,并主持了全书的结构设计和审读,编写了主要参考文献,修改了人名索引等。本书邀请到的撰稿人都是在德国古典哲学的某个领域有专门造诣的学者,他们既在文本翻译方面有所建树,又对其中的某些问题有独到的研究。这次他们能联手就德国古典哲学写点东西,实为难得,在此表示诚挚的谢意。我们希望本书既能帮助读者回顾德国 18—19 世纪的思想史,又能使读者从现代的立场去理解那个特殊年代的哲学问题,从而在 21 世纪确定自己的思维定向。
我们期待与读者的交流,更期待同行的批评和指教。

张　慎

2005 年 1 月于北京康乐居